Der Acte Clair in der deutschen Rechtsprechung zum Europäischen Zivilprozessrecht

Schriften zum internationalen Privat- und Verfahrensrecht

Herausgegeben von Rainer Hausmann,
Astrid Stadler und Michael Stürner

Band 26

PETER LANG

Lea-Ariane Blenk, geb. Rudolph

Der Acte Clair in der deutschen Rechtsprechung zum Europäischen Zivilprozessrecht

PETER LANG

Bibliografische Information der Deutschen Nationalbibliothek
Die Deutsche Nationalbibliothek verzeichnet diese Publikation in der Deutschen Nationalbibliografie; detaillierte bibliografische Daten sind im Internet über http://dnb.d-nb.de abrufbar.

Gedruckt auf alterungsbeständigem, säurefreiem Papier.

ISSN 1862-099X
ISBN 978-3-631-85969-8 (Print)
E-ISBN 978-3-631-86899-7 (E-PDF)
E-ISBN 978-3-631-86900-0 (EPUB)
DOI 10.3726/b19296

Peter Lang – Berlin · Bern · Bruxelles · New York · Oxford · Warszawa · Wien

Diese Publikation wurde begutachtet.

www.peterlang.com

Für Moritz

Inhaltsverzeichnis

Kapitel 1: Hypothese

A. Einordnung

Die Acte Clair-Doktrin stammt ursprünglich aus dem französischen Verwaltungsrecht und wurde im europäischen Zusammenhang erstmals vor dem *Conseil d'État* im Cohn-Bendit Fall[1] relevant. Nach französischem Verständnis hatte sich die Ansicht durchgesetzt, die ordentliche Gerichtsbarkeit sei im Regelfall nicht befugt, einen Verwaltungsakt zu interpretieren oder für ungültig zu erklären. Unter der Voraussetzung, dass das Ausgangsverfahren von einer verwaltungsrechtlichen Fragestellung abhängt, sei das Ausgangsverfahren auszusetzen, bis das Verwaltungsgericht darüber befunden habe.[2] Eine Verfahrensaussetzung könne unterbleiben, wenn der Sinn des Verwaltungsaktes klar („sens clair" oder „acte clair") sei.[3] Dieses Verständnis lässt sich zurückführen auf das Prinzip der Gewaltenteilung zwischen Judikative und Exekutive, welches in Frankreich seit der Französischen Revolution besonders streng eingehalten wurde.[4] Die Rolle der vollziehenden Gewalt sollte speziell bei der Auslegung und der Anwendung völkerrechtlicher Verträge beschränkt werden - in Frankreich war die Aufgabe der Auslegung völkerrechtlicher Verträge ausschließlich dem Außenministerium übertragen; den Gerichten war nur die Anwendung erlaubt.[5] Diese ungeschriebene Handhabung der ausschließlichen Auslegungsbefugnis völkerrechtlicher Verträge durch die Exekutive wurde durch die sogenannte Acte Clair-Doktrin gelockert und eine Stärkung der Judikative herbeigeführt, wodurch ein Richter durch das Befinden einer Sache als klar der Intervention durch

---

1 Conseil d'État Cohn Bendit vom 22.12.1978, Nr. 11604 = RTDE 15 (1979), 157, dt. Übersetzung in EuR 1979, 292 mit Anmerkung *Bieber*, EuR 1979, 294.

2 *Lagrange*, Common Market Law Review 1971, 313, 314; Tribunal des conflits, 16.06.1923 - 00732 = Dalloz 1923, 26.

3 *Schober*, NJW 1966, 2252 zu Art. 177 EVG-Vertrag.

4 *Lagrange*, Common Market Law Review 1971, 313, 314.

5 Generalanwalt (GA) *Capotorti, Francesco*, 13.7.1982 - Schlussanträge im Verfahren 283/81 (C.I.L.F.I.T ./. Ministero della sanità) = ECLI:EU:C:1984:55, 3435 Rn. 4; Dauses/Ludwigs Handbuch des EU-Wirtschaftsrechts/*Kaufmann*, Vorabentscheidungsverfahren (P. II.), Rn. 130 mit Fn. 224; *Dauses*, Fordham International Law Journal 10 (1987), 538, 567 f.; *Pescatore*, in: Bathurst (Hrsg.), 1972, 27, 42 m.w.N.

die Exekutive entgehen konnte.[6] Das System des Vorlegens diente ausschließlich der Sicherstellung der Einhaltung der sachlichen/materiellen Regelungen (*jurisdiction ratione materiae*), ohne die Einheit der Verfahrensregeln zu stören und stellte damit eine Ausnahme zum Prinzip „*le juge de l'action est juge de l'exception*" dar.[7]

Hinter dem System des Vorlegens verbirgt sich somit eine Aufgabenverteilung. Im europäischen Recht teilt Art. 267 AEUV die Rechtsprechungsaufgaben zwischen dem Europäischen Gerichtshof (EuGH) und den mitgliedstaatlichen Gerichten auf.[8] Diese Aufteilung besteht im Kern darin, dass dem EuGH die Aufgabe der Auslegung des Unionsrechts obliegt[9] sowie darin, dass er über die Gültigkeit von Unionsrechtsakten[10] entscheidet, was in dieser Arbeit ausgeklammert

6 *Pescatore*, in: Bathurst (Hrsg.), 1972, 27, 42.

7 *Lagrange*, Common Market Law Review 1971, 313, 314, dieses Prinzip stammt originär aus dem französischen Strafrecht.

8 *Hirsch*, in: FS Rodríguez Iglesias, 2003, 601, 605, noch zu Art. 234 EG. *Steindorff*, ZHR 1992, 1, 3 zu Art. 177 Abs. 3 EG.

9 Siehe aber EuGH, Urteil vom 19.1.2010 – C-555/07 (Kücükdeveci) = ECLI:EU:C:2010:21. Hier hat das LAG Düsseldorf dem EuGH die Frage vorgelegt, ob es den EuGH anrufen müsse, statt könne, wenn es eine nationale Norm, die es für unionsrechtswidrig hält, in einem Rechtsstreit unter Privaten für unangewendet lassen will. Selbstverständlich unterliegen Gerichte nach Art. 267 Abs. 2 AEUV nicht dem Zwang vorzulegen, sondern haben fakultativ die Möglichkeit zur Vorlage. Diese fakultative Möglichkeit ist Grundsatz und „Herz" der Balance der justiziellen Macht zwischen EuGH und mitgliedstaatlichen Gerichten. Es fällt auf, dass das LAG ob des großen Machtzuwachses der Fachgerichte übertrieben vorsichtig und furchtvoll agiert. Vgl. *Haltern*, ^{3}2017, EuR Band II, Rn. 285.

10 Die Gültigkeit von Unionsrechtsakten (Art. 267 Abs. 1 lit. b AEUV) wird in dieser Arbeit ausgeklammert. Dort wird die Foto-Frost Rechtsprechung des EuGH (EuGH, Urteil vom 22.10.1987 – 314/85 (Foto-Frost ./. Hauptzollamt Lübeck-Ost) = ECLI:EU:C:1987:452) relevant, wonach der EuGH ausschließlich zur Feststellung der Rechtswidrigkeit von Handlungen der Unionsorgane zuständig ist. GA *Colomer, Dámaso Ruiz-Jarabo*, 30.6.2005 – Schlussanträge im Verfahren C-461/03 (Gaston Schul Douane-expediteur BV ./. Minister van Landbouw, Natuur en Voedselkwaliteit) = ECLI:EU:C:2005:415, hatte angeregt, die Acte Clair-Ausnahme auch auf Vorlagefragen bezüglich Art. 267 Abs. 1 lit. b AEUV zu übertragen, was der EuGH aber ablehnte. In diesen Fällen trifft ausnahmsweise auch nicht-letztinstanzliche Gerichte eine Vorlagepflicht. Eine Ausnahme von Foto-Frost stellt nur der einstweilige Rechtsschutz dar. Siehe zur Problematik *Haltern*, ^{3}2017, EuR Band II, Rn. 265 ff.; Calliess/Ruffert EUV/AEUV/*Wegener*, Art. 267 AEUV, Rn. 28, 32; Streinz EUV/AEUV/*Ehricke*, Art. 267 AEUV, Rn. 45, 47.

werden soll. Die Rolle der mitgliedstaatlichen Gerichte ist es dann, dieses Unionsrecht anzuwenden. Herausgestellt hat diese Aufgabenzuweisung vor allem Generalanwalt (GA) *Lagrange*, der in der *Da Costa*-Entscheidung des EuGH erstmals die Acte Clair-Doktrin auf europäischer Ebene in seinen Schlussanträgen angeführt hat, um diese Grenze aufzuzeigen.[11] Die Auslegungszuständigkeit des EuGH (Kognitionskompetenz) ergibt sich aus Art. 251 ff. AEUV und wirkt in die nationalen Gerichtsverfahren durch die Vorlagepflichten und –rechte gem. Art. 267 AEUV hinein.[12]

Im Folgenden wird dem Begriff der Acte Clair-Doktrin das europäische Verständnis zugrundegelegt. Die Acte Clair-Doktrin ist auf eine Gerichtspraxis zurückzuführen, die sich entwickelte, um die Zweckmäßigkeit des Vorlageverfahrens (*questions préjudicielles*) zu gewährleisten.

Seit den sechziger Jahren haben sich der französische *Conseil d'État* sowie die *Cour de Cassation* auf die französische Acte Clair-Doktrin gestützt, um den Umfang der Vorlagepflicht zu begrenzen, was ihnen in der Folge auch mehrere Obergerichte der Mitgliedstaaten nachmachten.[13]

Die Anwendung des Vorlageverfahrens ist auf eine sinnvolle Begrenzung der Vorlagepflicht angewiesen. Die Acte Clair-Ausnahme stellt das Resultat eines feingliedrigen Systems von Abgrenzungen und Kompromissen dar.[14] Die Funktionen des Vorabentscheidungsverfahrens müssen gewahrt bleiben und gleichermaßen sollen dilatorische Manöver ausgeschlossen werden, die das Verfahren unnötig verzögern.[15]

B. Einführung

Wie sich aus der Untersuchung des Europarechts ergeben wird, eröffnet der Gebrauch des Acte Clair den Mitgliedstaaten der Europäischen Union (EU) Spielräume. Untersucht wird im Folgenden, wie die nationalen Gerichte in Deutschland diese Spielräume für sich im Bereich des Europäischen

---

11 GA *Lagrange, Maurice*, 13.3.1963 – Schlussanträge im Verfahren C-28-30/62 (Da Costa en Schaake NV ./. Administratie der Belastingen) = ECLI:EU:C:1963:2, 96.

12 NK BGB/*Pfeiffer*, Unionsprivatrecht und Zivilrechtspraxis - eine Einführung, Rn. 73.

13 Dauses/Ludwigs Handbuch des EU-Wirtschaftsrechts/*Kaufmann*, Vorabentscheidungsverfahren (P. II.), Rn. 131.

14 *Lagrange*, Common Market Law Review 1971, 313, 314.

15 Dauses/Ludwigs Handbuch des EU-Wirtschaftsrechts/*Kaufmann*, Vorabentscheidungsverfahren (P. II.), Rn. 130.

Zivilprozessrechts nutzen. Dieser Rechtsbereich ist insofern von hoher Relevanz, als dass ein gemeinsamer Binnenmarkt nur mithilfe einer Koordination der justiziellen Zusammenarbeit erreicht werden kann.[16] Im Fokus der Analyse steht daher das reibungslose Interagieren der mitgliedstaatlichen Gerichte in ihrer Funktion als Unionsgerichte bezüglich Auslegungsfragen zum Europäischen Zivilprozessrecht. Die deutschen Zivilgerichte sind heute kaum weniger als die Verwaltungsgerichte vom Unionsrecht in ihrer Tätigkeit beeinflusst und dies wird weiter zunehmen, denn so gut wie jeder Bereich des wirtschaftsregulierenden Zivilrechts weist eine Binnenmarktrelevanz auf.[17]

Das europäische Zivilprozessrecht gehört zweifelsfrei zu den Rechtsbereichen, die in den vergangenen zwanzig Jahren in besonderem Maß eine dynamische Entwicklung erfahren haben.[18] Das Zivilprozessrecht hatte früh eine Vorreiterrolle bei der Harmonisierung inne und war anderen Rechtsgebieten einen Schritt voraus, wie sich am EuGVÜ zeigte, das als Meilenstein weit vor der Harmonisierung weiterer Gebiete die Vereinheitlichung vorangetrieben hat.[19]

Es besteht eine Dreiecksbeziehung zwischen dem Ort des Verfahrens, dem anwendbaren Recht und der Anerkennung und Vollstreckung von Entscheidungen, wobei alle drei Aspekte gleichermaßen Einfluss auf die Prozesstaktik und -strategie der Parteien haben.[20] Das Erreichen eines wünschenswerten Prozessergebnisses hängt bei grenzüberschreitenden Sachverhalten häufig von diesen drei Faktoren ab. Ebenfalls bestimmen diese Aspekte den Grad der Komplexität bei grenzüberschreitenden Fällen. So gibt der Ort des Verfahrens die Kosten und relevanten Prozessregeln vor, das anwendbare Recht regelt beispielsweise das relevante Haftungsregime und die Anerkennung und Vollstreckung erreichen die Durchsetzung eines in einem Mitgliedstaat ergangenen Urteils in einem anderen Mitgliedstaat, in dem der Vollstreckungsschuldner seine Vermögenswerte hat.[21] Dieses Ineinandergreifen macht grenzüberschreitende Rechtsstreitigkeiten hoch komplex, was Anwälte zu kreativen Lösungen und Prozessstrategien anhalten kann, welche die

---

16 Vgl. Art. 65 EG.

17 Handbuch des Rechtsschutzes in der EU/*Mankowski/Hölscher/Gerhardt*, Rechtsschutz im Bereich der Zivilgerichtsbarkeit (§ 38), Rn. 1.

18 Vgl. *Reith*, ZfRV 2016, 218; *Stadler*, IPRax 2004, 2. Siehe zur Entwicklung eingehend *Linke*, in: FS Geimer, 2002, 529, 531 ff.

19 *Stadler*, IPRax 2004, 2, 3.

20 *Beaumont/Danov/Trimmings/Yüksel*, Cross-border litigation in Europe, 2017, 819, 820.

21 Ebd.

Schwächen des häufig noch inkohärenten und teilweise widersprüchlichen Europäischen Privatrechts ausnutzen, und aufwendige Verfahren stark verteuern kann sowie die Verfahrensdauer in die Länge zieht.[22] Es gibt noch kein kohärentes, gemeinsam kodifiziertes IPR und IZVR auf europäischer Ebene, vielmehr handelt es sich um ein Geflecht aus verschiedenen Verordnungen, die nach und nach dazu gekommen sind.[23]

Nach einer Beschreibung der Hypothese sowie des Untersuchungsgegenstands und des untersuchten Zeitraums werden die methodischen Ansätze dargelegt, die der Analyse als Inspiration dienen. Im Anschluss werden der Gang der Untersuchung und die Bewertungskriterien aufgezeigt, anhand derer die Auswertung der Entscheidungen stattfindet.

Daran anschließend wird, um den Acte Clair umfänglich untersuchen zu können, seine Einbettung in das Gefüge des Vorabentscheidungsverfahrens dargestellt und die Entwicklung des Acte Clair im Kontext der Rechtsprechung des Europäischen Gerichtshofes (EuGH) abgebildet. Im Zentrum steht dort eine Darstellung der *CILFIT*-Rechtsprechung,[24] die eine Acte Clair-Doktrin anhand formell formulierter Kriterien erstmals festhielt. Im Anschluss daran findet die Bestandsaufnahme der deutschen Entscheidungen statt, welche der Prüfung der Hypothese dient. Abschließend wird die Hypothese geprüft und auf das Ergebnis folgt ein Ausblick.

C. Hypothese

Wie sich zeigen wird, sehen die in der Rechtssache *CILFIT* entwickelten Kriterien zur Bestimmung des Vorliegens eines Acte Clair eine formelle Prüfung vor.[25] Dieser Ansatz ist, wie sich abzeichnen wird, in der Praxis nicht umsetzbar und birgt, da die Gerichte aufgrund mangelnder Handhabbarkeit Spielräume nutzen, viele Risiken. Dadurch besteht die Gefahr, dass Gerichte Gebrauch von einem Acte Clair machen, indem bloß behauptet wird, die formellen *CILFIT*-Kriterien lägen vor. Mithilfe von Worthülsen, ohne jegliche Begründung, könnte diese Feststellung dann erfolgen. Die Rechtssicherheit

---

22 Vgl. *Beaumont/Danov/Trimmings/Yüksel*, Cross-border litigation in Europe, 2017, 819, 820.

23 Vgl. *Basedow*, in: von Hein/Rühl (Hrsg.), 4 ff.

24 EuGH, Urteil vom 6.10.1982 – 283/81 (C.I.L.F.I.T. ./. Ministero della Sanità) = ECLI:EU:C:1982:335.

25 Siehe auch beispielsweise *Hummert*, 2006, 137 die die *CILFIT*-Kriterien als formalistisch beschreibt.

und die Einheitlichkeit des Unionsrechts wären durch die Unsicherheit der Handhabung des Acte Clair massiv gefährdet. Das feingliedrige Zusammenspiel der mitgliedstaatlichen Rechtsordnungen mit dem Unionsrecht sowie der mitgliedstaatlichen Gerichte und dem EuGH, das durch das funktionierende Vorabentscheidungsverfahren gewährleistet werden soll, wird riskiert. Die Fehleranfälligkeit und das Missbrauchspotential drohen, das Rechtsgebäude der Union porös werden zu lassen. Dies könnte durch eine materielle Neubestimmung des Acte Clair vermieden werden.[26] Gerichte und Rechtsanwender bekämen eine verlässliche, handhabbare Orientierung, wodurch die Vorhersehbarkeit und Rechtssicherheit gesteigert würden. Zudem könnten dadurch Missbräuche des Acte Clair transparent aufgezeigt und Sanktionsmaßnahmen effizienter werden. In der folgenden Untersuchung soll dargelegt werden, ob es möglich ist, den Acte Clair materiellrechtlich zu verstehen und mithilfe welcher Kriterien hier tatsächlich Klarheit geschaffen werden könnte. Dabei wird auch überprüft, ob die deutschen Gerichte bei dem Gebrauch des Acte Clair bereits, ohne dies zu benennen, ein materiellrechtliches Verständnis für die Bejahung des Acte Clair verfolgen und die Kriterien des materiellen Acte Clair erfüllen, was belegen würde, dass die Umsetzung eines materiellen Acte Clair in der Praxis gelänge.

---

26 Für einen weiteren Impuls, den Acte Clair weg von dem formellen Verständnis zu bewegen, siehe *Hummert*, 2006, 129 ff. Sie setzt sich methodisch mit dem Kooperationsverhältnis der Mitgliedstaaten und dem EuGH auseinander und verfolgt einen Ansatz der „gemeinschaftsrechtlichen Klärungsbedürftigkeit". Sie möchte die Vorlagepflicht lockern und diese an Leitlinien orientieren, um den mitgliedstaatlichen Gerichten bewusst Spielräume zu geben (ebd., 131 f.). Dabei spricht sie sich für die Begrenzung des Vorlagerechts auf letztinstanzliche Gerichte aus (ebd., 146). Anders als der hier vertretene Ansatz, der an das *CILFIT*-Kriterium der Eindeutigkeit der Norm anknüpft, geht *Hummert* nach ihrem Verständnis der europarechtlichen Klärungsbedürftigkeit stattdessen von der Bedeutung der Frage für das Gemeinschaftsrechts aus, wobei sie sich an den Zielen des Vorabentscheidungsverfahrens orientiert (ebd., 139). Unterschiedliche Sichtweisen in den Mitgliedstaaten sieht *Hummert* als „hinnehmbar" an, da sich die eigenständige Auslegung der nationalen Gerichte ohnehin nur in „Randbereichen" ausmache (ebd., 139). Dem ist nicht zuzustimmen. Zwar kann im nationalen Kontext einer gewachsenen Rechtsordnung eine Rechtsprechungsfragmentierung bis zu einem gewissen Grad akzeptiert werden, wenn die Pluralität gerade Teil des Rechtsdiskurses ist; dies kann jedoch nicht auf die EU und den gemeinsamen Binnenmarkt übertragen werden, da nationale Unterschiede den Markt gefährdende Wettbewerbsverzerrung darstellen können.

D. Untersuchungsgegenstand

Den Untersuchungsgegenstand stellen die EuGVO a.F.[27] und die EuGVO n.F.[28] dar, welche das EuGVÜ[29] abgelöst haben sowie ihr Parallelübereinkommen, das Luganer Übereinkommen in der ursprünglichen (LugÜ 1988)[30] und revidierten Fassung (LugÜ 2007)[31] für die Anwendung in Bezug zu Norwegen, Dänemark und seit 1.1.2011 der Schweiz sowie seit 1.5.2011 Island.[32] Die Fälle zum LugÜ 1988 sind insofern interessant zu beleuchten, weil hier eine Übertragung der Auslegungskompetenz auf den EuGH oder auf ein anderes supranationales Gericht politisch nicht gewollt war.[33] Von einem Acte Clair wurde fast ausschließlich im Anwendungsbereich dieser genannten Kodifizierungen Gebrauch gemacht. Zur Brüssel IIa-Verordnung (Brüssel IIa-VO)[34] ist noch keine Acte Clair-Entscheidung ergangen. Außerdem umfasst die Analyse die Verordnungen der sogenannten „2. Generation“: Europäische Mahnverordnung

27 Verordnung (EG) Nr. 44/2001 des Rates vom 22. Dezember 2000 über die gerichtliche Zuständigkeit und die Anerkennung und Vollstreckung von Entscheidungen in Zivil- und Handelssachen (ABl. L 12 vom 16.1.2001, S. 1–23).

28 Verordnung (EU) Nr. 1215/2012 des Europäischen Parlaments und des Rates vom 12. Dezember 2012 über die gerichtliche Zuständigkeit und die Anerkennung und Vollstreckung von Entscheidungen in Zivil- und Handelssachen (ABl. L 351 vom 20.12.2012, S. 1–32).

29 Übereinkommen von Brüssel von 1968 über die gerichtliche Zuständigkeit und die Vollstreckung gerichtlicher Entscheidungen in Zivil- und Handelssachen /* Konsolidierte Fassung CF 498Y0126(01) */(ABl. L 299 vom 31.12.1972, S. 32–42).

30 88/592/EWG: Übereinkommen über die gerichtliche Zuständigkeit und die Vollstreckung gerichtlicher Entscheidungen in Zivil- und Handelssachen - Geschlossen in Lugano am 16. September 1988 (ABl. L 319 vom 25.11.1988, S. 9–48).

31 Luganer Übereinkommen über die gerichtliche Zuständigkeit und die Anerkennung und Vollstreckung von Entscheidungen in Zivil- und Handelssachen Geschlossen in Lugano am 30. Oktober 2007 (ABl. L 147 vom 10.6.2009, S. 5-43).

32 Gegenüber Dänemark gilt mit Wirkung vom 1.7.2007 (ABl. L 94 vom 4.4.2007, S. 70) ein Parallelübereinkommen zwischen der EU und dem Königreich Dänemark, sodass die Regelungen der EuGVO n.F. mit wenigen Abweichungen anwendbar wurden, siehe Art. 2 Abs. 1, 2 des Abkommens ABl. L 299 vom 16.11.2005, S. 64.

33 *Heerstrassen*, RIW 1993, 179, 180.

34 Verordnung (EG) Nr. 2201/2003 des Rates vom 27. November 2003 über die Zuständigkeit und die Anerkennung und Vollstreckung von Entscheidungen in Ehesachen und in Verfahren betreffend die elterliche Verantwortung und zur Aufhebung der Verordnung (EG) Nr. 1347/2000 (ABl. L 338 vom 23.12.2003, S. 1–29).

(EuMahnVO),[35] Europäische Vollstreckungstitelverordnung (EuVTVO),[36] Europäische Bagatellverordnung (EuBagatellVO)[37] sowie die Europäische Kontenpfändungsverordnung (EuKontenpfändungsVO),[38] wobei jedoch bislang nur im Rahmen der EuVTVO Gebrauch vom Acte Clair durch die deutschen Gerichte gemacht worden ist.

Das Fallmaterial zu den jungen Rom-Verordnungen I,[39] II[40] und III,[41] die als Regelungsgehalt die Bestimmung des anwendbaren Rechts haben, wurde aufgrund der geringen Fallzahlen ausgeklammert, da sich aus den wenigen Einzelfällen kaum Schlüsse hätten ziehen lassen können. Ebenfalls unberücksichtigt blieben die Europäische Zustellungsverordnung[42] sowie die Europäische

35 Verordnung (EG) Nr. 1896/2006 des Europäischen Parlaments und des Rates vom 12. Dezember 2006 zur Einführung eines Europäischen Mahnverfahrens (ABl. L 399 vom 30.12.2006, S. 1–32).

36 Verordnung (EG) Nr. 805/2004 des Europäischen Parlaments und des Rates vom 21. April 2004 zur Einführung eines europäischen Vollstreckungstitels für unbestrittene Forderungen (ABl. L 143 vom 30.4.2004, S. 15–39).

37 Verordnung (EG) Nr. 861/2007 des Europäischen Parlaments und des Rates vom 11. Juli 2007 zur Einführung eines europäischen Verfahrens für geringfügige Forderungen (ABl. L 199 vom 31.7.2007, S. 1-22).

38 Verordnung (EU) Nr. 655/2014 des Europäischen Parlaments und des Rates vom 15. Mai 2014 zur Einführung eines Verfahrens für einen Europäischen Beschluss zur vorläufigen Kontenpfändung im Hinblick auf die Erleichterung der grenzüberschreitenden Eintreibung von Forderungen in Zivil- und Handelssachen (ABl. L 189 vom 27.6.2014, S. 59–92).

39 Verordnung (EG) Nr. 593/2008 des Europäischen Parlaments und des Rates vom 17. Juni 2008 über das auf vertragliche Schuldverhältnisse anzuwendende Recht (Rom I) (ABl. L 177 vom 4.7.2008, S. 6–16).

40 Verordnung (EG) Nr. 864/2007 des Europäischen Parlaments und des Rates vom 11. Juli 2007 über das auf außervertragliche Schuldverhältnisse anzuwendende Recht (Rom II) (ABl. L 199 vom 31.7.2007, S. 40–49).

41 Verordnung (EU) Nr. 1259/2010 des Rates vom 20. Dezember 2010 zur Durchführung einer verstärkten Zusammenarbeit im Bereich des auf die Ehescheidung und Trennung ohne Auflösung des Ehebandes anzuwendenden Rechts (ABl. L 343 vom 29.12.2010, S. 10–16).

42 Verordnung (EG) Nr. 1393/2007 des Europäischen Parlaments und des Rates vom 13. November 2007 über die Zustellung gerichtlicher und außergerichtlicher Schriftstücke in Zivil- oder Handelssachen in den Mitgliedstaaten (Zustellung von Schriftstücken) (ABl. L 324 vom 10.12.2007, S. 79–120).

Beweisverordnung.[43]

E. Untersuchter Zeitraum

Die Zeitspanne der untersuchten Fälle beginnt mit dem Inkrafttreten der EuGVO a.F. am ersten März 2002 bis zum Oktober 2019. Obwohl die Urteile nach dem ersten März 2002 entschieden wurden, musste in einigen Fällen noch das EuGVÜ angewendet werden. Inhaltlich besteht zwischen dem EuGVÜ und der Verordnung (EG) Nr. 44/2001 (EuGVO a.F. bzw. Brüssel I-VO) weitgehende Kontinuität, dennoch gibt es praktisch relevante Änderungen, auf die bei den einzelnen Entscheidungen gesondert eingegangen wird.[44] Mit Wirkung zum 10.1.2015 wurde die EuGVO a.F. aufgehoben und die Zuständigkeit richtete sich für Klagen, die nach diesem Zeitpunkt erhoben wurden, nach der VO (EU) Nr. 1215/2012 (EuGVO n.F. bzw. Brüssel Ia-VO).[45] Durch die Neufassung der EuGVO a.F. ergaben sich jedoch bezüglich der internationalen Zuständigkeiten keine wesentlichen Änderungen, sodass auch die Rechtsprechung zur EuGVO a.F. richtungsweisend für die geltende Rechtslage ist und daher in den meisten Fällen maßgeblich bleibt.[46]

Die EG-Mitgliedstaaten hatten in zwei Protokollen dem EuGH die Auslegungskompetenz für das EuGVÜ und EVÜ übertragen.[47] Das „Luxemburger

43 Verordnung (EG) Nr. 1206/2001 des Rates vom 28. Mai 2001 über die Zusammenarbeit zwischen den Gerichten der Mitgliedstaaten auf dem Gebiet der Beweisaufnahme in Zivil- oder Handelssachen (ABl. L 174 vom 27.6.2001, S. 1–24).

44 Siehe dazu eingehend *Kohler*, in: FS Geimer, 2002, 461 ff.

45 Art. 66 und Art. 80 VO (EU) Nr. 1215/2012.

46 Vgl. *Sendmeyer*, NJW 2015, 2384, 2385.

47 Betreffend das EuGVÜ: Luxemburger Protokoll betreffend die Auslegung des Übereinkommens vom 27.9.1968 über die gerichtliche Zuständigkeit und die Vollstreckung gerichtlicher Entscheidungen in Zivil- und Handelssachen durch den Gerichtshof vom 3. Juni 1971 (BGBl. 1972 II, S. 846). Betreffend das EVÜ: Erstes Protokoll 89/128/EWG vom 19. Dezember 1988 betreffend die Auslegung des am 19. Juni 1980 in Rom zur Unterzeichnung aufgelegten Übereinkommens über das auf vertragliche Schuldverhältnisse anzuwendende Recht durch den Gerichtshof der Europäischen Gemeinschaften (ABl. L 48 vom 20.2.1989, S. 1; BGBl. 2006 II, S. 348) und zweites Protokoll 89/129/EWG vom 19. Dezember 1988 zur Übertragung bestimmter Zuständigkeiten für die Auslegung des am 19. Juni 1980 in Rom zur Unterzeichnung aufgelegten Übereinkommens über das auf vertragliche Schuldverhältnisse anzuwendende Recht auf den Gerichtshof der Europäischen Gemeinschaften (ABl. L 48 vom 20.2.1989, S. 17; BGBl. 2006 II, S. 348).

Protokoll betreffend die Auslegung des Übereinkommens vom 27.9.1968 über die gerichtliche Zuständigkeit und die Vollstreckung gerichtlicher Entscheidungen in Zivil- und Handelssachen durch den Gerichtshof" vom 3. Juni 1971 besagte, dass Auslegungsfragen betreffend das EuGVÜ nach Art. 2 Nr. 1 und Nr. 2 nur Gerichte, die als Rechtsmittelinstanzen entschieden sowie in Deutschland die obersten Gerichte des Bundes, vorlegen konnten. Art. 3 Abs. 1 Auslegungsprotokoll betreffend das EuGVÜ regelte die Vorlagepflicht der nach Art. 2 Nr. 1 EuGVÜ genannten obersten Gerichte, wenn diese eine Entscheidung des EuGH für den Erlass des Urteils erforderlich hielten. Der EuGH wurde unter Geltung des EuGVÜ nicht als Organ der Europäischen Gemeinschaften eingerichtet, sondern agierte als ein von den unterzeichnenden Staaten völkerrechtlich eingesetztes Gericht.[48] Dieses Auslegungsprotokoll sah ferner kein Vertragsverletzungsverfahren vor, was die Justiziabilität gefährdete.[49] Nach Inkrafttreten der EuGVO a.F., welche auf Art. 65 EG-Vertrag a.F. basierte, handelte es sich um sekundäres Gemeinschaftsrecht, für welches der EuGH eine genuine Auslegungszuständigkeit hat.[50]

Nach Art. 68 Abs. 1 EG-Vertrag a.F. galt jedoch für den Titel IV EG-Vertrag a.F., worunter auch die justizielle Zusammenarbeit in Zivilsachen fiel, eine eingeschränkte Vorlagebefugnis nur für Gerichte, gegen deren Entscheidungen keine Rechtsmittel mehr eingelegt werden konnten. Damit lag eine Einschränkung des Vorabentscheidungsverfahrens nach Art. 234 EG-Vertrag a.F. vor. Eine zusätzliche Einschränkung der Zuständigkeit des EuGH sah Art. 62 Abs. 2 EG-Vertrag a.F. vor.

Eine wichtige Änderung im Bereich der justiziellen Zusammenarbeit ergab sich durch den Vertrag von Lissabon. Der Vertrag von Lissabon,[51] unterzeichnet am 13.12.2007 und in Kraft seit 1.12.2009, enthält solche Einschränkungen nicht mehr.

48 *R. Geimer/E. Geimer/G. Geimer*, Internationales Zivilprozeßrecht, ^{4}2001, Rn. 246j.

49 Anders als der EWGV sowie die anderen Gründungsverträge sieht das Auslegungsprotokoll von 1971 kein Vertragsverletzungsverfahren vor, dazu *Kohler*, IPRax 1991, 299, 302 mit Fn. 25.

50 *R. Geimer/E. Geimer/G. Geimer*, Internationales Zivilprozeßrecht, ^{4}2001, Rn. 246j.

51 „Vertrag von Lissabon zur Änderung des Vertrags über die Europäische Union und des Vertrags zur Gründung der Europäischen Gemeinschaft", veröffentlicht in ABl. C 306 vom 17.12.2007, S. 1, konsolidierte Fassung ABl. C 326 vom 26.10.2012, S. 1.

F. Methodische Ansätze

Methodologisch wird die Arbeit inspiriert vom Ansatz der Zweckjurisprudenz und Interessenjurisprudenz.[52] Dieser ursprünglich von *Philipp Heck*,[53] *Max Rümelin* und *Heinrich Stoll* im frühen 20. Jahrhundert entwickelte Ansatz stützte sich auf das soziologische Rechtsverständnis von *Jhering*.[54] Danach wurde das Recht als zweckbestimmt sowie als Ausdruck von Interessenkonflikten angesehen.[55] Die Herausarbeitung des Telos war für diese Methodik besonders prägend, und das Gesetz sei an seinen kausalen Interessen[56] sowie Ursachen zu messen.[57] Der Richter habe die Aufgabe, die kausalen Interessen des Gesetzes zu erforschen und dabei den Willen des Gesetzgebers mithilfe der Gesetzesmaterialen zu ermitteln.[58] *Kegel* prägte diesen Ansatz besonders im Bereich der internationalprivatrechtlichen Interessen für den europäischen Rechtskreis.[59] *Kegel* ging hier davon aus, dass der Jurist „kein seelenloser Automat" sei.[60] Der Jurist müsse bewusst die Feststellung, Bewertung und Abwägung von Interessen in den Mittelpunkt rücken, um die „im Spiel befindlichen Interessen" nicht aus den

---

52 Ebenfalls diese Zusammenstellung beider Ansätze wählend *J. Schröder*, ZfPW 2016, 307.

53 Die Grundideen von *Heck*, AcP 112 (1914), 1, aufnehmend und präzisierend: *Heck*, 1933, 1 ff.

54 *Jansen/Reimann*, ZEuP 2018, 89, 114.

55 Ebd., 114 f.

56 Unter kausalen Interessen versteht *Heck*, AcP 112 (1914), 1,8, dass im Sinne einer historischen Interessenforschung der Wille des Gesetzgebers einen Realgehalt habe. Dieser sei weder rein subjektiv, psychologisch, noch objektiv zu bestimmen. Vielmehr sei der Willensbegriff als normativer Interessenbegriff einzuordnen. Ermittelt werden sollen die menschlichen Vorstellungen, die beim Vorgang der Gesetzgebung hervorgetreten sind. Resümieren lässt sich dies damit, dass der Gesetzgeber kein Phantom sei, sondern die zusammenfassende Bezeichnung für die kausalen Interessen, welche historisch-teleologisch durch den Richter ermittelt werden müssen. Dabei wird eine richterliche Fortbildung gefordert.

57 *Frieling*, 2017, 67.

58 *Heck*, 1933, 27 ff.; *Heck*, AcP 112 (1914), 1; bezugnehmend *Frieling*, 2017, 67.

59 *Heck* habe bereits 1891 behauptet, dass man auch im Bereich des IPR nur durch Verwendung der Methode der Interessenüberprüfung zum Ziel komme, so *Kegel*, in: FS Lewald, 1978, 259, 262 verweisend auf *Heck*, ZgesHR 38 (1891), 305, 306 f.

60 *Kegel*, in: FS Lewald, 1978, 259, 261. Kritisch bezüglich der Interessentrias, da die Einteilung „sehr subjektiv und wandelbar" sei, Einzelinteressen überbewerte und „das allgemeine, langfristige Interesse an Gleichmäßigkeit und Stabilität der Rechtsübung, an Rechtssicherheit vernachlässigt", *Neuhaus*, RabelsZ 25 (1960), 375, 377 f.

Augen zu verlieren.[61] *Kegel* stellte hier auf die Interessentrias von Parteiinteressen, Verkehrsinteressen und Ordnungsinteressen ab.[62] *Flessner* verschärfte in der Folge diesen Ansatz noch und verfolgte einen Ansatz der rationalen Interessenjurisprudenz. Er orientierte sich sowohl bei der Herausarbeitung der Interessen als auch bei der Bewertung und Abwägung dieser an der Realität und stellte dabei auf konkrete menschliche Interessen staatlicher und privater Art ab, die sich nicht auf einen Katalog reduzieren ließen.[63] Er kritisierte, dass der Gesetzgeber nur typisierten und generalisierten Interessen gerecht werden könne, jedoch später der Normanwender konkrete, reale Interessen zu den typischen vorstellbaren Interessen hinzutreten lassen müsse.[64] Er wollte die Methodik daher zu einer realistischen Theorie weiterentwickeln.[65] Kritisch dazu äußerte sich *Schurig*,[66] der *Flessner* kritisierte, indem er meinte, auch Interessen fänden durchaus Bedeutung, insbesondere die Ordnungsinteressen, in Form von Wertungselementen und er nahm an, dass Überlegungen zu Vernünftigkeit, Zweckmäßigkeit und Systemgerechtigkeit sowie Rechtssicherheit gerade nicht im Widerspruch zu interessenjuristischem Denken stünden.[67] Diese befruchtenden Ansätze nutzend, verbindet die Arbeit dies mit dem Methodenkanon des Europarechts, welches vorherrschend die Telosinterpretation verwendet, also auf die Zielsetzung der Norm gerichtet ist. Die Bestimmung des Normzwecks erfolgt im Sinne einer „dynamischen Interpretation", um integrationsfördernde Lösungen zu finden und der Norm bestmöglich praktische Wirksamkeit zu verleihen (*effet utile*).[68]

Dem Europarecht liegen gerade kein kohärentes System und keine gewachsene Rechtstradition zugrunde, wie einer nationalen Rechtsordnung, sondern eine Verschränkung verschiedener nationaler Rechtsordnungen.[69] Daher ist das Recht im Kontext zu verstehen, denn Gerichtsentscheidungen sind nicht Ausdruck reiner Dogmatik, sondern auch einer politischen und kulturellen

---

61 *Kegel*, in: FS Lewald, 1978, 259, 261.

62 Ebd., 274 ff.

63 *Flessner*, 1990, 67.

64 Ebd.

65 Ebd.

66 *Schurig*, RabelsZ 59 (1995), 229, 229.

67 Ebd., 237.

68 In Deutschland geschehe dies objektiv-teleologisch, indem auf den objektivierten Gesetzgeber abgestellt werde, *Kirchner*, in: Riesenhuber/Ackermann (Hrsg.), [2]2010, Rn. 20 ff.

69 *Haltern*, [3]2017, EuR Band I, Rn. 9, 13.

Dimension, die man als Dialog verstehen kann, und welche beispielsweise Zeichen der Zusammenarbeit aufzeigen oder disziplinierende Wirkung haben können.[70] Diese Denkanstöße sollen in der hier folgenden Untersuchung nutzbar gemacht werden.

G. Gang der Untersuchung

Die Arbeit ist in drei Teile gegliedert. Die Darstellung der europarechtlichen Grundlagen (Kapitel zwei) und der Entwicklung des Acte Clair in der EuGH-Rechtsprechung (Kapitel drei) bilden zusammen Teil eins der Arbeit, der formelle Acte Clair. Darauf folgt in Teil zwei die Bestandsaufnahme der deutschen Entscheidungen (Kapitel vier bis acht). Die Urteile wurden vornehmlich auf Grundlage der IP-Rechtsprechung gefunden. Die Darstellung der Urteile erfolgt systematisiert nach den im Fall behandelten Rechtsproblemen, wobei die Rechtsprobleme ihren gesetzgeberischen Zwecken zugeordnet wurden. Hier ließen sich fünf zentrale gesetzgeberische Zwecke herausfiltern, die die Fälle umspannten, in denen die deutschen Gerichte einen Fall des Acte Clair annahmen. Die gesetzgeberischen Zwecke sind solche, die im Rechtsakt selbst zum Ausdruck gebracht werden und sich in den Entstehungsmaterialien sowie den Erwägungsgründen widerspiegeln. Im Zuge der Bearbeitung dienen sie der Zuordnung der jeweiligen Regelungsgehalte der relevanten Vorschriften in eine Kategorie. Für das untersuchte Regelungsfeld stellen diese *erstens* die Gewährleistung des Schutzes des Schwächeren dar, *zweitens* die Gewährleistung der Vorhersehbarkeit des Gerichtsstandes, *drittens* die Gewährleistung der abgestimmten Rechtspflege und *viertens* die Gewährleistung des freien Verkehrs der Entscheidungen. Die Gewährleistung des Schutzes des Schwächeren (geregelt in den Abschnitten 3 bis 5 der EuGVO a.F./n.F.) wird hier vor den besonderen Gerichtsständen untersucht (geregelt im Abschnitt 2 der EuGVO a.F. und n.F.). Dies hat den Grund, dass zur Kategorie der Gewährleistung der Vorhersehbarkeit neben den besonderen Gerichtsständen auch die in der Gesetzessystematik nachgestellten Wahlgerichtsstände (geregelt im Abschnitt 7 der EuGVO a.F. und n.F.) gefasst werden können. Zudem stellt die Kategorie der Gewährleistung des Schutzes des Schwächeren die von den Fallzahlen am stärksten vertretene Fallgruppe dar.

70 Siehe hierzu den methodologischen Ansatz von *Haltern*, [3]2017, EuR Band I, Rn. 16 ff., der zwischen drei Analyseebenen, der Dogmatik im engeren Sinne, Kontext und Recht als kulturtheoretische Wissenschaft unterscheidet.

In einer *fünften* Kategorie wird die Gewährleistung der erleichterten Vollstreckung unbestrittener Forderungen untersucht. In dieser Kategorie wird insbesondere die EuVTVO relevant.

In der Bestandsaufnahme werden die Fälle den Kategorien zugeordnet und teilweise noch in einer Unterkategorie zu einem gemeinsamen, übergeordneten Regelungsproblem zusammengefasst. Am Anfang jeder Kategorie wird die jeweils relevante EuGH-Rechtsprechung aufgezeigt, die sich dem Rechtsproblem vor dem Ergehen der besprochenen deutschen Entscheidungen zu dem gemeinsamen Regelungsproblem widmete. Eine Bewertung der Annahme eines Acte Clair kann sich nur auf jene Rechtsprechung des EuGH stützen, die dem Gericht vor dem Ergehen der Entscheidung vorlag. Anschließend wird die deutsche Rechtspraxis dargestellt, wobei zunächst der Sachverhalt beschrieben wird, anschließend die vom Gericht gewählte Lösung des Rechtsproblems aufgezeigt und schließlich der Wortlaut der Begründung des Acte Clair wiedergegeben wird. Anschließend wird jede Entscheidung einer Bewertung unterzogen. Die Bewertung konzentriert sich auf die Annahme des Acte Clair. Auch wenn der Acte Clair als im Ergebnis begrüßenswert eingeschätzt wird, bedeutet dies nicht gleichermaßen, dass dem entscheidenden deutschen Gericht keine Subsumtionsfehler bei der Anwendung des Unionsrechts unterlaufen sein können.

In einem auf jede Entscheidung folgenden Ergebnis werden die Bewertungskriterien zusammengefasst. Je nach Regelungsproblem wird anschließend teilweise auf die Diskussion im Schrifttum eingegangen und auf die relevante Folgerechtsprechung des EuGH Bezug genommen. In Einzelfällen wird auf die Problematik im nationalen Kontext Bezug genommen, wenn sich daraus mögliche Erklärungsansätze ergeben.

Daraufhin folgt Teil drei der Arbeit, der materielle Acte Clair. Hier erfolgt in Kapitel neun die Überprüfung der Hypothese und in Kapitel zehn folgen das Ergebnis und ein abschließender Ausblick.

H. Bewertungskriterien

Die zu untersuchende Frage lautet, wann die Annahme eines Acte Clair nicht der Position des EuGH schadet. Die Stellung des EuGH kann durch die drei generellen Politikziele des EuGH, die stetig wiederkehrend in der Rechtsprechung des EuGH auftauchen, definiert werden.

Für die Bewertung muss unterstellt werden können, dass der EuGH bestimmte Politikziele verfolgt. Dies wird von der einschlägigen Literatur grundsätzlich bejaht.[71] Die drei vom EuGH politisch verfolgten Ziele, die in seiner Rechtsprechung „hartnäckig präsent“ sind, stellen die Effektivität des Unionsrechts (*effet utile*) dar, die Einheit der Unionsrechtsanwendung sowie der Individualrechtsschutz.[72] Daraus wiederum werden in doppelter Hinsicht Verfassungsziele gefolgert; erstens, dass das Unionsrecht nationales Recht darstellt und zweitens, dass das Unionsrecht Vorrang vor dem nationalen Recht genießt.[73] Zur Durchsetzung dieser Politikziele bemüht sich der EuGH vier dogmatischer Kniffe – der unmittelbaren Anwendbarkeit, eines Haftungsregimes, das den Mitgliedstaaten die Verantwortung zur Durchsetzung und Umsetzung auf nationaler Ebene aufgibt sowie die unionsrechtskonforme Auslegung und zuletzt die Sperrwirkung des national umgesetzten Sekundärrechts, wonach die Nationalstaaten selbst keine neuen innerstaatlichen Regelungen treffen dürfen (heute Art. 2 AEUV).[74]

Als Bewertungskriterien dienen daher die drei generellen Politikziele des EuGH, welche die Sicherstellung des *effet utile*, die Einheitlichkeit des Unionsrechts sowie den Individualrechtsschutz bezwecken.[75] Aus diesen drei Politikzielen leitet der EuGH das Verständnis seiner Rolle und der Rolle des Rechts sowie der Justiz im Unionsrecht ab danach ist das Unionsrecht sowohl Bestandteil des mitgliedstaatlichen Rechts als auch vorrangig im Verhältnis zum nationalen Recht zu berücksichtigen.[76] Da es die zentrale Rolle des EuGH ist, als Hüter der Einheitlichkeit zu agieren, strahlt das Politikziel der Einheitlichkeit des Unionsrechts dabei auf die beiden anderen Politikziele aus, sodass sich zwei Kriterien herauskristallisiert haben.

Die beiden Kriterien dienen sowohl als Bewertungsmaßstab für die untersuchten Urteile als auch als „Checkliste“ für Richter, die vor der Frage stehen, ob eine Acte Clair-Annahme im materiellen Sinn angebracht erscheint oder die Position des EuGH bedroht und daher abgelehnt werden muss. Somit stellen die Bewertungskriterien gleichzeitig den Maßstab einer möglichen Neubestimmung eines materiellen Acte Clair dar.

---

71 *Haltern*, ³2017, EuR Band II, Rn. 575 ff.; *Shaw*, ³2000, 427.

72 *Haltern*, ³2017, EuR Band II, Rn. 575 ff.

73 Ebd., Rn. 578.

74 Ebd., Rn. 580 ff. Siehe auch das Schema nach *Shaw*, ³2000, 427, abgedruckt bei *Haltern*, ³2017, EuR Band II, Rn. 548.

75 *Shaw*, ³2000, 427; *Haltern*, ³2017, EuR Band II, Rn. 575 ff., beide mit schematischer Darstellung. Auf die Wichtigkeit des Individualrechtsschutzes beim Acte Clair geht bereits *Hummert*, 2006, 142 ein, die diesen im Rahmen ihres Kriteriums der „gemeinschaftsrechtlichen Klärungsbedürftigkeit“ bespricht.

76 *Haltern*, ³2017, EuR Band II Rn. 578.

I. Effet utile und Einheitlichkeit des Unionsrechts

Das erste Kriterium stellen dabei der *effet utile* und die Einheitlichkeit des Unionsrechts dar. Der EuGH muss in der Position sein, die Effektivität des Unionsrechts zu gewährleisten. Ein Acte Clair kann daher nur dann angenommen werden, wenn diese nicht bedroht ist. Effektivität setzt dabei voraus, dass der Normzweck klar ist. Das Telos darf keinen Anlass zu Zweifeln geben. Bei der Feststellung der Schutzrichtung der Norm darf keine Unklarheit für den nationalen Richter bestehen. Nur wenn keine Unklarheit bezüglich des Telos besteht, kann ein mitgliedstaatliches Gericht einen Acte Clair annehmen, ohne die Rechtsprechung zu fragmentieren. Das bedeutet, die Position des EuGH als Hüter der Einheitlichkeit ist nur dann nicht bedroht, wenn der Schutzzweck der Norm bestimmbar ist, ohne dass Unklarheiten bestehen.

Der Grundsatz des *effet utile* kann dabei zum einen als eine Spielart der teleologischen Auslegung verstanden werden[77] und zum anderen als zentrales Strukturprinzip, nach dem das Verhältnis der mitgliedstaatlichen Rechtsordnungen und des Unionsrechts sowie der Gerichtsprozesse gestaltet wird.[78] Der teleologischen Auslegung kommt eine „herausragende Bedeutung“[79] im Unionsrecht zu, wobei der EuGH die aus dem Völkerrecht stammende Formulierung des „*effet utile*“ verwendet.[80] Gemeint ist hiermit, die größtmögliche praktische Wirksamkeit der Norm zu erzielen, indem effektiv die von der Bestimmung bezweckten Ziele zur Geltung gebracht werden.[81] Aufgabe der Mitgliedstaaten ist es, das

77 *Potacs*, EuR 2009, 465, 469. Siehe auch *Dederichs*, 2004, 27; *Anweiler*, 1997, 219 f.; *Bredimas*, 1978, 77; *Dobler*, in: Roth (Hrsg.), 2008, 509, 519. Aufgrund der Besonderheit des Charakters des *effet utile* wird er teilweise auch als eine eigenständige, sechste Auslegungsmethode verstanden, so bspw. *Seyr*, 2010, 272 ff.

78 *Haltern*, ^{3}2017, EuR Band II, Rn. 576; *Shaw*, ^{3}2000, 427.

79 Calliess/Ruffert EUV/AEUV/*Wegener*, Art. 19 EUV, Rn. 16; *Grundmann*, 1997, 394; *Lutter*, JZ 1992, 593, 602; *Bleckmann*, RIW 1987, 929, 930, 933.

80 Calliess/Ruffert EUV/AEUV/*Wegener*, Art. 19 EUV, Rn. 16.

81 Ständige Rspr. EuGH, Urteil vom 4.12.1974 – 41/74 (Yvonne van Duyn ./. Home Office) = ECLI:EU:C:1974:133, Rn. 12; EuGH, Urteil vom 1.2.1977 – 51/76 (Verbond van Nederlandse Ondernemingen ./. Inspecteur der Invoerrechten en Accijnzen) = ECLI:EU:C:1977:12, Rn. 20/29; EuGH, Urteil vom 20.9.1988 – 190/87 (Oberkreisdirektor des Kreises Borken und Vertreter des öffentlichen Interesses beim Oberverwaltungsgericht für das Land Nordrhein-Westfalen ./. Handelsonderneming Moormann BV.) = ECLI:EU:C:1988:424, Rn. 27. Siehe explizit beispielsweise EuGH, Urteil vom 17.9.2009 – C-347/08 (Vorarlberger Gebietskrankenkasse) = ECLI:EU:C:2009:561, Rn. 35: „Zur Gewährleistung einer vollen Wirksamkeit und autonomen Auslegung der

Unionsrecht in den mitgliedstaatlichen Rechtsordnungen einheitlich umzusetzen. Die Zweifelsfreiheit des Schutzzwecks kann sich sowohl aus dem Normtext selbst ergeben als auch aus der Rechtsprechung des EuGH, welche das Telos der Norm herausarbeitet und etabliert. Um etwaige Unklarheiten des Schutzniveaus auszuräumen kann auch der Blick auf andere Maßnahmen des Unionsrechts helfen. Hier ein Zusammenspiel von sich ausgleichenden unionsrechtlichen Maßnahmen oder sich widersprechender Schutzrichtungen von unionsrechtlichen Maßnahmen herauszuarbeiten, kann ebenfalls Klarheit schaffen. Eine zweifelsfreie und klare Bestimmung des Telos muss jedoch allein anhand der genuinen Unionsrechtsmaterie möglich sein, da nur so alle mitgliedstaatlichen Richter einheitlich auslegen können.

Die Politikziele der Effektivität und Einheitlichkeit des Unionsrechts dienen der Strukturierung des Verhältnisses zwischen den Rechtsordnungen der Mitgliedstaaten und dem Unionsrecht, welches durch die Mitgliedstaaten im Rahmen des Vorabentscheidungsverfahrens gewährleistet werden muss.[82] Insofern stellen beide Merkmale zwei Seiten derselben Medaille dar.

Die Einheitlichkeit des Unionsrechts dient insbesondere dem Binnenmarkt. Als „zentraler Grundpfeiler" prägt dieser die Unionsverfassung in Art. 3 Abs. 3 EUV sowie Art. 26 AEUV und stellt sowohl Ziel als auch Instrument der Integration dar.[83] Art. 26 Abs. 1 AEUV beschreibt, dass die Union Maßnahmen erlässt, um den Binnenmarkt zu gewährleisten und zu verwirklichen. Art. 26 Abs. 2 AEUV enthält eine Legaldefinition. Danach ist der Binnenmarkt ein „Raum ohne Binnengrenzen, in dem der freie Verkehr von Waren, Personen, Dienstleistungen und Kapital nach den Bestimmungen der Verträge gewährleistet ist. Verwirklichung und Gewährleistung des Binnenmarktes sind danach auf den möglichst unbeeinflussten Zutritt zu fremden Märkten gerichtet, was mittels positiver und negativer Integration zu erreichen ist, um Wettbewerbsfreiheit und -gleichheit zu generieren.[84] Hinter dem Ziel des funktionierenden Binnenmarktes verbergen sich somit zwei Teilziele, der freie Verkehr sowie der unverfälschte Wettbewerb[85] im Sinne des Erreichens eines europaweiten kompetitiven Equilibriums.[86] Um dieses Ziel zu erreichen, regelt Art. 114 Abs. 1 AEUV

Verordnung Nr. 44/2001 ist grundsätzlich auf ihre Systematik und ihre Zielsetzungen Bedacht zu nehmen [...]."; Calliess/Ruffert EUV/AEUV/*Wegener*, Art. 19 EUV, Rn. 16.

82 *Haltern*, ^{3}2017, EuR Band II, Rn. 577.

83 Calliess/Ruffert EUV/AEUV/*Ruffert*, Art. 3 EUV, Rn. 22.

84 Calliess/Ruffert EUV/AEUV/*Korte*, Art. 26 AEUV, Rn. 27.

85 Streinz EUV/AEUV/*Schröder*, Art. 26 AEUV, Rn. 22.

86 Siehe hierzu *Egan*, 2015, 78 ff.

ferner, dass das Europäische Parlament und der Rat Maßnahmen erlassen, die zur Angleichung der Rechts- und Verwaltungsvorschriften der Mitgliedstaaten führen, welche die Errichtung und das Funktionieren des Binnenmarktes zum Gegenstand haben.[87] In diesem Sinne ist auch die Rechtsangleichung ein Zwischenziel zum Politikziel des funktionierenden Binnenmarktes. Divergierende Auslegungspraktiken in den Mitgliedstaaten gefährden den Binnenmarkt, da sie potentiell das kompetitive Equilibrium der Wettbewerber beeinflussen.[88] Rechtsangleichung der Schutzniveaus baut somit Hemmnisse für den Handelsverkehr mit Verbrauchern ab und ein „positiver Wettbewerb" wird erreicht, bei dem der Verbraucher aufgrund von Qualität seine Auswahl trifft.[89] Durch eine Angleichung der Schutzniveaus wird verhindert, dass niedrige Schutzvorschriften als Wettbewerbsvorteil dienen.[90] Mit einem angeglichenen hohen Schutzniveau kann insgesamt mehr über Qualität konkurriert werden und weniger über den Preis.[91] Insofern handelt es sich nicht um ein „race to the bottom-Phänomen", sondern die Käufererwartungen werden aufgrund der drohenden Geltendmachung der Verbraucherrechte eher erfüllt.[92] Beispielsweise im Verbraucherrecht macht bei einem einheitlich hohen Schutzniveau der Verbraucher seine Kaufentscheidung weniger davon abhängig, ob sein heimatrechtlicher Schutz greift, sondern er kann als „confident consumer"[93] die Produkteigenschaften in den Mittelpunkt rücken und dadurch aktiv den grenzüberschreitenden Handel stärken.[94]

II. Individualrechtsschutz und Einheitlichkeit des Unionsrechts

Ferner ist zentrales Ziel des EuGH der Individualrechtsschutz, wobei dem Einzelnen die Möglichkeit eingeräumt werden soll, sich auf seine durch das Unionsrecht gewährten Rechte zu berufen.[95] Insbesondere bedeutet der

---

87 Streinz EUV/AEUV/*Schröder*, Art. 114 AEUV, Rn. 1.

88 Vgl. *Meller-Hannich*, 2005, 68.

89 Ebd.

90 Vgl. ebd.

91 Vgl. ebd., 72. Zum hohen Lohn- und Arbeitnehmerschutzniveau in Deutschland und den dadurch erzielten Effekten, siehe auch *Martin Schröder*, 2014, 99.

92 Dazu, dass nationale Überschreitungen des Mindestschutzniveaus gemessen an den Grundfreiheiten und dem Subsidiaritätsprinzip nicht als Verstoß anzusehen sind, siehe *Meller-Hannich*, 2005, 72 m.w.N. in Fn. 129.

93 Zu „confidence" als objektives Rechtssetzungskriterium, *Meller-Hannich*, 2005, 72.

94 Vgl. ebd.

95 *Haltern*, ^{3}2017, EuR Band II, Rn. 578.

Individualrechtsschutz die Wahrung des Grundrechtsschutzes in der EU. Der Individualrechtsschutz stellt den Ausgleich zwischen dem Kollektiv und dem Individuum dar. Dieses Ziel hat auch symbolischen Charakter, denn für die EU als Rechtsgemeinschaft ist es von besonderer Relevanz, als bürgernah zu erscheinen, um Rückhalt in den Mitgliedstaaten zu erlangen.[96] Die EU, die rechtlich gesehen als einzige internationale Organisation das Individuum in den Mittelpunkt stellt, versucht zudem, Legitimation gerade dadurch zu erlangen, dass keine Rechtsschutzlücken entstehen, weshalb die Gewährung des Individualrechtsschutzes für den EuGH von besonderer Relevanz ist.[97] Ein Acte Clair darf daher nur dann angenommen werden, wenn die Position des EuGH als Hüter der elementaren Bürgerrechte[98] nicht bedroht wird, denn der EuGH sichert für das Gebiet der EU den Grundrechtsschutz.[99] Dabei besteht ein Kooperationsverhältnis mit den Verfassungsgerichten der Mitgliedstaaten.[100] Daher kann sich das Bundesverfassungsgericht auf eine Kontrolle der unabdingbaren Grundrechtsstandards beschränken.[101] Nur der EuGH hat die Kompetenz, über die Konformität von sekundärem Unionsrecht mit den Unionsprimärakten zu befinden.[102] Das ausgeglichene System des Grundrechtsschutzes wurde jedoch in der Åkerberg-Fransson-Entscheidung des EuGH[103] aus dem Gleichgewicht gebracht, wonach jedes mitgliedstaatliche Handeln, welches einen unionsrechtlichen Bezug aufwies, der Grundrechtskontrolle des EuGH unterfallen könnte.[104]

---

96 *Haltern*, [3]2017, EuR Band II, Rn. 578.

97 Ebd., Rn. 1322, 1325.

98 Vgl. *Ptak*, 2014, 228.

99 Handbuch des Staatsrechts/*Kirchhof*, Der deutsche Staat im Prozeß der europäischen Integration (§ 214), Rn. 185.

100 Ebd., Rn. 184 f.

101 BVerfG, 22.10.1986 – 2 BvR 197/83 (Solange II) = BVerfGE 73, 339, 387; BVerfG, 12.10.1993 – 2 BvR 2134/92, 2 BvR 2159/92 (Maastricht) = BVerfGE 89, 155, 175; Handbuch des Staatsrechts/*Kirchhof*, Der deutsche Staat im Prozeß der europäischen Integration (§ 214), Rn. 185.

102 *Pfeiffer*, in: FS Jayme, 2004, 675, 682; *Ptak*, 2014, 228. Kritisch Rauscher EuZPR/EuIPR/*Pabst*, Einl EuVTVO, Rn. 43.

103 EuGH, Urteil vom 26.2.2013 – C-617/10 (Åkerberg Fransson) = ECLI:EU:C:2013:105, Rn. 17-27.

104 „Integration durch Recht", Der Beitrag des Bundesverfassungsgerichts, Prof. Dr. Andreas Voßkuhle, Vortrag Humboldt-Universität zu Berlin, 22. Oktober 2015, https://www.rewi.hu-berlin.de/de/lf/oe/whi/humboldt-reden-zu-europa/archiv-humboldt-reden/rede-vosskuhle, zuletzt abgerufen am 4.11.2019.

Daher ist in dem hier aufgestellten Analyserahmen für die Bewertung eines von einem Gericht angenommenen Acte Clair und dem Aufstellen der Voraussetzungen eines materiellen Acte Clair eine Eingrenzung vorzunehmen. Eine Bedrohung der Position des EuGH als Hüter der elementaren Bürgerrechte kann nach dem hier angenommenen Bewertungskriterium des Individualrechtsschutzes nur dann vorliegen, wenn spezifische Grundrechtsfragen relevant sind. Wenn es als unklar anzusehen ist, ob eine unionsrechtliche Norm eine grundrechtskonforme Abwägung im Sinne der praktischen Konkordanz darstellt, ist eine Acte Clair-Annahme nicht angebracht.

Diese Eingrenzung ist aus dem Grund vorzunehmen, dass eine solche Bedrohung des Individualrechtsschutzes wiederum auf der anderen Seite derselben Medaille eine Einheitlichkeit des Unionsrechts erforderlich macht. Denn die problematische Konstellation, dass zwar das Telos der Norm klar bestimmbar ist und insofern das Unionsrecht einheitlich ausgelegt werden könnte, besteht, wenn aufgrund grundrechtlicher Bedenken die Mitgliedstaaten Unionsrecht unterschiedlich auslegen, was wiederum eine Fragmentierung der Rechtsprechung nach sich zöge.

Die vom nationalen Richter zu erfolgende Prüfung kann hier inspiriert von der sogenannten Möglichkeitstheorie erfolgen, welche in Anlehnung an § 42 Abs. 2 VwGO im deutschen Verfassungsrecht gebraucht wird.[105] Im Rahmen der Zulässigkeitsprüfung der Verfassungsbeschwerde wird nach § 90 Abs. 1 BVerfGG für die Beschwerdebefugnis die Möglichkeit einer spezifischen Grundrechtsverletzung geprüft, wofür es ausreicht, dass eine solche nicht von vornherein ausgeschlossen ist. Wenn also die Möglichkeit einer spezifischen Grundrechtsverletzung im Raume steht, muss für den nationalen Richter eine Annahme eines Acte Clair ausscheiden, da dann nicht zweifellos gewährleistet wird, dass die Position des EuGH bezüglich der Wahrung des Individualrechtsschutzes der Unionsbürger und der Einheitlichkeit des Unionsrechts nicht bedroht wird.

---

105 Siehe bspw. BVerfG, 6.6.1989 – 1 BvR 921/85 (Reiten im Walde) = BVerfGE 80, 137, 150; BVerfG, 17.2.1970 – 2 BvR 608/69 (Substantiierungspflicht) = BVerfGE 28, 17, 19. Zur Möglichkeitstheorie, siehe Maunz/Schmidt-Bleibtreu/Klein/Bethge BVerfGG/ *Bethge*, § 90 BVerfGG, Rn. 340 ff.

Teil 1: Der formelle Acte Clair

Im ersten Teil wird der europäische Acte Clair beleuchtet, der, wie sich in der folgenden Untersuchung zeigen wird, formell bestimmt wird. Um die unionsrechtliche Einbettung des Acte Clair im Gefüge des Vorabentscheidungsverfahrens zu kontextualisieren, werden im zweiten Kapitel die europarechtlichen Grundlagen abgebildet, bevor im dritten Kapitel die Entwicklung des Acte Clair in der Praxis des EuGH dargestellt wird.

Kapitel 2: Europarechtliche Grundlagen

A. Das Vorabentscheidungsverfahren

Im europäischen Recht erfolgt die Zuweisung der Rechtsprechungsaufgaben zwischen dem EuGH und den nationalen Gerichten nach Art. 267 AEUV. Das Vorabentscheidungsverfahren stellt das „Kronjuwel“[106] unter den unionsrechtlichen Rechtsschutzverfahren dar- der EuGH selbst spricht vom „Schlüsselelement“ des Gerichtssystems,[107] ohne das eine europäische Rule of Law undenkbar wäre.[108] Ursprünglich erdacht als ein Verfahren mit geringer Bedeutung, hat es sich mit der Zeit als dominant erwiesen.[109] Es ist das zentrale Element der richterlichen Zusammenarbeit.[110] Für das Verständnis entscheidend ist das Ineinandergreifen von nationaler und EuGH-Rechtsprechung.[111] Die Verzahnung zu einem Rechtsschutzsystem erfolgt nach einem symbiotischen „Tandem-System“ bzw. „Gerichtsverbund“,[112] in dem gemeinsam statt gegeneinander Recht gesprochen wird und EuGH und nationale Gerichte sich nicht frontal gegenüber stehen, sondern beide an einem Strang ziehen.[113] Diese Verschränkung wird dadurch erreicht, dass die nationalen Gerichte sich zum EuGH in einem freiwilligen Kooperationsverhältnis befinden.[114] Herzstück der Balance des justiziellen Machtverhältnisses in der EU ist gerade die Freiwilligkeit der Gerichte, selbst zu entscheiden, ob vorgelegt wird oder nicht, sofern die Entscheidung noch mit Rechtmitteln des innerstaatlichen Rechts angefochten werden kann, Art. 267 Abs. 3 AEUV.[115] Der versteckte Anreiz- und Hebelmechanismus dieses

106 *Craig*, 2006, 285; *Craig/Búrca*, ⁶2015, 464.

107 EuGH, Gutachten 2/13 des Gerichtshofs (Plenum) vom 18.12.2014 „EMRK II“ = EU:C:2014:2454, Rn. 176.

108 *Haltern*, ³2017, EuR Band II, Rn. 117. Von „Eckpfleiler“ sprach *Rodríguez Iglesias*, NJW 2000, 1889, 1895.

109 *Dauses*, Fordham International Law Journal 10 (1987), 538, 539.

110 Calliess/Ruffert EUV/AEUV/*Wegener*, Art. 267 AEUV, Rn. 1.

111 *Haltern*, ³2017, EuR Band II, Rn. 118.

112 Mithilfe dieses Systems werden Schwächen des Vertragsverletzungsverfahrens weitgehend kompensiert, siehe ebd., Rn. 110 ff., 123 ff.

113 *Haltern*, ³2017, EuR Band II, Rn. 117, 123.

114 *Rösler*, EuZW 2014, 606.

115 Ausnahme dazu ist im Grundsatz allein die Foto-Frost-Situation (EuGH, Urteil vom 22.10.1987 – 314/85 (Foto-Frost ./. Hauptzollamt Lübeck-Ost) = ECLI:EU:C:1987:452). In Kücükdeveci wurde diese Freiheit vom EuGH geradezu ermunternd bestätigt,

innovativen Verfahrens führt dazu, dass den vielen häufig kleinteiligen Auslegungsfragen der verschiedenen Instanzen der mitgliedstaatlichen Gerichte eine erhebliche Bedeutung zuteilwürde.[116] Der Bedeutungsgewinn erfolgt dadurch, dass unterinstanzliche Gerichte indirekt und letztverbindlich überprüfen lassen können, ob das eigene Recht mit Unionsrecht vereinbar ist.[117] Besonders niedrigen Instanzen bietet eine Vorlage an den EuGH strategische Vorteile, indem sie dadurch nationale Gerichtshierarchien überwinden und damit einen gerichtlichen Wettbewerbsvorteil nutzen können.[118] Die Entscheidung des EuGH ergeht dann normalerweise in Form eines Urteils oder Beschlusses und ist an das vorlegende Gericht gerichtet.[119] Für die Parteien des Ausgangsverfahrens gilt nur die anschließende Entscheidung des vorlegenden Gerichts.[120] Das Vorabentscheidungsverfahren stellt ein Zwischenverfahren dar, welches in den Rechtsstreit vor einem nationalen Gericht integriert ist und wofür der nationale Richter das Verfahren aussetzt.[121] Zwischenverfahren befinden sich immer in einem rechtlichen Spannungsfeld zwischen zwei Gerichten.[122] Der EuGH ist den nationalen

---

EuGH, Urteil vom 19.1.2010 – C-555/07 (Kücükdeveci) = ECLI:EU:C:2010:21, Rn. 52-55. Vgl. *Haltern*, ³2017, EuR Band II, Rn. 110 ff., 123 ff.

116 *Rösler*, 2012, 9.

117 Nach *Hübner*, Journal of European Public Policy 25 (2018), 1817, 1819 ff. gibt es drei verschiedene und sich bedingende Theoriestränge, die zu erklären versuchen, warum nationale Gerichte vorlegen und dadurch am Integrationsprozess aktiv teilnehmen. Zum einen die „compliance pull“-Theorie, nach Hübner vertreten von *Mattli/Slaughter*, International Organizations 55 (1998), 177 sowie *Weiler*, The Yale Law Journal 100 (1991), 2403, 2464 ff. Zweitens die „judicial empowerment“ –Theorie, nach der unterinstanzliche Richter einen Machtgewinn erlangen, nach Hübner vertreten von *Karen J. Alter*, 2001, *Golub*, West European Politics 19 (1996), 360, *E. Stein*, The American Journal of International Law 75 (1981), 1 und *Weiler*, Comparative Political Studies 26 (1994), 510 und drittens ein Ansatz, der die Integrationsbereitschaft mit „spillover Effekten“ durch transnationalen Austausch begründet, nach Hübner vertreten von *Burley/Mattli*, International Organization 47 (1993), 41 sowie *Stone Sweet/Brunell*, Journal of European Public Policy 5 (1998), 66.

118 *Martinsen/Wind*, in: Koch (Hrsg.), 2010, 479, 491; *Golub*, West European Politics 19 (1996), 360; siehe auch *Karen J. Alter*, International Organizations 54 (2000), 489 sowie *Karen J. Alter*, 2001.

119 Nur ausnahmsweise, wenn die Beantwortung der Frage keinen Raum für vernünftige Zweifel zulässt oder bei offensichtlicher Unzulässigkeit ergehen Beschlüsse (vgl. Art. 99 VerfO-EuGH), *Karpenstein*, ²2013, Rn. 402.

120 Morten Broberg/Fenger, 2014, 17.

121 *Thomy*, 2009, 51.

122 *Ress*, in: FS Jahr, 1993, 339.

Gerichten dabei nicht übergeordnet,[123] vielmehr bilden die europäische Rechtsarchitektur und die nationalen Gerichtssysteme parallele Systeme, die innerhalb derselben supranationalen Struktur koexistieren.[124] Eine der Wirkungen des Vorabentscheidungsverfahrens ist somit die enge Verknüpfung der nationalen Gerichte mit dem EuGH.[125] Dieses Verhältnis ist aber nicht nur geprägt von Kooperation, sondern auch von koexistierenden hierarchischen Elementen.[126] Interaktion, gerichtlicher Dialog[127] und Kompromisse beschreiben das ineinandergreifende Geflecht aus Geben und Nehmen zwischen den Akteuren am besten. Jegliche Betrachtung muss immer unter dem Blickwinkel der kooperativen Supranationalität erfolgen.[128] Die Abhängigkeit von freiwilliger Kooperation birgt aber auch große Schwächen mit sich und macht das System labil.[129] Denn

---

123 *P. M. Huber*, Der Staat 56 (2017), 389, 403; *Thomy*, 2009, 51 f.

124 So der Ansatz des früheren EuGH-Präsidenten Skouris, The Position of the European Court of Justice in the EU Legal Order and its Relationship with National Constitutional Courts, Vortrag International Conference on the Position of Constitutional Courts following Integration into the European Union, 30.9.-2.10.2004 Ljubljana, https://www.us-rs.si/webroot/o-sodiscu/3666/contributions/presentation-by-dr-vassilios-skouris-president-of-the-european-court-of-justice/, zuletzt abgerufen am 12.11.2019.

125 Morten Broberg/Fenger, 2014, 18.

126 *Tridimas*, in: Arnull/Chalmers (Hrsg.), 2015, 406 f. Die Kommission versuchte zwar hierarchische Beziehungen und ein Konkurrenzverhältnis zwischen EuGH und mitgliedstaatlichen Gerichten zu vermeiden und tat alles dafür, Vertragsverletzungsverfahren gegen Mitgliedstaaten, deren Verletzungsurheber ein mitgliedstaatliches Gericht war, zu vermeiden, siehe *Haltern*, ^{3}2017, EuR Band II, Rn. 149. Diese Strategie wurde jedoch gelockert durch EuGH, Urteil vom 9.12.2003 – C-129/00 (Kommission ./. Italien) = ECLI:EU:C:2003:656, wo zwar ein Umweg über das italienische Parlament unternommen wurde, sich das Fehlverhalten aber auf die italienischen Gerichte bezog. *Hummert*, 2006, 150 war hingegen der Ansicht, dass der besondere Charakter des Vorabentscheidungsverfahrens gerade darin liege, dass ihm jede Form von Hierarchie fremd sei. Dem kann nur insoweit zugestimmt werden, als dass das Vorabentscheidungsverfahren keine klare Über- und Unterordnung der verschiedenen Instanzen der mitgliedstaatlichen Gerichte vorschreibt. Hierarchische Elemente tragen jedoch wesentlich zum Funktionieren des europäischen Rechtssystems bei.

127 Die Rede ist auch teilweise von einem „koordinierten Monolog", bspw. *Kalbheim*, 2016, 58. Ausführlicher Überblick über die verschiedenen Erklärungs- und Beschreibungsansätze in der Literatur bei *Haltern*, ^{3}2017, EuR Band II, Rn. 158; *Rösler*, EuZW 2014, 606; siehe auch Beitrag des amtierenden Präsidenten des EuGH, *Lenaerts*, EuR 2015, 3, 5.

128 *Tridimas*, in: Arnull/Chalmers (Hrsg.), 2015, 408.

129 *Haltern*, ^{3}2017, EuR Band II, Rn. 139.

die nationalen Gerichte agieren als „Torwächter" darüber, ob sie eine Vorlage beschließen, ebenso wie sie die EuGH-Rechtsprechung auf den konkreten Fall anwenden.[130] Mitspracherecht oder Erzwingungsmacht stehen dem EuGH diesbezüglich nicht zu und auch die Kommission erzwingt grundsätzlich keine Vorlageverfahren.[131] In jüngster Zeit hat sich hier jedoch das Verhältnis verhärtet. Zwang und Druck werden vermehrt angewendet, um vor allem die Letztgerichte zu disziplinieren.[132] Ein erfolgreiches Zusammenwirken von EuGH und nationalen Gerichten stellt somit den Schlüssel zur funktionierenden Integration dar.[133]

I. Funktionen und Zwecke des Vorabentscheidungsverfahrens

Das Vorabentscheidungsverfahren erfüllt mehrere Funktionen. Zentralste und alle anderen Funktionen überschattend ist die der Wahrung der Rechtseinheit.[134] Darunter versteht man die Sicherstellung der einheitlichen Auslegung und gleichmäßigen Anwendung des europäischen Rechts in den EU-Mitgliedstaaten.[135]

---

130 *Tridimas*, in: Arnull/Chalmers (Hrsg.), 2015, 407; *Wahl, Nils/Prete*, Common Market Law Review 2018, 511, 512.

131 *Haltern*, ³2017, EuR Band II, Rn. 164.

132 Ein Strategiewechsel hin zu mehr Druck und Zwang ist seit 2003 in der Rechtsprechung des EuGH zu erkennen: EuGH, Urteil vom 30.9.2003 – C-224/01 (Gerhard Köbler ./. Republik Österreich) = ECLI:EU:C:2003:513 bzgl. Schadensersatz bei judikativem Unrecht sowie EuGH, Urteil vom 9.12.2003 – C-129/00 (Kommission ./. Italien) = ECLI:EU:C:2003:656 bzgl. eines (erstmalig gegen einen Mitgliedstaat) Vertragsverletzungsverfahrens wegen Verletzung von Unionsrecht. Siehe detailliert dazu *Haltern*, ³2017, EuR Band II, Rn. 167 ff. sowie *Wahl, Nils/Prete*, Common Market Law Review 2018, 511.

133 *Tridimas*, in: Arnull/Chalmers (Hrsg.), 2015, 404: "A Successful relationship between the ECJ and the national courts is the key that unlocks the integration door."

134 Calliess/Ruffert EUV/AEUV/*Wegener*, Art. 267 AEUV, Rn. 1; *Fredriksen*, 2009, 107 f. Die Rechtseinheit hervorhebend, EuGH, Urteil vom 24.5.1977 – 107/76 (Hoffmann-La Roche ./. Centrafarm) = ECLI:EU:C:1977:89, Rn. 5; EuGH, Urteil vom 16.1.1974 – 166/73 (Rheinmühlen Düsseldorf ./. Einfuhr- und Vorratsstelle für Getreide und Futtermittel) = ECLI:EU:C:1974:3, Rn. 2. Siehe auch *Wahl, Nils/Prete*, Common Market Law Review 2018, 511, 546 f.

135 EuGH, Urteil vom 16.1.1974 – 166/73 (Rheinmühlen Düsseldorf ./. Einfuhr- und Vorratsstelle für Getreide und Futtermittel) = ECLI:EU:C:1974:3, Rn. 2; EuGH, Urteil vom 24.5.1977 – 107/76 (Hoffmann-La Roche ./. Centrafarm) = ECLI:EU:C:1977:89, Rn. 5; EuGH, Urteil vom 12.2.2008 – C-2/06 (Willy Kempter KG ./. Hauptzollamt Hamburg-Jonas) = ECLI:EU:C:2008:78, Rn. 41; *Thomy*, 2009, 47; *Fredriksen*, 2009, 107.

Dabei handelt es sich nicht nur um ein ästhetisches Bedürfnis nach Symmetrie, sondern um ein grundlegendes Erfordernis für den Fortbestand der EU.[136] Die Durchsetzung des Unionsrechts in den Mitgliedstaaten ist von dem Gedanken der Effektivität des Unionsrechts (*effet utile*) getrieben.[137]

Die zweite „klassische Funktion"[138] stellt der Individualrechtsschutz dar.[139] Das Vorabentscheidungsverfahren leistet einen wichtigen Beitrag für die Gewährung individuellen Rechtsschutzes auf dem Gebiet des Unionsrechts.[140] Daneben erfüllt das Vorabentscheidungsverfahren weitere Zwecke zur Sicherung der Effektivität des Unionsrechts. Dazu gehört die Rechtsfortbildung, um bestehende Lücken, die nicht durch Auslegung zu schließen sind, zu füllen.[141] Der EuGH verwendet den Begriff der Rechtsfortbildung zwar nicht, sondern spricht pauschal von „interprétation", was wohl neben der Tatsache, dass die Arbeitssprache Französisch ist, darauf zurückzuführen ist, dass die französische Methodenlehre im Gegensatz zur deutschen nicht zwischen Auslegung und Rechtsfortbildung unterscheidet.[142] Diese terminologische Gleichstellung ist jedoch unschädlich, solange der EuGH dem Wortlaut des Normtextes eine eigenständige Bedeutung beimisst.[143] Im Rahmen der Rechtsfortbildung hat der Gerichtshof wesentliche Strukturprinzipien[144] entwickelt und etabliert, die zur

---

136 Vgl. *Mancini/Keeling*, Yb.EL 1991, 1, 2.

137 *Rasmussen*, E.L.Rev. 1984, 242, 251; *Haltern*, ^{3}2017, EuR Band II, Rn. 843.

138 Teilweise wird in der Literatur nur von den zwei „klassischen Funktionen", Wahrung der Rechtseinheit und Individualrechtsschutz ausgegangen, so bspw. Calliess/Ruffert EUV/AEUV/*Wegener*, Art. 267 AEUV, Rn. 1. Drei Funktionen bejahend und dabei die Rechtsfortbildung umfassend: Streinz EUV/AEUV/*Ehricke*, Art. 267 AEUV, Rn. 5 teilweise werden auch weitere Zwecke als Funktionen gezählt, so z.B. fünf Funktionen bei *Fredriksen*, 2009, 107 ff.

139 Etwa EuGH, Urteil vom 19.11.1991 – C-6/90, C-9/90 (Francovich und Bonifaci ./ . Italien) = ECLI:EU:C:1991:428, Rn. 33 ff.; Calliess/Ruffert EUV/AEUV/*Wegener*, Art. 267 AEUV, Rn. 1, ferner eingehend *Thomy*, 2009, 48, 102 ff.

140 Dauses/Ludwigs Handbuch des EU-Wirtschaftsrechts/*Kaufmann*, Vorabentscheidungsverfahren (P. II.), Rn. 15.

141 EuGH, Urteil vom 30.9.2003 – C-224/01 (Gerhard Köbler ./. Republik Österreich) = ECLI:EU:C:2003:513, Rn. 34-36; *Neuner*, in: Riesenhuber (Hrsg.), ^{3}2015, 245.

142 *Neuner*, in: Riesenhuber (Hrsg.), ^{3}2015, 245, 246 Rn. 2.

143 Ebd.; vgl. *Dederichs*, EuR 2004, 345.

144 Etwa die Grundsätze: Vorrang des Unionsrechts: EuGH, Urteil vom 15.7.1964 – 6/64 (Costa ./. E.N.E.L.) = ECLI:EU:C:1964:66, 1269, unmittelbare Wirkung des Unionsrechts: EuGH, Urteil vom 5.2.1963 – 26/62 (Van Gend en Loos ./. Administratie der Belastingen) = ECLI:EU:C:1963:1, 24 sowie die unionsrechtliche Staatshaftung: EuGH,

Weiterentwicklung, Ausgestaltung und Konkretisierung des Unionsrechts beitragen.[145] Ferner dient das Vorabentscheidungsverfahren der inzidenten und objektiven Kontrolle der Gültigkeit von Unionsrechtsakten, denn der direkte Klageweg ist weitgehend ausgeschlossen.[146] Daraus resultiert, dass die Mehrheit aller EuGH-Entscheidungen im Vorabentscheidungsverfahren unter Art. 267 AEUV erlassen werden, und dass die meisten wichtigen Urteile, siehe nur *Van Gend en Loos*,[147] *Costa ./. ENEL*,[148] *Dassonville*,[149] *Cassis*,[150] *Keck*[151] und *Köbler*[152] Vorabentscheidungen sind.[153] Weiterhin zu erwähnen bleibt die Unterstützung der nationalen Gerichte bei der Lösungsfindung bezüglich der Auslegung des Unionsrechtes im Wege des Vorabentscheidungsverfahrens. Die hohe Fachkompetenz der europäischen Gerichte mit ihren weit größeren Informationsmöglichkeiten wird den nationalen Gerichten zur Verfügung gestellt, im Gegenzug erhalten EuGH und das Gericht der Europäischen Union (EuG) über die Vorlageverfahren Informationen.[154] Hervorzuheben ist ferner die wichtige Rolle des Vorabentscheidungsverfahrens für die politische Integration der Union, worauf in der Folge aber nicht weiter eingegangen wird.[155] Als letzten Punkt genannt werden kann die Koordinierungsfunktion, die das Vorabentscheidungsverfahren einnimmt, indem es das Verhältnis zwischen dem EuGH und den nationalen Gerichten ordnet.[156] Treffend beschrieb *Stone Sweet* Art. 267 AEUV als das zentrale Nervensystem, welches die rechtliche, ökonomische und politische

---

Urteil vom 19.11.1991 – C-6/90, C-9/90 (Francovich und Bonifaci ./. Italien) = ECLI:EU:C:1991:428, Rn. 10 ff.

145 Streinz EUV/AEUV/*Ehricke*, Art. 267 AEUV, Rn. 9.

146 Calliess/Ruffert EUV/AEUV/*Wegener*, Art. 267 AEUV, Rn. 2.

147 EuGH, Urteil vom 5.2.1963 – 26/62 (Van Gend en Loos ./. Administratie der Belastingen) = ECLI:EU:C:1963:1, 24.

148 EuGH, Urteil vom 15.7.1964 – 6/64 (Costa ./. E.N.E.L.) = ECLI:EU:C:1964:66, 1269.

149 EuGH, Urteil vom 11.7.1974 – 8/74 (Dassonville) = ECLI:EU:C:1974:82.

150 EuGH, Urteil vom 20.2.1979 – C-120/78 (Cassis de Dijon) = ECLI:EU:C:1979:42.

151 EuGH, Urteil vom 24.11.1993 – C-267/91 und C-268/91 (Keck und Mithouard) = ECLI:EU:C:1993:905.

152 EuGH, Urteil vom 30.9.2003 – C-224/01 (Gerhard Köbler ./. Republik Österreich) = ECLI:EU:C:2003:513.

153 *Haltern*, ^{3}2017, EuR Band II, Rn. 117; vgl. bereits *Dauses*, Fordham International Law Journal 10 (1987), 538, 539 f.

154 *Fredriksen*, 2009, 110; *Hirsch*, in: FS Rodríguez Iglesias, 2003, 601, 607.

155 Vgl. *Morten Broberg/Fenger*, 2014, 18; siehe dazu nur *Weiler*, Journal of Common Market Studies 31 (1993), 417, 421 ff.

156 *Dauses*, Fordham International Law Journal 10 (1987), 538, 542 f.

Integration fördere und gleichermaßen die zahlreichen, komplexen Dialoge zwischen EuGH und mitgliedstaatlichen Gerichten vermittle.[157]

II. Funktionen und Zwecke des Vorlageverfahrens im Internationalen Privat- und Zivilverfahrensrecht

Vergleicht man diese generellen Funktionen und Zwecke des Vorabentscheidungsverfahrens mit den spezifischen Funktionen, die das Vorlageverfahren im Bereich des Internationalen Privat- und Zivilverfahrensrechts innehat, so fällt auf, dass auch hier fünf wesentliche Aspekte genannt werden können. Das Vorabentscheidungsverfahren hat höchste Relevanz für die Entwicklung des europäischen Zivil- und Wirtschaftsrechts und wird vom EuGH selbst beschrieben als die „eigentliche Grundlage für das Funktionieren des Binnenmarktes“[158].[159] Art. 267 AEUV entfaltet unmittelbare Wirkung und erfordert daher keine Präzisierung oder Umsetzung durch die Mitgliedstaaten, was dazu führt, dass Art. 267 AEUV die wichtigste zivilprozessuale Norm des Primärrechts darstellt.[160]

Bereits in der deutschen Zivilprozessordnung wonach im deutschen Berufungs- und Revisionsrecht neben der „grundsätzlichen Bedeutung“ in §§ 511 Abs. 4 und 543 Abs. 2 Nr. 1 auch die „Sicherung einer einheitlichen Rechtsprechung“ als Berufungs- und Revisionsgrund genannt wird, findet man eine Parallele zur ersten „klassischen Funktion“.[161] Auf dem Gebiet des Internationalen Privat- und Zivilverfahrensrechts kann diese Funktion der einheitlichen und effektiven Auslegung und Anwendung des Unionsrechts als Förderung der Rechtssicherheit verstanden werden.[162] Zweite Funktion ist auch im Bereich des Internationalen Privat- und Zivilverfahrensrechts der Individualrechtsschutz.

---

157 *Stone Sweet*, Living Reviews in European Governance 5 (2010), 13; *Stone Sweet*, 2004; *Burley/Mattli*, International Organization 47 (1993), 41; *Karen J. Alter*, 2001.

158 EuGH, Bericht über bestimmte Aspekte der Anwendung des Vertrages über die Europäische Union, veröffentlicht in EuGRZ 1995, 316, 318, Nr. 11.

159 *Rösler*, 2012, 9.

160 Siehe dazu auch EuGH, Empfehlungen an die nationalen Gerichte bezüglich der Vorlage von Vorabentscheidungsersuchen, ABl. C 439 vom 25.11.2016, S. 1; *Morten Broberg/Fenger*, 2014, 18; *Rösler*, 2012, 11.

161 *Fredriksen*, 2009, 107.

162 EuGH, Urteil vom 16.1.1974 – 166/73 (Rheinmühlen Düsseldorf ./. Einfuhr- und Vorratsstelle für Getreide und Futtermittel) = ECLI:EU:C:1974:3, 37, Rn. 2. Ferner sollen Diskriminierungen und Wettbewerbsverzerrungen vorgebeugt werden, *Rösler*, 2012, 10.

Ferner bildet das Pendant zur allgemeinen Rechtsfortbildung im Privatrecht die inhaltliche Verdichtung von Gemeinschaftsprivatrecht und Kohärenz.[163] Aus dem alleinigen Verwerfungsmonopol des EuGH geht des Weiteren hervor, dass die Einheit und Geltungskraft des Unionsrechts gewährleistet bleiben. Bezüglich der Unterstützung der mitgliedstaatlichen Gerichte kann angeführt werden, dass gerade im Internationalen Privat- und Zivilverfahrensrecht die nationalen Gerichte als qualitative und quantitative Filter („Torwächter") agieren, welche es in der Hand haben zu entscheiden, welche Fragen auf europäischer Ebene diskutiert werden.[164]

Zusammenfassend lässt sich nach *Maultzsch* sagen, was besonders bei Betrachtung der europäischen privatrechtlichen Besonderheiten deutlich wird: „Die Funktion des Vorabentscheidungsverfahrens besteht somit nicht in der Klärung europarechtlicher Fragen durch die Verwirklichung konkreter privater Rechte im Wege einer Streitentscheidung, sondern in der abstrakten Konkretisierung des Europarechts zur Sicherstellung einer einheitlichen Anwendungspraxis in allen Mitgliedstaaten."[165]

Dies betrifft besonders Vorlagen nach Art. 267 Abs. 2 AEUV, wonach nichtletztinstanzliche Gerichte Ermessen haben zu entscheiden, ob sie vorlegen.[166] Eingeschränkt wird die Filterfunktion hingegen bei der in Art. 267 Abs. 3 AEUV beschriebenen Vorlagepflicht. Eine Ausnahme dazu stellt auf europäischer Ebene die Acte Clair-Doktrin dar. Die Acte Clair-Doktrin ist eingebettet in das Gefüge des Vorabentscheidungsverfahrens. Zunächst werden die Voraussetzungen für das Vorabentscheidungsverfahren aufgezeigt, bevor auf die Vorlageverpflichtung und ihre Ausnahmen, im spezifischen die Acte Clair-Doktrin, eingegangen wird.

III. Voraussetzungen des Vorabentscheidungsverfahrens

Die an das Vorlageverfahren geknüpften Voraussetzungen sind gering.[167] Vorlageberechtigt sind nur mitgliedstaatliche Gerichte,[168] grundsätzlich keine

163 Vgl. *Rösler*, 2012, 11.

164 Ebd.

165 *Maultzsch*, 2012, 114.

166 Morten Broberg/Fenger, 2014, 201.

167 *Basedow*, in: FS Brandner, 1996, 651, 660; ausführliche Darstellung, noch zu Art. 177 EGV bei *Hess*, ZZP 108 (1995), 59, 59, 72 ff.

168 Zum funktionellen und institutionellen Gerichtsbegriff siehe *Tridimas*, Common Market Law Review 2003, 9, 27 ff. Die Rechtsprechung hat verschiedene Kriterien herausgearbeitet, die der EuGH bei der Beurteilung, ob ein Gericht besteht, nacheinander

Schiedsgerichte.[169] Der Gerichtsbegriff ist dabei autonom unionsrechtlich zu verstehen.[170] Taugliche Gegenstände des Vorabentscheidungsersuchens sind Fragen, die sich auf die Auslegung oder die hier nicht weiter interessierende Gültigkeit[171] der Verträge[172] beziehen. Die Vorlagefrage darf sich nicht auf die Auslegung nationaler Vorschriften oder Tatsachenfragen beziehen, die im Ausgangsrechtstreit aufgeworfen wurden.[173] Um dilatorische Manöver zu vermeiden, forderte bereits *Laferrière* eine „echte Schwierigkeit, die in einem aufgeschlossenen Betrachter Zweifel aufkommen lässt",[174] als Anlass für ein Vorabentscheidungsersuchen.

---

prüft: bspw. die gesetzliche Grundlage der Einrichtung, ihr ständiger Charakter, die obligatorische Gerichtsbarkeit sowie Anwendung von Rechtsnormen und Unabhängigkeit (s. neuere Rspr. EuGH, Urteil vom 24.5.2016 – C-396/14 (MT Højgaard et Züblin) = ECLI:EU:C:2016:347, Rn. 23; EuGH, Urteil vom 6.10.2015 – C-203/14 (Consorci Sanitari del Maresme) = ECLI:EU:C:2015:664, Rn. 17; EuGH, Urteil vom 18.9.2014 – C-549/13 (Bundesdruckerei) = ECLI:EU:C:2014:2235, Rn. 21 (Übersicht über die Rspr. bei Dauses/Ludwigs Handbuch des EU-Wirtschaftsrechts/*Kaufmann*, Vorabentscheidungsverfahren (P. II.), Rn. 71 mit weiteren Rechtsprechungsnachweisen.

169 Schiedsgerichte sind dann „Gericht" i. S. d. Art. 267 AEUV, wenn der Spruchkörper bezüglich seiner Zuständigkeit nicht abhängig von der Zustimmung aller Parteien ist, sondern jederzeit von jeder Partei berufen werden kann, EuGH, Urteil vom 17.10.1989 – 109/88 (Danfoss) = ECLI:EU:C:1989:383, Rn. 7 f. Siehe zur Sondersituation ferner Streinz EUV/AEUV/*Ehricke*, Art. 267 AEUV, Rn. 33; Calliess/Ruffert EUV/AEUV/*Wegener*, Art. 267 AEUV, Rn. 18. Zur Vorlagefähigkeit eines Schiedsspruches, dessen Gültigkeit vor einem staatlichen Gericht geprüft werden sollte, siehe EuGH, Urteil vom 1.6.1999 – C-126/97 (Eco Swiss China Time Ltd ./. Benetton International NV) = ECLI:EU:C:1999:269, Rn. 34.

170 EuGH, Urteil vom 30.3.1993 – C-24/92 (Corbiau ./. Administration des contributions) = ECLI:EU:C:1993:118, Rn. 15; Calliess/Ruffert EUV/AEUV/*Wegener*, Art. 267 AEUV, Rn. 19; Streinz EUV/AEUV/*Ehricke*, Art. 267 AEUV, Rn. 29.

171 EuGH, Urteil vom 22.10.1987 – 314/85 (Foto-Frost ./. Hauptzollamt Lübeck-Ost) = ECLI:EU:C:1987:452.

172 Erfasst sind grundsätzlich alle Unionsrechtsakte, die in den Geltungsbereich des EUV sowie AEUV fallen. Beinhaltet sind also auch alle späteren Änderungen und Beitrittsverträge (EuGH, Urteil vom 14.7.1976 – 3/76, 4/76, 6/76 (Cornelis Kramer u.a.) = ECLI:EU:C:1976:114), *Morten Broberg/Fenger*, 2014, 108.

173 EuGH, Empfehlungen an die nationalen Gerichte bezüglich der Vorlage von Vorabentscheidungsersuchen, ABl. C 439 vom 25.11.2016, S. 1, 2 Rn. 8.

174 *Lafferrière*, paru en 1887-1888; 2e éd. (1896), reprod. (1989), 449, „Il faut qu´il y ai une question: c´est a dire une difficulté réelle, soulevée par les parties ou spontanément reconnue par le juge, et de nature á faire naître un doute dans un esprit éclairé." Dieser Wortlaut wurde ebenfalls in den „Actes officielles du Congrès international d'études

IV. Vorlagesituationen

Art. 267 Abs. 2 AEUV regelt die Vorlageberechtigung, die freiwillige Vorlage unterinstanzlicher Gerichte und Art. 267 Abs. 3 AEUV die für die Acte Clair-Doktrin relevante Vorlagepflicht der letztinstanzlichen Gerichte.

1. Vorlageberechtigung

Seit Streichung des Art. 68 EG-Vertrag a.F. mit der Neufassung des Vertrages über die Arbeitsweise der EU sind auch nicht-letztinstanzliche Gerichte wieder berechtigt, dem EuGH eine Vorlagefrage zu stellen.[175] Diese einschränkende Vorschrift, ursprünglich eingefügt aus Angst vor einer „Überschwemmung" des Gerichtshofes, war als stark problematisch bewertet worden, weil sie impraktikabel sei und Verzögerungen zulasten des Individualrechtsschutzes bewirke, was in rechtspolitischer Hinsicht kritisch angesehen wurde.[176] Die Frage, die sich dem vorlegenden nationalen Gericht stellt, muss jedoch entscheidungserheblich sein, das bedeutet, der Verfahrensausgang hängt von der Beantwortung der Vorlagefrage ab. Ob eine Frage entscheidungserheblich ist oder nicht, obliegt allein den staatlichen Gerichten, welche einen Beurteilungsspielraum genießen.[177] Der EuGH hat sich zunächst gegen eine Überprüfung der Entscheidungserheblichkeit entschieden.[178] In ständiger Rechtsprechung betonte der EuGH, es genügten subjektive Zweifel des nationalen Gerichts.[179] Dennoch beansprucht der EuGH seit seiner Rechtsprechung in *Foglia I*[180] und *Foglia*

---

dur la Communauté Euroéenne du Charbon et de l'Acier" übernommen, Compte rendu des séances du 4 juin 1957, T.IV, 1958, p. 317.

175 *Köck*, 2014, 71.

176 *Kropholler*, in: FG 75 Jahre MPI für Privatrecht, 2001, 583, 587; *Hess*, NJW 2000, 23, 28; *Staudinger/Leible*, The European Legal Forum 2000/2001, 225, 226 f.; *Köck*, 2014, 71 f.

177 EuGH, Urteil vom 16.12.1981 – 244/80 (Foglia ./. Novello (Foglia II)) = ECLI:EU:C:1981:302, 3062 Rn. 15 f.; *Steindorff*, ZHR 1992, 1, 3; *Thomy*, 2009, 68.

178 EuGH, Urteil vom 18.6.1991 – C-369/89 (Piageme ./. Peeters) = ECLI:EU:C:1991:256; *Basedow*, in: FS Brandner, 1996, 651, 661; *Ress*, in: FS Jahr, 1993, 339, 340.

179 EuGH, Urteil vom 9.12.1965 – 44/65 (Hessische Knappschaft ./. Singer und Fils) = ECLI:EU:C:1965:122, 1275; EuGH, Urteil vom 5.10.1977 – 5/77 (Tedeschi ./. Denkavit) = ECLI:EU:C:1977:144, 1573 f.; EuGH, Urteil vom 29.11.1978 – 83/78 (Pigs Marketing Board ./. Raymond Redmond) = ECLI:EU:C:1978:214, Rn. 25; m.w.N. *Hess*, ZZP 108 (1995), 59, 75.

180 EuGH, Urteil vom 11.3.1980 – 104/79 (Foglia ./. Novello (Foglia I)) = ECLI:EU:C:1980:73.

II[181] für sich eine grundsätzliche Kompetenz zur Überprüfung der Erforderlichkeit, wovon er aber nur in Missbrauchsfällen Gebrauch mache. Eine inhaltliche Prüfung erfolgt durch den EuGH in zwei Fallgruppen. Die erste betrifft Ersuchen, bei denen wegen offensichtlicher Nichtanwendbarkeit von Unionsrecht keine vorlagefähige Frage gestellt wurde und die zweite Fallgruppe liegt bei konstruierten und hypothetisch formulierten Vorlageersuchen vor. In der Literatur stieß dies auf heftige Kritik, da es gegen die Prinzipien der Zusammenarbeit und Gleichrangigkeit verstoße.[182] Ist eine Frage nicht entscheidungserheblich, so entsteht keine Vorlageberechtigung, was zur Unzulässigkeit des Vorabentscheidungsersuchens führt und eine Zurückweisung der Vorlagefrage durch den EuGH nach sich ziehen kann.[183] „Echte" Ausnahmen bilden jedoch der im *CILFIT*-Urteil[184] dargestellte Acte Éclairé und Acte Clair.[185]

Die Unterinstanzen machen regen Gebrauch von ihrer Vorlageberechtigung. Dies kann man daran sehen, dass die Leitentscheidungen des EuGH fast ausschließlich auf Vorlagen unterinstanzlicher Gerichte beruhen.[186] Ein Grund dafür ist der Machtzuwachs der unteren Fachgerichte durch das Vorabentscheidungsverfahren.[187] Motor des Entwicklungsprozesses der rechtlichen Integration sei nach *Alter* gerade der Unterschied zwischen den Instanzen und deren

---

181 EuGH, Urteil vom 16.12.1981 – 244/80 (Foglia ./. Novello (Foglia II)) = ECLI:EU:C:1981:302.

182 Z.B. *Matthies*, in: GS Constantinesco, 1983, 471, 483 ff.; *Ress*, in: FS Jahr, 1993, 339, 359.

183 Dauses/Ludwigs Handbuch des EU-Wirtschaftsrechts/*Kaufmann*, Vorabentscheidungsverfahren (P. II.), Rn. 138. *Ress*, in: FS Jahr, 1993, 339, 346 mit Verweis auf das Urteil des EuGH, Urteil vom 21.3.1985 – 172/84 (Celestri & C. SpA ./. Ministero delle finanze) = ECLI:EU:C:1985:137, wonach es keiner Entscheidung des Gerichtshofes bedürfe, wenn eine Prüfung ergebe, dass die gemeinschaftsrechtliche Vorschrift, über deren Auslegung der Gerichtshof entscheiden solle, für die Lösung des Ausgangsrechtsstreits nicht relevant werde.

184 EuGH, Urteil vom 6.10.1982 – 283/81 (C.I.L.F.I.T. ./. Ministero della Sanità) = ECLI:EU:C:1982:335.

185 Dauses/Ludwigs Handbuch des EU-Wirtschaftsrechts/*Kaufmann*, Vorabentscheidungsverfahren (P. II.), Rn. 138.

186 *Fredriksen*, 2009, 141; *Hopt*, RabelsZ 66 (2002), 589, 604; eine Übersicht über wichtige Leitentscheidungen aufgrund unterinstanzlicher Vorlageersuchen findet man bei *Voß*, EuR Beiheft 2003/1, 37.

187 Näher dazu *Martinsen/Wind*, in: Koch (Hrsg.), 2010, 479, 491; *Golub*, West European Politics 19 (1996), 360; siehe auch *Karen J. Alter*, 2001; *Karen J. Alter*, International Organizations 54 (2000), 489 sowie *Haltern*, ^{3}2017, EuR Band II, Rn. 155.

konkurrierenden Interessen.[188] *Tridimas* beschreibt diesen Machtgewinn der Unterinstanzen als „most effective enforcement mechanism of the obligation of a last instance court to do so." [189]

Das Vorlagerecht kann weder durch Parteidisposition noch durch nationale Prozess- und Gerichtsordnungen eingeschränkt werden.[190]

2. *Vorlagepflicht*

Die Acte Clair-Ausnahme fordert eine bestehende Vorlagepflicht, Art. 267 Abs. 3 AEUV. Vorlagepflichten werden immer dort eingesetzt, wo eine vorgegebene Auslegung abgesichert werden soll, um eine Rechtsangleichung zu erreichen.[191]

Eine solche erwächst beim Vorlageverfahren für letztinstanzlich entscheidende Gerichte. Letztinstanzliches Gericht ist nach der herrschenden „konkreten Theorie" jedes Gericht, dessen Entscheidung im konkreten Rechtsstreit nicht mehr mit Rechtsmitteln des innerstaatlichen Rechts angegriffen werden kann.[192] Der Begriff „Rechtsmittel des innerstaatlichen Rechts" ist dabei autonom unionsrechtlich zu ermitteln und umfasst alle ordentlichen Rechtsbehelfe, mit denen eine gerichtlich erlassene Entscheidung von einer übergeordneten Gerichtsinstanz in rechts- und tatsächlicher Hinsicht (Berufung) oder allein in rechtlicher Hinsicht (Revision, Kassation) überprüft werden kann.[193] Lange Zeit war umstritten, ob die Prüfung, welches Gericht das hierarchisch oberste Gericht ist, abstrakt erfolgt oder ob es darauf ankommt, welches Gericht im konkreten Fall letztinstanzlich entscheidet. Der Gerichtshof hat zugunsten der konkreten Betrachtungsweise entschieden, indem er die obersten Gerichte nebeneinander

---

188 *Karen Alter*, in: Slaughter (Hrsg.), 2003, 227, 242; *Karen J. Alter*, 2001, 45 ff. Darstellung des Meinungsstandes bei *Haltern*, [3]2017, EuR Band II, Rn. 162, 155, 160.

189 *Tridimas*, in: Arnull/Chalmers (Hrsg.), 2015, 403, 406.

190 Calliess/Ruffert EUV/AEUV/*Wegener*, Art. 267 AEUV, Rn. 25.

191 Siehe mit rechtshistorischen Beispielen, *Röhl*, in: GS Wenz, 1999, 445, 447 ff.

192 EuGH, Urteil vom 4.6.2002 – C-99/00 (Lyckeskog) = ECLI:EU:C:2002:329, Rn. 15; Calliess/Ruffert EUV/AEUV/*Wegener*, Art. 267 AEUV, Rn. 27; Nomos EU-Kommentar 3.Aufl. 2012/*Schwarze*, Art. 267 AEUV, Rn. 43; Streinz EUV/AEUV/*Ehricke*, Art. 267 AEUV, Rn. 41.

193 EuGH, Urteil vom 21.12.2016 – C-119/15 (Biuro podróży Partner) = ECLI:EU:C:2016:987, Rn. 28; GA *Sharpston, Eleanor*, 15.6.2006 – Schlussanträge im Verfahren C-467/04 (Gasparini) = ECLI:EU:C:2006:406, Rn. 28; Dauses/Ludwigs Handbuch des EU-Wirtschaftsrechts/*Kaufmann*, Vorabentscheidungsverfahren (P. II.), Rn. 124.

mit den Gerichten stellte, deren Entscheidungen nicht mehr mit Rechtsmitteln angreifbar sind.[194] Gerichte, die nicht letztinstanzlich entscheiden, sind grundsätzlich lediglich ermächtigt, Vorlagen anzustrengen. Eine Vorlagepflicht haben jedoch auch Gerichte, die nicht letztinstanzlich entscheiden, wenn das nationale Gericht eine Unionsrechtsvorschrift oder sonstige Handlung für ungültig erklärt und nicht anwenden will.[195]

3. *Ausnahmen von der Vorlagepflicht für letztinstanzliche Gerichte*

Wie gesehen, ist das Unionsrecht dem Grundsatz der Effektivität verpflichtet. Daran muss sich auch das Vorabentscheidungsverfahren mit seiner Funktion der Gewährleistung der einheitlichen und richtigen Auslegung des Unionsrechts durch die nationalen Gerichte ausrichten. Besonders in einer Zeit, in der das Unionsrecht viele Rechtsgebiete erfasst, würde es zu einer Überlastung des EuGH führen, wenn jedes letztinstanzliche nationale Gericht, das sich mit Unionsrechtselementen in einem Fall befasst, vorlegen müsste.[196] Fehlende Entscheidungserheblichkeit,[197] welche bereits Voraussetzung für die Vorlageberechtigung ist und daher als Minus in der Vorlagepflicht enthalten ist, lässt die Vorlagepflicht entfallen. Ferner kann in dem seltenen Fall, in dem sich einer Rechtssache zwei Gerichte widmen, die als letztinstanzlich angesehen werden, sich das eine Gericht darauf berufen, dass ein anderes Gericht letztinstanzlich im Ausgangsfall befasst sei.[198] Die Vorlagepflicht besteht dann bei beiden Gerichten.[199] Einen Sonderfall stellt auch der einstweilige Rechtsschutz als Ausfluss des Grundsatzes des effektiven Rechtsschutzes dar.[200] Wenn nach der Entscheidung über die einstweilige Maßnahme eine vollständige Überprüfung der Sache

194 EuGH, Urteil vom 4.6.2002 - C-99/00 (Lyckeskog) = ECLI:EU:C:2002:329, Rn. 15; Streinz EUV/AEUV/*Ehricke*, Art. 267 AEUV, Rn. 41; *Morten Broberg/Fenger*, 2014, 202.

195 EuGH, Urteil vom 22.10.1987 - 314/85 (Foto-Frost ./. Hauptzollamt Lübeck-Ost) = ECLI:EU:C:1987:452, Rn. 11 ff.; Calliess/Ruffert EUV/AEUV/*Wegener*, Art. 267 AEUV, Rn. 28.

196 Morten Broberg/Fenger, 2014, 207 f.

197 Ebd., 208.

198 Ebd., 209 mit Fn. 32.

199 Ebd., 209. Zur Problematik, dass dieselbe Rechtsfrage bereits beim EuGH anhängig ist, siehe *Foerster*, EuZW 2011, 901, 907.

200 EuGH, Urteil vom 21.2.1991 – C-143/88 u. C-92/89 (Zuckerfabrik Süderdithmarschen und Zuckerfabrik Soest ./. Hauptzollamt Itzehoe und Hauptzollamt Paderborn) = ECLI:EU:C:1991:65; *Betz*, 2013, 33 f.

möglich ist, so entfällt die Vorlagepflicht nach Art. 267 Abs. 3 AEUV.[201] In seiner Rechtsprechung hat der Gerichtshof zwei „echte" Ausnahmen von der Vorlagepflicht zugelassen. Zum einen das Präzedenzfall-System, der Acte Éclairé, und zum anderen die Acte Clair-Doktrin. Beide wurden durch den EuGH in *CILFIT* in den Mittelpunkt gestellt, wobei der Acte Éclairé seinen Ursprung bereits in der *Da Costa*-Entscheidung des EuGH gefunden hatte.[202] Beide Ausnahmen müssen unter dem Blickwinkel der besonderen Aufgabe des EuGH verstanden werden. Rolle des EuGH ist im Rahmen seiner Kognitionskompetenz, wie oben gesehen, die einheitliche Auslegung des Unionsrechts. Art. 267 AEUV stellt dabei das Scharnier oder die Klammer zwischen den nationalen Gerichten und dem EuGH dar.[203] Durch die Vorlagepflicht letztinstanzlicher Gerichte soll gewährleistet werden, dass keine letztinstanzliche Rechtsprechung im Bereich des Unionsrechts ergeht, die unangreifbar ist und somit Ursprung einer Fehlentwicklung wäre, die nicht mehr durch den EuGH korrigiert werden könnte.

a) Ausnahme der Vorlagepflicht: Präzedenzfall-System: Acte Éclairé

Die erste Ausnahme basiert auf dem Präzedenzfallsystem, auch Präjudizsystem genannt, und wird als Acte Éclairé bezeichnet. Sie enthält zwei Untergruppen. Die Vorlagepflicht entfällt, wenn die aufgeworfene Frage schon in einem gleich gelagerten Fall vorgelegt und vom EuGH entschieden wurde. Dieser Unterfall ergibt sich bereits aus der *Da Costa*-Entscheidung des EuGH.[204] Eine Erweiterung hat der Acte Éclairé in der *CILFIT*-Rechtsprechung[205] erfahren, wonach die Vorlagepflicht auch

---

201 *Morten Broberg/Fenger*, 2014, 230. Ist eine Überprüfung im Hauptsacheverfahren nicht möglich, bleibt die Vorlagepflicht bestehen. Über diese Möglichkeit hinaus, kann unter strengen Voraussetzungen die Vorlagepflicht dann entfallen, wenn das Gericht erhebliche Zweifel an der Gültigkeit des Unionsrechtsakts hat und eine Aussetzung zur Ersparung nicht wiedergutzumachender Schäden notwendig erscheint sowie das Unionsinteresse an der einheitlichen Rechtsanwendung hinreichend berücksichtigt wurde, *Betz*, 2013, 34. Siehe zum Erfordernis der dazu nötigen Berücksichtigung der bestehenden Rechtsprechung des EuGH und EuG sowie der bereits ergangenen mitgliedstaatlichen Beschlüsse im Wege des einstweiligen Rechtsschutzes, EuGH, Urteil vom 9.11.1995 – C-466/93 (Atlanta Fruchthandelsgesellschaft u.a. (II) ./. Bundesamt für Ernährung und Forstwirtschaft) = ECLI:EU:C:1995:370, Rn. 51.

202 EuGH, Urteil vom 27.3.1963 – 28-30/62 (Da Costa en Schaake NV ./. Administratie der Belastingen) = ECLI:EU:C:1963:6, 80 f.

203 Vgl. *Rabe*, in: FS Redeker, 1993, 201, 202, zu Art. 177 Abs. 3 EWG-Vertrag.

204 EuGH, Urteil vom 27.3.1963 – 28-30/62 (Da Costa en Schaake NV ./. Administratie der Belastingen) = ECLI:EU:C:1963:6, 80 f.

205 EuGH, Urteil vom 6.10.1982 – 283/81 (C.I.L.F.I.T. ./. Ministero della Sanità) = ECLI:EU:C:1982:335, Rn. 21.

dann entfällt, wenn eine gesicherte gemeinschaftsrechtliche Rechtsprechung zu dieser Frage vorliegt, durch welche die betreffende Rechtsfrage geklärt ist.

b) Ausnahme der Vorlagepflicht: Acte Clair

Die hier im Fokus stehende Ausnahme der Vorlagepflicht ist die Acte Clair-Doktrin. Nachdem bereits der französische *Conseil d´État* versucht hatte, eine eigene Kategorie für offenkundige Auslegungsfälle im Europarecht einzuführen, stellte der EuGH in der *CILFIT*-Rechtsprechung seinen eigenen Acte Clair mit strengen Maßstäben in den Mittelpunkt.[206] Danach liege laut *CILFIT* Randnummer 16 keine Vorlagepflicht vor, wenn „die richtige Anwendung des Gemeinschaftsrechts derart offenkundig ist, dass keinerlei Raum für einen vernünftigen Zweifel an der Entscheidung der gestellten Frage bleibt. Das innerstaatliche Gericht darf jedoch nur dann davon ausgehen, dass ein solcher Fall vorliegt, wenn es überzeugt ist, dass auch für die Gerichte der übrigen Mitgliedstaaten und den Gerichtshof die gleiche Gewissheit bestünde. Nur wenn diese Voraussetzungen erfüllt sind, darf das innerstaatliche Gericht davon absehen, diese Frage dem Gerichtshof vorzulegen und stattdessen in eigener Verantwortung lösen."[207]

Weitere Einschränkungen erfuhr die Acte Clair-Ausnahme in der daraufolgenden Randnummer 17: „Ob diese Möglichkeit besteht, ist jedoch unter Berücksichtigung der Eigenheiten des Gemeinschaftsrechts und der besonderen Schwierigkeiten seiner Auslegung zu beurteilen."[208] Ferner müsse die Auslegung so offensichtlich sein, dass sie keinerlei Raum für vernünftige Zweifel lasse, worüber die übrigen Gerichte der Mitgliedstaaten als auch der EuGH gleichermaßen Gewissheit haben müssten.[209] Zwar erwähnte der EuGH in *CILFIT* den Acte Clair als solchen nicht, dies änderte sich jedoch in der Folgerechtsprechung.[210]

Die rechtlichen Implikationen, die diese grundlegende Rechtsprechung enthält, werden im nächsten Kapitel dargestellt, sowie die einzelnen Kriterien analysiert. Zunächst werden die Kontrollinstrumente aufgezeigt, die auf Unionsebene sowie auf nationaler deutscher Ebene bestehen, um die Vorlagepraxis der mitgliedstaatlichen Gerichte zu disziplinieren.

---

206 *Lenaerts*, EuR 2015, 3, 7; *Wolff*, Archiv des öffentlichen Rechts 141 (2016), 40, 57.

207 EuGH, Urteil vom 6.10.1982 – 283/81 (C.I.L.F.I.T. ./. Ministero della Sanità) = ECLI:EU:C:1982:335, Rn. 16.

208 Ebd., Rn. 17.

209 Ebd., Rn. 21.

210 EuGH, Urteil vom 9.9.2015 – C-72/14 und C-197/14 (X ./. Inspecteur van de Rijksbelastingdienst und T. A. van Dijk ./. Staatssecretaris van Financiën) = ECLI:EU:C:2015:564, Rn. 56.

B. Kontrollinstrumente zur Überprüfung der Einhaltung der Vorlagepflicht

In der EU besteht der Grundsatz der loyalen Zusammenarbeit, Art. 4 Abs. 3 EUV, welcher auch für die Gerichte der Mitgliedstaaten gilt.[211] Gegen diesen Grundsatz verstoßen Gerichte, die gegen Art. 267 AEUV verstoßen und damit das zugrunde liegende Verständnis als Auffang- und Kooperationsordnung[212] missachten. Der AEUV selbst enthält keine Sanktion für einen Verstoß gegen die Vorlagepflicht, dennoch kommen einige Kontrollinstrumente zur Überprüfung ihrer Einhaltung sowohl auf Unionsebene als auch auf nationaler Ebene in Frage.

I. Sanktionsmöglichkeiten auf Unionsebene

Auf der Unionsebene kommen sowohl das Vertragsverletzungsverfahren nach Art. 258 AEUV und Art. 259 AEUV, als auch der europäische Staatshaftungsanspruch in Betracht.

1. Vertragsverletzungsverfahren

Eine Nichtvorlage trotz Vorlagepflicht bedeutet eine Verletzung der Unionstreuepflicht gem. Art. 4 Abs. 3 Unterabsatz 3 EUV (vorher Art. 10 Abs. 2 EGV), welche mithilfe des Vertragsverletzungsverfahrens nach allgemeiner Auffassung über Art. 258, 259 AEUV sanktioniert werden kann.[213] Eine Zurechnung der Rechtsakte von Gerichten zu den Mitgliedstaaten findet trotz des Grundsatzes der richterlichen Unabhängigkeit statt.[214] Zweck des Vertragsverletzungsverfahrens ist es nicht, Urteile höchster nationaler Gerichte zu überprüfen.[215] In erster Linie soll das Vertragsverletzungsverfahren der Kommunikation dienen und im Vorfeld die Mitgliedstaaten zur Rechtstreue anhalten.[216] Durch das

---

211 Morten Broberg/Fenger, 2014, 237.

212 *P. M. Huber*, Der Staat 56 (2017), 389, 404.

213 Streinz EUV/AEUV/*Ehricke*, Art. 267 AEUV, Rn. 49. Dagegen *Dauses*, ²1995, 119 sowie Dauses/Ludwigs Handbuch des EU-Wirtschaftsrechts/*Kaufmann*, Vorabentscheidungsverfahren (P. II.), Rn. 147, der sich darauf beruft, dass es sich dabei um ein reines Organstreitverfahren ohne Individualrechtsschutzfunktion handele.

214 EuGH, Urteil vom 9.12.2003 – C-129/00 (Kommission ./. Italien) = ECLI:EU:C:2003:656 Rn. 41. Vgl. auch Art. 97 Abs. 1 GG; Art. 6 Abs. 1 EMRK; Art. 47 Abs. 2 GR-Charta.

215 Antwort von *Thorn* im Namen der Kommission vom 25.7.1983, ABl. C 268 vom 6.10.1983, S. 25. *Thorn* spricht von „Verstoßverfahren" in Art. 169 EWG-Vertrag.

216 *Haltern*, ³2017, EuR Band II, Rn. 103.

Vertragsverletzungsverfahren sollen nicht die eigenen Kompetenzen der Kommission gewahrt werden, sondern der objektive Schutz des Unionsrechts.[217] Es handelt sich aber bei einem angestrengten Verfahren nur um einen Pyrrhussieg, da aufgrund der Gewaltenteilung erhebliche Probleme bei der Durchsetzung eines erfolgreichen Vertragsverletzungsverfahrens bestehen.[218] Eine Verurteilung durch den EuGH verpflichtet den Mitgliedstaat, der die Vorlagepflicht verletzt dazu, das feststellende Urteil für die Zukunft umzusetzen und den gerügten Zustand abzustellen.[219] Ein Antasten der Rechtskraft des Anlassurteils wird durch Einleitung eines Vertragsverletzungsverfahrens nicht bewirkt.[220] Wegen der Unabhängigkeit der Gerichte kann ein beklagter Mitgliedstaat ein Urteil nicht korrigieren.[221] Die Kommission oder ein Mitgliedstaat können eine Vertragsverletzungsklage gem. Art. 258/259 AEUV gegen einen Mitgliedstaat einleiten.[222] Dabei hat die Kommission Ermessen dahingehend, ob und gegebenenfalls, wann sie ein Vertragsverletzungsverfahren gegen einen Mitgliedstaat anstrengt, wovon die Kommission sehr zurückhaltend Gebrauch macht.[223] Auf die schriftliche Anfrage von *Krieg* vom 26.09.1978 antwortete die Kommission

---

217 Pechstein/Görlitz/Kubicki, [4]2012, 151.

218 Streinz EUV/AEUV/*Ehricke*, Art. 267 AEUV, Rn. 49; *Ehricke*, in: Ress/Stein (Hrsg.), 1997, 58 ff.

219 Anders wäre es, wenn der Rechtsverstoß weiterhin Rechtswirkungen entfaltet, *Kokott/Henze/Sobotta*, JZ 2006, 633, 640. Teilweise wird auch eine ex tunc Folgenbeseitigung durch die Nichtvorlage gefordert, etwa *Prieß*, NVwZ 1993, 118, 124; *Ortlepp*, 1987, 117. Dagegen spricht jedoch, dass ein Folgenbeseitigungsanspruch weder im AEUV noch in der EuGH-Satzung vorgesehen ist. Ferner spricht die EuGH-Rspr. zur Rückabwicklung rechtswidrig geleisteter Zahlungen dagegen, vgl. m.w.N. Streinz EUV/AEUV/*Ehricke*, Art. 260 AEUV, Rn. 8.

220 EuGH, Urteil vom 1.6.1999 - C-126/97 (Eco Swiss China Time Ltd ./. Benetton International NV) = ECLI:EU:C:1999:269, Rn. 46; EuGH, Urteil vom 30.9.2003 - C-224/01 (Gerhard Köbler ./. Republik Österreich) = ECLI:EU:C:2003:513 Rn. 38; EuGH, Urteil vom 16.3.2006 - C-234/04 (Rosmarie Kapferer ./. Schlank & Schick GmbH) = ECLI:EU:C:2006:178 Rn. 19 ff.; Streinz EUV/AEUV/*Ehricke*, Art. 267 AEUV, Rn. 49; Dauses/Ludwigs Handbuch des EU-Wirtschaftsrechts/*Kaufmann*, Vorabentscheidungsverfahren (P. II.), Rn. 148. Siehe zur Problematik der verwaltungsrechtlichen Bestandskraft EuGH, Urteil vom 13.1.2004 - C-453/00 (Kühne & Heitz NV ./. Produktschap voor Pluimvee en Eieren) = ECLI:EU:C:2004:17, Rn. 28.

221 Streinz EUV/AEUV/*Ehricke*, Art. 267 AEUV, Rn. 49.

222 *Satzger*, in: FS von Heintschel-Heinegg, 2015, 391, 399.

223 *Kokott/Henze/Sobotta*, JZ 2006, 633, 640; *Hummert*, 2006, 46 ff.; *Breuer*, 2012, 392; *Morten Broberg/Fenger*, 2014, 240; *Fredriksen*, 2009, 335.

zunächst, dass das Vertragsverletzungsverfahren kein geeignetes Mittel zur Erreichung einer ordnungsgemäßen Vorlagepraxis sei und die Kommission nur in Fällen offensichtlicher Unkenntnis oder bei bewusstem Unterlassen ein Vertragsverletzungsverfahren einleiten würde.[224] Später erweiterte sie diese Praxis auf Fälle der bewussten und systematischen Nichtbeachtung des Gemeinschaftsrechts.[225] Erstmals strengte die Kommission ein Vorverfahren in der Rechtssache *Pingo-Hähnchen*[226] gegen Deutschland an, nachdem der BGH die Revision nicht zugelassen hatte. Es war aber nicht zu einer Verfahrenseinleitung gekommen.[227] 2004 wurde von der Kommission ein Mahnschreiben an das Königreich Schweden verfasst.[228] In Folge dessen erließ das schwedische Parlament ein Gesetz über das Vorabentscheidungsverfahren, worin eine Begründungspflicht für das nicht vorlegende Gericht enthalten war.[229] Die Kommission machte erstmals in den Verfahren gegen Italien[230] und anschließend gegen die Niederlande[231] Gebrauch von ihrem Ermessen in Art. 258 AEUV, Vertragsverletzungsverfahren wegen judikativer Handlungen einzuleiten. Die Kommission verfolgt

---

224 Antwort der Kommission auf die Schriftliche Anfrage Nr. 608/78 von Herrn *Krieg*, ABl. C 28 vom 31.1.1979, S. 8 f. Bestätigend auch die Antwort der Kommission auf die Schriftliche Anfrage Nr. 526/83 von Herrn *Tyrell*, ABl. C 268 vom 9.6.1983, S. 25: „Nach Ansicht der Kommission ist dieses Verfahren aber nicht gerade die beste Grundlage für eine Zusammenarbeit zwischen nationalen Gerichten und dem Europäischen Gerichtshof."

225 Antwort von *Thorn* im Namen der Kommission vom 25.7.1983, ABl. C 268 vom 6.10.1983, S. 25.

226 OLG Köln, 29.4.1988 – 6 U 173/87 = NJW-RR, 1990, 174.

227 Vgl. Dauses/Ludwigs Handbuch des EU-Wirtschaftsrechts/*Kaufmann*, Vorabentscheidungsverfahren (P. II.), Rn. 148 mit Fn. 252.

228 Zum Vorverfahren gegen Schweden siehe *Lenski/Mayer*, EuZW 2005, 225 sowie GA *Wathelet, Melchior*, 25.7.2018 – Schlussanträge im Verfahren C-416/17 (Kommission ./. Frankreich (Précompte mobilier)) = ECLI:EU:C:2018:626, Fn. 2.

229 SFS 2006:502, Lag med vissa bestämmelser om förhandsavgörande från EG-domstolen. Auch in Deutschland wurde eine solche Begründungspflicht vom BVerfG aufgestellt. Siehe BVerfG, 9.1.2001 – 1 BvR 1036/99 = NJW 2001, 1267; vgl. *Morten Broberg/Fenger*, 2014, 241 Fn. 156; *Morten Broberg*, Common Market Law Review 2008, 1383, 1394 f.

230 EuGH, Urteil vom 9.12.2003 – C-129/00 (Kommission ./. Italien) = ECLI:EU:C:2003:656.

231 Zur Vertragsverletzungsklage siehe Pressemitteilung der Kommission: „Entsandte Arbeitnehmer: Kommission geht gegen die Niederlande vor", IP/04/178 vom 9.2.2004, https://ec.europa.eu/commission/presscorner/detail/de/IP_04_178, zuletzt abgerufen am 14.11.2019. Es geht um die Entscheidung des Hoge Raad, 11.7.2003 – 37446 = ECLI:NL:HR:2003:AH9771.

seit *Kommission ./. Italien*[232] einen neuen Ansatz zu einer verbesserten Kontrolle des Einhaltens der Vorlagepflichten durch die mitgliedstaatlichen Spruchkörper, indem nicht auf die Nichtvorlage durch die Gerichte abgestellt wird, sondern auf eine unterlassene Korrektur des Gesetzgebers bei unionsrechtswidriger Anwendung nationaler Vorschriften durch nationale Gerichte und Behörden.[233] Durch diesen Weg wird eine direkte Konfrontation mit den Gerichten umgangen und die Verantwortung der mitgliedstaatlichen Gesetzgebungsorgane ins Zentrum gestellt.[234] Jedoch wird dadurch keine Verletzung des Art. 267 Abs. 3 AEUV gerügt, sondern es werden lediglich die Ergebnisse in materieller Hinsicht kritisiert, zu denen die Gerichte ohne eine nötige Vorlage gekommen waren.[235] Diese Strategie wird zum Teil von der Literatur gebilligt,[236] teilweise stark abgelehnt.[237] Grund für die lange Nichtbeachtung von Vertragsverletzungen war Opportunität, wonach die Zusammenarbeit von EU und mitgliedstaatlichen Gerichten nicht durch Zwang auslösende Vertragsverletzungsklagen gefährdet werden sollte.[238] Gegen eine zaghafte Ingebrauchnahme der Anstrengung von Vertragsverletzungsverfahren durch die Kommission wird häufig die Unabhängigkeit der Gerichte angeführt. Dagegen lässt sich jedoch einwenden, dass bei der Auslegung und Anwendung von Unionsrecht das nationale Gericht als „europäisches"

---

232 EuGH, Urteil vom 9.12.2003 – C-129/00 (Kommission ./. Italien) = ECLI:EU:C:2003:656.

233 Ebd.; *Blanke*, EUV/AEUV, [5]2016, Art. 267 AEUV, Rn. 34; Streinz EUV/AEUV/*Ehricke*, Art. 267 AEUV, Rn. 49; *Thomy*, 2009, 157 f.

234 *Blanke*, EUV/AEUV, [5]2016, Art. 267 AEUV, Rn. 34.

235 *Morten Broberg/Fenger*, 2014, 240, Fn. 154.

236 *Kokott/Henze/Sobotta*, JZ 2006, 633, 641 erachtet eine Konzentration der Kommission auf systematische und bewusste Nichtvorlagen als sinnvoll, um im Wiederholungsfall Maßnahmen nach Art. 228 EG (heute Art. 260 AEUV) ergreifen zu können. *Blanke*, EUV/AEUV, [5]2016, Art. 267 AEUV, Rn. 34 besagt, dass aufgrund der den Mitgliedstaaten garantierten Unabhängigkeit der Gerichte eine Kontrolle der Vorlagepraxis im Wege des Vertragsverletzungsverfahrens auch rechtlich auf Fälle systematischer, evidenter oder grundsätzlich bedeutsamer Vorlagepflichtverletzungen beschränkt sein müsse. Ebenso *Thomy*, 2009, 158.

237 U.a. *Satzger*, in: FS von Heintschel-Heinegg, 2015, 391, 399; Streinz EUV/AEUV/*Ehricke*, Art. 267 AEUV, Rn. 49, der im Sinne des Individualrechtsschutzes eine „nicht zu restriktive" Handhabung der Vorlagepflichtkontrolle fordert.

238 „Nach Ansicht der Kommission ist dieses [Vertragsverletzungs-]Verfahren aber nicht gerade die beste Grundlage für eine Zusammenarbeit zwischen nationalen Gerichten und dem Europäischen Gerichtshof", so Antwort von *Thorn* im Namen der Kommission vom 25.7.1983, ABl. C 268 vom 6.10.1983, S. 25. Vgl. auch *Satzger*, in: FS von Heintschel-Heinegg, 2015, 319, 399.

Gericht fungiert und dieses damit innerhalb der europäischen Gerichtshierarchie uneingeschränkt an die Vorlagepflicht gebunden ist.[239] Dem Einzelnen steht nach ständiger Rechtsprechung kein Anspruch auf Einleitung eines Vertragsverletzungsverfahrens zu.[240] Aus Gründen des „mittelbaren Individualrechtsschutzes" sollte daher von der Sanktion des Vertragsverletzungsverfahrens reger Gebrauch gemacht werden, auch wenn die faktische Nichtdurchsetzbarkeit eine Untergrabung der Auslegungszuständigkeit des EuGH bewirken kann, da durch die förmliche Feststellung einer Vertragsverletzung eine Folgenbeseitigungspflicht nach Art. 260 Abs. 1 AEUV ausgelöst wird.[241] Seit der Einführung des Art. 260 Abs. 3 AEUV im Jahr 2007 wird zudem ermöglicht, bereits im Vertragsverletzungsverfahren selbst ein Zwangsgeld und einen Pauschalbetrag nach Art. 260 Abs. 2 AEUV zu verhängen, ohne dazu ein gesondertes Verfahren im Anschluss anzustrengen.[242] Davon macht die Kommission, teilweise mit drakonisch hohen Beträgen Gebrauch und erhöht damit den Druck bei

239 Vgl. *Satzger*, in: FS von Heintschel-Heinegg, 2015, 391, 399.

240 EuGH, Urteil vom 14.2.1989 – 247/87 (Star Fruit Company SA ./. Kommission der Europäischen Gemeinschaften) = ECLI:EU:C:1989:58, Rn. 11; EuGH, Urteil vom 15.1.1998 – C-196/97 P (Intertronic - f. Cornelis GmbH ./. Kommission der Europäischen Gemeinschaften) = ECLI:EU:C:1998:15, Rn. 12; *Meinhard Schröder*, EuR 2011, 808, 811. Die betroffene Partei kann ein Verfahren aber bei der Kommission anregen, *Hirte*, 1996, 44 mit Fn. 155. Dies führt aber nur selten zum Erfolg, *Rösler*, 2012, 133.

241 Vgl. *Satzger*, in: FS von Heintschel-Heinegg, 2015, 391, 400; ebenso Streinz EUV/AEUV/*Ehricke*, Art. 267 AEUV, Rn. 49; Dauses/Ludwigs Handbuch des EU-Wirtschaftsrechts/*Kaufmann*, Vorabentscheidungsverfahren (P. II.), Rn. 148. Eine Prognose über die Praxis der Kommission liefert *Ionescu*, 2016, 364 f., der vermutet, dass bei Primärrechtsverstößen (Verstoß gegen Anwendung und Auslegung des Unionsrechts) die Kommission zukünftig kein Vertragsverletzungsverfahren anstreben wird, sondern den Umweg über das gesetzgeberische Unterlassen geht. Dies sei darin begründet, dass bei Primärrechtsverstößen bereits andere Organe gegen diese verstoßen und bspw. bereits Verwaltungsakte etwaige Verstöße beinhalten. Die Vorlagepflicht reduziert für diese Fälle bereits maßgeblich Primärrechtsverstöße. Anders hingegen bei Sekundärrechtsverstößen (Nichtbeachtung der Vorlagepflicht), wo ein Vertragsverletzungsverfahren angestrengt wird, um signifikante Fehler der Rechtsprechungspraxis zu beheben.

242 Streinz EUV/AEUV/*Ehricke*, Art. 260 AEUV, Rn. 18. Von der Schadensersatzpflicht nach Art. 260 AEUV wird stärker Gebrauch gemacht als von Art. 258 AEUV, *Smith*, in: Arnull/Chalmers (Hrsg.), 2015, 355 ff.

den Mitgliedstaaten.[243] Falls sich jedoch der Mitgliedstaat dieser Entscheidung widersetzt, gibt es keine Möglichkeit der Vollstreckung.[244]

32 Jahre nach Bestehen der *CILFIT*-Kriterien wurde erstmals eine Vertragsverletzung in der Rechtssache *Ferreira* festgestellt.[245] Drei Jahre später erfolgte die erste Verurteilung eines Mitgliedstaates wegen Vertragsverletzung aufgrund justiziellen Unrechts bezüglich der Niederlassungs- und Kapitalmarktfreiheit sowie der Verletzung der Vorlagepflicht in der Rechtssache *Kommission ./. Frankreich* (*Accor II*).[246] In der Sache warf die Kommission dem *Conseil d'État* eine diskriminierende und unverhältnismäßige Behandlung einer französischen Muttergesellschaft vor, welche Gewinnanteile ausländischer Tochtergesellschaften erhalten hatte, gegenüber solchen, die Dividenden französischer Tochtergesellschaften bekommen hatten. Insofern habe der *Conseil d'État* eine Diskriminierung aufrechterhalten, die bereits in der Rechtssache *Accor*[247] gerügt worden war. Infolge des Urteils *Accor* hatte der *Conseil d'État* 2012 in zwei Urteilen[248] neue Regelungen geschaffen, welche jedoch weiterhin nicht die steuerlichen unionsrechtlichen Vorgaben erfüllten und daher vom EuGH in *Accor II* kassiert wurden.[249] Der EuGH erstreckte somit parallel zur *Köbler*-Entscheidung

243 Der Pauschalbetrag stehe für Abschreckung, das Zwangsgeld für Überzeugungswirkung, siehe Beispiele in zweistelliger Millionenhöhe bei *Haltern*, ^{3}2017, EuR Band II, Rn. 116 Fn. 21.

244 *Haltern*, ^{3}2017, EuR Band II, Rn. 116.

245 EuGH, Urteil vom 9.9.2015 – C-160/14 (Ferreira da Silva e Brito ua ./. Estado português) = ECLI:EU:C:2015:565, mit Anmerkung *Wendenburg*, EuZW 2016, 111, 116.

246 EuGH, Urteil vom 4.10.2018 – C-416/17 (Kommission ./. Frankreich (Précompte mobilier)) = ECLI:EU:C:2018:811; *Wendenburg/Müller-Seils*, Vertragsverletzungsverfahren als scharfes Schwert: Die erste Verurteilung eines Mitgliedstaats wegen justiziellen Unrechts, https://verfassungsblog.de/vertragsverletzungsverfahren-als-scharfes-schwert-der-eugh-verurteilt-einen-mitgliedstaat-erstmals-wegen-justiziellen-unrechts/, 28.11.2018, zuletzt abgerufen am 13.11.2019.

247 EuGH, Urteil vom 15.9.2011 – C-310/09 (Accor) = ECLI:EU:C:2011:581.

248 Conseil d' État, 8ème - 3ème SSR, 10/12/2012, no 317074 = ECLI:FR:XX:2012:317074.20121210 sowie Conseil d' État, 8ème et 3ème sous-sections réunies, 10/12/2012, no 317075, Inédit au Recueil Lebon = ECLI:FR:CE SSR:2012:317075.20121210.

249 Siehe dazu die Besprechung von *Wendenburg/Müller-Seils*, Vertragsverletzungsverfahren als scharfes Schwert: Die erste Verurteilung eines Mitgliedstaats wegen justiziellen Unrechts, https://verfassungsblog.de/vertragsverletzungsverfahren-als-scharfes-schwert-der-eugh-verurteilt-einen-mitgliedstaat-erstmals-wegen-justiziellen-unrechts/, 28.11.2018, zuletzt abgerufen am 13.11.2019.

bezüglich des Staatshaftungsanspruchs eine Verletzung justiziellen Unrechts auf Vertragsverletzungsverfahren, was sich die Kommission zuvor offen gehalten hatte in dem behördlichen Verfahren gegen Schweden war keine Klage erhoben worden.[250] Hiermit wurde die Kommission wirkungsvoll als „neuer Akteur" platziert, der disziplinierend auf die mitgliedstaatlichen Gerichte einwirken kann, was jedoch in der Zukunft den Richterdialog erschweren wird.[251] Auffällig ist jedoch, dass die Kommission weder im behördlichen Verfahren gegen Schweden noch in *Accor II* auf das Erfordernis des systematischen und bewussten Missachtens der Vorlagepflicht abgestellt hat.[252]

2. *Staatshaftungsanspruch*

Auch ein unionsrechtlicher Staatshaftungsanspruch kommt in Betracht.[253] Der EuGH hat in den Rechtssachen *Köbler*[254] und *Traghetti del Mediterraneo*[255] eine Staatshaftung für Mitgliedstaaten entwickelt, deren letztinstanzliche Gerichte offenkundig ihre Vorlagepflicht verkennen.[256] Gestützt hat sich der EuGH bei der Herleitung auf den *effet utile* und den Individualrechtsschutz.[257] Die Grundlage des Staatshaftungsanspruchs befindet sich zwar im Unionsrecht, die Mitgliedstaaten müssen den Schaden dann aber im „Rahmen des nationalen

250 Zum Vorverfahren gegen Schweden, siehe Fn. 249 sowie GA *Wathelet, Melchior*, 25.7.2018 – Schlussanträge im Verfahren C-416/17 (Kommission ./. Frankreich (Précompte mobilier)) = ECLI:EU:C:2018:626, Fn. 2.

251 *Wendenburg/Müller-Seils*, Vertragsverletzungsverfahren als scharfes Schwert: Die erste Verurteilung eines Mitgliedstaats wegen justiziellen Unrechts, https://verfassungsblog.de/vertragsverletzungsverfahren-als-scharfes-schwert-der-eugh-verurteilt-einen-mitgliedstaat-erstmals-wegen-justiziellen-unrechts/, 28.11.2018, zuletzt abgerufen am 13.11.2019.

252 Ebd.

253 Siehe eingehend dazu *Breuer*, 2012, 442 ff.

254 EuGH, Urteil vom 30.9.2003 – C-224/01 (Gerhard Köbler ./. Republik Österreich) = ECLI:EU:C:2003:513.

255 EuGH, Urteil vom 13.6.2006 – C-173/03 (Traghetti del Mediterraneo) = ECLI:EU:C:2006:391.

256 *Büscher*, Zeitschrift für Gemeinschaftsprivatrecht 5 (2008), 210, 213.

257 EuGH, Urteil vom 30.9.2003 – C-224/01 (Gerhard Köbler ./. Republik Österreich) = ECLI:EU:C:2003:513 Rn. 53 ff.; EuGH, Urteil vom 13.6.2006 – C-173/03 (Traghetti del Mediterraneo) = ECLI:EU:C:2006:391 Rn. 43; EuGH, Urteil vom 5.3.1996 – C-46/93 und C-48/93 (Brasserie du Pêcheur SA ./. Bundesrepublik Deutschland und The Queen gegen Secretary of State for Transport, ex parte: Factortame Ltd u.a.) = ECLI:EU:C:1996:79, Rn. 39.

Haftungsrechts“ beheben.[258] Die nationalen Haftungsregelungen dürfen dabei keine strengeren Anforderungen für die Haftung fehlerhafter Gerichtsurteile stellen, als es sich aus dem Unionsrecht für offensichtliche Verstöße gegen geltendes Unionsrecht ergibt.[259] In Deutschland tritt dieser eigenständig neben den Amtshaftungsanspruch nach § 839 BGB i. V. m. Art. 34 GG.[260] Der EuGH fordert für einen Staatshaftungsanspruch wegen judikativen Unrechts neben einer drittschützenden Norm, was Art. 267 Abs. 3 AEUV darstellt,[261] einen hinreichend qualifizierten Verstoß.[262] Die Nichtvorlage kann dabei nur als Indiz für das Vorliegen eines solchen Verstoßes gewertet werden.[263] Das begrenzende Merkmal der Offenkundigkeit fungiert als einschränkende Konkretisierung, der sich aus der Rechtsprechung herausgebildeten Voraussetzungen der „hinreichend qualifizierten“ Verletzung des Unionsrechts.[264] Dieses Kriterium weist eine erhebliche Unschärfe auf.[265] Problematisch ist bei der unionsrechtlichen Staatshaftung das Vorliegen der neben der groben Missachtung der prozessualen Regelung des Art. 267 AEUV geforderten qualifizierten Verletzung des materiellen Unionsrechts sowie der Nachweis des daraus resultierenden kausalen

---

258 EuGH, Urteil vom 19.11.1991 – C-6/90, C-9/90 (Francovich und Bonifaci ./. Italien) = ECLI:EU:C:1991:428, Rn. 42; EuGH, Urteil vom 22.4.1997 – C-66/95 (The Queen ./. Secretary of State for Social Security, ex parte Eunice Sutton) = ECLI:EU:C:1997:207, Rn. 33 f.

259 EuGH, Urteil vom 24.11.2011 – C-379/10 (Kommission ./. Italien) = ECLI:EU:C:2011:775; EuGH, Urteil vom 9.9.2015 – C-160/14 (Ferreira da Silva e Brito ua ./. Estado português) = ECLI:EU:C:2015:565. Zum italienischen Spruchrichterprivileg, EuGH, Urteil vom 13.6.2006 – C-173/03 (Traghetti del Mediterraneo) = ECLI:EU:C:2006:391, Rn. 44; *Haratsch/Koenig/Pechstein*, [11]2018, Rn. 658; *Frenz/Götzkes*, EuR 2009, 622, 640.

260 Zum unionsrechtlichen Staatshaftungsanspruch als „das nationale Recht implantiertes gemeinschaftsrechtliches Haftungsinstitut“ siehe *Haratsch*, EuR Beiheft 2008/3, 81, 97.

261 *Betz*, 2013, 41 m.w.N. Dagegen *Frenz/Götzkes*, EuR 2009, 622, 629, die wegen fehlender Erzwingungsmöglichkeit den Drittschutz ablehnen. Dagegen kann eingewendet werden, dass der EuGH in Köbler dann Drittschutz von Art. 267 Abs. 3 AEUV annimmt, wenn als Resultat ein hinreichend qualifizierter Verstoß bejaht wird, so *Hummert*, 2006, 51 f.

262 EuGH, Urteil vom 30.9.2003 – C-224/01 (Gerhard Köbler ./. Republik Österreich) = ECLI:EU:C:2003:513, Rn. 51.

263 Siehe dazu *Betz*, 2013, 43.

264 *Wegener*, EuR 2004, 84, 91.

265 Calliess/Ruffert EUV/AEUV/*Wegener*, Art. 267 AEUV, Rn. 40.

266 Dauses/Ludwigs Handbuch des EU-Wirtschaftsrechts/*Kaufmann*, Vorabentscheidungsverfahren (P. II.), Rn. 149.

Schadens.[266] Das bedeutet, dass ein nationales Gericht seiner Vorlagepflicht nicht nachgekommen sein darf und die daraufhin ergehende Sachentscheidung in qualifizierter Weise gegen das Unionsrecht verstößt.[267] Doch selbst bei zweifelhafter[268] Bejahung einer hinreichend qualifizierten Verletzung des Unionsrechts nach Nichteinhaltung der Vorlagepflicht, bietet die Staatshaftung nur Sekundärrechtsschutz, wodurch eine Rechtsverletzung ausgeglichen, aber nicht verhindert wird.[269] An der Rechtskraft der unionsrechtswidrigen Entscheidung ändert sich hingegen aus Gründen der Rechtssicherheit nichts.[270] Der konkrete Fall, der nicht vorgelegt wurde, kommt auf diesem Weg nicht vor den EuGH.[271] Als Kontrollinstrument ist der unionsrechtliche Staatshaftungsanspruch somit wenig effektiv.[272] Dem Staatshaftungsanspruch sind, wie gesehen, enge Grenzen gesetzt, die trotz des durch die Haftung eines Mitgliedstaats erreichten Rechtsfriedens eingehalten werden müssen,[273] um die Balance zwischen der

---

267 *Kokott*, AnwBl 2007, 309, 311. Nach *Haratsch*, EuR Beiheft 2008/3, 81, 97, ist noch unklar, ob bereits die Verletzung der Vorlagepflicht als solche einen qualifizierten Verstoß darstellt. Dies sei zwar vorstellbar (siehe BVerfG, 21.11.2011 - 2 BvR 516/09, 2 BvR 535/09 = NJW 2012, 598) aber abzulehnen, *Haratsch/Koenig/Pechstein*, [11]2018, Rn. 658.

268 Zweifelhaft ist bereits, ob in der Verletzung der Vorlagepflicht bereits ein hinreichend qualifizierter Verstoß vorliegt, siehe vorige Fußnote. Ebenfalls abgelehnt wird zur Begründung des Kausalzusammenhangs ein generelles Richterprivileg, Streinz EUV/AEUV/*Ehricke*, Art. 267 AEUV, Rn. 50. Dazu eingehend die Urteilsanmerkung zur Rechtssache Köbler, *Wegener*, EuR 2004, 84.

269 *Meinhard Schröder*, EuR 2011, 808, 811; *Kokott/Henze/Sobotta*, JZ 2006, 633, 637.

270 Handelt es sich bei dem Rechtsstreit um ein Verwaltungsverfahren, kann bei Vorliegen besonderer Umstände nach Art. 4 Abs. 3 EUV, dem Grundsatz der Zusammenarbeit, eine bestandskräftige Entscheidung zurückgenommen werden, siehe EuGH, Urteil vom 13.1.2004 - C-453/00 (Kühne & Heitz NV ./. Produktschap voor Pluimvee en Eieren) = ECLI:EU:C:2004:17, Rn. 24 ff.; Calliess/Ruffert EUV/AEUV/*Wegener*, Art. 267 AEUV, Rn. 41; *Kremer*, EuR 2007, 470, 486 ff. Deutlich herausstellend, dass es sich hier nicht um die Durchbrechung gerichtlicher Rechtskraft, sondern verwaltungsrechtlicher Bestandskraft handelt, Streinz EUV/AEUV/*Ehricke*, Art. 267 AEUV, Rn. 51. Zu den einzelnen Voraussetzungen unter Bezugnahme der Entscheidung EuGH, Urteil vom 16.3.2006 - C-234/04 (Rosmarie Kapferer ./. Schlank & Schick GmbH) = ECLI:EU:C:2006:178; *Holzheuer*, 72 f.

271 *Rösler*, 2012, 134.

272 Streinz EUV/AEUV/*Ehricke*, Art. 267 AEUV, Rn. 50; *Haratsch*, EuR Beiheft 2008/3, 81, 97; *Wegener*, EuR 2004, 84, 91.

273 Für einen zurückhaltenden Gebrauch als Regelungsinstrument gegen Nichtvorlagen, Calliess/Ruffert EUV/AEUV/*Wegener*, Art. 267 AEUV, Rn. 40.

mitgliedstaatlichen Kooperationsbereitschaft und dem notwendigen Individualrechtsschutz aufrechtzuerhalten.[274]

Durch die beiden Urteile *Kommission ./. Italien*[275] und *Köbler*[276] wurden Neuerungen erheblichen Gewichts bewirkt. Neu war, dass jetzt mitgliedstaatliche Gerichte im Wege des Vertragsverletzungsverfahrens verfolgt werden und sogar Schadensersatzklagen gegen letztinstanzliche Urteile angestrengt werden können, welche unionsrechtlich auch dann zulässig sind, wenn die nationalen Rechtsordnungen der Mitgliedstaaten eine solche Haftung ausschließen.[277] Durch die nun angestrengten Vertragsverletzungsverfahren wird gleichermaßen die Möglichkeit eines Staatshaftungsanspruches bei judikativem Unrecht wahrscheinlicher; sieht man in der Verletzung der Vorlagepflicht einen für die Staatshaftungsklage erforderlichen „offenkundigen Rechtsverstoß" an, so kann zumindest der notwendige Aspekt der Qualifizierung des Rechtsverstoßes bejaht werden.[278]

II. Sanktionsmöglichkeiten auf nationaler Ebene

Erste Rechtsschutzinstanz auf nationaler Ebene ist in Deutschland das Bundesverfassungsgericht bei der Nichteinhaltung der Vorlagepflicht.[279] Als Rechtsschutzmöglichkeit kommt die Verfassungsbeschwerde nach Art. 101 Abs. 1 S. 2 GG in Betracht.

1. *Rechtsschutz über Art. 101 Abs. 1 S. 2 Grundgesetz. Verfassungsbeschwerde*

Nach dem grundrechtsgleichen Recht in Art. 101 Abs. 1 S. 2 GG darf niemand seinem gesetzlichen Richter entzogen werden. Art. 267 AEUV stellt, wie bereits gesehen, eine Zuständigkeitsregelung dar, wonach der EuGH für die letztinstanzliche Auslegung von Unionsrecht und dem Befinden über die Gültigkeit von Sekundärrecht zuständig ist.[280] Entscheidet ein Gericht unter Verstoß der

274 Vgl. *Gundel*, EWS 2004, 8, 15; *Wegener*, EuR 2002, 785, 797; Calliess/Ruffert EUV/AEUV/*Wegener*, Art. 267 AEUV, Rn. 40.

275 EuGH, Urteil vom 9.12.2003 – C-129/00 (Kommission ./. Italien) = ECLI:EU:C:2003:656.

276 EuGH, Urteil vom 30.9.2003 – C-224/01 (Gerhard Köbler ./. Republik Österreich) = ECLI:EU:C:2003:513.

277 Vgl. *Haltern*, ^{3}2017, EuR Band II, Rn. 968.

278 *Wendenburg*, EuZW 2016, 111.

279 *Kokott/Henze/Sobotta*, JZ 2006, 633, 635 f.

280 Ebd. 636.

Vorlagepflicht, so wurde die Entscheidung von einem unzuständigen Gericht getroffen und damit der Zugang zum gesetzlichen Richter verwehrt.[281] Seit *Solange II*[282] ist nach ständiger Rechtsprechung des Bundesverfassungsgerichts der EuGH gesetzlicher Richter nach Art. 101 Abs. 1 S. 2 GG.[283]

Die Nichtvorlage trotz Vorlagepflicht nach Art. 267 Abs. 3 AEUV durch ein nationales Gericht bedeutet aber nicht automatisch eine verfassungswidrige Handlung.[284] Das Bundesverfassungsgericht will sich gerade nicht als oberstes „Vorlagen-Kontroll-Gericht" verstanden wissen und ist keine „Superrevisionsinstanz".[285]

2. Prüfungsmaßstab

Es gilt ein besonderer, verringerter Prüfungsmaßstab, wann dem Einzelnen der Weg zur Verfassungsbeschwerde im Rahmen einer Urteilsverfassungsbeschwerde[286] wegen einer Nichtvorlage an den EuGH offen steht. Diese Absenkung des Maßstabes ist darauf zurückzuführen, dass sich nicht aus dem Grundgesetz selbst ergibt, wer gesetzlicher Richter ist, sondern aus dem Prozessrecht, zu dessen Auslegung die Fachgerichte berufen sind.[287] Entscheidend für den Erfolg einer Verfassungsbeschwerde ist deshalb nicht, ob eine Vorlagepflicht bestanden hat, sondern ob das Fachgericht die Zuständigkeitsnorm des Art. 267 Abs. 3 AEUV willkürlich angewendet hat.[288] Somit schützt Art. 101

281 BVerfG, 22.10.1986 – 2 BvR 197/83 (Solange II) = BVerfGE 73, 339, 366 f.

282 Ebd. 366 ff., 385.

283 BVerfG, 31.5.1990 – 2 BvL 12/88 (Absatzfonds) = BVerfGE 82, 159, 192 f.; BVerfG, 19.7.2011 – 1 BvR 1916/09 (Le Corbusier) = BVerfGE 129, 78; *Kokott/Henze/Sobotta*, JZ 2006, 633, 635 ff.

284 *Satzger*, in: FS von Heintschel-Heinegg, 2015, 391, 400; *Kühling/S. Drechsler*, NJW 2017, 2950, 2951.

285 BVerfG, 15.1.1958 – 1 BvR 400/51 (Lüth) = BVerfGE 7, 198, 207; BVerfG, 10.6.1964 – 1 BvR 37/63 = BVerfGE 18, 85, 92; BVerfG, 31.5.1990 – 2 BvL 12/88 (Absatzfonds) = BVerfGE 82, 159, 195 f.; *Sensburg*, NJW 2001, 1259, 1260; siehe auch *Herzog*, in: FS Dürig, 1990, 431, 432 ff.

286 Art. 93 Nr. 41, Art. 3 Abs. 1 und Art. 101 Abs. 1 S. 2 GG.

287 BVerfG, 31.5.1990 – 2 BvL 12/88 (Absatzfonds) = BVerfGE 82, 159, 194. Beurteilungsmaßstab des Bundesverfassungsgerichts ist allein das Verfassungsrecht, weshalb bei Zuständigkeitsregelungen, die in einfachen Gesetzen oder untergesetzlichen Normen geregelt werden, die Fachgerichte berufen sind, *Fastenrath*, JZ 2013, 299, 300; *Kokott/Henze/Sobotta*, JZ 2006, 633, 636.

288 Vgl. *Betz*, 2013, 98.

Abs. 1 S. 2 GG nur den Bürger, wenn ein Gericht Art. 267 AEUV willkürlich anwendet.[289] Willkür liegt nach dem herkömmlichen Begriffsverständnis[290] dann vor, wenn „bei verständiger Würdigung der das Grundgesetz bestimmenden Gedanken nicht mehr verständlich und in offensichtlicher Weise unhaltbar", entschieden wurde.[291] Mit Beschluss des ersten Senats vom 9. November 1987[292] hat das Bundesverfassungsgericht drei Fallgruppen[293] herausgearbeitet, welche der zweite Senat mit Beschluss vom 31. Mai 1990[294] übernahm, wann das nicht vorlegende Gericht willkürlich judiziert. Dadurch wurde der herkömmliche Willkürbegriff modifiziert[295] und konkretisiert auf den Fall, wenn das Bundesverfassungsgericht die Auslegung und Anwendung von Zuständigkeitsvorschriften durch Fachgerichte rügt. Die erste Fallgruppe bilden Entscheidungen, bei denen die Vorlagepflicht grundsätzlich verkannt wurde,[296] die zweite

289 BVerfG, 22.10.1986 – 2 BvR 197/83 (Solange II) = BVerfGE 73, 339, 366 f.

290 Nach ständiger Rechtsprechung BVerfG, 16.3.1955 – 2 BvK 1/54 (Abgeordnetenentschädigung (Schleswig-Holstein)) = BVerfGE 4, 144, 155; BVerfGE, 24.3.1976 – 2 BvR 804/75 (Zwangsversteigerung) = BVerfGE 42, 64, 73.

291 BVerfG, 16.1.1957 – 1 BvR 134/56 (Grundrechtsverletzung des Fiskus) = BVerfGE 6, 45, 53; BVerfG, 13.10.1970 – 2 BvR 618/68 (Abschöpfung) = BVerfGE 29, 198, 207; BVerfG, 31.5.1990 – 2 BvL 12/88 (Absatzfonds) = BVerfGE 82, 159, 194; BVerfG, 6.7.2010 – 2 BvR 2661/06 (Ultra-vires-Kontrolle) = BVerfGE 126, 286, 315 f.; BVerfG, 25.1.2011 – 1 BvR 1741/09 = BVerfGE 128, 157, 187; BVerfG, 19.7.2011 – 1 BvR 1916/09 (Le Corbusier) = BVerfGE 129, 78, 106; BVerfG, 19.12.2017 – 2 BvR 424/17 = BVerfGE 147, 364, Rn. 39; BVerfG, 23.5.2016 – 1 BvR 2230/15, 1 BvR 2231/15 = NJW-RR 2016, 1366, 1368.

292 BVerfG, 09.11.1987 – 2 BvR 808/82 = NJW 1988, 1456, siehe dazu *Rodi*, DÖV 1989, 750, 753 ff.

293 Siehe nur BVerfG, 28.1.2014 – 2 BvR 1561-1564/12 (Filmabgabe) = BVerfGE 135, 155, Rn. 181 ff.

294 BVerfG, 31.5.1990 – 2 BvL 12/88 (Absatzfonds) = BVerfGE 82, 159.

295 In der Modifikation der Willkürformel könnte ein Verstoß gegen Art. 4 Abs. 3 Unterabsatz 2 EUV und das darin enthaltene Effizienzgebot sowie Äquivalenzgebot zu sehen sein, siehe *Betz*, 2013, 281. Dagegen *Wolff*, Archiv des öffentlichen Rechts 141 (2016), 40, 66 ff. Dieser enge Willkürmaßstab wurde in der Entscheidung BVerfG, 30.8.2010 – 1 BvR 1631/08 (VG Wort) = NJW 2011, 288, Rn. 48 noch einmal bekräftigt. Ebenso BVerfG, 15.1.2015 – 1 BvR 499/12 = ZIP 2015, 542 (hier wurde aber im Ergebnis wegen ordnungsgemäßen Gebrauchs des Acte Éclairé ein Verstoß gegen Art. 101 Abs. 1 S. 2 GG abgelehnt).

296 Ein jüngeres Beispiel dieser Fallgruppe ist BVerfG, 6.10.2017 – 2 BvR 987/16 = NJW 2018, 606, wo das nichtvorlegende Landgericht Zweibrücken seine Vorlagepflicht grundsätzlich verkannte, indem es sie auf das Primärrecht beschränkte. Ferner war hier zur Auslegung der Fluggastrechteverordnung trotz gänzlich fehlender Rechtsprechung

bilden Fälle, bei denen bewusst nicht vorgelegt wurde[297] und die dritte, besonders problematische (Auffang-) Fallgruppe,[298] liegt bei unvollständiger Rechtsprechung vor. Die letzte Fallgruppe ist beim kumulativen Vorliegen von zwei Voraussetzungen erfüllt. Zunächst darf keine einschlägige Rechtsprechung oder keine abschließende Beantwortung der Frage durch den EuGH vorliegen.[299] Auch umfasst werden Fälle, bei denen das nicht vorlegende Gericht eine etwaige Rechtsfortentwicklung unbeachtet lässt.[300] Die zweite kumulativ erforderliche Voraussetzung ist das unvertretbare Überschreiten des dem letztinstanzlichen Hauptsachegericht notwendig zukommenden Beurteilungsrahmens.[301] Dies sei insbesondere dann der Fall, wenn „mögliche Gegenauffassungen zu der entscheidungserheblichen Frage des Gemeinschaftsrechts gegenüber der vom Gericht vertretenen Meinung eindeutig vorzuziehen" sind.[302] Dieser Maßstab war mit der EuGH-Rechtsprechung nicht vereinbar.[303] Zwar nehmen beide Beschlüsse

---

des EuGH allein mit Hinweis auf die vorhandene BGH-Rechtsprechung argumentiert worden. Dies genügt den Anforderungen des Art. 101 Abs. 1 S. 2 GG jedoch nicht, da sich alle Fachgerichte selbstständig mit der Frage auseinandersetzen müssen, ob die Notwendigkeit einer Vorlage an den EuGH besteht, weil ansonsten die Vorlagepflicht in Fällen, in denen sich ein Untergericht auf höchstrichterliche Rechtsprechung beruft, leerliefe (Rn. 18). Mit Beschluss des BVerfG, 9.1.2001 – 1 BvR 1036/99 = NJW 2001, 1267 wurde die erste Fallgruppe modifiziert, indem auch das Verkennen der richtigen Auslegungsmethode des Unionsrechts und das Verkennen allgemeiner unionsrechtlicher Grundsätze einbezogen werden, siehe dazu *Betz*, 2013, 117.

297 Solch einen Fall hatte das Bundesverfassungsgericht im Kloppenburg-Beschluss angenommen, wo sich der BFH in der angegriffenen Entscheidung trotz vorheriger gegenteiliger Entscheidung des EuGH der unmittelbaren Anwendung von Richtlinien widersetzte, BVerfG, 8.4.1987 – 2 BvR 687/85 (Kloppenburg-Beschluss) = BVerfGE 75, 223 ff. Vgl. *Wolff*, Archiv des öffentlichen Rechts 141 (2016), 40, 46.

298 So *Wolff*, Archiv des öffentlichen Rechts 141 (2016), 40, 46 und *Rodi*, DÖV 1989, 750, 754.

299 *Wolff*, Archiv des öffentlichen Rechts 141 (2016), 40, 46.

300 Eine Parallele dazu findet man in der CILFIT-Rechtsprechung nicht, was jedoch weitestgehend wegen der geringen Praxisrelevanz ohne Konsequenz bleibt, siehe *Kokott/Henze/Sobotta*, JZ 2006, 633, 636.

301 BVerfG, 31.5.1990 – 2 BvL 12/88 (Absatzfonds) = BVerfGE 82, 159, 195 f. Zu diesem Kriterium auch BVerfG, 29.7.2004 – 2 BvR 2248/03 = NVwZ 2004, 1224, 1227.

302 BVerfG, 31.5.1990 – 2 BvL 12/88 (Absatzfonds) = BVerfGE 82, 159, 195 f.; BVerfG, 22.12.1992 – 2 BvR 557/88 = NVwZ 1993, 883, 884.

303 *Hess*, ZZP 108 (1995), 59, 84; Kritik übten ebenfalls *Vedder*, NJW 1987, 526, 530; *Meier*, EuZW 1991, 11, 12; *Wölker*, EuGRZ 1988, 97, 99; *Glaesner*, EuR 1990, 143, 150; *Kokott/Henze/Sobotta*, JZ 2006, 633, 636; *Hummert*, 2006, 57.

Bezug auf die *CILFIT*-Rechtsprechung des EuGH, jedoch korrespondierte die „Offensichtlichkeit“ der Auslegung im Sinne dieser Rechtsprechung nicht mit der modifizierten Willkürformel des Bundesverfassungsgerichts.[304] Der zu erwartende und damals als wünschenswert empfundene Gleichlauf, dass das Bundesverfassungsgericht prüft, ob die *CILFIT*-Kriterien in willkürlicher Weise angewendet wurden, war somit 1987/1990 nicht eingetreten.[305] Das Bundesverfassungsgericht kontrollierte anhand seiner eigenen Bewertungsmaximen, wann eine Verletzung der Vorlagepflicht zu einer Verfassungsbeschwerde führte, was nur in Extremfällen der Fall war.[306]

Ferner wies das Bundesverfassungsgericht bereits 1987 darauf hin, dass eine Kontrolle über die Nichtzulassungsbeschlüsse ausschließlich vorgenommen werden könne, wenn die Fachgerichte ihre Entscheidung hinreichend begründeten.[307] Bei Nichtbegründung riskieren die Fachgerichte die Annahme des Vorliegens der ersten Fallgruppe, dem grundsätzlichen Verkennen der Vorlagepflicht,[308] was die Spruchkörper stark disziplinierte.

Nach knapp drei Jahrzehnten der Rechtsprechungsentwicklung erfolgte dann eine Rechtsprechungsänderung in Richtung Gleichlauf mit dem EuGH. Die Senate des Bundesverfassungsgerichts hatten seit dem Beschluss zur Massenentlassungsrichtlinie[309] im Jahr 2010 unterschiedliche Nuancierungen entwickelt und erst mit der Entscheidung zum Filmförderungsgesetz[310] 2014 diese oft kritisierte Divergenz aufgelöst.[311] Bei den Divergenzen handelte es sich um ein langes Ringen um die richtige Bezugsnorm der verfassungsgerichtlichen Kontrolle. Die Frage, ob auf Art. 267 Abs. 3 AEUV oder das jeweils einschlägige materielle Recht abzustellen ist, hat zugunsten Art. 267 Abs. 3 AEUV ein

---

304 Beispielsweise stellen bloße Meinungsverschiedenheiten nach der Acte Clair-Doktrin gerade keinen Ausschluss der Vorlagepflicht dar. Dadurch ist hier der Maßstab, den das Bundesverfassungsgericht anwendet, enger als in CILFIT vorgesehen, vgl. *Kokott/Henze/Sobotta*, JZ 2006, 633, 636.

305 *Kokott/Henze/Sobotta*, JZ 2006, 633, 636; *Bäcker*, NJW 2011, 270, 271.

306 Dies war der Fall beim offenen Vertreten der Gegenauffassung zur Ansicht des EuGH durch die Revisionsgerichte, *Hess*, ZZP 108 (1995), 59, 84 Fn. 178.

307 BVerfG, 09.11.1987 – 2 BvR 808/82 = NJW 1988, 1456, 1459.

308 Vgl. BVerfG, 22.12.1992 – 2 BvR 557/88 = NVwZ 1993, 883; BVerfG, 09.11.1987 – 2 BvR 808/82 = NJW 1988, 1456, 1459 f.; BVerfG, 9.1.2001 – 1 BvR 1036/99 = NJW 2001, 1267, 1268.

309 BVerfG, 25.2.2010 – 1 BvR 230/09 = NJW 2010, 1268.

310 BVerfG, 28.1.2014 – 2 BvR 1561-1564/12 (Filmabgabe) = BVerfGE 135, 155.

311 *Wolff*, Archiv des öffentlichen Rechts 141 (2016), 40, 41.

Ende gefunden.[312] Ein Gleichlauf mit dem *CILFIT*-Urteil wurde dahingehend hergestellt,[313] dass nun das Bundesverfassungsgericht umgekehrt den Maßstab der *CILFIT*-Kriterien anwendet. Umgekehrt deshalb, weil der Beschwerdeführer im Verfassungsstreit schildern muss, dass das letztinstanzliche, zur Vorlage verpflichtete Gericht willkürlich gehandelt hat. Sofern sich dieses Gericht über das einschlägige Europarecht kundig gemacht hat und trotzdem nicht vorlegte, geht das Bundesverfassungsgericht erst dann von Willkür aus, wenn der Beschwerdeführer darlegen kann, dass eine andere Ansicht offensichtlich richtiger gewesen wäre („acte clair").[314]

Rechtsfolge einer erfolgreichen Urteilsverfassungsbeschwerde ist nach § 95 Abs. 2 BVerfGG die Aufhebung des Urteils und die Zurückweisung an ein zuständiges Gericht.[315]

III. Individualrechtsschutz vor dem EGMR

Führt eine Verfassungsbeschwerde vor dem Bundesverfassungsgericht für den Bürger nicht zum Erfolg, so kann er noch eine letzte[316] Individualrechtsschutzmöglichkeit wahrnehmen und den EGMR direkt anrufen. Zwar ermöglicht die EMRK kein Verfahren vor dem EuGH, aber es kann ein solches vor dem EGMR, gestützt auf Art. 6 Abs. 1 EMRK, wegen Verletzung des fairen Verfahrens angeregt werden, wenn ein Antrag auf Vorlage an den EuGH willkürlich abgelehnt, nicht angemessen begründet wurde[317] oder wenn sich die Ablehnung auf Gründe

---

312 *Wolff*, Archiv des öffentlichen Rechts 141 (2016), 40, 41; vgl. noch *Bäcker*, NJW 2011, 270, 271.

313 Siehe BVerfG, 28.1.2014 – 2 BvR 1561-1564/12 (Filmabgabe) = BVerfGE 135, 155, Rn. 177 ff.

314 *Betz*, 2013, 213.

315 BeckOK BVerfGG/*Ungern-Sternberg*, § 95 BVerfGG, Rn. 18, 24.

316 Zur Voraussetzung der Rechtswegerschöpfung, siehe NK EMRK/*Meyer-Ladewig/Peters*, Art. 35 EMRK, Rn. 8 ff. Gegen eine formalistische Anwendung und für ein gewisses Maß an Flexibilität bei der Anwendung des Grundsatzes der Rechtswegerschöpfung, siehe EGMR, 6.11.1980 – No. 7367/76 (Guzzardi v. Italy) = ECLI:CE:ECHR:1980:1106JUD000736776.

317 In der Entscheidung EGMR, 4.10.2001 – Requête n° 60350/00 (Canela Santiago c. Espagne) = ECLI:CE:ECHR:2001:1004DEC006035000, wurde eine Verletzung des Art. 6 Abs. 1 EMRK abgelehnt, weil das spanische Tribunal Supremo seine Nichtvorlage ordnungsgemäß begründet hatte. Dies wurde in der Entscheidung des *EGMR*, 20.9.2011 – Nos. 3989/07, 38353/07 (Ullens de Schooten and Rezabek v. Belgium) = ECLI:CE:ECHR:2011:0920JUD000398907 erweitert, wonach das Erfordernis einer Begründungspflicht bei Nichtvorlagen aufgestellt wurde.

bezieht, die von Rechts wegen nicht vorgesehen sind.[318] Ein absolutes Recht auf eine Vorlage an den EuGH sieht die EMRK nicht vor.[319] Der EGMR prüft zurückhaltend in engen Grenzen durch mitgliedstaatliche Gerichte unterlassene Vorlagen an den EuGH.[320] Rechtsfolge dessen können eine Entschädigung nach Art. 41 EMRK sowie eine Wiederaufnahme des Verfahrens sein, sofern es die nationale Rechtsordnung vorsieht.[321] Dem EGMR lagen wiederholt Fälle zu dieser Problematik vor. Bis 2014 wurden dahingehende Beschwerden unter anderem mit Hinweis auf die Nichtvorlageberechtigung an den EuGH als unbegründet verworfen.[322] Erstmals wurde eine Verletzung des fairen Verfahrens in der Entscheidung *Dhahbi v. Italy* bejaht.[323] Dies wird in der Zukunft einen wichtigen Impetus für die Einhaltung der Vorlagepflicht durch die mitgliedstaatlichen Gerichte darstellen und erhöht den Druck auf zur Vorlage verpflichtete mitgliedstaatliche Gerichte enorm.[324] Es stellt sich dabei die Frage, ob nun der EGMR indirekt prüft, ob eine Nichtvorlage unrechtmäßig war. Er begutachtet also, ob ein Acte Clair ordnungsgemäß angewendet wurde. Würde er diese Rolle

318 Siehe hierzu mit weiteren Verweisen EGMR, 8.12.2009 – Appl. no. 54193/07 (Herma v. Germany) = NJW 2010, 3207, 3208. Bspw. EGMR, 13.6.2002 – No. 43454/98 (Bakker v. Austria) = BeckRS 2008, 07612; *Rösler*, 2012, 134; *Kokott/Henze/Sobotta*, JZ 2006, 633, 637. Vgl. *Schilling*, EuGRZ 2012, 133, 136. Ausführlich ebenfalls *Wolff*, Archiv des öffentlichen Rechts 141 (2016), 40, 73.

319 *Kokott/Henze/Sobotta*, JZ 2006, 633, 637.

320 In der als Solange-Rechtsprechung qualifizierten Bosphorus-Rechtsprechung des EGMR, 30.6.2005 – App. No. 45036/98 (Bosphorus Hava Yolları Turizm ve Ticaret Anonim Şirketi v. Ireland) = NJW 2006, 197, wurde festgelegt, dass nur eine reduzierte Kontrolle der Unionsrechtsakte mittelbar über die Verantwortlichkeit der Mitgliedstaaten bezüglich „manifest deficiencies" zulässig sei. Dabei wird die sog. „Bosphorus-Vermutung" angewendet, wonach ein eine Regelung einer internationalen Organisation ausführender Staat dann nicht gegen die EMRK verstößt, wenn diese internationale Organisation ein zumindest gleichwertiges Grundrechtsregime wie die EMRK gewährleistet. Die EU gewährleistet ein solches Grundrechtsregime. Nur „manifest deficiencies" widerlegen diese Vermutung. Siehe den Leitsatz bei EGMR, 23.5.2016 – No. 17502/07 (Avotiņš v. Latvia) = ECLI:CE:ECHR:2016:0523JUD001750207 mit Besprechung von Urteils *Ress*, EuZW 2016, 800. Zu den Prüfungsschritten, siehe *Haltern*, [3]2017, EuR Band II, Rn. 1758.

321 In Deutschland sehen insbesondere § 580 Nr. 8 ZPO und § 359 Nr. 6 StPO eine Wiederaufnahme des rechtskräftig abgeschlossenen Verfahrens vor.

322 Calliess/Ruffert EUV/AEUV/*Wegener*, Art. 267 AEUV, Rn. 39.

323 EGMR, 8.4.2014 – No. 17120/09 (Dhahbi v. Italy) = ECLI:CE:ECHR:2014:0408JUD001712009.

324 Siehe nur *Morten Broberg*, European Public Law 2016, 243, 256.

einnehmen, könnte darin eine Einmischung in das sensible Gefüge aus nationalen Gerichten einerseits und dem EuGH andererseits liegen.[325] Eine so tiefgehende Überprüfung nimmt der EGMR jedoch nicht vor; er prüft lediglich, ob in der Nichtvorlage an den EuGH eine Beeinträchtigung der Funktionalität des unionsverfahrensrechtlichen Grundrechtsschutzes liegt.[326] In der Rechtssache *Avotiņš v. Latvia*[327] formulierte der EGMR dann eine auf den Grundrechtsschutz ausgerichtete Acte Clair-Doktrin im Kontext des Art. 34 EuGVO a.F. auf Basis des grundrechtsrelevanten Grundsatzes des gegenseitigen Vertrauens. Danach verlangt der EGMR eine Vorlage, wenn ein ernsthaftes grundrechtsbezogenes Problem gegeben ist und dadurch die Entfaltung des unionsrechtlich gewährleisteten Grundrechtsschutz gefährdet wird.[328] Da die gegenseitige Anerkennung ein grundrechtssensibler Bereich ist, kann eventuell damit gerechnet werden, dass sich der EGMR in die Praxis der unionsrechtlichen Vorlagepflicht einmischen wird und dahingehend die Anwendung der Acte Clair-Doktrin durch die Gerichte überprüfen wird.

C. Fazit

Wie gesehen, hat das Vorabentscheidungsverfahren eine enorme Bedeutung im Europarecht. Sieht man die in *Van Gend en Loos*[329] entwickelten Grundsätze der unmittelbaren Anwendung des Primärrechts und dem Vorrang des Europarechts als „Zwillingssäulen" des europäischen Rechtstempels an,[330] so kann das System der Vorabentscheidungen als Schlussstein des europäischen Rechtsgewölbes

---

325 Siehe dazu *Haltern*, ^{3}2017, EuR Band II, Rn. 1711 ff.

326 Unter Bezugnahme auf EGMR, 6.12.2012 – No. 12323/11 (Michaud v. France) = ECLI:CE:ECHR:2012:1206JUD001232311, Rn. 114 f., *Haltern*, ^{3}2017, EuR Band II, Rn. 1713.

327 EGMR, 23.5.2016 – No. 17502/07 (Avotiņš v. Latvia) = ECLI:CE:ECHR:2016:0523 JUD001750207. Dieses Urteil, im Ergebnis eine Verletzung des Art. 6 Abs. 1 EMRK verneinend, wurde mit besonderer Spannung erwartet, da es das erste Urteil nach dem EuGH, Gutachten 2/13 des Gerichtshofs (Plenum) vom 18.12.2014 „EMRK II" = EU:C:2014:2454, über den Beitritt der Union zur EMRK darstellte. Zum Gutachten siehe *Schmahl*, JZ 2016, 921.

328 *Haltern*, ^{3}2017, EuR Band II, Rn. 1762. Auch die in CILFIT thematisierte Präjudizrechtsprechung (Acte Éclairé) rezipiert der EGMR in dieser Entscheidung.

329 EuGH, Urteil vom 5.2.1963 – 26/62 (Van Gend en Loos ./. Administratie der Belastingen) = ECLI:EU:C:1963:1.

330 *Wyatt/Dashwood*, ^{2}1987, 28.

gesehen werden.[331] Die mitgliedstaatlichen Gerichte haben eine essenzielle Rolle inne, im Wege der Vorabentscheidungsersuche für die einheitliche Anwendung des Rechts zu sorgen. Große Schwäche des Vorabentscheidungsverfahrens ist jedoch gerade das Vollzugsdefizit,[332] wonach, wie gesehen bei der Besprechung der Sanktionsmöglichkeiten, kaum Druck auf die mitgliedstaatlichen Gerichte ausgeübt werden kann. Eine erzwungene Vorlage an den EuGH kann nicht erreicht werden.[333] Die EU ist abhängig vom „Goodwill“[334] der mitgliedstaatlichen Gerichte bezüglich der wesentlichen Funktion des Vorabentscheidungsverfahrens, die einheitliche Anwendung des Unionsrechts zu gewährleisten. Es herrscht insofern eine gewisse Disharmonie zwischen der enormen Wichtigkeit des Funktionierens des Vorabentscheidungsverfahrens auf der einen und der Nichtdurchsetzbarkeit des Vorlegens durch den EuGH auf der anderen Seite. In diesem Spannungsfeld bewegt sich die feingliedrige Acte Clair-Doktrin.

---

331 Vgl. *Mancini/Keeling*, Yb.EL 1991, 1, 2 f., der metaphorisch auf den Poseidontempel in Sounion Bezug nimmt; dahingehend auch *Kokott/Henze/Sobotta*, JZ 2006, 633, 633.

332 *Betz*, 2013, 12 spricht von einem Konstruktionsfehler; *Wegener*, EuR Beiheft 2008/3, 45, 54 von bewusster Schwäche. Zu dem teilweise sogar beabsichtigten Vollzugsdefizit, siehe auch Streinz EUV/AEUV/*Ehricke*, Art. 260 AEUV, Rn. 20. Dieser nimmt Bezug auf die erforderliche Stärkung der Souveränität der Mitgliedstaaten. Die zwangsweise Durchsetzung würde die Integrationswilligkeit und damit den Integrationskonsens gefährden, weil sie eine Blockadehaltung der Mitgliedstaaten nach sich ziehen könnte. Zu dem von vielen als Leerstelle empfundenen, fehlenden, direkten Individualrechtschutzzugang trotz „hervorragend funktionierendem Rechtsschutzsystem“ auch *Haltern*, ^{3}2017, EuR Band II, Rn. 1701.

333 *Bruns*, JZ 2011, 325, 326; *Rösler*, 2012, 135.

334 So *Mancini/Keeling*, Yb.EL 1991, 1.

Kapitel 3: Entwicklung des Acte Clair in der Praxis des Europäischen Gerichtshofes

Zur Untersuchung der Acte Clair-Doktrin wird neben ihrer Einbettung in das Gefüge des Vorabentscheidungssystems zunächst der rechtliche Kontext dargelegt, in welchem sich die Doktrin auf europäischer Ebene entwickelt hat.

A. Von *Van Gend en Loos* bis *CILFIT*

Auf die Grundsatzentscheidung *Van Gend en Loos*[335] vom 5.2.1963, ohne die das Rechtssystem der EU ein anderes wäre, wurde bereits eingegangen (siehe Kapitel 2 A. I., 2 C.). Eine Beschränkung erfuhr die Vorlagepflicht durch das Urteil *Da Costa* vom 27.3.1963.[336] Interessant an diesen beiden Urteilen ist, dass beide Vorlageersuchen dem EuGH zeitgleich vorgelegen haben und dem jeweiligen Fall angepasst, inhaltsgleiche Vorlagefragen gestellt worden waren. Dennoch wurden diese vom EuGH nicht in einem Urteil zusammengefasst beantwortet. Von dieser Möglichkeit macht der EuGH extensiv Gebrauch, sofern er es als nützlich ansieht.[337] Auch wurde der Vorschlag der Kommission, das Vorabentscheidungsersuchen in *Da Costa* zurückzuweisen, da es gegenstandslos geworden sei, vom EuGH als unzutreffend abgetan.[338] Daraus lässt sich schließen, dass es dem Gerichtshof darauf ankam, das Interesse am richterlichen Dialog zu betonen und durch die erneute Beantwortung der Vorlagefrage die Mitarbeit der Gerichte zu stimulieren.[339] Gleichzeitig konnte er die Bedeutung seiner eigenen Rechtsprechung verdeutlichen, indem er ein Präzedenzfallsystem etablierte, wonach sich mitgliedstaatliche Gerichte auf die EuGH-Rechtsprechung berufen können, um eine Nichtvorlage zu begründen.[340] Ferner konnten unterschiedliche

335 EuGH, Urteil vom 5.2.1963 – 26/62 (Van Gend en Loos ./. Administratie der Belastingen) = ECLI:EU:C:1963:1.

336 EuGH, Urteil vom 27.3.1963 – 28-30/62 (Da Costa en Schaake NV ./. Administratie der Belastingen) = ECLI:EU:C:1963:6.

337 *Rasmussen*, E.L.Rev. 1984, 242, 244.

338 EuGH, Urteil vom 27.3.1963 – 28-30/62 (Da Costa en Schaake NV ./. Administratie der Belastingen) = ECLI:EU:C:1963:6, 80.

339 *Kalbheim*, 2016, 358 f.

340 Ebd., 358.

Gesichtspunkte in den beiden Entscheidungen besonders betont werden. Oberflächlich gesehen, könnten diese Aspekte, wie oben beschrieben, bei *Van Gend en Loos* die unmittelbare Anwendung sowie (subtiler) der Vorrang sein[341] und bei *Da Costa* die Klarheit im Fokus stehen. Folgt man dem Analyseansatz von *Rasmussen,* so nutzte der EuGH beide Urteile, um ein vorher nicht existierendes Prinzip der Autorität der Gerichtsentscheidungen des EuGH zu erschaffen.[342] Von dieser Technik, einen größtenteils unproblematischen Sachverhalt zu benutzen, um einen weitreichenden Grundsatz zu entwickeln, sei erstmals bei *Da Costa* Gebrauch gemacht worden.[343] Dass *Da Costa* einen Fall der Beschränkung der Vorlagepflicht, den Acte Éclairé, abbilden würde, sei im Zeitpunkt der Urteilsverkündung laut *Rasmussen* weder antizipiert noch intendiert worden, vielmehr sei davon auszugehen, dass Autoritätsgesichtspunkte im Vordergrund stünden.[344] Das *Da Costa*-Urteil legte den Grundstein für die Annahme, dass eine „Frage“ im Sinne des Art. 177 EWGV (heute Art. 267 AEUV) sich dem mitgliedstaatlichen (letztinstanzlichen) Gericht dann nicht stelle, wenn ein Präjudiz vorliege, folglich die Causa der Vorlagefrage entfallen sei.[345] In *Da Costa* hieß es, dass „die Wirkung, die von einer durch den Gerichtshof gemäß Artikel 177 [EWGV] in einem früheren Verfahren gegebenen Auslegung ausgeht, doch im Einzelfall den inneren Grund dieser Verpflichtung entfallen und sie somit sinnlos erscheinen lassen [kann]“.[346] Daraus ergebe sich aber im Umkehrschluss nicht, dass den Mitgliedstaaten in einem solchen Fall eine erneute

---

341 Die Frage des Vorrangs rückte bei Van Gend en Loos in den Hintergrund, da es sich um eine niederländische Vorlagefrage handelte. Die Niederlande haben in ihrer Verfassung eine nationale Vorrangklausel festgelegt, sodass hier die Frage des Vorrangs nur implizit entschieden wurde, weshalb die Entscheidung EuGH, Urteil vom 15.7.1964 – 6/64 (Costa ./. E.N.E.L.) = ECLI:EU:C:1964:66 als prominente Vorrangentscheidung rezipiert wird, vgl. *Haltern*, ^{3}2017, EuR Band II, Rn. 633; GA *Roemer, Karl*, 12.12.1962 – Schlussanträge im Verfahren 26/62 (Van Gend en Loos ./. Administratie der Belastingen) = ECLI:EU:C:1962:42, 47.

342 *Rasmussen*, E.L.Rev. 1984, 242, 249.

343 Unproblematisch dahingehend, als dass das Ergebnis klar („self-evident“) sei oder für die Parteien einfach vermittelbar, ebd., 250 mit Fn. 32. Rund zwanzig Jahre später wurde diese Technik in der Rechtssache CILFIT (EuGH, Urteil vom 6.10.1982 – 283/81 (C.I.L.F.I.T. ./. Ministero della Sanità) = ECLI:EU:C:1982:335) wiederholt angewendet.

344 *Rasmussen*, E.L.Rev. 1984, 242, 250.

345 Vgl. *Haltern*, ^{3}2017, EuR Band II, Rn. 294.

346 EuGH, Urteil vom 27.3.1963 – 28-30/62 (Da Costa en Schaake NV ./. Administratie der Belastingen) = ECLI:EU:C:1963:6, 81.

Vorlage nicht mehr gestattet werde, „wenn sie es für angebracht halten".[347] Die beiden nahezu identischen Urteile gaben dem EuGH somit die Möglichkeit, mit sehr geringem Kostenaufwand das Prinzip der rechtlichen Autorität zu entwickeln. 1963 bestand die Annahme, dass, sofern die unionsrechtliche, einheitliche Auslegung der Verträge gewährleistet sei, diese natürlicherweise auch in eine einheitliche Anwendung münden würde. Dies ließ sich darauf zurückführen, dass die europäischen Verträge zu dieser Zeit auf einem breiten politischen und sozialen Werte-Konsens beruhten.[348] Die Gefahr, dass das Präjudizsystem, welches seit *Da Costa* eine materiell-rechtliche und verfahrensrechtliche Identität voraussetzte, von den mitgliedstaatlichen Gerichten für die Entwicklung einer weitreichenden Acte Clair-Doktrin auf europäischer Ebene verwässert und „missbraucht" werden könnte, konnte, so *Rasmussen*, aufgrund der soziopolitischen Lage, nicht vorhergesehen werden.[349] Zu diesem Zeitpunkt war noch nicht im Fokus des EuGH, dass die Gerichte sich nicht-konform zu dem Vorrangprinzip verhalten würden. Dies änderte sich jedoch in den folgenden Jahren und der EuGH sah zunehmend einen Missbrauch seiner in *Da Costa* entwickelten, Präzedenzfallregelung und nahm dies als Bedrohung wahr. Es tat sich eine Lücke zwischen „myth and reality" auf und eine Kluft entstand zwischen dem, was in *Da Costa* ursprünglich entschieden worden war und dem, wie die Rechtswirklichkeit diese Rechtsprechung lebte.[350] Diese Bedrohung für die Autorität des EuGH kam in dem Urteil *Rheinmühlen II*[351] besonders deutlich hervor und kann als Wendepunkt bezeichnet werden, ab welchem der EuGH des Risikos des nicht-konformen Verhaltens seitens der Mitgliedstaaten gewahr wurde. In den späten Siebzigerjahren und frühen Achtzigerjahren setzte sich diese Praxis der Mitgliedstaaten fort.

Flankiert und angeregt wurde die weitere Entwicklung von zwei Urteilen, die kurz nacheinander in Frankreich und Deutschland ergangen waren. Diese waren das *Cohn-Bendit-Urteil*[352] des *Conseil d'État* vom 22.12.1978, gefolgt vom sich

---

347 EuGH, Urteil vom 27.3.1963 – 28-30/62 (Da Costa en Schaake NV ./. Administratie der Belastingen) = ECLI:EU:C:1963:6, 81.

348 *Rasmussen*, E.L.Rev. 1984, 242, 251.

349 Ebd., 249 f.

350 *Rasmussen*, E.L.Rev. 1984, 242 = *Rasmussen*, E.L.Rev. 2015, 475.

351 EuGH, Urteil vom 16.1.1974 – 166/73 (Rheinmühlen Düsseldorf ./. Einfuhr- und Vorratsstelle für Getreide und Futtermittel) = ECLI:EU:C:1974:3.

352 Conseil d'État, 22.12.1978 – No 11604 = Recueil du Conseil d'État 1978, 524 (dt. Übersetzung EuR 1979, 292) mit Anmerkung *Bieber*, EuR 1979, 294; *Scheffler*, ZaöRV 2007, 43, 58 f.; siehe auch den aussagekräftigen Titel des Aufsatzes zum Cohn-Bendit-Urteil

darauf berufenden Beschluss des Bundesfinanzhofes vom 16.7.1981.[353] In beiden Fällen war ohne Einholung einer Vorabentscheidung und entgegen gefestigter EuGH-Rechtsprechung[354] festgestellt worden, dass Richtlinien keine unmittelbare Wirkung für die Mitgliedstaaten entfalten könnten, Art. 189 EWGV.[355] In *Cohn-Bendit* urteilte der *Conseil d´État*, dass die Auslegung der Richtlinie so klar sei, dass sie keinen Beitrag zur Rechtslage leisten könne.[356] Bereits die aus dem französischen Verwaltungsrecht bekannte Acte Clair-Doktrin hatte sehr enge Grenzen. Vorausgesetzt wurde dort, dass der Vertragstext „klar" sei. Auch der dogmatische Hintergrund war in der Acte Clair-Doktrin im französischen Recht angelegt. Der Grundsatz „*in claris non fit interpretatio*" fußte auf dem Gedanken, dass der klare Text nicht mehr interpretiert und ausgelegt werden könne, sondern direkt angewendet werden dürfe.[357] Auch im französischen Verwaltungsrecht durfte ein Richter einen Acte Clair nur anwenden, wenn er weder aufgrund des Parteivortrages, noch spontan Zweifel an der anzuwendenden Vorschrift hegte.[358] Im Schrifttum wurde daher teilweise gefordert, dass der Text *parfaitement clair* sein müsse.[359] Andere verlangten, dass eine Eindeutigkeit

„La justice – c'est moi" von *Tomuschat*, EuGRZ 1979, 257. Ebenfalls zu erwähnen sind die beiden Urteile Conseil d'État, 27.7.1979 – No 9664 = EuGRZ 1980, 215 sowie Conseil d'État, 12.10.1979 – No 8788 = EuGRZ 1980, 216, beide besprochen von *Prill*, EuGRZ 1980, 217 f. Erneut wurde der Vorlagepflicht nicht genüge getan. Es fand keine Bezugnahme auf die EuGH-Rechtsprechung statt und die Bestimmungen wurden als eindeutig bezeichnet. Prill begründete dies damit, dass aus nationalem Interesse zur Abwehr eines gemeinschaftsrechtlichen Imperiums nicht vorgelegt worden sei.

353 BFH, 16.7.1981 – V B 51/80 = BFHE 133, 470.

354 EuGH, Urteil vom 4.12.1974 – 41/74 (Yvonne van Duyn ./. Home Office) = ECLI:EU:C:1974:133.

355 *Millarg*, EuR 1983, 163, 164. Zwar sei die Acte Clair-Doktrin nicht systematisch verwendet worden, um eine Vorlage zu blockieren, dennoch sieht *Bebr* eine gewisse Systematik darin, dass der Conseil d´État und der BFH zwar Vorlagefragen stellten, jedoch vor allem bezüglich technischer Fragen und nicht spezifisch solche, die den Vorrang von Gemeinschaftsrecht, die Wirkung von Richtlinien betrafen oder Kompetenz- und Grundsatzfragen beinhalteten. Somit würden „under the cover of the [acte clair] doctrine" Vorlagen verhindert. Siehe mit zahlreichen Fallbeispielen *Bebr*, Common Market Law Review 1983, 439, 456 Fn. 51.

356 Conseil d'État, 22.12.1978 – No 11604 = Recueil du Conseil d'État 1978, 524 (dt. Übersetzung EuR 1979, 292) mit Anmerkung *Bieber*, EuR 1979, 294.

357 *Schober*, NJW 1966, 2252.

358 Ebd.

359 *Long/Weil/Braibant*, 1962, 168 (Anm. zu „Septfonds", Tribunal des conflits, 16.06.1923 – 00732 = Dalloz 1923, 26).

schon nicht mehr angenommen werden dürfe, wenn der leiseste Schatten einer Schwierigkeit vorläge.[360] Der Kassationshof selbst sprach von einer Anwendung ohne Auslegung nur „*lorsque leur sens et leur portée ne présentent aucune ambiguité*".[361] Ferner war schon nach dem Acte Clair im französischen Recht Klarheit ausschließlich anzunehmen, wenn sowohl der Wortlaut als auch der Sinnzusammenhang dies ergaben und sogar die Probleme, die die Mehrsprachigkeit mit sich brachten, waren in der frühen Literatur bekannt, als bereits vereinzelt überlegt worden war, den Acte Clair auf gemeinschaftsrechtlicher Ebene anzuwenden.[362]

Aus Sicht des *Conseil d'État* ginge „*clairement*" aus Art. 189 EWGV hervor, dass nur die Mitgliedstaaten an die Richtlinie gebunden seien[363] und sich ferner der Kläger in keinem Fall darauf berufen könne („*la requête du sieur X... ne peut en aucun cas être subordonnée à l'interprétation de la directive*").[364] Hierin war ein Versuch des *Conseil d'État* zu sehen, die aus dem französischen Verwaltungsrecht bekannte Acte Clair-Ausnahme im europäischen Recht zu etablieren. Die Lesart des *Conseil d'État* lag hier jedoch entgegengesetzt zu dem durch die europäische Rechtsprechung herausgearbeiteten Verständnis der unmittelbaren Wirkung von Richtlinien.[365] Der Regierungskommissar *M. Genevois* hatte treffend beobachtet, dass ein Fall vorgelegen habe, bei dem klar und zweifelsfrei entgegen der entwickelten Rechtsprechung geurteilt worden sei, was auch dem Verständnis der anderen Mitgliedstaaten entsprochen habe.[366] Trotz dieser bitter ironischen Wortwahl, die auf den Wortlaut der herausgebildeten Acte Clair-Doktrin

360 *de Soto*, Journal de Droit International 1964, 800, 805.

361 *Schober*, NJW 1966, 2252, 2253, bezugnehmend auf Cass. Crim. 4.3.1954 B. No 102, p. 182.

362 *Schober*, NJW 1966, 2252, 2253.

363 Conseil d'État, 22.12.1978 – No 11604 = Recueil du Conseil d'État 1978, 524 (dt. Übersetzung EuR 1979, 292): „qu'il ressort clairement de l'article 189 du traité du 25 mars 1957 que si ces directives lient les Etats membres "quant au résultat à atteindre",[...] ces autorités restent seules compétentes pour décider de la forme à donner à l'exécution des directives et pour fixer elles-mêmes, sous le contrôle des juridictions nationales, les moyens propres à leur faire produire effet en droit interne."

364 Conseil d'État, 22.12.1978 – No 11604 = Recueil du Conseil d'État 1978, 524 (dt. Übersetzung EuR 1979, 292).

365 *Bebr*, Common Market Law Review 1983, 439, 444.

366 Conseil d'État, 22.12.1978 – No 11604 = Recueil du Conseil d'État 1978, 524 (dt. Übersetzung EuR 1979, 292) mit Anmerkung *Bieber*, EuR 1979, 294; *Bebr*, Common Market Law Review 1983, 439, 442.

zurückgriff und aufkommender Kritik in ganz Europa, wurde die Entscheidung *Cohn-Bendit* zwar in den darauffolgenden Jahren in Frankreich stark beschränkt, gänzlich aufgegeben aber erst 2009 mit der Entscheidung des *Conseil d´État* in der Rechtssache *Mme Perreux*.[367] Auch der BFH (Bundesfinanzhof) nahm in der Sache *Kloppenburg I*[368] auf *Cohn-Bendit* Bezug und verneinte die unmittelbare Wirkung von Richtlinien, was die transnationalen Verwebungen zwischen den mitgliedstaatlichen Letztgerichten deutlich macht, die zum einen unionsfreundlich und zum anderen unionsskeptisch ausfallen können.[369] In dem Beschluss *Kloppenburg I*[370] zeigte sich, dass dem BFH die Einhaltung vielmehr die Implementierung des Vorrangprinzips ebenfalls schwerfiel und im Urteil *Kloppenburg II*[371] lehnte der BFH gleicherweise unter Berufung auf *Cohn-Bendit* die ständige Rechtsprechung des EuGH ab. Knapp sechs Jahre später, 1987, im sog. *Kloppenburg-Beschluss,*[372] wurde die Auffassung des BFH dann aufgehoben.

Als Konsequenz auf die Entwicklungen in den Mitgliedstaaten folgte 1982 eine der wichtigsten EuGH-Entscheidungen, das *CILFIT*-Urteil. Der Entscheidung lag eine Vorlagefrage der *Corte Suprema di Cassazione* von 1982 zugrunde, die die sogenannte materielle Vorlagepflicht zum Gegenstand hatte.[373] Die Frage betraf Art. 177 Abs. 3 EWGV und bezog sich darauf, ob dieser eine unbedingte Vorlagepflicht begründe oder ob die Vorlagepflicht von einem vernünftigen Auslegungszweifel abhänge.[374] *CILFIT* behandelte drei Themenblöcke.[375] *Erstens* wurde die Vorlageverpflichtung letztinstanzlicher Gerichte hervorgehoben. *Zweitens* wurde in doppelter Hinsicht das in *Da Costa* begründete Präjudizsystem weiterentwickelt (Acte Éclairé). Doppelt, weil eine gesicherte Rechtsprechung eine Vorlagepflicht entfallen lässt, gleich, in welcher Art von Verfahren

367 Conseil d'État, 30.10.2009 – No 298348 = ECLI:FR:CEASS:2009:298348.20091030.

368 BFH, 16.7.1981 - V B 51/80 = BFHE 133, 470.

369 *Haltern*, ^{3}2017, EuR Band II, Rn. 718. *Everling*, 1986, 77 hingegen schließt in den beiden oben genannten Urteilen hingegen nicht auf eine negative Haltung gegenüber dem Vorlageverfahren. Er liest in die Haltung vielmehr Meinungsverschiedenheiten über Sachfragen bezüglich der direkten Wirkung von Richtlinien hinein.

370 BFH, 16.7.1981 - V B 51/80 = BFHE 133, 470.

371 BFH, 25.4.1985 - V R 123/84 = BFHE 143, 383, Rn. 32.

372 BVerfG, 8.4.1987 – 2 BvR 687/85 (Kloppenburg-Beschluss) = BVerfGE 75, 223, Rn. 46 ff.

373 *Rabe*, in: FS Redeker, 1993, 201, 204.

374 *Kalbheim*, 2016, 359 f.

375 Siehe eingehend *Haltern*, ^{3}2017, EuR Band II, Rn. 290 ff.

sich diese gebildet hat.[376] Darüber hinaus wurde das Präjudizsystem bezüglich nicht vollkommen mit der gesichterten Rechtsprechung identischer und daher strittiger Fragen ausgeweitet.[377] Somit wurde weder eine verfahrensrechtliche, noch eine materiell-rechtliche Identität für das Vorliegen eines Präjudizes vorausgesetzt, was *Da Costa* gefordert hatte. Gleichwohl blieb den Gerichten die Möglichkeit erhalten, sofern sie es für angebracht hielten, dennoch vorzulegen.[378] *Drittens* entwickelte der EuGH eine eigene „Klarheitsregel"[379] auf Unionsebene, den Acte Clair.

B. Der Acte Clair in der *CILFIT*-Rechtsprechung des EuGH

Nachdem die mitgliedstaatlichen Gerichte, insbesondere der französische *Conseil d'État*[380] versucht hatten, eine Kategorie für offensichtliche Auslegungsfragen im Europarecht einzuführen, formulierte der EuGH in der *CILFIT*-Rechtsprechung eine Acte Clair-Doktrin mit sehr strengen Maßstäben.[381] Zwar verwendete der EuGH den Begriff des Acte Clair im *CILFIT*-Urteil an keiner Stelle,[382] in seiner Folgerechtsprechung[383] hingegen schon, wodurch bestätigt werden kann, dass der EuGH eine „eigene Acte Clair-Doktrin"[384] etabliert hat. Eine Acte Clair-Doktrin dahingehend, dass die Vorlagepflicht bei klaren, eindeutigen Rechtsnormen entfällt. Der EuGH nimmt starke Einschränkungen an der aus dem französischen Verwaltungsrecht bekannten Doktrin vor und knüpft diese neu eingeführte „Exit-Option"[385] für letztinstanzliche Gerichte an strenge Maßstäbe.

---

376 EuGH, Urteil vom 6.10.1982 – 283/81 (C.I.L.F.I.T. ./. Ministero della Sanità) = ECLI:EU:C:1982:335, Rn. 14.

377 Ebd.

378 Ebd., Rn. 15.

379 *Lieber*, 1986, 109 spricht von einer eigenen objektivierten gemeinschaftsrechtlichen Klarheitsregel.

380 Cohn-Bendit-Urteil, Conseil d'État, 22.12.1978 – No 11604 = Recueil du Conseil d'État 1978, 524 (dt. Übersetzung EuR 1979, 292) mit Anmerkung *Bieber*, EuR 1979, 294.

381 *Lenaerts*, EuR 2015, 3, II.1.b.; *Mayer*, in: Bogdandy/Bast (Hrsg.), 2009, 559, 562 f.

382 *Millarg*, EuR 1983, 163, 164.

383 EuGH, Urteil vom 9.9.2015 – C-72/14 und C-197/14 (X ./. Inspecteur van de Rijksbelastingdienst und T. A. van Dijk ./. Staatssecretaris van Financiën) = ECLI:EU:C:2015:564, Rn. 56.

384 So die Formulierung des amtierenden Präsidenten des EuGH *Lenaerts*, EuR 2015, 3, 7.

385 *Haltern*, [3]2017, EuR Band II, Rn. 311.

I. Ein europäischer Acte Clair mit strengen Maßstäben. Strategie und Kriterien.

Zunächst bedarf es einer Erklärung der vom EuGH möglicherweise verfolgten Strategie,[386] die sich hinter *CILFIT* verbirgt. Wie gesehen, ist das Funktionieren des Vorabentscheidungsverfahrens elementar für das Bestehen des Rechtsgebäudes der EU. Es ist als weites Einflusstor zu verstehen, durch das der EuGH auf die Rechtsprechung der Mitgliedstaaten einwirken kann und stellt daher das am besten behütete und kontrollierte Verfahren des Europarechts dar.[387]

Festgehalten werden kann, dass sich der EuGH in *CILFIT* als Reaktion auf den überbordenden Umgang der *Da Costa*-Rechtsprechung durch die mitgliedstaatlichen Gerichte nicht für die – theoretisch attraktiv erscheinende Möglichkeit – des Zurückgewinnens der kompletten Kontrolle durch eine gänzliche Abkehr von der *Da Costa*-Rechtsprechung entschieden hat, was zum status quo vor dem Einführen des Präjudizsystems geführt hätte.[388] Unabhängig von der Nichtrealisierbarkeit hätte eine solche Lösung möglicherweise zur Folge gehabt, dass sich eine Vorlagenflut über den EuGH ergossen hätte und die mitgliedstaatlichen Gerichte in ihrer durch *Da Costa* erlangten Autorität empfindlich verletzt worden wären.[389]

Im Gegenteil scheint der EuGH auf den ersten Blick in *CILFIT* durch die Erweiterung des Präjudizwertes seiner Rechtsprechung und durch das Erkennen der abstrakten Möglichkeit, dass das Fehlen einer „Frage" die Pflicht vorzulegen entfallen lasse, die Kontrolle über das Vorabentscheidungsverfahren aus der Hand gegeben und die letztinstanzlichen Gerichte aus ihrer Vorlagepflicht entlassen zu haben. Hinter diesem vordergründigen Schein könnte sich aber eine andere Strategie verbergen. Ein Blick auf die möglichen Erklärungsansätze ist nötig.

Zunächst könnte sich hinter *CILFIT*, wie oben angeklungen, die Kapitulation des EuGH verbergen, wonach der EuGH gegenüber den mitgliedstaatlichen Spruchkörpern nach langem, schmerzvollen Kräftemessen als Antwort auf die

---

386 *Mancini/Keeling*, Yb.EL 1991, 1, 5 sprechen von der „philosophy underlying CILFIT".

387 *Haltern*, ^{3}2017, EuR Band II, Rn. 311.

388 Siehe *Rasmussen*, E.L.Rev. 1984, 242, 254.

389 GA *Capotorti, Francesco*, 13.7.1982 – Schlussanträge im Verfahren 283/81 (C.I.L.F.I.T ./. Ministero della sanità) = ECLI:EU:C:1984:55, Rn. 6 war jedoch dagegen, Opportunitätsgründe, wie die Vorlagenflut, als taugliches Argument zu sehen.

die Autorität des EuGH infrage stellenden Provokationen des *Conseil d'État* und des BFH resigniert die Kontrolle aufgibt.[390]

Eine zweite, optimistischere Möglichkeit könnte darin liegen, dass der EuGH den mitgliedstaatlichen Gerichten durch *CILFIT* Vertrauen entgegenbringen will, indem er die in *Da Costa* aufgezeigten Grenzen weiter ausdehnt.[391] Diese Erklärung könnte damit begründet werden, dass trotz eines „Ausreizens" der in *Da Costa* aufgestellten Maßstäbe, die mitgliedstaatlichen Gerichte im Grunde in den vergangenen zwanzig Jahren kooperativ gewesen seien und nun Zugeständnisse gemacht werden, um dieses Miteinander durch Steigerung der Eigenverantwortlichkeit bezüglich des Unionsrechts zu stärken.[392] Hierfür könnte sprechen, dass der EuGH in *CILFIT* sehr zurückhaltend auf die Provokationen des *Conseil d'État* und des BFH reagierte, um das Kooperationsverhältnis nicht zu gefährden.[393] Man könnte in *CILFIT* einen wichtigen Entwicklungsschritt der Reife und Mündigkeit der Beziehung zwischen EuGH und nationalen Gerichten hineinlesen.[394]

Beide Erklärungsansätze sind jedoch zu einseitig und unterstellen dem EuGH eine Zügellockerung ohne kontrollierbare Erweiterung der Mitbestimmung durch die mitgliedstaatlichen Gerichte.[395] Die Provokationen[396] durch

---

390 Siehe Erklärungsansatz bei *Haltern*, ^{3}2017, EuR Band II, Rn. 312 und viele Kritiker bspw. *Bebr*, Common Market Law Review 1983, 439.

391 Das Urteil als „acte de confiance" beschreibend, *Masclet*, Revue du Marché Commun 1983, 363, 367. In dieselbe Richtung gehen *Lagrange*, Revue trimestrielle de droit européen 1983, 159, 163; *Lenaerts*, Cahiers de droit européen 1983, 471, 495 und *Millarg*, EuR 1983, 163, 168.

392 *Rasmussen*, E.L.Rev. 1984, 242, 254 spricht bei dieser Möglichkeit von einer völligen Aufgabe der in Da Costa aufgestellten Grenzen. Verhaltener beschreibt diese Variante *Haltern*, ^{3}2017, EuR Band II, Rn. 313.

393 *Bebr*, Common Market Law Review 1983, 439, 471.

394 *Tridimas*, Common Market Law Review 2003, 9, 12 sieht im Acte Clair eine „indication of maturity in the development of the Community legal order". Dass die Zeit gekommen sei, die mitgliedstaatlichen Gerichte „in a mature way" zu behandeln, schreibt auch *van de Gronden*, in: Obradovic/Lavranos (Hrsg.), 2007, 265, 266. Den nationalen Richtern würde in CILFIT versichert, dass nun genug Rechtsprechungsmaterial durch den EuGH existiere und es an der Zeit wäre, den Gerichten mehr Vertrauen im Umgang mit dem Unionsrecht entgegenzubringen, so *Stone Sweet*, in: Maduro/Azoulai (Hrsg.), 2010, 201, 207.

395 Siehe *Rasmussen*, E.L.Rev. 1984, 242, 254 = *Rasmussen*, E.L.Rev. 2015, 475, 485.

396 *Haltern*, ^{3}2017, EuR Band II, Rn. 312 geht sogar so weit, von „offenen Rebellionen" zu sprechen.

die Letztgerichte werden in beiden Möglichkeiten zu stark betont - entweder in die positive oder negative Richtung. Folge beider Erklärungen könnten eine erhebliche Verringerung an Vorlagefragen und dahingehend einen desaströsen Bedeutungs-, Autoritäts- und Kontrollverlust des EuGH bedeuten.[397] Ferner unterstellen sie dem EuGH Nachlässigkeit im Umgang mit den in *CILFIT* behandelten zentralen Sujets der Vorlagepflicht. *Rasmussen* geht gerade wegen der Wichtigkeit der Themen davon aus, dass jeder Grund zur Annahme bestehe, dass der EuGH sorgsam jedes Wort abgewogen und eine wohlüberlegte Handlungsstrategie verfolgt habe.[398]

In Betracht kommt eine dritte Erklärungsvariante, die *Rasmussen* 1984 formulierte und eine differenzierte, subtile Kontrollgewinnung durch den EuGH in der *CILFIT*-Rechtsprechung erkannte. Sie kann beschrieben werden als eine Strategie des Gebens und Nehmens.[399]

Der Aspekt des Gebens kann darin gesehen werden, dass der EuGH den mitgliedstaatlichen Gerichten eine weitreichende Nichtvorlage-Option gewährt. Danach darf „das innerstaatliche Gericht davon absehen, [eine] Frage dem Gerichtshof vorzulegen, und sie stattdessen in eigener Verantwortung lösen", wenn „die richtige Anwendung des Gemeinschaftsrechts derart offenkundig [ist], dass keinerlei Raum für einen vernünftigen Zweifel an der Entscheidung der gestellten Frage bleibt".[400] Dabei erlaubt der EuGH den mitgliedstaatlichen Gerichten eine Praxis, die die letztinstanzlichen Gerichte ohnehin in der Vergangenheit angewendet hatten und die der EuGH auch nicht mehr verhindern konnte. Er passte sich damit an die nach knapp zwanzig Jahren veränderten politischen und sozialen Gegebenheiten in der Union an, die seit der *Da Costa*-Entscheidung vorangeschritten sind. Damals war das Gemeinschaftsrecht eine neue, kaum erprobte Rechtsmaterie und bezüglich der Zusammenarbeit mit wenigen Mitgliedstaaten herrschte große Unerfahrenheit. Zwanzig Jahre später war die Zusammenarbeit konsolidiert und die Kenntnisse der nationalen Gerichte im Unionsrecht weit vorangeschritten.[401] Es war an der Zeit, den mitgliedstaatlichen Gerichten, zumindest vordergründig mehr Handlungsspielraum

397 *Rasmussen*, E.L.Rev. 1984, 242, 254 f.

398 Siehe ebd., 257.

399 Ebd., 256 ff. Ebenfalls folgten dieser Ansicht *Haltern*, ^{3}2017, EuR Band II, Rn. 314 ff. und *Mancini/Keeling*, Yb.EL 1991, 1.

400 EuGH, Urteil vom 6.10.1982 – 283/81 (C.I.L.F.I.T. ./. Ministero della Sanità) = ECLI:EU:C:1982:335, Rn. 16.

401 Siehe *Haltern*, ^{3}2017, EuR Band II, Rn. 315.

zu verschaffen. Die mitgliedstaatlichen Gerichte waren von da an befugt, in vom EuGH eng aufgezeigten Grenzen, selbst zu entscheiden, ob eine Vorlagefrage notwendig sei oder ob wegen offensichtlicher Auslegungsklarheit keine „Frage“ vorliege und daher das mitgliedstaatliche Gericht ausnahmsweise Europarecht eigenständig anwenden dürfe. Dieser Aspekt wird gestützt durch die subjektive Anknüpfung des Maßstabes, anhand dessen die Kriterien, ob ein Acte Clair gegeben ist, geprüft werden sollen.[402] Bei der Prüfung kommt es allein auf die Sicht des innerstaatlichen Gerichts an und auf seine Überzeugung, ob bei den Gerichten der übrigen Mitgliedstaaten und dem EuGH gleichermaßen Gewissheit bestehe.[403] Dadurch sollte mit großer Geste eine Vertiefung des Kooperationsverhältnisses erreicht werden und die Gerichte motiviert werden, sich selbstständig in den Integrationsprozess aktiv einzubringen.[404] Der EuGH machte zwar Zugeständnisse, diese wurden aber an von ihm aufgestellte strenge Maßstäbe geknüpft und konnten dadurch vom EuGH besser kontrolliert werden als die davor zu Provokationen führende, eigenständig überbordende Praxis der mitgliedstaatlichen Gerichte. Auf diesem Weg konnte der EuGH mit geringem „Opfer“ wieder das Steuer übernehmen und dabei den Eindruck vermitteln, durch Dezentralisierung der Macht, den Mitgliedstaaten entgegenzugehen.[405]

Auf der Seite des Nehmens stehen die strengen Kriterien, unter welchen Voraussetzungen ein Acte Clair nur angenommen werden darf. Der EuGH definiert genau, wann die Anwendung des Unionsrechts derart offenkundig ist, dass keinerlei Raum für vernünftige Zweifel bleibt.

Grundsätzlich besteht nach Randnummer 17 des *CILFIT*-Urteils die Möglichkeit der Acte Clair-Annahme nur unter Berücksichtigung der Eigenheiten des Gemeinschaftsrechts und der besonderen Schwierigkeiten der Auslegung.[406]

---

402 EuGH, Urteil vom 6.10.1982 – 283/81 (C.I.L.F.I.T. ./. Ministero della Sanità) = ECLI:EU:C:1982:335, Rn. 16.

403 Ebd.: „Das innerstaatliche Gericht darf jedoch nur davon ausgehen, dass ein solcher Fall vorliegt, wenn ***es*** überzeugt ist, dass auch für die Gerichte der übrigen Mitgliedstaaten und den Gerichtshof die gleiche Gewissheit bestünde.“ (von Verf. hervorgehoben).

404 *Haltern*, ³2017, EuR Band II, Rn. 315.

405 Siehe *Mancini/Keeling*, Yb.EL 1991, 1, 5 zum Bild des Steuermanns („helmsman“).

406 EuGH, Urteil vom 6.10.1982 – 283/81 (C.I.L.F.I.T. ./. Ministero della Sanità) = ECLI:EU:C:1982:335, Rn. 17: „Ob diese Möglichkeit besteht, ist jedoch unter Berücksichtigung der Eigenheiten des Gemeinschaftsrechts und der besonderen Schwierigkeiten seiner Auslegung zu beurteilen.“

Die zu prüfenden Kriterien sind im Anschluss in den Randnummern 18-20 aufgeführt. Gefordert wird vom EuGH eine formelle Dreischrittprüfung, wobei jedes Merkmal hintereinander geprüft wird und erst bei Bejahung einer Voraussetzung die nächste examiniert werden darf.[407]

Erstes Kriterium stellt ein Vergleich der Sprachfassungen dar, in denen das Unionsrecht abgefasst ist.[408] Aktuell werden 24 Sprachen als Amts- und Arbeitssprachen anerkannt.[409]

Folgevoraussetzung stellt die Berücksichtigung der besonderen Terminologie des Unionsrechts dar. Es muss dem Umstand Rechnung getragen werden, dass auch bei gleichem oder ähnlich lautendem Wortlaut einem Rechtsbegriff in den unterschiedlichen Mitgliedstaaten unterschiedliche Verständnisse zugrunde liegen können.[410]

Erst wenn diese Prüfung erfolgt ist, darf das nationale Gericht die Vorschrift systematisch im Zusammenhang im Hinblick auf seine Ziele und den aktuellen Entwicklungsstand betrachtend auslegen.[411] Dabei ist die Norm textlich, zweckmäßig sowie zeitlich in Kontext zu setzen.[412]

---

407 *Betz*, 2013, 31 f. und *Wolff*, Archiv des öffentlichen Rechts 141 (2016), 40, 101 f.

408 EuGH, Urteil vom 6.10.1982 – 283/81 (C.I.L.F.I.T. ./. Ministero della Sanità) = ECLI:EU:C:1982:335, Rn. 18: „Zunächst ist dem Umstand Rechnung zu tragen, daß die Vorschriften des Gemeinschaftsrechts in mehreren Sprachen abgefaßt sind und daß die verschiedenen sprachlichen Fassungen gleichermaßen verbindlich sind; die Auslegung einer gemeinschaftsrechtlichen Vorschrift erfordert somit einen Vergleich ihrer sprachlichen Fassungen."

409 Verglichen mit 1982 mit sieben Amtssprachen (Deutsch, Französisch, Italienisch, Niederländisch, Dänisch Englisch und Griechisch), kamen bis heute 17 weitere hinzu: Portugiesisch, Spanisch, Schwedisch, Finnisch sowie Polnisch, Slowenisch, Ungarisch, Tschechisch, Slowakisch, Lettisch, Litauisch, Estnisch, Maltesisch, sowie Bulgarisch, Gälisch, Rumänisch und Kroatisch. Verwendet werden drei Alphabete.

410 EuGH, Urteil vom 6.10.1982 – 283/81 (C.I.L.F.I.T. ./. Ministero della Sanità) = ECLI:EU:C:1982:335, Rn. 19: „Sodann ist auch bei genauer Übereinstimmung der sprachlichen Fassungen zu beachten, daß das Gemeinschaftsrecht eine eigene, besondere Terminologie verwendet. Im übrigen ist hervorzuheben, daß Rechtsbegriffe im Gemeinschaftsrecht und in den verschiedenen nationalen Rechten nicht unbedingt den gleichen Gehalt haben müssen."

411 Ebd., Rn. 20: „Schließlich ist jede Vorschrift des Gemeinschaftsrechts in ihrem Zusammenhang zu sehen und im Lichte des gesamten Gemeinschaftsrechts, seiner Ziele und seines Entwicklungsstands zur Zeit der Anwendung der betreffenden Vorschrift auszulegen."

412 *Edward*, in: Maduro/Azoulai (Hrsg.), 2010, 173, 178.

Am Ende der Prüfung muss das nicht vorlegende Gericht nicht nur davon überzeugt sein, dass die anderen mitgliedstaatlichen Gerichte und der EuGH zum selben Ergebnis kommen wie es selbst, sondern das nichtvorlegende Gericht muss auch der Überzeugung sein, dass der Grad der Gewissheit bei den anderen Gerichten und dem EuGH mit der eigenen Auffassung übereinstimmen und daher keinerlei Auslegungszweifel bestehen.[413]

II. Rezeption und Reformvorschläge

Die *CILFIT*-Entscheidung wurde stark diskutiert und kritisiert. Allein in den *Notes*[414] des EuGH sind im Zusammenhang mit der Entscheidung vierzig Beiträge genannt und diese Aufzählung stellt nur einen Bruchteil des einschlägigen Schrifttums dar.

Streit herrschte bereits im Vorfeld, ob der EuGH eine Acte Clair-Ausnahme auf Unionsebene zulassen solle. In seinen Schlussanträgen sprach sich GA *Capotorti* stark gegen eine solche Einführung und für eine unbedingte Vorlagepflicht aus.[415] Die Doktrin sei „unbegründet und unklar“ und nehme Art. 177 Abs. 3 EWGV die Bedeutung.[416] Er wandte sich vor allem gegen Opportunitätserwägungen, wie die Arbeitsüberlastung des EuGH, und schätzte diese als taugliche Argumente für „nicht entscheidend“ ein.[417] Das Gemeinschaftsrecht erfordere gerade wegen seiner Eigenheiten technischer und systematischer Art sowie unterschiedlicher Auslegungstechniken der mitgliedstaatlichen Gerichte und des Gerichtshofs, dass die Gerichte stets dem Gerichtshof vorlegten.[418] Ein automatischer Vorlagemechanismus, wie es das Schrifttum teilweise kritisiere, sei ausgeschlossen, da den nationalen Gerichten ein weiter Beurteilungsspielraum bezüglich der Feststellung der Erheblichkeit der Frage

413 *Hummert*, 2006, 214. Ähnlich auch die Antwort der Kommission auf die Schriftliche Anfrage Nr.608/78 von Herrn *Krieg*, ABl. C 28 vom 31.1.1979, S. 8 f. vom 31.1.1979: „[Die Gerichte] können davon absehen und unmittelbar entscheiden, wenn diese Fragen vollkommen eindeutig sind, und der Sinn der Antwort, die auf sie erteilt werden muß, jedem Juristen auch ohne einschlägige Kenntnisse der Materie offensichtlich erscheint.“

414 Abrufbar unter https://eur-lex.europa.eu/legal-content/DE/ALL/?uri=CELEX%3A61981CJ0283, zuletzt abgerufen am 14.11.2019.

415 GA *Capotorti, Francesco*, 13.7.1982 – Schlussanträge im Verfahren 283/81 (C.I.L.F.I.T ./. Ministero della sanità) = ECLI:EU:C:1984:55.

416 Ebd., Rn. 4.

417 Ebd., Rn. 6.

418 Ebd., Rn. 6.

offenstehe.[419] Schon die Grundprämisse der Doktrin, dass sich Auslegung und Anwendung trennen ließen, sei ungenau und der französische Kontext nicht auf das Gemeinschaftsrecht übertragbar.[420] Wie gesehen folgte der EuGH nicht dem Ansatz von *Capotorti* einer unbedingten Vorlagepflicht, sondern erkannte die abstrakte Möglichkeit des Fehlens einer „Frage".

Daran schließt sich die Debatte nach der Urteilsverkündung an, ob mit der Einführung dieser abstrakten Exit-Option der EuGH in *CILFIT* den Acte Clair akzeptiert habe. Das Schrifttum befand häufig, dass die Kriterien unmöglich erfüllbar seien und tatsächlich solche Fälle praktisch nie vorkämen.[421] Teilweise wurden die Kriterien als indirekter Ausschluss der Acte Clair-Doktrin durch den EuGH aufgefasst.[422]

Durch die Zuspitzung der Anforderungen auf einen äußerst strengen Maßstab wurde teilweise vertreten, dass nur noch die inhaltlich völlig entleerte Hülle des aus dem französischen Recht bekannten Acte Clair bestehe, damit der EuGH den Schein von Zugeständnissen wahren könne, ohne aber den „harten Kern der eigenen Autorität nicht zu verlieren".[423] *Rasmussen*[424] sowie die beiden ehemaligen Richter am Gerichtshof *Edward*[425] und *Everling*[426] gingen sogar so weit, dass die *CILFIT*-Rechtsprechung ihrer Meinung nach völlig missverstanden würde, wenn man in sie einen Aktivismus der Ausweitung der Grenzen zugunsten der Autorität der Mitgliedstaaten und zulasten des EuGH hineinlesen würde. Mit *CILFT* sollten die nationalen Gerichte angehalten werden, umsichtig

---

419 GA *Capotorti, Francesco*, 13.7.1982 – Schlussanträge im Verfahren 283/81 (C.I.L.F.I.T ./. Ministero della sanità) = ECLI:EU:C:1984:55, Rn. 8.

420 Ebd., Rn. 4.

421 *Wolff*, Archiv des öffentlichen Rechts 141 (2016), 40, 101 f.; *Hummert*, 2006, 37; *Steindorff*, ZHR 1992, 1, 8; *Hess*, ZZP 108 (1995), 59, 81; *Malferrari*, 2003, 265; *Bebr*, Common Market Law Review 1983, 439, 471; *Lenaerts*, Cahiers de droit européen 1983, 471, 489; *Vedder*, NJW 1987, 526, 527; *Millarg*, EuR 1983, 163, 168. In Bezug auf CILFIT, Köbler und Welthgrove: *Wattel*, Common Market Law Review 2004, 177, 190.

422 *Bebr*, Common Market Law Review 1983, 439, 466, 470; *Rasmussen*, E.L.Rev. 1984, 242, 243, 251 ff.; *Crosby*, The Journal of the Law Society of Scotland 1983, 343, 344; *Edward*, in: Maduro/Azoulai (Hrsg.), 2010, 173, 179.

423 *Mancini/Keeling*, Yb.EL 1991, 1, 4 beschreiben dies wie folgt: „the clarity of the provision may legitimately be sustained to cases so rare that the nucleus of its own authority is preserved intact".

424 *Rasmussen*, E.L.Rev. 1984, 242, 259 macht deutlich, dass dies mit dem Stolz der mitgliedstaatlichen Letztgerichte begründet werden könne.

425 *Edward*, in: Maduro/Azoulai (Hrsg.), 2010, 173.

426 *Everling*, 1986, 50.

bei der Anwendung von Unionsrecht unter Beachtung der europäischen Rechtsprechung zu agieren und gleichzeitig vor einem zu genauen wörtlichen Verständnis gewarnt werden.[427] *Everling* sah in *CILFIT* den Grundsatz „*in dubio pro praesentatione*" verankert.[428] Dennoch handele es sich nicht um strenge Kriterien, sondern um Richtwerte oder vielmehr Orientierungshilfen,[429] die dem „common sense" entsprächen und dahingehend mit gesundem Menschenverstand gehandhabt werden mögen.[430] Die nationalen Richter würden dabei nicht aus ihrer Pflicht entlassen, eigenständig die Notwendigkeit zu prüfen, ob vorgelegt werden müsse, aber es werde ihnen eine wichtige Stütze zur Orientierung gegeben.[431]

Als bemerkenswert wurde vom Schrifttum der Gegensatz aufgegriffen, dass die Kriterien zwar eng formuliert seien, der Test aber subjektiv ausgestaltet sei.[432] Allein die Tatsache, dass ein Gericht glaube, dass eine Sache subjektiv „clair" sei, bedeute nach *Dauses* nicht, dass auch objektiv gesehen keine Auslegungszweifel bestünden. Es dürfe nicht bloß von der Behauptung eines Gerichts abhängen, ob eine Rechtssache offenkundig als zweifelsfrei angesehen werden könne. Daher müsse trotz der subjektiven Formulierung eine weitgehend objektivierte Bewertung der Umstände vorgenommen werden, ansonsten sei der Anwendungsbereich des Vorabentscheidungsverfahrens allein abhängig von der Bereitschaft der nationalen Gerichte, ob diese vorlegen möchten.[433]

---

427 GA *Jacobs*, 10.7.1997 – Schlussanträge im Verfahren C-338/95 (Wiener ./. Hauptzollamt Emmerich) = ECLI:EU:C:1997:352, Rn. 65; *Rasmussen*, E.L.Rev. 1984, 242, 242, 259; *Wolff*, Archiv des öffentlichen Rechts 141 (2016), 40, 101 f.

428 *Everling*, 1986, 50; ebenso *Hirsch*, in: FG BVerwG, 2003, 3, 7. Entgegengesetzt sieht dies *van Harten*, in: Obradovic/Lavranos (Hrsg.), 2007, 237, 259 , der auf das Vorlageverfahren die niederländische Weisheit: „when in doubt, don't do it", übertragen will auf „when in doubt, do not refer". Er empfindet diesen Ansatz auch nicht als beunruhigend „at least not to a certain extent" (ebd.).

429 Von Orientierungshilfen ausgehendgehend *Dauses*, JZ 1979, 125, 75 f.; *Everling*, 1986, 48 ff.; *Wölker*, EuGRZ 1988, 97, 102.

430 *Edward*, in: Maduro/Azoulai (Hrsg.), 2010, 173, 179. Dass der Begriff des Acte Clair Einzug in die Sprache des Unionsrechts gefunden hat, begründet er entweder mit „linguistic snobbery" oder damit, dass der Begriff als „legal shorthand" (juristische Kurzform) diene. Für ein weites Verständnis der Kriterien ebenfalls *Wolff*, Archiv des öffentlichen Rechts 141 (2016), 40, 101 f.

431 *Everling*, 1986, 50.

432 *Haltern*, ^{3}2017, EuR Band II, Rn. 320.

433 *Dauses*, Fordham International Law Journal 10 (1987), 538, 568 f.

Deshalb sehen einige in *CILFIT* wegen seines Missbrauchspotenzials und seiner Fehleranfälligkeit dadurch, dass sich die Gerichte eines großen Spielraums bedienten, erhebliche Gefahren für das Rechtsgebäude der EU.[434] Nach *Arnull* befänden die Gerichte selbst über den praktischen Gehalt des Acte Clair und formten die Kriterien so aus, wie es sich die Gerichte im konkreten Fall wünschten, was eine Gefährdung für die einheitliche Rechtsanwendung darstelle.[435] Für einen engen Gebrauch der Ausnahmeregel war *Steindorff*, der dies aus der Systematik des Art. 177 Abs. 2 und Abs. 3 EWGV ableitete und das Kriterium der Offenkundigkeit bereits bei bestehenden Meinungsverschiedenheiten im Schrifttum als ausgeschlossen ansehen wollte.[436] Auch *Hirsch* las aus der Systematik des Art. 177 EWGV, dass eine Befreiung von der Vorlagepflicht angemessen sei, wenn dem Gericht die Antwort auf die Vorlagefrage eindeutig (evident) erscheine, kritisierte aber das Erfordernis, dass alle mitgliedstaatlichen Gerichte zur Überzeugung der Gewissheit gleichermaßen kommen müssen, als überzogen und wenig praktikabel.[437]

Als wesentlichen Kritikpunkt an *CILFIT* sah *Hirsch* an, dass es für die Gerichte eine Zumutung sei, sich vertragskonform bei der Anwendung der *CILFIT*-Kriterien zu verhalten.[438] Die *CILFIT*-Kriterien seien mit dem fortschreitenden

---

434 Kritisch insbesondere *Catalano*, Giustizia civile 1983, 12; *Evans*, The Journal of the Law Society of Scotland 1983, 201. Von einer Untergrabung und Schwächung des Vorlageverfahrens spricht *Dauses*, Fordham International Law Journal 10 (1987), 538, 568 f.

435 *Arnull*, European Law Review 1983, 365, 368; *Arnull*, The Modern Law Review 1989, 622, 626: „In short, the overall effect of CILFIT would be to encourage national courts to decide points of Community law for themselves. This could only jeopardise the uniform application of the Treaty." Arnull stellt die von Rasmussen und Mancini/Keeling verfolgte Strategie des Gebens und Nehmens in Frage und sieht in CILFIT keine Kontrolleinschränkung der nationalen Gerichte begründet. Die CILFIT-Entscheidung öffne den mitgliedstaatlichen Gerichten einen weiten Spielraum, einen Acte Clair für ihre Zwecke anzunehmen. Siehe auch *Arnull*, The International and Comparative Law Quarterly 34 (1985), 168, 172 f.

436 *Steindorff*, ZHR 1992, 1, 8, 10.

437 *Hirsch*, in: FG BVerwG, 2003, 3, 6. Er führt ferner aus, dass sich die Gerichte in einer prekären Situation befänden, da sie eine Verletzung der Vorlagepflicht und deren Konsequenzen riskierten und spricht sich daher für eine Reform aus. GA *Tizzano, Antonio*, 21.2.2002 – Schlussanträge im Verfahren C-99/00 (Lyckeskog) = ECLI:EU:C:2002:108, Rn. 64 plädiert für eine äußerst strenge Auslegung der Kriterien, um „dem Geist des Vertrages treu zu bleiben".

438 *Hirsch*, in: FG BVerwG, 2003, 3, 6.

Integrationsstand der Unionsentwicklung und der daraufhin entstandenen Fülle an Verfahren nicht mehr zu bewältigen, sodass *Hirsch* auf eine Reform für weitere Exit-Optionen drang.[439] Als Argument führte er das Problem der „Vorlagenflut" an, was häufig Erwähnung fand.[440]

Hirsch arbeitete einen besonderen Ansatz der Dezentralisierung heraus, wonach jeder Mitgliedstaat einen Senat einrichten solle, in Deutschland bspw. beim BGH, der als Vorlagegericht im Vorfeld entscheide, was dem EuGH vorgelegt werde.[441] Die Überlegung der Reduzierung der Vorlagepflicht auf letztinstanzliche Gerichte hielt *Hirsch* für katastrophal.[442] Den von *Hirsch* vorher unterstützten Ansatz von *Zuleeg*,[443] wonach die nationalen Richter dem EuGH Lösungswege aufzeigen sollen, erteilte *Hirsch* in der Folge eine Absage, weil es ihm aus Gründen der Bindungswirkung ungünstig erschien, dass zwar eine Entlastung des EuGH erreicht würde, aber keine Rechtsfortbildung für zukünftige Fälle stattfinde.[444]

Starke Kritik erfuhr die europäische Acte Clair-Doktrin durch *Bebr*, der in ihr eine Schwächung des Unionsrechtssystems sah, wodurch die Rechtsentwicklung gehemmt werde. Unter dem Deckmantel der Acte Clair-Doktrin würden Vertragsbrüche durch die Mitgliedstaaten verdeckt und geschützt sowie der Individualrechtsschutz unterwandert.[445] *Bebr* beschrieb die Acte Clair-Doktrin wegen ihrer inhärenten Subjektivität und Willkür als gefährlich und zweifelhaft.[446] Eine Auslegung, die für alle mitgliedstaatlichen Gerichte gleichermaßen klar sei, sah er als „happy coincidence" und „legal miracle" an, was von den

---

439 *Hirsch*, in: FS Rodríguez Iglesias, 2003, 601, 610; *Hirsch*, in: FG BVerwG, 2003, 3, 6.

440 Dieses Problem thematisiert auch der Abschlussbericht der von der Europäischen Kommission eingesetzten Arbeitsgruppe zur Reflexion über „Die Zukunft des Gerichtsystems der EG", sog. *Due*-Bericht vom 4.2.2000, S. 12, Sonderbeilage NJW und EuZW 2000. Die Mitglieder der Reflexionsgruppe waren Ole Due (Vorsitz), Yves Galmot, José Luis da Cruz Vilaça, Ulrich Everling, Aurelio Pappalardo, Rosario Silva de Lapuerta und Lord Slynn of Hadley. Ebenso das Problem thematisierend: *Rasmussen*, Common Market Law Review 2000, 1071, 1109; in eine ähnliche Richtung geht auch GA *Tizzano, Antonio*, 21.2.2002 – Schlussanträge im Verfahren C-99/00 (Lyckeskog) = ECLI:EU:C:2002:108, Rn. 71.

441 *Hirsch*, RabelsZ 66 (2002), 615, 619; *Hirsch*, in: FS Ragnemalm, 2005, 149.

442 *Hirsch*, RabelsZ 66 (2002), 615, 618. Ebenso *Sevón*, in: FS Ragnemalm, 2005, 287, 289.

443 *Zuleeg*, in: FS Bundesfinanzhof, 115, 129; *ders.*, JZ 1994, 1, 7.

444 *Hirsch*, RabelsZ 66 (2002), 615, 618 f.

445 *Bebr*, Common Market Law Review 1983, 439, 459.

446 *Bebr*, 1981, 439, 516.

Schöpfern des Vorlageverfahrens nicht erwartet worden sei und weshalb gerade Art. 177 EWGV so konzipiert wurde.[447]

Trotz dieser massiven Kritik begrüßte die überwiegende Mehrzahl der Stellungnahmen die Entscheidung.[448] *Craig* ging von positiven Synergieeffekten der Urteile *Da Costa* und *CILFIT* aus, die durch die verstärkte Inpflichtnahme der nationalen Gerichte entstünden, da die Gerichte als „Delegierte" des Unionsrechts stärker zum Teil des europäischen Netzwerkes würden.[449] Seinem Verständnis nach seien die Kriterien weit zu verstehen und der Acte Clair diene als Methode zur Grenzziehung zwischen Sachverhalten, die durch den EuGH überprüft werden sollen und solchen Fällen, die den nationalen Gerichten überlassen sein sollen.[450] Ebenfalls gegen eine rigorose Anwendung der Kriterien war *Sevón*, der sich angesichts der praktischen Probleme, die durch eine erhebliche Anzahl an Vorlageverfahren verursacht würden, für einen funktionalen Umgang mit den Kriterien aussprach.[451]

Van Harten forderte eine rasche Reform, in der der Acte Clair zum Regelfall gemacht werde und wodurch den Gerichten mehr Verantwortung und Vertrauen entgegengebracht werde. Er sah *CILFIT* als Ausdruck „qualifizierten Misstrauens"[452] und führte in zehn Thesen an, warum es Sinn mache, sich von der strengen Lesart der Kriterien zu lösen. Die Gerichte (These 10) wendeten die Doktrin zum einen sehr lax an, ferner sei neben der erhöhten Qualität der Rechtsprechung und Vereinheitlichung ein weiterer Grund, dass Aufgabe letztinstanzlicher Gerichte die Streitbeendigung sei, wozu gehöre, diese auch zeitnah zu beenden (These 9).[453] Erwidernd auf *van Harten* war *van de Gronden* zurückhaltender und gegen überstürzte und sofortige Änderungen.[454] Im Vorfeld müsste eingehend die höchstrichterliche bzw. letztinstanzliche gefällte Rechtsprechung der Mitgliedstaaten studiert werden. Er führte zwei Reformüberlegungen an, zum einen den direkten Parteizugang zum EuGH, obwohl dies das Kooperationssystem zwischen Staaten komplett verändern würde und als

447 *Bebr*, Common Market Law Review 1983, 439, 517.

448 So die eingehenden Analysen von *Everling*, 1986, 50 sowie *Kalbheim*, 2016, 368.

449 *Craig*, in: Maduro/Azoulai (Hrsg.), 2010, 185, 186.

450 Ebd., 188.

451 *Sevón*, in: FS Ragnemalm, 2005, 287, 289 f.

452 *van Harten*, in: Obradovic/Lavranos (Hrsg.), 2007, 237, 260.

453 In zehn Thesen *van Harten*, in: Obradovic/Lavranos (Hrsg.), 2007, 237, 259 ff. In die ähnliche Richtung geht der *Due*-Bericht vom 4.2.2000, S.12, Sonderbeilage NJW und EuZW 2000.

454 *van de Gronden*, in: Obradovic/Lavranos (Hrsg.), 2007, 265, 275.

zweites im Gegensatz zu *van Harten* die Einführung einer „green light procedure“,[455] wonach Letztgerichte ein Entwurfsurteil an den EuGH sendeten und der EuGH sich dann äußern könne, ob dieses Urteil auf nationalem Level entschieden werden könne, oder ob eine Vorlage mit nachgezogenem Prozess vor dem EuGH vonnöten sei.[456]

Schmeding/Schohe sahen allein die Prozessökonomie als Motiv in *CILFIT* und die „Leitlinien“ als klar und einfach an und verstanden sie so, dass den nationalen Gerichten nicht die geringste Auslegungskompetenz bezüglich gemeinschaftsrechtlicher Fragen überlassen werde.[457]

Ebenfalls diskutiert wurden diverse Beschränkungen auf Divergenzfälle sowie auf grundsätzliche Fragen,[458] auf Fragen von „allgemeinem Interesse“[459] und Fragen von „allgemeiner Bedeutung“,[460] damit die Gerichte nur noch die kostbaren Ressourcen des EuGH nutzten, wenn tatsächlich relevante Auslegungsfragen bestünden.[461]

Sarmiento sah in *CILFIT* eine Verbesserung und Unterstützung der flüssigen Zusammenarbeit mit den nationalen Gerichten und erkannte in *CILFIT* das Paradigma der Dezentralisierung, welches den Mitgliedstaaten Macht übertrage.[462]

25 Jahre nach der *CILFIT*-Rechtsprechung betrachtete *Sarmiento* hingegen besorgt Statistiken zur geringen Anzahl an Vorlageverfahren und sah darin nicht den eingetretenen Zweck von *CILFIT* bestätigt und sprach sich für die strenge Befolgung der *CILFIT*-Kriterien aus.[463] Nach seiner Analyse habe die

---

455 Dieser Vorschlag entspricht dem von *Zuleeg*, in: FS Bundesfinanzhof, 115, 129; *ders.*, JZ 1994, 1, 7.

456 *van de Gronden*, in: Obradovic/Lavranos (Hrsg.), 2007, 265, 277.

457 *Schmeding/Schohe*, in: FS Gaedertz, 1992, 525, 530.

458 *Holzheuer*, 50 f., 233.

459 GA *Jacobs*, 10.7.1997 – Schlussanträge im Verfahren C-338/95 (Wiener ./. Hauptzollamt Emmerich) = ECLI:EU:C:1997:352, Rn. 50.

460 *Morten Broberg*, Common Market Law Review 2008, 1383, 1397; *Hess*, ZZP 108 (1995), 59, 85 f. begründet diese Einschränkung als Mittelweg zwischen den Extremlösungen des EuGH und dem BVerfG, indem er die Vorlagepflicht auf Rechtsfragen „grundsätzlicher Bedeutung“ einschränken will. Ebenso GA *Colomer, Dámaso Ruiz-Jarabo*, 30.6.2005 – Schlussanträge im Verfahren C-461/03 (Gaston Schul Douane-expediteur BV ./. Minister van Landbouw, Natuur en Voedselkwaliteit) = ECLI:EU:C:2005:415, Rn. 58 f.

461 Vgl. *Craig*, in: Maduro/Azoulai (Hrsg.), 2010, 185, 186.

462 *Sarmiento*, in: Maduro/Azoulai (Hrsg.), 2010, 192, 195.

463 Ebd., 196. Ebenfalls *Craig*, in: Maduro/Azoulai (Hrsg.), 2010, 185, 188.

Praxis belegt, dass zahlreiche Verfahren trotz bestehender Auslegungsfragen nicht dem EuGH vorgelegt wurden.[464] Die Rechtssachen *Köbler* und *Kommission./.Italien* zeige sowohl, dass der EuGH große Schritte zur Disziplinierung der nationalen Gerichte unternehmen müsse als auch die Schwäche der *CILFIT*-Rechtsprechung auf. Die Rechtssachen *Köbler* und *Kommission./. Italien* waren von den Gerichten nicht positiv aufgenommen worden.[465] Das sensible Gleichgewicht zwischen EuGH und mitgliedstaatlichen Gerichten würde durch *CILFIT* gefährdet, weil die mitgliedstaatlichen Gerichte *CILFIT* sowohl vorsätzlich als auch unwissentlich falsch anwendeten.[466]

Mancini/Keeling sahen die „Operation *CILFIT*" als geglückt an, da der EuGH in der Folge keine weiteren traumatisch einschneidenden Erlebnisse („Clashes"), hervorgerufen durch Provokationen und Autoritätskämpfe mit den nationalen Letztgerichten, in Form von Prestigeverlusten, erfuhr.[467] *Lagrange* bestätigte seine Auffassung von 1971, wonach der Acte Clair perfekt mit Art. 177 EWGV kompatibel sei und zu einer fruchtvollen Zusammenarbeit beitrage, was man dem vernünftigen Gebrauch der Acte Clair-Ausnahme durch die Rechtsprechung der Mitgliedstaaten, inklusive der französischen, entnehmen könne.[468] Er mahnte dennoch die staatlichen Richter zur Vorsicht bei dem Gebrauch der Doktrin.[469]

Ebenfalls diskutiert wurde eine Reform des Art. 234 Abs. 3 EGV, wobei die *CILFIT*-Kriterien in die Vorschrift gegossen werden sollten. Gegen eine solche war *Edward*, der in der Norm gerade einen Vorteil darin sah, da sie die nationalen Gerichte an ihre Vorlagepflicht erinnere und folgte dabei dem Ansatz: „*If it works don´t fix it.*"[470] Mit dem Vertrag von Lissabon entschieden sich die Mitgliedstaaten gegen eine Änderung des Art. 267 Abs. 3 AEUV mit einer dahin gehenden Umformulierung.[471]

Diese kontrastierenden Analysen und Sichtweisen zeigen jedoch eine Gemeinsamkeit auf. Alle stützen sich in unterschiedlicher Ausprägung auf Vorhersagen,

---

464 *Sarmiento*, in: Maduro/Azoulai (Hrsg.), 2010, 192, 196.
465 *Komárek*, Common Market Law Review 2005, 9, 22; *Wattel*, Common Market Law Review 2004, 177.
466 *Sarmiento*, in: Maduro/Azoulai (Hrsg.), 2010, 192, 196 f.
467 *Mancini/Keeling*, Yb.EL 1991, 1, 7.
468 *Lagrange*, Common Market Law Review 1971, 313.
469 *Lagrange*, Revue trimestrielle de droit européen 1983, 159, 161 f.; *Lagrange*, Revue trimestrielle de droit européen 1974, 268, 287 f.
470 *Edward*, in: Maduro/Azoulai (Hrsg.), 2010, 173, 184.
471 *Haltern*, ³2017, EuR Band II, Rn. 322.

wie die nationalen Gerichte die Acte Clair-Doktrin in ihrer Praxis implementieren. Werden sie die *CILFIT*-Kriterien strikt befolgen oder als Einfallstor sehen, um die Kriterien nach ihrem Geschmack anzupassen und anzuwenden? Auf die tatsächliche Praxis der nationalen Gerichte kommt es daher an, um zu beurteilen, wie sich die *CILFIT*-Rechtsprechung auf das Kooperationsverhältnis zwischen EuGH und Mitgliedstaaten auswirkt und ob sich durch die *CILFIT*-Rechtsprechung die aufgezeigten Gefahren bewahrheitet haben. Einen ersten Ansatzpunkt einer negativen Prognose zeigte *Sarmiento*, auf dessen Statistiken bereits hingewiesen wurde. Die Bestandsaufnahme der deutschen Gerichtspraxis auf dem Gebiet des Europäischen Zivilprozessrechts wird diesbezügliche Fragen für diesen Rechtsbereich klären. Zunächst wird aufgezeigt, wie die europäische Rechtsprechung selbst auf die Kritik, diskutierte Lesartmöglichkeiten und Reformvorschläge in seiner Folgerechtsprechung nach *CILFIT* reagierte.

C. Der Acte Clair in der Praxis des EuGH nach *CILFIT*

In den darauffolgenden Jahren haben auch Mitglieder des Gerichtshofes Kritik geübt und eine Anpassung oder gar die Aufhebung von *CILFIT* gefordert.[472] Immer wieder wurden EuGH-Entscheidungen von der Generalanwaltschaft zum Anlass genommen, Vorstöße zur Änderung der *CILFIT*-Rechtsprechung zu bewirken.

Einen ersten unternahm 1997 GA *Jacobs* in der Rechtssache *Wiener*.[473] Er machte deutlich, dass der *CILFIT*-Ansatz zu einer unbeschränkten Zahl an Vorlagen führe und dadurch die Leistungsfähigkeit des EuGH massiv eingeschränkt würde.[474] Daher schlug er vor, eine Einschränkung auf wesentliche Fragen im Sinne von Fragen allgemeiner Bedeutung vorzunehmen.[475] Ferner mahnte er die mitgliedstaatlichen Gerichte und den Gerichtshof zu Zurückhaltung und motivierte den Gerichtshof dazu, genereller auf die Vorlagefragen mithilfe von

472 GA *Jacobs*, 10.7.1997 – Schlussanträge im Verfahren C-338/95 (Wiener ./. Hauptzollamt Emmerich) = ECLI:EU:C:1997:352, Rn. 58 ff.; von einem Zerfall der Rechtseinheit spricht GA *Tizzano, Antonio*, 21.2.2002 – Schlussanträge im Verfahren C-99/00 (Lyckeskog) = ECLI:EU:C:2002:108, Rn. 65 und fordert, dass keine weitere Subjektivierung der Kriterien erfolgen dürfe.

473 EuGH, Urteil vom 20.11.1997 – C-338/95 (Wiener ./. Hauptzollamt Emmerich) = ECLI:EU:C:1997:552.

474 GA *Jacobs*, 10.7.1997 – Schlussanträge im Verfahren C-338/95 (Wiener ./. Hauptzollamt Emmerich) = ECLI:EU:C:1997:352, Rn. 15.

475 Ebd., Rn. 50.

Rechtsprinzipien zu antworten und nicht anwendungsspezifisch, fallbezogen wie bisher gehandhabt.[476] Nach GA *Jacobs* sei eine enge Auslegung der *CILFIT*-Kriterien durch die Gerichte aus dem Grund, in Einzelfällen letztinstanzliche Gerichte zu disziplinieren, wie es im Schrifttum vertreten werde, unverhältnismäßig und gleich dem Versuch „mit Kanonen zu schießen, ohne den Spatz zu treffen".[477] Deshalb ging GA *Jacobs* so weit, dass die Gerichte die Kriterien nicht einmal prüfen müssten, und verfolgte damit einen radikal funktionalen Ansatz.[478] GA *Jacobs* ging ebenfalls auf das in *CILFIT* formulierte Erfordernis des Sprachenvergleichs ein. Seiner Meinung nach sei eine Unionsvorschrift nicht in jeder Amtssprache zu prüfen - wobei der Gerichtshof dazu besser in der Lage sei als die mitgliedstaatlichen Gerichte, sondern diese Anforderung stelle eine notwendige Warnung vor einer allzu wörtlichen Auslegung der Normen dar. Die Norm müsse im Lichte ihres Zusammenhangs geprüft werden, gerade weil der Wortlaut bei Rechtsbegriffen häufig bezüglich des Gehalts irreführend sein könne.[479]

Der EuGH folgte dem Plädoyer von GA *Jacobs* zwar nicht.[480] Dennoch stießen die Grundansätze GA *Jacobs* beim EuGH auf Zustimmung, da im Reflexionspapier vom Mai 1999 über die Zukunft des europäischen Gerichtssystems einige Punkte aufgenommen wurden, ohne sich aber auf konkrete Maßnahmen festzulegen.[481] Im Jahr 2000 wurde ein abgekürztes Verfahren nach Art. 104 § 3 EuGH-VfO a.F.[482] (heute Art. 99 EuGH-

---

476 GA *Jacobs*, 10.7.1997 – Schlussanträge im Verfahren C-338/95 (Wiener ./. Hauptzollamt Emmerich) = ECLI:EU:C:1997:352, Rn. 21.

477 Ebd., Rn. 63.

478 Ebd., Rn. 64.

479 Ebd., Rn. 65. Ebenso *Hess*, ZZP 108 (1995), 59, 80 f.

480 Mit einer Übersicht über den damaligen Diskussionsstand, *Kalbheim*, 2016, 378.

481 *Kalbheim*, 2016, 379; Die Zukunft des Gerichtssystems der Europäischen Union – Reflexionspapier des EuGH, veröffentlicht am 28.5.1999, EuZW 1999, 750.

482 Art. 104 § 3 EuGH-VerfO a.F. lautete: „Stimmt eine zur Vorabentscheidung vorgelegte Frage mit einer Frage überein, über die der Gerichtshof bereits entschieden hat, oder kann die Antwort auf eine solche Frage klar aus der Rechtsprechung abgeleitet werden, so kann der Gerichtshof nach Anhörung des Generalanwalts jederzeit durch Beschluss entscheiden, der mit Gründen zu versehen ist und auf das frühere Urteil oder auf die betreffende Rechtsprechung verweist. Der Gerichtshof kann nach Unterrichtung des vorlegenden Gerichts und nachdem er den in Artikel 23 der Satzung bezeichneten Beteiligten Gelegenheit zur Äußerung gegeben und den Generalanwalt angehört hat, ebenfalls durch Beschluss, der mit Gründen zu versehen ist, entscheiden, wenn die

VfO)[483] eingeführt, was nach Richter *Timmermans* einen eleganteren Lösungsansatz darstelle, als von GA *Jacobs* vorgeschlagen, um auf das gestiegene Arbeitspensum des EuGH zu reagieren.[484] Ein vereinfachtes Verfahren wird seitdem bei unkomplizierten Vorlagefragen angewendet, die kein neues Problem aufwerfen. Dann darf die Rechtssache durch Beschluss entschieden werden. Wegen des ähnlichen Wortlauts wurde der Ansatz vertreten, Rückschlüsse der Verfahrensordnung auf die *CILFIT*-Kriterien vorzunehmen und die Kriterien im Lichte der Verfahrensordnung auszulegen.[485] Dabei wurde versucht, den im Vergleich zur *CILFIT*-Rechtsprechung stark verkürzten Wortlaut des Art. 104 § 3 EuGH VfO a.F. (heute Art. 99 EuGH-VfO), welcher nur dem ersten Satzteil der Rn. 16[486] im *CILFIT*-Urteil entspricht, für die Bejahung eines Acte Clair ausreichen zu lassen. Die Verfahrensordnung geht nur auf das Merkmal des „vernünftigen Zweifels" ein. Dadurch, dass nach der Verfahrensordnung das Nichtvorliegen von

---

Beantwortung der zur Vorabentscheidung vorgelegten Frage keinen Raum für vernünftige Zweifel lässt."

483 Seit 1.11.2012 heißt es in Art. 99 der konsolidierten Fassung der VerfO des Gerichtshofs: „Wenn eine zur Vorabentscheidung vorgelegte Frage mit einer Frage übereinstimmt, über die der Gerichtshof bereits entschieden hat, wenn die Antwort auf eine solche Frage klar aus der Rechtsprechung abgeleitet werden kann oder *wenn die Beantwortung der zur Vorabentscheidung vorgelegten Frage keinen Raum für vernünftige Zweifel lässt*, kann der Gerichtshof auf Vorschlag des Berichterstatters und nach Anhörung des Generalanwalts jederzeit die Entscheidung treffen, durch mit Gründen versehenen Beschluss zu entscheiden." Hervorhebung von Verf., https://curia.europa.eu/jcms/upload/docs/application/pdf/2012-10/rp_de.pdf, zuletzt abgerufen am 14.11.2019.

484 Laut *Timmermans*, CMLR 2004, 393, 402 würde dieser Ansatz die nationalen Gerichte weniger vor den Kopf stoßen als der Ansatz von GA *Jacobs*.

485 Dies wurde zunächst im sog. *Due*-Bericht vom 4.2.2000, S. 15, 18, Sonderbeilage NJW und EuZW 2000, formuliert und anschließend auch von der Kommission, siehe Verweis bei GA *Tizzano, Antonio*, 21.2.2002 – Schlussanträge im Verfahren C-99/00 (Lyckeskog) = ECLI:EU:C:2002:108, Rn. 53.

486 EuGH, Urteil vom 6.10.1982 – 283/81 (C.I.L.F.I.T. ./. Ministero della Sanità) = ECLI:EU:C:1982:335, Rn. 16: „Schließlich kann die richtige Anwendung des Gemeinschaftsrechts derart offenkundig sein, daß keinerlei Raum für vernünftigen Zweifel an der Entscheidung der gestellten Frage bliebt. Das innerstaatliche Gericht darf jedoch nur davon ausgehen, daß ein solcher Fall vorliegt, wenn es überzeugt ist, dass auch für die Gerichte der übrigen Mitgliedstaaten und den Gerichtshof die gleiche Gewissheit bestünde. Nur wenn diese Voraussetzungen erfüllt sind, darf das innerstaatliche Gericht davon absehen, diese Frage dem Gerichtshof vorzulegen, und sie stattdessen in eigener Verantwortung lösen."

Zweifeln nicht „derart offenkundig" sein muss, könnte eine stärkere Subjektivierung und ein größeres Ermessen der Gerichte zu sehen sein.[487] Dies sei jedoch nach GA *Tizzano* wegen der komplett unterschiedlichen Zielsetzung vehement abzulehnen, sodass nicht die eine Bestimmung zum Zwecke der anderen verwendet werden dürfe.[488] Vielmehr handele es sich bei *CILFIT* um die Beschaffenheit und Konsistenz der Zweifel, welche das nationale Gericht bezüglich des Gemeinschaftsrechts habe, wobei die Verfahrensordnung solche Zweifel thematisiere, die beim Gerichtshof gegebenenfalls bezüglich des Verfahrens geweckt würden, wenn er eine Frage entscheiden müsse.[489]

Im Jahr 2002 machte sich die dänische Regierung in der Rechtssache *Lyckeskog*[490] die Vorschläge von *Jacobs* zu eigen.[491] Das *Hovrätt* (Berufungsgericht für Westschweden) legte dem EuGH in einer Strafsache wegen Warenschmuggels unter anderem die Frage vor, ob beim Vorliegen einer zwar klaren Vorschrift vorgelegt werden müsse, auch wenn diese nicht offenkundig klar im Rechtssinne nach *CILFIT* sei. Hiermit sollte, wie GA *Tizzano* aufzeigte, auf den Entfall des Offenkundigkeitskriteriums gedrängt werden, was auch die Kommission so forderte.[492] GA *Tizzano* nutzte diese Vorlagefrage, um *CILFIT* in seinem engen Verständnis ausgiebig zu verteidigen. Er sah in der Rechtssache *Lyckeskog*, dass in *CILFIT* gefährliche „Beweglichkeits-Spielräume" angelegt seien, welche nur durch ein sehr enges Verständnis der Acte Clair-Ausnahme und weitest mögliche Objektivierung der Kriterien unter Kontrolle zu bringen seien.[493] Der den Gerichten eingestandene Ermessensspielraum in *CILFIT* sei weit genug.[494] Dennoch verfolgte er einen funktionalen und nicht wörtlichen Ansatz beim Umgang der Kriterien. Der geforderte Vergleich der Sprachfassungen sei so zu verstehen, dass nicht übersehen werden dürfe, dass dieselben Rechtswirkungen in allen sprachlichen Fassungen entfaltet würden und das Gericht daher nicht allein an

---

487 GA *Tizzano, Antonio*, 21.2.2002 – Schlussanträge im Verfahren C-99/00 (Lyckeskog) = ECLI:EU:C:2002:108, Rn. 71.

488 Ebd., Rn. 74; ebenso *Morten Broberg*, Common Market Law Review 2008, 1383, 1392; vgl. auch *Edward*, in: Bell/Dashwood/Spencer/Ward (Hrsg.), 2004, 1, 7 f.

489 GA *Tizzano, Antonio*, 21.2.2002 – Schlussanträge im Verfahren C-99/00 (Lyckeskog) = ECLI:EU:C:2002:108, Rn. 71.

490 EuGH, Urteil vom 4.6.2002 – C-99/00 (Lyckeskog) = ECLI:EU:C:2002:329.

491 *Kalbheim*, 2016, 379.

492 GA *Tizzano, Antonio*, 21.2.2002 – Schlussanträge im Verfahren C-99/00 (Lyckeskog) = ECLI:EU:C:2002:108, Rn. 53.

493 Ebd., Rn. 65.

494 Ebd., Rn. 71 f.

dem Wortlaut einer Sprachfassung festhalten dürfe.[495] Doch auch diese Ausführungen blieben folgenlos, da der EuGH die Vorlagefrage mit der Begründung, dass der *Hovrätt* nicht-letztinstanzliches Gericht sei, unbeantwortet ließ.[496]

I. Die EuGH-Rechtssache *Intermodal Transports*

Im Jahr 2005 hatte der EuGH zweimal die Gelegenheit, den Acte Clair zu reformieren. In der Rechtssache *Intermodal Transports*[497] wurde das *CILFIT*-Urteil zwar thematisiert, der EuGH unternahm jedoch keinen Vorstoß bezüglich einer Aufweichung der Kriterien, sondern erteilte den geäußerten Versuchen der Erweiterung eines Ermessensspielraums eine klare Absage, indem er *CILFIT* bestätigte.[498] Er behandelte die Frage, ob das Erfordernis, dass alle mitgliedstaatlichen Gerichte zu demselben Auslegungsergebnis mit dem gleichen Grad an Gewissheit kommen müssen, auch auf alle Verwaltungsbehörden ausgedehnt werden müsse. Die Kommission bejahte, dass eine finnische Behörde, deren verbindliche Zolltarifauskunft nach behördlicher Einschätzung einen anderen Inhalt hatte, einen vernünftigen Zweifel begründe und daher das nationale Gericht von der Acte Clair-Ausnahme keinen Gebrauch machen könne.[499] Nicht so sah dies Generalanwältin *Stix-Hackl*, die aufzeigte, dass eine nationale Verwaltungsbehörde gerade nicht an dem von Art. 234 EG geschaffenen System der Zusammenarbeit des Gerichtshofes und der nationalen Gerichte teilnehme. Ferner sei bezeichnend, dass das Erfordernis der Überzeugung über die Gewissheit der Gerichte der übrigen Mitgliedstaaten gerade nicht wiederholt wurde, sondern der EuGH nur noch, wie bereits in *CILFIT* vor der „Gefahr voneinander abweichender Gerichtsentscheidungen innerhalb der Gemeinschaft“[500] warnte.[501] Daraus könne geschlossen werden, dass eine abweichende Zolltarifauskunft nicht

495 GA *Tizzano, Antonio*, 21.2.2002 – Schlussanträge im Verfahren C-99/00 (Lyckeskog) = ECLI:EU:C:2002:108, Rn. 75.

496 EuGH, Urteil vom 4.6.2002 – C-99/00 (Lyckeskog) = ECLI:EU:C:2002:329, Rn. 21.

497 EuGH, Urteil vom 15.9.2005 – C-495/03 (Intermodal Transports BV ./. Staatssecretaris van Financiën) = ECLI:EU:C:2005:552.

498 *C. Herrmann*, EuZW 2006, 231, 231.

499 *Haltern*, ³2017, EuR Band II, Rn. 334.

500 EuGH, Urteil vom 6.10.1982 – 283/81 (C.I.L.F.I.T. ./. Ministero della Sanità) = ECLI:EU:C:1982:335, Rn. 21; EuGH, Urteil vom 15.9.2005 – C-495/03 (Intermodal Transports BV ./. Staatssecretaris van Financiën) = ECLI:EU:C:2005:552, Rn. 33.

501 GA *Stix-Hackl, Christine*, 12.4.2005 – Schlussanträge im Verfahren C-495/03 (Intermodal Transports BV ./. Staatssecretaris van Financiën) = ECLI:EU:C:2005:215, Rn. 116.

gleichgestellt werden könne mit einer abweichenden gerichtlichen Entscheidung, wo diese Gefahr tatsächlich bestünde.[502] *Stix-Hackl* sah in der *CILFIT*-Entscheidung durch seine Unschärfe einen „besonders subtilen Kompromiss".[503] *CILFIT* sei gerade keine schematisch anzuwendende Entscheidungsanleitung, anhand derer eine klare Trennlinie gezogen werden könne.[504] Trotz der Unschärfe sprach sich die Generalanwältin jedoch gegen Änderungen aus, da auf Grundlage des Vertrages ihrer Meinung nach kaum ein praktikableres oder objektiveres „Filtersystem" zu definieren möglich sei.[505] In dem Änderungsvorschlag von *Jacobs* bezüglich einer Einschränkung auf Fragen von besonderem Interesse sah sie nur zusätzliche Schwierigkeiten, die den Beurteilungsspielraum der Gerichte zusätzlich konturloser machten.[506] Vorsichtig öffnete sich der Gerichtshof der Argumentation von *Stix-Hackl*, ohne jedoch vertieft auf die Anforderungen an die nationalen Gerichte einzugehen.[507] Der Generalanwältin folgend entschied der EuGH, dass eine abweichende behördliche Auskunft nicht das freie Ermessen, über das ein nationales Gericht nach Art. 234 EG verfüge, berühre.[508] Auffällig ist jedoch, dass der EuGH bei der Wiedergabe des Prüfprogramms, das dem nationalen Gericht bezüglich des Entfalls der Vorlagepflicht auferlegt wird, die *CILFIT*-Kriterien nur verkürzt darlegte.[509] Weder der Vergleich der verschiedenen Sprachfassungen wurde vom EuGH aufgegriffen, noch die Überzeugung des nationalen Gerichts davon, dass für alle anderen Mitgliedstaaten die gleiche Gewissheit bezüglich des Auslegungsergebnisses bestehen müsse. Stattdessen

---

502 GA *Stix- Hackl, Christine*, 12.4.2005 – Schlussanträge im Verfahren C-495/03 (Intermodal Transports BV ./. Staatssecretaris van Financiën) = ECLI:EU:C:2005:215, Rn. 116.

503 Ebd., Rn. 84.

504 Ebd., Rn. 100.

505 Ebd., Rn. 104.

506 Ebd.; ähnlich *Hess*, RabelsZ 66 (2002), 470, 496, der jedoch einlenkend klarstellt, dass im nationalen Rechtsmittelrecht ebenfalls keine „vollständige Trennschärfe" erreicht werde.

507 *Haltern*, [3]2017, EuR Band II, Rn. 337.

508 EuGH, Urteil vom 15.9.2005 – C-495/03 (Intermodal Transports BV ./. Staatssecretaris van Financiën) = ECLI:EU:C:2005:552, Rn. 32.

509 Ebd., Rn. 33: „es sei denn, sie haben festgestellt, […] dass die richtige Anwendung des Gemeinschaftsrechts derart offenkundig ist, dass für einen vernünftigen Zweifel keinerlei Raum bleibt. Ob ein solcher Fall gegeben ist, ist unter Berücksichtigung der Eigenheiten des Gemeinschaftsrechts, der besonderen Schwierigkeiten seiner Auslegung und der Gefahr voneinander abweichender Gerichtsentscheidungen innerhalb der Gemeinschaft zu beurteilen."

betonte der EuGH wiederholt die Gefahr „voneinander abweichender *Gerichtsentscheidungen* innerhalb der Gemeinschaft“, wodurch er eine Abgrenzung zu behördlichen Entscheidungen vornahm.[510] Hierin könnte man eine Aufweichung der harten normativen Kriterien der *CILFIT*-Rechtsprechung sehen und ein Einlenken des EuGH in Richtung der Vorschläge von *Stix-Hackl* bezüglich eines erweiterten Spielraums der mitgliedstaatlichen Gerichte erkennen. Stützen könnte dies die Urteilspassage „bleibt es unbeschadet der sich aus dem Urteil vom 30.9.2003 [...] C- 224/01 (Köbler, Slg. 2003, I-10239) ergebenden Lehren nach der Rechtsprechung im Urteil Cilfit u.a. *allein* dem nationalen Gericht überlassen, zu beurteilen, ob die richtige Anwendung des Gemeinschaftsrechts derart offenkundig ist, dass für einen vernünftigen Zweifel kein Raum bleibt und demgemäß davon abzusehen, dem Gerichtshof eine vor ihm aufgeworfene Frage nach der Auslegung des Gemeinschaftsrechts vorzulegen.“[511] Gegen eine Stärkung der mitgliedstaatlichen Eigenverantwortung spricht jedoch, dass der EuGH hier das scharfe Schwert seiner *Köbler*-Entscheidungslinie aufzeigte und daher die harten Konsequenzen der Staatshaftungsklage deutlich machte. Diese Disziplinierung kann daher so aufgefasst werden, dass der EuGH keineswegs im Sinn hatte, den gerichtlichen Ermessensspielraum zu erweitern.[512] Im Grunde genommen blieb auch hier *CILFIT* unberührt.

II. Die EuGH-Rechtssache *Gaston Schul*

Die Vorlagesituation für einen Vorstoß hin zur Lockerung der *CILFIT*-Kriterien war in der Rechtssache *Gaston Schul*,[513] ebenfalls aus dem Jahr 2005, noch ungünstiger. Hier lag eine Acte Éclairé- sowie eine *Foto-Frost*-Fallkonstellation[514] vor, denn die Vorlagefrage war darauf gerichtet, ob die *CILFIT*-Rechtsprechung auch auf Rechtsfragen anwendbar sei, welche die Gültigkeit einer Norm beträfen.

---

510 Hervorgehoben von Verf., EuGH, Urteil vom 6.10.1982 – 283/81 (C.I.L.F.I.T. ./. Ministero della Sanità) = ECLI:EU:C:1982:335, Rn. 21; EuGH, Urteil vom 15.9.2005 – C-495/03 (Intermodal Transports BV ./. Staatssecretaris van Financiën) = ECLI:EU:C:2005:552, Rn. 33.

511 EuGH, Urteil vom 15.9.2005 – C-495/03 (Intermodal Transports BV ./. Staatssecretaris van Financiën) = ECLI:EU:C:2005:552, Rn. 37.

512 Vgl. *Haltern*, [3]2017, EuR Band II, Rn. 343.

513 EuGH, Urteil vom 6.12.2005 – C-461/03 (Gaston Schul Douane-expediteur BV ./. Minister van Landbouw, Natuur en Voedselkwaliteit) = ECLI:EU:C:2005:742.

514 Siehe EuGH, Urteil vom 22.10.1987 – 314/85 (Foto-Frost ./. Hauptzollamt Lübeck-Ost) = ECLI:EU:C:1987:452.

Dem erteilte der EuGH eine klare Absage. Dennoch versuchte GA *Ruiz-Jarabo Colomer* diese Entscheidung zu nutzen, um die normativ harten *CILFIT*-Kriterien zu lockern. Er beschrieb die *CILFIT*-Entscheidung als „regelrecht unanwendbar“ und belegte dies damit, dass selbst der EuGH in den Folgejahren in seiner Rechtsprechung nie detailliert auf die einzelnen Kriterien zurückgegriffen habe.[515] Es sei in Anbetracht des gestiegenen Bekanntheitsgrades des Unionsrechts an der Zeit, die *CILFIT*-Rechtsprechung zu reformieren und den Dialog zwischen den Gerichten und dem EuGH neu zu ordnen.[516] Der Acte Clair habe seiner Meinung nach, aufgrund der strengen Voraussetzungen einen Abstraktionsgrad erreicht, der ihn „in die Sphäre des theoretischen Symbolismus“ verweise.[517] Er wunderte sich, warum der EuGH nicht auf der Prüfung der Kriterien durch die mitgliedstaatlichen Gerichte bestanden habe, obwohl es ihm in *CILFIT* auf diese besonders angekommen sei, was sich auch darin geäußert habe, dass der EuGH auch in der Rechtssache *Intermodal* an den Kriterien festgehalten habe. GA *Colomer* schien die Lockerung der *CILFIT*-Kriterien so wichtig gewesen zu sein, dass er den Acte Clair mit der Präjudizausnahme des Acte Éclairé fälschlicherweise gleichstellte.[518] Zwar gibt es Fälle, in denen sowohl ein Acte Clair als auch ein Acte Éclairé einschlägig ist, dies ist jedoch nicht die Regel und sollte daher dogmatisch nicht gleichgesetzt werden. Ferner wendete sich GA *Colomer* gegen die Beibehaltung der *Foto-Frost*-Rechtsprechung, was der EuGH so nicht übernehmen konnte. Der EuGH stützte daraufhin in seinem Urteil die *Foto-Frost*-Rechtsprechung, die seine ausschließliche Verwerfungskompetenz von Unionsrecht begründete.[519] Ferner kann GA *Colomers* Argumentation entgegengehalten werden, dass er seine Augen vor der Tendenz des

---

515 GA *Colomer, Dámaso Ruiz-Jarabo*, 30.6.2005 – Schlussanträge im Verfahren C-461/03 (Gaston Schul Douane-expediteur BV ./. Minister van Landbouw, Natuur en Voedselkwaliteit) = ECLI:EU:C:2005:415, Rn. 53. Siehe oben GA *Jacobs*, 10.7.1997 – Schlussanträge im Verfahren C-338/95 (Wiener ./. Hauptzollamt Emmerich) = ECLI:EU:C:1997:352, Rn. 63, der die Gerichte ermutigt, die Kriterien gar nicht erst zu prüfen.

516 GA *Colomer, Dámaso Ruiz-Jarabo*, 30.6.2005 – Schlussanträge im Verfahren C-461/03 (Gaston Schul Douane-expediteur BV ./. Minister van Landbouw, Natuur en Voedselkwaliteit) = ECLI:EU:C:2005:415, Rn. 58.

517 Ebd., Rn. 84.

518 Siehe auch *Haltern*, ^{3}2017, EuR Band II, Rn. 326.

519 EuGH, Urteil vom 6.12.2005 – C-461/03 (Gaston Schul Douane-expediteur BV ./. Minister van Landbouw, Natuur en Voedselkwaliteit) = ECLI:EU:C:2005:742, Rn.15-25.

EuGH verschließt, die seit *Köbler* in Richtung zu mehr Zwang und Druck gegenüber den nationalen Gerichten schwenkte und auch zu einer kontinuierlichen Verschärfung der Kontrollinstrumente geführt hat.[520]

III. Die EuGH-Rechtssachen *X und van Dijk* und *Ferreira da Silva e Brito*

Zehn Jahre später erfolgte die nächste Welle an Entscheidungen, welche den EuGH zu einer Revision von *CILFIT* herausforderten. Hier können die verbundene Rechtssache *X und van Dijk*[521] sowie die Rechtssache *Ferreira da Silva e Brito*, beide am 9.9.2015 entschieden, genannt werden.[522] Auch in diesen Rechtssachen wurde der Wegfall der Offenkundigkeit problematisiert. Nachdem in der Rechtssache *Intermodal Transports* geklärt worden war, dass entgegenstehende verwaltungsbehördliche Praxis den Entfall der Offenkundigkeit nicht zu erreichen vermochte (s. Kapitel 3 C. I.), wurde in der Rechtssache *Ferreira da Silva e Brito* in der zweiten Vorlagefrage thematisiert, ob innerstaatliche widersprechende Entscheidungen durch die Instanzgerichte der Offenkundigkeit entgegenstünden. Eine der Vorlagefragen in der verbundenen Rechtssache *X und van Dijk* lautete, ob die Vorlage eines Untergerichts an den EuGH die Offenkundigkeit entfallen lasse, und ob das entscheidende Gericht die Antwort auf diese Frage abwarten müsse. Der Vollständigkeit halber nahm der EuGH in der Rechtssache *Ferreira da Silva e Brito* ferner Stellung zu der nicht gestellten Frage, ob entgegenstehende Rechtsprechung eines anderen Mitgliedstaates die Offenkundigkeit ausschließe. Die Schlussanträge der Generalanwälte *Bot* und *Wahl* hätten nicht gegensäzlicher ausfallen können.[523] *Bot* sprach sich für ein strenges Verständnis der *CILFIT*-Kriterien aus[524] und führte die harten Konsequenzen

---

520 Siehe dazu *Haltern*, ³2017, EuR Band II, Rn. 328. Den Ansatz von *Sevón*, in: FS Ragnemalm, 2005, 287, 292: „Carrots might thus be more effective than sticks", hat der EuGH nicht umgesetzt, sondern in der Rechtssache Köbler das harte Schwert des Staatshaftungsanspruchs gezückt.

521 EuGH, Urteil vom 9.9.2015 – C-72/14 und C-197/14 (X ./. Inspecteur van de Rijksbelastingdienst und T. A. van Dijk ./. Staatssecretaris van Financiën) = ECLI:EU:C:2015:564.

522 EuGH, Urteil vom 9.9.2015 – C-160/14 (Ferreira da Silva e Brito ua ./. Estado português) = ECLI:EU:C:2015:565.

523 Vgl. *Haltern*, ³2017, EuR Band II, Rn. 349.

524 GA *Bot, Yves*, 11.6.2015 – Schlussanträge im Verfahren C-160/14 (Ferreira da Silva e Brito ua ./. Estado português) = ECLI:EU:C:2015:390, Rn. 91.

auf, die den Gerichten bei ihrer Missachtung drohten.[525] Mit einem Regel-Ausnahmeverhältnis machte er deutlich, dass im Grundsatz jede sich stellende Auslegungsfrage vorgelegt werden müsse und das nationale Gericht nur im Ausnahmefall und mit einer erhöhten Begründungspflicht darauf verzichten dürfe.[526] Er mahnte die Gerichte zu „besonderer Vorsicht",[527] da der EuGH ansonsten seine ihm gestellte Aufgabe aus Art. 19 Abs. 1 Unterabsatz 1 EUV, die „Wahrung des Rechts bei der Auslegung und Anwendung der Verträge", nicht wahrnehmen könne.[528] Eine etwaige geringe Öffnung in der Rechtsprechungslinie des EuGH seit *Intermodal Transports* bemerkte er nicht, sondern ihm war wichtig, dass der EuGH einen „strikten Standpunkt einnimmt".[529]

GA *Wahl* hingegen bildete mit drei Argumenten ab, warum die Offenkundigkeit gerade nicht durch eine Vorlage durch ein Untergericht entfallen solle. Zunächst stellte er klar, dass sich strukturell seit 1982 die Umstände „radikal" geändert hätten.[530] Metaphorisch beschrieb er: „Bei einer streng wörtlichen Lesart der Rechtsprechung wäre die Wahrscheinlichkeit, es mit einem ‚wirklichen' acte clair zu tun zu haben, ungefähr so groß, wie einem Einhorn zu begegnen."[531] Zweitens habe sich das Kontrollsystem seither durch die Urteile *Francovich* und *Köbler* stark angepasst und gleichermaßen sei über die EMRK nun eine effektivere Kontrolle der Vorlagepflicht möglich.[532] Zuletzt fügte er an, dass die mitgliedstaatlichen Gerichte rege Gebrauch vom Acte Clair machten, selbst wenn eine Minderheit der befassten Kammer eine andere Ansicht vertrete, weshalb unterschiedliche Auffassungen verschiedener Gerichte ebenfalls nicht die Offenkundigkeit entfallen lassen dürften.[533] Hier berief er sich auf die Generalanwältin *Stix-Hackl*, die klärend erörtert hatte, dass allein das Vorliegen von zwei möglichen Deutungen noch nicht die offenkundige Zweifelsfreiheit

---

525 GA *Bot, Yves*, 11.6.2015 – Schlussanträge im Verfahren C-160/14 (Ferreira da Silva e Brito ua ./. Estado português) = ECLI:EU:C:2015:390, Rn. 92.

526 Ebd., Rn. 88 ff.

527 Ebd., Rn. 94.

528 Ebd., Rn. 102.

529 Ebd., Rn. 101.

530 GA *Wahl, Nils*, 13.5.2015 – Schlussanträge in den Verfahren C-72/14 und C-197/14 (X ./. Inspecteur van de Rijksbelastingdienst und T. A. van Dijk ./. Staatssecretaris van Financiën) = ECLI:EU:C:2015:319, Rn. 62.

531 Ebd.

532 Ebd., Rn. 63.

533 Ebd., Rn. 64.

einer richtigen Auslegung ausscheiden ließe.[534] Er wollte die *CILFIT*-Kriterien nicht nach strenger Lesart verstanden wissen, sondern als Warnungen und Richtschnur, die eine „pragmatische Ausgangsbasis" darstellten.[535] Gegen eine vom Schrifttum versuchte Verobjektivierung des Kriteriums der „vernünftigen Zweifel", indem auf verschiedene Richterauffassungen verwiesen werde,[536] wendete er ein, dass *CILFIT* gerade verhindern solle, dass sich grundsätzlich andere Rechtsauffassungen in den Mitgliedstaaten entwickelten, und plädierte daher für ein „subjektiveres" Gewissheitsverständnis.[537] Hier hat er im Kern Recht, jedoch macht es laut *Wahls* letztem Standpunkt keinen Unterschied, ob unterschiedliche Auffassungen innerstaatlich oder in einem anderen Mitgliedstaat bestehen. Dies verwundert, da der EuGH bereits in *CILFIT* und *Intermodal Transports* auf die Gefahr voneinander abweichender Rechtsauffassungen „innerhalb der Gemeinschaft" hingewiesen hatte.[538] In der Rechtssache *Ferreira da Silva e Brito* rekurrierte der EuGH ungeachtet der Fragestellung auf das Problem der gegenteiligen Rechtsprechung durch Gerichte der Mitgliedstaaten. Er brachte zunächst an, dass sich widersprechende Entscheidungen anderer einzelstaatlicher Gerichte für sich genommen „kein ausschlaggebendes Kriterium darstellen".[539] Vorliegend sei jedoch hervorzuheben, dass der in Rede stehende Begriff des „Betriebsübergangs" bei einer „Vielzahl nationaler Gerichte" zu „zahlreichen Fragen" geführt habe.[540] Nach dieser Herleitung kam der EuGH zu dem Schluss, dass in einer Fallsituation, in der sowohl die innerstaatlichen Unterinstanzen gegensätzliche Entscheidungen zu einer Auslegung getroffen hätten, als auch

534 GA *Wahl, Nils*, 13.5.2015 – Schlussanträge in den Verfahren C-72/14 und C-197/14 (X ./. Inspecteur van de Rijksbelastingdienst und T. A. van Dijk ./. Staatssecretaris van Financiën) = ECLI:EU:C:2015:319, Rn. 66; GA *Stix-Hackl, Christine*, 12.4.2005 – Schlussanträge im Verfahren C-495/03 (Intermodal Transports BV ./. Staatssecretaris van Financiën) = ECLI:EU:C:2005:215, Rn. 110.

535 So auch *Edward*, in: Maduro/Azoulai (Hrsg.), 2010, 173, 178.

536 In diese Richtung gingen *Morten Broberg/Fenger*, 2014, 214 ff.

537 GA *Wahl, Nils*, 13.5.2015 – Schlussanträge in den Verfahren C-72/14 und C-197/14 (X ./. Inspecteur van de Rijksbelastingdienst und T. A. van Dijk ./. Staatssecretaris van Financiën) = ECLI:EU:C:2015:319, Rn. 67.

538 EuGH, Urteil vom 6.10.1982 – 283/81 (C.I.L.F.I.T. ./. Ministero della Sanità) = ECLI:EU:C:1982:335, Rn. 21; EuGH, Urteil vom 15.9.2005 – C-495/03 (Intermodal Transports BV ./. Staatssecretaris van Financiën) = ECLI:EU:C:2005:552, Rn. 33.

539 EuGH, Urteil vom 9.9.2015 – C-160/14 (Ferreira da Silva e Brito ua ./. Estado português) = ECLI:EU:C:2015:565, Rn. 41.

540 Ebd., Rn. 43.

„immer wieder auftretende Schwierigkeiten“ in „verschiedenen Mitgliedstaaten“ zu einer Auslegungsfrage bestünden, eine Vorlagepflicht gegeben sei[541] und mithin die Offenkundigkeit der Zweifelsfreiheit entfalle.

Es mag verwundern, warum der in beiden Sachen entscheidende zweite Senat des EuGH beide Entscheidungen trotz ähnlicher Fallkonstellationen und beinahe gleicher Besetzung[542] unterschiedlich entschied. Der EuGH nutzte beide Fallsituationen, um die Acte Clair-Doktrin neu zu konturieren und ihren Anwendungsbereich klarzustellen. Die unterschiedlichen Fallfragen und Umstände beider Fälle divergierten stark und stellten beide zwei Extremsituationen dar, die eine unterschiedliche Behandlung erforderten. Im Fall *X und van Dijk* wurde von der betreffenden E-101-Bescheinigung in der Praxis generell nur wenig Gebrauch gemacht und die einzige abweichende Gegenauffassung war eine solche einer Verwaltungsbehörde eines anderen Mitgliedstaates.[543] Dies divergierte zur Rechtssache *Ferreira da Silva e Brito*, wo ausdrückliche und zahlreiche Zweifel sowohl im Entscheidungsstaat als auch in einer Vielzahl von Mitgliedstaaten sowie in der europäischen Rechtsliteratur bestanden hatten.[544] Es handelte sich insofern um zwei Extremsituationen, die der EuGH zu entscheiden hatte. Eine genaue Richtschnur dazu, wie mit den wahrscheinlich weit häufiger vorkommenden Fällen im Anwendungsfeld dazwischen umzugehen sei, versäumte der EuGH jedoch.[545]

Auffallend ist zudem, dass sich der EuGH in keinem der beiden Urteile erneut mit den *CILFIT*-Kriterien auseinandersetzte.[546] Die Kriterien werden nicht

541 EuGH, Urteil vom 9.9.2015 – C-160/14 (Ferreira da Silva e Brito ua ./. Estado português) = ECLI:EU:C:2015:565, Rn. 45.

542 Nur ein Richter war unterschiedlich besetzt. In der Rs. Ferreira wirkte der damalige Vizepräsident des Gerichtshofs K. Lenaerts in Wahrnehmung der Aufgaben eines Richters, und in der Rs. X und van Dijk wirkte stattdessen J.L. da Cruz Vilaça mit. Sogar die Berichterstatterin war dieselbe.

543 Siehe *Limante*, Journal of Common Market Studies 54 (2016), 1384, 1394.

544 EuGH, Urteil vom 9.9.2015 – C-160/14 (Ferreira da Silva e Brito ua ./. Estado português) = E-CLI:EU:C:2015:565, Rn. 44; GA *Bot, Yves*, 11.6.2015 – Schlussanträge im Verfahren C-160/14 (Ferreira da Silva e Brito ua ./. Estado português) = ECLI:EU:C:2015:390, Rn. 103.

545 Vgl. ebd.

546 Die Rede ist in der Rs. Ferreira in Rn. 39 nur von „der Berücksichtigung der Eigenheiten des Unionsrechts, der besonderen Schwierigkeiten seiner Auslegung und der Gefahr voneinander abweichender Gerichtsentscheidungen innerhalb der Union“. In der Rs. X und van Dijk wird floskelhaft in Rn. 55 derselbe Abschnitt zitiert und in Rn. 56 nur nebenbei auf „die sich aus dem Urteil *CILFIT* ergebenden Kriterien“, knapp eingegangen.

komplett wiedergegeben, die „problematischeren" wurden nicht genannt.[547] Es fehlte in beiden Fällen eine Bezugnahme sowohl auf den Vergleich der gleichrangigen nunmehr 24 Sprachfassungen, den Vergleich der Terminologie sowie die besondere Beachtung des unionsrechtlichen Kontextes. Das Erfordernis, dass das entscheidende Gericht davon überzeugt sein müsse, dass auch die Gerichte der anderen Mitgliedstaaten mit gleicher Gewissheit von einem Acte Clair ausgingen, tauchte nicht in den beiden Urteilen auf. Ebenfalls prüfte der EuGH nicht, ob die beiden Gerichte auf den Kriterienkatalog eingegangen waren. Daran kann bereits abgelesen werden, dass in beiden Urteilen Abstand von einer rigiden Lesart der *CILFIT*-Kriterien genommen wurde und darin ein Vorstoß des EuGH zu einem flexibleren Umgang mit den Kriterien gedeutet werden. Ferner wurde die Eigenständigkeit der mitgliedstaatlichen Gerichte stark in den Vordergrund gestellt. In der Rechtssache *X und van Dijk* wurde zweimal die in der *TNT Traco* entwickelte Rechtsprechungspassage,[548] die in *Intermodal Transports* bestätigt wurde,[549] zitiert, wonach es allein dem nationalen, einzelstaatlichen Gericht überlassen sei, in eigener Verantwortung zu beurteilen und zu entscheiden, ob ein Acte Clair vorliege.[550] In der Rechtssache *Ferreira da Silva e Brito* war darauf ebenfalls eingegangen worden,[551] wenngleich die Grenze aufgezeigt wurde, wonach bei „zahlreichen Fragen einer Vielzahl nationaler Gerichte"[552] ein Acte Clair ausgeschlossen werden müsse.

IV. Schlussantrag des GA *Bobek* in der EuGH-Rechtssache *Consortio Italian Management*

Im April 2021 hat GA *Bobek* in der laufenden Rechtssache *Consortio Italian Mangement*[553] die Gelegenheit ergriffen, einen eigenen Vorschlag zu entwickeln,

---

547 Vgl. *Wendenburg*, EuZW 2016, 111, 116.

548 EuGH, Urteil vom 17.5.2001 – C-340/99 (TNT Traco SpA ./. Poste Italiane SpA u.a.) = ECLI:EU:C:2001:281, Rn. 35.

549 EuGH, Urteil vom 15.9.2005 – C-495/03 (Intermodal Transports BV ./. Staatssecretaris van Financiën) = ECLI:EU:C:2005:552, Rn. 37.

550 EuGH, Urteil vom 9.9.2015 – C-72/14 und C-197/14 (X ./. Inspecteur van de Rijksbelastingdienst und T. A. van Dijk ./. Staatssecretaris van Financiën) = ECLI:EU:C:2015:564, Rn. 58 f.

551 EuGH, Urteil vom 9.9.2015 – C-160/14 (Ferreira da Silva e Brito ua ./. Estado português) = ECLI:EU:C:2015:565, Rn. 40.

552 Ebd., Rn. 43. In der englischen Fassung ist die Rede von „great deal of uncertainty".

553 EuGH, laufende Rechtssache C-561/19 (Consorzio Italian Management e Catania Multiservizi SpA ./. Rete Ferroviaria Italiana SpA).

die *CILFIT*-Kriterien zu reformieren.[554] Er ist der Auffassung, es sei nach nunmehr 40 Jahren Zeit, die „schlafenden Hunde zu wecken" und die Acte-Clair Ausnahme neu auszurichten.[555] Dabei schlägt er vor, dass der EuGH zunächst Zweck und Umfang der Vorlagepflicht, wie es im Urteil *Hoffmann-Laroche*[556] festgestellt wurde, bestätigt.[557] Dabei sollten drei Punkte besonders herausgestellt werden. *Erstens* der Fokus darauf, dass die einheitliche Auslegung, nicht die Anwendung erreicht werden muss, *zweitens*, dass der Schwerpunkt auf „einer Rechtsprechung" liege und nicht auf dem richtigen Ergebnis im Einzelfall und *drittens*, dass sich die Ausrichtung der Vorlagepflicht verlagern müsse, nämlich weg vom Fehlen subjektiver vernünftiger Zweifel hin zu einer objektiven Feststellung einer Abweichung in der nationalen Rechtsprechung.[558] Damit bewege sich auch die Ausrichtung der Vorlagepflicht weg von der Feststellung der richtigen Antwort im Einzelfall hin zur Ermittlung, welche richtigen Fragen gestellt werden müssen.[559] Diesem Gedanken folgend schlägt er vor, dass nach Art. 267 Abs. 3 AEUV ein nationales Gericht, dessen Entscheidungen nicht mit Rechtsmitteln des innerstaatlichen Rechts angefochten werden können, dann vorlegen muss, wenn *erstens* eine allgemeine Frage der Auslegung des Unionsrechts und nicht der Anwendung aufgeworfen wird, *zweitens* für sie objektiv mehr als zwei vernünftige Auslegungsmöglichkeiten bestehen und *drittens*, wenn sich deren Beantwortung nicht aus der bestehenden Rechtsprechungspraxis des EuGH ableiten lässt.[560]

Unter dem ersten Prüfkriterium versteht er, dass eine Vorlagepflicht immer dann bestehen müsse, wenn eine Auslegungsfrage des Unionsrechts vorliegt, die „mit einem angemessenen und geeigneten Abstraktionsgrad formuliert ist".[561] Das bedeutet, dass keine Tatsachenfragen oder eher konkrete Fragen gestellt

---

554 GA *Bobek, Michal*, 15.4.2021 – Schlussanträge im laufenden Verfahren C-561/19 (Consorzio Italian Management e Catania Multiservizi SpA ./. Rete Ferroviaria Italiana SpA) = ECLI:EU:C:2021:291.

555 Ebd., Rn. 2, 174.

556 EuGH, Urteil vom 24.5.1977 – 107/76 (Hoffmann-La Roche ./. Centrafarm) = ECLI:EU:C:1977:89, Rn. 5.

557 GA *Bobek, Michal*, 15.4.2021 – Schlussanträge im laufenden Verfahren C-561/19 (Consorzio Italian Management e Catania Multiservizi SpA ./. Rete Ferroviaria Italiana SpA) = ECLI:EU:C:2021:291, Rn. 131.

558 Ebd., Rn. 132.

559 Ebd., Rn. 132 f.

560 Ebd., Rn. 134.

561 Ebd., Rn. 145.

werden sollen, sondern Fragen, die allgemeine und strukturelle Auswirkungen haben.[562] Ausgeschlossen werden Fragen, die die Anwendung des Unionsrechts betreffen, einschließlich der Subsumtion konkreter Tatsachen unter Definitionen, welche in Form der Auslegung unbestimmter Rechtsbegriffe durch den EuGH bereits vorgenommen wurden.[563]

Bezüglich des zweiten Prüfkriteriums stellt GA *Bobek* klar, dass durch die Prüfung der objektiv möglichen und vernünftigen Auslegungsalternativen eine objektive, äußere Grundlage geschaffen wird, weg von der subjektiven Ungewissheit und den inneren Zweifeln.[564] Bereits eine abweichende Auslegung innerhalb eines Mitgliedstaates reiche aus, um von einer unterschiedlichen Rechtsprechung innerhalb der EU auszugehen.[565]

Zum dritten Prüfkriterium führt er aus, dass keinesfalls eine „ständige Rechtsprechung" vorliegen müsse, sondern dass eine einzige einschlägige Präzedenzentscheidung, aus der sich Auslegungsvorgaben des EuGH ergeben, hinreichend sei.[566]

Er kommt so zu dem Schluss, dass auf diese Weise die Vorlagepflicht bereits ihre eigenen Ausnahmen enthalte.[567] Eine Ausnahme von der Vorlagepflicht komme nur dann in Betracht, wenn eine der drei kumulativen Voraussetzungen nicht erfüllt sei.[568] In einem solchen Fall sei das Gericht dazu verpflichtet, genau zu benennen, welche der drei Voraussetzungen nicht erfüllt sei und seine Schlussfolgerungen hinreichend zu bergründen.[569]

V. Konsequenzen für den Acte Clair

Der Richter am EuG *Kornezov* war optimistisch und sah in den Entscheidungen *X und van Dijk* und *Ferreira da Silva e Brito* den Beginn einer Entspannung der Kriterien für die Anwendung der Acte Clair-Doktrin und einen großen Schritt zur Verantwortungsübergabe an die nationalen Gerichte.[570] Er wies dennoch auf

---

562 GA *Bobek, Michal*, 15.4.2021 – Schlussanträge im laufenden Verfahren C- 561/19 (Consorzio Italian Management e Catania Multiservizi SpA ./. Rete Ferroviaria Italiana SpA) = ECLI:EU:C:2021:291, Rn. 148.

563 Ebd., Rn. 145.

564 Ebd., Rn. 150.

565 Ebd., Rn. 154.

566 Ebd., Rn. 160, 163.

567 Ebd., Rn. 135.

568 Ebd.

569 Ebd., Rn. 135, 166 ff.

570 *Kornezov*, Common Market Law Review 2016, 1317, 1341 f.

Vorsicht bei deren Gebrauch hin, da die damit verbundenen Risiken nicht zu unterschätzen seien und forderte einen Ausbau der Kontrollmechanismen.[571] Er schlug beispielsweise eine Entwicklung der *Köbler*-Linie zu einer Loslösung von der geforderten materiellen Unionsrechtsverletzung vor, sodass die Verletzung der Vorlagepflicht allein als Verletzungstatbestand genügen solle, um eine etwaige Fehlentwicklung zu einer einfachen Freiwilligkeit der Vorlagepflicht zu vermeiden.[572]

Limante kritisierte stark, dass der EuGH in diesen beiden Fällen eine große Chance verpasst habe, substanziell mehr Klarheit und Praktikabilität bei der Anwendung der Acte Clair-Doktrin zu erreichen, zumal wie in der Vergangenheit geschehen, durch oberflächliche Verweise auf die *CILFIT*-Rechtsprechung[573] die Kriterien zunehmend ausgehöhlt würden und die Gerichte weiterhin je nach Bedarf auf die Acte Clair-Doktrin zugriffen.[574]

Festgehalten werden kann, dass der EuGH durch seine Folgerechtsprechung in den Rechtssachen *X und van Dijk* und *Ferreira da Silva e Brito* den Acte Clair in gewisser Weise umdefiniert und eine Korrektur vorgenommen hat. Die Entwicklung geht zu mehr Dezentralisierung und einem Vertrauensgewinn aufseiten der mitgliedstaatlichen Gerichte.[575] In der Rechtssache *Ferreira da Silva e Brito* hat der EuGH zum ersten Mal eine Verletzung von Art. 267 Abs. 3 AEUV durch ein nationales Letztgericht festgestellt und sehr klar, wenngleich in einem extrem deutlichen Fall, die Grenzen des Spielraums der mitgliedstaatlichen Gerichte aufgezeigt. Die Klarstellung der Offenkundigkeit ist auch für den unionsrechtlichen Staatshaftungsanspruch bei judikativem Unrecht relevant, wo ein „offenkundiger" Rechtsverstoß dargelegt werden muss (s. Kapitel 2 B. I. 2.). Der EuGH hatte in beiden Rechtssachen die strenge Regel-Ausnahme-Formulierung des GA *Bot* gewählt, wonach es der Regelfall sei, dass das nationale letztinstanzliche Gericht „seiner Verpflichtung zur Anrufung des Gerichtshofs nachkomm[e], und der Verzicht dieses Gerichts, den Gerichtshof anzurufen, […]

571 Ebd., 1342.

572 Ebd.

573 Auch der EuGH geht teilwiese floskelhaft auf seine CILFIT-Rechtsprechung ein, siehe nur EuGH, Urteil vom 11.9.2008 – C-428/06 bis C-434/06 (Unión General de Trabajadores de La Rioja (UGT-Rioja) ./. Juntas Generales) = ECLI:EU:C:2008:488, Rn. 43 f.

574 *Limante*, Journal of Common Market Studies 54 (2016), 1384, 1394. Siehe auch *Haltern*, ^{3}2017, EuR Band II, Rn. 356.

575 Siehe *Haltern*, ^{3}2017, EuR Band II, Rn. 358.

die Ausnahme [sei]".[576] Es bleibt zu vermuten, dass die durch *CILFIT* erreichte Flexibilität gerade durch den EuGH gewollt war und ihm nutzt. Wie gesehen, schreitet er in Extremfällen ein und weist den mitgliedstaatlichen Gerichten die Richtung, wenn deren Linie zu stark abweicht. Ferner muss die Rechtsprechungswelle von 2015 in Kontext gesetzt werden zu der gestiegenen Anzahl von Kontrollmechanismen und deren Durchsetzungsbereitschaft sowie dem generell härteren Umgang des EuGH gegenüber den mitgliedstaatlichen Gerichten.[577] Ein Festzurren der *CILFIT*-Kriterien und deren Kontrolle zu Lasten von Flexibilität schien vom EuGH nicht gewollt und nicht vonnöten, um das Verhältnis der friedlich fruchtvollen Koexistenz nicht übermäßig zu strapazieren. In der Konsequenz hat sich für den Rechtsanwender hingegen kaum eine Änderung ergeben, außer, dass eine gewisse Verobjektivierung darin gesehen werden könnte, dass der EuGH in den Rs. *X und Van Dijk* verdeutlichte, dass ein Acte Clair nicht ausgeschlossen werde, falls ein Untergericht eine Vorlage eingereicht habe oder Gerichte desselben Staates das Regelungsproblem abweichend ausgelegt hätten.[578] Gleichwohl sollten diese Gegebenheiten dazu dienen, objektiviert Zweifel festzustellen, woraus sich schließen ließe, dass der EuGH abweichende Rechtsprechung in anderen Mitgliedstaaten als schwerwiegender einschätze, weil für den EuGH die Fragmentierung der Rechtsprechung mehrerer Rechtsordnungen die größere Gefahr darstelle.[579] Nichtsdestotrotz kam es zu keiner Aufgabe der Kriterien, sodass der Gebrauch des Acte Clair weiterhin von der Nutzbarmachung der Spielräume der Gerichte abhängig ist.

Bezüglich der Rechtssache *Consortio Italian Mangement*[580] bleibt abzuwarten, ob der EuGH auf den Vorschlag von GA *Bobek* eingehen wird. Auch hier kann, zurückschauend auf die zahlreichen Vorschläge durch GAe, vermutet werden, dass der EuGH die vorgeschlagenen Änderungen nicht aufnehmen wird und an der *CILFIT*-Rechtsprechung festhalten wird.

576 GA *Bot, Yves*, 11.6.2015 – Schlussanträge im Verfahren C-160/14 (Ferreira da Silva e Brito ua ./. Estado português) = ECLI:EU:C:2015:390, Rn. 89.

577 Siehe zu dieser Trendwende *Wahl, Nils/Prete*, Common Market Law Review 2018, 511.

578 So *Haltern*, [3]2017, EuR Band II, Rn. 359, bezugnehmend auf EuGH, Urteil vom 9.9.2015 – C-72/14 und C-197/14 (X ./. Inspecteur van de Rijksbelastingdienst und T. A. van Dijk ./. Staatssecretaris van Financiën) = ECLI:EU:C:2015:564, Rn. 60.

579 Siehe *Haltern*, [3]2017, EuR Band II, Rn. 360.

580 EuGH, laufende Rechtssache C- 561/ 19 (Consorzio Italian Management e Catania Multiservizi SpA ./ . Rete Ferroviaria Italiana SpA).

D. Funktionen, Zwecke und Probleme des Acte Clair

Nach der Schilderung der Entwicklungsetappen der *CILFIT*-Rechtsprechung über drei Jahrzehnte und der Darstellung der während dieser Zeit entstandenen Diskussionen um Reformvorschläge wurde eine große Ambivalenz zwischen Theorie und Praxis deutlich. Die durch *CILFIT* in den Anfangsjahren kreierte Fehleranfälligkeit war enorm, was zu einer gewissen „Doppelgesichtigkeit" des Acte Clair führte. Doppelgesichtig nach *Haltern* deshalb, weil der Acte Clair zwar in der Theorie tot sei, aber in der Praxis quicklebendig.[581] Diese bestehende Kontroverse machte den Gebrauch des Acte Clair in *Kornezovs* Worten anfällig „to misuse and abuse", wobei die Verstöße von kleinen Missverständnissen über Unkenntnis bis hin zu echten Fehlern reichen würden.[582] Ebenfalls hat sich in den vergangenen drei Jahrzehnten zunehmend herauskristallisiert, dass die Einheit der europäischen Rechtsordnung bei weitem kein rein kosmetisches Idealbild ästhetischer Symmetrie ist, sondern ein unerlässlicher Baustein in der Weiterentwicklung der europäischen Rechtsarchitektur.[583]

Zusammenfassend werden nun das Telos und die Ratio des europäischen Acte Clair beleuchtet. Was sich immer wieder herausstellt, ist, dass das Unionsrecht gerade kein Instrument mit eingebauter integrativer Teleologie ist.[584] Das Unionsrecht ist nicht einmal eine Einheit,[585] was die Freilegung des Telos besonders relevant macht. Anhand einer funktionalen Analyse sind Telos und Ratio zu ermitteln.[586] Bei der europäischen Acte Clair-Doktrin können drei Hauptzwecke beleuchtet werden. *Erstens* kann in der Acte Clair-Doktrin ein Instrument zur Trennung von Auslegung und Anwendung gesehen werden und damit ein Mittel zur Kompetenzabgrenzung zwischen den Rechtsprechungsorganen der EU und den Mitgliedstaaten, *zweitens* ein Instrument zur Bestimmung der Reichweite der Vorlagepflicht und *drittens* ein Instrument zur Verbesserung der Prozessökonomie. Doch mit diesen drei Hauptzwecken gehen auch große Probleme und Missbrauchspotenziale einher.

---

581 *Haltern*, ³2017, EuR Band II„ Rn. 321. Ähnlich der Richter am EuG *Kornezov*, Common Market Law Review 2016, 1317, 1322.

582 Mit vielen weiteren Nachweisen *Kornezov*, Common Market Law Review 2016, 1317, 1322.

583 Siehe *Mancini/Keeling*, Yb.EL 1991, 1, 2 und *Kornezov*, Common Market Law Review 2016, 1317, 1330.

584 *Smith*, in: Arnull/Chalmers (Hrsg.), 2015, 350, 353.

585 *Haltern*, ³2017, EuR Band II, Rn. 2.

586 Siehe auch *Pescatore*, in: Bathurst (Hrsg.), 1972, 27, 41.

I. Der Acte Clair als Instrument zur Trennung von Auslegung und Anwendung

Dogmatisch lässt sich die Lehre des Acte Clair darauf zurückführen, dass der klare Text nicht mehr interpretiert werden müsse gar könne, was sich in der teilweise als Parömie[587] bezeichneten Formulierung *in claris non fit interpretatio* wiederfindet.[588] Die klare und unmissverständliche Regelung müsse nur angewendet werden, ohne ihren Sinn und Inhalt infrage zu stellen.[589] Bei der Handhabung dieses Grundsatzes ergeben sich drei Problembereiche. Zum einen könnte die Acte Clair-Doktrin ein Auslegungsverbot darstellen, zum anderen legt die Acte Clair-Doktrin einen Vorrang der Wortlautauslegung fest, da Beurteilungsmaßstab weder die Bedeutung der Norm, noch die Wichtigkeit und Systematik sind, sondern allein die Klarheit maßgebend ist und drittens verbirgt sich hinter der Acte Clair-Doktrin eine Kompetenzzuweisungsregelung.

1. Der Acte Clair als Auslegungsverbot

Die Frage kann aufgeworfen werden, ob in dem Grundsatz *in claris non fit interpretatio* ein Auslegungsverbot zu sehen ist. Grundsätzlich stellen Vorlagepflichten Auslegungsverbote dar, da auf diesem Weg Rechtseinheit erreicht wird.[590] Sie erweisen sich als eine Art Denkverbot, das praktisch nicht einhaltbar ist und dem Selbstverständnis der Juristen, insbesondere Richtern widerstrebt, die es gewohnt sind, Kritik ob ihrer Ansichten ausgesetzt zu sein, aber nicht akzeptieren, sich kein eigenes Urteil bilden zu dürfen.[591] In der Literatur wird dies teilweise als tautologisch oder doppelt rekursiv bezeichnet, weil die Auslegungsbedürftigkeit erst das Resultat von Auslegung darstelle und die Auslegungsregeln selbst auslegungsbedürftig seien.[592] Eine Erklärung hinter diesem Paradox, dass der Vollzug des Auslegungsverbots einen Auslegungsvorgang voraussetzt, wird teilweise mithilfe der sozialen Funktion der Vorlagepflicht konstruiert, der

---

587 U.a. *Steindorff*, ZHR 1992, 1, 6; *Klöpfer*, 2016, 84.

588 Darauf hinweisend, GA *Capotorti, Francesco*, 13.7.1982 – Schlussanträge im Verfahren 283/81 (C.I.L.F.I.T ./. Ministero della sanità) = ECLI:EU:C:1984:55; *Schober*, NJW 1966, 2252 (2252) zu Art. 177 EVG-Vertrag. Siehe auch *Edward*, in: Maduro/Azoulai (Hrsg.), 2010, 173, 175; *Pescatore*, in: Bathurst (Hrsg.), 1972, 27, 41.

589 *Pescatore*, in: Bathurst (Hrsg.), 1972, 27, 41.

590 Vgl. *Röhl*, in: GS Wenz, 1999, 445 ff.

591 Ebd., 447, 450.

592 Ebd., 446 f.; *Daig*, in: FS Kutscher, 1981, 79, 85.

Absicherung der einheitlichen Rechtsordnung und Kanalisierung einer vorgegebenen Auslegung innerhalb eines Justizsystems.[593]

Betrachtet man dies aus dem Blickwinkel der Logik, so kann man die Acte Clair-Doktrin als typisches Beispiel eines Trugschlusses, als „*petitio principii*" beschreiben.[594] Trugschluss deshalb, weil nur durch Auslegung bestimmbar ist, ob ein Text „klar" ist, die Auslegung aber bereits in den ausschließlichen Zuständigkeitsbereich des EuGH fällt und daher nicht vorgenommen werden darf.[595] Es wird also mit den Worten von *Lauterpacht* von etwas ausgegangen, was eigentlich erst aufgezeigt werden müsste, folglich ein Ausgangspunkt der Analyse gewählt, welcher normalerweise das Ergebnis ebendieser Analyse hätte sein sollen: „Son seul inconvénient, mais qui, à l´analyse est décisif, c'est qu'elle postule comme un fait établi ce qui reste á démontrer; elle prend pour point de départ de la recherche ce qui, normalement, devrait être le résultat de celle-ci."[596] Die Kritik an der Acte Clair-Doktrin wird dadurch bestärkt, dass ein Richter nur oberflächlich die Materie prüft, um sie dann subjektiv als „klar" abzutun.[597]

In praktischer Hinsicht ist ferner misslich, dass nicht umfangreich begründet wird, warum eine Vorlage unterbleibt, sondern die Nichtvorlage unbegründet mit der Behauptung, ein Acte Clair läge vor, abgetan wird, was den Eindruck vermitteln kann, es würde an Argumenten mangeln.[598] Das Erscheinen als objektiv logische Schlussfolgerung verschleiert die wahre Natur des juristischen Kniffs. Denn ihrer Natur nach handelt es sich um eine praktische Bewertung und subjektive Einschätzung durch den Richter darüber, ob und in welchem Umfang Unionsrecht relevant für die Entscheidung ist.[599]

Die Frage, ob der Acte Clair ein Auslegungsverbot postuliert, muss somit in der Theorie bejaht werden. Wegen seiner praktischen Nichtdurchsetzbarkeit nutzen die Rechtsanwender jedoch Freiräume, um sich dem theoretischen

---

593 *Röhl*, in: GS Wenz, 1999, 445, 452.

594 *Pescatore*, in: Bathurst (Hrsg.), 1972, 27, 43; GA *Stix-Hackl, Christine*, 12.4.2005 – Schlussanträge im Verfahren C-495/03 (Intermodal Transports BV ./. Staatssecretaris van Financiën) = ECLI:EU:C:2005:215, Rn. 87 f.

595 Siehe auch *Bebr*, 1981, 519.

596 Zum Acte Clair als „théorie du sens ordinaire", *Lauterpacht*, Annuaire de l'Institut de Droit International 43 (1950), 377, 377.

597 Vgl. Kritik von *Craig*, in: Maduro/Azoulai (Hrsg.), 2010, 185, 189: „A matter does not become acte clair in a meaningful sense of that term merely because one decides that the matter is not worthy of the attention of the ECJ."

598 *Pescatore*, in: Bathurst (Hrsg.), 1972, 27, 44.

599 Siehe ebd.

Auslegungsverbot zu entziehen und anhand ihres Urteilsvermögens Spielräume wahrzunehmen.

2. Überbetonung des Wortlauts

Wichtig für das Verständnis des Acte Clair ist seine Herkunft aus dem französischen Recht, wo die Bedeutung des Wortlauts bei der Auslegung eine herausragende Stellung einnimmt, was sich in der europäischen Acte Clair-Doktrin widerspiegelt (s. Kapitel 1 A.). Dem Wortlaut wird eine so große Relevanz eingeräumt, dass diesem selbst dann Geltung verliehen wird, wenn er unvernünftige oder widersprüchliche Ergebnisse herbeiführt, solange er denn klar ist. Ein Entwurf zum „titre préliminaire", einem Artikel des französischen Code Civil, der jedoch später verworfen wurde, beschrieb treffend, dass es nicht notwendig sei, den Wortlaut klaren Gesetzes unter dem Vorwand, dessen Geist zu durchdringen, zu umgehen („Quand une loi est claire, il ne faut point en éluder la lettre sous prétexte d´en pénétrer l´ésprit").[600]

Die Klarheit ist das einzige Regulativ und eine Auslegung hat zu unterbleiben, wenn der Wortlaut klar ist. Nach französischem Methodenverständnis ist das Befinden darüber, ob eine Norm den Sachverhalt klar und eindeutig erfasst, selbst keine Auslegung; die Auslegung wäre unzulässig.[601] In Deutschland wurde seit *Savigny* hingegen eine Abkehr von der herausragenden Wortlautbedeutung vollzogen, was dazu führte, dass *Savigny* den Glauben an die sens clair-Regel, gleichbedeutend mit der Acte Clair-Doktrin, unterminierte und auch die „klare" Regelung der Auslegung unterwarf.[602] Auf die sich ergebenden Spannungen, die dadurch entstanden, dass *Savigny* nun die Rolle des interpretierenden Anwenders stärkte und sich dabei von der „strikt regelgeleiteten Aufklärungshermeneutik" des aufgeklärten Absolutismus abwandte, die dem Richter grundsätzlich mit Misstrauen begegnete, kann hier nur angedeutet werden.[603] Somit herrscht in Deutschland der Grundsatz, dass nicht ausschließlich der „dunkle", unklare und zweifelhafte Text ausgelegt werden kann, sondern auch die scheinbar eindeutige

600 Siehe *Pescatore*, in: Bathurst (Hrsg.), 1972, 27, 41.

601 *Klöpfer*, 2016, 84; *Meder*, 2004, Vorwort dasselbe trifft auf den angelsächsischen Rechtskreis zu.

602 *Baldus*, in: Riesenhuber/Ackermann (Hrsg.), ^{2}2010, 26, 51. Baldus sprach hier von der sens clair-Regel, die sich hingegen standhaft im französischen und angelsächsischen Raum hielt, von wo sie, wie gesehen, in das Unionsrecht „überführt" wurde. Siehe dazu eingehend ebd., 50 f. sowie *Meder*, 2004, 17 f.

603 Dazu näher *Baldus*, in: Riesenhuber/Ackermann (Hrsg.), ^{2}2010, 26, 50 f. m.w.N.

Formulierung.[604] Es ist gerade eine Errungenschaft der modernen Hermeneutik, dass nicht mehr vom Regelfall des Verständnisses ausgegangen wird, sondern vom Missverständnis, weshalb vermeintlich eindeutige Normen der Methode der Auslegung offen stehen müssen.[605]

Es kann somit festgehalten werden, dass die Vorstellung, ein Text sei klar und der Auslegung nicht bedürftig, aus heutiger Sicht hermeneutisch unhaltbar ist.[606]

Die starke Wortlautbetonung, die mit der Implementierung des Acte Clair in das unionsrechtliche Gefüge Einzug erhalten hat, führt zu Friktionen und zieht ein Ungleichgewicht nach sich. So rücken wesentliche andere Kerngedanken des Europarechts – wie der Effektivierungsgedanke des Unionsrechts (*effet utile*), die Kohärenz des Unionsrechts, sein einheitlicher Gebrauch, die multinationale Herkunft des Unionsrechts sowie Gültigkeitsfragen – durch die Überbetonung des Wortlauts nicht nur in den Hintergrund, sondern werden beeinträchtigt.[607] All diese Aspekte finden sich laut *Pescatore* in der auf den Wortlaut reduzierten Acte Clair-Doktrin nicht wieder, was seiner Meinung nach dazu führt, dass nun über das Argument der Logik die Tatsache verschleiert werde, die jedem Juristen einleuchten sollte, dass die Vorlagepflicht einer verständigen Würdigung durch den Richter offen stehe.[608] Gerade in Zeiten der Vielsprachigkeit[609] in der Union, mit 24 anerkannten Amtssprachen und drei Alphabeten,[610] ist es angebracht, vor allem der teleologischen Auslegung Beachtung zu schenken, die auf die Verwirklichung der Vertragsziele gerichtet ist.[611] Die teleologische und systematische Auslegung werden vom EuGH am häufigsten benutzt und in den meisten Fällen kombiniert angewendet, da durch beide Methoden eine Plausibilitätsabwägung

---

604 *Baldus*, in: Riesenhuber/Ackermann (Hrsg.), ^{2}2010, 26, 47 f.

605 Siehe *Meder*, 2004, Vorwort.

606 Siehe *Piekenbrock*, EuR 2011, 317, 336 Fn. 188, verweisend auf *Rüthers/Fischer/Birk*, ^{10}2018, Rn. 732 f.

607 Vgl. *Pescatore*, in: Bathurst (Hrsg.), 1972, 27, 44. Kritisch ebenfalls *Riesenhuber*, in: Riesenhuber (Hrsg.), ^{3}2015, 199, 205 Rn. 15: „In keinem Fall kann die Auslegung beim Wortlaut bereits stehenbleiben."

608 *Pescatore*, in: Bathurst (Hrsg.), 1972, 27, 44.

609 Siehe zu den gleichrangigen Sprachfassungen, *Kjaer*, in: Koch (Hrsg.), 2010, 297 sowie zum "multilingual character of EU law", *Fenger/Morten P. Broberg*, Yearbook of European Law 30 (2011), 180, 200 ff.

610 Siehe zur Sprachenübersicht https://europa.eu/european-union/about-eu/eu-languages_de (zuletzt abgerufen am 9.10.2019). Verwendet werden das lateinische, griechische und seit dem Beitritt Bulgariens auch das kyrillische Alphabet.

611 Vgl. *Pechstein/C. Drechsler*, in: Riesenhuber (Hrsg.), ^{3}2015, 125, 135 Rn. 27.

vorgenommen werden kann und hier die unionsrechtlichen Besonderheiten am besten zum Tragen kommen.[612]

Methodologisch gesehen, ist bei der Annahme eines Acte Clair Art. 267 Abs. 3 AEUV in seiner Alternative der Vorabentscheidungsverfahren bezüglich Auslegungsfragen teleologisch zu reduzieren, im primärrechtlichen Methodenkanon des Unionsrechts spricht man dabei von teleologischer Auslegung.[613]

3. *Der Acte Clair als Instrument zur Kompetenzabgrenzung*

Sofern der Ausleger gleichzeitig auch Anwender ist, kann der Grundsatz *in claris non fit interpretatio* als dialektischer Kniff angesehen werden, um eine unnötige oder gefährliche Diskussion zu umgehen.[614] Der Acte Clair-Doktrin kommt jedoch eine andere Bedeutung zu, sofern die Aufgaben der Auslegung und Anwendung in der Person eines Richters nicht vereinigt sind und sich der Kontext nicht mehr innerhalb nur eines nationalen Rechtssystems, sondern darüber hinausgehend in einem unionsrechtlichen Rahmen bewegt. Dann wird aus dem „harmlosen" Kniff eine Kompetenzzuweisungsregelung,[615] die einige Tücken innehat und dazu einlädt, verschiedenste Zwecke legitimer als auch illegitimer Art zu erfüllen.[616] Die Bandbreite der Ziele ist weit, begonnen mit dem Ausschluss dilatorischer Manöver durch die Prozessparteien über die Vermeidung prozessrechtlicher Komplikationen sowie unangemessen hoher Zeitverluste in Bezug auf die Regelungsbedeutung bis hin zur Umgehung der zur Auslegung befugten Stelle.[617]

---

612 *Pechstein/C. Drechsler*, in: Riesenhuber (Hrsg.), 32015, 125, 139 Rn. 39. Dederichs hingegen kommt zu dem Ergebnis, dass der EuGH der teleologischen und systematischen Auslegung keine besondere Gewichtung beimesse und stattdessen der grammatikalischen Auslegung eine starke Bedeutung gebe, *Dederichs*, 2004, 66; *Dederichs*, EuR 2004, 345, 350. Dabei analysierte sie EuGH-Urteile von 1999 und sah anhand der Anzahl der Verwendungen ihr Ergebnis als bestätigt an.

613 *Pechstein/C. Drechsler*, in: Riesenhuber (Hrsg.), ^{3}2015, 125, 135 Rn. 28; *Piekenbrock*, EuR 2011, 317, 336.

614 *Pescatore*, in: Bathurst (Hrsg.), 1972, 27, 41.

615 Vgl. GA *Lagrange, Maurice*, 13.3.1963 – Schlussanträge im Verfahren C-28-30/62 (Da Costa en Schaake NV ./. Administratie der Belastingen) = ECLI:EU:C:1963:2, 96, der in der Acte Clair-Doktrin in der Rs. Da Costa allein eine „ligne de démarcation entre les deux compétences" sieht, also eine Grenzlinie zwischen den Zuständigkeiten.

616 *Pescatore*, in: Bathurst (Hrsg.), 1972, 27, 41 f.

617 Ebd., 42.

Die Trennung der beiden Aufgabenbereiche ist der Tatsache geschuldet, dass autonome nationale Rechtsordnungen bestehen, die gerade nicht mit dem Unionsrecht verbunden sind und über die der EuGH auch keine Rechtsprechungshoheit hat. Diese Grenzziehung ist im Vorlageverfahren eines der empfindlichsten Problembereiche, weil es die Kompetenzen voneinander abgrenzt und bereits 1969 im *Merchiers*-Bericht des Europäischen Parlaments dazu führte, dass die Acte Clair-Doktrin als das wesentlichste Problem des Vorlageverfahrens angesehen wurde.[618] Die Handhabung dieser Abgrenzung und deren Praktikabilität ist auf viel Kritik gestoßen.

Das Begriffspaar Auslegung und Anwendung wird teilweise als Dichotomie bezeichnet und die Aufgabenteilung als „schlagwortartig" beschrieben, da sie der Nuancierung bedürfe, nur im Ansatz zutreffe und nicht hinreichend sei.[619] Vielmehr sei die „Abgrenzung mit Blick auf Sinn und Zweck des Vorabentscheidungsverfahrens zu suchen."[620] Andere Stimmen in der Literatur sehen in der vom EuGH vorgenommenen Unterscheidung von Auslegung und Anwendung ein restriktives Verständnis der Vorlagepflicht begründet, da der EuGH dadurch Vorlagefragen mit Verweis auf seine bestehende Rechtsprechung und dem Hinweis, dass die bloße Anwendung durch das nationale Gericht zu tätigen sei, zurückweisen könne.[621]

Im Übrigen halte sich der EuGH selbst nicht an diese Zuweisung, sondern mache nach der Auslegung einer unionsrechtlichen Norm häufig nicht Halt vor dessen Anwendung auf den konkreten Sachverhalt.[622] Dies ist insofern problematisch, als sich die für einen Fall erzielten Ergebnisse nicht verallgemeinern lassen und weitere, unwesentliche, konkretisierende Vorlagefragen durch die

---

618 So bereits der Merchiers-Bericht des Europäischen Parlaments: Parlement Européen, Urteil vom 15.9.1969 (Rapport sur les problèmes posés par l'application de l'article 177 du traité C.E.E. Rapporteur: M. Merchiers), Document 94, No 61.

619 *Hirsch*, in: FS Rodríguez Iglesias, 2003, 601, 605.

620 Ebd.

621 *Hess*, RabelsZ 66 (2002), 470, 495 mit Verweis auf die Entscheidungen EuGH, Urteil vom 20.11.1997 – C-338/95 (Wiener ./. Hauptzollamt Emmerich) = ECLI:EU:C:1997:552, Rn. 13 ff., 21 und EuGH, Urteil vom 16.5.2000 – C-78/98 (Preston u.a.) = ECLI:EU:C:2000:247, Rn. 59 ff.

622 Siehe bspw. Ziffer 3 des Tenors der Entscheidung EuGH, Urteil vom 3.7.2001 – C-241/99 (CIG) = ECLI:EU:C:2001:371, wo der EuGH explizit Bezug auf eine Konstellation des galizischen Bereitschaftsdienstes nahm. Der Bereitschaftsdienst, der außerhalb eines Krankenhauses als Dienstleitung erbracht wurde, musste laut EuGH als Arbeitszeit bzw. Überstunden gewertet werden.

mitgliedstaatlichen Gerichte nach sich ziehen können, was die Kohärenz der Rechtsentwicklung in der EU und die Qualität der Entscheidungen beeinträchtigt.[623] Schon aus Gründen der Wahrung des Subsidiaritätsprinzips nach Art. 5 Abs. 1 S. 2 EUV sollte der EuGH, abgesehen von einer Kompetenzüberschreitung,[624] die Subsumtion den nationalen Gerichten überlassen, da mangelnde Verallgemeinerungsfähigkeit Rechtsunsicherheit bei den mitgliedstaatlichen Gerichten verursacht.[625]

Dies kann vermieden werden, indem der EuGH sich von der Tendenz der zunehmend faktenorientierten und spezifischen Beantwortung der Vorlagefragen löst und generell formulierte Auslegungskriterien entwickelt.[626] Dadurch würden den nationalen Gerichten mehr Freiräume bei der verantwortungsvollen Anwendung dieser Kriterien und Wertungen auf den Sachverhalt verschafft.[627] Teilweise wird daraus eine konkrete Verpflichtung für den EuGH abgeleitet, wonach der EuGH frühzeitig die wesentlichen Gesichtspunkte der Auslegung für das Sekundärrecht aufzeigen und die zentralen Wertungen und Definitionen

---

623 GA *Jacobs*, 10.7.1997 – Schlussanträge im Verfahren C-338/95 (Wiener ./. Hauptzollamt Emmerich) = ECLI:EU:C:1997:352, Rn. 50. Beispiele dazu liefert *Hirsch*, in: FS Rodríguez Iglesias, 2003, 601, 609 bezüglich zahlreicher Fälle des Betriebsübergangs im Rahmen der RL 77/187 EWG. In vielen Entscheidungen hat der EuGH den jeweiligen konkreten Sachverhalt kleinteilig unter seine allgemeinen Kriterien subsumiert, ohne auch nur einmal die entwickelten, allgemein formulierten Kriterien den Gerichten zur Anwendung frei zu überlassen.

624 EuGH, Urteil vom 27.3.1963 – 28-30/62 (Da Costa en Schaake NV ./. Administratie der Belastingen) = ECLI:EU:C:1963:6, 81.

625 *Hirsch*, in: FS Rodríguez Iglesias, 2003, 601, 609 f. Die mangelnde Verallgemeinerungsfähigkeit verärgert geradezu die nationalen Gerichte. Dies zeigt beispielsweise ein ungenanntes LAG in Bezug auf das Urteil EuGH, Urteil vom 14.4.1994 – C-392/92 (Christel Schmidt ./. Spar- und Leihkasse der früheren Ämter Bordesholm, Kiel und Cronshagen) = ECLI:EU:C:1994:134. Die Entscheidung wurde anschließend konkretisiert in EuGH, Urteil vom 11.3.1997 – C-13/95 (Ayse Süzen ./. Zehnacker Gebäudereinigung GmbH Krankenhausservice) = ECLI:EU:C:1997:141, wo das LAG seine durch das BVerfG kritisierte Nichtvorlage an den EuGH (BVerfG, 13.6.1997 – 1 BvR 2102/95 = NJW 1997, 2512) damit begründete, dass es sich wegen mangelhafter Begründung des EuGH nicht mit dem Urteil des EuGH auseinandersetzen könne und die EuGH-Entscheidung daher nur für den konkreten Fall Bedeutung habe. Vgl. auch *Haltern*, ^{3}2017, EuR Band II, Rn. 175.

626 Vgl. auch die Kritik von *Morten Broberg*, Common Market Law Review 2008, 1383, 1385.

627 Siehe *Hirsch*, in: FS Rodríguez Iglesias, 2003, 601, 609 f.

vorgeben müsse, damit die Gerichte über den Fall hinaus zur Umsetzung der EuGH-Rechtsprechung „angeleitet“ werden könnten.[628]

Bezüglich der Handhabung des Acte Clair ergibt sich, dass diese Trennung praktisch nicht einzuhalten ist. Selbst der EuGH hält sich nicht konsequent daran. Die Feststellung der Klarheit ist das Ergebnis eines komplexen Auslegungsvorgangs.[629] Somit muss, wenn die Rede von richtiger Anwendung ist, die richtige Auslegung immer auch mitgedacht werden.[630] Zu einem vollkommenen Leerlaufen des Art. 267 Abs. 3 AEUV darf es hingegen nicht kommen.

II. Der Acte Clair als Instrument der Bestimmung der Reichweite der Vorlagepflicht

Zu beobachten ist, dass paradoxerweise trotz der strengen Kriterien, die sich in der *CILFIT*-Rechtsprechung niederschlugen, die letztinstanzlichen Gerichte signifikant zwanglos diese sehr großzügig anwenden und seitdem die Acte Clair-Doktrin erheblich an Gewicht gewann.[631] Eine Möglichkeit, dies zu erklären, liegt nach einer Literaturansicht an dem „schizophrenen Charakter“ des Vorabentscheidungsverfahrens, der sich aufgrund des Interessengefälles zwischen Hauptsacheverfahren vor dem nationalen Gericht und dem Vorabentscheidungsverfahren vor dem EuGH ergebe.[632] Dieses Interessengefälle lasse sich dadurch beschreiben, dass bei erheblicher Wichtigkeit des Falles, Komplexität sowie Regelungsbedarf der Fallproblematik auch für die Parteien ein größeres Interesse an der Verfahrenseinleitung bestehe, selbst wenn damit eine Verfahrensverlängerung einhergehe. Dies gilt jedoch nicht bei kleinen Fällen, die zwar interessante juristische Probleme behandeln und deren Erörterung die europäische Rechtsentwicklung bereichern würde, aber für die Prozessparteien wegen geringen Streitwerts nicht gewollt ist. Bei der Bearbeitung dieser Fälle

---

628 *Hess*, RabelsZ 66 (2002), 470, 495 f. Hess unterfüttert dies mit positiven Beispielen zur EuGVÜ zum Begriff der einstweiligen Maßnahme nach Art. 24 EuGVÜ, wo der EuGH allgemein umschreibt, was eine reale Verknüpfung ist. Das Ausfüllen des Begriffes verbleibe anschließend den nationalen Gerichten, ohne dass es einer erneuten Vorlage im konkreten Fall bedürfe.

629 Vgl. *Hummert*, 2006, 35.

630 GA *Stix-Hackl, Christine*, 12.4.2005 – Schlussanträge im Verfahren C-495/03 (Intermodal Transports BV ./. Staatssecretaris van Financiën) = ECLI:EU:C:2005:215, Rn. 88.

631 *Morten Broberg*, Common Market Law Review 2008, 1383, 1384; *Haltern*, ^{3}2017, EuR Band II, Rn. 321.

632 *Morten Broberg*, Common Market Law Review 2008, 1383, 1384.

sind die mitgliedstaatlichen Gerichte in einem Dilemma, das zwangsläufig zu einer Interessenabwägung führt, die häufig zum Gegenstand hat, ob das Hauptsacheverfahren ein Vorabentscheidungsverfahren rechtfertigt.[633] Der Acte Clair ist jedoch im Kern kein Konzept, welches den nationalen Gerichten erlaubt, darüber zu befinden, ob, basierend auf der Wichtigkeit oder des Bedeutungsgehalts der Streitsache eine Vorlage gerechtfertigt erscheint und die anderen Sachen von dem nationalen Gericht entschieden werden können.[634] Der Acte Clair trifft diesbezüglich gerade keine qualitative Entscheidung. Die Konsequenz zur Handhabung ist daher, dass die verschiedenen Interessen in Einklang gebracht werden müssen.

III. Der Acte Clair als Instrument der Prozessökonomie

All jene oben gelisteten legitimen und illegitimen Zwecke fallen unter die Rubrik der Prozessökonomie.[635] Als Strategien zur Optimierung der Prozessökonomie können Zeitersparnis, komplizierte prozessrechtliche Vorgänge und das Entgehen einer Auseinandersetzung mit einer anderen Stelle genannt werden, welche durch die Anwendung der Acte Clair-Doktrin umgesetzt werden. Doch auch aufseiten des EuGH führt der Gebrauch der Acte Clair-Doktrin zu einer Entlastung in zeitlicher, persönlicher und finanzieller Hinsicht. Jedoch müssen all diese Argumente hintanstehen bei der herbeizuführenden Effektivierung des Unionsrechts sowie der einheitlichen Anwendung unionsrechtlicher Bestimmungen in allen Mitgliedstaaten. So haben einige kritische Stimmen angesichts der zunehmenden Fülle der Unionsrechtsmaterie und wachsenden Aufgaben des EuGH deutliche Überlastungen festgestellt.

Einige meinen, der Acte Clair und der Acte Éclairé seien allein deshalb ins Unionsrecht implementiert worden, um die „Vorlageflut" zu beheben, da es sich bei beiden um Institute der Prozessökonomie handele, welche keinerlei Auslegungskompetenz bei den nationalen Gerichten bezüglich unionsrechtlicher Fragen verorten.[636] Teilweise wird vom Paradox des Erfolges des Vorabentscheidungsverfahrens gesprochen[637] sowie davon, dass durch

---

633 Vgl. *Morten Broberg*, Common Market Law Review 2008, 1383, 1386; *Tridimas*, Common Market Law Review 2003, 9, 42 f.

634 *Craig*, in: Maduro/Azoulai (Hrsg.), 2010, 185, 189.

635 S. Kapitel 3 D. I.; *Pescatore*, in: Bathurst (Hrsg.), 1972, 27, 42.

636 *Schmeding/Schohe*, in: FS Gaedertz, 1992, 525, 530.

637 *Haltern*, ^{3}2017, EuR Band II, Rn. 173 ff.

die „Vorlageflut" das Vorlageverfahren Opfer seines Erfolges geworden sei.[638]

Als Resultate der steigenden Vorlagezahlen können sehr lange Verfahrenszeiten genannt werden, die zwischenzeitlich zwei bis drei Jahre betrugen, aber sich infolge institutioneller Reformen und bemerkenswerterweise trotz der Aufnahme von 13 Mitgliedstaaten 2014 auf 15 Monate stark verkürzte.[639] Überdies stellt die Tendenz des EuGH, zunehmend fachspezifisch und spezialisiert Vorlagefragen zu beantworten, einen negativen Impetus dar, da dadurch wiederum spezifische Vorlagefragen folgen. Eine Folge des Anstiegs der Vorlageverfahren ist daneben, dass die Rezeption der Fälle unübersichtlich und kaum mehr zu meistern ist, und dadurch die Analyse des Fallrechts hinterherhinkt.[640] Weitere Schwierigkeiten ergeben sich daraus, dass das Verfahren vor dem EuGH bloß einzügig ist, es also gleichermaßen erste und letzte Instanz ist.[641] Jedoch spricht gegen eine den EuGH überfordernde Vorlageflut die Weigerung, einen Reformvorschlag anzunehmen, welcher dem EuG (Europäisches Gericht) umfassend die Zuständigkeit der Vorabentscheidungsverfahren anvertrauen sollte und den EuGH nur für die wichtigen Fälle zur Revisionsinstanz machen sollte.[642] In gleicher Weise spricht gegen eine „Vorlagenflut", dass ein zweiter Reformvorschlag, der das Vorlageaufkommen einbremsen sollte, abgelehnt wurde, welche eine Befugnisbeschränkung des Vorlageverfahrens auf letztinstanzliche Gerichte anstrebte.[643]

Ebenfalls wurde von der Literatur spöttisch beobachtet, dass die gestiegene Arbeitsbelastung des EuGH nicht allzu schlimm sein könne, betrachte man beispielsweise die ausführlichen Ausführungen zur griechischen Mythologie von

---

638 *Kalbheim*, 2016, 54 ff.

639 *Haltern*, ³2017, EuR Band II, Rn. 174. Siehe auch die grafischen Darstellungen bis 2011 zu Entscheidungslast und Verfahrenslänge im MPI-Tätigkeitsbericht 2011, *Rösler*, Europäische Gerichtsbarkeit, S. 26 f., https://www.mpipriv.de/files/pdf3/taetigkeitsbericht_20112.pdf, zuletzt abgerufen am 15.11.2019.

640 Bereits im Jahr 2003 umfasste die Entscheidungssammlung des EuGH 15.000 Seiten, *Haltern*, ³2017, EuR Band II, Rn. 176 f.

641 Ebd., Rn. 176.

642 Vorsichtig den Reformvorschlag begrüßend: Die Zukunft des Gerichtssystems der Europäischen Union – Reflexionspapier des EuGH, veröffentlicht am 28.5.1999, EuZW 1999, 750. Stark ablehnend hingegen der *Due*-Bericht, S. 12 vom 4.2.2000, Sonderbeilage NJW und EuZW 2000.

643 Ebd.; ferner *Haltern*, ³2017, EuR Band II, Rn. 176.

GA *Colomer* in der Rechtssache *Gaston Schul* zu *Sisyphos.*[644] Besonders wenn man die angestrengte Übersetzungsarbeit der Fußnoten und Quellensuche der Übersetzungsdienste bedenke, müsse man die Probleme des erhöhten Arbeitsanfalls relativieren.[645]

Klarheit besteht darüber, dass einhergehend mit seiner wachsenden Bedeutung der EuGH zunehmend Aufgaben dazugewonnen hat und auch die Zahlen der Vorlagefragen steigen unbestreitbar. Doch wird das Ausmaß oftmals zu schwarzmalerisch dargestellt und erlaubt keinesfalls eine, wie häufig angesprochene, Lockerung des Umgangs mit der Acte Clair-Doktrin. Beobachtet man, dass in der Vergangenheit Bundesrichter wegen der „vermeintlichen" Arbeitsüberlastung des EuGH von Vorlagen absahen, kann festgehalten werden, dass zwar das Problem der hohen Arbeitsbelastung des Gerichtshofs als praktischer Gesichtspunkt angegangen werden muss, dies hingegen nicht zu einem veränderten Maßstab für die „Richtigkeit der Rechtsanwendung" werden darf.[646]

E. Fazit

Um sich ein ganzheitliches Bild von *CILFIT* zu verschaffen, muss das Urteil im rechtlichen Kontext Anfang der 80-er Jahre gesehen werden. Die strengen Kriterien, die die neue Exit-Option des Acte Clair in *CILFIT* beschreiben, lassen sich mit der damaligen viel größeren Verletzlichkeit und Unkenntnis des Gemeinschaftsrechts bei den mitgliedstaatlichen Gerichten erklären. Es hatte sich eine Praxis herausgebildet, bei der die nationalen Letztgerichte eigenständig ohne gesetzliche Basis oder vorhandene gefestigte Rechtsprechung die aus dem französischen Recht bekannte Acte Clair-Doktrin im Gemeinschaftsrecht zu etablieren versuchten. Diese Verfahrensweise war für den EuGH nicht ohne Weiteres hinnehmbar, aber auch nicht gänzlich vermeidbar, weshalb er sich stärkere Kontrollmöglichkeiten durch die Legitimierung der Acte Clair-Ausnahme erhoffte und sie dabei gleichzeitig an strenge Kriterien knüpfte (Strategie des Gebens und Nehmens).

Fest steht, dass die *CILFIT*-Kriterien praktisch nur mit einer uneingeschränkten Vorlagepraxis umsetzbar sind, sobald unionsrechtliche Auslegungsfragen

644 GA *Colomer, Dámaso Ruiz-Jarabo*, 30.6.2005 – Schlussanträge im Verfahren C-461/03 (Gaston Schul Douane-expediteur BV ./. Minister van Landbouw, Natuur en Voedselkwaliteit) = ECLI:EU:C:2005:415 mit Fn. 3 f.

645 *C. Herrmann*, EuZW 2006, 231, 235.

646 *Schmeding/Schohe*, in: FS Gaedertz, 1992, 525, 541.

bestehen. Doch dieses Erfordernis wird von den nationalen Gerichten weder akzeptiert, noch ist es intendiert angesichts des gewachsenen Umfangs der Materie sowie der Rechtskenntnis des Unionsrechts und der vorhandenen EuGH-Rechtsprechung auf vielen Rechtsgebieten.

Dass der jeweilige Entwicklungsstand des europäischen Rechts Einfluss auf die Auslegung der Unionsnorm haben soll, kann Randnummer 20 des *CILFIT*-Urteils entnommen werden.[647] Vor diesem Hintergrund könnte man den Umgang des EuGH mit den *CILFIT*-Kriterien betrachten. Die jüngere Rechtsprechung des EuGH machte ein gewolltes Festhalten an *CILFIT* deutlich, ohne jedoch auf die Kriterien einzugehen oder eine mangelnde Befassung der Gerichte mit den Prüfungsmerkmalen zu rügen.[648] Hierin könnte gesehen werden, dass der EuGH nicht an einem überkommenen Verständnis des Gemeinschaftsrechts festhalte, indem er den Gerichten Spielräume in der Handhabung eröffne.[649] Doch diese Spielräume bieten ein großes Missbrauchspotential. Die mitgliedstaatlichen Gerichte verwenden aufgrund nicht einhaltbarer, formeller Kriterien behelfsweise andere Maßstäbe, um den Interessenkonflikt zwischen den Hauptsacheverfahren vor dem nationalen Gericht und dem Vorlageverfahren vor dem EuGH zu lösen.

Dass den Richtern der Mitgliedstaaten eine Richtschnur geboten werden muss, an der sie sich orientieren können, um nicht die Position des EuGH zu schwächen und gleichermaßen Sanktionierungen ausschließen zu können, liegt auf der Hand. Dies könnte durch eine Neuausrichtung des Acte Clair erfolgen, indem dieser materiell und nicht wie nach den *CILFIT*-Kriterien formell bestimmt wird. Am Beispiel des Bereichs des Europäischen Zivilprozessrechts soll im Folgenden dargelegt werden, wie die momentan bestehenden Spielräume von den deutschen Gerichten genutzt werden. Gleichermaßen wird untersucht, ob die Gerichte bereits zur Bestimmung eines Acte Clair dem materiellen Verständnis entsprechen, was die Umsetzbarkeit eines solchen Ansatzes belegen würde. Ein materieller Acte Clair würde den Richtern die Prüfung erleichtern

---

647 EuGH, Urteil vom 6.10.1982 – 283/81 (C.I.L.F.I.T. ./. Ministero della Sanità) = ECLI:EU:C:1982:335, Rn. 20: „Schließlich ist jede Vorschrift des Gemeinschaftsrechts in ihrem Zusammenhang zu sehen und im Lichte des gesamten Gemeinschaftsrechts, seiner Ziele und seines Entwicklungsstands zur Zeit der Anwendung der betreffenden Vorschrift." Siehe auch *Morten Broberg*, Common Market Law Review 2008, 1383, 1397.

648 Vgl. *Haltern*, ^{3}2017, EuR Band II, Rn. 352.

649 So auch die Ansicht der Generalanwälte Jacobs, Tizziano und Colomer, siehe *Morten Broberg*, Common Market Law Review 2008, 1383, 1389.

und eine Begründung ermöglichen, was in Anbetracht der gestiegenen Sanktionsmöglichkeiten vonnöten ist. Darin läge ein Ausweg aus der floskelhaften, formellen Bejahung der praktisch nicht erfüllbaren *CILFIT*-Kriterien. Dadurch würde sich die Sanktionierungsgefahr der Gerichte verringern und die Rechtssicherheit würde gestärkt. Der Ansatz des materiellen Acte Clair könnte der Theorie des Acte Clair wieder zum Leben verhelfen, wodurch ein Gleichlauf zwischen Theorie und Praxis erreicht würde.[650] In Zeiten schnell anwachsender Unionsrechtsmaterie und überquellenden Rechtsprechungsmaterials ist die Acte Clair-Ausnahme ein äußerst sinnvolles Mittel, das die Effizienz des Unionsrechts zu steigern vermag. Umso wichtiger erscheint die Handhabbarkeit des Acte Clair, der dazu beiträgt, das feingliedrige System des Ineinandergreifens und Zusammenwirkens der mitgliedstaatlichen Gerichte und des EuGH zu koordinieren.

650 In Anlehnung an *Haltern*, [3]2017, EuR Band II, Rn. 321, wonach der Acte Clair in der Theorie tot sei, aber in der Praxis quicklebendig. Ähnlich der Richter am EuG ebd., 322.

Teil 2: Bestandsaufnahme

Kapitel 4: Gewährleistung des Schutzes des Schwächeren

Betrachtet man Recht als Sozialordnung, so muss im internationalen Kontext das Recht speziell die sich aus der Internationalität von Sozialbeziehungen ergebenden Bedürfnisse befriedigen.[651]

Bis zum Anfang des 20. Jahrhunderts war im materiellen Recht auf dem Gebiet des Vertragsrechts das Prinzip der Privatautonomie[652] und die dieser innewohnenden Inhaltsfreiheit vorherrschend, sodass die Parteien über ihre Lebensverhältnisse rechtsgeschäftlich selbst entscheiden konnten[653] erst anschließend fanden von sozialen Wertungen getragene Schutzvorschriften Einzug in die Rechtsordnungen.[654] Eine ökonomisch unterlegene Partei sollte als Marktteilnehmer eine Besserstellung erfahren, was eine Umverteilung von Verhandlungsmacht nach sich zog.[655]

Keller las aus der Veränderung des Vertragsrechts die Wandlung vom liberalen Staat, der seinen Bürgern überließ, ihre Rechtsbeziehungen selbst zu regeln hin zum Sozialstaat, in dem der Staat ordnend für die Fürsorge der Schwächeren in ihre Rechtsbeziehungen eingreift, ab.[656]

Im internationalen Kontext ergeben sich für die Beteiligten eine Pluralität der Rechte, eine potenzielle inhaltliche Divergenz zur Heimatrechtsordnung sowie eine größere politische Distanz zwischen objektivem Recht und Rechtssubjekt.[657] All dies spiegelt Unsicherheit wider, woraus für bestimmte Gruppen ein stärkerer rechtlicher Schutz hergeleitet wird.

Grundsätzlich stellt sich die Frage nach dem Schutz des sozial Schwächeren eher im materiellen Recht, doch eine einseitige materiellrechtliche Besserstellung würde die Interessen des Unternehmers ungebührlich ignorieren, weshalb auch auf der Stufe des IZVR und IPR eine Interessenabwägung vorgenommen

---

651 *Flessner*, 1990, 49.

652 Zum Prinzip der Parteiautonomie eingehend ebd., 97 ff.

653 *Keller*, in: FS Vischer, 1983, 175; *Wieacker*, ^{3}2016, 546 ff., 622 f.

654 *Keller*, in: FS Vischer, 1983, 175.

655 Zur Parteiautonomie im IPR und IZVR, eingehend *Keller*, in: FS Vischer, 1983, 175, 176. Mit Bezügen zur aktuellen Kohärenz, *Maultzsch*, in: Hein/Rühl (Hrsg.), 2016, 153.

656 *Keller*, in: FS Vischer, 1983, 175, 176.

657 *Flessner*, 1990, 106.

werden muss, sofern die Entscheidung getroffen wird, eine soziale Gruppe besonders zu schützen.[658] Insofern müssen die Wertungen, die auf materieller Ebene angestellt werden, gleichermaßen in das internationale Privat- und Verfahrensrecht hineinwirken und sich andererseits aber nicht darin erschöpfen, da auch auf dieser Ebene neue Schutzbedürfnisse entstehen können.[659] Die Wertungen des materiellen Rechts und des Kollisionsrechts können daher im Allgemeinen in einem „Verhältnis der Analogie oder Parallelität“[660] gesehen werden. Ferner führt ein angestrebter Gleichlauf von anwendbarem Recht und Zuständigkeit zu einer weiteren Verstärkung des Schwächerenschutzes.[661] Dies gelingt am einfachsten, indem beide Bereiche als Einheit verstanden werden und daher Anknüpfungspunkte gewählt werden, die in beiden Bereichen gleichermaßen gültig sind.[662] Solange dies nicht innerhalb desselben Regelungsaktes geregelt ist, muss dies in besonderem Maße bei der Rechtsanwendung und Auslegung berücksichtigt werden. Schutz des Schwächeren kann im IPR und IZVR auf verschiedenen Ebenen erfolgen und folgt Regeln, die dem Schwächerenschutz eher entsprechen sollen, als es die allgemeinen Regelungen tun. Dies erfolgt zum einen bezüglich der Suche nach dem anwendbaren Recht/Gerichtsstand, zu dem die Parteien einen besonders engen Bezug haben sowie durch eine Einschränkung der Parteiautonomie, wonach Parteiabreden für zukünftige Rechtsstreitigkeiten nur in Ausnahmefällen wirksam sein sollen.[663]

Zu den vom Europäischen Zivilprozessrecht geschützten Gruppen gehören Versicherungsnehmer, Verbraucher und Arbeitnehmer. Für diese Personengruppen stellen die Abschnitte 3 bis 5 „geschlossene, selbstständige und erschöpfende“ Regelungen dar.[664] Mit Inkrafttreten der EuGVO a.F. wurde der Schutz des Schwächeren gestärkt, indem beispielsweise von Art. 15 Abs. 1 EuGVO a.F. alle Verbraucherverträge erfasst wurden, wohingegen sich Art. 13 Abs. 1 Nr. 3 EuGVÜ nur auf Dienstleistungen und die Lieferung beweglicher Sachen bezog.

---

658 Vgl. *Keller*, in: FS Vischer, 1983, 175; *Sachse*, 2006, 37.

659 *Gruber*, in: von Hein/Rühl (Hrsg.), 2016, 336, 337.

660 *Kropholler*, [6]2006, § 5 II Nr. 1.

661 *Gruber*, in: von Hein/Rühl (Hrsg.), 2016, 336, 354.

662 Ebd.

663 *Stone*, 2018, Rn. 6.02.

664 *Jenard, P.*, Bericht zu dem Übereinkommen vom 27. September 1968 über die gerichtliche Zuständigkeit und die Vollstreckung gerichtlicher Entscheidungen in Zivil- und Handelssachen, ABl. C 59 vom 5.3.1979, S. 1; zu Art. 7 EuGVÜ, ebd., S. 30; Rauscher EuZPR/EuIPR/*Staudinger*, Art. 10 Brüssel Ia-VO, Rn. 1.

Auf der Ebene der Anerkennung und Vollstreckung wird dieser Schutz verstärkt, sodass die Anerkennung einer Entscheidung versagt wird, wenn gegen die Vorschriften des Kapitels II verstoßen wird, sofern der Beklagte Verbraucher, Versicherungsnehmer oder Arbeitnehmer ist. Art. 45 Abs. 1 lit. e EuGVO n.F. umfasst nun bezüglich der Versagungsgründe der Anerkennung auch den Arbeitnehmer, welcher in der Vorgängerregelung des Art. 35 EuGVO a.F. noch nicht eingeschlossen war. Der Schutz des Schwächeren, bezogen auf Versicherungsnehmer, Verbraucher und Arbeitnehmer wurde auch in den Erwägungsgründen explizit aufgenommen. So heißt es in Erwägungsgrund (13),[665] dass der Schutz der schwächeren Partei dadurch ausgestaltet werden soll, dass der schwächeren Partei Wahlgerichtsstände eingeräumt werden sowie in Erwägungsgrund (14),[666] dass eine Beschränkung von Zuständigkeitsvereinbarungen diese Partei schützen soll und insofern eine Beschränkung der Vertragsfreiheit als zulässig erachtet wird.[667] Die Rom I-VO sieht in Erwägungsgrund (23) vor, dass bei Verträgen, bei denen eine Partei als schwächer angesehen wird, die schwächere Partei durch für sie günstigere Kollisionsnormen als durch die allgemeinen Regeln vorgesehen, geschützt werden soll. Erwägungsgrund (24) Rom I-VO zeigt insbesondere den erforderlichen Gleichlauf zur EuGVO a.F. auf und macht deutlich, dass die in der EuGVO a.F. aufgestellten Kriterien auch für die Rom I-VO gelten müssen sowie einheitlich ausgelegt werden müssen.

Eine einmal beklagte „Armut an sozialen Werten“[668] des IPR und IZVR ist aufgrund des zunehmenden Eingangs von Normen zum Schutze des Schwächeren somit heute nicht mehr begründbar.[669]

A. Versicherungssachen

Im Versicherungsrecht haben sich das IPR und IZVR unabhängig voneinander und eigenständig entwickelt.[670]

Besonders geschützt werden soll aufgrund seiner im Regelfall rechtlich und wirtschaftlich schwächeren Stellung der Versicherungsnehmer, worunter Versicherte und Begünstigte gehören, gegenüber dem Versicherer durch die Artikel 8 – 14 EuGVO a.F./bzw. Art. 10 – 16 EuGVO n.F. Die Schutzwürdigkeit ergibt

---

665 Entsprechend für die Brüssel Ia- VO Erwägungsgrund (18).

666 Entsprechend für die Brüssel Ia- VO Erwägungsgrund (19).

667 *Kropholler/von Hein*, Europäisches Zivilprozessrecht, ^{9}2011, Art. 15 EuGVO, Rn. 1.

668 Zum IPR *Zweigert*, RabelsZ 37 (1973), 435 ff.

669 *Kropholler*, ^{6}2006, § 5 II Nr. 2.

670 *Kieninger*, in: von Hein/Rühl (Hrsg.), 2016, 307, 322.

sich für den Versicherten daraus, dass dieser „meist mit einem vorformulierten, in seinen Einzelheiten nicht mehr verhandelbaren Vertrag konfrontiert wird und in aller Regel der wirtschaftlich Schwächere ist."[671] Dies lässt sich auch aus Erwägungsgrund (13) EuGVO a.F. entnehmen. Anders als in Verbrauchersachen, wo nur private Endverbraucher von den Schutzvorschriften profitieren, werden in Versicherungssachen auch Großunternehmen sowie (juristische) Personen, die Großrisiken versichern,[672] begünstigt, was in der Literatur teilweise kritisiert wird.[673]

Regelungstechnisch wird wie in Verbrauchersachen der Versicherer nach Art. 12 EuGVO a.F./Art. 14 EuGVO n.F. auf den Gerichtsstand des Beklagtenwohnsitzes beschränkt, wohingegen der Versicherungsnehmer aus einer Vielzahl von Gerichtsständen wählen kann.[674] Darunter fällt auch ein Klägergerichtsstand nach Art. 9 Abs. 1 lit. b EuGVO a.F. (Art. 11 Abs. 1 lit. b EuGVO n.F.) bei Klagen gegen den Versicherer. Ferner wird die Prorogationsfreiheit durch Art. 13 i.V.m. Art. 23 Abs. 5 EuGVO a.F./bzw. Art. 15 i.V.m. Art. 25 Abs. 4 EuGVO n.F. beschränkt. Auch wenn man annimmt, dass in Versicherungssachen abstrakt die schwächere Partei geschützt werde,[675] darf der Schutz nicht über die konkret genannten Fälle hinausgehen. Diese Auslegung entspricht dem in Art. 11 Abs. 2 i.V.m. Art. 9 Abs. 1 lit. b EuGVO a.F. verankerten Schwächerenschutz.

Verfahrensbeteiligte in Versicherungssachen sind Versicherer, Versicherungsnehmer, Versicherte, Begünstigte, Mitversicherer und Geschädigte. Aus dieser Vielzahl an Personen ergeben sich zwangsläufig Schwierigkeiten bezüglicher der Auslegung der Begrifflichkeiten.

---

671 EuGH, Urteil vom 13.7.2000 – C-412/98 (Group Josi Reinsurance Company SA ./. Universal General Insurance Company (UGIC)) = ECLI:EU:C:2000:399, Rn. 64.

672 Rauscher EuZPR/EuIPR/*Staudinger*, Art. 10 Brüssel Ia-VO, Rn. 6.

673 *Simons/Hausmann/Althammer*, Brüssel I-Verordnung, 2012, Art. 8–14 Rn. 2. Stark kritisiert wurde dies in der Literatur beispielsweise von Geimer/Schütze/*Geimer*, Art. 8 EuGVO/LugÜ-II - Art. 7 EuGVÜ/LugÜ-I, Rn. 4; *Hub*, 2005, 227 f.; *Fuchs*, IPRax 2014, 509, 512. Nach *Schack*, Internationales Zivilverfahrensrecht, [7]2017, Rn. 322 „profitieren unnötigerweise auch Großunternehmen".

674 *Schack*, Internationales Zivilverfahrensrecht, [7]2017, Rn. 322.

675 Dazu *Mankowski*, IPRax 2015, 115, 116 ff.

I. EuGH-Rechtsprechung

Großes Aufsehen hat in Versicherungssachen die Rechtsprechung des EuGH in der Rechtssache *Odenbreit*[676] erregt. Ein Deutscher hatte nach einem Verkehrsunfall in den Niederlanden den niederländischen Haftpflichtversicherer des Schädigers vor deutschen Gerichten verklagt.[677] Der sechste BGH-Senat hatte dem EuGH mit Beschluss vom 26.9.2006 die Frage vorgelegt, ob eine Direktklage gegen den Haftpflichtversicherer am Heimatgerichtsstand des Geschädigten nach Art. 11 Abs. 2 i.V.m. Art. 9 Abs. 1 lit. b EuGVO a.F. möglich sei, sofern eine solche Klage im Wohnsitzstaat zulässig sei und der Versicherer seinen Wohnsitz im Hoheitsgebiet eines Mitgliedsstaates habe.[678] Der EuGH hat diese Frage bejaht,[679] indem er die Tragweite der Verweisung des Art. 11 Abs. 2 auf Art. 9 Abs. 1 lit. b EuGVO a.F. so festlegte, dass Art. 9 Abs. 1 lit. b EuGVO a.F. „die Regel der Zuständigkeit des Wohnsitzes des Klägers aufstellt und damit diesen Personen die Befugnis zuerkennt, den Versicherer vor dem Gericht des Ortes ihres eigenen Wohnsitzes zu verklagen."[680] Eine Auslegung, die dem Geschädigten eine unmittelbare Klagemöglichkeit verwehre, würde dem Wortlaut des Art. 11 Abs. 2 EuGVO a.F. widersprechen, da die Funktion der Verweisung gerade darin bestehe, der Liste der in Art. 9 Abs. 1 lit. b EuGVO a.F. genannten Kläger jene Personen hinzuzufügen, welche einen Schaden erlitten haben.[681] Eine solche Auslegung entspreche auch dem Telos der im Verfahren relevanten Vorschriften, wonach Erwägungsgrund (13) EuGVO a.F. der schwächeren Partei ein günstigerer Schutz als der in den allgemeinen Zuständigkeitsregelungen vorgesehen, geboten werden solle.[682] Dem Geschädigten keinen Heimatgerichtsstand zuzubilligen, widerspräche ferner dem Schutz anderer als schwächer angesehenen Personen und würde dem Geist der Verordnung widerstreben.[683] Ergänzend dazu entspreche diese Auslegung auch der Richtlinie

676 EuGH, Urteil vom 13.12.2007 – C-463/06 (Odenbreit) = ECLI:EU:C:2007:792. Als „bahnbrechend" bezeichnete das Urteil *Anja Wagner*, SVR 2010, 405. Siehe auch die ausführliche Urteilsbesprechung bei *Micha*, ZVersWiss 98 (2010), 579. Kritisch aufgrund praktischer Schwächen des Geschädigten als Danaergeschenk für die Opfer von Verkehrsunfällen bezeichnend, *Jayme*, in: FS von Hoffmann, 2011, 656 ff.

677 EuGH, Urteil vom 13.12.2007 – C-463/06 (Odenbreit) = ECLI:EU:C:2007:792, Rn. 9.

678 Ebd., Rn. 15.

679 Ebd., Rn. 31.

680 Ebd., Rn. 25.

681 Ebd., Rn. 26.

682 Ebd., Rn. 28.

683 Ebd.

2000/26/EG über die Kraftfahrzeug-Haftpflichtversicherung,[684] dessen nachträglich eingefügter Erwägungsgrund (16a) darauf hinweise,[685] dass nach Art. 9 Abs. 1 lit. b EuGVO a.F. und Art. 11 Abs. 2 EuGVO a.F. ebenfalls der Geschädigte vor dem Gericht seinen Wohnsitzes Klage erheben könne.[686] Damit hat sich eine lang anhaltende Kontroverse geklärt.[687]

Anschließend erging eine Reihe an Urteilen des EuGH zu der Frage, inwiefern Zessionaren des Geschädigten aus abgeleitetem Recht ebenfalls ein Klägergerichtsstand zustehe. In der Rechtssache *Vorarlberger* hat der EuGH entschieden, dass nicht per se ein solcher bei einer *cessio legis* mangels Schutzwürdigkeit ausscheide; vielmehr müsse bei jedem Fall die konkrete, individuelle Schutzbedürftigkeit geprüft werden.[688] Es sei jedoch nicht vorgebracht worden, dass ein Sozialversicherungsträger als Legalzessionar wirtschaftlich schwächer und rechtlich unerfahrener anzusehen sei als der Haftpflichtversicherer.[689] Da der EuGH in der Rechtssache *GIE Réunion* bereits entschieden habe, dass zwischen gewerblich Tätigen ein besonderer Schutz nicht gerechtfertigt sei,[690] könne sich der Sozialversicherungsträger als Legalzessionar der Ansprüche des unmittelbar Geschädigten nicht auf den Schutzgerichtsstand nach Art. 9 Abs. 1 lit. b in Verbindung mit Art. 11 Abs. 2 EuGVO a.F. stützen.[691] Im Wege eines Obiter

684 ABl. L 181 vom 20.7.2000, S. 65-74.

685 *Riedmeyer*, in: FS G. Müller, 2009, 473, 485. Dieser Erwägungsgrund entspricht Erwägungsgrund (32) Richtlinie 2009/103/EG des europäischen Parlaments und des Rates vom 16. September 2009 über die Kraftfahrzeug-Haftpflichtversicherung und die Kontrolle der entsprechenden Versicherungspflicht, ABl. L 263 vom 7.10.2009, S. 11–31.

686 EuGH, Urteil vom 13.12.2007 – C-463/06 (Odenbreit) = ECLI:EU:C:2007:792, Rn. 29.

687 Strittig war dies vor allem, weil der Anspruch der Direktklage nicht als aus dem Versicherungsvertrag eingeordnet wurde, sondern als deliktischer Anspruch, MüKo ZPO/*Gottwald*, Art. 13 Brüssel Ia-VO, Rn. 2; MüKo BGB/*Junker*, Rom II-VO Art. 18, Rn. 6; Rauscher EuZPR/EuIPR/*Staudinger*, Art. 13 Brüssel Ia-VO, Rn. 6; *Riedmeyer*, in: FS G. Müller, 2009, 473, 480 f.; *Backu/Naumann*, VersR 2006, 760; *Heiss*, VersR 2007, 327; *D. Herrmann*, VersR 2007, 1470.

688 Rauscher EuZPR/EuIPR/*Staudinger*, Art. 13 Brüssel Ia-VO, Rn. 6e. Kritisch *Lüttringhaus*, VersR 2010, 183, 185 f.

689 EuGH, Urteil vom 17.9.2009 – C-347/08 (Vorarlberger Gebietskrankenkasse) = ECLI:EU:C:2009:561, Rn. 42.

690 EuGH, Urteil vom 26.5.2005 – C-77/04 (Groupement d'intérêt économique (GIE) Réunion européenne u. a. ./. Zurich España und Société pyrénéenne de transit d'automobiles (Soptrans)), Rn. 20.

691 EuGH, Urteil vom 17.9.2009 – C-347/08 (Vorarlberger Gebietskrankenkasse) = ECLI:EU:C:2009:561, Rn. 42 f. Siehe die Anmerkungen von *Staudinger*, IPRax 2011, 229 und *Nugel*, jurisPR-VerkR 2009, Anm. 1.

Dictums entschied der EuGH ferner, dass einem Erben eines Verkehrsunfallopfers als schwächerer Partei eine solche Schutzwürdigkeit nicht abgesprochen werden könne.[692] Als Ausnahmevorschrift sei die Norm restriktiv auszulegen und die Sonderzuständigkeiten dürften nicht auf Personen ausgedehnt werden, die ihres Schutzes nicht bedürften.[693]

In der Folge erging in der Rechtssache *SOVAG* ein weiteres Urteil des EuGH zu einem Rechtsstreit zwischen Sozial- und Haftpflichtversicherung, wobei der EuGH seiner in der Rechtssache *Vorarlberger* entwickelten Rechtsprechungslinie folgend, dem Versicherer des Geschädigten mangels Schutzbedürftigkeit keinen Klägergerichtsstand zubilligte.[694] Hingegen bejahte der EuGH die Anwendbarkeit des Art. 6 Nr. 2 EuGVO a.F. – die besondere Zuständigkeit für Versicherungssachen stünde dem nicht entgegen.[695] Zwar würde Art. 6 EuGVO a.F. in Art. 8 EuGVO a.F. nicht genannt, da es sich aber um zwei Versicherer handele, könne mangels Schutzwürdigkeit die Zuständigkeit nicht unter Kapitel II Abschnitt 3 (Versicherungssachen) der EuGVO a.F. fallen.[696] Damit entschied der EuGH entgegen dem *Jenard*-Bericht zu Art. 7 EuGVÜ, wo die Abschnitte 3, 4 und 5, betreffend den Schwächerenschutz als abgeschlossenes, erschöpfendes und selbstständiges Regelungsregime dargestellt wurden.[697] In der Rechtssache *SOVAG* waren zwei gewerblich Tätige des Versicherungssektors beteiligt,

692 EuGH, Urteil vom 17.9.2009 – C-347/08 (Vorarlberger Gebietskrankenkasse) = ECLI:EU:C:2009:561, Rn. 44.

693 Ebd., Rn. 41. Begrüßend der Praxishinweis, NJW Spezial 2015, 266, 267; *Staudinger/Papadopoulos*, VersR 2018, 978, 980.

694 EuGH, Urteil vom 21.1.2016 – C-521/14 (SOVAG) = ECLI:EU:C:2016:41. Siehe dazu die Anmerkungen von *Curschmann*, IWRZ 2016, 131; *Staudinger*, DAR 2016, 79 sowie die Aufsätze von *Sujecki*, EWS 2017, 84, 87 und *Mansel/Thorn*, IPRax 2017, 1, 16.

695 EuGH, Urteil vom 21.1.2016 – C-521/14 (SOVAG) = ECLI:EU:C:2016:41, Rn. 31; siehe dazu *Mansel/Thorn*, IPRax 2017, 1, 16.

696 EuGH, Urteil vom 21.1.2016 – C-521/14 (SOVAG) = ECLI:EU:C:2016:41, Rn. 27 ff.

697 *Jenard, P.*, Bericht zu dem Übereinkommen vom 27. September 1968 über die gerichtliche Zuständigkeit und die Vollstreckung gerichtlicher Entscheidungen in Zivil- und Handelssachen, ABl. C 59 vom 5.3.1979, S. 30; Rauscher EuZPR/EuIPR/*Staudinger*, Art. 10 Brüssel Ia-VO, Rn. 1; Magnus/Mankowski Brussels Ibis Regulation/*Heiss*, Introduction to Articles 10-16 Brussels Ibis, Rn. 1. Als undifferenziert kritisierend und in der Entscheidung ein erhöhtes Missbrauchspotential erkennend, *Staudinger/Papadopoulos*, VersR 2018, 978, 980. Sowie: „Ausländische Sozialversicherer werden im Nachgang zum EuGH-Urteil den Geschädigten vorschieben, um sich an dessen Direktklage auf Zahlung von Schmerzensgeld bzw. Ersatz von Sachschäden „anzuhängen", *Staudinger*, DAR 2016, 79, 81.

sodass sich der Schutz des Schwächeren nach Erwägungsgrund (13) EuGVO a.F. nicht auf das Verfahren habe auswirken können und daher unter Art. 6 Nr. 2 EuGVO a.F. falle, soweit ein von der Bestimmung erfasster Fall vorliege.[698]

II. Deutsche Rechtspraxis

In der ersten untersuchten Entscheidung (OLG Köln, Beschluss vom 9.3.2010) bildete der Begriff des Geschädigten den Problemschwerpunkt. Die beiden anschließend untersuchten Urteile des BGH behandelten Probleme, die Direktklagen gegen den Haftpflichtversicherer zum Gegenstand hatten, welche auch klageweise am Heimatgerichtsstand des Geschädigten geltend gemacht werden können (Art. 11 Abs. 2 i.V.m. Art. 9 Abs. 1 lit. b EuGVO a.F.). In dem abschließend behandelten Fall war der Begriff des Versicherers (LG Darmstadt, Teilurteil vom 13.10.2016) problematisch.

1. OLG Köln, Beschluss vom 9.3.2010 – 13 U 119/09

Das OLG Köln musste Stellung zu der Frage beziehen, ob eine Halterin und Leasingnehmerin als juristische Person Geschädigte im Sinne des Art. 11 Abs. 2 EuGVO a.F. sei. Dies bejahte das OLG Köln und führte aus, dass sich daraus, dass der EuGH in der Rechtssache *Vorarlberger* bezüglich einer juristischen Person, die nur indirekt einen Schaden erlitten habe, mangels Schutzbedürftigkeit den Versicherungsgerichtsstand abgelehnt habe, kein Rückschluss auf die Behandlung juristischer Personen schließen lasse, welche selbst einen Schaden erlitten haben.[699] Ein genereller Ausschluss des Leasingnehmers/Halters als juristische Person ergebe sich nicht, vielmehr sei entscheidend, ob die juristische Person im konkreten Fall als schwächere Partei anzusehen sei und daher der besonderen Gerichtszuständigkeit bedurfte.[700] Eine Beeinträchtigung des Besitzrechts stelle eine erlittene Schädigung dar, sodass auch die Halterin und Leasingnehmerin nach der in der Rechtssache *Vorarlberger* entwickelten

698 EuGH, Urteil vom 21.1.2016 – C-521/14 (SOVAG) = ECLI:EU:C:2016:41, Rn. 30 ff. Problematisch an dieser Entscheidung war vor allem, dass der Wortlaut des Art. 6 Nr. 2 EuGVO a.F. in den verschiedenen Sprachfassungen divergierte und teilweise nur auf Klagen gegen Dritte beschränkt war. Der EuGH entschied hier, dass von der Vorschrift auch Klagen von Dritten erfasst werden, siehe dazu *Sujecki*, EWS 2017, 84, 88.

699 OLG Köln, 9.3.2010 – 13 U 119/09 = DAR 2010, 582, juris Rn. 4, 11.

700 Ebd., 582, juris Rn. 4, 14. Verweisend auf EuGH, Urteil vom 17.9.2009 – C-347/08 (Vorarlberger Gebietskrankenkasse) = ECLI:EU:C:2009:561, Rn. 42, 44 - 46.

Definition als Geschädigte angesehen werden könne.[701] Die Ausführungen der Beklagten, der Begriff des „Geschädigten" müsse nach belgischem Recht bestimmt werden, seien nicht tragfähig.[702] Für die Prüfung der internationalen Zuständigkeit genüge es, dass ein Direktanspruch vom Grundsatz her in dem betreffenden nationalen Recht bestehe.[703] Schließlich sei die Klägerin als Unternehmen mit zehn LKW im Verhältnis zu dem international tätigen Haftpflichtversicherers wirtschaftlich unterlegen.[704] Etwas anderes ergebe sich auch nicht aus den Erwägungsgründen (30), (32) und (49) der Richtlinie 2009/103/EG.[705]

a) Acte Clair

„Hinsichtlich der fraglichen Auslegung von Art. 11 Abs. 2 EuGVVO besteht zur Überzeugung des Senats weder Klärungsbedarf noch Anlass zur Rechtsfortbildung, weil die richtige Auslegung bereits nach den zugrunde liegenden europarechtlichen Vorschriften und der o.g. Rechtsprechung des Gerichtshofs der Europäischen Gemeinschaften so offenkundig ist, dass kein Raum für vernünftige Zweifel besteht." [706] „[N]ach Art. 68 Abs. 1 EGV ist eine Vorlage aber u. a. dann nicht geboten, wenn eine bestimmte Auslegung des europäischen Rechts derart offenkundig ist, dass für einen vernünftigen Zweifel keinerlei Raum bleibt [...]. Das ist hier wie der Senat oben ausgeführt hat nach seiner Überzeugung der Fall; insbesondere ist der Senat davon überzeugt, dass die gleiche Gewissheit für die Gerichte der übrigen Vertragsstaaten und den Gerichtshof der Europäischen Gemeinschaften selbst bestünde."[707]

---

701 OLG Köln, 9.3.2010 - 13 U 119/09 = DAR 2010, 582, juris Rn. 4.

702 Unter anderem begründet dies das OLG Köln, 9.3.2010 - 13 U 119/09 = DAR 2010, 582, juris Rn. 6 mit Gründen der Prozessökonomie, wonach im Rahmen der Zulässigkeit eine solche Prüfung nicht veranlasst sei, verweisend auf *Staudinger*, DAR 2008, 620, 621 mit Fn. 13, bezugnehmend auf BGH, 6.5.2008 - VI ZR 200/05 = NJW 2008, 2343.

703 OLG Köln, 9.3.2010 - 13 U 119/09 = DAR 2010, 582, juris Rn. 6.

704 Ebd., 583, juris Rn. 12.

705 Ebd., 583, juris Rn. 9.

706 Ebd., 583, juris Rn. 14.

707 Ebd., 583, juris Rn. 15.

b) Bewertung

aa) Effet utile und Einheitlichkeit des Unionsrechts

Ein Acte Clair kann nur angenommen werden, wenn die Position des EuGH, die Effektivität des Unionsrechts zu gewährleisten, nicht bedroht wird. Effektivität setzt dabei voraus, dass der Normzweck klar ist. Das Telos darf keinen Anlass zu Zweifeln geben. Bei der Feststellung der Schutzrichtung der Norm darf keine Unklarheit bestehen. Nur wenn keine Unklarheit bezüglich des Telos besteht, kann ein mitgliedstaatliches Gericht einen Acte Clair annehmen, ohne die Rechtsprechung zu fragmentieren. Das bedeutet, dass die Position des EuGH als Hüter der Einheitlichkeit nur dann nicht bedroht ist, wenn der Schutzzweck der Norm bestimmbar ist, ohne dass Unklarheiten bestehen.

Der Begriff des Geschädigten in Art. 11 Abs. 2 EuGVO a.F. könnte durch die EuGH-Rechtsprechung so konkretisiert worden sein, dass keine Unklarheiten bezüglich der Frage bestehen, ob vom Geschädigtenbegriff auch juristische Personen umfasst werden, welche selbst einen Schaden erlitten haben. In der Rechtssache *Vorarlberger* hat der EuGH den Geschädigtenbegriff weit verstanden, jedoch stellte der EuGH dort fest, dass der Schutzzweck der Norm, wonach die schwächere Partei durch Zuständigkeitsvorschriften geschützt werden soll (Erwägungsgrund (13) EuGVO a.F.), nicht auf Personen ausgedehnt werden dürfe, die dieses Schutzes nicht bedürften.[708] Damit, dass es sich um einen Sozialversicherer und daher um eine juristische Person handelte, begründete der EuGH sein Ergebnis hingegen nicht, sondern mit der mangelnden Schutzbedürftigkeit im konkreten Fall. In der Rechtssache *Vorarlberger* hatte der Sozialversicherer nur indirekt einen Schaden erlitten und zudem war er nicht als schwächere Partei gegenüber dem Haftpflichtversicherer anzusehen. Auch in der Rechtssache *GIE Réunion* stellte der EuGH bei einer Klage zwischen zwei Versicherern nicht bereits darauf ab, dass es sich um eine juristische Personen handelte, sondern auf das Erfordernis eines Ungleichgewichts zwischen den Beteiligten, an dem es mangelte.[709] Weitere Hinweise darüber, ob juristische Personen mit direktem Schaden unter den Geschädigtenbegriff fallen, könnte auch die KFZ-Haftpflicht RL 2009/103/EG liefern. Nach deren Erwägungsgrund (49) sind juristische Personen nicht berechtigt, betreffende Ansprüche gegen

---

708 EuGH, Urteil vom 17.9.2009 – C-347/08 (Vorarlberger Gebietskrankenkasse) = ECLI:EU:C:2009:561, Rn. 40 f.

709 EuGH, Urteil vom 26.5.2005 – C-77/04 (Groupement d'intérêt économique (GIE) Réunion européenne u. a. ./. Zurich España und Société pyrénéenne de transit d'automobiles (Soptrans)), Rn. 22 f.

Entschädigungsstellen geltend zu machen. Dies lässt jedoch zum einen keinen Rückschluss auf juristische Personen zu, die selbst geschädigt wurden und zum anderen gilt dies nur für die Inanspruchnahme der in Erwägungsgrund (47) genannten Entschädigungsstellen. Aus dieser Ausnahme lassen sich keine generellen Auswirkungen auf den Geschädigtenbegriff des Art. 11 Abs. 2 EuGVO a.F. ableiten.[710] Unklarheit darüber, dass juristische Personen unter den Geschädigtenbegriff des Art. 11 Abs. 2 EuGVO a.F. fallen, sofern eine konkrete Schwächerstellung vorliegt, besteht daher nicht.

bb) Individualrechtsschutz und Einheitlichkeit des Unionsrechts

Eine Bedrohung der Position des EuGH als Hüter der elementaren Bürgerrechte kann nach dem hier angenommenen Bewertungskriterium des Individualrechtsschutzes nur dann vorliegen, wenn spezifische Grundrechtsfragen relevant sind. Wenn es als unklar anzusehen ist, ob eine unionsrechtliche Norm eine grundrechtskonforme Abwägung im Sinne der praktischen Konkordanz darstellt, ist eine Acte Clair-Annahme nicht angebracht. Dies ist hier nicht der Fall.

cc) Ergebnis

Das OLG Köln erfüllte damit die Bewertungskriterien und ein materieller Acte Clair lag vor. Das OLG Köln hat sauber die Schutzbedürftigkeit herausgearbeitet.[711] Zwar hat der EuGH sich in der Folgerechtsprechung nach der Rechtssache *Vorarlberger* von der einzelfallbezogenen Schutzbedürftigkeitsprüfung abgekehrt,[712] die Folgeentscheidungen haben auf den vorliegenden Fall jedoch keinen Einfluss. Denn in der Rechtssache *KABEG* befasste sich der EuGH mit der Frage, ob ein Arbeitgeber, der Lohnfortzahlungen getätigt habe, als Legalzessionar des Geschädigten Arbeitnehmers seine Ansprüche gegen die gegnerische Assekuranz vor den Gerichten seines Wohnsitzes nach Art. 11 Abs. 2

---

710 Vgl. OLG Köln, 9.3.2010 – 13 U 119/09 = DAR 2010, 582, 583, juris Rn. 11.

711 Ein Ungleichgewicht, welches daraus resultiert, dass der Versicherer die Rechtsposition des Geschädigten allein durch Verzögerung schwächen kann, macht hier die Schutzbedürftigkeit des Geschädigten deutlich, welchem Umstand das OLG Köln in seiner Auslegung Rechnung trägt. Hierzu *Meier-van Laak*, DAR 2006, 235, 236 f. Begrüßend ebenfalls *Staudinger*, IPRax 2011, 229, 233.

712 EuGH, Urteil vom 20.7.2017 – C-340/16 (KABEG ./. MMA IARD) = ECLI:EU:C:2017:576, Rn. 34; bestätigt in EuGH, Urteil vom 31.1.2018 – C-106/17 (Hofsoe) = ECLI:EU:C:2018:50, Rn. 45.

i.V.m. Art. 9 Abs. 1 lit. b EuGVO a.F. geltend machen könne.[713] Der EuGH sah in diesem Fall den Arbeitgeber als schwächere Partei an, welcher der Schutzwürdigkeit unabhängig von seiner Größe und Rechtsform bedürfe.[714] Aus diesem Grund dürfe ein Arbeitgeber die Schadensersatzansprüche seiner Dienstnehmer nach den besonderen Zuständigkeitsvorschriften des Art. 11 Abs. 2 i.V.m. Art. 9 Abs. 1 lit. b EuGVO a.F. bei den Gerichten erheben, an dem er seinen Sitz habe.[715] Hier führte der EuGH aus, dass eine Prüfung im Einzelfall Rechtsunsicherheit mit sich bringe und dem Ziel der Vorhersehbarkeit des Gerichtsstandes zuwiderliefe.[716]

Bezüglich des Heimatgerichtsstandes eines Zessionars entschied der EuGH anschließend in der Rechtssache *Hofsoe*, dass sich eine natürliche Person als gewerblich tätiger Zessionar, der die Forderungen gegen den Haftpflichtversicherer des Schädigers geltend mache, nicht auf den Wohnsitz des Geschädigten berufen könne.[717] Der EuGH verdeutlichte wiederholt den Ausnahmecharakter der nunmehr anwendbaren Art. 13 Abs. 2 i.V.m. Art. 11 Abs. 1 lit. b EuGVO n.F.[718] Ferner betonte er erneut, dass eine Einzelfallprüfung Rechtsunsicherheit mit sich brächte.[719] Dem gewerblichen Zessionar verblieben somit die Zuständigkeit des Gerichts des schädigenden Ereignisses sowie der Gerichtsstand des beklagten Haftpflichtversicherers.[720]

---

713 EuGH, Urteil vom 20.7.2017 – C-340/16 (KABEG ./. MMA IARD) = ECLI:EU:C:2017:576. Siehe die Anmerkungen von *Mankowski*, VersR 2017, 1481, 1484; *Dörner*, IPRax 2018, 158 sowie *AF*, ERA Forum 2018, 647.

714 EuGH, Urteil vom 20.7.2017 – C-340/16 (KABEG ./. MMA IARD) = ECLI:EU:C:2017:576, Rn. 35.

715 Ebd., Rn. 36. Kritisch bezüglich öffentlich rechtlicher Arbeitsverhältnisse aber aufgrund Schwierigkeiten der Differenzierung nach Organisationsform einlenkend *Staudinger/Papadopoulos*, VersR 2018, 978, 982.

716 EuGH, Urteil vom 20.7.2017 – C-340/16 (KABEG ./. MMA IARD) = ECLI:EU:C:2017:576, Rn. 34.

717 EuGH, Urteil vom 31.1.2018 – C-106/17 (Hofsoe) = ECLI:EU:C:2018:50, Rn. 47. Anm. *Van Calster*, https://gavclaw.com/2018/02/28/hofsoe-scope-ratione-personae-of-brussels-is-protected-categories-in-cases-of-assignment-specifically-insurance/, zuletzt abgerufen am 5.11.2019; Anm. *Brenn*, ÖJZ 2018, 286 ff.

718 EuGH, Urteil vom 31.1.2018 – C-106/17 (Hofsoe) = ECLI:EU:C:2018:50, Rn. 41.

719 Ebd., Rn. 45.

720 *Staudinger/Papadopoulos*, VersR 2018, 978, 981.

2. *BGH, Urteil vom 23.10.2012 – VI ZR 260/11*

Der sechste Senat, welcher in der Rechtssache *Odenbreit* dem EuGH vorgelegt hatte, entschied in seinem Urteil vom 23.10.2012 über eine Haftpflichtversicherungsangelegenheit. Die Klägerin mit Wohnsitz in Bonn machte gegenüber einem Schweizer KFZ-Haftpflichtversicherer des Unfallgegners mit Sitz in Bern Schadensersatz wegen eines in der Schweiz vorgefallenen Unfalls geltend.[721] Das AG Bonn hatte die Klage mangels internationaler Zuständigkeit als unzulässig abgewiesen, das LG Bonn die Klage durch Zwischenurteil für zulässig erklärt. Die zugelassene Revision wurde zurückgewiesen, der BGH bestätigte die internationale Zuständigkeit der deutschen Gerichte.[722]

a) Lösung des Rechtsproblems

Zunächst bejahte der BGH die Anwendbarkeit des Luganer Übereinkommen 2007 (LugÜ 2007). Zwar sei das Übereinkommen für die Schweiz erst am 1.1.2011 in Kraft getreten und die Klage war bereits am 30.12.2010 zugestellt worden,[723] jedoch richte sich nach Art. 63 Abs. 1 LugÜ 2007 der zeitliche Anwendungsbereich nach dem Ursprungsstaat – welcher hier Deutschland sei, wo das Übereinkommen bereits am 1.1.2010 in Kraft getreten war.[724]

Anschließend bejahte der BGH die Frage, ob der Geschädigte einen nach dem anwendbaren nationalen Recht bestehenden Direktanspruch gegen den Haftpflichtversicherer auch beim Gericht seines Wohnsitzes klageweise geltend machen könne.[725] Dazu zitierte er umfänglich[726] die EuGH-Rechtsprechung in der Rechtssache *Odenbreit.*[727] Der BGH führte aus, derselbe Senat sei der Rechtssache *Odenbreit* bereits in seinem Urteil vom 6.5.2008 – VI ZR 200/05, BGHZ 176, 276 gefolgt und der vorliegende Rechtsstreit böte keinen Anlass, davon abzuweichen.[728] Unter Verweis auf eine Entscheidung des Schweizer BG betonte der BGH, dass bezüglich der Möglichkeit der Direktklage am Wohnsitz des Geschädigten eine einheitliche Auslegung geboten sei.[729] Die Übertragung

721 BGH, 23.10.2012 – VI ZR 260/11 = BGHZ 195, 166, Rn. 1.

722 Ebd., 167 Rn. 2.

723 Ebd., 167 Rn. 6.

724 Ebd., 167 f. Rn. 6 f.

725 Ebd., 168 Rn. 8.

726 Ebd., 169 ff. Rn. 11-19.

727 EuGH, Urteil vom 13.12.2007 – C-463/06 (Odenbreit) = ECLI:EU:C:2007:792, Rn. 31.

728 BGH, 23.10.2012 – VI ZR 260/11 = BGHZ 195, 166, Rn. 20.

729 Ebd., 173 Rn. 23. Verweisend auf Schweizerisches Bundesgericht, Urteil vom 2.5.2012 – 4A_531/2011 = DAR 2012, 472, 473 f.

der EuGH-Rechtsprechung zu Art. 11 Abs. 2 EuGVO a.F. sei ohne Weiteres auf den gleichlautenden Art. 11 Abs. 2 LugÜ 2007 möglich.[730]

b) *Acte Clair*

„Für das Luganer Übereinkommen 2007 besteht eine Auslegungszuständigkeit des Gerichtshofs der Europäischen Gemeinschaften (vgl. Senatsurteil vom 20. Dezember 2011 - VI ZR 14/11, WM 2012, 852 Rn. 28 mwN). Eine Vorlage an diesen nach Art. 267 Abs. 2, 3 AEUV ist hier indes nicht geboten, weil die richtige Anwendung der Art. 9 und 11 LugÜ 2007 derart offenkundig ist, dass für einen vernünftigen Zweifel kein Raum bleibt (vgl. dazu Senatsurteil vom 20. Dezember 2011 - VI ZR 14/11, aaO, mwN).“[731]

c) *Bewertung*

aa) *Besonderheit Luganer Übereinkommen 2007*

Bereits 1997 leitete der Rat der EU die Neufassung des EuGVÜ gleichzeitig mit dem LugÜ 1988 mit dem Ziel der Wahrung der Parallelität in die Wege.[732] Das Nachfolgeübereinkommen von 2007 ist im Jahr 2010 für Dänemark, Norwegen und die EU in Kraft getreten sowie 2011 für die Schweiz und Island.

Das LugÜ 2007 sieht in Art. 4 des Protokolls Nr. 2 einen „Ständigen Ausschuss“ vor, der bei Bedarf einberufen werden kann, um Aktualisierungen der Anhänge vorzunehmen sowie Revisionen zu beraten.[733] Ferner gibt es einen „Sachverständigenrat“, in dem auf Expertenebene in der Regel alle ein bis zwei Jahre Treffen anberaumt werden, um einen Meinungsaustausch über die Entwicklungen der Rechtsprechung sowie legislative Neuerungen zu gewährleisten.[734] Mit dem Nachfolgeübereinkommen erfolgte eine Anpassung an die EuGVO a.F., sodass die angestrebte Parallelität weitgehend wieder hergestellt wurde.[735] Dies gelingt in der Rechtspraxis jedoch nur durch die Wahrung des Auslegungsgleichklangs zwischen beiden Übereinkommen.[736] Eine große

---

730 BGH, 23.10.2012 – VI ZR 260/11 = BGHZ 195, 166, 173 Rn. 23.

731 Ebd., 173 Rn. 22.

732 Pocar, Fausto, Erläuternder Bericht zum LugÜ 2007, ABl. C 319 vom 23.12.2009, S. 1 f. Rn. 2.

733 Siehe hierzu https://www.bj.admin.ch/bj/de/home/wirtschaft/privatrecht/lugue-2007.html, zuletzt abgerufen am 4.11.2019.

734 Ebd.

735 *Kropholler/von Hein*, Europäisches Zivilprozessrecht, ^{9}2011, Einl., Rn. 108; Basler Kommentar LugÜ-*Oetiker/Weibel*, Einleitung, Rn. 26.

736 *Kropholler/von Hein*, Europäisches Zivilprozessrecht, ^{9}2011, Einl., Rn. 108.

Veränderung im Vergleich zum LugÜ 1988 war, dass die EU selbstständige Vertragspartei des Übereinkommens geworden ist.[737] Nach ständiger EuGH-Rechtsprechung sind Übereinkommen, die von der EU abgeschlossen werden, Bestandteil der Unionsrechtsordnung und ihre Auslegung unterliegt ebenfalls dem EuGH.[738] Für die Mitgliedstaaten der EU ohne Dänemark[739] gilt das LugÜ 2007 als Rechtsakt der Union für dessen Auslegung der EuGH zuständig ist.[740] Diese Auslegungszuständigkeit beschränkt sich nicht auf die der EuGVO a.F. inhaltlich entsprechenden Vorschriften.[741] Die anderen Vertragsstaaten können sich an den Vorabentscheidungsverfahren durch Stellungnahmen beteiligen.[742] Nach Art. 1 Abs. 1 Protokoll Nr. 2 zum LugÜ 2007, welches für alle EFTA-Staaten und EU-Mitgliedstaaten gilt,[743] gebietet es die Auslegung des LugÜ 2007, der EuGH-Rechtsprechung,[744] sowie der Rechtsprechung der mitgliedstaatlichen Gerichte[745] und der darin entwickelten Grundsätze[746] von Amts wegen Rechnung zu tragen, ohne dass eine förmliche Präjudizbindung besteht.[747] Frühere

---

737 *Kropholler/von Hein*, Europäisches Zivilprozessrecht, [9]2011, Einl., Rn. 108; Pocar, Fausto, Erläuternder Bericht zum LugÜ 2007, ABl. C 319 vom 23.12.2009, S. 5 Rn. 17.

738 EuGH, Urteil vom 17.5.2001 – C-340/99 (TNT Traco SpA ./. Poste Italiane SpA u.a.) = ECLI:EU:C:2001:281, Rn. 60; *Kropholler/von Hein*, Europäisches Zivilprozessrecht, [9]2011, Einl., Rn. 57, 109.

739 Zur strittigen Sonderstellung Dänemarks siehe *Kropholler/von Hein*, Europäisches Zivilprozessrecht, [9]2011, Einl., Rn. 109 mit Fn. 392.

740 Noch zu Art. 68 EG *Jayme/Kohler*, IPRax 2006, 537, 549.

741 *Kropholler/von Hein*, Europäisches Zivilprozessrecht, [9]2011, Einl., Rn. 109.

742 *Jayme/Kohler*, IPRax 2006, 537, 549.

743 *Mankowski*, in: FS Kren Kostkiewicz, 2018, 203, 204; *Kropholler/von Hein*, Europäisches Zivilprozessrecht, [9]2011, Einl., Rn. 110.

744 *Kohler*, in: FS Baudenbacher, 2007, 141, 156 sprach von einer „monopolähnlichen Stellung", die unter dem LugÜ 1988 gewachsen sei. Deshalb sollte der EuGH sich an dem gestärkten Gerichtsdialog beteiligen und sich eingehender und sichtbarer mit der Rechtsprechung insbesondere der EFTA-Staaten in seiner Rechtsprechung auseinandersetzen. Bereits zur Übertragung der Odenbreit-Rechtsprechung auf das LugÜ 2007, *Riedmeyer*, in: FS G. Müller, 2009, 473, 485 ff.

745 Zu beachten sind maßgebliche Entscheide, worunter letztinstanzliche und andere wichtige, rechtskräftige Entscheidungen zählen, *Oetiker/Weibel*, Lugano-Übereinkommen (LugÜ), 2011, Art. 1 Protokoll 2 Rn. 6 f.

746 Davon umfasst werden die Auslegungsmethoden und Entscheidungsgründe, *Oetiker/Weibel*, Lugano-Übereinkommen (LugÜ), 2011, Art. 1 Protokoll 2 Rn. 6 f.

747 *Mankowski*, in: FS Kren Kostkiewicz, 2018, 203, 204 ff., 214; *Jayme/Kohler*, IPRax 2006, 537, 549.

Entscheidungen haben vielmehr den Stellenwert von *persuasive authorities.*[748] Das Protokoll Nr. 2 dient dem Abwägungswert des Ideals der einheitlichen Auslegung, welcher nur bei gewichtigen Sachgründen nicht eingehalten werden muss.[749]

Anders als für das LugÜ 1988[750] besteht für das LugÜ 2007 somit eine Auslegungszuständigkeit des EuGH.[751] Zwar gelten zum LugÜ 2007 einige Besonderheiten, um hier jedoch den materiellen Acte Clair zu erörtern, wird aufgrund des weitgehenden Gleichlaufs zur EuGVO a.F. derselbe Bewertungsmaßstab angelegt wie auch an die Fälle zur EuGVO a.F.

bb) Effet utile und Einheitlichkeit des Unionsrechts

Ein Acte Clair kann nur angenommen werden, wenn wie oben in Kapitel 4 A. II. 1. b) aa) definiert, die Position des EuGH, die Effektivität des Unionsrechts zu gewährleisten, nicht bedroht wird.

Aufgrund des nahezu identischen Wortlauts und der Inhaltsgleichheit der Art. 9 Abs. 1 lit. b und Art. 11 Abs. 2 LugÜ 2007 mit der EuGVO a.F. und der Beachtung der Auslegungseinheit, welche in Art. 1 Protokoll 2 nach Artikel 75 LugÜ 2007 über die einheitliche Auslegung des Übereinkommens und den Ständigen Ausschuss festgehalten wurde, kann hier für das LugÜ 2007 dasselbe gelten wie für die EuGVO a.F. In der EuGH-Rechtssache *Odenbreit* äußerte sich der EuGH grundlegend zur Tragweite der Verweisung des Art. 11 Abs. 2 auf Art. 9 Abs. 1 lit. b EuGVO a.F. und bejahte, dass der Geschädigte gegen den Haftpflichtversicherer beim Gericht seines Wohnsitzes klagen könne, sofern das anwendbare, nationale Recht einen Direktanspruch vorsehe.[752] Art. 9 Abs. 1 lit. b und Art. 11 Abs. 2 EuGVO a.F. liege der in Erwägungsgrund (13) EuGVO a.F.

---

748 *Mankowski*, in: FS Kren Kostkiewicz, 2018, 203, 205.

749 Ebd.; *Oetiker/Weibel*, Lugano-Übereinkommen (LugÜ), 2011, Art. 1 Protokoll 2 Rn. 11; Pocar, Fausto, Erläuternder Bericht zum LugÜ 2007, ABl. C 319 vom 23.12.2009, S. 54 Rn. 197. Siehe ferner *Kohler*, in: FS Baudenbacher, 2007, 141 ff.

750 Siehe dazu EuGH (Gutachten 1/03, 7.2.2006) = ECLI:EU:C:2006:81, Rn. 19; BGH, 27.5.2008 – VI ZR 69/07 = BGHZ 176, 342, 344 Rn. 9; BGH, 31.5.2011 – VI ZR 154/10 = BGHZ 190, 28, Rn. 17.

751 Präambel zum Protokoll 2 nach Art. 79 LugÜ 2007 über die einheitliche Auslegung des Übereinkommens und den ständigen Ausschuss, ABl. L 339 vom 21.12.2007, S. 27; *Kropholler/von Hein*, Europäisches Zivilprozessrecht, [9]2011, Einl., Rn. 109; Zöller ZPO/*Geimer*, Art. 1 EuGVVO, Rn. 13. Ebenso BGH, 20.12.2011 – VI ZR 14/11 = ZIP 2012, 1527, juris Rn. 28; *Kohler*, in: FS Baudenbacher, 2007, 141.

752 EuGH, Urteil vom 13.12.2007 – C-463/06 (Odenbreit) = ECLI:EU:C:2007:792, Rn. 8.

verankerte Schwächerenschutz zugrunde, wonach der schwächeren Partei ein günstigerer Schutz zuteilwerden solle, als ihn die allgemeinen Zuständigkeitsregeln gewähren.[753] Eine andere Auslegung hätte ferner eine Divergenz bezüglich der anderen als schwächer angesehenen Parteien in Versicherungssachen sowie der anderen besonderen Gerichtsstände zum Schwächerenschutz zur Folge, welche ebenfalls einen Heimatgerichtsstand des Schwächeren ermöglichen.[754] Zwar bestätigt der EuGH in der Rechtssache *Odenbreit* diese Auslegung mit dem Wortlaut der KFZ-Haftpflichtversicherungsrichtlinie 2000/26 in der Fassung 2005/14, dessen Art. 3 einen Direktanspruch gegen den Versicherer in allen Mitgliedstaaten vorsieht und dessen Erwägungsgrund (16 a) auf Art. 9 Abs. 1 lit. b und Art. 11 Abs. 2 EuGVO a.F. Bezug nimmt, als dass der Geschädigte vor den Gerichten seines Wohnsitzes Klage erheben könne.[755] Die KFZ-Haftpflichtversicherungsrichtlinie gilt aber nur innerhalb der EU und gerade nicht in der Schweiz. Eine Übertragung auf Art. 11 Abs. 2 LugÜ 2007 ist jedoch trotz der Bezugnahme auf den Erwägungsgrund (16 a) KFZ-Haftpflichtversicherungsrichtlinie möglich.[756] Denn die Argumentation des EuGH in der Rechtssache *Odenbreit* beruht nicht auf Spezifika der KFZ-Haftpflichtversicherungsrichtlinie, sondern sieht diese nur als Bestätigung seiner Auslegung an und lässt sich auf andere Versicherungsarten übertragen.[757] Die Auslegung der EuGVO war somit nicht grundlegend von dem systematischen Zusammenhang mit der Richtlinie beeinflusst. Die Begründung des EuGH fußt vielmehr auf dem zentralen Gedanken des Schwächerenschutzes, wonach Geschädigte ebenso wie andere als schwächer anzusehende Personen geschützt werden müssen.[758] Zudem deckt sich die Bestimmung des Art. 11 Abs. 2 LugÜ 2007 mit dem Wortlaut der EuGVO n.F.

Die Rechtssache *Odenbreit* hat insofern Unklarheiten ausgeräumt. Der BGH übertrug diese Entscheidung auf das LugÜ 2007.

---

753 Vgl. BGH, 23.10.2012 – VI ZR 260/11 = BGHZ 195, 166, 171 Rn. 17; EuGH, Urteil vom 13.7.2000 – C-412/98 (Group Josi Reinsurance Company SA ./. Universal General Insurance Company (UGIC)) = ECLI:EU:C:2000:399, Rn. 64.

754 EuGH, Urteil vom 13.12.2007 – C-463/06 (Odenbreit) = ECLI:EU:C:2007:792, Rn. 28.

755 Ebd., Rn. 29.

756 Vgl. Wieczorek/Schütze/*Nordmeier*, Art. 13 Brüssel Ia-VO, Rn. 29.

757 Siehe zur methodischen Kritik Wieczorek/Schütze/*Nordmeier*, Art. 13 Brüssel Ia-VO, Rn. 27 mwN.

758 EuGH, Urteil vom 13.12.2007 – C-463/06 (Odenbreit) = ECLI:EU:C:2007:792, Rn. 28.

cc) Individualrechtsschutz und Einheitlichkeit des Unionsrechts

Wie oben in Kapitel 4 A. II. 1. b) bb) definiert, liegt eine Bedrohung der Position des EuGH als Hüter der elementaren Bürgerrechte nach dem hier angenommenen Bewertungskriterium nur dann vor, wenn spezifische Grundrechtsfragen relevant sind. Diesbezügliche Bedenken bestehen nicht.

dd) Ergebnis

Die Entscheidung des BGH zum LugÜ 2007 entspricht den Bewertungskriterien und erfüllt damit die Anforderungen an einen materiellen Acte Clair.[759]

Versteht man unter der Vereinheitlichung des Schwächerenschutzes die Schaffung eines kompetitiven Equilibriums unter den Wettbewerbern, wie es der Binnenmarkt vorsieht, so hat dies auch einen positiven Einfluss auf die Vertragsstaaten des LugÜ 2007, welches nicht auf die Schaffung eines gemeinsamen Marktes abzielt, jedoch ebenfalls unter Freihandelsgesichtspunkten die wirtschaftliche und rechtliche Zusammenarbeit durch eine Ausdehnung der in der EuGVO a.F. verankerten Grundsätze sowie den Rechtsschutz der dort ansässigen Personen verstärken will.[760] Dies ergibt sich aus der Präambel des LugÜ 2007, welche die Kernziele enthält.[761] Die Angleichung der Schwächerenschutzvorschriften, worunter eine Koordinierung von Sozialpolitiken[762] verstanden werden kann und welche Einfluss auf den Wettbewerb nehmen,[763] dient auch hier der Verstärkung der rechtlichen und wirtschaftlichen Zusammenarbeit.

3. BGH, Urteil vom 24.2.2015 – VI ZR 279/14

Aufgrund eines Verkehrsunfalls, der sich in Belgien zugetragen hatte, begehrte ein in Deutschland wohnhafter Kläger Schadensersatz vor einem deutschen Gericht gegen die Unfallbeteiligte sowie deren Haftpflichtversicherung, beide mit (Wohn-)Sitz in Belgien, als Gesamtschuldner.[764] Fälschlicherweise hatte das

---

759 Die Entscheidung begrüßend *Nugel*, NZV 2013, 177, 179.

760 Präambel des Lug Übk 2007, ABl. L 339 vom 21.12.2007, S. 4.

761 Basler Kommentar LugÜ-*Oetiker/Weibel*, Einleitung, Rn. 75; nach *Czernich/Tiefenthaler/Kodek/Heiss*, ³2009, Einl. Rn. 33 ist jede teleologische Auslegung des Übereinkommens an der Präambel zu messen.

762 *Jenard, P.*, Bericht zu dem Übereinkommen vom 27. September 1968 über die gerichtliche Zuständigkeit und die Vollstreckung gerichtlicher Entscheidungen in Zivil- und Handelssachen, ABl. C 59 vom 5.3.1979, S. 29; *Mayr*, 2011, Rn. II, 86 f.; *Simons/Hausmann/Althammer*, Brüssel I-Verordnung, 2012, Art. 8–14 Rn. 1.

763 Vgl. hierzu *D. M. Trubek/L. G. Trubek*, European Law Journal 11 (2005), 343, 345 f.

764 BGH, 24.2.2015 – VI ZR 279/14 = NJW 2015, 2429, juris Rn. 1.

AG Dortmund zunächst ein Zwischenurteil anstelle eines Teilurteils erlassen, was das Berufungsgericht korrigierte, das die Klage wegen fehlender Zuständigkeit als unzulässig abwies.[765] Die vom BGH zu behandelnde streitentscheidende Frage war, ob sich daraus, dass eine Klage gegen den Haftpflichtversicherer in Deutschland nach Art. 11 Abs. 2 i.V.m. Art. 9 Abs. 1 lit. b EuGVO a.F. zulässig sei,[766] ableiten lasse, dass auch der Unfallgegner als Streitgenosse des Haftpflichtversicherers vor deutschen Gerichten verklagt werden könne.

a) Lösung des Rechtsproblems

Ein solcher Lösungsweg wäre denkbar, wenn der BGH Art. 6 Nr. 1 EuGVO a.F., welcher auf den Wohnsitzgerichtsstand des Beklagten abstellt, über dessen Wortlaut hinaus auch dann anwendet, wenn sich der Gerichtsstand bei einer Klage gegen den Haftpflichtversicherer aus den besonderen Zuständigkeitsvorschriften (Art. 5 ff. EuGVO a.F.), namentlich nach Art. 9 Abs. 1 lit. b i.V.m. Art. 11 Abs. 2 EuGVO a.F. ergibt.

Einer direkten Anwendung stehe entgegen, dass Art. 6 Nr. 1 EuGVO a.F. fordere, dass der Ankerbeklagte seinen wenn auch als Kriterium zufälligen [767] (Wohn)sitz am Wohngerichtsstand des Klägers haben müsse. Eine solche Analogie lehnte der BGH mangels Regelungslücke ab.[768] Die durch den sogenannten „Ankerbeklagten" vermittelte Zuständigkeit könne nur auf dessen Wohngerichtsstand nach Art. 2 Abs. 1 EuGVO a.F. gestützt werden.[769] Dies ergebe sich bereits aus dem klaren Wortlaut und der ständigen Rechtsprechung des EuGH zur Auslegung der Zuständigkeitsvorschriften.[770] Durch eine autonome Auslegung unter Berücksichtigung der Systematik, des Telos sowie der Erwägungsgründe (11), (12) und (14) EuGVO a.F. sei es geboten, die besonderen Zuständigkeitsregelungen eng auszulegen.[771] Eine über die ausdrücklich in der EuGVO a.F. vorgesehenen Fälle hinausgehende Auslegung sei unzulässig.[772] Für den Versicherten

---

765 BGH, 24.2.2015 – VI ZR 279/14 = NJW 2015, 2429 Rn. 5, 7 f.

766 Ebd., 2430 Rn. 12, 14.

767 Vgl. *Diehl*, ZfS 2015, 692, 693; *Sendmeyer*, NJW 2015, 2384, 2386.

768 BGH, 24.2.2015 – VI ZR 279/14 = NJW 2015, 2429, 2431 Rn. 17.

769 Ebd., 2430 Rn. 14.

770 Ebd., 2430 Rn. 15.

771 Ebd., 2430 Rn. 15 f.

772 Ebd., 2430 f. Rn. 16, verweisend auf EuGH, Urteil vom 13.7.2006 – C-103/05 (Reisch Montage) = ECLI:EU:C:2006:471, Rn. 23; EuGH, Urteil vom 11.10.2007 – C-98/06 (Freeport) = ECLI:EU:C:2007:595, Rn. 35; EuGH, Urteil vom 11.4.2013 – C-645/

oder Versicherungsnehmer wäre nicht vorhersehbar, welche Gerichte international für eine gegen sie gerichtete Klage zuständig seien, wodurch ihnen der von der EuGVO a.F. intendierte Schutz genommen würde.[773] Die Verhinderung von Parallelverfahren, was sich aus der Zielsetzung des Erwägungsgrundes (15) EuGVO a.F. ergebe, müsse hinter dem die Rechtssicherheit befördernden abschließenden Katalog der besonderen Gerichtsstände zurückstehen, da diesen mit der Möglichkeit der Aussetzung bereits ausreichend Rechnung getragen würde (Art. 27 f. EuGVO a.F.).[774] Selbst wenn die erforderliche Konnexität vorläge,[775] fordere Art. 6 Nr. 1 EuGVO a.F. dem Wortlaut nach, dass mindestens einer der Beklagten seinen (zufälligen) Wohnsitz am Ort des Gerichts, folglich am Wohnsitz des Klägers habe, was hier nicht zutreffe.[776] Wegen der Ablehnung der Anwendung des Art. 6 Nr. 1 EuGVO a.F. ging der BGH nicht darauf ein, ob die abschließenden, vorrangigen Spezialvorschriften der Art. 814 EuGVO a.F. die Anwendung des Art. 6 EuGVO a.F. sperren würden. [777]

b) Acte Clair

„Eine Vorlage an den Gerichtshof der [EU] nach Art. 267 Abs. 3 AEUV ist nicht veranlasst […]. Die Frage, ob aus der Zuständigkeit des Wohnsitzgerichts des Klägers für eine Direktklage gegen den Haftpflichtversicherer des Unfallgegners gemäß Art. 11 Abs. 2 i.V.m. Art. 9 Abs. 1 Buchst. b EuGVVO über Art. 6 Nr. 1 EuGVVO wegen der Konnexität die Zuständigkeit für den mitbeklagten Unfallgegner bzw. Versicherten oder Versicherungsnehmer begründet werden kann, obwohl keiner der Beklagten seinen Wohnsitz im Mitgliedstaat des Klägers hat, hat der [EuGH] bereits geklärt. Die für die Beurteilung der internationalen Zuständigkeit nach Art. 6 Nr. 1 EuGVVO richtige Auslegung ist aus den ausgeführten Gründen derart offenkundig, dass für vernünftige Zweifel kein Raum bleibt.“[778]

---

11 (Sapir) = ECLI:EU:C:2013:228, Rn. 41 EuGH, Urteil vom 22.5.2008 – C-462/06 (Glaxosmithkline und Laboratoires Glaxosmithkline) = ECLI:EU:C:2008:299, Rn. 28.

773 BGH, 24.2.2015 – VI ZR 279/14 = NJW 2015, 2429, 2431 Rn. 17.

774 Ebd.

775 Ebd., 2430 Rn. 14.

776 Ebd. sowie BGH, 24.2.2015 – VI ZR 279/14 = NJW 2015, 2429, 2430, juris Rn. 5.

777 Siehe dazu *Hammer*, jurisPR-BGHZivilR 2015, Anm. 4, 2; Geimer/Schütze EuZVR/*Geimer*, Art. 6 EuGVO/EuGVÜ/LugÜ, Rn. 2b, 9.

778 BGH, 24.2.2015 – VI ZR 279/14 = NJW 2015, 2429, 2431 Rn. 21.

c) Bewertung

Der BGH stellte fest, dass bezüglich Art. 11 Abs. 2 i. V. m. Art. 9 Abs. 1 lit. b EuGVO a.F. aufgeworfene Fragen vom EuGH bereits geklärt seien und bejahte diesbezüglich einen Acte Éclairé. Einen Acte Clair nahm der BGH bezüglich der Auslegung des Art. 6 Nr. 1 EuGVO a.F. an.

aa) *Effet utile und Einheitlichkeit des Unionsrechts*

Wie oben in Kapitel 4 A. II. 1. b) aa) erläutert, kann ein Acte Clair nur angenommen werden, wenn die Position des EuGH, die Effektivität des Unionsrechts zu gewährleisten, nicht bedroht wird.

Der EuGH hat in der Rechtssache *Odenbreit* deutlich gemacht, dass eine Direktklage am Klägergerichtsstand nach Art. 11 Abs. 2 i.V.m. Art. 9 Abs. 1 lit. b EuGVO a.F. nur gegen den Haftpflichtversicherer möglich sei.[779] Aus der Rechtssache *Réunion européenne* ergibt sich das Erfordernis in Art. 6 EuGVO a.F., dass nur an dem Gerichtsstand geklagt werden könne, an dem einer der Beklagten seinen Wohnsitz habe.[780] Den Ausnahmecharakter dieser Normen hat bereits die Rechtssache *Reisch Montage* unterstrichen, was eine analoge oder erweiternde Auslegung ausscheiden lasse.[781] In der Entscheidung *Reisch Montage* hat der EuGH ferner verdeutlicht, dass die nationalen Gerichte die Rechtssicherheit als Ziel der EuGVO a.F. beachten müssen, was verlangt, die besonderen Zuständigkeitsregeln so auszulegen, dass informierte und verständige Beklagte vorhersehen können, vor welchem Gericht sie außerhalb ihres Wohnsitzes verklagt werden können.[782] Erwägungsgrund (11) EuGVO a.F. macht dies ebenfalls deutlich.

---

779 EuGH, Urteil vom 13.12.2007 – C-463/06 (Odenbreit) = ECLI:EU:C:2007:792, Rn. 25 ff., 31. Vgl. NJW Spezial 2015, 266, 267.

780 Zwar noch zu Art. 6 EuGVÜ, aber im Wesentlichen gleichlautend mit Art. 6 EuGVO, EuGH, Urteil vom 27.10.1998 – C-51/97 (Réunion européenne SA) = ECLI:EU:C:1998:509, Rn. 44.

781 EuGH, Urteil vom 13.7.2006 – C-103/05 (Reisch Montage) = ECLI:EU:C:2006:471, Rn. 23. Bestätigend EuGH, Urteil vom 11.10.2007 – C-98/06 (Freeport) = ECLI:EU:C:2007:595, Rn. 35; EuGH, Urteil vom 17.9.2009 – C-347/08 (Vorarlberger Gebietskrankenkasse) = ECLI:EU:C:2009:561, Rn. 39. Vgl. auch NJW Spezial 2015, 266, 267.

782 EuGH, Urteil vom 13.7.2006 – C-103/05 (Reisch Montage) = ECLI:EU:C:2006:471, Rn. 24 f. Bezugnehmend auf EuGH, Urteil vom 28.9.1999 – C-440/97 (GIE Groupe Concorde ./. Kapitän des Schiffes "Suhadiwarno Panjan") = ECLI:EU:C:1999:456, Rn. 23 f.; EuGH, Urteil vom 19.2.2002 – C-256/00 (Besix SA) = ECLI:EU:C:2002:99,

Aus dem Wortlaut des Art. 6 Nr. 1 EuGVO a.F., der eine so enge Beziehung voraussetzt, dass eine gemeinsame Entscheidung geboten erscheint, um sich widersprechende Entscheidungen zu vermeiden, ergibt sich ferner, dass im Interesse der abgestimmten Rechtspflege Parallelverfahren soweit wie möglich vermieden werden müssen, was auch Erwägungsgrund (15) EuGVO a.F. aufzeigt.[783] Daher ist unter diesen beiden Gesichtspunkten Art. 6 Nr. 1 EuGVO a.F. so zu verstehen, dass bei Klagen, die ein solches Risiko aufweisen, ein gemeinsames Forum ermöglicht wird.[784]

Aus der EuGH-Rechtsprechung ergibt sich damit ohne Unklarheiten, dass der Beklagtenschutz es gebietet, überbordende Gerichtspflichten zu verhindern[785] und daher aus Gründen der Rechtssicherheit[786] die Wortlautgrenze des Art. 6 Nr. 1 EuGVO a.F. zu beachten.[787]

bb) Individualrechtsschutz und Einheitlichkeit des Unionsrechts

Wie oben in Kapitel 4 A. II. 1. b) bb) erläutert, kann eine Bedrohung der Position des EuGH als Hüter der elementaren Bürgerrechte nur dann vorliegen, wenn spezifische Grundrechtsfragen relevant sind. Dafür bestehen keine Anhaltspunkte.

cc) Ergebnis

Alle Bewertungskriterien wurden erfüllt, sodass die Voraussetzungen eines materiellen Acte Clair vorliegen. In diesem Sinne verhinderte die vom BGH gewählte Auslegung den überbordenden Schwächerenschutz des Klägers in Versicherungssachen und bringt diesen in Einklang mit dem Beklagtenschutz. Dass nun widerstreitende Entscheidungen in derselben Rechtssache an unterschiedlichen Gerichten ergehen können, nahm der BGH mit seiner Auslegung in Kauf,

---

Rn. 24, 26; EuGH, Urteil vom 1.3.2005 – C-281/02 (Andrew Owusu ./. N. B. Jackson u.a.) = ECLI:EU:C:2005:120, Rn. 38, 40.

783 EuGH, Urteil vom 13.7.2006 – C-103/05 (Reisch Montage) = ECLI:EU:C:2006:471, Rn. 26.

784 Siehe *Wais*, LMK 2015, 371718.

785 EuGH, Urteil vom 19.2.2002 – C-256/00 (Besix SA) = ECLI:EU:C:2002:99, Rn. 34.

786 EuGH, Urteil vom 13.7.2006 – C-539/03 (Roche Nederland BV) = ECLI:EU:C:2006:458, Rn. 37; EuGH, Urteil vom 19.2.2002 – C-256/00 (Besix SA) = ECLI:EU:C:2002:99, Rn. 24 - 26; EuGH, Urteil vom 13.7.2006 – C-4/03 (GAT ./. LuK) = ECLI:EU:C:2006:457, Rn. 28.

787 Vgl. dazu *Wais*, LMK 2015, 371718, der von einem so gearteten originären Beklagteninteresse ausgeht.

da dieser Gefahr durch die Verfahrensaussetzung begegnet werden könne.[788] Zwar hatte der EuGH in seiner Folgerechtsprechung in der Rechtssache *SOVAG* nach Verneinung des besonderen Gerichtsstandes für Versicherungssachen einen Gerichtsstand nach Art. 6 Nr. 2 EuGVO a.F. bejaht. Dies begründete der EuGH aber damit, dass sich dort zwei gewerblich Tätige des Versicherungssektors gegenüberstanden.[789] Eine so geartete Fallkonstellation lag hier nicht vor.

4. LG Darmstadt, Teilurteil vom 13.10.2016 – 3 O 349/14

Das LG Darmstadt entschied durch Teilurteil vom 13.10.2016, dass die Klage eines in Polen Auffahrunfallgeschädigten gegen eine aufgrund Unionsrechts eingerichtete polnische Entschädigungsstelle, welche als auszahlende Stelle des jeweiligen Haftpflichtversicherers fungiere, mangels internationaler und örtlicher Zuständigkeit, abgewiesen werde.[790] Das LG Darmstadt lehnte die deutsche internationale Zuständigkeit nach Art. 9, 11 EuGVO a.F. ab, da es sich bei der Entschädigungsstelle nicht um einen Versicherer handele.[791] „Ein Versicherer ist über eine vertragliche Beziehung zum Schädiger selbst zur Eintrittspflicht gehalten und wird dafür vom Versicherungsnehmer durch eine Versicherungsprämie vergütet."[792] Diese Merkmale seien hier nicht erfüllt, es handele sich vielmehr um eine Garantiestelle.[793] Ein anzuerkennender Rechtsschein durch ein Regulierungsschreiben der Entschädigungsstelle sei nicht herzuleiten.[794]

a) Acte Clair

„Eine erweiternde oder analoge Auslegung, die auch einen sog. Scheinversicherer in den Anwendungsbereich der Art. 9, 11 EuGVVO a.F. einbeziehen würde, ist bereits wegen der durch den EuGH vertretenen grundsätzlich strikten Auslegung der Gerichtsstandsregelungen abzulehnen. Denn nach ständiger Rechtsprechung des EuGH müssen aufgrund des Gebots der Rechtsklarheit die

788 Vgl. *Hammer*, jurisPR-BGHZivilR 2015, Anm. 4, 3.

789 EuGH, Urteil vom 21.1.2016 – C-521/14 (SOVAG) = ECLI:EU:C:2016:41, Rn. 30 ff.

790 LG Darmstadt, 13.10.2016 – 3 O 349/14 = NJW-RR 2017, 228, juris Rn. 2 f., 17.

791 Ebd., 228, juris Rn. 20.

792 Ebd.

793 Ebd.

794 In diesem Schreiben hatte die Entschädigungsstelle auf den Nutzungsausfallschaden und die Gutachterkosten Bezug genommen. Es hieß dort: „im Namen und Vollmacht des ... tätig. Die obige Entscheidung ist endgültig. Etwaige Ansprüche sind gerichtlich gegen ... geltend zu machen.", ebd., 228, juris Rn. 22.

Zuständigkeitsvorschriften der EuGVVO in hohem Maße vorhersehbar sein. Dies gebietet, die besonderen Zuständigkeitsregeln eng auszulegen. Eine Auslegung über die ausdrücklich in der Verordnung vorgesehenen Fälle ist unzulässig (vgl. EuGH, Urteil v. 13.07.2006 - C-103/05; vgl. auch BGH, Urt. v. 24.02.2015 - VI ZR 279/14). Vor diesem Hintergrund bleibt für eine Einbeziehung der Beklagten zu 1) offensichtlich kein Raum, sodass es auch entgegen der Ansicht des Klägers einer Vorlage an den EuGH nicht bedarf."[795]

b) Bewertung

aa) Effet utile und Einheitlichkeit des Unionsrechts

Wie oben in Kapitel 4 A. II. 1. b) aa) bereits angesprochen, kann ein Acte Clair nur angenommen werden, wenn die Position des EuGH, die Effektivität des Unionsrechts zu gewährleisten, nicht bedroht wird.

Aus den Rechtssachen *Kronhofer* sowie *Reisch Montage* ergibt sich, dass die besonderen Zuständigkeitsvorschriften eng auszulegen seien und es unzulässig sei, sie über die ausdrücklich in der EuGVO a.F. vorgesehenen Fälle anzuwenden.[796]

Dieses allgemeine restriktive Verständnis könnte hier bezogen auf die Behandlung von sogenannten „Scheinversicherern" durch die Mechanismen der außergerichtlichen Schadensregulierung nach der Richtlinie 2009/103/EG (6. Kfz-Haftpflichtrichtlinie) und dem Grüne-Karte System spezifiziert worden sein.

Da der Sachverhalt unklar ließ, ob eine Entschädigungsstelle oder ein „behandelndes" Büro gemeint war, muss dies für beide geklärt werden; zumal in Polen die Entschädigungsstelle gleichermaßen die Funktion des Grüne-Karte Systems wahrnimmt.[797]

Erwägungsgrund (32) der Richtlinie 2009/103/EG[798] bestätigt die EuGH-Rechtssache *Odenbreit* insofern, als er festlegt, dass nach Art. 11 Abs. 2 i.V.m. Art. 9 Abs. 1 lit. b EuGVO a.F. der Geschädigte vor den Gerichten seines Wohnsitzes den Haftpflichtversicherer verklagen kann.

Art. 10 Richtlinie 2009/103/EG (6. Kfz-Haftpflichtrichtlinie) verpflichtete die Mitgliedstaaten zur Errichtung oder Anerkennung von Stellen, welche

---

795 LG Darmstadt, 13.10.2016 – 3 O 349/14 = NJW-RR 2017, 228, juris Rn. 21.

796 EuGH, Urteil vom 10.6.2004 – C-168/02 (Rudolf Kronhofer ./. Marianne Maier u.a.) = ECLI:EU:C:2004:364, Rn. 14; EuGH, Urteil vom 13.7.2006 – C-103/05 (Reisch Montage) = ECLI:EU:C:2006:471, Rn. 23.

797 *Looschelders*, IPRax 2018, 360, 361.

798 Ursprünglich Erwägungsgrund (16a) Richtlinie 2009/103/EG vom 16. September 2009.

Entschädigungen bei Sach- und Personenschäden leisten, sofern diese durch ein nicht nach Art. 3 Richtlinie 2009/103/EG versichertes oder nicht ermitteltes Fahrzeug verursacht werden. Dazu regelt Art. 24 Richtlinie 2009/103/EG, dass die eingerichtete Stelle im Rahmen der Versicherungspflicht eine Entschädigung für nach Art. 20 Richtlinie 2009/103/EG entstandene Unfälle leistet, worunter Sach- und Personenschäden aus einem Unfall gehören, die in einem anderen Mitgliedstaat als dem Geschädigtenwohnsitz von einem in einem Mitgliedstaat haftpflichtversicherten KFZ verursacht wurden. Nach diesem System wird der errichtete Garantiefonds Anspruchsschuldner, auch wenn die eingerichtete Stelle selbst die Aufgabe des Garantiefonds übernimmt und muss selbst Schadensersatz bzw. Entschädigung leisten, wenn der Anspruch berechtigt ist.

Nach Erwägungsgrund (47) der 6. Kfz-Haftpflichtrichtlinie soll der Einsatz der Entschädigungsstelle jedoch nur in Einzelfällen erfolgen. Beantragen kann der Geschädigte eine Entschädigung nur bei der Entschädigungsstelle seines Wohnsitzmitgliedstaates (Art. 24 Abs. 1 Unterabs. 2 sowie Art. 25 Abs. 1 S. 1 Richtlinie 2009/103/EG). Die Entschädigungsstelle des Unfallstaates kann nur, wenn diese gezahlt haben sollte, potenziell bei der Entschädigungsstelle des Mitgliedstaates Regress nehmen, in dem der Haftpflichtversicherer des Schädigers seine Niederlassung hat.

Zuständigkeitsregelungen für Klagen gegen die Entschädigungsstelle enthält die Richtlinie 2009/103/EG bis auf die Klarstellung, dass der nach Art. 21 der Richtlinie eingesetzte Schadensregulierungsbeauftragte nicht als Niederlassung im Sinne der EuGVO a.F. anzusehen ist, nicht, was den Schluss erlaubt, dass die allgemeinen Vorschriften anzuwenden sind und damit der Beklagtengerichtsstand gilt.[799] Danach könnte sich der Kläger schon gar nicht an die polnische Entschädigungsstelle wenden.

Anderes könnte für das „behandelnde Büro“ nach dem Grüne-Karte-System gelten. Sind beide Parteien aus Sicht des Unfallstaates Ausländer, kann auch nach diesem System vorgegangen werden. Danach kann der Geschädigte bei einem Unfall, bei dem das Schädigerfahrzeug seinen gewöhnlichen Standort in einem anderen Staat als dem Unfallstaat hat, einen Ausgleichsanspruch geltend machen.[800] In den für das Grüne-Karte System relevanten „International Regulations“[801] findet sich kein Anhaltspunkt dazu, ob dem Geschädigten ein

---

799 Siehe *Looschelders*, IPRax 2018, 360, 362.

800 Ebd., 361.

801 www.cobx.org, zuletzt abgerufen am 4.11.2019. Diese legen Grundsätze und Ausnahmen des Grüne-Karte Systems fest, wonach die einzelnen Büros auf Grundlage

Direktanspruch gegen das behandelnde Büro im Unfallstaat zusteht; dies richtet sich nach dem Recht des Unfallstaates.[802] Da alle EU-Rechtsordnungen aufgrund der Richtlinie 2009/103/EG einen Direktanspruch gegen den Geschädigten vorsehen, besteht generell ein solcher Direktanspruch gegen das „behandelnde Büro", welches die Pflichten eines Haftpflichtversicherers übernimmt.[803] Durch diesen Direktanspruch wird jedoch nicht der bestehende Direktanspruch gegen den Haftpflichtversicherer des Schädigers gesperrt, sodass ein doppelter Schutz bestünde. Eine etwaige Analogie dahingehend, auch das behandelnde Büro von Art. 11 Abs. 2 i.V.m. Art. 9 Abs. 1 lit. b EuGVO a.F. zu erfassen, scheidet hier mangels Regelungslücke aus. Der in Art. 9, 11 EuGVO a.F. verankerte Schutz des Schwächeren schließt zwar eine Kombination der unterschiedlichen Mechanismen mit ein – eine Schutzverdopplung darüber hinaus, was die Systeme vorsehen, entspricht jedoch nicht dem Schutzzweck der Normen.[804] Ohne Unklarheit kann daher der Schutzzweck der streitentscheidenden Norm ermittelt werden.

bb) Individualrechtsschutz und Einheitlichkeit des Unionsrechts

Wie bereits oben in Kapitel 4 A. II. 1. b) bb) angesprochen, kann eine Bedrohung der Position des EuGH als Hüter der elementaren Bürgerrechte nur dann vorliegen, wenn spezifische Grundrechtsfragen relevant sind. Dies ist jedoch nicht der Fall.

cc) Ergebnis

Damit entspricht die Auslegung des LG Darmstadt den Bewertungskriterien und erfüllt die Voraussetzungen eines materiellen Acte Clair. Teilweise wurde kritisiert, dass das LG Darmstadt bezüglich des fehlenden vertraglichen Bezuges zu formal argumentiert habe, weil die in Anspruch genommene Stelle zulasten des Haftpflichtversicherers des Schädigers „vermitteln" würde und dadurch mittelbar eine vertragliche Beziehung angenommen werden könne,[805] was sich jedoch nicht auf das Ergebnis auswirkt.

---

privatrechtlicher Verträge kooperieren. Siehe dazu MüKo BGB/*Junker*, Rom II-VO Art. 18, Rn. 22 f.

802 *Looschelders*, IPRax 2018, 360, 362 f.; MüKo BGB/*Junker*, Rom II-VO Art. 18, Rn. 22 f.

803 *Looschelders*, IPRax 2018, 360, 363; MüKo BGB/*Junker*, Rom II-VO Art. 18, Rn. 24.

804 Vgl. *Mankowski*, VersR 2017, 1149, 1151.

805 So bspw. *Looschelders*, IPRax 2018, 360, 362; *Mankowski*, VersR 2017, 1149, 1150 f.

III. Fazit

Alle untersuchten Entscheidungen zu Versicherungssachen erfüllten die Bewertungskriterien umfänglich und damit lag in allen Fällen ein materieller Acte Clair vor.

B. Verbrauchersachen

Die in der Praxis relevanteste Gruppe in der Kategorie der Gewährleistung des Schutzes des Schwächeren sind Verbraucherstreitigkeiten. Dabei besteht ein Gleichlauf zwischen dem Schutz des Verbrauchers im IPR und IZVR, was aus dem *Schlosser*-Bericht von 1978 zur Schaffung des Verbrauchergerichtsstands hervorgeht, wonach der Abschnitt des Verbraucherschutzes auf dem Gedankengut des bisherigen und gleichzeitigen europäischen Gemeinschaftsrechts beruhe.[806] Eine Orientierung am simultan entstandenen Römer Schuldvertragsübereinkommen fand somit statt.[807] Laut den Jahresberichten des EuGH wurden im Jahr 2010 neun neu eingegangene Vorlagen dem EuGH zur Vorabentscheidung vorgelegt.[808] 2017 war die Anzahl auf 34 Fälle gestiegen,[809] wobei der Verbraucherschutz unter der Kategorie der „wichtigsten behandelten Sachgebiete" gelistet war.[810] Der Schutzzweck der besonderen Zuständigkeitsvorschriften in Verbrauchersachen besteht darin, dem Verbraucher ein prozessuales Heimspiel zu ermöglichen.[811]

Der Verbraucherbegriff ist dabei autonom zu bestimmen[812] und eng

---

806 *Kieninger*, in: von Hein/Rühl (Hrsg.), 2016, 307, 308; Bericht *Schlosser* zum Beitrittsübereinkommen 1978, ABl. C 59 vom 5.3.1979, S. 71, 117. Dies spiegelt auch Erwägungsgrund (23) Rom I-VO wider.

807 Ebd.

808 Jahresbericht des EuGH 2010, Rechtsprechungsstatistiken – Gericht, S. 91 Nr. 3, https://curia.europa.eu/jcms/upload/docs/application/pdf/2011-05/ra2010_stat_cour_final_de.pdf, zuletzt abgerufen am 6.11.2019.

809 Jahresbericht des EuGH 2017, S. 111 Nr. III, https://curia.europa.eu/jcms/upload/docs/application/pdf/2018-04/ra_2017_de.pdf, zuletzt abgerufen am 6.11.2019.

810 Bis 2009 wurden der Verbraucher- und Umweltschutz wohl aufgrund ihrer rechtspolitischen Anfänge statistisch gemeinsam aufgeführt, vgl. *Rösler*, 2012, 48 mit Fn. 108.

811 Rauscher EuZPR/EuIPR/*Staudinger*, Vorbem zu Art. 17 ff. Brüssel Ia-VO, Rn. 1; *Stadler*, IPRax 2015, 203, 205.

812 EuGH, Urteil vom 19.1.1993 – C-89/91 (Shearson Lehmann Hutton Inc. ./. TVB) = ECLI:EU:C:1993:15, Rn. 13; EuGH, Urteil vom 3.7.1997 – C-269/95 (Francesco Benincasa ./. Dentalkit Srl.) = ECLI:EU:C:1997:337, Rn. 12.

auszulegen.[813] Dem besonderen Schutz des Verbrauchers dient der Verbrauchergerichtsstand. Da er einen Ausnahmeklägergerichtsstand darstellt und vom allgemeinen Grundsatz des Beklagtenwohnsitzes abweicht, soll dieser nicht über seinen Schutzzweck hinaus ausgedehnt werden.[814] Der Verbrauchergerichtsstand eröffnet dem Verbraucher einen Wahlgerichtsstand (Art. 14 EuGVÜ/Art. 16 EuGVO a.F. bzw. Art. 18 EuGVO n.F.). Als Kläger hat der Verbraucher die Wahl zwischen dem Gerichtsstand des Mitgliedstaates, in dem der Unternehmer seinen Wohnsitz hat und dem Mitgliedstaat, in dem der Verbraucher seinen Wohnsitz hat. Der Verbraucher kann hingegen nur an seinem Wohnsitz verklagt werden. Ferner sind Einschränkungen der Gerichtsstandswahl vorgesehen, Art. 15 EuGVÜ bzw. Art. 17 EuGVO a.F./Art. 19 EuGVO n.F. Gerichtsstandvereinbarungen sind nur unter strengen Voraussetzungen möglich, wenn die Vereinbarung nach Entstehung der Streitigkeit getroffen wurde (Nr. 1), dem Verbraucher dadurch mehr als ihm gesetzlich zustehende Gerichtsstandswahlmöglichkeiten zur Verfügung gestellt werden (Nr. 2), oder wenn die Vereinbarung zwischen zwei Parteien getroffen wird, die zum Zeitpunkt des Vertragsabschlusses im selben Mitgliedstaat ihren Wohnsitz oder gewöhnlichen Aufenthalt haben und die Zuständigkeit der Gerichte dieses Mitgliedstaats begründet ist (Nr. 3). Der Verbrauchergerichtsstand wurde in der EuGVO a.F. im Vergleich zum EuGVÜ erheblich erweitert.[815] Insbesondere die Ausdehnung auf alle Vertragstypen hat den Verbrauchergerichtsstand sehr gestärkt.

Die Schutzwürdigkeit des Verbrauchers wird auf eine Unterlegenheit in vielerlei Hinsicht im Gegensatz zum professionell agierenden Unternehmer gestützt. Zum einen habe der Verbraucher regelmäßig weniger Know-how in rechtlicher Hinsicht sowie weniger Sachkenntnis des Vertragsgegenstandes.[816] Zum anderen habe er häufig weniger Geschäfts- und Verhandlungserfahrung, sein Zugang zu Informationen sei erschwert und eine Rechtsberatung übersteige regelmäßig die Kosten, die der Verbraucher in Relation zum Wert des Vertragsgegenstandes bereit sei zu zahlen. Anders gestalte sich dies beim unternehmerischen Vertragspartner, der die Kosten seiner Rechtsberatung auf viele aufteilen könne (sog. *economies of scale*).[817] Insofern bestehe hier ein Ungleichgewicht.

---

813 EuGH, Urteil vom 20.1.2005 – C-464/01 (Johann Gruber ./. Bay Wa AG) = ECLI:EU:C:2005:32, Rn. 32 f., 43; *Kropholler/von Hein*, Europäisches Zivilprozessrecht, [9]2011, Art. 15 EuGVO, Rn. 6.

814 *Kropholler/von Hein*, Europäisches Zivilprozessrecht, [9]2011, Art. 15, Rn. 3, 6.

815 *Kohler*, in: FS Geimer, 2002, 461, 478 ff.

816 Siehe dazu *Sachse*, 2006, 11.

817 Dazu ebd., 12; *Scraback*, GPR 2017, 234, 245.

Dabei gehe das europäische Unternehmerleitbild zwar nicht von einer allgemeinen Überlegenheit aus, jedoch werde ihm volle Aufmerksamkeit bei seinem Handeln zugemutet.[818] Aus Interessengesichtspunkten haben beide Parteien ein Anliegen, ihr Geschäft einer bekannten Rechtsordnung zu unterwerfen sowie vor einem möglichst nahe liegenden Gericht zu klagen. Da bei grenzüberschreitenden Streitigkeiten häufig nicht beides in Einklang zu bringen ist, fällt diese Entscheidung zugunsten des Schwächeren aus, da der strukturell überlegenen Partei eher zugemutet wird, dies hinzunehmen.[819]

Insofern stellt der Verbraucherschutz eine Interessenabwägung dar. Die Einschränkung liegt bei der Zumutbarkeitsgrenze des Unternehmers, genauer, welche Verantwortung der Verbraucher vom Unternehmer erwarten darf,[820] da sich dieser gerade auf einen für ihn fremden Markt begibt und dadurch sein Handlungsfeld lokal erweitert.[821] Diese Zumutbarkeitsgrenze schlägt sich seit Inkrafttreten der EuGVO a.F. im Merkmal des „Ausrichtens“ nieder, welches einen Mindestbezug zum Wohnsitz in dem relevanten Mitgliedstaat erfordert und damit einen neuralgischen Punkt im europäischen Zuständigkeitsrecht darstellt.[822] Dadurch, dass der Verbraucherschutz bei der rechtsgeschäftlichen Entscheidungsfreiheit situationsspezifisch ansetzt, werden pauschale Einschränkungen der Privatautonomie vermieden.[823] Der Verbraucher wird bezüglich spezifischer, situativer Gefährdungen der Entscheidungsfreiheit geschützt und die systematische Einheit des übrigen Zivilrechts bleibt größtmöglich unangetastet.[824] Dadurch werde zwar die formale Vertragsfreiheit (Privatautonomie) begrenzt, aber die materiale Vertragsfreiheit im Sinne der tatsächlichen Ausübung gewährleistet.[825] Insofern kann das Verbraucherrecht als Marktrecht verstanden werden, das die Entscheidungsfreiheit der Verbraucher in materieller Hinsicht durch den „Abbau asymmetrischer Informationslagen“ stärkt.[826]

---

818 *Heiderhoff*, ^{4}2016, Rn. 208.

819 *W.-H. Roth*, in: FS Sonnenberger, 2004, 591, 606 ff.; *Sachse*, 2006, 38.

820 *Heiderhoff*, ^{4}2016, Rn. 209.

821 Rauscher EuZPR/EuIPR 2011/*Staudinger*, Vorbem Art. 15 - 17 EuGVO, Rn. 1.

822 Vgl. *Leible/Müller*, NJW 2011, 495 ff., 498.

823 *Sachse*, 2006, 42.

824 *Pfeiffer*, in: Schulte-Nölke/Schulze (Hrsg.), 1999, 21, 30, 42.

825 *Meller-Hannich*, 2005, 69; *Sachse*, 2006, 42; *W.-H. Roth*, JZ 2001, 475, 483.

826 *W.-H. Roth*, JZ 2001, 475, 483; *Basedow*, AcP 200 (2000), 445, 486 f. Dazu, wie im Zuge asymmetrischer Informationslagen der Markt zusammenbrechen kann, siehe *Akerlof*, The Quarterly Journal of Economics 84 (1970), 488.

Ferner ist ebenso das Interesse zu berücksichtigen, im Vorfeld sowohl das anwendbare Recht sowie das zuständige Gericht sicher ermitteln zu können, denn bei Verbraucherverträgen handelt es sich oft um massenhaft geschlossene Verträge mit niedrigem Streitwert, die eine einheitliche und typisierte Behandlung in kollisionsrechtlicher und international verfahrensrechtlicher Hinsicht erfordern.[827]

Waren früher Verbrauchergeschäfte immer auf einen geringen lokalen Radius ausgelegt, innerhalb dessen der Verbraucher seinen Bedarf deckte, haben in der globalisierten Welt und durch die neuen elektronisch unterstützten Vertriebsmöglichkeiten die Radien, in denen Verbraucher häufig geringwertige Alltagsgegenstände[828] erwerben, eine Erweiterung erfahren.[829] Durch das Internet sind nicht mehr nur Geschäftsleute global tätig, sondern auch Verbraucher in grenzüberschreitende Geschäfte involviert, ohne dass sie das Land verlassen müssen. Sie können von einem stark erweiterten Angebot und einer breiten Produktpalette wählen und ihre lokalen Angebote mit ausländischen vergleichen.

Auf der anderen Seite profitieren auch die Unternehmer durch die neuen Vertriebsmethoden, wodurch sie sich einen erweiterten Markt und einen größeren Kundenstamm erschließen können. Dies hat die EU mit der Schaffung eines gemeinsamen Marktes, den Grundfreiheiten sowie einer gemeinsamen Währung erheblich erleichtert.[830] Art. 169 AEUV stellt prominent den Verbraucherschutz dar und die Rechtsprechung des EuGH zeigt, dass neben dem Lauterkeitsrecht der Verbraucherschutz mögliche Einschränkungen der Grundfreiheiten rechtfertigen kann.[831] Nach der Vorstellung der Konsumentensouveränität[832] kann der Binnenmarkt dadurch gestärkt und verwirklicht werden, indem der

---

827 *W.-H. Roth*, in: FS Sonnenberger, 2004, 591, 605; *Sachse*, 2006, 37.

828 Siehe dazu auch die EuBagatellVO, Verordnung (EG) Nr. 861/2007 des Europäischen Parlaments und des Rates vom 11. Juli 2007 zur Einführung eines europäischen Verfahrens für geringfügige Forderungen, ABl. L 199 vom 31.7.2007, S. 1–22, die ihre Wertgrenze in Art. 2 Abs. 1 bei 2000 Euro ansetzt. Seit ihrer Reform wurde die Wertgrenze auf 5000 Euro angehoben, ABl. L 341 vom 24.12.2015, S. 5.

829 Vgl. *Sachse*, 2006, 8.

830 Vgl. ebd., 9.

831 *Mankowski*, VuR 2006, 289, 292 mit Fn. 46, bezugnehmend auf EuGH, Urteil vom 25.7.1991 – C-288/89 (Stichting Collectieve Antennevoorziening Gouda ./. Commissariaat voor de Media) = ECLI:EU:C:1991:323, Rn. 27 sowie vom selben Tag EuGH, Urteil vom 25.7.1991 – C-353/89 (Kommission ./. Niederlande) = ECLI:EU:C:1991:325, Rn. 45 m.w.N.

832 *Rösler*, 2004, 140 ff.

Verbraucher aufgrund des Vertrauens in seine günstige und transparente Rechtsstellung besonders angeregt wird, grenzüberschreitend zu konsumieren.[833] Insofern kann der Verbraucherschutz als „Baustein der Binnenmarktförderung“[834] angesehen werden. Der Verbraucher als „Promotor“ ist „Ausgangspunkt der Binnenmarktverwirklichung“, da sich durch den Wettbewerb der Anbieter in positiver Hinsicht an den Bedürfnissen der Verbraucher orientiert und für den Verbraucher ungünstige Rechtsgestaltung keine Wettbewerbsvorteile bringt.[835] Die dadurch einhergehende Rechtsangleichung erfolgt somit in dem Sinne, dass Wettbewerbsbedingungen angeglichen werden.[836] Wirtschaftlich gesehen wird es somit als sinnvoll angesehen, den Verbrauchern bei ihrem vertraglichen Tätigwerden gegenüber Unternehmern zu schützen. Verbraucherschutz wird als im Kontext der Globalisierung zur Wohlstandsmaximierung notwendig angesehen.[837] Verbraucherrecht als politisches Recht verstehend, kann sein Hintergrund darin gesehen werden, dem „eigenen“ Verbraucher als potenziellem Wähler[838] einen Gerichtsstand im Inland und dazu die Anwendung des Heimatrechts zu verschaffen, hier zunächst unabhängig von der Herkunft des Unternehmers.[839] Hat der „eigene“ Verbraucher dann die Wahl zwischen zwei Unternehmern, der eine aus dem Inland, der andere aus dem Ausland, wird politisch motiviert eine Bevorzugung des inländischen Unternehmers stattfinden, um die inländische Wirtschaft zu stärken.[840]

So positiv sieht dies jedoch nicht die Gesamtheit der Stimmen. *Schütze* bezeichnet beispielsweise das Opfer der Abkehr des Beklagtenschutzes für „euphemistisch als Verbraucherschutz bezeichnete Regelung[en]“,[841] welche den europäischen Justizraum durch die Schaffung einer Zweiklassenjustiz auseinanderreiße und durch die einhergehende Gefährdung der Einheit des Unionsrechts den Gerechtigkeitsgehalt der Rechtsordnung mindere.[842]

---

833 *Heiderhoff*, ⁴2016, Rn. 191.

834 Ebd., 190.

835 *Meller-Hannich*, 2005, 68.

836 Ebd. In diesem Sinne auch *Ulmer*, JZ 1992, 1, 3 f.

837 *Scraback*, GPR 2017, 234, 245.

838 Hier Bezugnahme zur public choice theory, siehe dazu begründend *Buchanan/Tollison*, Theory of public choice, 1972.

839 *Basedow*, 2015, Rn. 641. Er zeigte hier einen Ansatz der public choice theory auf.

840 Ebd.

841 *Schütze*, in: FS Gottwald, 2014, 585, 591.

842 Ebd.; kritisch ebenfalls *Schack*, Internationales Zivilverfahrensrecht, ⁷2017, Rn. 314; zum IPR *Calliess*, ZEuP 2006, 742; *Doralt/Nientner*, AcP 215 (2015), 855.

Im Rahmen des Verbrauchergerichtsstands ergaben sich drei Problemfelder, bei denen die deutschen Gerichte von einer Vorlage wegen eines Acte Clair absahen. Diese betrafen bezüglich des Verbraucherbegriffs die besondere Konstellation eines sowohl privaten als auch gewerblichen Geschäftes und die Frage einer möglichen Zurechnung der Verbrauchereigenschaft eines Dritten. Zudem bestanden Probleme zu der von Art. 15 Abs. 1 lit. c EuGVO a.F. geforderten Voraussetzung des Ausrichtens bzw. dem Erfordernis eines vorausgegangenen Angebots oder Werbung nach Art. 13 EuGVÜ. Drittens ergaben sich Probleme bezüglich des Niederlassungsortes nach Art. 15 Abs. 2 EuGVO a.F. Grenzüberschreitende Verbraucherstreitigkeiten stellen laut *Mankowski* eher eine Seltenheit dar, da diese meist keine besonders hohen Transaktionsvolumina haben, dennoch seien sie, sofern sie doch vor Gericht kämen, häufig juristisch sehr interessant,[843] was sich durch die folgenden Entscheidungen bestätigen lässt.

I. Dual-Use Geschäft

Die hier relevante Rechtsprechung zum Verbraucherbegriff[844] widmete sich zunächst der bekannten Situation eines dual-use Geschäftes, einem Geschäft, das sowohl privaten als auch geschäftlichen Charakter aufwies (mixed-purpose contracts).[845] Diese dual-use Problematik lag in einer modifizierten und erweiterten Form vor, da es um die Zurechnung der Verbrauchereigenschaft eines Dritten ging.

1. EuGH-Rechtsprechung

Besonders die Entscheidung des EuGH in der Rechtssache *Gruber* vom 20.1.2005 (am selben Tag war auch das Urteil *Engler* ergangen beides Entscheidungen der 2. Kammer) war für die Verbrauchereigenschaft bei einem dual-use Geschäft entscheidend. In dem zugrundeliegenden Verfahren war der Kläger ein

843 *Mankowski*, IPRax 2009, 238 sowie zu den Gründen *Mankowski*, in: Wagner/Wedl (Hrsg.), 2007, 325, 339–341.

844 Kritisch allgemein zum Verbraucherbegriff im Europäischen Prozessrecht *H. Roth*, in: FS von Hoffmann, 2011, 715 ff.

845 Im Bericht *Giuliano/Lagarde*, ABl. C 282 vom 31.10.1980, S. 23 = BT-Dr 10/503, S. 55 tauchten „gemischte Verträge" ebenfalls auf und sollten einheitlich als verbrauchervertraglich eingestuft werden, wenn die Person „im wesentlichen außerhalb des Rahmens ihrer beruflichen oder gewerblichen Tätigkeit handelt." Dies entspreche so auch der Ansicht, die dem Parallelproblem in Art. 5 EVÜ zugrunde gelegt worden sei, ebd.

in Österreich tätiger Landwirt. Er hatte von einem in Deutschland ansässigen Baustoffhändler 24.000 Ziegeln für das Dach seines Hofes gekauft und stellte Farbabweichungen an den Ziegeln fest, woraufhin er auf Gewährleistung und Schadensersatz klagte.[846] Zum Zeitpunkt des Kaufvertrages diente der Hof als Futterlagerstätte für im Hof gehaltene 220 Schweine und der Kläger bewohnte den Hof mit drei weiteren Personen.[847] Der österreichische OGH legte dem EuGH unter anderem die Frage der Qualifikation des Kaufvertrages als Verbrauchervertrag im Sinne des Art. 13 EuGVÜ vor.[848]

Der EuGH verneinte die Verbrauchereigenschaft des Landwirts unter Verneinung seiner besonderen Schutzwürdigkeit.[849] Dabei bezog er sich darauf, dass sich die verbraucherrechtlichen Sonderregelungen sich „nur auf den nicht berufs- oder gewerbebezogen handelnden privaten Endverbraucher beziehen und ihre Anwendung nicht auf Personen erstreckt werden darf, die dieses Schutzes nicht bedürfen."[850] Insbesondere nahm der EuGH Bezug auf die Entscheidung *Benincasa*,[851] wonach die Art. 13 Abs. 1, 14 Abs. 1 EuGVÜ eng auszulegen seien.[852] Ferner könne sich „eine Person, die einen Vertrag zu einem Zweck abschließt, der sich teilweise auf ihre beruflich-gewerbliche Tätigkeit bezieht und der somit nur zu einem Teil nicht dieser Tätigkeit zugerechnet werden kann, grundsätzlich nicht auf diese Vorschriften berufen. Etwas anderes könnte nur gelten, wenn die Verbindung zwischen diesem Vertrag und der beruflich-gewerblichen Tätigkeit des Betroffenen so schwach wäre, dass sie nebensächlich würde und folglich im Zusammenhang des Geschäftes, über das der Vertrag

846 EuGH, Urteil vom 20.1.2005 – C-464/01 (Johann Gruber ./. Bay Wa AG) = ECLI:EU:C:2005:32, Rn. 16, 23.

847 OGH, 19.5.2005 – 6 Ob 19/05w = öJBl. 2005, 594 mit Anm. *Pfersmann*, öJBl. 2005, 598.

848 OGH, 8.11.2001 – 6 Ob 56/01 f. Nach sechsjähriger Verfahrensdauer wurde die Klage des Landwirtes, gerichtet auf Gewährleistung und Schadensersatz, wegen Unzuständigkeit der österreichischen Gerichte zurückgewiesen.

849 EuGH, Urteil vom 20.1.2005 – C-464/01 (Johann Gruber ./. Bay Wa AG) = ECLI:EU:C:2005:32, Rn. 40 f.

850 Ebd., Rn. 35.

851 EuGH, Urteil vom 3.7.1997 – C-269/95 (Francesco Benincasa ./. Dentalkit Srl.) = ECLI:EU:C:1997:337, Rn. 16-18. Rn. 18: „Die geprüften Vorschriften sind daher im Einklang mit ihrem Wortlaut, ihrem Geist und ihrer Zielsetzung so zu verstehen, daß die durch sie geschaffene besondere Schutzregelung nur für Verträge gilt, die ohne Bezug zu einer gegenwärtigen oder zukünftigen beruflichen oder gewerblichen Tätigkeit oder Zielsetzung und unabhängig von einer solchen geschlossen werden."

852 EuGH, Urteil vom 20.1.2005 – C-464/01 (Johann Gruber ./. Bay Wa AG) = ECLI:EU:C:2005:32, Rn. 36.

abgeschlossen wurde, insgesamt betrachtet nur eine ganz untergeordnete Rolle spielte."[853] Diese Auslegung sah der EuGH in der negativ ausgestalteten Formulierung des Art. 15 Abs. 1 EuGVO a.F.: „Zweck, der nicht der beruflichen oder gewerblichen Tätigkeit ... zugerechnet werden kann", als bestätigt an.[854] Ferner entspreche die Auslegung den Erfordernissen der Rechtssicherheit und Vorhersehbarkeit des zuständigen Gerichts sowie dem wichtigen Ziel des EuGVÜ, der Vermeidung von Gerichtsstandshäufungen.[855]

Damit erteilte der EuGH der damals vorherrschenden Literaturansicht eine Absage,[856] welche die Präponderanzmethode vertreten hatte, wonach das Übergewicht des jeweiligen Schwerpunktes ausschlaggebend sei. Diese Ansicht stützte sich auf die Formel des „überwiegenden Zwecks".[857] Ebenfalls von der Literatur vertreten worden war eine generelle Zweifelsregelung zugunsten der Verbrauchereigenschaft, sodass ein Verbraucherhandeln nur ausgeschlossen werden könne, wenn die Tätigkeit „eindeutig oder ausschließlich" beruflich sei.[858] Auch die gegenteilige Ansicht, wonach umgekehrt stets professionelles Handeln angenommen werden müsse, da ein gemischter Zweck bereits das Schutzbedürfnis einer „total schutzbedürftige Privatperson (Verbraucher)" entfallen lasse, war von der Literatur vertreten worden.[859]

2. BGH, Beschluss vom 13.10.2016 – IX ZB 9/16

Der Beschluss des BGH vom 13.10.2016 – IX ZB 9/16[860] beendete einen Streit, der über zehn Jahre lang an sechs Gerichten in Deutschland und Finnland

---

853 EuGH, Urteil vom 20.1.2005 – C-464/01 (Johann Gruber ./. Bay Wa AG) = ECLI:EU:C:2005:32, Rn. 39.

854 Ebd., Rn. 43.

855 Ebd., Rn. 44 f. Besonders kritisch in Beweislastfragen sehend, *H. Roth*, in: FS von Hoffmann, 2011, 715, 720 ff.

856 EuGH, Urteil vom 20.1.2005 – C-464/01 (Johann Gruber ./. Bay Wa AG) = ECLI:EU:C:2005:32.

857 *Sachse*, 2006, 108; *Reinhart*, in: FS Trinkner, 1995, 657, 662.

858 *Schwerdtfeger*, DStR 1997, 499, 500; *Purnhagen*, ZRP 2012, 36, 37; *Purnhagen*, VuR 2010, 69, 70. In diese Richtung auch *Graf von Westphalen*, BB 1996, 2101. Für eine restriktive Haltung bereits vor der Rechtssache Gruber, *Pfeiffer*, NJW 1999, 169, 173.

859 *Jauernig*, in: FS Schlechtriem, 2003, 569; Jauernig BGB 15. Aufl. 2014/*Mansel*, § 13 BGB, Rn. 3.

860 BGH, 13.10.2016 – IX ZB 9/16 = IPRax 2017, 617.

geführt worden war.[861] Der deutsche Antragsgegner hatte mit dem finnischen Antragsteller einen Vertrag über einen Holzhausbausatz sowie am selben Tag einen Agenturvertrag zum Vertrieb von Holzhäusern abgeschlossen. Das Haus sollte unter anderem als Musterhaus der Vertriebstätigkeit des Antragsgegners in Deutschland dienen. Die aufgezeigten Problemfelder waren eingebettet in die vom BGH zu entscheidende Frage, ob die in Finnland ergangene Entscheidung in Deutschland am Beklagtenwohnsitz vollstreckt werden könne. Der Antragsgegner verfolgte mit der Rechtsbeschwerde an den BGH die Abweisung des Antrags auf Vollstreckbarerklärung. Der Beschwerdeführer begründete mit Art. 103 Abs. 1 GG eine Verletzung des rechtlichen Gehörs dahin gehend, dass das Beschwerdegericht seine Verbrauchereigenschaft und die seiner Frau unberücksichtigt gelassen habe (Art. 16 Abs. 2 EuGVO a.F.) und daher ein Versagungsgrund der Anerkennung gem. Art. 45 Abs. 1, 35 Abs. 1 EuGVO a.F. vorläge.

a) Lösung des BGH bezüglich der Rechtsprobleme

Auf Anerkennungsebene eingebettet lehnte der BGH dies ab. Dazu führte er aus, dass ein Versagungsgrund gemäß Art. 45 Abs. 1 S. 1, Art. 35 Abs. 1 EuGVO a.F. nur dann gegeben sei, wenn der Verbrauchergerichtsstand gemäß Art. 15 Abs. 1 EuGVO a.F. vorläge und daher nach Art. 16 Abs. 2 EuGVO a.F. nur die deutschen Gerichte zuständig wären.[862]

Sich stützend auf die EuGH-Entscheidung *Gruber,* führte der BGH zum Verbrauchergerichtsstand aus: „Ist der Gegenstand des Vertrages für einen Zweck bestimmt, der sich teilweise der beruflichen oder gewerblichen Tätigkeit der betreffenden Person zurechnen lässt, greift der besondere Schutz der Art. 15 ff. EuGVVO unabhängig von der Gewichtung zwischen privatem und beruflich-gewerblichem Zweck nicht ein, solange der beruflich-gewerbliche Zweck nicht derart nebensächlich ist, dass er im Gesamtzusammenhang des betreffenden Geschäfts nur eine ganz untergeordnete Rolle spielt."[863] Da die beabsichtigte beruflich-gewerbliche Nutzung durch den am selben Tag unterzeichneten Verkaufsvertretervertrag jedenfalls nicht als nebensächlich angesehen werden könne, lehnte er die Verbrauchereigenschaft des Beschwerdeführers ab. Ferner verneinte er eine Zurechnung der Verbrauchereigenschaft der

861 Unter den mindestens zehn Entscheidungen waren zwei Entscheidungen des Finnischen Obersten Gerichts sowie zwei BGH-Entscheidungen zum Exequaturverfahren, näher dazu siehe Anm. *Köhler*, IPRax 2017, 570, 570 f.

862 BGH, 13.10.2016 – IX ZB 9/16 = IPRax 2017, 617, 618 Rn. 7.

863 Ebd., 618 Rn. 8.

Ehefrau, da die vertragliche Einbindung eines Verbrauchers den auch gewerblich handelnden Vertragspartner nicht schutzbedürftig mache und daher eine Zurechnung eines nicht am Prozess beteiligten Verbrauchers zu seinen Gunsten nicht gerechtfertigt sei.[864] Dieses Auslegungsergebnis entspreche dem Ausnahmecharakter der besonderen Schutzvorschriften, wonach dieser nicht auf nicht schutzbedürftige Personen ausgedehnt werden dürfe.[865] Zudem entspreche es der Systematik der EuGVO a.F., dass die Zuständigkeitsvorschriften nach Erwägungsgrund (11 S. 1) EuGVO a.F. in hohem Maße vorhersehbar sein müssen, weshalb auf das konkrete Prozessrechtsverhältnis abzustellen sei, da nur dieses eine enge Beziehung zwischen dem Gericht und dem konkreten Rechtsstreit aufweise.[866] Es liefe der Vorhersehbarkeit der Zuständigkeitsregelungen zuwider, wenn der Vertrag zwischen den Prozessparteien als Gegenstand des Verfahrens auch materiellrechtliche Auswirkungen für nicht am Prozess beteiligte Personen hätte.[867] Für die Zweckbestimmung des Art. 15 Abs. 1 EuGVO a.F. sei daher nur auf die Prozessparteien abzustellen.[868] Damit stelle die Nichtberücksichtigung des Vortrags, die Ehefrau sei Verbraucherin, keinen Verstoß des rechtlichen Gehörs dar.[869]

b) *Acte Clair*

„Die Notwendigkeit einer Auslegung der Art. 15 Abs. 1 lit. c), Art. 16 Abs. 2 EuGVVO verpflichtet den Senat nicht zu einer Vorlage an den [EuGH] gemäß Art. 267 Abs. 1 Nr. 2, Abs. 3 AEUV. Die Auslegungsfrage ist zwar noch nicht Gegenstand einer Entscheidung des Gerichtshofs gewesen. Eine Vorlage kann jedoch unterbleiben, wenn die richtige Anwendung des Unionsrechts derart offenkundig ist, dass für einen vernünftigen Zweifel kein Raum bleibt. Ob dies der Fall ist, ist von den nationalen Gerichten unter Berücksichtigung der Eigenheiten des Unionsrechts, der besonderen Schwierigkeiten seiner Auslegung und der Gefahr voneinander abweichender Gerichtsentscheidungen innerhalb der Gemeinschaft zu beurteilen (EuGH, Urteil vom 6. Oktober 1982, C-283/81, C.I.L.F.I.T., Slg. 1982, 3415 Rn. 16 ff; vgl. BVerfG, VersR 2014, 609 Rn. 27). Die Auslegung der Art. 15 Abs. 1 lit. c), Art. 16 Abs. 2 EuGVVO mit dem vorstehend genannten Ergebnis ist

864 BGH, 13.10.2016 – IX ZB 9/16 = IPRax 2017, 617, 618 Rn. 12.
865 Ebd.
866 Ebd., 619 Rn. 13.
867 Ebd.
868 Ebd.
869 Ebd., 618 Rn. 5.

im Sinne dieser Grundsätze nicht zweifelhaft. Der Senat ist ferner davon überzeugt, dass die gleiche Gewissheit auch für die Gerichte der übrigen Mitgliedstaaten und für den [EuGH] besteht.“[870]

c) Bewertung

aa) Effet utile und Einheitlichkeit des Unionsrechts

Wie oben in Kapitel 4 A. II. 1. b) aa) definiert, kann ein Acte Clair nur angenommen werden, wenn die Position des EuGH, die Effektivität des Unionsrechts zu gewährleisten, nicht bedroht wird.

Der Erwägungsgrund (13) EuGVO a.F. zeigt auf, dass in Verbrauchersachen die schwächere Partei durch für sie günstigere Zuständigkeitsvorschriften geschützt werden soll. Art. 15 Abs. 1 lit. c EuGVO a.F. stellt eine solche Vorschrift dar, die dem Verbraucher einen Gerichtsstand an seinem Wohnsitz ermöglicht. Wie weit der Schutzzweck des Art. 15 Abs. 1 lit. c EuGVO a.F. reicht, und ob auch bei dual-use Geschäften der Verbraucherbegriff erfüllt wird, müsste ohne Unklarheiten ermittelbar sein.

Unter Verbrauchern versteht der EuGH grundsätzlich nicht berufs- oder gewerbsbezogen handelnde Endverbraucher,[871] die Verträge für ihren privaten Eigenbedarf schließen.[872] Art. 15 EuGVO a.F./Art. 17 EuGVO n.F. fordert, dass sich das Handeln eines Verbrauchers außerhalb jeglicher beruflichen Tätigkeit erstreckt („der nicht der beruflichen oder gewerblichen Tätigkeit dieser Person zugerechnet werden kann“).[873] Nach der Rechtssache *Gruber* ist zur Abgrenzung eine Evidenzkontrolle vorzunehmen. Auch wenn das internationale Zivilprozess- und Privatrecht sowie das nationale Recht in § 13 BGB ihren Verbraucherbegriff aus dem europäischen Recht ableiten, wird diese Eigenschaft nicht einheitlich verstanden.[874] Weitere Anhaltspunkte könnte der Verbraucherbegriff im IPR liefern. Der Verbraucherbegriff nach Art. 6 Rom I-Verordnung ist jedoch relativ ungeklärt.[875] Auch die

---

870 BGH, 13.10.2016 – IX ZB 9/16 = IPRax 2017, 617, 619 Rn. 14.

871 EuGH, Urteil vom 19.1.1993 – C-89/91 (Shearson Lehmann Hutton Inc. ./. TVB) = ECLI:EU:C:1993:15, Rn. 20, 22.

872 EuGH, Urteil vom 20.1.2005 – C-464/01 (Johann Gruber ./. Bay Wa AG) = ECLI:EU:C:2005:32, Rn. 36; EuGH, Urteil vom 14.3.2013 – C-419/11 (Česká spořitelna, a.s. ./. Gerald Feichter) = ECLI:EU:C:2013:165, Rn. 34.

873 Prütting/Gehrlein ZPO/*Pfeiffer*, Art. 19 Brüssel Ia-VO, Rn. 4.

874 Vgl. *Friesen/Frensing-Deutschmann*, jM 2018, 51, 55.

875 Siehe ebd. Während große Teile des Schrifttums den Vebraucherbegriff des EuGH auch auf Art. 6 Rom I-VO anwenden (Rauscher EuZPR/EuIPR/*Heiderhoff*, Art. 6

Verbraucherrechterichtlinie[876] hat entgegen dem Urteil *Gruber* in ihrem Erwägungsgrund (17) festgehalten, dass die Verbrauchereigenschaft bei gemischten Verträgen zu bejahen sei, wenn „der gewerbliche Zweck im Gesamtzusammenhang des Vertrags nicht überwiegend ist." Es wird in Abkehr zur nach der Rechtssache *Gruber* vorzunehmenden Evidenzkontrolle auf den Schwerpunkt des Vertragszwecks abgestellt.[877] Hierin wurde teilweise eine Rückkehr der Präponderanzmethode gesehen, was beispielsweise auch die Neufassung des § 13 BGB in Umsetzung der Richtlinie übernommen hat.[878] Um einen rechtsaktübergreifenden Auslegungsgleichlauf[879] zu gewährleisten, ist daher denkbar, diese Ausformung der Richtlinie, die nur den Anwendungsbereich der Richtlinie selbst regelt, auf die Art. 15 ff. EuGVO a.F./Art. 6 Rom I-VO ausstrahlen zu lassen.[880] Ansonsten seien Fälle denkbar, wonach zuständigkeitsrechtlich der Verbraucherschutz abgelehnt werde, jedoch materiellrechtlich bejaht werden

Rom I-VO Rn. 24; Ferrari/*Staudinger* IntVertragsR, Art. 6 Rom I-VO, Rn. 21), verfolgen andere einen Schwerpunktansatz (Staudinger IPR/*Magnus*, Art. 6 Rom I-VO Rn. 47; NK IPR/*Leible*, Art. 6 Rom I-VO Rn. 24). Von einem Wahlrecht ausgehend jurisPK BGB/*Limbach*, Art. 6 Rom I-VO Rn. 21. Offen lassend MüKo BGB/*Martiny*, Art. 6 Rom I-VO, Rn. 15.

876 Richtlinie 2011/83/EU des Europäischen Parlaments und des Rates vom 25. Oktober 2011 über die Rechte der Verbraucher, zur Abänderung der Richtlinie 93/13/EWG des Rates und der Richtlinie 1999/44/EG des Europäischen Parlaments und des Rates sowie zur Aufhebung der Richtlinie 85/577/EWG des Rates und der Richtlinie 97/7/EG des Europäischen Parlaments und des Rates Text von Bedeutung für den EWR, ABl. L 304 vom 22.11.2011, S. 64–88.

877 Vgl. *Köhler*, IPRax 2017, 570, 573.

878 Das deutsche materielle Recht stellte hingegen vor dem 13.6.2014 darauf ab, dass das Handeln außerhalb jeglicher selbstständiger beruflicher Tätigkeit liegen müsse und wurde in Umsetzung der Verbraucherrechterichtlinie in seiner neuen Fassung durch das Einfügen des Wortes „überwiegend" modifiziert, BR-Drs. 17/13951, 96 in Umsetzung der RL 2011/83 EU-Verbraucherrechte RL. Siehe dazu Jauernig, BGB/*Mansel*, [17]2018, § 13 BGB Rn. 1; Prütting/Gehrlein ZPO/*Pfeiffer*, Art. 19 Brüssel Ia-VO, Rn. 4. Bereits unter Geltung des § 13 BGB a.F. wurde im deutschen Recht nachdrücklich die Schwerpunktmethode angewendet, was teilweise als mit dem Wortlaut unvereinbar angesehen wurde. Streng genommen fordere der Wortlaut einen ausschließlich privaten Zweck, was durch die Formulierung „weder…noch" deutlich würde, so bspw. *Loacker*, JZ 2013, 234, 242 und *Schroeter*, JuS 2006, 682, 684.

879 Grundlegend *Rühl*, GPR 2013, 122. Gegen eine schematische, rechtsaktübergreifende Auslegung siehe nur *Stadler*, IPRax 2015, 203, 204 ff.

880 So *Köhler*, IPRax 2017, 570, 573. Nach *Mankowski*, IPRax 2005, 503, 509 seien „die Materien in diesem Punkt permeabel und nicht gegeneinander abgeschottet."

müsse.[881] Eine dadurch erreichte Rechtszersplitterung könnte als problematisch angesehen werden. Betrachtet man jedoch auf der einen Seite die unterschiedlichen Schutzzwecke, die das internationale Zivilprozessrecht erfüllt und auf der anderen Seite die Bestimmung des anwendbaren Rechts, so wird ein Bedürfnis nach Unterscheidung bemerkbar. Im Bereich der Zuständigkeit sollte eine besonders einfache Lösung angestrebt werden, um größtmöglich der Vorhersehbarkeit Rechnung zu tragen. Auf dieser Ebene sollten Verbraucher gerade vor den spezifischen Risiken, die sich durch einen Prozess im Ausland ergeben, geschützt werden, um den grenzüberschreitenden Handel zu gewährleisten.[882] Raum für detaillierte und komplizierte Wertungsfragen gibt es auf Zuständigkeitsebene nicht, da solche die Vorhersehbarkeit erschweren.[883] Insofern ist das Auseinanderfallen bezüglich der anderen Unionsrechtsakte von der in *Gruber* eingeführten Evidenzkontrolle auf Zuständigkeitsebene hinzunehmen.[884] Anhaltspunkte dafür, dass unter Anwendung der EuGVO a.F. ein veränderter Verbraucherbegriff gelten soll, als der zum EuGVÜ vom EuGH in der Rechtssache *Gruber* entwickelte, bestehen nicht.[885] Die Lösung des EuGH mag eng wirken, doch sie vermittelt, da unbillige Härten vermieden werden, indem nach dem Vernachlässigkeitstest bei der Beurteilung der völligen Unterordnung privater Zwecke ein sehr grober Wertungsmaßstab angewandt wird, was die Rechtsicherheit erhöht.[886]

Zudem ist anders als im materiellen Verbraucherrecht, wo nun von einem eigenen Regelungsbereich gesprochen werden kann, welches nicht vom Regel-Ausnahme-Verhältnis geprägt ist,[887] der verfahrensrechtliche Verbraucherschutz als bedeutende Ausnahme zum Grundfall des *actor sequitur forum rei* zu verstehen. Ausnahmevorschriften sind grundsätzlich eng auszulegen. Zugunsten eines Käufers, der einen Vertrag zur Lieferung eines Hausbausatzes abschließt, welches er zwar zu bewohnen plant, aber zum späteren Vertrieb als Musterhaus nutzen möchte, kann dieser Schutz nicht gerechtfertigt werden, auch wenn der Käufer damit seine geschäftliche Tätigkeit erst beginnt.

881 Vgl. *Friesen/Frensing-Deutschmann*, jM 2018, 51, 55.

882 Vgl. *Stadler*, IPRax 2015, 203, 205; *Köhler*, IPRax 2017, 570, 573.

883 Siehe *Köhler*, IPRax 2017, 570, 573.

884 Vgl. ebd., 574, der die Evidenzkontrolle für sehr sachdienlich ansieht.

885 Vgl. EuGH, Urteil vom 14.3.2013 – C-419/11 (Česká spořitelna, a.s. ./. Gerald Feichter) = ECLI:EU:C:2013:165, Rn. 31.

886 So auch *Loacker*, JZ 2013, 234, 39, 242; *Meller-Hannich*, 2005, 132; *Schroeter*, JuS 2006, 682, 684.

887 Von einem „umfassenden Sonderregime“ ausgehend, *Köhler*, IPRax 2017, 570, 574.

Gegenspieler des Schwächerenschutzes ist für den Vertragsgegner die Vorhersehbarkeit des Gerichtsstandes, was durch den in Art. 15 Abs. 1 lit. c EuGVO a.F. verankerten erforderlichen Inlandsbezug deutlich wird. Zwar soll der Verbraucher als schwächere Partei geschützt werden, es müssen jedoch die strengen Voraussetzungen des Art. 15 EuGVO a.F. vorliegen. Würde man in die Prüfung der Voraussetzungen noch die Ehefrau des Käufers als nicht am Prozess Beteiligte berücksichtigen, wäre die Vorhersehbarkeit für den Vertragsgegner nicht gewährleistet. In der Rechtssache *Shearson Lehman Hutton* hat der EuGH entschieden, dass das systematische Argument der Vorhersehbarkeit des Gerichtsstandes erfordert, nur auf am Prozess beteiligte Personen abzustellen.[888] Dasselbe Argument kann bezüglich der Beachtung des am selben Tag geschlossenen Agenturvertrages wegen sachlichen Zusammenhangs angeführt werden.

Somit verbleiben hier keine Unklarheiten bei der Bestimmung des Schutzzwecks der Norm. Zwar wäre eine Vorlage zur Klärung des Verhältnisses der EuGVO zur Verbraucherrechterichtlinie wünschenswert gewesen, eine Bedrohung der Position des EuGH, die Effektivität und die Einheitlichkeit des Uniosnrechts zu wahren, liegt jedoch nicht vor.

bb) Individualrechtsschutz und Einheitlichkeit des Unionsrechts

Eine Bedrohung der Position des EuGH als Hüter der elementaren Bürgerrechte kann wie oben in Kapitel 4 A. II. 1. b) bb) definiert, nur dann vorliegen, wenn spezifische Grundrechtsfragen relevant sind.

In Betracht kommt, wie vom Beschwerdeführer angebracht, ein Verstoß gegen das rechtliche Gehör, da eine Verbrauchereigenschaft weder beim Antragsgegner noch seiner Ehefrau berücksichtigt wurde. Der Schutz des Schwächeren soll gerade Individuen, die wirtschaftlich oder rechtlich unterlegen sind, eine Verbesserung ihrer Rechtsstellung ermöglichen. Gleichermaßen ergibt sich aber aus den Grundrechten, dass der übermäßige Schutz bestimmter Bürger zur Diskriminierung andere Wirtschaftsteilnehmer führen würde.[889] Demnach darf auch bei einem weiten Verständnis dieser Schutz nicht auf Personen ausgeweitet werden, die dieses Schutzes nicht bedürfen. Bei dem Antragsgegner handelte es sich jedoch aufgrund des gewerblichen Charakters des Vertrages nicht um einen

---

888 Vgl. EuGH, Urteil vom 19.1.1993 – C-89/91 (Shearson Lehmann Hutton Inc. ./. TVB) = ECLI:EU:C:1993:15, Rn. 23, bezugnehmend auf GA Darmon, Marco, 27.10.1992 – Schlussanträge im Verfahren C-89/91 (Shearson Lehmann Hutton Inc. ./. TVB) = ECLI:EU:C:1992:410, Rn. 26.

889 Vgl. *Rodrígues Iglesias*, NJW 2000, 1889, 1894.

Verbraucher, sodass eine Schutzbedürftigkeit abzulehnen war. Die Nichtberücksichtigung der Verbrauchereigenschaft der nicht am Prozess beteiligten Ehefrau war ferner damit begründet worden, dass ansonsten die Vorhersehbarkeit der Zuständigkeitsvorschriften gefährdet wäre. Eine Zurechnung der Verbrauchereigenschaft der Ehefrau zugunsten des Antragsgegners war somit nicht gerechtfertigt. Da die Ehefrau nicht am Prozess beteiligt war, kommt eine Verletzung ihrer Prozessgrundrechte nach der Möglichkeitstheorie nicht in Betracht. Individualrechtsschutzbedenken bestehen nicht.

cc) Ergebnis

Die Auslegung des BGH entsprach den Bewertungskriterien, sodass die Voraussetzungen eines materiellen Acte Clair vorliegen.

Bislang zeichnet sich nicht ab, ob der EuGH langfristig ein kohärentes Verständnis des Verbraucherbegriffs anstrebt, oder ob er bei seinem Sonderweg im Bereich des internationalen Zuständigkeitsrechts bleibt.[890] Jedenfalls wurden weder Art. 6 Rom I-VO, bei der die herrschende Lehre bereits bei einem Überwiegen des gewerblichen Zwecks die Verbrauchereigenschaft entfallen lassen will noch Erwägungsgrund (17 S. 2) Verbraucherrechterichtlinie, der ebenfalls eine Präponderanzmethode verfolgt, bei der Neufassung der EuGVO berücksichtigt, beispielsweise durch Einfügen eines Erwägungsgrundes.[891] Unter Wertungsgesichtpunkten ist ein grobmaschiger Maßstab im Bereich der internationalen Zuständigkeit im Vergleich zum internationalen Privtrecht, wo feingliedriger justiert werden kann, zu begrüßen. Der EuGH hat sich in der Folgerechtsprechung nicht zu dem Verbraucherbegriff nach der Verbraucherrechterichtlinie im Rahmen des Art. 15 EuGVO a.F. geäußert.[892] Eine Vorlage wäre hier zwar wünschenswert gewesen, die Voraussetzungen des materiellen Acte Clar liegen jedoch vor. Verbraucherschützende Vorschriften stellen eine Abweichung von den allgemeinen Zuständigkeiten dar welche prinzipiell als marktstörend aufgefasst werden. Damit geht eine grundsätzliche Gefährdung der Rechtseinheit einher, da Spielräume bei der Anwendung den mitgliedstaatlichen Gerichten überlassen werden. Die Gefahr unterschiedlicher Auslegungsergebnisse ist hier besonders erheblich, da es sich um ein Rechtsanwendungsfeld handelt, welches

890 Zum Meinungsstand siehe Wieczorek/Schütze/*Nordmeier*, Art. 17 Brüssel Ia-VO Rn. 33 mwN.

891 Vgl. ebd.

892 Nicht auf die Verbraucherrechterichtlinie eingehend, EuGH, Urteil vom 14.3.2013 – C-419/11 (Česká spořitelna, a.s. ./. Gerald Feichter) = ECLI:EU:C:2013:165.

nicht kohärent geregelt wurde, sondern vor allem punktuell und sektoral.[893] Das europäische Verbraucherrecht stellt keine Normgesamtheit dar, die zwischen Privaten anwendbar ist.[894] Teilweise wird die These aufgestellt, dass es nicht die Aufgabe des EuGH sei und er nicht dazu legitimiert sei, eine Systembildung in Form eines konsistenten Konzepts zum marktordnenden Unionsrecht herzustellen und zu implementieren.[895] Aufgabe des EuGH sei vielmehr, nur die interne Kohärenz einer jeden Maßnahme sowie die Herstellung eines kohärenten Zusammenwirkens mit anderen Maßnahmen der Union und Politikfeldern zu gewährleisten.[896]

Im Gegensatz zum Unionsrecht hat die deutsche Rechtspraxis ganz andere Grundvoraussetzungen. In einem kohärenten und weitgehend lückenlos kodifizierten Regelungsbereich kann feiner justiert werden und der Schutzbereich ohne erhebliche Gefahr für das Rechtssystem auch auf tatsächlich Schutzbedürftige (im Einzelfall) ausgeweitet werden. Der Wertungsmaßstab kann hier auf einer feingliedrigeren Skala abgelesen werden, da ein etwaiges entstehendes Ungleichgewicht des Schwächerenschutzes einfacher und zielgerichteter behoben werden kann. Diese Flexibilität ist mit dem europäischen Rechtsrahmen nicht vergleichbar, da in Deutschland das Regelungsfeld beschränkter und die Anzahl an Rechtssubjekten viel geringer ist.

II. Ausrichten, Art. 15 Abs. 1 lit. c EuGVO a.F. bzw. ausdrückliches Angebot oder vorausgegangene Werbung, Art. 13 Abs. 1 Nr. 3 EuGVÜ

Ein weiterer Problemschwerpunkt betraf den Inlandsbezug des Verbrauchergeschäfts. Der erforderliche Inlandsbezug wurde im EuGVÜ durch ein ausdrückliches Angebot oder vorausgegangene Werbung sowie der Vornahme der erforderlichen Rechtshandlungen im Staat des Verbraucherwohnsitzes in Art. 13 Abs. 1 Nr. 3 bestimmt. In der EuGVO a.F. in Art. 15 Abs. 1 lit. c EuGVO a.F. wurde der Inlandsbezug auf das Merkmal des Ausrichtens vonseiten des Unternehmers beschränkt. Im Vergleich zum EuGVÜ wurde die EuGVO a.F. deutlich weiter gefasst, indem der Schutz grundsätzlich auch auf „aktive“ Verbraucher

---

893 Vgl. *Meller-Hannich*, 2005, 1.

894 So ebd., 71.

895 Vgl. *Ackermann*, ZEuP 2018, 741, 776.

896 Siehe eingehend ebd., 774 ff.

ausgeweitet wurde.[897] Als besonders problematisch stellte sich dar, ob ein Kausalitätserfordernis besteht und wenn ja, wann dieses bejaht werden kann.

Das Merkmal des Ausrichtens bildet einen neuralgischen Punkt. An ihm bemisst sich die Effektivität des Verbraucherprozessrechts, weshalb im Vorfeld der Schaffung des Art. 13 EuGVÜ sowie vor der Neufassung des Art. 15 EuGVO a.F. eine „heftige Schlacht" zwischen Verbraucherschützern und Wirtschaftslobbyisten ausgebrochen war.[898] Zwar hatte das Parlament eine Definition des Ausrichtens gefordert, dem schloss sich der Rat jedoch aufgrund der Empfehlung der Kommission nicht an.[899] Der Definitionsvorschlag enthielt eine Erheblichkeitsschwelle, die bewusst so nicht übernommen werden sollte.[900]

1. *EuGH-Rechtsprechung*

Der EuGH nahm erstmals in seinem Urteil vom 7.12.2010 in den Rechtssachen *Pammer und Alpenhof* Stellung. [901] Eine der Vorlagefragen war, ob es für das Ausrichten ausreiche, dass eine Website des Vertragspartners des Verbrauchers im Internet abrufbar sei.[902] In dieser großen Kammerentscheidung stellte der EuGH Indizien fest, anhand derer „sich feststellen lässt, ob eine Tätigkeit auf

---

897 Vgl. nur *Kröll*, EWiR 2005, 635, 658; *Mankowski*, IPRax 2009, 238, 238. Vereinzelte Gegenansicht *Pichler*, 2008, Rn. 583, der die Formulierung für enger ansieht.

898 So die Formulierung von *Mankowski*, VuR 2006, 289. Zum Widerstand des Handels- und Sozialausschusses vor Einführung des Kriteriums siehe *Micklitz/Rott*, EuZW 2001, 325, 331 mit Fn. 108. Zur Entstehungsgeschichte ferner *von Hein*, IPRax 2006, 16, 18.

899 *Micklitz/Rott*, EuZW 2001, 325, 331. *Mankowski*, IPRax 2009, 238 führte dazu aus, dass der Vorschlag des Parlaments nur „minimal und marginal" Konkretisierung gebracht hätte.

900 Der Vorschlag lautete: „Das Ausrichten einer solchen Tätigkeit" ist so zu verstehen, dass der Händler seine Tätigkeit gezielt und in erheblichem Maße auf diesen anderen Mitgliedstaat oder auf mehrere Länder dieses Staates ausgerichtete hat. Bei der Feststellung, ob ein Händler seine Tätigkeiten auf eine solche Weise ausgerichtete hat, berücksichtigen die Gerichte sämtliche Umstände des Falles, einschließlich eventueller Versuche des Händlers, sein Geschäftsgebaren gegen Rechtsgeschäfte mit Verbrauchern mit Wohnsitz in einem bestimmten Mitgliedstaat abzuschotten.", Stellungnahme des Europäischen Parlaments zum Vorschlag der Kommission für eine Verordnung über die gerichtliche Zuständigkeit und die Anerkennung und Vollstreckung von Entscheidungen in Zivil- und Handelssachen, ABl. C 146 vom 17.5. 2001, S. 98 (Änderungsvorschlag 37).

901 EuGH, Urteil vom 7.12.2010 – C-585/08 und C-144/09 (Pammer./.Reederei Schlüter und Hotel Alpenhof./.Heller) = ECLI:EU:C:2010:740.

902 Ebd., Rn. 24, 31.

den Wohnsitzmitgliedstaat des Verbrauchers „ausgerichtet" ist." [903] Dazu „gehören alle offenkundigen Ausdrucksformen des Willens, Verbraucher in diesem Mitgliedstaat als Kunden zu gewinnen." [904] Zu den geeigneten Anhaltspunkten, „deren Aufzählung nicht erschöpfend ist", gehören „der internationale Charakter der Tätigkeit, die Angabe von Anfahrtsbeschreibungen von anderen Mitgliedstaaten aus zu dem Ort, an dem der Gewerbetreibende niedergelassen ist, die Verwendung einer anderen Sprache oder Währung als der in dem Mitgliedstaat der Niederlassung des Gewerbetreibenden üblicherweise verwendeten Sprache oder Währung mit der Möglichkeit der Buchung und Buchungsbestätigung in dieser anderen Sprache, die Angabe von Telefonnummern mit internationaler Vorwahl, die Tätigung von Ausgaben für einen Internetreferenzierungsdienst, um in anderen Mitgliedstaaten wohnhaften Verbrauchern den Zugang zur Website des Gewerbetreibenden oder seines Vermittlers zu erleichtern, die Verwendung eines anderen Domänennamens oberster Stufe als desjenigen des Mitgliedstaats der Niederlassung des Gewerbetreibenden und die Erwähnung einer internationalen Kundschaft, die sich aus in verschiedenen Mitgliedstaaten wohnhaften Kunden zusammensetzt. Es ist Sache des nationalen Richters, zu prüfen, ob diese Anhaltspunkte vorliegen."[905] Ferner führte der EuGH aus, dass „die bloße Zugänglichkeit der Website des Gewerbetreibenden oder seines Vermittlers in dem Mitgliedstaat, in dessen Hoheitsgebiet der Verbraucher seinen Wohnsitz hat [hingegen] nicht ausreichend" sei.[906]

Ebenfalls löste der EuGH die in der Begründung des Art. 15 EuGVO[907] angeklungene Unterscheidung zwischen aktiven und passiven Websites auf und führte aus, „dass es nicht auf die [...] Unterscheidung ankommt, mit der zwischen Websites, die eine Kontaktierung des Gewerbetreibenden per E-Mail oder sogar einen Vertragsschluss online mittels einer sogenannten „interaktiven" Website ermöglichen, und Websites ohne diese Möglichkeit differenziert

903 EuGH, Urteil vom 7.12.2010 – C-585/08 und C-144/09 (Pammer./.Reederei Schlüter und Hotel Alpenhof./.Heller) = ECLI:EU:C:2010:740, Rn. 80 ff.

904 Ebd., Rn. 80 f.

905 Ebd., Rn. 93.

906 Ebd., Rn. 94.

907 Begründung des Art. 15 EuGVO, Vorschlag für eine Verordnung (EG) des Rates über die gerichtliche Zuständigkeit und die Anerkennung und Vollstreckung von Entscheidungen in Zivil- und Handelssachen KOM/99/0348 endg. - CNS 99/0154 ABl. C 376 E vom 28.12.1999, S. 1, 11.

wird."[908] Der EuGH verdeutlichte in diesem Urteil, dass die Änderung des Art. 15 Abs. 1 lit. c EuGVO a.F. eine Stärkung des Verbraucherschutzes bedeute.[909] Dennoch zeigte er einlenkend auf, dass der Verbrauchergerichtsstand sowohl eine Abweichung von der allgemeinen, Art. 2 Abs. 1 EuGVO a.F. sowie besonderen Zuständigkeitsregel des Art. 5 Nr. 1 EuGVO a.F. darstelle.[910] Ferner sei der gewährte Schutz nicht absolut.[911] Zwar machte der EuGH auf den Ausnahmecharakter der Vorschrift aufmerksam, jedoch ging er nicht (mehr) von einer generell restriktiven Auslegung aus.[912] Hierin ist eine Tendenz hin zu einem weiteren Verständnis des Verbraucherschutzes abzulesen.

Die Frage, die der EuGH in der Rechtssache *Pammer und Alpenhof* offen gelassen hatte,[913] ob für den Verbrauchergerichtsstand ein Vertragsschluss im Wege des Fernabsatzes erforderlich sei, beantwortete der EuGH (4. Kammer) in seinem Urteil in der Rechtssache *Mühlleitner* vom 6.9.2012.[914] Die Vorlagefrage bezog sich nur auf diese Frage. Da der vorlegende OGH das Ausrichten bejaht hatte, wurde diese Voraussetzung vom EuGH bewusst ausgeklammert.[915] Zur Beantwortung der Vorlagefrage stellte der EuGH fest, dass Art. 15 EuGVO a.F. eine Abweichung vom allgemeinen sowie besonderen Gerichtsstand darstelle und daher eng auszulegen sei.[916] Der EuGH verwies auf das Urteil *Pammer und Alpenhof*,[917] dass der von Art. 15 Abs. 1 lit. c EuGVO a.F. generierte Schutz

908 EuGH, Urteil vom 7.12.2010 – C-585/08 und C-144/09 (Pammer./.Reederei Schlüter und Hotel Alpenhof./.Heller) = ECLI:EU:C:2010:740, Rn. 79.

909 Ebd., Rn. 62.

910 Ebd., Rn. 53.

911 Ebd., Rn. 70.

912 Siehe bspw. die Urteile, die von einer engen Auslegung ausgingen: EuGH, Urteil vom 20.1.2005 – C-464/01 (Johann Gruber ./. Bay Wa AG) = ECLI:EU:C:2005:32, Rn. 32; zum EuGVÜ: EuGH, Urteil vom 20.1.2005 – C-27/02 (Petra Engler ./. Janus Versand GmbH) = ECLI:EU:C:2005:33, Rn. 43; EuGH, Urteil vom 3.7.1997 – C-269/95 (Francesco Benincasa ./. Dentalkit Srl.) = ECLI:EU:C:1997:337, Rn. 16 ff.

913 Ein Fernabsatzvertrag lag zumindest in der Rs. Alpenhof vor: EuGH, Urteil vom 7.12.2010 – C-585/08 und C-144/09 (Pammer./.Reederei Schlüter und Hotel Alpenhof./.Heller) = ECLI:EU:C:2010:740, Rn. 51.

914 EuGH, Urteil vom 6.9.2012 – C-190/11 (Daniela Mühlleitner ./. Ahmad Yusufi und Wadat Yusufi) = ECLI:EU:C:2012:542.

915 Ebd., Rn. 30.

916 Ebd., Rn. 26 f.

917 EuGH, Urteil vom 7.12.2010 – C-585/08 und C-144/09 (Pammer./.Reederei Schlüter und Hotel Alpenhof./.Heller) = ECLI:EU:C:2010:740, Rn. 70.

nicht absolut sei.[918] Ausdrücklich sehe Art. 15 EuGVO a.F. das Erfordernis des Fernabsatzvertrages nicht vor. Dennoch erwähnen Erwägungsgrund (24) der Rom I-VO sowie die gemeinsame Erklärung des Rates und der Kommission zum künftigen Art. 15 EuGVO a.F., dass zwar die Zugänglichkeit einer Website für ein Ausrichten allein nicht ausreiche; vielmehr sei erforderlich, dass diese Website auch den Vertragsschluss im Fernabsatz anbiete und dass tatsächlich ein Vertragsabschluss im Fernabsatz erfolgt sei, mit welchem Mittel auch immer.[919] Der EuGH wies aber auf den Bericht des Ausschusses für Recht und Binnenmarkt des Europäischen Parlaments vom 18.9.2000 über den Vorschlag für die künftige EuGVO hin, wo ausdrücklich die Zweckmäßigkeit eines zusätzlichen Erfordernisses des Fernabsatzvertrages diskutiert und abgelehnt wurde.[920] Das zusätzliche Erfordernis eines Fernabsatzvertrages liefe dem Telos des neu formulierten, weniger restriktiven und dem Schutz des Schwächeren dienenden Art. 15 Abs. 1 lit. c EuGVO a.F., zuwider.[921] Zwar wurde hier auf die restriktive Auslegung hingewiesen, im Ergebnis aber mit Bezug auf das Telos der Verbraucherschutz hinzugezogen, um die ergänzende Voraussetzung eines Fernabsatzvertrages abzulehnen. Darin ist eine Tendenz hin zu einem weiteren Verständnis des Verbraucherschutzes abzulesen.

Erst in der Rechtssache *Emrek* äußerte sich der EuGH (3. Kammer) zum Kausalitätserfordernis in Art. 15 Abs. 1 lit. c EuGVO. Bereits in zwei vorhergehenden Vorlagefragen des BGH in den Rechtssachen *Shearson Lehmann Hutton*[922] sowie identisch wiederholend in der Rechtssache *Brenner*,[923] hatte der EuGH damals zu Art. 13 EuGVÜ die Frage, ob es eines Zusammenhanges zwischen Werbung und Vertragsabschluss bedürfe, nicht beantwortet. In den Worten des EuGH lautete die Frage, ob das zum Ausrichten der beruflichen oder gewerblichen Tätigkeit auf den Wohnsitzmitgliedstaat des Verbrauchers eingesetzte Mittel, d. h. eine Internetseite, für den Vertragsschluss mit diesem Verbraucher kausal sein müsse.[924]

---

918 EuGH, Urteil vom 6.9.2012 – C-190/11 (Daniela Mühlleitner ./. Ahmad Yusufi und Wadat Yusufi) = ECLI:EU:C:2012:542, Rn. 33.

919 Ebd.

920 Ebd., Rn. 40.

921 Ebd., Rn. 42.

922 EuGH, Urteil vom 19.1.1993 – C-89/91 (Shearson Lehmann Hutton Inc. ./. TVB) = ECLI:EU:C:1993:15, 2. Vorlagefrage.

923 EuGH, Urteil vom 15.9.1994 – C-318/93 (Brenner und Noller ./. Dean Witter Reynolds) = ECLI:EU:C:1994:331, 3. Vorlagefrage.

924 EuGH, Urteil vom 17.10.2013 – C-218/12 (Emrek ./. Sabranovic) = ECLI:EU:C:2013:666, Rn. 20.

Dieses Erfordernis verneinte der EuGH. Nachdem der EuGH die geschriebenen Voraussetzungen des Art. 15 Abs. 1 lit. c EuGVO a.F. bejaht hatte,[925] führte er aus, es sei „im Rahmen einer teleologischen Auslegung von Art. 15 Abs. 1 Buchst. c der Verordnung Nr. 44/2001 zu bemerken, dass die zusätzliche ungeschriebene Voraussetzung eines Kausalzusammenhangs in dem in Randnr. 20 des vorliegenden Urteils genannten Sinne dem mit dieser Bestimmung verfolgten Ziel zuwiderliefe, das im Schutz der Verbraucher besteht, die bei Verträgen mit einem Gewerbetreibenden als schwächere Vertragspartei gelten."[926] Das zum Ausrichten eingesetzte Mittel müsse daher für den Vertragsschluss mit dem Verbraucher nicht kausal sein, allerdings stelle eine solche Kausalität ein Indiz dafür dar, dass der Vertrag an eine solche Tätigkeit anschließe.[927] Diese Indizwirkung begründet der EuGH „im Hinblick auf die Verhinderung einer Ausdehnung des Anwendungsbereichs des Art. 15 Abs. 1 lit. c EuGVO."[928]

In der Rechtssache *Kolassa* des EuGH (4. Kammer), Urteil vom 28.1.2015, klagte ein als Verbraucher in Zertifikate investierender und geschädigter Anleger auf Schadensersatz aus dem Titel der Prospekthaftung wegen Verletzung von Informations- und Kontrollpflichten und aus den Anleihebedingungen.[929] Die Zertifikate in Form von Inhaberschuldverschreibungen hatte er über die österreichische Bank *direktanlagen.at AG* erworben, Emittentin war die *Barclays Bank*, eingetragen im Handelsregister des Vereinigten Königreichs, mit Zweigniederlassung in Frankfurt am Main.[930] Im Rahmen der Vorlagefrage bezüglich Art. 15 Abs. 1 lit. c EuGVO prüfte der EuGH, da sich aus den Akten und Schlussanträgen des Generalanwalts ergeben hatte, dass bereits alle anderen Voraussetzungen bejaht werden könnten, nur das Vorliegen eines Vertrages.[931] Das Kriterium des Vertragsabschlusses diene der Vorhersehbarkeit des Gerichtsstandes.[932] Der EuGH verdeutlichte wiederholt, dass Art. 15 EuGVO a.F. sowohl eine Ausnahme zur allgemeinen Zuständigkeitsregelung von Art. 2 Abs. 1 EuGVO a.F. darstelle, als auch eine Ausnahme zur besonderen Zuständigkeit des Art. 5

925 EuGH, Urteil vom 17.10.2013 – C218/12 (Emrek ./. Sabranovic) = ECLI:EU:C:2013:666, Rn. 22.
926 Ebd., Rn. 24.
927 Ebd., Rn. 32.
928 Ebd., Rn. 29.
929 EuGH, Urteil vom 28.1.2015 – C-375/13 (Harald Kolassa ./. Barclays Bank plc) = ECLI:EU:C:2015:37, Rn. 12.
930 Ebd., Rn. 12 f.
931 Ebd., Rn. 24 f.
932 Ebd., Rn. 29.

Nr. 1 EuGVO a.F., was die Konsequenz habe, Art. 15 Abs. 1 EuGVO a.F. „zwangsläufig eng auszulegen".[933] Bei dieser Formulierung berief sich der EuGH auf das Urteil *Česká spořitelna* (Erste Kammer), vom 14.3.2013,[934] wo die Verbrauchereigenschaft eines Wechselbürgen abgelehnt worden war, der für Verbindlichkeiten einer Gesellschaft gebürgt hat, deren Geschäftsführer und Mehrheitsbeteiligter er war.[935] Hierin ist somit wieder eine Tendenz hin zu einer stärkeren Verengung des Verbrauchergerichtsstands zu sehen. Diese Tendenz kann auch im Urteil des EuGH auf die Vorlage des BGH in der Rechtssache *Hobohm* (4. Kammer) vom 23.12.2015 gesehen werden. Die Vorlagefrage hatte zum Inhalt, ob Art. 15 Abs. 1 lit. c i.V.m. Art. 16 Abs. 1 EuGVO a.F. anwendbar sei, wenn zwar der der Klage zugrunde liegende Vertrag nicht unmittelbar in den Bereich einer ausgerichteten Tätigkeit des Vertragspartners falle, der Vertrag jedoch der Verwirklichung des wirtschaftlichen Erfolgs diene, der mit einem zwischen den Parteien zuvor geschlossenen und bereits abgewickelten anderen, vom Anwendungsbereich der eingangs zitierten Bestimmungen erfassten Vertrag angestrebt werde.[936]

2. *Deutsche Rechtspraxis*

Das OLG Köln beschäftigte sich mit einem Fall betreffend eines durch einen Verbraucher getätigten, risikoreichen Anlagegeschäftes.

Die vom BGH zu entscheidenden Fälle betrafen in zwei Fällen das Problem des Ausrichtens bezüglich Webpages und in einem weiteren Fall das Tätigwerden eines Unternehmers im Ausland aufgrund eines bereits im Inland geschlossenen Werkvertrages.

a) *OLG Köln, Urteil vom 5.11.2003 – 13 U 12/03*

Das OLG Köln hatte im Urteil vom 5.11.2003 über eine Klage eines Ehepaares, beide Landwirte mit ständigem Wohnsitz in Deutschland, zu entscheiden, welche auf Schadensersatz wegen Verlusten aus Termingeschäften gegen die

---

933 EuGH, Urteil vom 28.1.2015 – C- 375/13 (Harald Kolassa ./. Barclays Bank plc) = ECLI:EU:C:2015:37, Rn. 26, verweisend auf EuGH, Urteil vom 14.3.2013 – C-419/11 (Česká spořitelna, a.s. ./. Gerald Feichter) = ECLI:EU:C:2013:165, Rn. 26.

934 EuGH, Urteil vom 14.3.2013 – C-419/11 (Česká spořitelna, a.s. ./. Gerald Feichter) = ECLI:EU:C:2013:165, Rn. 26.

935 Ebd., Rn. 36 ff.

936 EuGH, Urteil vom 23.12.2015 – C-297/14 (Hobohm ./. Kampik Ltd & Co. KG u. a.) = ECLI:EU:C:2015:844, Rn. 21.

Dresdner Bank Luxemburg gerichtet war. Die Kläger hatten ein Kontokorrent- und Depotkonto in Luxemburg eingerichtet und anschließend die Geschäftsbeziehung auf Optionsscheingeschäfte erweitert.[937] Das LG hatte die nach Art. 17 Abs. 1 EuGVÜ in den AGB vereinbarte Gerichtsstandsvereinbarung für wirksam angesehen und den Verbrauchergerichtsstand abgelehnt, da es an der Tatsachengrundlage für die erforderlichen Rechtshandlungen im Inland bei Eröffnung der Geschäftsbeziehungen nach Art. 13 Abs. 1 Nr. 3 b EuGVÜ fehle.[938] Die Kläger wiesen in der Berufung darauf hin, dass rechtsirrig der Verbrauchergerichtsstand abgelehnt worden sei, denn es sei auf die konkreten Kommissionsgeschäfte abzustellen gewesen.[939]

aa) Lösung des Rechtsproblems

Das OLG Köln lehnte den Verbrauchergerichtsstand ungehindert eines Befangenheitsantrages der Kläger[940] unter Bezugnahme auf alle in Betracht kommenden Rechtshandlungen ab. Sowohl das Eingehen der Geschäftsbeziehung, als auch die Ausweitung auf Optionsscheingeschäfte seien mit Vertragsunterzeichnung in Luxemburg erfolgt und somit nicht in Deutschland, dem Wohnsitzstaat der Kläger (Art. 13 Abs. 1 Nr. 3 b EuGVÜ). Wie schon das LG bemerkt habe, ließe sich nicht feststellen, ob das Eingehen der Geschäftsbeziehung bereits in Deutschland stattgefunden hatte. Ein etwaiger Inlandsbezug zu Deutschland könnte zwar bezüglich der einzelnen Kommissionsgeschäfte konstruiert werden, es scheitere jedoch am Erfordernis der vorausgegangen Werbung oder am ausdrücklichen Angebot.[941] Zwar habe die Beklagte Zeitungsanzeigen inseriert, diese seien jedoch auf eine Werbung neuer Kunden als Zielgruppe gerichtet und weder bestimmt noch geeignet gewesen, den bestehenden Kundenkreis anzusprechen.[942] Die Kläger gehörten hingegen schon seit Jahren zum Kundenstamm und seien nach eigenen Angaben aus ganz anderen Gründen, durch einen Zeitungsartikel, auf die Idee der Geschäftsausweitung gekommen und hätten daher die Initiative getroffen.[943]

---

937 OLG Köln, 5.11.2003 - 13 U 12/03 = NJOZ 2004, 2927, 2928 f., juris Rn. 1, 7.
938 Ebd., 2928, juris Rn. 2.
939 Ebd., 2928, juris Rn. 3.
940 Ebd., 2928 f., juris Rn. 4 f.
941 Ebd., 2929, juris Rn. 7
942 Ebd., 2931, juris Rn. 11.
943 Ebd.

Die dem EuGH vorgelegten Fragen bezüglich eines Kausalitätserfordernisses in Art. 13 EuGVÜ seien zwar unbeantwortet geblieben,[944] beziehe man sich hingegen auf die Stellungnahme der Kommission zur zweiten Vorlagefrage in der Rechtssache *Shearson Lehmann Hutton* ab,[945] sei aufgrund des Schutzzwecks des Art. 13 EuGVÜ „ein ursächlicher Zusammenhang zwischen beiden [...] nicht zu verlangen, wenn die Vorschrift nicht ihre Praktikabilität verlieren solle, da die Schwierigkeiten, den Beweis für das Vorliegen eines solchen Zusammenhangs zu erbringen, in vielen Fällen dazu führen würden, dass die Verbraucher daran gehindert wären, sich auf eine gerade zu ihrem Schutz bestimmte Zuständigkeitsregel zu berufen."[946] Ein solcher Nachweis sei daher nicht zu erbringen.[947] Die Frage, ob ein sachlicher Bezug der Werbung zu dem nachfolgenden Vertragsschluss bestehen müsse (siehe die Formulierungen Art. 13 Abs. 1 Nr. 3a EuGVÜ „vorausgegangen" statt „auf sie zurückzuführen") könne offenbleiben, denn hier bestünde für den Schutzzweck des Art. 13 EuGVÜ keine Veranlassung, da die Kläger dieses besonderen Schutzes nicht bedürften. Sie durften nicht erwarten, dass ein Heimatgerichtsstand gegeben sei, da sie sich sowohl bei der Eröffnung des Kontos als auch bei der Ausweitung der Geschäfte ins Ausland begeben hätten. Der erforderliche Inlandsbezug durch Werbung könne ferner nicht bejaht werden, da die Werbung nicht auf sie als Bestandskunden abzielte und weil sich schon aus dem eigenen Vorbringen der Kläger ergebe, dass ein solcher Zusammenhang fehle.[948] Das OLG Köln lehnte die Revision ab.[949]

bb) Acte Clair

Das OLG begründet seine Nichtvorlage zunächst damit, dass keine Vorlageverpflichtung bestehe und sich eine solche auch dann nicht für ein nach Art. 2 Nr. 2, 3 Abs. 2 des Luxemburger Protokolls betreffend die Auslegung

---

944 OLG Köln, 5.11.2003 – 13 U 12/03 = NJOZ 2004, 2927, 2930, juris Rn. 9, bezugnehmend auf den Vorlagebeschluss des BGH vom 29.01.1991 - XI ZR 17/90 = WM 1991, 360 und die dazugehörige Entscheidung des EuGH, Urteil vom 19.1.1993 – C-89/91 (Shearson Lehmann Hutton Inc. ./. TVB) = ECLI:EU:C:1993:15 sowie auf den Vorlagebeschluss des BGH vom 25.05.1993 - XI ZR 59/91 = WM 1993, 1215 und der dazugehörenden Entscheidung des EuGH, Urteil vom 15.9.1994 – C-318/93 (Brenner und Noller ./. Dean Witter Reynolds) = ECLI:EU:C:1994:331.

945 Abgedruckt in IPRax 1995, 315.

946 OLG Köln, 5.11.2003 – 13 U 12/03 = NJOZ 2004, 2927, 2930, juris Rn. 9.

947 Ebd., 2930, juris Rn. 10.

948 Ebd., 2931, juris Rn. 11.

949 Ebd., 2931 f., juris Rn. 12.

des Übereinkommens vorlageberechtigtes Rechtsmittelgericht verdichte, wenn eine Nichtzulassung zu Revision bestehe, da weiterhin die Möglichkeit der Nichtzulassungsbeschwerde für die Kläger möglich sei.[950] Ferner lägen keine entscheidungserheblichen Fragen vor. Hilfsweise stellte das OLG fest, dass die Frage der Auslegung zum Begriff der zum Vertragsabschluss erforderlichen Rechtshandlung keine Auslegungs-, sondern eine Rechtsanwendungsfrage sei.[951] „Im Übrigen ist eine Vorlage an den EuGH anerkanntermaßen entbehrlich, wenn die richtige Anwendung des Gemeinschaftsrechts so offenkundig ist, dass für vernünftige Zweifel kein Raum bleibt (z.B. BGH, NJW 1993, 2753, 2755 m.w.Nachw.). Wie dargelegt, würde eine Auslegung des Art. 13 EuGVÜ in dem von den Klägern gewünschten Sinne dem Schutzzweck dieser besonderen Zuständigkeitsregelung widersprechen und eine Anwendung zur Folge haben, die durch das Übereinkommen gerade ausgeschlossen werden soll."[952]

cc) Bewertung

(1) Effet utile und Einheitlichkeit des Unionsrechts

Ein Acte Clair kann, wie oben in Kapitel 4 A. II. 1. b) aa) definiert, nur angenommen werden, wenn die Position des EuGH, die Effektivität des Unionsrechts zu gewährleisten, nicht bedroht wird.

Wie vom OLG Köln ausgeführt, hatte sich der EuGH zum Kausalitätserfordernis in Art. 13 EuGVÜ im Entscheidungszeitpunkt noch nicht geäußert. Die Werbeanzeige hatte aber auf den Entschluss des Klägers laut eigener Angaben keinen Einfluss. Wiederholt hatte sich der Käufer aktiv ins Ausland zum Geschäftsabschluss begeben hatte, weshalb es auf die Kausalität beim Inlandsbezug nicht ankam. Entsprechend der Rechtsprechung in *Shearson Lehmann Hutton* des EuGH[953] legte das OLG Köln den Verbrauchergerichtsstand eng aus. Ein Kausalitätserfordernis lehnte das OLG Köln ab und berief sich dabei auf die Stellungnahme der Kommission zur Rechtssache *Shearson Lehmann Hutton*.[954] Zwei diesbezügliche Vorlagefragen hatte der EuGH unbeantwortet gelassen.

Art. 13 Abs. 1 Nr. 3 EuGVÜ sieht auf Unternehmerseite ein vorausgegangenes ausdrückliches Angebot oder Werbung vor und auf Verbraucherseite die

950 OLG Köln, 5.11.2003 - 13 U 12/03 = NJOZ 2004, 2927, 2930, juris Rn. 12.

951 Ebd.

952 Ebd.

953 EuGH, Urteil vom 19.1.1993 - C-89/91 (Shearson Lehmann Hutton Inc. ./. TVB) = ECLI:EU:C:1993:15.

954 Ebd.

Voraussetzung, dass der Vertragsschluss im Verbraucherstaat stattgefunden haben muss. In dem Erfordernis eines starken Inlandsbezuges wird ersichtlich, dass Art. 13 Abs. 1 Nr. 3 EuGVÜ eine Zumutbarkeitsgrenze für den Unternehmer aufstellt, wann dieser die strengen verbraucherschützenden Vorschriften gegen sich gelten lassen muss. Daraus folgt, die Vorschriften zugunsten des Schwächeren nicht auf solche Personen auszuweiten, die dieses Schutzes nicht bedürfen. Überbordender Verbraucherschutz würde die Unternehmer unsachgemäß benachteiligen, was dem Funktionieren des Binnenmarktes zuwiderliefe. Zudem würden übermäßige Schutzvorschriften zu nicht gerechtfertigten Preisanstiegen der Produkte führen, da die erweiterten Rechtsschutzmöglichkeiten zu höheren Kosten führen, was die Unternehmen mit dem indirekten Effekt einer Versicherung auf alle Konsumenten umlegen würden.[955] Auch im Sinne der besseren Vorhersehbarkeit des Gerichtsstandes ist eine einheitliche Anwendung des Schutzes anzustreben, da unterschiedliche Schutzgrade innerhalb der EU demjenigen Wettbewerber mit dem niedrigsten Schutzlevel Wettbewerbsvorteile böten,[956] was dem Binnenmarktziel der Schaffung eines kompetitiven Equilibriums unter den Wettbewerbern widerspräche.[957] Koordinierte Sozialpolitiken, worunter hier die Regelungen des Schwächerenschutzes gefasst werden können,[958] dienen der Sicherung der Produktivitätsqualität, weshalb eine Angleichung der Reglungen durch alle Mitgliedstaaten des Binnenmarktes anzustreben ist.[959] Durch einen angepassten Verbraucherschutz wird mittelbar auch die Produktqualität verbessert und die Nachfrage nach einer größeren Produktauswahl steigt, was die Aktivität der Verbraucher an grenzüberschreitendem Tätigwerden fördert.[960] Diese Aktivität wird dadurch gefördert, dass das Vertrauen in den bestehenden Rechtsschutz die Entscheidung des Verbrauchers auf die Produkteigenschaften rückt und nicht davon abhängig macht, ob sein Heimatrecht greift.[961]

---

955 Siehe dazu den Ansatz von *Basedow*, 2015, Rn. 602.

956 Vgl. *Meller-Hannich*, 2005, 68.

957 Siehe hierzu *Egan*, 2015, 78 ff.

958 *Jenard, P.*, Bericht zu dem Übereinkommen vom 27. September 1968 über die gerichtliche Zuständigkeit und die Vollstreckung gerichtlicher Entscheidungen in Zivil- und Handelssachen, ABl. C 59 vom 5.3.1979, S. 29; unalex-Kommentar/*Mayr*, Vor Art. 8-14 Brüssel I-VO, Rn. 1; ebd., Rn. II, 86 f.

959 *D. M. Trubek/L. G. Trubek*, European Law Journal 11 (2005), 343, 345 f.

960 Vgl. *Meller-Hannich*, 2005, 71 f.; *Martin Schröder*, 2014, 99.

961 Vgl. *Meller-Hannich*, 2005, 68, 72.

Insofern ist in Art. 13 Abs. 1 Nr. 3 EuGVÜ das Telos der Vorschrift klar ersichtlich. Ein sich aus eigener Initiative heraus aktiver Verbraucher, der seine bestehenden Geschäftsbeziehungen im Ausland ausweitet, wird danach nicht ohne vorausgegangenes Angebot oder Werbung sowie Vertragsschluss im Verbraucherstaat vom Schutz des Schwächeren nach Art. 13 Abs. 1 Nr. 3 EuGVÜ umfasst. Die Voraussetzungen des Verbrauchergerichtsstands lagen hier nicht vor, sodass eine Schutzbedürftigkeit aufgrund eigener Angaben mangels Inlandsbezuges abgelehnt werden musste. [962]

(2) Individualrechtsschutz und Einheitlichkeit des Unionsrechts

Bedenken bezüglich des Individualrechtsschutzes nach dem oben in Kapitel 4 A. II. 1. b) bb) definierten Bewertungskriterium bestehen nicht.

(3) Ergebnis

Das OLG Köln erfüllte alle Bewertungskriterien und dadurch lagen die Voraussetzungen eines materiellen Acte Clair vor.

Erst im Jahr 2013 und damit zehn Jahre später, äußerte sich der EuGH im Rahmen der Nachfolgeregelung (Art. 15 Abs. 1 lit. c EuGVO a.F.) in der Rechtssache *Emrek* zum Kausalitätserfordernis und lehnte dies ab.[963]

Auffällig an der Begründung der Nichtvorlage war hier die methodische Unsicherheit bezüglich des formellen Acte Clair, was Risiken für das Unionsrecht bringt. Zunächst wurde die Vorlagepflicht verneint, da noch die Möglichkeit der Nichtzulassungsbeschwerde bestehe. Anschließend begründete das OLG Köln in zweifacher Weise, warum eine Vorlagepflicht ausscheide es mangele *erstens* an der Entscheidungserheblichkeit und *zweitens* handele es sich um eine Rechtsanwendungsfrage. Das Nichtvorliegen einer Vorlagepflicht schließt jedoch einen Acte Clair aus. Dennoch wurde daran anschließend hilfsweise noch ein Acte Clair bejaht.

b) Leitentscheidung BGH, Urteil vom 30.3.2006 – VII ZR 249/04

Der BGH entschied in dem Urteil vom 30.3.2006 über eine auf Auszahlung eines Architektenhonorars gerichtete Klage. Der Kläger betrieb im Saarland ein Architektenbüro. Die Beklagten, ebenfalls Deutsche aber mit Wohnsitz in Frankreich, haben einen Werkvertrag über die Errichtung eines Terrassenhauses

962 So auch *Kröll*, EWiR 2004, 657, 658.

963 EuGH, Urteil vom 17.10.2013 – C-218/12 (Emrek ./. Sabranovic) = ECLI:EU:C:2013:666, Rn. 32.

mit drei Wohneinheiten in Frankreich geschlossenen.[964] Als Gerichtsstand war Saarbrücken vereinbart worden.[965] Das LG Saarbrücken hatte die Klage wegen fehlender internationaler Zuständigkeit als unzulässig abgewiesen. Die Berufung des Klägers war ohne Erfolg geblieben,[966] da das Berufungsgericht mit der Begründung, ein Verbrauchervertrag nach Art. 15 Abs. 1 lit. c EuGVO a.F. läge vor, die Gerichtsstandvereinbarung für unwirksam befunden hatte. Weil der Antrag auf Erlass eines Mahnbescheides noch vor Inkrafttreten der EuGVO a.F. gestellt worden war, jedoch die Zustellung dessen nach Inkrafttreten erfolgte, löste der BGH den Fall für beide Regelungsinstrumente. Er kam dabei zum selben Ergebnis, sodass er die Frage des anwendbaren Regelungsinstruments offenließ.[967] Die Revision sah er als begründet an.[968]

aa) Lösung des Rechtsproblems

Laut BGH hätte die verbindliche und wirksame Gerichtsstandsvereinbarung vom Berufungsgericht nicht für unwirksam erklärt werden dürfen. Dies gelte unabhängig davon, ob die EuGVO a.F. oder das EuGVÜ angewendet würde.[969] Das Schriftformerfordernis sei nach Art. 17 Abs. 1 EuGVÜ bzw. Art. 23 Abs. 1 EuGVO a.F. gewahrt[970] und eine etwaige Unsicherheit bezüglich des Vorliegens des mit ihr zusammenhängenden Architektenvertrages wirke sich nicht auf die Verbindlichkeit der Gerichtsstandsvereinbarung aus.[971] Zwar seien die Beklagten Verbraucher im Sinne des Art. 15 Abs. 1 EuGVO a.F. und Art. 13 Abs. 1 EuGVÜ, die den Architektenvertrag ausschließlich zu privaten Zwecken geschlossen hatten, dennoch sei die Gerichtsstandsvereinbarung weder gemäß Art. 15 EuGVÜ i.V.m. Art. 17 Abs. 3 EuGVÜ noch gemäß Art. 17 EuGVO a.F. i.V.m. Art. 23 Abs. 5 EuGVO a.F. unwirksam.[972] Eine Verbrauchersache im Sinne der Art. 15 ff. EuGVO a.F. läge nicht vor, sodass eine Derogation im

964 BGH, 30.3.2006 - VII ZR 249/04 = BGHZ 167, 83, 84 Rn. 2.

965 Ebd.

966 Ebd., 84 Rn. 4.

967 Vgl. Einschätzung dazu bei *Looschelders*, Juristische Rundschau 2007, 459, 459 mit Fn. 4.

968 BGH, 30.3.2006 - VII ZR 249/04 = BGHZ 167, 83, 84 Rn. 5.

969 Ebd., 85 Rn. 10. Die erstmalige Zustellung des Mahnbescheids und der Anspruchsbegründung in Saarbrücken war 2001 fehlgeschlagen, dann jedoch in Frankreich im Dezember 2002 und Januar 2003 erfolgt, ebd., 85 Rn. 9.

970 Ebd., 86 Rn. 12.

971 Ebd., 87 Rn. 15.

972 Ebd., 87 f. Rn. 16, 20.

Sinne des Art. 17 EuGVO a.F. nicht in Betracht komme.[973] Dies begründete der BGH mit einem fehlenden Ausrichten des Unternehmers im Sinne des Art. 15 Abs. 1 lit. c EuGVO a.F. Ein Ausrichten könne nicht schon dann angenommen werden, „wenn der Vertragspartner erst aufgrund des mit dem Verbraucher geschlossenen Werkvertrags eine Tätigkeit im Wohnsitzstaat des Verbrauchers entfaltet."[974] Die Argumentation des Berufungsgerichtes sei mit dem Wortlaut und Zweck der Vorschrift, sowie der Entstehungsgeschichte nicht vereinbar.[975] Vielmehr sprächen der Zweck und die Entstehungsgeschichte der Vorschrift für eine Auslegung, wonach dem Vertragsschluss „in irgendeiner Weise eine *werbende* berufliche oder gewerbliche Tätigkeit des Vertragspartners im Wohnsitzstaat des Verbrauchers vorausgegangen" sein müsse.[976] Dogmatisch leitete der BGH dies aus Kontinuitätsgesichtspunkten zum EuGVÜ her.[977]

bb) Acte Clair

„Die Auslegung ist zwar noch nicht Gegenstand einer Entscheidung des Gerichtshofs gewesen. Eine Vorlage kann jedoch unterbleiben, wenn die richtige Anwendung des Gemeinschaftsrechts derart offenkundig ist, dass für einen vernünftigen Zweifel kein Raum bleibt. Ob dies der Fall ist, ist von den nationalen Gerichten unter Berücksichtigung der Eigenheiten des Gemeinschaftsrechts, der besonderen Schwierigkeiten seiner Auslegung und der Gefahr voneinander abweichender Gerichtsentscheidungen innerhalb der Gemeinschaft zu beurteilen".[978] „Die Auslegung von Art. 15 Abs. 1 c) EuGVVO mit dem vorstehend genannten Ergebnis ist im Sinne dieser Grundsätze nicht zweifelhaft. Der Senat ist ferner davon überzeugt, dass die gleiche Gewissheit auch für die Gerichte der übrigen Mitgliedstaaten und für den Gerichtshof der Europäischen Gemeinschaften besteht."[979]

---

973 BGH, 30.3.2006 – VII ZR 249/04 = BGHZ 167, 83, 88 Rn. 21.

974 Ebd., 88 f. Rn. 24.

975 Ebd., 89 Rn. 24.

976 Ebd., 89 Rn. 26 f., hervorgehoben von Verf.

977 Ebd., 89 f. Rn. 28.

978 Ebd., 90 Rn. 30.

979 Ebd., 90 Rn. 31.

cc) Bewertung

(1) Effet utile und Einheitlichkeit des Unionsrechts

Ein Acte Clair kann, wie oben in Kapitel 4 A. II. 1. b) aa) erörtert, nur angenommen werden, wenn die Position des EuGH, die Effektivität des Unionsrechts zu gewährleisten, nicht bedroht wird.

Die Schutzrichtung der neu eingefügten Formulierung des Ausrichtens müsste klar zu ermitteln sein. Eine Definition des Ausrichtens enthält die Norm nicht. Zwar war eine Definition vorgeschlagen, aber von der Kommission als nicht wünschenswert angesehen worden, weil dies „einer erneuten Fragmentierung des Binnenmarkts Vorschub" leiste."[980]

Bei der Neufassung des Art. 15 Abs. 1 lit. c EuGVO a.F. wurde mit dem Merkmal des Ausrichtens eine Erweiterung des Art. 13 Abs. 3 EuGVÜ angestrebt,[981] die, wie sich aus den Gesetzesmaterialien ergibt, „der Entwicklung der Vermarktungstechniken Rechnung [...] tragen" sollte, insbesondere „was den Abschluß von Verträgen via eine interaktive Website betrifft."[982] Mit der Aufgabe des Kriteriums des Vertragsabschlusses im Verbraucherstaat sollte vor unternehmerischen Manipulationen geschützt werden, was sich aus der gemeinsamen Begründung von Rat und Kommission zu Art. 15 EuGVO a.F. ergibt.[983]

Der persönliche Anwendungsbereich blieb auch mit der Neufassung des Art. 15 EuGVO a.F. unangetastet.[984] Auch die Regelungen zu Gerichtsstandsvereinbarungen sind beibehalten worden und bei Verbrauchersachen nur unter besonderen Bedingungen wirksam, da der Verbraucher vor nachteiligen Zuständigkeitsvereinbarungen insbesondere in AGB geschützt werden sollte.[985] In sachlicher Hinsicht wurde mit Art. 15 EuGVO a.F. eine Ausweitung auf alle

---

980 Geänderter Vorschlag für eine Verordnung des Rates über die gerichtliche Zuständigkeit und die Anerkennung und Vollstreckung von Entscheidungen in Zivil- und Handelssachen (gemäß Artikel 250 Absatz 2 des EG-Vertrages von der Kommission vorgelegt) /* KOM/2000/0689 endg. CNS 99/0154 */, [7] 2.2.2.

981 *Spindler*, MMR 2000, 18, 23; *Micklitz/Rott*, EuZW 2001, 325, 330 f.

982 Begründung des Art. 15 EuGVO, Vorschlag für eine Verordnung (EG) des Rates über die gerichtliche Zuständigkeit und die Anerkennung und Vollstreckung von Entscheidungen in Zivil- und Handelssachen KOM/99/0348 endg. - CNS 99/0154, ABl. C 376 E vom 28.12.1999, S. 1 – 17.

983 Ebd. Zudem sei der Ort des Vertragsschlusses für den Vertag nicht prägend und zufällig, siehe *Mankowski*, VuR 2006, 289, 293; *Senff*, 2001, 281.

984 *Micklitz/Rott*, EuZW 2001, 325, 330.

985 Ebd., 332; *Looschelders*, Juristische Rundschau 2007, 459, 459.

Vertragstypen erreicht, sofern der Vertragsschluss unter bestimmten Umständen stattfindet.[986]

Ausgangspunkt des Art. 15 EuGVO a.F. sollte immer noch eine notwendige Schaffung einer Verbindung des Vertragspartners zum Verbraucherstaat sein, die nun dadurch festgelegt wird, dass der Unternehmer seine Tätigkeit auf den Verbraucherstaat ausrichtet.[987]

Das beschränkende Merkmal des Inlandsbezuges ist somit nicht entfallen. Darüber jedoch, wie schwach der nun geforderte Inlandsbezug in situativer Hinsicht in Form des „Ausrichtens" zu verstehen ist, kann keine zweifelsfreie Aussage getroffen werden. Unklar ist, ob hier aus Kontinuitätsgesichtspunkten die Zweckrichtung des Art. 13 EuGVÜ im Kern beibehalten werden sollte.[988] Der EuGH hat in der Rechtssache *TNT Traco SpA.* formuliert, dass „die Auslegung der Bestimmungen dieses Übereinkommens durch den Gerichtshof auch für die der Verordnung gilt, soweit die Bestimmungen dieser Rechtsakte als gleichbedeutend angesehen werden können".[989]

Inwieweit in dem Merkmal eine Erweiterung des Verbraucherschutzes im Vergleich zu Art. 13 EuGVÜ zu verstehen ist, ergibt sich somit weder aus dem Normtext noch aus den Gesetzesmaterialien. Auch die Kommission hatte bereits in der Begründung zu Art. 15 EuGVO a.F. zur Kenntnis genommen, dass der Wortlaut des „Ausrichtens" der Industrie „gewisse Sorgen" mache, da der Begriff „schwierig zu verstehen" sei.[990] Im Zuge der Ablehnung einer Begriffsdefinition hat sich die Kommission ferner nur dazu geäußert, dass das Bestehen eines Verbrauchervertrages ein „deutlicher Hinweis darauf sei, dass der Händler seine

---

986 *Micklitz/Rott*, EuZW 2001, 325, 330.

987 Begründung des Art. 15 EuGVO, Vorschlag für eine Verordnung (EG) des Rates über die gerichtliche Zuständigkeit und die Anerkennung und Vollstreckung von Entscheidungen in Zivil- und Handelssachen KOM/99/0348 endg. - CNS 99/0154, ABl. C 376 E vom 28.12.1999, S. 11.

988 Dafür beispielsweise *Mankowski*, IPRax 2008, 333, 337.

989 EuGH, Urteil vom 17.5.2001 – C-340/99 (TNT Traco SpA ./. Poste Italiane SpA u.a.) = ECLI:EU:C:2001:281, Rn. 36; bestätigt in EuGH, Urteil vom 14.11.2013 – C-478/12 (Maletic) = ECLI:EU:C:2013:735, Rn. 27 und EuGH, Urteil vom 28.1.2015 – C-375/13 (Harald Kolassa ./. Barclays Bank plc) = ECLI:EU:C:2015:37, Rn. 21.

990 Begründung des Art. 15 EuGVO, Vorschlag für eine Verordnung (EG) des Rates über die gerichtliche Zuständigkeit und die Anerkennung und Vollstreckung von Entscheidungen in Zivil- und Handelssachen KOM/99/0348 endg. - CNS 99/0154, ABl. C 376 E vom 28.12.1999, S. 12.

Geschäftstätigkeit auf den Wohnsitzstaat des Verbrauchers ausgerichtet hat."[991] Da die Kommission hier aber bereits von einem Verbrauchervertrag ausging, kann auch mithilfe dieser Aussage keine zweifelsfreie, klare Feststellung der Schutzrichtung vorgenommen werden. Eine Bestimmung der Schutzrichtung ist auch nicht anhand der EuGH-Rechtsprechung möglich, da die bis dahin ergangenen Rechtssachen nur zu Art. 13 EuGVÜ Stellung nehmen mussten, bei dem das Telos klar zu ermitteln war.

(2) Individualrechtsschutz und Einheitlichkeit des Unionsrechts

Anlass für Bedenken bezüglich einer Bedrohung der Position des EuGH als Hüter der elementaren Bürgerrechte bestehen nach dem oben in Kapitel 4 A. II. 1. b) bb) definierten Bewertungskrierium des Individualrechtsschutzes nicht.

(3) Ergebnis

Bei diesem Urteil handelte es sich um die erste Entscheidung des BGH zu Art. 15 EuGVO a.F. In der Entscheidung wird deutlich, dass der BGH Art. 15 EuGVO a.F. so versteht, dass dem Schwächeren prozessualer Schutz im Vorfeld bis zum Vertragsschluss zu gewähren sei. Da dieser Schutz nicht zur allgemeinen inhaltlichen Vertragskontrolle zweckentfremdet werden dürfe, nahm der BGH eine klare Trennung zwischen der Verbrauchereigenschaft als solcher und dem situativen Anwendungsbereich vor, der nur bei einer Verbrauchersache eröffnet sei. Dabei hatte der BGH ein sehr enges Verständnis vom Ausrichten, indem er das „Ausrichten" mit dem „Werben" gleichsetzte. Seine Grundannahme beruhte darauf, dass Art. 15 Abs. 1 lit. c „der Sache nach" den früheren Art. 13 Abs. 1 Nr. 3 a EuGVÜ übernehme, der gezielt ein vorausgehendes Angebot oder Werbung verlangt hatte.[992] Eine Erweiterung sei nur durch den Wunsch erfolgt, auch Vertragsschlüsse über aktive Websites zu erfassen.[993] Das Werben stellt zwar den wichtigsten Unterfall des Ausrichtens dar, erschöpft sich aber nicht darin. [994]

---

991 Geänderter Vorschlag für eine Verordnung des Rates über die gerichtliche Zuständigkeit und die Anerkennung und Vollstreckung von Entscheidungen in Zivil- und Handelssachen (gemäß Artikel 250 Absatz 2 des EG-Vertrages von der Kommission vorgelegt) /* KOM/2000/0689 endg. - CNS 99/0154 */, [7] 2.2.2.

992 Bezugnehmend auf BGH, 30.3.2006 – VII ZR 249/04 = BGHZ 167, 83, 89 f. Rn. 28.

993 Ebd.

994 Vgl. *Mankowski*, VuR 2006, 289, 292.

Da das Telos des Art. 15 EuGVO a.F. zu diesem Zeitpunkt unklar ist und sich nicht genuin aus dem Unionsrecht ableiten ließ, hätte der BGH hier vorlegen müssen. Die Voraussetzungen eines materiellen Acte Clair lagen nicht vor.

Dass sich das Telos nicht ohne Unklarheiten ermitteln ließ, zeigt auch eine vergleichbare Entscheidung, welche eineinhalb Jahre zuvor von dem OGH[995] entschieden worden war. In dem dem OGH zugrundeliegenden Sachverhalt war der Verbraucher ins Ausland gereist und hatte dort den Unternehmer beauftragt, für ihn Genehmigungen einzuholen. In dem dortigen Fall hatte der Unternehmer solche Geschäfte schon 30 Jahre lang im Ausland ausgeführt.

Zwar handelte es sich bei dem vom OGH zu entscheidenden Sachverhalt um eine Variante des Merkmals „Ausüben", jedoch äußerte sich das Gericht dazu, dass die Voraussetzung einer Verbrauchersache zweifellos „schon beim ersten grenzüberschreitenden Verbrauchergeschäft zutreffen" würde „weshalb es gar nicht mehr von entscheidender Bedeutung ist, dass die Kl. schon seit 30 Jahren grenzüberschreitend Dienstleistungen in Deutschland erbringt".[996]

Auch der OGH hatte einen Vorabentscheidungsantrag mit Begründung des Acte Clair abgelehnt.[997] Hier gilt dasselbe wie für den BGH. Zu diesem Zeitpunkt war das Telos des Ausrichtens nicht anhand des Unionsrechts ohne Unklarheiten feststellbar. Auch der OGH hätte dem EuGH die Gelegenheit geben müssen, das Telos des Ausrichtens zu präzisieren.[998] Durch die Acte Clair-Annahme des BGH und des OGH wurde die Position des EuGH als Hüter der Einheit des Unionsrechts bedroht. Deutlich wird hier vor allem, dass der formelle Acte Clair Anforderungen an die Gerichte stellt, die in der Praxis so nicht durchführbar sind und Rechtsunsicherheit mit sich bringt.

Die Unklarheit des Telos des Merkmals „Ausrichten" hat auch im nationalen Schrifttum Kontroversen ausgelöst. So wurde in Deutschland von *Mankowski* vertreten, das Merkmal des Ausrichtens fordere nur eine „minimale Zusatzbeziehung zum Verbraucherstaat" und er verlangte, das Merkmal generell extensiv auszulegen, wonach auch ein erstmaliges Tätigwerden im Verbraucherstaat durch den Unternehmer ein Ausrichten darstelle.[999]

---

995 OGH, 4.10.2004 – 2 Ob 206/04i = ÖJZ 2005, 307, besprochen von *Jayme/Kohler*, IPRax 2006, 537, 546.

996 OGH, 4.10.2004 – 2 Ob 206/04i = ÖJZ 2005, 307, 308.

997 Ebd.

998 Siehe die Bedenken in der deutschen Literatur zum Auseinanderfallen der Rechtsprechung, *Looschelders*, Juristische Rundschau 2007, 459, 460 f.; *Jayme/Kohler*, IPRax 2006, 537, 546.

999 *Mankowski*, VuR 2006, 289, 294.

Mankowski bezeichnete das Merkmal als schwierig, denn es sei offen, flexibel und „abstrakt funktionell".[1000] Die Flexibilität des Merkmals sei darauf zurückzuführen, dass auch neue Vertriebsformen, die beim Inkrafttreten der Verordnung noch unbekannt waren, ebenfalls unter Art 15 EuGVO a.F. subsumierbar seien.[1001] Nach *Mankowski* habe der BGH dem Unternehmer eine gewisse „Schonfrist" eingeräumt, die so nicht den übrigen Regelungen für Existenzgründern entspreche und mangels vorgenommener Grenzziehung ein hohes Maß an Rechtsunsicherheit mit sich bringe.[1002]

Für einen schwachen Inlandsbezug spreche ebenfalls die Ablehnung der vom Europäischen Parlament geforderten Erheblichkeitsschwelle, dessen Einführung laut *Mankowski* dem Individualrechtsschutz des Verbrauchers zuwiderliefe und eine Überbetonung auf „Markt und Marktgegenseite" bedeute.[1003] *Looschelders* sprach sich hingegen dafür aus, das „scheinbar uferlose Merkmal des Ausrichtens" sachgemäß zu begrenzen, da mit dem Einbezug des aktiven Verbrauchers kein Verzicht auf eine dem konkreten Vertragsschluss vorausgehende unternehmerische Tätigkeit gemeint sei.[1004] *Richter* und *Paal* verstanden den Inlandsbezug ebenfalls streng und begründeten dies mit der prozessualen Schutzwürdigkeit des Verbrauchers, der bis zum Vertragsabschluss anhalte, aber keinen Schutz des Vertragsinhaltes umfasse.[1005]

Auch die restriktive Linie des EuGH in der Rechtssache *Gruber* wurde von Literaturstimmen kritisiert. *Mankowski* sah in der Linie des EuGH, dass *in dubio contra consumatorem* zur Maxime zu werden drohe.[1006] Ferner empfinde der EuGH „offensichtlich und kaum mehr verhüllt [...] das Internationale Verbraucherprozessrecht als eine Art Fremdkörper im System."[1007] Seiner Ansicht nach versuchte der EuGH die Auslegung daher so restriktiv wie möglich zu handhaben, um „schädliche Auswirkungen so klein wie möglich zu halten".[1008] Dieser Trend sei bei Ergehen des EuGH-Urteils *Shearson* noch undenkbar gewesen, als

1000 *Mankowski*, VuR 2006, 289; *Mankowski*, IPRax 2008, 333, 334; *Mankowski*, IPRax 2009, 238.

1001 *Mankowski*, IPRax 2009, 238.

1002 *Mankowski*, VuR 2006, 289, 293. Der BGH habe den „konkret restriktivsten Ansatz" der Auslegungsvarianten gewählt, was er als sehr bedauerlich ansieht, ebd., 289.

1003 Ebd., 292.

1004 *Looschelders*, Juristische Rundschau 2007, 459, 460.

1005 *Richter*, VuR 2006, 322, 325; *Paal*, BauR 2008, 228, 235.

1006 *Mankowski*, VuR 2006, 289, 294.

1007 Ebd.

1008 Ebd.

dem damaligen Art. 153 Abs. 2 EG und dessen effet utile sowie das verbraucherschützende Richtlinienrecht hoch geschrieben worden seien.[1009]

Doch diese Kritik muss immer im Kontext der politischen Vorstellung der Autoren gesehen werden und soll nur aufzeigen, welche Spielräume bei einem unklaren Telos aufklaffen. *Mankowski* mochte hier aus rechtspolitischer Sicht die restriktive Linie des EuGH bedauern, jedoch zeigt die Folgerechtsprechung des EuGH deutlich auf, dass der EuGH den Verbraucher als Promotor des Binnenmarktes versteht, der zu schützen sei und seine prozessuale Schwächerstellung im Rahmen der EuGVO auszugleichen sei. Über die Gewährleistung dieses Schutzes sollte der prozessuale Verbraucherschutz jedoch nicht hinausgehen.[1010]

So verdeutlichte der EuGH in der Folgerechtsprechung, dass mit der Neufassung des Art. 15 EuGVO a.F. eine Erweiterung des Verbraucherschutzes intendiert war. So hieß es in der Rechtssache *Mühlleitner*, „die weniger restriktive neue Formulierung des alten Art. 13 des Brüsseler Übereinkommens", woraus klar wurde, dass Art. 15 Abs. 1 lit. c EuGVO eine Erweiterung erfahren habe.[1011] Dass diese Erweiterung darüber hinausging, Vertragsschlüsse über aktive Websites zu umfassen, [1012] stellte die Rechtssache *Pammer und Alpenhof* klar, wonach es nicht auf die „Unterscheidung ankommt, mit der zwischen Websites, die eine Kontaktierung des Gewerbetreibenden per E-Mail oder sogar einen Vertragsschluss online mittels einer sogenannten „interaktiven" Website ermöglichen, und Websites ohne diese Möglichkeit differenziert wird".[1013] Damit entsprach der EuGH der Ansicht von Teilen der Literatur.[1014] Ferner machte die Rechtssache *Pammer und Alpenhof* deutlich, dass beim Ausrichten auf die offenkundigen Ausdrucksformen eines dahin gehenden Willens des Gewerbetreibenden, den

1009 *Mankowski*, IPRax 2008, 333, 339.

1010 Siehe hierzu den gescheiterten Versuch, ein gemeinsames europäisches Kaufrecht zu errichten, Vorschlag für eine Verordnung des Europäischen Parlaments und des Rates für ein Gemeinsames Europäisches Kaufrecht vom 11.10.2011, KOM(2011) 635 endg. Spezifisch zum vorgesehenen Verbraucherschutz des Entwurfs, siehe *Lehmann*, in: Schmidt-Kessel/Leible/Tichý (Hrsg.), 2015, 105. Zum Scheitern des Entwurfs siehe *Basedow*, ZEuP 2015, 432.

1011 EuGH, Urteil vom 6.9.2012 – C-190/11 (Daniela Mühlleitner ./. Ahmad Yusufi und Wadat Yusufi) = ECLI:EU:C:2012:542, Rn. 41.

1012 So noch BGH, 30.3.2006 – VII ZR 249/04 = BGHZ 167, 83, 89 f. Rn. 28.

1013 EuGH, Urteil vom 7.12.2010 – C-585/08 und C-144/09 (Pammer./.Reederei Schlüter und Hotel Alpenhof./.Heller) = ECLI:EU:C:2010:740, Rn. 79.

1014 *Spindler*, MMR 2000, 18, 23; *Micklitz/Rott*, EuZW 2001, 325, 330 f.; *Mankowski*, VuR 2006, 289, 291 f.

Verbraucher in diesem Mitgliedstaat als Kunden zu gewinnen, gemeint sei, was weit unter dem Maßstab des „Werbens“ angesiedelt sei.

Insofern wurde in der Folgerechtsprechung die Schutzrichtung des Erfordernisses des Ausrichtens präzisiert.

c) Leitentscheidung BGH, Beschluss vom 17.9.2008 – III ZR 71/08

Der BGH befasste sich in dem Beschluss vom 17.9.2008 mit einer Schadensersatzklage eines in Deutschland wohnhaften Klägers, der am Kauf einer in Kreta (Griechenland) belegenen Eigentumswohnung interessiert war. Nach der Besichtigung kam der Kläger mit der Eigentümerin überein, dass der ortsansässige griechische Beklagte, ein Rechtsanwalt mit Deutschkenntnissen, bei der Abwicklung des Kaufvertrages Hilfe stellen sollte.[1015] Der Kaufvertrag scheiterte, da die Eigentümerin nicht mehr verkaufen wollte, woraufhin der Beklagte den Gebrauch der ihm erteilten Vollmacht ablehnte.[1016] Die EuGVO a.F. war anwendbar, da maßgeblicher Zeitpunkt der Bestimmung nach Art. 66 Abs. 1 EuGVO a.F. die Klageerhebung im Jahr 2005 und nicht der Vertragsschluss im Jahr 2001 war.[1017] Der Kläger behauptete, die internationale Zuständigkeit deutscher Gerichte sei nach Art. 15 Abs. 1 lit. c EuGVO a.F. gegeben.[1018] Dies begründete der Kläger damit, dass der Beklagte auf einer Website namens *immobilien-k.* sowie auf drei Homepages von deutschen Rechtsschutzversicherungen als in Griechenland tätiger Rechtsanwalt aufgeführt worden sei, und er dadurch seine Tätigkeit auf den deutschen Markt ausgerichtet habe.[1019] Die Vorinstanzen hatten die Klage mangels internationaler Zuständigkeit als unzulässig abgewiesen, woraufhin der Kläger Nichtzulassungsbeschwerde erhob.[1020] Der BGH kam zu dem Ergebnis, die Voraussetzungen der Revisionszulassung lägen nicht vor.[1021]

aa) Lösung des Rechtsproblems

Wiederum hing die Frage der internationalen Zuständigkeit deutscher Gerichte davon ab, ob ein „Ausrichten“ vorlag. Das Nichtvorliegen einer Verbrauchersache mangels Ausrichtens begründete der BGH mittels zweier Erwägungen.

1015 BGH, 17.9.2008 – III ZR 71/08 = NJW 2009, 298, juris Rn. 1.
1016 Ebd.
1017 Ebd., 298, juris Rn. 6.
1018 Ebd., 298, juris Rn. 2.
1019 Ebd.
1020 Ebd., 298, juris Rn. 3.
1021 Ebd., 298, juris Rn. 4.

Zunächst stützte er sich auf die gemeinsame Erklärung des Rates und der Kommission,[1022] wonach „die Zugänglichkeit einer Website allein nicht ausreicht, um die Anwendbarkeit von Art. 15 zu begründen; vielmehr ist erforderlich, dass diese Website auch zum Vertragsschluss im Fernabsatz auffordert, und dass tatsächlich ein Vertragsschluss im Fernabsatz erfolgt ist, mit welchem Mittel auch immer [...]".[1023] Durch das Preisgeben der Kontaktadresse auf der Homepage eines Dritten, welcher die Daten seinen eigenen Kunden als Serviceleistung bereitstelle, könne zwar vermutet werden, dass die Daten mit deren Zustimmung aufgenommen worden seien, jedoch bleibe „diese Fallgestaltung noch hinter der des Unterhaltens einer (eigenen) passiven Website zurück".[1024]

Der zweite Begründungsweg betraf das Erfordernis, dass der Vertragsschluss zumindest im Verbraucherstaat motiviert worden sein müsste. Lege man die Vorschrift in Hinblick auf ihren Ausnahmecharakter eng und autonom aus, ergebe sich, dass ein Verbraucher, der auf einer Auslandsreise zufällig einen Vertrag schließe, nicht davon umfasst sei.[1025] Der Verbraucher habe zudem nicht einmal die in den Erwägungen des Klägers in den Vordergrund gestellten Websites gekannt und war nur auf den Beklagten aufmerksam geworden, weil die Eigentümerin diesen vorgeschlagen hatte. „Würde man selbst bei dieser Sachlage noch ein "Ausrichten" bejahen, würde diese Zuständigkeitsvorschrift ihren Ausnahmecharakter vollständig verlieren."[1026] Insofern leitete der BGH aus Art. 15 Abs. 1 lit. c EuGVO a.F. ein Kausalitätserfordernis ab.

bb) Acte Clair

„Die Nichterfüllung des Tatbestandmerkmals ‚Ausrichten' ist so offensichtlich, dass weder die Zulassung der Revision zur Klärung der Rechtsfrage noch eine Vorlage an den Gerichtshof der Europäischen Gemeinschaften (vgl. dazu BGHZ 167, 83, 90, Rn. 30; 174, 273, 287, Rn. 34) geboten ist."[1027]

1022 Gemeinsame Erklärung des Rates und der Kommission zu den Artikeln 15 und 73 EuGVVO, Vermerk des Generalsekretariats des Rates der EU für den AstV/Rat vom 14.12.2000 (in der korrigierten Fassung vom 20.12.2000) (14139/00 und 14139/00 COR2(de)-JUST-CIV 137) Anlage II Nr. 1, abgedruckt in IPRax 2001, 259, 261.

1023 BGH, 17.9.2008 – III ZR 71/08 = NJW 2009, 298 Rn. 9.

1024 Ebd., 298 Rn. 10.

1025 Ebd., 298 Rn. 11.

1026 Ebd., 299 Rn. 12.

1027 Ebd., 299 Rn. 13.

cc) Bewertung

(1) Effet utile und Einheitlichkeit des Unionsrechts

Ein Acte Clair kann nach dem oben in Kapitel 4 A. II. 1. b) aa) erörterten Bewertungskriterium nur angenommen werden, wenn die Position des EuGH, die Effektivität des Unionsrechts zu gewährleisten, nicht bedroht wird.

Wie oben gesehen, war das Telos von Art. 15 Abs. 1 lit. c EuGVO a.F. bezüglich des Merkmals Ausrichten im Zeitpunkt der BGH Entscheidung vom 30.3.2006 nicht zweifelsfrei feststellbar.

Zu untersuchen ist, ob nun bezüglich des Ausrichtens und des vom BGH angenommenen Kausalitätserfordernisses in Art. 15 Abs. 1 lit. c EuGVO a.F. der hier aufgeworfenen Fragen der Schutzzweck der Norm klar bestimmt werden kann. Zwar ergibt sich aus den Materialien zur Entstehungsgeschichte der Norm, dass Grund für die Aufgabe des Kriteriums, dass der Vertragsschluss im Verbraucherstaat stattgefunden haben müsse, insbesondere darin läge, auch den Vertragsschluss über interaktive Websites zu erfassen.[1028] Dabei orientierte sich der Gesetzgeber an zwei US-amerikanischen Entscheidungen, *Zippo*[1029] und *Cybersell*,[1030] bei denen ebenfalls der Unterschied zwischen aktiven und passiven Websites eine Rolle spielte.[1031] In der Norm selbst befindet sich nur die Formulierung, dass die Tätigkeit „in irgendeiner Weise" auf diesen Mitgliedstaat ausgerichtet sein muss. Wie genau eine Internetseite ausgestaltet sein müsse, damit das Merkmal des Ausrichtens erfüllt werde, ist darin nicht angelegt. Zwar nahm die Kommission in ihrer Begründung zu Art. 15 EuGVO a.F. besonderen Bezug auf interaktive Websites, jedoch schließt die generalklauselhafte Formulierung andere, konventionelle Vertriebsmethoden nicht aus.[1032] Bereits diese offene Formulierung spricht dagegen, passive Websites vom Anwendungsbereich auszuschließen.

1028 Begründung des Art. 15 EuGVO, Vorschlag für eine Verordnung (EG) des Rates über die gerichtliche Zuständigkeit und die Anerkennung und Vollstreckung von Entscheidungen in Zivil- und Handelssachen KOM/99/0348 endg. - CNS 99/0154, ABl. C 376 E vom 28.12.1999, S. 11.

1029 Zippo Manufacturing Co. v. Zippo Dot Com, Inc. 952 f. Supp. 1119, 1124 (W.D.Pa. 1997).

1030 Cybersell, Inc. v. Cybersell, Inc. 130 f. 3d 414, 418 (9 th Cir. 1997).

1031 Stark kritisierend *Mankowski*, IPRax 2009, 238, 239 f., der auf die daraus resultierende Vermengung der Begriffe von aktiven und passiven Websites zu aktiven und passiven Verbrauchern hinweist.

1032 Vgl. die Kritik bei *Mankowski*, VuR 2006, 289, 291. Siehe auch die Kritik und Anregung dazu bei *von Hein*, IPRax 2006, 16, 20.

Ferner las der BGH in Art. 15 Abs. 1 lit. c EuGVO a.F. ein Kausalitätserfordernis hinein, was den Anwendungsbereich des Verbrauchergerichtsstands über den Wortlaut hinaus verengte. Betrachtet man die zu diesem Zeitpunkt vorliegende Rechtsprechung des EuGH, fällt auf, dass sich dieser noch nicht dazu geäußert hatte. Zwar hatte der EuGH mehrmals Gelegenheit gehabt, sich zum Kausalitätserfordernis zu äußern.[1033] Die Vorlagefragen waren jedoch zunähst unbeantwortet geblieben, was jedoch nicht bedeutet, dass der EuGH insgesamt nicht gewillt war, dazu Stellung zu nehmen und ferner nicht, ein Erfordernis als gegeben anzusehen. Die Materialien sprechen nicht für eine Verengung des Art. 15 Abs. 1 lit. c EuGVO a.F.

Ferner könnten andere unionsrechtliche Regelungsinstrumente Aufschluss über das Schutzniveau des Art. 15 Abs. 1 lit. c EuGVO a.F. geben. Von einer Stärkung des Verbraucherschutzes kann durch eine Zusammenschau mit der legislativen Intention der Fernabsatzrichtlinie und der RL 2002/65/EG ausgegangen werden, was im Widerspruch zu einem engen Schutzniveau des Art. 15 Abs. 1 EuGVO a.F. stünde.[1034] Ferner würde das abhängig machen des Verbraucherschutzes davon, wie nah die Website dem Vertragsschluss komme, eine Restriktion bedeuten, die noch hinter dem Schutz unter Geltung des EuGVÜ zurückbliebe.[1035]

Zum Kausalitätserfordernis kann die zum Zeitpunkt der Entscheidung bereits veröffentlichte Rom I-VO genannt werden. Erwägungsgrund (25) der Rom I-VO[1036] nimmt eine Konkretisierung des Ausrichtens vor. Wie auch bei der intersystematischer Auslegung des Art. 15 Abs. 1 lit. c EuGVO a.F. feststellbar, wird zunächst verdeutlicht, dass das „Ausüben" einen engeren Fall als das Ausrichten darstelle. Erwägungsgrund (25) fügt jedoch präzisierend

1033 *Huber-Lehmann*, in: FS Kren Kostkiewicz, 2018, 133, 134.

1034 Siehe so auch *Mankowski*, IPRax 2009, 238, 241.

1035 Ebd.

1036 Erwägungsgrund Rom I-VO (25): „Die Verbraucher sollten dann durch Regelungen des Staates ihres gewöhnlichen Aufenthalts geschützt werden, von denen nicht durch Vereinbarung abgewichen werden kann, wenn der Vertragsschluss darauf zurückzuführen ist, dass der Unternehmer in diesem bestimmten Staat eine berufliche oder gewerbliche Tätigkeit ausübt. Der gleiche Schutz sollte gewährleistet sein, wenn ein Unternehmer zwar keine beruflichen oder gewerblichen Tätigkeiten in dem Staat, in dem der Verbraucher seinen gewöhnlichen Aufenthalt hat, ausübt, seine Tätigkeiten aber - unabhängig von der Art und Weise, in der dies geschieht - auf diesen Staat oder auf mehrere Staaten, einschließlich dieses Staates, ausrichtet und der Vertragsschluss auf solche Tätigkeiten zurückzuführen ist."

an, dass „der Vertragsschluss auf solche Tätigkeiten zurückzuführen“ sein müsse. Teilweise wird dieses „zurückzuführen“ in das Ausrichten des Art. 15 Abs. 1 lit. c EuGVO a.F. hineingelesen[1037] oder zumindest durch teleologische Reduktion des Art. 15 Abs. 1 lit. c berücksichtigt. Dafür spreche ferner Erwägungsgrund (7) Rom I-VO, welcher fordert, die verschiedenen Regelungsinstrumente „im Einklang“ auszulegen und nur dann abweichende Auslegungen vorzunehmen, sofern diese gerechtfertigt seien.[1038] Hierbei können wiederum die Bedenken zur dynamischen Auslegung von neu geschaffenen Regelungen auf ältere, angeführt werden.[1039] Der dynamischen Auslegung insofern Gewicht zuzuschreiben, als dass Rückschlüsse der Vorgängernorm auf ihren Nachfolger zuzulassen sind, ist aus Kontinuitätsgründen möglich, steht aber auf einem anderen Blatt als umgekehrt die neue Verordnung auf ihre Vorgängernorm zu beziehen.

Jedenfalls trat die Rom I-VO erst nach dem Ergehen der Entscheidung des BGH in Kraft. Die Betrachtung der Rom I-VO, des EuGVÜ sowie der Fernabsatzrichtlinie und der RL 2002/65/EG ermöglichen jedenfalls keinen Klarheitsgewinn einer eindeutigen Telosbestimmung des Art. 15 Abs. 1 lit. c EuGVO a.F., sondern helfen nur bei der Bestimmung der Tendenz hin zu einem weiten Verbraucherschutz. Ein Kausalitätserfordernis führt zu nicht von der Norm vorgesehenen Darlegungs- und Beweislastproblemen für den Verbraucher und gefährdet den verbraucherschützenden Zweck der Norm.[1040]

Insofern konnte auch hier das Telos von Art. 15 Abs. 1 lit. c EuGVO a.F. nicht zweifelsfrei und klar festgestellt werden.

(2) Individualrechtsschutz und Einheitlichkeit des Unionsrechts

Wie bereits oben in Kapitel 4 A. II. 1. b) bb) erörtert, müssen für eine Bedrohung der Position des EuGH als Hüter der elementaren Bürgerrechte spezifische Grundrechtsfragen relevant sein. Dies ist hier nicht der Fall.

(3) Ergebnis

Obwohl das Telos der Norm nicht klar war, hat der BGH einen Acte Clair angenommen. Dies führte zu einer Fragmentierung der Rechtsprechung. Betrachtet

---

1037 *Mankowski*, IPRax 2008, 333, 336 f.; *Klinger*, jurisPR-ITR 3/2009 Anm. 5, 3.

1038 *Leible/Müller*, EuZW 2009, 26, 28; *Mankowski*, IPRax 2008, 333, 336 ff., die keinen ersichtlichen Grund für eine Ungleichbehandlung beider Verordnungen sehen.

1039 Siehe dazu eingehend *Mankowski*, IPRax 2008, 333, 337.

1040 Vgl. hierzu *Gsell*, ZZP 127 (2014), 431, 447 ff.

man den Beschluss im Kontext, so findet er zu einer Zeit statt, in der zunehmend das Problem der „fliegenden Gerichtsstände bei Internet-Delikten“ aufkam.[1041] Diesem sollte ein Riegel vorgeschoben werden, was das Bundesministerium für Justiz diskutierte und eine Neuregelung erwog, wonach bei Internet-Delikten nur noch das Gericht berufen werden könne, wo der Rechteinhaber oder potentielle Rechtsverletzer auch seinen Wohnsitz habe.[1042] In dem Beschluss vom 17.9.2008 hatte der BGH erstmals das Erfordernis der Kausalität im Rahmen des Ausrichtens in Art. 15 Abs. 1 lit. c EuGVO a.F. bejaht. Dabei folgte er dem Urteil des OLG Karlsruhe vom 24.8.2007,[1043] welches ein knappes Jahr vor dem BGH erstmals einen „inneren Zusammenhang“ zwischen Tätigwerden und Vertragsschluss gefordert hatte. Interessant dabei ist, dass hier das Merkmal „Ausrichten“ bemüht wird, ein solches Kausalitätserfordernis zu umfassen. Denn im Grunde stellt der „innere Zusammenhang“ ein eigenes Merkmal dar, welches der BGH im Sinne einer „teleologischen Reduktion“ des Art. 15 Abs. 1 lit. c am Ende hineinlas. Indem er das tut, bedroht er eindeutig die Position des EuGH als Hüter der Einheitlichkeit des Unionsrechts.

Der Acte Clair wurde unter Nennung der oben besprochenen BGH-Rechtsprechung (BGHZ 167, 83)[1044] begründet. Hierin ist die Gefahr zu sehen, dass sich ein Letztgericht auf kritische Rechtsprechungslinien, die ebenfalls vom BGH entwickelt wurden, beruft und sich diese zunehmend ausprägen und festigen.

Auch im deutschen Schrifttum war die Entscheidung auf Kritik gestoßen. Zum einen wurde kritisiert, dass der BGH zwischen aktiven und passiven Websites unterschied.

Klinger bedauerte das fehlende Auseinandersetzen des BGH mit dem Ausrichten auf Unternehmenswebsites – die Unterscheidung zwischen interaktiven und passiven Websites sei hoch umstritten und die nur referierende Bezugnahme auf die gemeinsame Begründung des Art. 15 EuGVO a.F. von Kommission und Rat sei berechtigterweise von *Geimer* als „Brüsseler Orakelspruch“[1045]

1041 So der gleichnamige Beitrag von *Kaufmann* vom 21.11.2008, online abrufbar unter https://www.heise.de/newsticker/meldung/Fliegender-Gerichtsstand-bei-Internet-Delikten-auf-dem-Pruefstand-217807.html, zuletzt abgerufen am 7.11.2019.

1042 Ebd.

1043 OLG Karlsruhe, 24.8.2007 – 14 U 72/06 = NJW 2008, 85 = IPRax 2008, 348 m. Anm. Mankowski, IPRax 2008, 333.

1044 BGH, 30.3.2006 – VII ZR 249/04 = BGHZ 167, 83.

1045 Geimer/Schütze EuZVR/*Geimer*, Art. 15 EuGVO/LugÜ-II - Art. 13 EuGVÜ/LugÜ-I, Rn. 38.

bezeichnet worden und wenig aufschlussreich.[1046] Demnach könne durchaus vertreten werden, das Ausrichten des Website-Betreibers auch dem bloßen Nutzer, hier dem Rechtsanwalt zuzurechnen.[1047]

Die Einteilung der Kategorien von Websites sei nach *Mankowski* veraltet, zu stark auf Technologie und „Technikalität" bezogen und nicht der dynamischen Entwicklung des Bereiches angepasst, auf die es bei der Neufassung gerade angekommen sei.[1048] *Mankowski* kritisierte ferner, dass der werbende und daher zeitlich vor dem Vertragsschluss stattfindende Aspekt von Websites nicht berücksichtigt werde.[1049] Besonders kritikwürdig bei der Unterscheidung von aktiven und passiven Websites sei, dass ein Ausrichten bei passiven Websites, bei denen ein „Kommunikationsbruch" vorliege, folglich der Vertrag nicht durch ein Formular online geschlossen werde, sondern mithilfe eines Telefonanrufes, Faxes oder einer E-Mail, unsinnig sei, da bei der klassischen Werbung, wie sie Art. 13 EuGVÜ umfasste, ohne Weiteres ein solcher Kommunikationsmittelbruch hingenommen wurde.[1050] *Mankowski* sprach sich daher ganz und gar gegen eine Unterscheidung zwischen aktiven und passiven Websites aus, da diese dem Schutzzweck nicht gerecht werde, das kommerzielle Ziel technikneutral zu fördern und sich dabei nicht an technologischen Modi auszurichten.[1051] *Leible* und *Müller* schlossen sich *Mankowski* an, welcher bei der Wahl dieses Unterscheidungskriteriums dessen Geeignetheit und Erforderlichkeit bezweifelte.[1052] Vielmehr sei nach allgemeinen Kriterien über die Zurechnung der Website eines Dritten zu befinden.[1053]

Zum anderen war das Kausalitätserfordernis kontrovers diskutiert worden. Da die herrschende Meinung in der Vergangenheit ein Kausalitätserfordernis weder bei der Vorgängernorm noch bei Art. 15 Abs. 1 lit. c EuGVO a.F. zwischen der Werbung bzw. der ausgerichteten Tätigkeit und dem konkreten Vertrag abgelehnt hat, hätte der BGH diese Frage noch näher erläutern können.[1054] Gegen das Kausalitätserfordernis sprach sich *Mankowski* aus, der einen weiten Anwendungsbereich des Art. 15 Abs. 1 lit. c EuGVO a.F. forderte.[1055] Er verneinte

---

1046 *Klinger*, jurisPR-ITR 3/2009 Anm. 5, 2 f.
1047 Ebd., 3.
1048 *Mankowski*, IPRax 2009, 238, 241.
1049 Ebd.
1050 Ebd., 242.
1051 Ebd., 245. Ebenso *Leible/Müller*, EuZW 2009, 26, 27 m.w.N. zum Streitstand.
1052 *Mankowski*, IPRax 2008, 333, 335 ff.; *Leible/Müller*, EuZW 2009, 26, 27.
1053 *Leible/Müller*, EuZW 2009, 26, 27.
1054 *Klinger*, jurisPR-ITR 3/2009 Anm. 5, 3.
1055 *Mankowski*, IPRax 2008, 333, 336, 339.

das Kausalitätserfordernis mit dem Argument, dass bei der Schaffung des Art. 15 EuGVO a.F. um jedes Wort gestritten worden sei und daher die fehlende Wortlautverankerung eines solchen Erfordernisses *prima facie* ein *argumentum e contrario* darstelle.[1056] *Leible* und *Müller* bemerkten wie auch *Mankowski* in dem Urteil ein Indiz für die zunehmende Tendenz zur restriktiven Auslegung der Verbraucherschutzvorschriften.[1057]

Wie bereits bei dem Urteil des BGH vom 30.3.2006 gesehen, ist die vom BGH vorgenommene Restriktion der Unterscheidung von aktiven und passiven Websites seit der Folgerechtsprechung in der Rechtssache *Pammer und Alpenhof* vom EuGH als nicht mehr tragbar entschieden worden.[1058] Auch der zweiten Restriktion des BGH, ein Kausalitätserfordernis in Art. 15 Abs. 1 lit. c EuGVO a.F. hineinzulesen, wurde in der EuGH-Rechtssache *Emrek* eine Absage erteilt.

Der BGH hatte noch in einer Entscheidung am 24.4.2013 ein Kausalitätserfordernis angenommen.[1059] Diese Entscheidung erging nachfolgend auf den zurückgezogenen Vorlagebeschluss des BGH vom 1.2.2012 und nahm Bezug auf den Beschluss des BGH vom 17.9.2008. Die Vorlagefrage war vom BGH zuvor zurückgenommen worden, weil sie zum Gegenstand hatte, ob das Ausrichten nur Verträge im Fernabsatz umfasse, was der EuGH in der Rechtssache *Mühlleitner* zwischenzeitlich abgelehnt hatte.

Die Nichtvorlage des BGH hat hier dazu geführt, dass sich in Deutschland eine eigene Auslegungspraxis etablierte, die sich über fünfeinhalb Jahre lang halten konnte.

Erst die Vorlage des LG Saarbrücken vom 27.4.2012 (5 S 68/12)[1060] in der Rechtssache *Emrek* führte dazu, dass der EuGH diese vorher offengelassene Frage beantwortete und das Kausalitätserfordernis ablehnte.[1061] Erst dadurch wurde die deutsche höchstrichterliche Praxis zu Fall gebracht. Hierin sieht man,

---

1056 *Mankowski*, IPRax 2008, 333, 336.

1057 Ebd., 338 f.; *Leible/Müller*, EuZW 2009, 26, 28.

1058 EuGH, Urteil vom 7.12.2010 – C-585/08 und C-144/09 (Pammer./.Reederei Schlüter und Hotel Alpenhof./.Heller) = ECLI:EU:C:2010:740, Rn. 79.

1059 BGH, 24.4.2013 – XII ZR 10/10 = RIW 2013, 563, Rn. 24.

1060 LG Saarbrücken, Vorlagebeschluss vom 27.4.2012 – 5 S 68/12 = IPRspr. 2012, Nr. 206, 476.

1061 Vom EuGH unbeantwortet geblieben war die Vorlagefrage in den Rechtssachen EuGH, Urteil vom 19.1.1993 – C-89/91 (Shearson Lehmann Hutton Inc. ./. TVB) = ECLI:EU:C:1993:15 und EuGH, Urteil vom 15.9.1994 – C-318/93 (Brenner und Noller ./. Dean Witter Reynolds) = ECLI:EU:C:1994:331. Siehe dazu auch *Huber-Lehmann*, in: FS Kren Kostkiewicz, 2018, 133, 134.

dass eine untere Instanz gezielt den Weg der Vorlage wählte, um diese Praxis zu kippen. Mit der Rechtssache *Emrek* hat der EuGH die Rechtsprechungspraxis, die sich seit dem Beschluss des BGH vom 17.9.2008 gefestigt hatte, im Jahr 2013 beendet.[1062] Ferner ließ sich aus der Rechtssache *Emrek* ein Tendenzwechsel beim EuGH erkennen, welcher der Rechtssache *Mühlleitner* folgend wieder ein weniger restriktives Verständnis des Verbraucherschutzes verdeutlichte.

Zwar war die Rechtssache *Emrek* in der Literatur scharf kritisiert worden, weil der EuGH auf Erwägungsgrund (25) Rom I-VO, der ein Kausalitätserfordernis enthält,[1063] nicht einging und daher die Kohärenz zwischen Rom I-VO und EuGVO als gefährdet angesehen wird.[1064] Die Rom I-VO trat jedoch nach der EuGVO a.F. in Kraft und die Erwägungsgründe sind zudem nicht konstitutiv. Ferner könnte eine feingliedrige Unterscheidung bei der Bestimmung des anwendbaren Rechts im Gegensatz zum Bedürfnis nach grobmaschigeren Zuständigkeitsregelungen angebracht erscheinen.[1065] Nach dem hier untersuchten Kriterium der Einheitlichkeit des Unionsrechts gefährdete die Auslegung des BGH die Position des EuGH.

Die Voraussetzungen des materiellen Acte Clair lagen mithin nicht vor.

d) BGH, Urteil vom 15.1.2015 – ZR 88/14

In dem Urteil des BGH vom 15.1.2015 lag der Fall wiederum klarer. Eine Immobilienmaklerin mit Sitz in Kleve unterhielt einen deutschsprachigen Internetauftritt, der im Jahr 2011 ein abrufbares Kontaktformular sinngemäß mit dem Hinweis „Informationen auch auf Niederländisch!“ mit einer niederländischen Flagge in niederländischer Sprache und in orangefarbener Schrift zeigte.[1066] Streitig zwischen den Parteien war, ob der Internetauftritt bereits 2009 so gestaltet war.[1067] In diesem Jahr hatten die Beklagten mit Wohnsitz in

---

1062 EuGH, Urteil vom 17.10.2013 – C-218/12 (Emrek ./. Sabranovic) = ECLI:EU:C:2013:666, Rn. 24.

1063 Erwägungsgrund (25 S. 1) ROM I-VO: „Die Verbraucher sollten dann durch Regelungen des Staates ihres gewöhnlichen Aufenthalts geschützt werden, von denen nicht durch Vereinbarung abgewichen werden kann, wenn der Vertragsschluss darauf zurückzuführen ist, dass der Unternehmer in diesem bestimmten Staat eine berufliche oder gewerbliche Tätigkeit ausübt.“

1064 Siehe die scharfe Kritik an der fehlenden rechtsaktübergriefenden Auslegung des EuGH in den Urteilsanmerkungen von *Rühl*, IPRax 2014, 41, 42 ff.; *Wilke*, EuZW 2015, 13, 15 ff.; *Klöpfer/Wendelstein*, JZ 2014, 297, 298 ff.

1065 Vgl. *Köhler*, IPRax 2017, 570, 573.

1066 BGH, 15.1.2015 – I ZR 88/14 = NJW 2015, 2339, juris Rn. 1.

1067 Ebd.

den Niederlanden mit der Klägerin einen provisionspflichtigen Maklervertrag über ein Grundstück in Kranenburg geschlossen, sowie auf ihre Vermittlung hin einen notariellen Kaufvertrag, der anschließend rückabgewickelt wurde.[1068] Die Klage war auf Zahlung der Maklerprovision (10.370,85 €) nebst Zinsen sowie außergerichtlicher Kosten gerichtet. Das LG Kleve hatte die Klage für zulässig und begründe gehalten, das OLG Düsseldorf hingegen als unzulässig abgewiesen. Die Revision war zugelassenen worden.

aa) Lösung des Rechtsproblems

Das Problem des Ausrichtens lag im klassischen Sinne vor, d.h. inwiefern ein Internetauftritt so gestaltet war, dass er insbesondere Kunden aus dem Nachbarstaat anlocken sollte. Der BGH folgte den in der Rechtssache *Pammer und Alpenhof* herausgearbeiteten Anhaltspunkten, nach denen festzustellen sei, ob der Gewerbetreibende Geschäfte im Verbraucherstaat tätigen wollte.[1069] Unter Zugrundelegung dieser Maßstäbe und unter Bezugnahme des BGH-Urteils vom 24.04.2013[1070] bestätigte der BGH die Ausführungen des Berufungsgerichts bezüglich der Bejahung eines Verbrauchergeschäfts.[1071] Nach der EuGVO ist auf das ausgerichtete Tätigwerden vor dem relevanten Vertragsschluss abzustellen dieser lag im Jahr 2009 vor.[1072] Jedoch stand nur fest, dass im Jahr 2011 der Internetauftritt so gestaltet war, dass er viele Indizien, die in der Rechtssache *Pammer und Alpenhof*[1073] entwickelt worden waren, enthielt. Diese waren die in den Niederlanden bedeutungsvolle Farbe Orange sowie die niederländische Sprache und Flagge. Der BGH gab dem Berufungsgericht im Ergebnis recht. Zwar habe das Berufungsgericht eine Zweifelsregelung angewendet, wonach bei offenem Beweisergebnis zugunsten des Beklagten entschieden werden solle, sodass von einem Ausrichten auszugehen sei. Dem widersprach der BGH.[1074] Entsprechend allgemeinen Regeln der Darlegungs- und Beweislast, müsse, wer sich auf eine Ausnahmezuständigkeit berufe, auch die für ihn günstigen maßgeblichen Tatsachen darlegen.[1075] Dies müsse bei den verbraucherschützenden

---

1068 BGH, 15.1.2015 – I ZR 88/14 = NJW 2015, 2339, juris Rn. 2.

1069 Ebd., 2340 Rn. 14.

1070 BGH, 24.4.2013 – XII ZR 10/10 = RIW 2013, 563, 2340 f. Rn. 22.

1071 BGH, 15.1.2015 – I ZR 88/14 = NJW 2015, 2339, 2340 Rn. 16 f.

1072 Ebd., 2341 Rn. 23.

1073 EuGH, Urteil vom 7.12.2010 – C-585/08 und C-144/09 (Pammer./.Reederei Schlüter und Hotel Alpenhof./.Heller) = ECLI:EU:C:2010:740, Rn. 76, 93.

1074 BGH, 15.1.2015 – I ZR 88/14 = NJW 2015, 2339, 2341 Rn. 25.

1075 Ebd., 2341 Rn. 26.

Normen der EuGVO a.F. allerdings so ausgelegt werden, dass ihrem Anwendungsbereich nicht die praktische Wirksamkeit genommen werde.[1076] Diesen Maßstäben folgend, hätten die Beklagten ihrer Darlegungslast genügt, was das Ausrichten betreffe.[1077] Ferner stelle der Internetauftritt von 2011 ein Indiz dafür dar, dass die Internetseite bereits im Jahr 2009 zum Zeitpunkt des Vertragsschlusses so ausgestaltet war.[1078] Es hätte dann der Klägerin oblegen, diesen Vortrag substantiiert zu bestreiten, um einen wirksamen Verbraucherschutz zu gewährleisten.[1079]

bb) Acte Clair

Der BGH bejahte den Acte Clair und den Acte Éclairé gleichermaßen: „Eine Vorlage an den Gerichtshof der [EU] nach Art. 267 Abs. 3 AEUV ist nicht veranlasst (vgl. EuGH, Urteil vom 6. Oktober 1982 - 287/81, Slg. 1982, 3415 Rn. 16 = NJW 1983, 1257 - C.I.L.F.I.T.; Urteil vom 11. September 2008 - C-428/06, Slg. 2008, I-6747 = EuZW 2008, 757 Rn. 42 -UGT Rioja u.a.). Im Streitfall stellt sich im Blick auf die Auslegung der Bestimmung des Art. 15 Abs. 1 Buchst. c Brüssel-I-VO keine Frage, die nicht schon in der Rechtsprechung des Gerichtshofs der [EU] geklärt oder zweifelsfrei zu beurteilen ist."

cc) Bewertung

(1) Effet utile und Einheitlichkeit des Unionsrechts

Ein Acte Clair kann nach dem oben in Kapitel 4 A. II. 1. b) aa) definierten Bewertungskriterium nur angenommen werden, wenn die Position des EuGH, die Effektivität des Unionsrechts zu gewährleisten, nicht bedroht wird.

Art. 15 Abs. 1 lit. c EuGVO a.F. hat mit der EuGH-Rechtsprechung in den Rechtssachen *Pammer und Alpenhof* sowie *Mühlleitner* Konkretisierungen erfahren, sodass der BGH die Schutzrichtung des Merkmals „Ausrichtens" ohne Unklarheiten feststellen konnte.

1076 BGH, 15.1.2015 – I ZR 88/14 = NJW 2015, 2339, 2341 Rn. 26.

1077 Ebd., 2341 Rn. 27.

1078 Ebd.

1079 Ebd., 2341 Rn. 28.

(2) Individualrechtsschutz und Einheitlichkeit des Unionsrechts

Wie oben in Kapitel 4 A. II. 1. b) bb) erörtert, liegt eine Bedrohung der Position des EuGH als Hüter der elementaren Bürgerrechte nur vor, wenn spezifische Grundrechtsfragen relevant sind. Diesbezügliche Bedenken bestehen nicht.

(3) Ergebnis

Damit erfüllte der BGH die Bewertungskriterien. Die Voraussetzungen eines materiellen Acte Clair lagen ebenfalls vor.

Es lag insofern auch eine Übereinstimmung mit dem Telos von Art. 6 Rom I-VO vor, sodass bei einer Bejahung des Merkmals Ausrichten regelmäßig das Heimatrecht des Verbrauchers Anwendung findet, was von Literaturstimmen als eine „Rundum-Sorglos-Absicherung" beim Verbraucherschutz aufgefasst wurde.[1080] Teilweise wurde bei dem Gleichlauf beider Verordnungen gar von einer „faktischen Rechtsanwendungsregel" beim Zusammenwirken von Art. 15 EuGVO a.F. und Art. 6 Rom I-VO gesprochen.[1081] Lese man Einschränkungen in Art. 15 EuGVO a.F. zum Ausrichten hinein, müsse man dies auch bei Art. 6 Rom I-VO generell tun.[1082] Beachtet werden muss hier jedoch die Bereichsausnahmen, die Art. 6 Abs. 4 Rom I-VO vorsieht und die sich abgesehen von Beförderungsverträgen mit Ausnahme von Pauschalreiseverträgen nicht in Art. 17 EuGVO n.F. wiederfinden. Aufgrund starker Verwebungen des Prozessrechts mit dem anwendbaren Recht, wirken sich Einschränkungen auf der Ebene des Prozessrechts auf die Bestimmung des anwendbaren Rechts aus. Dennoch muss in Erinnerung gerufen werden, dass das Prozessrecht ein grobmaschigeres Wertungsnetz fordert als auf der Ebene des anwendbaren Rechts, wo auf die Feinheiten besser eingegangen werden kann.[1083] Gleichwohl stellt eine einschränkende Auslegung auf prozessualer Ebene bei gleichlautendem Wortlaut auf Rechtsanwendungsebene ein Indiz für ein restriktives Verständnis dar. In jedem Fall macht dies die hier gesehenen Regelungsprobleme noch relevanter, da sie häufig auf die Folgeebene durchschlagen.

Zustimmung hat das Urteil auch im deutschen Schrifttum erfahren.[1084] Die vom BGH vorgenommene Präzisierung bezüglich einer sekundären Darlegungs- und Beweislast, wonach der Makler das Ausrichten nicht allein bestreiten könne,

---

1080 *Dornis/Kessenich*, WuB 2017, 59, 62; *Basedow*, 2015, Rn. 628, 643.

1081 *Dornis/Kessenich*, WuB 2017, 59, 62.

1082 *Basedow*, 2015, Rn. 628, 643.

1083 Siehe dazu *Köhler*, IPRax 2017, 570, 573.

1084 *Dornis/Kessenich*, WuB 2017, 59, 62.

sondern seinen Vortrag substantiiert darlegen müsse,[1085] entspreche der Zweckrichtung des Art. 15 EuGVO a.F. Laut BGH gehe diese erhöhte Anforderung auf den wirksamen Verbraucherschutz zurück (Rn. 28).[1086] Jedoch ergebe sich nach *Dornis/Kessenich* diese Anforderung bereits aus dem Gebot der prozessualen Fairness.[1087] In diese Richtung argumentierte auch *Haas*, wonach Unionsrechtspositionen nicht erschwerter geltend gemacht werden dürfen als vergleichbare Positionen des nationalen Rechts.[1088]

III. Ort der Niederlassung. Art. 15 Abs. 2 EuGVO a.F.

Im Interesse des Verbrauchers sieht Art. 15 Abs. 2 EuGVO a.F. eine Erweiterung des Verbrauchergerichtsstands vor. Hat der Vertragspartner des Verbrauchers zwar keinen Wohnsitz, aber eine Zweigniederlassung, Agentur oder sonstige Niederlassung im Hoheitsgebiet eines Mitgliedsstaats, wird der Vertragspartner so behandelt, als habe er seinen Wohnsitz im Heimatstaat des Verbrauchers. Bezüglich der Auslegung der Begriffe „Zweigniederlassung, Agentur oder sonstige Niederlassung“ sowie „Streitigkeiten aus ihrem Betrieb“ gelten die gleichen Grundsätze wie bei Art. 5 Nr. 5 EuGVO a.F.[1089] Allerdings ist bei Art. 15 Abs. 2 EuGVO a.F. die systematische Einbettung in die Schutzgerichtsstände zu beachten.[1090] Art. 15 Abs. 1 EuGVO a.F. zeigt auf, dass es bei der Anwendbarkeit von Art. 4 Abs. 1 EuGVO a.F. bleibt, wonach der Verbrauchergerichtsstand nur dann greift, wenn der Beklagte seinen Wohnsitz in einem Mitgliedstaat hat.[1091] Art. 15 Abs. 2 EuGVO a.F. bildet eine Ausnahme von diesem Grundsatz entsprechend dem Art. 9 Abs. 2 EuGVO a.F. und fingiert einen Wohnsitz auch bei Drittstaatenunternehmen, sofern diese in einem Mitgliedstaat eine der aufgezählten Repräsentanzen aufweisen, beispielsweise im Heimatstaat des Verbrauchers.[1092] Art. 18 Abs. 1 Alt. 2 EuGVO n.F. hat die Reichweite des Gerichtsstands am Wohnsitz des Verbrauchers auch auf die Fälle erweitert, in denen der

---

1085 Siehe dazu *Dornis/Kessenich*, WuB 2017, 59, 62.

1086 BGH, 15.1.2015 – I ZR 88/14 = NJW 2015, 2339, 2341 Rn. 28: „An dieses Bestreiten sind erhöhte Anforderungen zu stellen, um einen wirksamen Verbraucherschutz zu gewährleisten.“

1087 *Dornis/Kessenich*, WuB 2017, 59, 62.

1088 *Haas*, VuR 2015, 474, 476.

1089 *Kropholler/von Hein*, Europäisches Zivilprozessrecht, ^{9}2011, Art. 15 EuGVO, Rn. 28.

1090 *Staudinger*, IPRax 2008, 107, 109.

1091 Ebd., 108.

1092 Ebd.

Vertragspartner keinen Sitz oder keine Niederlassung in einem Mitgleidstaat hat, sondern in einem Drittstaat.[1093]

1. *EuGH-Rechtsprechung*

Der EuGH beschäftigte sich in der Rechtssache *SAR Schotte* mit dem Rechtsschein einer Niederlassung im Rahmen von Art. 5 Nr. 5 EuGVÜ.[1094] In dem Fall unterhielt eine in einem Vertragsstaat ansässige juristische Person in einem anderen Vertragsstaat zwar keine unselbstständige Zweigniederlassung, Agentur oder sonstige Niederlassung, hatte dort aber eine Tätigkeit mithilfe einer gleichnamigen selbstständigen Gesellschaft entfaltet, derer sich die Gesellschaft wie einer Außenstelle bediente.[1095] In der Entscheidung hieß es: „In einem derartigen Fall müssen sich Dritte, die Geschäfte mit einer Niederlassung abschließen, die als Außenstelle einer anderen Gesellschaft tätig wird, auf den so erweckten Anschein verlassen und diese Niederlassung als eine Niederlassung der anderen Gesellschaft ansehen können, selbst wenn die beiden Gesellschaften gesellschaftsrechtlich voneinander unabhängig sind."[1096] Vom Gericht zu berücksichtigen sei auch die Art und Weise, wie sich die beiden Unternehmen im Geschäftsleben verhielten und wie sich Dritten gegenüber ihre Handelsbeziehungen darstellten.[1097]

2. *Leitentscheidung BGH, Urteil vom 12.6.2007 – XI ZR 290/06*

Der BGH beschäftigte sich in seinem Urteil vom 12.6.2007 mit der Klage eines in München wohnenden Klägers bezüglich angeblicher Abrechnungsmängel bei Anlagegeschäften. Er hatte sein mehrere Millionen hohes Vermögen bei mehreren Konzernunternehmen der Beklagten, einem weltweit tätigen Finanzinstitut mit Sitz in New York angelegt.[1098] Bei den Geschäften wurde er von einer Repräsentanz in München betreut, einer zur Unternehmensgruppe gehörenden Londoner Bank. Vor Klageeinreichung war die Repräsentanz aufgelöst und im Handelsregister gelöscht worden.[1099]

1093 *von Hein*, RIW 2013, 97, 103.

1094 EuGH, Urteil vom 9.12.1987 – 218/86 (SAR Schotte GmbH ./. Parfums Rothschild SARL) = ECLI:EU:C:1987:536.

1095 Ebd., Rn. 17.

1096 Ebd., Rn. 15.

1097 Ebd., Rn. 16.

1098 BGH, 12.6.2007 – XI ZR 290/06 = NJW-RR 2007, 1570, juris Rn. 2.

1099 Ebd.

a) Lösung des Rechtsproblems

Der BGH kam zu dem Ergebnis, dass die Revision unbegründet sei, da die Entscheidungen des Berufungsgerichts, wonach die internationale Zuständigkeit deutscher Gerichte nicht gegeben sei, der rechtlichen Überprüfung standhalte.[1100] Die EuGVO a.F. sei nicht anwendbar, da die Beklagte ihren Sitz nicht in einem Mitgliedstaat der Union habe.[1101] Die frühere Münchner Repräsentanz der Londoner Konzerntochter könne keine Wohnsitzfiktion gemäß Art. 15 Abs. 2 EuGVO a.F. begründen, da diese im Zeitpunkt der Klageerhebung nicht mehr bestanden habe.[1102] Die Materialien zur EuGVO a.F. gäben keinen ausdrücklichen Hinweis auf den abzustellenden Zeitpunkt und der EuGH habe diese Frage bislang nicht entschieden.[1103] Der Wortlaut „besitzt" spreche dafür, dass die Niederlassung noch bestehen müsse. Dafür, dass diese Formulierung bewusst gewählt worden sei, sprächen Art. 5 Nr. 1 lit. a EuGVO a.F. und Art. 19 Nr. 2 lit. a bzw. b EuGVO a.F., wo explizit auf zwei mögliche Zeitpunkte abgestellt werde.[1104] Auch die Systematik spreche gegen die Wohnsitzfiktion des Art. 15 Abs. 2 EuGVO a.F., da Art. 2 Abs. 1 EuGVO a.F. ebenfalls nicht auf einmal bestandene Wohnsitze abstelle; dasselbe gelte bei Art. 5 Nr. 5 EuGVO a.F.[1105] Ferner handele es sich bei Art. 15 EuGVO um eine eng auszulegende Ausnahmevorschrift, die nur in den ausdrücklich genannten Fällen anwendbar sei, wie der ständigen Rechtsprechung des EuGH zu entnehmen sei.[1106] Auch die Zielsetzung entspreche dieser Auslegung, da nach Erwägungsgrund (11) EuGVO a.F. die Zuständigkeitsvorschriften in hohem Maße vorhersehbar sein müssen.[1107] Eine Auslegung entgegen dem Wortlaut des Art. 15 Abs. 2 EuGVO a.F. erschwere für den Kläger und den Beklagten die Feststellbarkeit des zuständigen Gerichtes.[1108] Der Verbraucherschutz rechtfertige, abgesehen von den ausdrücklich geregelten Fällen, keine erweiternde Auslegung dieser Zuständigkeiten.[1109]

1100 BGH, 12.6.2007 – XI ZR 290/06 = NJW-RR 2007, 1570, Rn. 6, 8.
1101 Ebd., 1570 Rn. 6.
1102 Ebd., 1571 Rn. 11.
1103 Ebd., 1571 Rn. 12.
1104 Ebd., 1571 Rn. 11.
1105 Ebd., 1571 Rn. 16 f.
1106 Ebd., 1571 Rn. 18.
1107 Ebd., 1571 Rn. 19 f.
1108 Ebd., 1571 Rn. 20, bezugnehmend auf EuGH, Urteil vom 10.6.2004 – C-168/02 (Rudolf Kronhofer ./. Marianne Maier u.a.) = ECLI:EU:C:2004:364.
1109 BGH, 12.6.2007 – XI ZR 290/06 = NJW-RR 2007, 1570, 1571 f. Rn. 21.

b) Acte Clair

„Einer Vorlage an den Gerichtshof der Europäischen Gemeinschaften gemäß Art. 234 EG-Vertrag (EGV) zur Auslegung des Art. 15 Abs. 2 EuGVVO bedarf es entgegen der Ansicht der Revision nicht. Eine Vorlagepflicht gemäß Art. 234 Abs. 3 EGV besteht auch bei noch nicht vom Gerichtshof entschiedenen Fragen nicht, wenn das letztinstanzliche nationale Gericht in dem bei ihm anhängigen Verfahren feststellt, dass die richtige Anwendung des Gemeinschaftsrechts so offenkundig ist, dass für vernünftige Zweifel kein Raum bleibt. Ob dies der Fall ist, hat das nationale Gericht unter Berücksichtigung der Eigenheiten des Gemeinschaftsrechts, der besonderen Schwierigkeiten seiner Auslegung und der Gefahr voneinander abweichender Gerichtsentscheidungen innerhalb der Gemeinschaft in eigener Verantwortung zu beurteilen [...]. Nach Auffassung des Senats ist die richtige Auslegung des Art. 15 Abs. 2 EuGVVO offenkundig. Vernünftige Zweifel können in Anbetracht von Wortlaut, Systematik und Zielsetzung unter Berücksichtigung der Rechtsprechung des Gerichtshofs der Europäischen Gemeinschaften zur EuGVVO und zum EuGVÜ nicht bestehen.“[1110]

c) Bewertung

aa) Effet utile und Einheitlichkeit des Unionsrechts

Wie oben in Kapitel 4 A. II. 1. b) aa) erörtert, kann ein Acte Clair nur angenommen werden, wenn die Position des EuGH, die Effektivität des Unionsrechts zu gewährleisten, nicht bedroht wird.

Art. 15 Abs. 2 EuGVO formuliert im Präsens: „besitzt er [...] eine Zweigniederlassung“ und schweigt darüber, wie lange die Niederlassung im Mitgliedstaat des Verbrauchers bestehen muss. Klarstellende Hinweise könnten sich aus der Vorgängervorschrift des Art. 13 Abs. 2 EuGVÜ ergeben. Der Wortlaut des Art. 13 Abs. 2 EuGVÜ entspricht dem des Art. 15 Abs. 2 EuGVO. a.F. Da aber Art. 13 Abs. 1 Nr. 3 EuGVÜ explizit den Zeitpunkt regelte, war dort klar, dass sich der Zeitpunkt der Fiktion auf ebendiesen Zeitpunkt und damit einen abgeschlossenen Sachverhalt bezog. In Art. 13 Abs. 1 Nr. 3 lit. a EuGVÜ wurde mit dem Erfordernis des Angebots oder Werbung der zeitliche Anknüpfungspunkt dieser Handlung so eingegrenzt, dass er vor dem Vertragsschluss lag. Im Wege des Art. 15 Abs. 2 EuGVO a.F. zu verlangen, dass noch im Zeitpunkt der Klageerhebung die Niederlassung bestehe – das heißt, dass die Niederlassung ihre Tätigkeit noch ausrichte –, würde eine Änderung zu Lasten des

---

1110 BGH, 12.6.2007 – XI ZR 290/06 = NJW- RR 2007, 1570, 1572 Rn. 22.

Verbraucherschutzes bedeuten.[1111] Insofern liege die Vermutung nahe, dass dort, wo das EuGVÜ von der Einbeziehung eines bereits abgeschlossenen Sachverhalts ausgehe, auch Art. 15 Abs. 2 EuGVO a.F. für den Anwendungsbereich des Art. 15 Abs. 1 lit. c EuGVO nur bereits abgeschlossene Sachverhalte einbeziehen wolle.[1112] Dieser Schluss ergebe sich bei der Annahme eines weiten Verbraucherschutzniveaus und würde auch die Vorhersehbarkeit der Gerichtsstände (siehe Erwägungsgrund (11) EuGVO a.F.) verbessern, da sich ein Unternehmer dem Verbraucherschutz nicht nachträglich durch die Schließung der Niederlassung, von wo aus er seine Tätigkeit ausgerichtet hatte und Einstellen seiner ausrichtenden Tätigkeit, entziehen könnte.[1113] Insofern würde das Missbrauchsrisiko durch einen Niederlassungswechsel gemindert.[1114]

Diese Erwägungen können nur Ansatzpunkte liefern, die Schutzrichtung der Norm einzugrenzen, verschaffen jedoch keine abschließende Klarheit. Hinweise über die genaue Schutzrichtung könnten sich ferner aus der EuGH-Rechtsprechung ergeben. In der Rechtssache *SAR Schotte Rothschild* hatte der EuGH bezüglich Art. 5 Nr. 5 EuGVO a.F. den Rechtsschein einer Zweigniederlassung als zuständigkeitsbegründend ausreichen lassen. Die EuGH-Entscheidung war zwar nicht eingebettet in den Verbraucherschutzgerichtsstand, hingegen bestand in der vom BGH zu entscheidenden Konstellation eine tatsächlich existierende Niederlassung, welche nur im Zeitpunkt der Klageerhebung geschlossen worden war.[1115] Es kann somit eine Tendenz des EuGH darin gesehen werden, bei der Zuständigkeitsbegründung an die Zweigniederlassung nicht allzu restriktive Voraussetzungen zu stellen. Gänzliche Klarheit bestand hingegen im Zeitpunkt der Entscheidung bezüglich der Konkretisierung des Telos von Art. 15 Abs. 2 EuGVO a.F. nicht. Solange die Schutzrichtung der Norm unklar

---

1111 Vgl. *Seibl*, IPRax 2011, 234, 236 f.

1112 Vgl. OLG Frankfurt am Main, 26.11.2008 – 7 U 251/07 = NJW-RR 2009, 645, 647, juris Rn. 17.

1113 Ebd.

1114 Über dieses Geschäftsmodell ob der geringen europäischen Anforderungen, siehe *Rauscher*, WuB 2007, VII B. Art. 15 EuGVO Nr. 2.07, 886. Ebenso argumentiert OLG Frankfurt am Main, 26.11.2008 – 7 U 251/07 = NJW-RR 2009, 645, 647, juris Rn. 17.

1115 Auf funktionale und systematische Divergenzen beider Normen hinweisend, *Staudinger*, IPRax 2008, 107, 109. Nach Staudinger habe der EuGH in der Rechtssache SAR Schotte Rothschild den Rechtsschein bezüglich objektiver Merkmale für das Vorliegen einer Niederlassung als ausreichend angesehen, was sich jedoch schwer auf den Rechtsschein an den Fortbestand einer tatsächlich zunächst gerichtspflichtig gewordenen Niederlassung übertragen lasse.

ist, ist die Position des EuGH bedroht, der als Hüter der Einheitlichkeit ansonsten nicht sicherstellen kann, dass die mitgliedstaatlichen Gerichte unionsrechtliche Normen unterschiedlich auslegen.

bb) Individualrechtsschutz und Einheitlichkeit des Unionsrechts

Wie oben in Kapitel 4 A. II. 1. b) bb) definiert, kann eine Bedrohung der Position des EuGH als Hüter der elementaren Bürgerrechte nur dann vorliegen, wenn spezifische Grundrechtsfragen relevant sind. Anlass für Bedenken besteht nicht.

cc) Ergebnis

Der Schutzzweck der Norm war nicht ohne Unklarheiten für den nationalen Richter feststellbar. Die Voraussetzungen des materiellen Acte Clair lagen nicht vor, daher hätte der BGH keinen Acte Clair annehmen dürfen.

Dass hier eine solche Bedrohung akut vorlag, zeigt auch die nationale Rechtsprechung in Deutschland auf.

Wenige Tage vor Erlass des Urteils des BGH vom 12.6.2007 war ein Beschluss des dritten BGH-Zivilsenats[1116] über die Zurückweisung einer Nichtzulassungsbeschwerde ergangen. In diesem Beschluss wurde die bereits vom LG Darmstadt in den Urteilen 8 O 143/03 und 8 O 147/03 vom 18.5.2004[1117] vorgenommene Übertragung der EuGH-Rechtsprechung in der Rechtssache *SAR Schotte Rothschild*[1118] zu Art. 5 Nr. 5 EuGVÜ auf Art. 15 Abs. 2 EuGVO a.F. bezüglich des Ausreichens eines Rechtsscheins der Niederlassung bestätigt. Am 15.12.2004 hatte dies auch das OLG Dresden in einem Urteil betreffend eines Anscheins der Betriebsbezogenheit bejaht.[1119]

Diese zeitnahe Entwicklung deutet bereits innerstaatlich auf das Vorliegen von Auslegungszweifeln hin und bestätigt die Fragmentierung des Unionsrechts.

Die Unklarheit des Telos wirkte sich durch die Nichtvorlage des BGH auch auf die nationale Folgerechtsprechung aus. In einem ähnlich gelagerten Fall kam

---

1116 BGH, 6.6.2007 – III ZR 315/06 = BeckRS 2007, 10409. Eine Vorlage wurde nicht angedacht. Die gewählte Auslegung entspreche der „ganz herrschenden Meinung" (Rn. 2).

1117 LG Darmstadt, 18.5.2004 – 8 O 143/03 = JurionRS 2004, 34796. In diesen beiden Fällen war mangels Vorlageberechtigung nicht vorgelegt worden.

1118 EuGH, Urteil vom 9.12.1987 – 218/86 (SAR Schotte GmbH ./. Parfums Rothschild SARL) = ECLI:EU:C:1987:536, Rn. 15 f.

1119 OLG Dresden, 15.12.2004 – 8 U 1855/04 = IPRax 2006, 44, 45, dazu krit. Anm. *von Hein*, IPRax 2006, 16, 17.

das OLG Frankfurt am Main in einem Urteil vom 26.11.2008 zu einem nahezu entgegengesetzten Ergebnis.[1120] Im Rahmen von Art. 15 Abs. 1 lit. c EuGVO a.F. hatte das OLG Frankfurt am Main entschieden, dass es nicht darauf ankomme, ob die Niederlassung im Zeitpunkt des Klageeingangs noch bestehe.[1121]

Das Urteil des BGH hat auch in der Literatur in Deutschland zu umfangreichen Diskussionen angeregt. Die Kritik erstreckte sich auf die Wortlautauslegung sowie auf die systematischen und telosbezogenen Argumente des BGH. *Rauscher* befand die auffällig ausführliche Begründung als „eher formal", „wenig aussagekräftig", knapp und nicht überzeugend.[1122]

Die Kritik an der Wortlautauslegung des BGH bezog sich auf die Auswahl der gewählten Vergleichsnormen, welche keinerlei Zusammenhang zur streitentscheidenden Norm aufwiesen und allein das Perfekt verwendeten, um neben dem vereinbarten, auch den tatsächlichen Leistungsort mit einzubeziehen.[1123] *Staudinger* meinte, die Formulierung „aus ihrem Betrieb" spreche dafür, dass die Frankfurter Repräsentanz, auf die der Kläger nach Schließung der Münchner Repräsentanz verwiesen wurde, nicht von der Vorschrift umfasst werde, weil diese nicht am Vertragsschluss beteiligt sei.[1124] *Rauscher* merkte jedoch treffend an, dass die Frankfurter Repräsentanz dem Kläger bei Aufgabe der Münchner Repräsentanz als neuer Ansprechpartner genannt worden sei und diese damit auch die Kundenbetreuung der ehemaligen Münchner Kunden übernommen habe, was dafür spreche, aufgrund der Sukzession der Frankfurter Repräsentanz anzunehmen, dass eine „Streitigkeit aus ihrem Betrieb" vorliege.[1125]

Kropholler/von Hein waren der Ansicht, der Verbraucherschutz rechtfertige es nicht, den Grundsatz, wonach die Niederlassung auch im Zeitpunkt der Klageerhebung noch bestehen müsse und welcher ebenso bei Art. 5 Nr. 5 EuGVO a.F. gelte,[1126] zu umgehen, und sahen allenfalls unter Rechtsscheingesichtspunkten im Einzelfall ein anderes Ergebnis als gangbar an.[1127] Als systematisch stimmig

---

1120 OLG Frankfurt am Main, 26.11.2008 – 7 U 251/07 = NJW-RR 2009, 645, 647 mit Anm. *Seibl*, IPRax 2011, 234.

1121 OLG Frankfurt am Main, 26.11.2008 – 7 U 251/07 = NJW-RR 2009, 645, 647, juris Rn. 15 f.

1122 *Rauscher*, WuB 2007, VII B. Art. 15 EuGVO Nr. 2.07, 885.

1123 Ebd.

1124 *Staudinger*, IPRax 2008, 107, 108.

1125 *Rauscher*, WuB 2007, VII B. Art. 15 EuGVO Nr. 2.07, 886.

1126 Sich nur auf die Bedeutung der Entscheidung auf Fälle zu Art. 5 Nr. 5 EuGVO beziehend, *Schwenker*, IBR 2007, 1265.

1127 *Kropholler/von Hein*, Europäisches Zivilprozessrecht, ⁹2011, Art. 15 EuGVO, Rn. 28.

sah *Rauscher* den Vergleich mit Art. 2 EuGVO a.F. an, wonach ebenfalls nach herrschender Ansicht auf den Zeitpunkt der Klageerhebung, teilweise sogar wegen der Berücksichtigung der *perpetuatio fori* erst auf den Schluss der mündlichen Verhandlung abgestellt werde.[1128]

Die zum Telos angestellten Erwägungen wurden besonders im Hinblick auf die Vorhersehbarkeit kritisiert. *Rauscher* merkte an, dass dieses Ziel eher erreicht werde, wenn auf die Umstände bei Vertragsschluss abgestellt werde.[1129] *Staudinger* fragte sich, warum der BGH auf Tatsachenebene davon ausgehe, die Münchner Repräsentanz habe zur Niederlassung in New York gehört und nicht in Erwägung gezogen, auf die wie auch immer zu qualifizierende Niederlassung in London abzustellen, die ebenfalls zur Unternehmensgruppe gehörte. Die Londoner Bank habe vom Zeitpunkt des Vertragsschlusses bis zur Klageerhebung fortbestanden.[1130] An dieser Stelle hätte sinnvollerweise auf den Rechtsschein bezüglich des erweckten Anscheins einer Außenstelle abgestellt werden können.[1131]

Auf den Hinweis des BGH, Art. 15 EuGVO a.F. sei als Ausnahmevorschrift eng auszulegen, bezog sich *Staudinger*, der wie *Mankowski*[1132] erkannt hatte, dass die neuere Rechtsprechung des EuGH nicht mehr stets eine Auslegung *in dubio pro consumatore* gewählt hatte.[1133] *Staudingers* Kritik war, dass der BGH nicht offenkundig annehmen durfte, der EuGH würde nicht doch eine weite Auslegung wählen.[1134] *Staudinger* schätzte hier die entscheidungserhebliche Fragen als zweifelhaft ein und sah viele Hinweise für eine weite Auslegung des Art. 15 Abs. 2 EuGVO a.F. *Rauscher* merkte an, dass der Ausspruch des EuGH, wonach eine enge Auslegung zu befolgen sei, es nicht rechtfertige, jeweils die für den Verbraucher ungünstigste Auslegung zu wählen.[1135] Nur auf die Bedingungen bei Vertragsschluss abzustellen sei ebenfalls zu eng, da sich ein „interessantes Geschäftsmodell“ daraus ergäbe, den Hauptsitz in einem Drittstaat zu halten und durch wechselnde Niederlassungen in europäischen Mitgliedstaaten den bisherigen Verbrauchern den EU-Rechtsschutz zu entziehen.[1136] Solle in

1128 *Rauscher*, WuB 2007, VII B. Art. 15 EuGVO Nr. 2.07, 885.
1129 Ebd., 886.
1130 *Staudinger*, IPRax 2008, 107, 109.
1131 Ebd.
1132 *Mankowski*, VuR 2006, 289, 294; *Mankowski*, IPRax 2008, 333, 339.
1133 *Staudinger*, IPRax 2008, 107, 109.
1134 Ebd.
1135 *Rauscher*, WuB 2007, VII B. Art. 15 EuGVO Nr. 2.07, 886.
1136 Ebd.

rechtfertigbarer Weise der EU-Rechtsschutz dort entfallen, wo ein aktiver Verbraucher den Binnenmarkt überschreite, so dürfe innerhalb des Binnenmarktes, wo der Verbraucher leichtfertiger als sonst im Wissen seines EU-Rechtsschutzes agiere, der Verbraucherschutz nicht zur Disposition eines Drittstaats-Unternehmens gestellt werden.[1137] *Rauscher* sah daher in der Entscheidung eine Neigung des BGH, Vorlagefragen zu vermeiden, was „gerade in legislativ nicht ganz durchdachten Bereichen eine mutige Fortentwicklung verhindert".[1138]

IV. Fazit

Im Bereich des Verbraucherschutzes waren gleich vier Fälle vom BGH entschieden worden, bei denen das Telos des Art. 13 EuGVÜ/Art. 15 EuGVO a.F. für den nationalen Richter nicht ohne Unklarheiten zu ermitteln war und dennoch nicht vorgelegt wurde. Dies betraf immer Konstellationen, in denen der BGH den Verbrauchergerichtsstand sehr restriktiv auslegte. Beobachtet werden konnte, dass auch der EuGH bis 2013 ein eher restriktives Verständnis des Verbrauchergerichtsstands verfolgte. In der Literatur wurde die Linie des EuGH teilweise als deutlich restriktiv beschrieben, wonach der EuGH „offensichtlich und kaum mehr verhüllt [...] das Internationale Verbraucherprozessrecht als eine Art Fremdkörper im System" angesehen habe.[1139] *Mankowski* leitete die restriktive Linie daraus ab, dass der EuGH zuvörderst einen Binnenmarkt der Leistungsanbieter anstrebe und es daher für volkswirtschaftlich sinnvoller halte, „den Unternehmern möglichst wenig und möglichst niedrige Schutzkosten als Folge von Verbraucherschutz aufzubürden".[1140] Ein höherer Verbraucherschutz bedeutet immer auch eine Verteuerung der Produkte, da der Schutz der schwächeren Partei als eine „Zwangsversicherung" angesehen werden kann, was sich in der Verteuerung des Produkts niederschlägt.[1141] Durch diese Verteuerung werden durch den mobilen Verbraucher verursachte Kosten auch auf den immobilen Verbraucher umgelegt.[1142]

Wichtige Faktoren im Verbraucherrecht sind geringe Streitwerte verbunden mit einer hohen juristischen Komplexität. Die Ermittlung fremden Rechts vor ausländischen Gerichten ist sehr kostenintensiv, da in der Regel Experten

---

1137 *Rauscher*, WuB 2007, VII B. Art. 15 EuGVO Nr. 2.07, 886.

1138 Ebd.

1139 *Mankowski*, VuR 2006, 289, 294.

1140 Ebd.

1141 Vgl. *Basedow*, 2015, Rn. 602; *Dornis/Kessenich*, WuB 2017, 59, 62.

1142 Vgl. *Dornis/Kessenich*, WuB 2017, 59, 62 f.

befragt werden müssen. Einzelne Vorschriften fremden Rechts anzuwenden liegt im Bereich des einfach Möglichen, jedoch ganze Rechtssysteme zu vergleichen, sprengt meist den Rahmen.[1143] Dies könnte Kläger in Verbraucherstreitigkeiten mit geringwertigen Streitwerten, davon abhalten zu klagen.[1144] Da häufig Verbraucherstreitigkeiten im Verbraucherstaat prozessiert werden, wird fast immer die lex fori angewendet und teilweise sogar von Anfang an angenommen.[1145] Dies ist nicht zuletzt auch auf den in § 308 Abs. 1 ZPO verankerten Grundsatz *ne ultra petita* zurückzuführen, was bedeutet, dass das Gericht nicht über die gestellten Parteianträge hinausgehen darf. Obwohl die Anwendung fremden Rechts bei Verbraucherstreitigkeiten theoretisch möglich wäre, wird generell das Recht des Verbraucherstaates angewendet.[1146] Dadurch werden Kläger nicht davon abgehalten, trotz nur geringen Streitwerten Klage zu erheben. Ansonsten würden Anreize gesetzt, ohne Konsequenzen rechtsmissbräuchlich zu handeln, was für den Binnenmarkt negative Auswirkungen hätte.

C. Unlautere Geschäftspraktiken. Gewinnzusagen aus dem Ausland

Eine besondere Fallgruppe, bei welcher der Schutz des Schwächeren in Betracht gezogen wird, weil Verbraucher involviert sind, stellen die sogenannten Gewinnzusagen aus dem Ausland dar. Besonders zwischen 2002 und 2005 wurden wiederholt Verbraucher von Unternehmen aus dem europäischen Ausland kontaktiert und ihnen Gewinnversprechen gemacht.

Unternehmerisch betrachtet dienen Gewinnzusagen dem „Kundenfang", wobei der Empfänger zu einer Warenbestellung veranlasst werden soll.[1147] Dies geschieht entweder durch den Anreiz, dass die Gewinnzusendung zu einer beschleunigten Bearbeitung führt, sofern eine Bestellung über den mitgesandten Katalog erfolgt oder die Bestellung wird zur Bedingung des Gewinns gemacht.[1148] Diese Methode des „psychologischen Kaufzwangs" oder

---

1143 Vgl. *Basedow*, 2015, Rn. 628.

1144 Siehe dazu *Basedow*, in: Meeusen (Hrsg.), 2004, 278.

1145 *Basedow*, 2015, Rn. 628 bezugnehmend auf das Ergebnis der durchgeführten Fallstudie von *Basedow*, in: Meeusen (Hrsg.), 2004, 279 ff.

1146 Siehe dazu die Studie von Basedow *Basedow*, in: Meeusen (Hrsg.), 2004, 279 ff. In keinem der untersuchten Fälle wurde ein anderes Recht als das Verbraucherrecht angewendet.

1147 *Kerwer*, Juristische Rundschau 2004, 26, 29.

1148 Ebd.

„übermäßigen Anlockens" ist stets als wettbewerbswidrig einzuschätzen.[1149] Um dieses wettbewerbswidrige Verhalten zu unterbinden, hat der deutsche Gesetzgeber den § 661a BGB[1150] geschaffen, wonach der in Aussicht gestellte Gewinn tatsächlich zu leisten ist.[1151] Da diese Regelung keinen gemeinschaftsrechtlichen Ursprung hat und so nur in Deutschland und Österreich[1152] geschaffen wurde, haben Versandhandelsunternehmen mit der Absicht, einer gerichtlichen Inanspruchnahme in Deutschland zu entgehen, ihren Sitz ins europäische Ausland verlegt. Beide Vorschriften wurden im Zuge der Umsetzung der Fernabsatzrichtlinie (FernabsatzRL)[1153] eingefügt, wo in Art. 9 FernabsatzRL die zivilrechtliche Sanktionierung von unlauteren Absatzpraktiken für die Fallgruppe der unbestellten Leistungen angelegt worden war.[1154] Die unternehmerische Intention war, die Verbraucher durch eine ausschließlich im Ausland mögliche Klage abzuschrecken, Rechtsverfolgungsschritte einzuleiten.[1155] Ferner erhofften sich die Unternehmer durch die Sitzverlegung ein Leerlaufen der § 661a BGB sowie § 5 j österr. KSchG[1156]/seit 2014 § 5 c österr.

1149 § 3 Abs. 3 mit Anhang Nr. 16, 17 UWG (Fassung aufgrund des Zweiten Gesetzes zur Änderung des Gesetzes gegen den unlauteren Wettbewerb vom 2.12.2015 (BGBl. 2015 I S. 2158), in Kraft getreten am 10.12.2015) vgl. *Sachse*, 2006, 161.

1150 Eingefügt mit Wirkung vom 30.6.2000 durch das: „Gesetz über Fernabsatzverträge und andere Fragen des Verbraucherrechts sowie zur Umstellung von Vorschriften auf Euro" vom 27.6.2000, BGBl. 2000 I S. 897.

1151 *Kerwer*, Juristische Rundschau 2004, 26, 29. Die Versender der Gewinnmitteilungen sollten „mit ihren eigenen Waffen geschlagen" werden, *Dörner*, in: FS Kollhosser, 2004, 75, 76.

1152 § 5 j, seit 2014 § 5 c österreichisches Konsumentenschutzgesetz (österr. KSchG) entspricht inhaltlich weitgehend § 661a BGB.

1153 Richtlinie 97/7/EG des Europäischen Parlaments und des Rates v. 20.5.1997 über den Verbraucherschutz bei Vertragsabschlüssen im Fernabsatz, ABl. L 144 vom 4.6.1997, S. 19 ff. Inzwischen abgelöst durch die Verbraucherrechterichtlinie: Richtlinie 2011/83/EU des Europäischen Parlaments und des Rates vom 25. Oktober 2011 über die Rechte der Verbraucher, zur Abänderung der Richtlinie 93/13/EWG des Rates und der Richtlinie 1999/44/EG des Europäischen Parlaments und des Rates sowie zur Aufhebung der Richtlinie 85/577/EWG des Rates und der Richtlinie 97/7/EG des Europäischen Parlaments und des Rates, ABl. L 304 vom 22.11.2011, S. 64–88.

1154 Siehe *Sachse*, 2006, 161; *Lorenz*, IPRax 2002, 192. Die Fallgruppe der Gewinnmitteilungen war von der Richtlinie nicht vorgegeben worden.

1155 *Kerwer*, Juristische Rundschau 2004, 26, 29.

1156 Durch Art. 1 Nr. 2 österreichisches Fernabsatzgesetz eingefügt und seit 1.10.1999 in Kraft öBGBl. 1999 I S. 1437.

KSchG,[1157] sofern nicht deutsches oder österreichisches materielles Recht zur Anwendung kommt.[1158] Bei nicht vereinheitlichtem IPR hängt es daher davon ab, welche Gerichtsstände bei einer Klage auf Gewinnausschüttung zur Verfügung stehen.[1159] Der Effektivität der Sanktionierung dient somit vor allem ein inländischer deutscher oder österreichischer Gerichtsstand.[1160] Durch die Schaffung eines inländischen Gerichtsstands beim Empfänger der Gewinnmitteilung kann die Strategie der Unternehmer des „Sich-Verschanzens im kollisionsrechtlichen Dickicht“[1161] verworfen werden und das materielle Recht eine „Verlängerung“ erfahren.[1162]

Gewinnzusagen wird teilweise ein „hybrider Charakter“[1163] zugeschrieben, da in ihnen ein wettbewerbsrechtlicher Tatbestand mit einer zivilrechtlichen Sanktionierung verbunden würde, was eine „Verschränkung“ mehrere Rechtsbereiche bedeute.[1164]

Unterschieden werden können die Fälle danach, ob die Gewinnzusagen dem Verbraucher isoliert von einem Vertragsschluss unterbreitet wurden (sogenannte isolierte Gewinnmitteilung) oder, ob der versprochene Gewinn nur dann ausgezahlt werden sollte, wenn ein Vertrag mit dem Unternehmer geschlossen wurde (sogenannte akzessorische/gekoppelte Gewinnmitteilung).

I. EuGH- Rechtsprechung

Der EuGH beschäftigte sich bezüglich zweier aus Österreich stammender Vorlagefragen mit Gewinnzusagen aus dem Ausland unter Geltung des EuGVÜ. Zunächst erging explizit zu einer geschäftsakzessorischen Gewinnzusage das Urteil *Gabriel*. Anschließend erging zu einer isolierten Gewinnzusage die

---

1157 In der Fassung öBGBl. 2014 I Nr. 33 in Kraft seit 13.06.2014: „der bisherige § 5j erhält die Paragraphenbezeichnung „§ 5 c.“ und die Überschrift „Verbindlichkeit von Gewinnzusagen“. § 5c österr. KSchG: „Unternehmer, die Gewinnzusagen oder andere vergleichbare Mitteilungen an bestimmte Verbraucher senden und durch die Gestaltung dieser Zusendungen den Eindruck erwecken, daß der Verbraucher einen bestimmten Preis gewonnen habe, haben dem Verbraucher diesen Preis zu leisten; er kann auch gerichtlich eingefordert werden.“

1158 Vgl. *Leible*, IPRax 2003, 28, 29.

1159 Ebd.

1160 Ebd.

1161 Vgl. *Tamm/Gaedtke*, VuR 2006, 169, 172; *Lorenz/Unberath*, IPRax 2005, 219.

1162 Vgl. *Sachse*, 2006, 167; *Kerwer*, Juristische Rundschau 2004, 26, 29.

1163 *Lorenz/Unberath*, IPRax 2005, 219.

1164 *Sachse*, 2006, 165.

Rechtssache *Engler*. In beiden den EuGH beschäftigenden Verfahren war die *Schlank und Schick GmbH*, eine Gesellschaft deutschen Rechts mit Sitz in Lindau (Deutschland), Versenderin von Gewinnzusagen.

In der Rechtssache *Gabriel* war einem Verbraucher mit Wohnsitz in Österreich von der in Deutschland ansässigen *Schlank und Schick GmbH* mitgeteilt worden, er habe 49.700 ATS (ca. 3.600 €) Bargeldguthaben gewonnen, das er nur noch anfordern müsse. Einzige Bedingung sei ein Warenkauf mit einem Mindestbestellwert von 200 ATS, wobei er aus einem mitgesandten Katalog auswählen könne.[1165] Herr *Gabriel* erfüllte diese Bedingung und erhielt die bestellte Ware nicht aber den Gewinn. Die GmbH verweigerte die Auszahlung unter Bezugnahme auf einen rückseitig klein gedruckten Hinweis, wonach die Gewinnauszahlung unverbindlich sei.[1166] Daraufhin erhob Herr *Gabriel* Zahlungsklage gestützt auf § 5 j österr. KSchG und beantragte vor Klageeinreichung die Bestimmung der örtlichen Zuständigkeit beim OGH, da er die Klage nach Art. 14 Abs. 1 EuGVÜ Klage in Österreich einlegen wollte. Der OGH formulierte daraufhin eine Vorlagefrage an den EuGH.[1167] Der EuGH bestätigte die Zuständigkeit der österreichischen Gerichte nach Art. 13 Abs. 1 Nr. 3, 14 Abs. 1 EuGVÜ – und wendete dazu einen besonderen Kniff an, indem er nicht auf die Gewinnmitteilung als solche abstellte, sondern auf die getätigte Warenbestellung abstellte, wonach die erforderliche Sonderverbindung, die Art. 13 EuGVÜ forderte, vorliege, da der Vertrag untrennbar mit dem Gewinnversprechen verbunden sei.[1168] Als Argument führte der EuGH ferner die Vermeidung einer Gerichtsstandshäufung auf, wenn Ansprüche aus dem Kaufvertrag und der Gewinnmitteilung unterschiedlichen Gerichtsständen unterlägen, besonders, weil es sich bei Herrn Gabriel um eine „als schwach angesehene" Partei handele.[1169]

Eine Erklärung dafür, dass der EuGH die Fallfrage in der Rechtssache *Gabriel* bewusst verengt hatte, könnte in der Tatsache zu sehen sein, dass bei Urteilsverkündung bereits die Rechtssache *Engler* anhängig war, welche eine isolierte Gewinnzusage zum Gegenstand hatte.[1170]

1165 EuGH, Urteil vom 11.7.2002 – C-96/00 (Rudolf Gabriel) = ECLI:EU:C:2002:436, Rn. 19.

1166 Ebd., Rn. 22.

1167 Ebd., Rn. 27.

1168 Ebd., Rn. 47-55.

1169 Ebd., Rn. 57 f.

1170 Vgl. *Sachse*, 2006, 162.

Bei der Rechtssache *Engler* war einer in Österreich wohnenden Verbraucherin ein Warenkatalog und Bestellschein von der *Janus GmbH* mit Sitz in Deutschland zugesandt worden und ihr mitgeteilt worden, bei Zurücksenden des Auszahlungsbescheides erhielte sie 455.000 ATS (ca. 33.000 €).[1171] Die Verbraucherin sandte den Bescheid zurück und die Gewinnzahlung erfolgte nicht, woraufhin Frau *Engler*, gestützt auf § 5 j österr. KSchG, Klage vor den österreichischen Gerichten erhob. Das OLG Innsbruck legte dem EuGH in seinem Vorlageersuchen die Frage vor, ob diese Klage unter Art. 13 Abs. 1 Nr. 3, Art. 5 Nr. 1 oder Art. 5 Nr. 3 EuGVÜ falle.[1172]

Dem GA *Jacobs* folgend, lehnte der EuGH den Verbrauchergerichtsstand ab mit der Begründung, dass der eindeutige Wortlaut des Art. 13 Abs. 1 EuGVÜ eine Grenze der Auslegung darstelle und einen Vertragsabschluss fordere, was nicht erfolgt sei.[1173] Ferner drohten nach *Jacobs* bei isolierten Gewinnzusagen gerade keine Gerichtsstandshäufungen[1174] und der Verbraucher sei nicht schutzwürdig, da er keine Aufwendungen tätige und Ziel des Verbraucherschutzes nicht die Erleichterung seiner Bereicherung darstelle.[1175]

Der EuGH bejahte zwar grundsätzlich die Eigenschaft von Frau *Engler* als Verbraucherin, es fehle aber an einer für Art. 13 EuGVÜ dem Wortlaut und Systematik nach notwendigen, synallagmatischen Verpflichtung und damit an einem abgeschlossenen Vertrag.[1176] Der Vertragsbegriff, der Art. 5 Nr. 1 EuGVÜ zugrunde gelegt werde, werde hingegen nicht eng ausgelegt und könne als freiwillig eingegangene Verpflichtung verstanden werden, auf die sich der Kläger stütze.[1177] Dieser freiwilligen Verpflichtung sei die Klägerin auch nachgekommen, indem sie die Auszahlung des Gewinns verlangte.[1178] Damit sei die Anwendbarkeit von Art. 5 Nr. 3 EuGVÜ nicht mehr zu prüfen.[1179]

1171 EuGH, Urteil vom 20.1.2005 - C-27/02 (Petra Engler ./. Janus Versand GmbH) = ECLI:EU:C:2005:33, Rn. 16 f.

1172 Ebd., Rn. 19 f.

1173 GA *Jacobs*, 8.7.2004 - Schlussanträge im Verfahren C-27/02 (Petra Engler ./. Janus Versand GmbH) = ECLI:EU:C:2004:414, Rn. 22 f., 25.

1174 Ebd., Rn. 25.

1175 Ebd., Rn. 29.

1176 Ebd., Rn. 36, 40 f.

1177 Ebd., Rn. 48, 51.

1178 Ebd., Rn. 55.

1179 Ebd., Rn. 29, 60.

II. Deutsche Rechtspraxis

Die deutsche Rechtspraxis bejahte in drei Fällen einen Acte Clair. Die zeitlich erste Entscheidung hatte eine isolierte Gewinnzusage unter Geltung des EuGVÜ zum Gegenstand (Leitentscheidung BGH, Urteil vom 28.11.2002 - III ZR 102/02), anschließend behandelte das OLG Brandenburg eine akzessorische Gewinnzusage unter Geltung des EuGVÜ (Urteil vom 23.09.2003 - 11 U 33/03). Zeitlich nachfolgend erging zu einer isolierten Gewinnzusage unter Geltung der EuGVO a.F. die Leitentscheidung des OLG Rostock, Urteil vom 14.10.2005 - 8 U 84/04.

1. Leitentscheidung BGH, Urteil vom 28.11.2002 - III ZR 102/02

Eine Verbraucherin wurde von einer in den Niederlanden ansässigen Versandhandelsgesellschaft mit der Mitteilung: „Wichtige Benachrichtigung wegen Bargeld-Zuteilung aus Auswahl-Verfahren“ kontaktiert. In dem Schreiben wurde ihr mitgeteilt, dass noch vor dem 20.7.2000 eine „Extra-Auszahlung“ vergeben würde.[1180] Ferner hieß es: „Und stellen Sie sich vor, Frau M, Ihr Name wurde nicht nur nominiert, sondern sogar als Gewinner gezogen. Das heißt für Sie, der Bargeld-Betrag gehört jetzt schon Ihnen!”[1181] Daraufhin schickte die Verbraucherin entsprechend der mitgeteilten Anleitung den „Ziehungs-Bescheid“ samt aufgeklebter „Zuteilungs-Marke“ an die Absenderin zurück. Nach unterbliebener Zahlung der versprochenen Gewinnsumme klagte die Verbraucherin vor dem LG Mönchengladbach und machte die Zahlung der Gewinnsumme nach § 661a BGB geltend.[1182] Die Beklagte rügte, dass das LG Mönchengladbach örtlich nicht zuständig sei und sie nur an ihrem Sitz in den Niederlanden verklagt werden könne.[1183]

Das LG stellte durch Zwischenurteil seine Zuständigkeit fest. Die hiergegen gerichtete Berufung hatte das Berufungsgericht zurückgewiesen und die Revision der Beklagten blieb erfolglos.[1184]

1180 BGH, 28.11.2002 - III ZR 102/02 = BGHZ 153, 82, 83, juris Rn. 1.
1181 Ebd., 83, juris Rn. 2.
1182 Ebd., 83, juris Rn. 3.
1183 Ebd., 83, juris Rn. 4.
1184 Ebd., 83 f., juris Rn. 4.

a) Lösung des Rechtsproblems

Der BGH sah die internationale Zuständigkeit des LG Mönchengladbachs in Art. 13 Abs. 1 Nr. 3 EuGVÜ i.V.m. Art. 14 Abs. 1 EuGVÜ begründet. Es läge eine Gewinnzusage nach § 661a BGB vor und trotz isolierten Gewinnversprechens und obwohl die Klägerin keine Waren bei der Beklagten bestellt habe, handele es sich um eine Klage aus Verbrauchervertrag, womit der Verbrauchergerichtsstand vorläge. Der BGH begründete dies damit, dass es sich bei der Gewinnzusage nicht um einen Vertrag, sondern um ein einseitiges Rechtsgeschäft oder eine geschäftsähnliche Handlung handele. Auch könne die vertragliche Natur nicht durch eine untrennbare Verbindung zwischen der Gewinnzusage und der Warenbestellung hergeleitet werden, da die Klägerin bei der Beklagten keine Waren bestellt habe oder die Beklagte die Gewinnauszahlung von einem Gewinn abhängig gemacht habe.[1185] Vielmehr zielte die Gewinnzusage auf eine Vertragsanbahnung ab.[1186] Die Klägerin sei unstreitig Verbraucherin gewesen und sollte zu einer Warenbestellung veranlasst werden. Auch sei das Erfordernis des Art. 13 Abs. 1 Nr. 3 lit. b EuGVÜ zumindest vom Rechtsgedanken her erfüllt worden, wonach der Verbraucher in seinem Wohnsitzstaat die erforderlichen Rechtshandlungen vorgenommen haben müsse, da die Klägerin den Ziehungsbescheid mit Zuteilungsmarke entsprechend der Anweisungen zurückgeschickt habe.[1187] Daraus ergebe sich für die Verbraucherin ein Wahlrecht, ob sie die Klage vor den niederländischen (Art. 14 Abs. 1 Alt. 1 EuGVÜ) oder den deutschen Gerichten (Art. 14 Abs. 1 Alt. 2 EuGVÜ) erhebe.[1188] Im Übrigen seien die deutschen Gerichte nach Art. 5 Nr. 3 EuGVÜ wegen unerlaubter Handlung international zuständig. Die unerlaubte Handlung sei in der unlauteren Werbung durch das Vortäuschen scheinbarer Gewinne zu sehen.[1189]

b) Acte Clair

„Einer Vorlage wegen der hier vorgenommenen Auslegung der Art. 13 und 5 Nr. 3 EuGVÜ nach Art. 2 f des Protokolls vom 3. Juni 1971 bedarf es nicht. Zwar ist die Auslegungsfrage in der für den vorliegenden Rechtsstreit erheblichen Form noch nicht Gegenstand einer Entscheidung des Gerichtshofes gewesen. Eine Vorlage ist aber – ebenso, wie im Falle des Art. 177 Abs. 3 EWG-Vertrag

---

1185 BGH, 28.11.2002 – III ZR 102/02 = BGHZ 153, 82, 88 f., juris Rn. 19.
1186 Ebd., 89, juris Rn. 20.
1187 Ebd.
1188 Ebd., 89, juris Rn. 21.
1189 Ebd., 89, juris Rn. 22.

und des Art. 234 Abs. 3 EG-Vertrag - entbehrlich, wenn die richtige Anwendung des Gemeinschaftsrechts so offenkundig ist, dass für vernünftige Zweifel kein Raum bleibt (EuGH, Urteil vom 6. Oktober 1982 - Rs. 283/81 <C.I.L.F.I.T.> - EuGHE 1982, 3415; BVerfG NJW 1988, 1456; BGHZ 109, 29, 35; BGH, Urteil vom 12. Mai 1993 - VIII ZR 110/92 - BGHR EGÜbk Art. 6 Nr. 3 Zuständigkeit 1). So liegt es hier. Die auf eine Gewinnzusage oder eine vergleichbare Mitteilung (§ 661a BGB) gestützte Klage ist in Anlehnung an die Urteile des [EuGH] vom 11. Juli 2002[1190] (aaO) und 17. September 2002[1191] (aaO) dem internationalen Gerichtsstand für Verbrauchersachen (Art. 13 f EuGVÜ) oder der unerlaubten Handlung (Art. 5 Nr. 3 EuGVÜ) zuzuordnen. Dass weder die eine noch die andere Vorschrift anwendbar ist und sich die Beklagte auf den allgemeinen Gerichtsstand des Art. 2 Abs. 1 EuGVÜ berufen könnte, hält der Senat im Hinblick auf die genannten Entscheidungen des Gerichtshofs für ausgeschlossen. Er ist davon überzeugt, dass die gleiche Gewissheit für die Gerichte der übrigen Vertragsstaaten und den [EuGH] selbst besteht (vgl. EuGH, BVerfG und BGHZ aaO)."[1192]

c) Bewertung

aa) Effet utile und Einheitlichkeit des Unionsrechts

Nur wenn die Position des EuGH, die Effektivität des Unionsrechts zu gewährleisten nicht bedroht wird, kann wie oben in Kapitel 4 A. II. 1. b) aa) angesprochen, ein Acte Clair angenommen werden.

Wie auf isolierte Gewinnzusagen zu reagieren ist, ist Ausfluss einer Abwägung. Diese erfolgt darüber, ob vorrangig das marktstörende Verhalten sanktioniert werden solle oder Verbraucher geschützt werden sollen. Nur wenn klar wäre, wie diese Abwägung zu erfolgen habe, sofern sie unionsrechtlich determiniert ist, wird die Position des EuGH als Wächter über die Einheitlichkeit des Unionsrechts nicht bedroht, weil dann davon ausgegangen werden kann, dass die Gerichte der Mitgliedstaaten das Unionsrecht einheitlich auslegen. Vorliegend handelt es sich um eine nationale Norm, die ausschließlich im deutschen und österreichischen Recht Empfängern einer Gewinnzusage einen Auszahlungsanspruch gewährt. Einzelnen nationalen Regelungen, wie dem § 661a BGB oder § 5 j/c österr. KSchG zur Anwendung zu verhelfen, liegt dem EuGH nach

---

1190 EuGH, Urteil vom 11.7.2002 – C-96/00 (Rudolf Gabriel) = ECLI:EU:C:2002:436.

1191 EuGH, Urteil vom 17.9.2002 – C-334/00 (Tacconi) = ECLI:EU:C:2002:499.

1192 BGH, 28.11.2002 – III ZR 102/02 = BGHZ 153, 82, 92, juris Rn. 27.

diesem Grundsatz prinzipiell fern haben sie gerade keinen unionsrechtlichen Ursprung in der Fernabsatzrichtlinie.

Der EuGH geht grundsätzlich von der Gleichwertigkeit der nationalstaatlichen Rechtsordnungen aus. Eng damit zusammen hängt die Maxime der Austauschbarkeit der Gerichte im Verfahrensrecht. Auch wenn *Geimer* von der Fiktion der internationalen Fungibilität sowie Austauschbarkeit der Rechtsordnungen ausging, weil auf der Hand liege, dass die Gerichts- und Rechtssysteme derart verschieden seien und auch die Qualität divergiere sowie auch das geistige und soziale Umfeld, in das ein Verfahrensrecht implantiert sei, stark variieren,[1193] gelte der Grundsatz der Gleichwertigkeit der Verfahrensrechte.[1194] Jedoch handelt es sich um einen grenzüberschreitenden Fall, bei dem die Wahl des internationalen Gerichtsstands Auswirkungen auf die Balancierung zwischen den Gesichtspunkten des Binnenmarktes einerseits, der Sanktionierung von Marktstörungen durch wettbewerbswidriges Verhalten und andererseits des Schwächerenschutzes von Verbrauchern, hat.

Zu Gewinnzusagen hatte sich der EuGH bis dahin jedoch nur in der Rechtssache *Gabriel* geäußert. Der EuGH nahm einen Heimatgerichtsstand des Empfängers der Gewinnzusage an, indem er wegen der engen Verflechtung zu einem weiteren Rechtsgeschäft den Verbrauchergerichtsstand nach Art. 13 ff. EuGVÜ bejaht hatte. Erstaunlich war, dass der EuGH die ihm korrekt und offen formulierte Vorfrage bewusst auf die spezielle Konstellation der akzessorischen Gewinnzusage beschränkte. Ob der EuGH primär marktstörendes Verhalten bestmöglich sanktionieren wollte oder tatsächlich den Verbraucher schützen wollte, wird aus der Rechtsprechung nicht klar ersichtlich.

Man könnte höchstens aus der Verengung der Vorlagefrage ablesen, dass der EuGH die Schutzwürdigkeit des Verbrauchers aufgrund der Verflechtung zu einem weiteren Rechtsgeschäft ableitete. Die im Regelfall bei gegenseitigen Verträgen anzunehmende Schutzwürdigkeit der Verbraucher aufgrund wirtschaftlicher und rechtlicher Unterlegenheit könnte man bei isolierten Gewinnzusagen in Frage stellen. Denn der Empfänger einer solchen Gewinnzusage trägt keinerlei Risiko.

1193 *R. Geimer/E. Geimer/G. Geimer*, Internationales Zivilprozessrecht, ^{7}2015, Rn. 37, 2751; vgl. auch *R. Wagner*, FamRZ 2013, 1620, 1624.

1194 *Schack*, Internationales Zivilverfahrensrecht, ^{7}2017, Rn. 39; *R. Geimer/E. Geimer/G. Geimer*, Internationales Zivilprozessrecht, ^{7}2015, Rn. 37 f.; *Neuhaus*, RabelsZ 20 (1955), 201, 229.

Die Wahl des Gerichtsstands macht somit deutlich, in welche Richtung die Abwägung erfolgt. Hier dürfte keine Unklarheit bestehen. Nur wenn der isolierten Gewinnzusage eindeutig ein Gerichtsstand zugeordnet werden kann, wird die Position des EuGH als Hüter der Einheitlichkeit des Unionsrechts nicht bedroht. In Betracht kommen hier der Verbrauchergerichtsstand, der allgemeine Vertragsgerichtstand sowie der Deliktsgerichtsstand. Sowohl der Vertragsbegriff, der Verbraucherbegriff und das Begriffspaar „unerlaubte Handlung" und „Handlung, die einer unerlaubten Handlung gleichgestellt ist" sind autonom auszulegen.[1195]

Der Verbrauchervertragsgerichtstand ist lex specialis zu Art. 5 Nr. 1 EuGVO a.F. und ist eng auszulegen, da er eine Ausnahmevorschrift darstellt.

(1) Lösungsansatz Verbrauchergerichtsstand

Der Verbrauchergerichtsstand führt nach Wahl des Verbrauchers (Art. 14 EuGVÜ) zu seiner Heimatzuständigkeit. Ferner wird der Verbraucher vor einer etwaigen Rechtswahl des Unternehmers geschützt.[1196] Der Verbrauchergerichtsstand erfordert nach dem in Frage kommenden Art. 13 Abs. 1 Nr. 3 2. Alt. EuGVÜ eine „Klage aus einem Vertrag, den eine Person zu einem Zweck abgeschlossen hat, der nicht der beruflichen oder gewerblichen Tätigkeit dieser Person (Verbraucher) zugerechnet werden kann".

Teilweise wird bei isolierten Gewinnzusagen eine „Klage aus einem Vertrag" allein durch die Tatsache als gegeben angesehen, dass durch die Gewinnzusage eine Warenbestellung provoziert werde im Sinne einer „verkaufsfördernden Maßnahme".[1197] Vertreter dieser Ansicht lassen für das Vorliegen des Art. 13 EuGVÜ genügen, dass ein Vertrag angestrebt bzw. provoziert wurde.

Ebenfalls vertreten wird, dass die Gewinnzusage selbst unmittelbarer Anhaltspunkt für eine vertragliche Qualifikation im Sinne des Verbrauchergerichtsstandes sei. Wer auf die Gewinnmitteilung unmittelbar abstellt, ist mit verschiedenen Problemen konfrontiert. Zum einen problematisch die Freiwilligkeit

---

1195 EuGH, Urteil vom 22.9.1988 – 189/87 (Kalfelis ./. Schröder u.a.) = ECLI:EU:C:1988:459, Rn. 14; EuGH, Urteil vom 17.9.2002 – C-334/00 (Tacconi) = ECLI:EU:C:2002:499, Rn. 19; EuGH, Urteil vom 19.1.1993 – C-89/91 (Shearson Lehmann Hutton Inc. ./. TVB) = ECLI:EU:C:1993:15, Rn. 13; EuGH, Urteil vom 3.7.1997 – C-269/95 (Francesco Benincasa ./. Dentalkit Srl.) = ECLI:EU:C:1997:337, Rn. 12; *Kropholler/von Hein*, Europäisches Zivilprozessrecht, [9]2011, Art. 5 EuGVO, Rn. 72, Art. 15 EuGVO Rn. 4.

1196 Vgl. *Dörner*, in: FS Kollhosser, 2004, 75, 86; *Sachse*, 2006, 167.

1197 *Oberhammer*, ZZP 117 (2004), 92, 96.

der Verpflichtung, bei der die Einseitigkeit teilweise kritisch angesehen wird und von manchen auch eine Entgeltlichkeit gefordert wird.

Ausschlaggebend für das Vorliegen einer freiwilligen Verpflichtung sind die charakteristischen Merkmale eines Vertragsschlusses sowie die vertragliche Verwurzelung des Anspruchs auf Gewinnauskehr sowie das Abstellen auf den äußeren Tatbestand des Vertrages.[1198] Weiter gehen hingegen *Mankowskis* herausgearbeitete Voraussetzungen des Vertragsbegriffes als weit zu verstehenden Funktionsbegriff, dem „verpflichtenden Rechtsgeschäft".[1199] Dafür sei eine „autonome Selbstbindung des Verpflichteten" nötig, welche Entstehungsgrund der Schuld sei.[1200] Dieses Rechtsgeschäft dürfe dabei sowohl ein- als auch zweiseitig sein.[1201]

Eine *vertragliche Qualifikation* wird teilweise damit begründet, dass in der Zusendung des Gewinnversprechens ein Angebot zu sehen sei und in der prompten Erledigung bestimmter geringer vom Gewinnversprechenden geforderten Formalitäten, wie dem Zurücksenden eines „Sofortauszahlungsscheins" oder „Ziehungsbescheids" oder Ähnlichem, eine Annahme des Verbrauchers zu erkennen sei.[1202] Als Argument dafür wird angeführt, dass die Bestellung einer Ware in Höhe von 1 € nicht zu einem anderen Vertragsgerichtsstand führen dürfe.[1203] Es dürfe insofern nicht darauf ankommen, wie weit der Verbraucher in „die Falle getappt" sei.[1204]

Ebenfalls von Teilen der Literatur vertreten wurde die Annahme einer Klage aus *Schenkungsvertrag*, welche ausnahmsweise nicht an Formerfordernisse gebunden sei.[1205] Diese Lösung führe auch nach autonomer Auslegung zur Bejahung eines Vertrages.

1198 *Piekenbrock/G. Schulze*, IPRax 2003, 328, 331.

1199 *Mankowski*, IPRax 2003, 127, 129.

1200 Ebd. m.w.N., dazu auch *Oberhammer*, ZZP 117 (2004), 92, 95.

1201 *Mankowski*, IPRax 2003, 127, 129.

1202 *Feuchtmeyer*, NJW 2002, 3598, 3599.

1203 Ebd.

1204 Ebd. Diesen Aspekt begrüßend auch *Kerwer*, Juristische Rundschau 2004, 26, 31, verweisend auf die vorangegangene Rechtsprechung des OLG Nürnberg, 28.8.2002 – 4 U 641/02 = NJW 2002, 3637, 3638; OLG Dresden, 19.12.2001 – 8 U 2256/01 = IPRax 2002, 421, 423. In diese Richtung auch OLG Stuttgart, 25.11.2002 – 6 U 135/2002 = ECLI:DE:OLGSTUT:2002:1125.6U135.2002.0A, juris Rn. 41.

1205 *Häcker*, ZVglRWiss 103 (2004), 464, 483; *Kühl*, 2007, 65; Staudinger BGB/*Bergmann*, § 661a, Rn. 18.

Ferner gab es Ansätze, die Klage auf Gewinnauskehr dem Verbrauchergerichtsstand zuzuordnen, weil es sich bei der Gewinnzusage um ein *einseitiges Rechtsgeschäft*, eine empfangsbedingte Willenserklärung handele. Nach dem EuGVÜ werden einseitige Rechtsgeschäfte wie Verträge behandelt.[1206]

Micklitz führte entgegen der Annahme, es handele sich um ein einseitiges Rechtsgeschäft dazu an, dass es dogmatisch widersprüchlich sei, wenn der nationale Gesetzgeber die Existenz eines „fiktiven einseitigen Rechtsgeschäfts" annehme weil dies eine *conditio in adjecto* darstelle, wenn die Erklärung lediglich gesetzliche Folgen nach sich ziehe.[1207] § 661a BGB verwende somit die Begriffe Unternehmer und Verbraucher, obwohl es bereits an einer rechtsgeschäftlichen Verbindung mangele und lasse den „Eindruck" darauf genügen.[1208]

Gegen die Annahme eines einseitigen Rechtsgeschäfts wurde ferner vorgebracht, dass es einer einseitigen Gewinnmitteilung gerade an einem auf die Gewinnauskehr gerichteten Willen mangele und damit keine Willenserklärung von dem Unternehmer abgegeben werde.[1209] Der Absender der Mitteilung habe nicht den Willen, den Gewinn auszukehren.[1210] Auf diesen allein dürfe jedoch nicht abgestellt werden, sondern der objektive Empfängerhorizont müsse konsultiert werden, ob sich für diesen ein Rechtsgeschäft ableiten lasse.[1211] Es komme somit darauf an, ob der Empfänger den Eindruck erwecke, dass eine Gewinnauskehrverpflichtung bestehe. Diesen Eindruck wolle der Absender der Gewinnmitteilung auch erklären, damit der Verbraucher zu einer Warenbestellung veranlasst werden könne (aus Dankbarkeit/zwecks gebührenpflichtigem Telefonat etc.).[1212] Kennzeichnend sei gerade, dass der Unternehmer nur im Kleingedruckten durch AGB oder gesonderte Ausspielbedingungen seinen Gewinnausschüttungswillen zurücknehme und sich daher erst in der Gesamtschau zeige, dass der Unternehmer keinen Rechtsfolgewillen aufweise.[1213] *Piekenbrock/Schulze* sahen in § 661 a BGB daher eine verbraucherrechtliche

---

1206 Vorlagebeschluss in der Rechtssache Gabriel des OGH, 15.2.2000 – 5 Nd 522/99 = The European Legal Forum 2000/2001, 338 mit Anm. *Rauscher/Schülke*, The European Legal Forum 2000/2001, 334.

1207 MüKo BGB 4. Aufl. 2001/*Micklitz*, § 13 BGB, Rn. 47.

1208 Von einer analogen Anwendung des § 13 BGB riet Micklitz ab, MüKo BGB 4. Aufl. 2001/*Micklitz*, § 13 BGB, Rn. 47. Von einer „Schieflage" ausgehend, *Sachse*, 2006, 168.

1209 *Piekenbrock/G. Schulze*, IPRax 2003, 328, 331.

1210 *Leible*, IPRax 2003, 28, 29; *Lorenz*, NJW 2000, 3305, 3307.

1211 *Leible*, IPRax 2003, 28, 29; vgl. MüKo BGB 4. Aufl. 2001/*Micklitz*, § 13 BGB, Rn. 47.

1212 *Dörner*, in: FS Kollhosser, 2004, 75, 80.

1213 *Piekenbrock/G. Schulze*, IPRax 2003, 328, 332.

Sonderregelung des § 116 S. 1 BGB.[1214] Ein derartiger geheimer Vorbehalt, dass der Absender nicht zahlen wolle, sei unerheblich, vgl. § 116 S. 1 BGB.[1215] Fraglich sei, ob sich der Unternehmer seiner Erfüllungspflicht entziehen könne, indem er sich darauf berufe, der Verbraucher hätte die mangelnde Ernstlichkeit gem. § 116 S. 2 BGB erkannt. Die Nichtigkeit würde hingegen sowohl Beweisschwierigkeiten nach sich ziehen als auch „rechtspolitisch verfehlt" sein, da der Erklärungsempfänger schlechter gestellt würde, wenn er die Lüge erkenne und der Unternehmer, der eine bewusste Irreführung herbeiführe, geschützt würde.[1216] Nach *Fetsch* spräche gerade die Nichtigkeitsfolge des § 116 S. 2 BGB gegen eine rechtsgeschäftliche Verpflichtung des § 661a BGB.[1217]

Gerade für einen rechtsgeschäftsähnlichen Charakter lasse sich jedoch noch anführen, dass der Absender der Gewinnmitteilung sehr wohl einen Rechtsfolgewillen habe, gerichtet auf ein unverbindliches Leistungsversprechen.[1218] *Piekenbrock/Schulze* führten aus, dass zwar die Unverbindlichkeit häufig in betrügerischer Art und Weise verdeckt sei, dass jedoch durchaus im Rechtsverkehr die Möglichkeit bestehe, unverbindliche Leistungsversprechen abzugeben.[1219] § 661a BGB schneide dem Unternehmer den Einwand der Unverbindlichkeit jedoch im Sinne einer Beschneidung der Privatautonomie aufgrund wettbewerbsrechtlicher Gründe und des Verbraucherschutzes ab.[1220]

Einige Vertreter verfolgten den Ansatz, dass Klagen auf Gewinnauskehr einen Fall der *objektiven Rechtsscheinhaftung* mit stark generalpräventivem und wettbewerbsrechtlichem Charakter darstellten.[1221] Dagegen lasse sich wiederum einwenden, dass es auf solch einen „Rechtsschein" gerade nicht ankomme, da der Verbraucher nicht an die Ernsthaftigkeit glauben müsse, sondern der Anspruch unabhängig davon bestehe, selbst wenn der Verbraucher die Handlung des

---

1214 *Piekenbrock/G. Schulze*, IPRax 2003, 328, 332.

1215 *Dörner*, in: FS Kollhosser, 2004, 75, 80.

1216 Ebd., 78; MüKo BGB 4. Aufl. 2001/*Kramer*, § 116 BGB, Rn. 9; *Piekenbrock/G. Schulze*, IPRax 2003, 328, 332.

1217 *Fetsch*, RIW 2002, 936, 937.

1218 *Piekenbrock/G. Schulze*, IPRax 2003, 328, 332.

1219 Bei einem zweiseitigen Rechtsgeschäft etwa die rechtsgeschäftlich begründete Klaglosigkeitsabrede, *Piekenbrock/G. Schulze*, IPRax 2003, 328, 332 mit Fn. 51.

1220 *Piekenbrock/G. Schulze*, IPRax 2003, 328, 332.

1221 So noch *Lorenz*, NJW 2000, 3305, 3310, der zwei Jahre später in *Lorenz*, IPRax 2002, 192, 195 Fn. 42 aber davon abrückte und ebenfalls ein gesetzliches Schuldverhältnis bejahte.

Versenders „durchschaut" habe, weshalb nach Ansicht mancher Stimmen eine Auslegung nach dem objektiven Empfängerhorizont ausscheiden müsse.[1222]

Nach einer weitverbreiteten Ansicht sei bei einer Klage auf Gewinnauskehr lediglich eine *geschäftsähnliche Handlung* anzunehmen, worunter auch *gesetzliche Schuldverhältnisse* zählten, da dadurch weder ein Vertrag noch ein sonstiges rechtsgeschäftliches Schuldverhältnis begründet werde, weil die vorgenommene Handlung auf einen tatsächlichen und nicht rechtsgeschäftlichen Erfolg gerichtet sei.[1223]

Die Rechtsfolgen seien somit explizit nicht gewollt, sondern ergäben sich allein aus dem Gesetz. Legte man dieses Verständnis der autonomen Auslegung zugrunde, würden auch nach diesem Ansatz die Vorschriften über die Willenserklärung entsprechend angewendet werden können und dadurch der dennoch vorhandene rechtsgeschäftliche Charakter berücksichtigt werden.[1224] Vertreter dieser Ansicht wenden daher die gleichen Grundsätze wie bei einseitigen Rechtsgeschäften an, denn unabhängig vom nationalen Systembegriff resultiere aus der Nähebeziehung der § 661a BGB und § 5j/c österr. KSchG nichts anderes.[1225]

Teilweise wird das gesetzliche Schuldverhältnis so begründet, dass die Gewinnzusage als gesetzlicher Fall einer *culpa in contrahendo* angesehen werden könne, der immer den Zweck verfolge, den Adressaten der Gewinnmitteilung zu einer Warenbestellung zu veranlassen.[1226] In einer Art Vorwirkung könne dann an den intendierten Vertragsschluss des Verbrauchers mit dem Unternehmer gerichtet auf eine Warenbestellung, angeknüpft werden.[1227] Durch diesen Kniff läge nach dieser Ansicht bei jeder Gewinnzusage eine Vertragsanbahnung vor und eine vertragliche Qualifikation könne in jedem Fall bejaht werden.[1228] Fälle der *culpa in contrahendo* würden immer dann vertraglich qualifiziert werden können, wenn es um die Sanktionierung einer vorvertraglichen Pflicht gehe oder um die Verletzung von mit dem Vertragsschluss zusammenhängenden Beratungs- und

1222 MüKo BGB/*Schäfer*, § 661a BGB, Rn. 8; *Leible*, IPRax 2003, 28, 30.

1223 *Piekenbrock/G. Schulze*, IPRax 2003, 328, 331; MüKo BGB 4. Aufl. 2001/*Micklitz*, § 13 BGB, Rn. 47; *Flume*, ⁴1992, BGB AT Bd. II, 113; MüKo BGB/*Schäfer*, § 661a BGB, Rn. 8; ausführlich *Hofmann*, 2007, 37 ff., 46 ff.; *Meller-Hannich*, NJW 2006, 2516, 2517; *Stieper*, NJW 2013, 2849, 2850.

1224 *Leible*, IPRax 2003, 28, 30 sprach von einem „quasi-rechtsgeschäftlichem Charakter".

1225 Ebd.

1226 *Lorenz*, IPRax 2002, 192, 195, noch verneinend *Lorenz*, NJW 2000, 3305, 3307.

1227 *Lorenz*, IPRax 2002, 192, 194. In diese Richtung auch OGH, 15.2.2000 – 5 Nd 522/99 = The European Legal Forum 2000/2001, 338.

1228 *Lorenz*, IPRax 2002, 192, 195.

Aufklärungspflichten.[1229] Immer dann genüge es an dem erforderlichen Sachzusammenhang zu einem Vertrag.[1230] Dagegen führten *Piekenbrock/Schulze* an, dass der EuGH die Haftung aufgrund einer Vertragsanbahnung (*culpa in contrahendo*) durch seine Rechtsprechung als deliktisch qualifiziert habe, da diese Haftung gerade nicht auf einer freiwillig eingegangenen Verpflichtung durch den Schuldner basiere.[1231]

Neben der strittigen Herleitung des Vorliegens einer „freiwilligen Verpflichtung" müsste nach Art. 13 Abs. 1 Nr. 3 2. Alt. EuGVÜ der Vertrag die Lieferung beweglicher Sachen zum Gegenstand haben (Nr. 3). Des Weiteren müsste „dem Vertragsschluss in dem Staat des Wohnsitzes des Verbrauchers ein ausdrückliches Angebot oder Werbung vorausgegangen sein" (Nr. 3 a) und „der Verbraucher in diesem Staat die zum Abschluss erforderlichen Rechtshandlungen vorgenommen" (Nr. 3 b) haben.

Es wurde in der Literatur angeführt, zu den von Art. 13 Abs. 1 Nr. 3 EuGVÜ erfassten Vertragstypen gehörten isolierte Gewinnzusagen „zweifellos" nicht.[1232] Jedenfalls für den Regelfall, wenn Geld zugesagt würde, was in der Praxis überwiegend der Fall sei,[1233] wären die Voraussetzungen nicht erfüllt.[1234] Ferner handele es sich um eine bewusste Entscheidung, Art. 13 ff. EuGVÜ nur auf bestimmte Vertragstypen zu beziehen, da es sich um eine Ausnahmevorschrift zum allgemeinen Gerichtsstand handele, die noch dazu lex specialis zum Vertragsgerichtsstand sei.[1235] Ferner konkretisiert Art. 13 Abs. 1 Nr. 3 lit. a EuGVÜ

1229 *Lorenz*, IPRax 2002, 192, 194. Siehe auch insbesondere *Mankowski*, IPRax 2003, 127, 134 f.

1230 *Lorenz*, IPRax 2002, 192, 194.

1231 *Piekenbrock/G. Schulze*, IPRax 2003, 328, 331 verglichen vorliegende Konstellation mit jener abgebrochener Vertragsverhandlungen und bezogen sich dabei auf EuGH, Urteil vom 17.9.2002 - C-334/00 (Tacconi) = ECLI:EU:C:2002:499, Rn. 23. Siehe wiederum auch *Mankowski*, IPRax 2003, 127, 134.

1232 *Dörner*, in: FS Kollhosser, 2004, 75, 83. Ähnlich *Lorenz*, IPRax 2002, 192, 194 „wohl schwerlich möglich".

1233 In seltenen Fällen wurden auch Urlaubsschecks (AG Cloppenburg, 23.2.2001 - 17 C 253/00 (XVII) = NJW-RR 2001, 1274), Treuepakte (AG Bremen, 10.12.2001 - 8 C 0211/01 = NJW-RR 2002, 417), Autos (LG Wuppertal, 19.2.2001 - 3 O 358/00 = NJW-RR 2001, 1275) und wie bei OLG Brandenburg, 23.9.2003 - 11 U 33/03 = IPRspr 2003, Nr. 142, 455, ein Fernseher versprochen.

1234 *Häcker*, ZVglRWiss 103 (2004), 464, 472.

1235 Vgl. ebd.; *Leible*, NJW 2003, 407, 408.

mit dem Wort „Vertragsschluss“ die strengen Anforderungen, die an die „Klage aus Vertrag“ gestellt werden.

Es wurde jedoch trotz der strengen weiteren Voraussetzungen in der Literatur der Verbrauchergerichtsstand auch bejaht. *Leipold* beispielsweise wendete den Verbrauchergerichtsstand aufgrund seines Telos analog an, da eine autonome Auslegung innerhalb der Grenzen des denkbaren Wortsinns des Art. 13 EuGVÜ bleiben müsse.[1236] Einer Analogie stünde auch nicht der Ausnahmecharakter der Norm entgegen und eine planwidrige Regelungslücke sei „unschwer“ zu bejahen.[1237] Ferner sei der Zweck der Vorschrift bereits beim Vorliegen eines Zusammenhangs zu einem angestrebten Vertrag erfüllt.[1238]

(2) Lösungsansatz Vertragsgerichtsstand, Art. 5 Nr. 1 EuGVÜ

Vorrangig vor dem Deliktsgerichtsstand ist der allgemeine Vertragsgerichtsstand zu berücksichtigen.[1239] Art. 5 Nr. 1 EuGVÜ fordert dem Wortlaut nach einen „Vertrag oder Ansprüche aus einem Vertrag“, die den Gegenstand des Verfahrens bilden. Die Begriffe sind nach dem EuGH autonom zu bestimmen.[1240] Aus der Rechtsprechung des EuGH ergibt sich, dass dafür eine „freiwillig eingegangene Verpflichtung“ erforderlich sei (s. Lösungsansatz Verbrauchergerichtsstand).[1241] Die Praxis hat den Anwendungsbereich des Art. 5 Nr. 1 EuGVÜ weit angesehen.[1242] *Schack* sah daher den Vertragsgerichtsstand als für „zwanglos“

1236 *Leipold*, in: FS Musielak, 2004, 317, 331 f.

1237 Ebd., 332.

1238 Ebd., 332 mit Fn. 23. Leipold sieht auch für Art. 15 EuGVO die Analogie „methodenehrlicher“ an als die einfache Auslegung.

1239 *Kropholler/von Hein*, Europäisches Zivilprozessrecht, [9]2011, Art. 5 EuGVO, Rn. 16, 72.

1240 EuGH, Urteil vom 17.6.1992 – C-26/91 (Handte ./. TMCS) = ECLI:EU:C:1992:268, Rn. 10; EuGH, Urteil vom 27.10.1998 – C-51/97 (Réunion européenne SA) = ECLI:EU:C:1998:509, Rn. 15; *Kropholler*, Europäisches Zivilprozeßrecht, [6]1998, Art. 5 EuGVÜ Rn. 5. Siehe zum Meinungsstand zu Art. 5 Nr. 1 EuGVÜ, *Martiny*, in: FS Geimer, 2002, 641 sowie *Mankowski*, IPRax 2003, 127.

1241 EuGH, Urteil vom 17.6.1992 – C-26/91 (Handte ./. TMCS) = ECLI:EU:C:1992:268, Rn. 15; EuGH, Urteil vom 27.10.1998 – C-51/97 (Réunion européenne SA) = ECLI:EU:C:1998:509, Rn. 17; EuGH, Urteil vom 17.9.2002 – C-334/00 (Tacconi) = ECLI:EU:C:2002:499, Rn. 22.

1242 *Kropholler*, Europäisches Zivilprozeßrecht, [6]1998, Art. 5 EuGVÜ, Rn. 10; *Schack*, Internationales Zivilverfahrensrecht, [7]2017, Rn. 293; bestätigt durch EuGH, Urteil vom 20.1.2005 – C-27/02 (Petra Engler ./. Janus Versand GmbH) = ECLI:EU:C:2005:33, Rn. 48 („nicht eng“).

auf Gewinnzusagen anwendbar an.[1243] Insbesondere führe die Feststellung, es läge kein Vertrag im Sinne des Art. 13 Abs. 1 EuGVÜ vor, nicht dazu, dass ein Vertrag im Sinne des Art. 5 Nr. 1 EuGVÜ ausgeschlossen sei.[1244]

Auch Fälle der *culpa in contrahendo* können grundsätzlich von Art. 5 Nr. 1 EuGVÜ/EuGVO a.F. umfasst werden, sofern auch hier die Verletzung einer freiwillig eingegangenen Verpflichtung geltend gemacht wird; ansonsten findet der Deliktsgerichtsstand nach Art. 5 Nr. 3 EuGVÜ/EuGVO a.F. Anwendung.[1245]

Nach Art. 5 Nr. 1 EuGVÜ sind die Gerichte des Ortes zuständig, an dem die „Verpflichtung erfüllt worden ist oder zu erfüllen wäre", wobei der Gerichtsstand des Ortes, an dem erfüllt wurde den Ort verdrängt, an dem zu erfüllen wäre.[1246] Art. 5 Nr. 1 EuGVÜ stellt somit nicht wie Art. 13 Abs. 1 Nr. 3 lit. a EuGVÜ explizit auf einen „Vertragsschluss" ab. Die Vorschrift wird auch dann für anwendbar angesehen, wenn gerade strittig ist, ob ein Vertrag geschlossen wurde.[1247] Einige Stimmen haben aufgrund des weiteren Vertragsverständnisses als in Art. 13 EuGVÜ bei isolierten Gewinnmitteilungen den Vertragsgerichtsstand bejaht, auch und besonders weil Art. 5 Nr. 1 EuGVÜ nicht die erweiterten Voraussetzungen des Art. 13 Abs. 1 Nr. 3 EuGVÜ forderte.[1248]

Der lange Streit, wie der „Erfüllungsort" ermittelt werden solle, war 1976 mit der *Tessili*-Entscheidung des EuGH geklärt worden, wonach der Erfüllungsort nach der lex causae bestimmt werde, folglich „nach den Kollisionsnormen des

---

1243 *Schack*, Internationales Zivilverfahrensrecht, ^{7}2017, Rn. 293.

1244 Siehe BGH, 1.12.2005 – III ZR 191/03 = BGHZ 165, 172, 177, juris Rn. 20, bezugnehmend auf EuGH, Urteil vom 20.1.2005 – C-464/01 (Johann Gruber ./. Bay Wa AG) = ECLI:EU:C:2005:32, Rn. 48 f.

1245 *Kropholler/von Hein*, Europäisches Zivilprozessrecht, ^{9}2011, Art. 5 EuGVO, Rn. 18; EuGH, Urteil vom 17.9.2002 – C-334/00 (Tacconi) = ECLI:EU:C:2002:499, Rn. 22 f.

1246 Dies ergibt sich nach Art. 2 EuGVÜ aus der engen Bindung, die durch einen Vertrag geschaffen wird, *Kühl*, 2007, 113.

1247 EuGH, Urteil vom 4.3.1982 – 38/81 (Effer Spa ./. Kantner) = ECLI:EU:C:1982:79, Rn. 7. Zur EuGVO wurde in der Entscheidung EuGH, Urteil vom 14.5.2009 – C-180/06 (Ilsinger ./. Dreschers) = ECLI:EU:C:2009:303, Rn. 57 entschieden, dass vorvertragliche und quasivertragliche Konstellationen „höchstens" und „nur gegebenenfalls" unter Art. 5 Nr. 1 EuGVO zu subsumieren seien, nicht aber unter Art. 15 EuGVO.

1248 Bspw. *Lorenz*, IPRax 2002, 192, 194. Für Lorenz genügt das Vorliegen eines engen Sachzusammenhangs zum Vertrag (s. Kapitel 6 II. 1. aa. (1)). Ein gesetzliches Schuldverhältnis bejahend: MüKo BGB/*Schäfer*, § 661a BGB, Rn. 5.

mit dem Rechtsstreit befassten Gerichts für die streitige Verpflichtung".[1249] In der *De Bloos*-Entscheidung des EuGH vom selben Tag wurde entscheiden, dass die maßgebliche Verpflichtung die konkret streitige Verpflichtung sei.[1250]

Von *Piekenbrock/Schulze* wurde vertreten, dass beim Abstellen auf eine Anbahnung eines Rechtsgeschäfts wegen nicht eindeutig geklärter Beurteilung auf den allgemeinen Vertragsgerichtsstand nach Art. 5 Nr. 1 EuGVÜ zurückgegriffen werden solle.[1251]

Wie oben gesehen, werden von Art. 5 Nr. 1 EuGVÜ die Gerichte des Erfüllungsortes berufen. Wo der Ort der Erfüllung einer aus dem Ausland stammenden Gewinnmitteilung liege, müsse nach dem Schuldstatut, welches das Forum bestimme, ermittelt werden.[1252] Die maßgebliche „Verpflichtung", die erfüllt wurde bzw. zu erfüllen ist, stelle im Grundsatz jene den Gegenstand der Klage bildende Verpflichtung dar, in anderen Worten den Anspruch, auf den der Kläger seine Klage stütze.[1253] Bei Klagen auf Gewinnauskehr kann die maßgebliche Verpflichtung in der Auskehr des versprochenen Gewinns gesehen werden.

In dem Fall, bei dem der Unternehmer mit Sitz in den Niederlanden einem deutschen Verbraucher einen Gewinn verspreche, läge der Erfüllungsort nach deutschem Sachrecht am Sitz des Gewinnauskehrschuldners in den Niederlanden – nach dem hier vom BGH entschiedenen Fall vom 28.11.2002 geltenden §§ 270 Abs. 4, 269 Abs. 2 BGB.[1254]

Somit wäre jedoch ein Inlandsgerichtsstand beim Verbraucher nicht gegeben, was den von § 661a BGB und § 5 j (nun c) österr. KSchG intendierten Schutz aushebelt.[1255] Teilweise wurde die maßgebliche Verpflichtung daher in der

---

1249 EuGH, Urteil vom 14.1.1976 – 12/76 (Tessili ./. Dunlop) = ECLI:EU:C:1976:133, Leitsatz. Zum Streitstand m.w.N. siehe *Kühl*, 2007, 113 ff.

1250 EuGH, Urteil vom 6.10.1976 – 14/76 (De Bloos ./. Bouyer) = ECLI:EU:C:1976:134, Rn. 13 f.

1251 *Piekenbrock/G. Schulze*, IPRax 2003, 328, 330. Ebenfalls für eine vertragliche Qualifikation *Schlosser*, EU-Zivilprozessrecht, ^{2}2003, Art. 5 EuGVÜ Rn. 3 f. m.w.N. zum Meinungsstand.

1252 Noch zum alten BGB, *Dörner*, in: FS Kollhosser, 2004, 75, 84.

1253 EuGH, Urteil vom 6.10.1976 – 14/76 (De Bloos ./. Bouyer) = ECLI:EU:C:1976:134, Rn. 9/12; *Kropholler*, Europäisches Zivilprozeßrecht, ^{6}1998, Art. 5 EuGVÜ Rn. 14.

1254 *Piekenbrock/G. Schulze*, IPRax 2003, 328, 330; *Lorenz*, IPRax 2002, 192, 194 mit Fn. 23; *Mörsdorf-Schulte*, JZ 2005, 770, 777 f.

1255 Ein Sonderfall lag jedoch in den Entscheidungen des OLG Nürnberg, 28.8.2002 – 4 U 641/02 = NJW 2002, 3637 sowie LG Braunschweig, 10.1.2002 – 10 O 2753/00 = IPRax 2002, 213 in der Berufung OLG Braunschweig, 9.9.2002 – 7 U 16/02 = IPRspr.

vorvertraglichen Verhaltenspflicht gesehen und der Erfüllungsort an dem Ort, wo diese Pflicht zu erbringen sei.[1256]

Häcker hingegen sah in § 661a BGB zugleich eine „gesetzliche Regelung des Erfüllungsortes verankert“, wodurch er einen durchschlagenden Verbraucherschutz erreichen wollte.[1257] Es widerspräche dem intendierten Zweck der Norm, wenn der Verbraucher nach der Grundregel des § 269 BGB den Gewinn bei der Unternehmerniederlassung (§ 269 Abs. 2 BGB) abholen müsse, da dann § 661a BGB aufgrund des hohen Aufwandes der Gewinnabholung ausgehöhlt würde.[1258] Entgegen einer solchen fingierten Bestimmung des Erfüllungsortes abweichend von § 269 BGB wurde eingewandt, dass der Erfüllungsanspruch auf Gewinnauskehr gerade den Gewinnversprechenden „beim Wort“ nehmen wolle und kein Anlass bestehe, darüber hinaus dem Verbraucher entgegenzukommen.[1259] Abgestellt werden sollte auf die freiwillige Gestaltung der Gewinnzusage durch den Unternehmer, denn dass der Eindruck der Ernsthaftigkeit beim Verbraucher genüge, wurde oben bereits festgestellt. Gegen ein Abstellen auf einen vermeintlichen Leistungsort aufgrund der Vorstellung des Verbrauchers spreche ferner das von der Rechtsprechung vorgenommene Absenken des durchschnittlichen Empfängerhorizontes auf den Eindruck des Verbrauchers bezüglich der Ernsthaftigkeit der Gewinnzusage. Ein Abweichen von der gesetzlichen Regelung bezüglich der maßgeblichen Verpflichtung sei nicht interessengerecht.[1260]

Ferner wurde teilweise vertreten, dem Verbraucher über den Weg der Einordnung des § 661a BGB als Eingriffsnormen i.S.v. Art. 34 EGBGB a.F. dennoch einen Erfüllungsanspruch zu verschaffen und auf diese Weise deutsches Recht zur Anwendung zu bringen.[1261] Dafür müsste allerdings ein Gemeininteresse,

---

2002, Nr. 133b, 342, vor, bei denen eine echte Bringschuld vereinbart worden war. Siehe dazu ferner *Oberhammer*, ZZP 117 (2004), 92, 93 mit Fn. 6.

1256 *Lorenz*, IPRax 2002, 192, 194.

1257 Noch zum BGB a.F., *Häcker*, ZVglRWiss 103 (2004), 464, 490. Ebenso BGH, 1.12.2005 - III ZR 191/03 = BGHZ 165, 172, 183, juris Rn. 36: „§ 661 a BGB muss daher – über seinen Wortlaut hinaus – als Regelung des Leistungsortes am Wohnsitz des Empfängers […] verstanden werden.“

1258 Noch zum BGB a.F., *Häcker*, ZVglRWiss 103 (2004), 464, 490.

1259 RegE BT-Dr 14/2658, S. 49, bestätigend Beschlussempfehlung BT-Dr 14/3195, S. 34; *Mörsdorf-Schulte*, JZ 2005, 770, 778; *R. Schröder/Thiessen*, NJW 2004, 719, 720.

1260 *Mörsdorf-Schulte*, JZ 2005, 770, 778.

1261 Bzgl. § 661 a BGB: BGH, 1.12.2005 - III ZR 191/03 = BGHZ 165, 172, 180 ff., juris Rn. 30 ff.; *Lorenz*, IPRax 2002, 192, 195 f.; *Lindner*, 2007, 161 f.; Palandt Ergänzungsband zur 61. Aufl. 2002/*Heldrich*, Art. 32 EGBGB Rn. 8 m.w.N.; Einstufung als Eingriffsnorm für „fragwürdig” befindend, *Kropholler/von Hein*, Europäisches

welches über den Individualrechtsschutz der Norm hinausgehe, begründet werden.[1262] Dazu kommt, dass Art. 34 EGBGB a.F. auf Art. 7 Abs. 2 EVÜ beruhte, welcher sich auf Eingriffsnormen der lex fori bezog. Solle Art. 34 EGBGB a.F. dafür genutzt werden, zu einem deutschen Gerichtsstand zu führen, läge damit ein Zirkelschluss vor.[1263]

Dieser umstrittenen Ansätze zur Herleitung eines Inlandsgerichtstands bedarf es jedoch nicht, wenn der Deliktsgerichtstand bejaht wird.

(3) Lösungsansatz Deliktsgerichtsstand, Art. 5 Nr. 3 EuGVÜ

Kommt man zu dem Ergebnis, dass die Klage auf Gewinnauskehr autonom ausgelegt dem Deliktsgerichtsstand unterliegt, so wird Art. 5 Nr. 3 EuGVÜ angewendet.

Der Deliktsgerichtsstand folgt dem Ubiquitätsprinzip, wonach die Gerichte des Ortes zuständig sind, an dem das schädigende Ereignis eingetreten ist. Unter diesem Ort versteht der EuGH sowohl den Erfolgs- als auch den Handlungsort, sodass der Kläger[1264] zwischen diesen beiden Foren bei Distanzdelikten die Wahl habe.[1265]

Nach Art. 5 Nr. 3 EuGVÜ sind die Gerichte des Erfolgs-/Handlungsortes zuständig „wenn eine unerlaubte Handlung oder eine Handlung, die einer unerlaubten Handlung gleichgestellt ist, oder wenn Ansprüche aus einer solchen Handlung den Gegenstand des Verfahrens bilden." Diese Begriffe sind wiederum autonom auszulegen.[1266] Der Erfolg trete danach bei Distanzdelikten mit dem Empfang der Gewinnmitteilung als „mittels Mediums übertragene Rechtsgutsverletzung",[1267] am Wohnsitz des Verbrauchers ein.[1268]

Zivilprozessrecht, [9]2011, Art. 15 EuGVO, Rn. 21. Diskutiert aber im Ergebnis ablehnend: *Fetsch*, RIW 2002, 936, 938 f.

1262 Kritisch *Sonnenberger*, IPRax 2003, 104, 110.

1263 *Blobel*, VuR 2005, 164, 168.

1264 *R. Geimer/Schütze*, Europäisches Zivilverfahrensrecht, 1997, Art. 5 EuGVÜ Rn. 180.

1265 EuGH, Urteil vom 30.11.1976 – 21/76 (Mines de potasse d'Alsace) = ECLI:EU:C:1976:166, Rn. 15-25; EuGH, Urteil vom 11.1.1990 – C-220/88 (Dumez France u.a. ./. Hessische Landesbank u.a.) = ECLI:EU:C:1990:8, Rn. 10; EuGH, Urteil vom 7.3.1995 – C-68/93 (Shevill) = ECLI:EU:C:1995:61, Rn. 20; EuGH, Urteil vom 19.9.1995 – C-364/93 (Marinari ./. Lloyd's Bank) = ECLI:EU:C:1995:289, Rn. 11; EuGH, Urteil vom 27.10.1998 – C-51/97 (Réunion européenne SA) = ECLI:EU:C:1998:509, Rn. 28.

1266 EuGH, Urteil vom 22.9.1988 – 189/87 (Kalfelis ./. Schröder u.a.) = ECLI:EU:C:1988:459; *Kropholler*, Europäisches Zivilprozeßrecht, [6]1998, Art. 5 EuGVÜ Rn. 56.

1267 *Rauscher/Schülke*, The European Legal Forum 2000/2001, 334, 338.

1268 Vgl. nur *Fetsch*, RIW 2002, 936, 942.

Danach wäre bei Annahme des Deliktsgerichtsstands immer eine Heimatzuständigkeit des Verbrauchers begründet, da zwar regelmäßig der Handlungsort im Ausland liege, der Erfolgsort jedoch beim Empfänger.[1269]

Andere wiederum kritisieren die mangelnde Berücksichtigung der Zweckrichtung der § 661a BGB und § 5 j (nun c) österr. KSchG. Zentral sei hier nicht der Verbraucherschutz, sondern deren lauterkeitsrechtlicher Charakter.[1270] Primär relevant sei das Bewahren des Handelsverkehrs vor sittenwidrigen Wettbewerbspraktiken, wie dem hier praktizierten übermäßigen Anlocken durch Unternehmer sowie die Sanktionierung dieses Verhaltens.[1271] Auch wenn es auf den ersten Blick fern läge, den Anspruch auf Gewinnauskehr wettbewerbsrechtlich zu qualifizieren, so sei in Erinnerung zu rufen, dass nach der vorherrschenden funktionalen Qualifikation, der jeweilige Zweck der Norm und nicht die formalen Kriterien der Gesetzessystematik zu beachten seien und der Gesetzgeber sich bewusst für die zivilrechtliche Sanktionierung wettbewerbsrechtlichen Handelns entschieden habe.[1272] Selbst der Bundesrat habe in seiner Stellungnahme angemerkt, dass eine Sanktionierung eher mit einer Lösung über das UWG zu erfolgen habe und die Bundesregierung um Prüfung gebeten, welche dies jedoch ablehnte und die zivilrechtliche Sanktion für erforderlich ansah, um „den Missbrauch abzustellen."[1273]

Teilweise wurde der wettbewerbswidrige, fast betrügerische Charakter des Anspruchs als Strafschadensersatz klassifiziert, welcher verfassungsrechtlich bedenklich ist.[1274] Es wurde allgemein in Rechtsprechung und Lehre anerkannt, dass Ansprüche aus unlauterem Wettbewerb von der internationalen Zuständigkeit nach Art. 5 Nr. 3 EuGVÜ umfasst würden.[1275]

1269 *Leible*, IPRax 2003, 28, 31; *Rauscher/Schülke*, The European Legal Forum 2000/2001, 334, 338.

1270 So *Leible*, IPRax 2003, 28, 31; *Fetsch*, RIW 2002, 936, 943; *Kropholler/von Hein*, Europäisches Zivilprozessrecht, ⁹2011, Art. 15 EuGVO, Rn. 21.

1271 Vgl. *Fetsch*, RIW 2002, 936, 943; *Kerwer*, Juristische Rundschau 2004, 26, 31; *Leible*, IPRax 2003, 28, 31. Dagegen *Lorenz*, IPRax 2002, 192, 193, 195.

1272 *Fetsch*, RIW 2002, 936, 938; ähnlich *Sachse*, 2006, 169, 297.

1273 BT-Dr 14/2920, S. 7, bestätigend Beschlussempfehlung BT-Dr 14/3195, S. 34.

1274 *Rauscher/Schülke*, The European Legal Forum 2000/2001, 334, 337; *Leible*, IPRax 2003, 28, 31; *Staudinger*, JZ 2003, 852, 857; *Christian Schneider*, BB 2002, 1653, 1656. Diese dogmatische Konsequenz erschien *Oberhammer*, ZZP 117 (2004), 92, 94 f. „unerbittlich" und „recht verstiegen gefolgert".

1275 *Rauscher/Schülke*, The European Legal Forum 2000/2001, 334, 337 m.w.N. sich berufend auf BGH, 11.2.1988 – I ZR 201/86 = NJW, 1466, 1467 mit Anm. *Mansel*, IPRax

Zuständig sei danach das Gericht des Ortes der Marktstörung das *forum delicti commissi*.[1276]

Dagegen äußerte *Lorenz*, dass der Verbraucher „instrumentalisiert“ werde und aus generalpräventiven Zwecken einen Anspruch auf Erfüllung erhalte.[1277] Dieser resultiere aus der Bestätigung des Vertrauens, welches ihm gegenüber zurechenbar gesetzt worden sei und erwecke den Anschein einer Vermögensmehrung.[1278] *Lorenz* sah den Erfüllungsanspruch nach § 661a BGB keineswegs als „Prämie für die Verfolgung marktstörenden Verhaltens“, sondern als „Brückenschlag“, dass das Wettbewerbsrecht endlich wertungsmäßig Elemente des Verbraucherschutzes auch im Verhältnis Unternehmer zu Verbrauchern sanktioniere.[1279] Er begründete dies damit, dass der Wettbewerber Hüter des Verbrauchers sei, der Verbraucher aber nur seine Individualinteressen verfolge und nicht Hüter des Wettbewerbs sei.[1280] Ferner führte er an, dass der vom UWG beabsichtigte Verbraucherschutz jedenfalls nicht deliktischer Natur sei.[1281] Als weiteres Argument gegen den Deliktsgerichtsstand wurde angeführt, dass die § 661a BGB, § 5 j/c österr. KSchG gerade nicht als Tatbestandsmerkmal eine unlautere Handlung für den Eintritt der Rechtsfolge, den Erfüllungsanspruch, forderten.[1282] Die Höhe des Ersatzes sei ferner im europäischen Vergleich mit anderen immateriellen Schäden überproportional hoch.[1283]

Ferner sei festzuhalten, dass eine wie in § 661 a BGB, § 5 j/c österr. KSchG geforderte Erfüllungshaftung dem Deliktsrecht grundsätzlich systematisch

---

1989, 84; BGH, 17.3.1994 - I ZR 304/91 = GRUR 1994, 530; *Fetsch*, RIW 2002, 936, 942 sich berufend auf OLG Frankfurt am Main, 19.2.2002 - 8 U 228/01 = OLGR Frankfurt 2002, 168, 169 f.; LG Freiburg, Urteil vom 22.3.2002- 6 O 147/01 = juris I.1.b; *Kerwer*, Juristische Rundschau 2004, 26, 31; *Lorenz*, IPRax 2002, 192, 194; *R. Geimer/Schütze*, Europäisches Zivilverfahrensrecht, 1997, Art. 5 Rn. 151. Zur EuGVO *Sachse*, 2006, 169; *Kropholler/von Hein*, Europäisches Zivilprozessrecht, [9]2011, Art. 5 EuGVO, Rn. 74. Siehe ebenso Kommissionsentwurf zur Rom II-VO KOM(2003) 427 endg., S. 17; aber auch Staudinger/*Hoffmann*, Art. 40 EGBGB, Rn. 293 ff., 301 ff.

1276 *Rauscher/Schülke*, The European Legal Forum 2000/2001, 334, 337 mit Fn. 37.

1277 *Lorenz*, IPRax 2002, 192, 195.

1278 Ebd.; *Leible*, IPRax 2003, 28, 30.

1279 *Lorenz*, IPRax 2002, 192, 195.

1280 Ebd.

1281 *Lorenz*, IPRax 2002, 192, 195, sich berufend auf *Emmerich*, [6]2002, § 3 Nr. 2 m.w.N.

1282 Vgl. MüKo BGB/*Schäfer*, § 661a BGB, Rn. 6.

1283 *Häcker*, ZVglRWiss 103 (2004), 464, 488.

widerspreche.[1284] Die Haftung aufgrund unerlaubter Handlung sehe als Rechtsfolge nur die Zahlung von Schadensersatz vor, bei einer Gewinnzusage fehle es aber an einem Vermögensschaden, der auszugleichen wäre.[1285] Ferner widerspreche der nur präventive Zweck des Anspruchs dem Deliktsgerichtsstand.[1286]

Gegen die Kritik, dass Art. 5 Nr. 3 EuGVÜ nur Klagen erfasse, mit denen eine Schadenshaftung des Beklagten geltend gemacht werde und es sich ferner sowohl bei § 661a BGB als auch bei § 5 j KSchG nicht um einen Schadensersatz, sondern Erfüllungsanspruch handele, wurde eingewandt, dass der EuGH in der Rechtssache *Henkel* gerade auch von Art. 5 Nr. 3 EuGVÜ Klagen erfasst sähe, deren Hauptziel in der Vermeidung eines Schadens bestünde.[1287] Vom Begriff der unerlaubten Handlung würden auch Klagen auf Schadenshaftung erfasst, selbst wenn ein konkreter Schadensnachweis nicht bestünde.[1288] Dafür spreche auch die Ausgestaltung des § 5j/c österr. KSchG, wonach bereits mit Empfang der Gewinnmitteilung selbst unabhängig vom möglichen Kaufvertragsschluss der Anspruch auf Gewinnauszahlung entstehe.[1289] Auch nach deutschem Recht hafte der Unternehmer bereits aufgrund der Zusendung der Gewinnbestätigung nach § 661a BGB, sodass ein isoliertes Gewinnversprechen Ansprüche begründe.[1290] Daher befürworteten unter anderem *Kerwer*[1291] übereinstimmend mit *Schneider*,[1292] *Leible*,[1293] *Staudinger*,[1294] *Sachse*[1295] und *Fetsch*,[1296] den deliktsrechtlichen Gerichtsstand. Diese Ansicht mindere auch nicht den zivilprozessualen Verbraucherschutz, denn Art. 13 Abs. 1 Nr. 3 EuGVÜ fordere stets entweder ein ausdrückliches Angebot oder Werbung im Wohnsitzstaat und wenn diese Voraussetzung bei einer Gewinnmitteilung erfüllt werde, liege regelmäßig auch

1284 BGH, 1.12.2005 – III ZR 191/03 = BGHZ 165, 172, 179 f., juris Rn. 27, sich berufend auf *Lorenz*, NJW 2000, 3305, 3308.

1285 Ebd.; *Häcker*, ZVglRWiss 103 (2004), 464, 488.

1286 *Häcker*, ZVglRWiss 103 (2004), 464, 488 f.

1287 EuGH, Urteil vom 1.10.2002 – C-167/00 (Henkel) = ECLI:EU:C:2002:555, Rn. 48; *Leible*, IPRax 2003, 28, 31.

1288 EuGH, Urteil vom 1.10.2002 – C-167/00 (Henkel) = ECLI:EU:C:2002:555, Rn. 48.

1289 *Fetsch*, RIW 2002, 936, 943.

1290 *Tamm/Gaedtke*, VuR 2006, 169, 172.

1291 *Kerwer*, Juristische Rundschau 2004, 26, 31.

1292 *Carsten Schneider*, BGH Report 2003, 250, 251.

1293 *Leible*, NJW 2003, 407, 408; *Leible*, IPRax 2003, 28, 30.

1294 *Staudinger*, JZ 2003, 852, 856 ff.

1295 *Sachse*, 2006, 169 f., 297.

1296 *Fetsch*, RIW 2002, 936, 942.

der Erfolgsort im Wohnsitzstaat des Verbrauchers und eine Heimatzuständigkeit könne bejaht werden.[1297]

(4) Zwischenergebnis

Alle Ansätze verfolgen ein unterschiedliches Schutzniveau bezüglich der Gewichtung zwischen den Interessen des Verbrauchers und dem Interesse an der Sanktionierung des Marktstörers. Aus dem EuGVÜ ergibt sich keine klare Abwägung des Schutzniveaus, wie isolierte Gewinnzusagen zu behandeln sind. Dahingehend ist die Ermittlung der Schutzrichtung von isolierten Gewinnzusagen nicht ohne Unklarheiten für den nationalen Richter feststellbar. Auffällig an der Argumentation des BGH ist, dass er eine Alternativität der Gerichtsstände für einen Acte Clair ausreichen ließ. Zweifel bestehen an der systematischen Kohärenz der hilfsweisen Bejahung des Deliktsgerichtsstands neben dem Vorliegen eines vertraglichen Gerichtsstands. Kritisiert werden kann, dass die Bejahung eines vertraglichen Gerichtsstandes den Deliktsgerichtsstand sperre.[1298] Aus der Systematik ergebe sich gerade, dass nur, wer bestreite, dass keine vertragliche Verbindung vorliege, sich überhaupt auf den Deliktsgerichtstand berufen dürfe.[1299] Durch das Aufzeigen beider möglicher Lösungswege nebeneinander würden die Anwendungsbereiche aufgeweicht und die harte Trennlinie zwischen dem Gerichtsstand am Erfüllungsort und dem Deliktsgerichtsstand verwischt.[1300] Auch der EuGH hatte sich zu dem Alternativverhältnis in der Rechtssache *Gabriel* dahingehend geäußert, dass sich der Begriff der unerlaubten Handlung „im Sinne von Art. 5 Nr. 3 EuGVÜ nach ständiger Rechtsprechung auf alle nicht an einen Vertrag i.S.d. Art. 5 Nr. 1 EuGVÜ anknüpfende Klagen bezieht, mit denen eine „Schadenshaftung des Beklagten geltend gemacht wird."[1301] Ferner hatte der EuGH entschieden, dass im europäischen Prozessrecht eine Klage nicht

1297 *Leible*, NJW 2003, 407, 407; *Rauscher/Schülke*, The European Legal Forum 2000/2001, 334, 338; *Mörsdorf-Schulte*, JZ 2005, 770, 778 f.; *Oberhammer*, ZZP 117 (2004), 92, 97.

1298 *Häcker*, ZVglRWiss 103 (2004), 464, 486 ff.; *Lorenz*, IPRax 2002, 192, 194; *Carsten Schneider*, BGH Report 2003, 250, 251; *Mörsdorf-Schulte*, JZ 2005, 770, 778 f.; *Oberhammer*, ZZP 117 (2004), 92, 97.

1299 Siehe *Häcker*, ZVglRWiss 103 (2004), 464, 487; ähnlich *Lorenz*, IPRax 2002, 192, 194.

1300 *Carsten Schneider*, BGH Report 2003, 250, 251.

1301 EuGH, Urteil vom 11.7.2002 – C-96/00 (Rudolf Gabriel) = ECLI:EU:C:2002:436, Rn. 33.

sowohl als vertraglich im Sinne des Art. 5 Nr. 1 EuGVÜ als auch deliktisch im Sinne des Art. 5 Nr. 3 EuGVÜ qualifiziert werden könne.[1302]

Durch die Nichtvorlage hat der BGH die Position des EuGH als Hüter der Einheitlichkeit des Unionsrechts gefährdet. Aufgrund der Nichtvorlage des BGH wurden auch die darauffolgenden Fälle von den vorlageberechtigten OLGen nicht vorgelegt und dadurch der Dialog mit dem EuGH wegen der vermeintlichen Klarstellung[1303] durch den BGH nicht fortgesetzt.[1304] Zudem bestätigte der BGH eine Entscheidung des OLG Stuttgart, das wenige Tage zuvor am 25.11.2002 (6 U 135/2002) in einem ähnlich gelagerten Fall zu isolierten Gewinnzusagen bereits bezüglich Art. 15 EuGVO a.F. zu entscheiden hatte. Das OLG bestätigte die vom LG Rottweil ausgeführten Überlegungen zur internationalen Zuständigkeit nach Art. 15 Abs. 1 lit. c EuGVO a.F. und bejahte wie der BGH hilfsweise den Gerichtsstand nach Art. 5 Nr. 3 EuGVO a.F.

Ferner lag dem EuGH zum Entscheidungszeitpunkt bereits die Vorlagefrage in der Rechtssache *Engler* zu isolierten Gewinnzusagen vor. Insofern könnte man dem BGH hier eine Verletzung seiner Loyalitätspflicht des Art. 10 EG im

---

1302 EuGH, Urteil vom 22.9.1988 – 189/87 (Kalfelis ./. Schröder u.a.) = ECLI:EU:C:1988:459, Rn. 18, 21.

1303 Nach *Pfeiffer*, LMK 2003, 79, 80 habe der BGH das Zuständigkeitsproblem bei Gewinnzusagen „nicht überraschend klargestellt." Nach *Piekenbrock/G. Schulze*, IPRax 2003, 328, 332 sei die vertragliche Qualifikation zwar dogmatisch richtig, es handele es sich aber um einen Grenzfall. Sie sahen in § 661 a BGB eine bereichsspezifische Modifikation der Vorschriften über Willensvorbehalte.

1304 *Mörsdorf-Schulte*, JZ 2005, 770, 771 mit Fn. 13, verweisend auf Art. 104 §1 VerfO-EuGH, Art. 20 EG-Satzung, Art. 23 Abs. 2 EG-Satzung/Nizza. Sie bezeichnete die Entscheidung des BGH als „Alleingang" und bedauerte, dass die Bunderegierung nicht Gebrauch von ihrem Recht auf Stellungnahme gemacht hat. Die Oberlandesgerichte seien dem BGH wie die „Lemminge ins Abseits gefolgt", bezugnehmend auf OLG Dresden, 19.12.2001 - 8 U 2256/01 = IPRax 2002, 421, 423. Schwächer die Kritik von *Carsten Schneider*, BGH Report 2003, 250, 251. Nach Schneider wäre der Senat gut beraten gewesen „dem EuGH vorzulegen, um eine einheitliche Rechtsprechung in den Mitgliedstaaten sicherzustellen." Er nahm ferner Bezug zu einem nahezu zeitgleich entschiedenen Urteil des OLG Stuttgart, 25.11.2002 - 6 U 135/2002 = ECLI:DE:OLGSTUT:2002:1125.6U135.2002.0A, welches bereits zur EuGVO ergangen war und die Bejahung des Verbrauchergerichtsstand bejaht hatte. Das OLG Stuttgart hatte dies jedoch nicht mit dem geänderten Art. 15 EuGVO begründet. Alternativ bejahte es den Deliktsgerichtsstand (Rn. 42 f.). Trotz unterschiedlicher oberlandesgerichtlicher Entscheidungen fand eine Vorlage auch hier nicht statt (Rn. 52).

Zusammenhang mit der Kommissionsentscheidung *Masterfood*[1305] unterstellen, wonach sich ein zwingendes Aussetzungserfordernis ergebe, da *ratione materiae* die vom BGH zu entscheidende Sache durch die Vorlagefrage in der Rechtssache *Engler* bereits dem EuGH vorgelegen hat.[1306] Nationale Gerichte müssen es vermeiden, Entscheidungen zu erlassen, zu denen noch eine Kommissionsentscheidung ergehen kann.[1307]

bb) Individualrechtsschutz und Einheitlichkeit des Unionsrechts

Bedenken dafür, dass eine Bedrohung der Position des EuGH als Hüter der elementaren Bürgerrechte, wie oben in Kapitel 4 A. II. 1. b) bb) erörtert, vorliegt, bestehen hier nicht.

cc) Ergebnis

Die Entscheidung des BGH entspricht nicht den Bewertungskriterien. Die Voraussetzungen des materiellen Acte Clair liegen nicht vor. Der BGH hätte hier dem EuGH vorlegen müssen.

Dies bestätigte auch die Folgerechtsprechung des EuGH in der Rechtssache *Engler* zu isolierten Gewinnzusagen. Dass sich die Fälle isolierter Gewinnzusagen grundlegend von jenen zu akzessorischen Gewinnzusagen unterscheiden, hat der EuGH in der Rechtssache *Engler* deutlich gemacht.[1308] Der EuGH verneinte den Verbrauchergerichtsstand mangels synallagmatischer Verpflichtung und bejahte stattdessen den allgemeinen, weit zu verstehenden Vertragsgerichtsstand. Auf den deliktischen Gerichtsstand ging er daraufhin nicht mehr ein (s. Kapitel 4 C. I.).

2. OLG Brandenburg, Urteil vom 23.09.2003 – 11 U 33/03

In der Entscheidung des OLG Brandenburg, Urteil vom 23.09.2003 – 11 U 33/03[1309] war die Beklagte eine geschlossene Versandhandelsgesellschaft niederländischen Rechts. Die Parteien stritten über den Auszahlungsanspruch aus

---

1305 EuGH, Urteil vom 14.12.2000 – C-344/98 (Masterfoods Ltd ./. HB Ice Cream Ltd. "Mars") = ECLI:EU:C:2000:689, Rn. 51 f., 54.

1306 So *Piekenbrock/G. Schulze*, IPRax 2003, 328, 330.

1307 EuGH, Urteil vom 14.12.2000 – C-344/98 (Masterfoods Ltd ./. HB Ice Cream Ltd. "Mars") = ECLI:EU:C:2000:689, Rn. 51 f., 54.

1308 EuGH, Urteil vom 20.1.2005 – C-27/02 (Petra Engler ./. Janus Versand GmbH) = ECLI:EU:C:2005:33, Rn. 25.

1309 OLG Brandenburg, 23.9.2003 – 11 U 33/03 = OLG-NL 2004, 199.

einer Gewinnmitteilung. Die Klägerin war persönlich mit dem Text: „Ich darf ganz herzlich gratulieren: 1. zu einer Auszahlung in Höhe von 65000,00 DM; 2. zum Grundigfernseher oder 1400,00 DM in Bar.", kontaktiert worden.[1310] Auch hier war ein „Test-Anforderungs-Schein" dem Schreiben beigefügt worden und eine Kanzlei namens *Dr. Ulrich M.* kündigte die Auszahlung von 65.000 DM ebenfalls an.[1311] Am selben Tag sandte die Klägerin den Auszahlungsbescheid an die Beklagte zurück und bestellte auf dem Testanforderungsschein einzelne, bezeichnete Waren.[1312] In der Folge machte die Klägerin ihren Gewinnanspruch vor dem LG Potsdam geltend und stützte sich dabei auf § 661a BGB.[1313] Laut der Klägerin könne sich die Beklagte nicht, wie bereits in der Entscheidung des OLG Dresden angeführt, darauf berufen, dass aus der geschwollenen Formulierung und erfundenen Titeln angeblich Beteiligter bei Gewinnzusagen der Eindruck, dass man gewonnen habe, in Frage gestellt werden könne.[1314] Auch könne sich ein Unternehmer nicht auf einen Vermerk in den unübersichtlichen und umfangreichen AGB berufen, der den tatsächlichen Gewinn ausschließe, wenn er dem Empfänger unzweideutig gratuliere und die Gewinnauszahlung „garantiere".[1315]

Die Beklagte rügte die internationale Zuständigkeit und begehrte hilfsweise Vorlage an den EuGH.[1316] Die Berufung blieb ohne Erfolg.

a) Lösung des Rechtsproblems

Das OLG Brandenburg stützte die internationale Zuständigkeit des LG Potsdams darauf, dass die in den Niederlanden ansässige Beklagte vor einem deutschen Gericht verklagt werden könne, da die internationale Zuständigkeit entweder über die Zuständigkeit für Verbrauchersachen (Art. 13, 14 EuGVÜ) oder der unerlaubten Handlung (Art. 5 Nr. 3 EuGVÜ) begründet sei.[1317] Ferner sei deutsches Recht anwendbar, die Frage der Anwendbarkeit deutschen Rechts stelle eine der Bestimmung der internationalen Zuständigkeit vergleichbare Problematik dar.[1318] Verstünde man § 661a BGB als vertragliche Norm, ergebe sich die

1310 OLG Brandenburg, 23.9.2003 – 11 U 33/03 = OLG-NL 2004, 199, juris Rn. 5 ff.
1311 Ebd., 199, juris Rn. 8.
1312 Ebd., 199, juris Rn. 9.
1313 Ebd., 199, juris Rn. 10.
1314 Ebd., 200, juris Rn. 40.
1315 Ebd.
1316 Ebd., 199, juris Rn. 15.
1317 Ebd., 199, juris Rn. 29 ff.
1318 Ebd., 199, juris Rn. 34, 37.

Anwendung deutschen Rechts nach Art. 29 EGBGB, wenn man § 661a BGB als gesonderte deliktsrechtliche Vorschrift, wie etwa eine gesetzliche Ausgestaltung der c.i.c., verstünde, nach Art. 40 EGBGB.[1319]

Die Zulassung der Revision war laut OLG Brandenburg nicht geboten.[1320]

b) Acte Clair

„Die entscheidungserheblichen Fragen sind weitgehend in der Entscheidung des EuGH vom 11.07.2002 (NJW 2002, 2697 ff) [*Gabriel*] geklärt. Hinsichtlich der verbleibenden Fragen ist eine Vorlage nicht erforderlich, da die richtige Anwendung des Gemeinschaftsrechts so offenkundig ist, dass für vernünftige Zweifel kein Raum bleibt (BGH NJW 2003, 426, 428).“[1321]

c) Bewertung

aa) Effet utile und Einheitlichkeit des Unionsrechts

Ein Acte Clair kann wie oben in Kapitel 4 A. II. 1. b) aa) dargestellt, nur angenommen werden, wenn die Position des EuGH, die Effektivität des Unionsrechts zu gewährleisten, nicht bedroht wird.

Bezüglich akzessorischer Gewinnzusagen hat der EuGH in der Rechtssache *Gabriel* entschieden, dass der Verbrauchervertragsgerichtsstand vorläge. Damit wurden Unklarheiten ausgeräumt. Bei verkaufsakzessorischen Gewinnzusagen wird die Abrufung des Gewinns von einer getätigten Warenbestellung abhängig gemacht und daher konnte der Verbrauchergerichtsstand bejaht werden.[1322] Begründet wurde dies damit, dass ein Vertragsschluss im Sinne des Art. 13 EuGVÜ vorlag und dadurch der Anspruch auf Gewinnauskehr nach § 661a BGB bzw. §5 j/c österr. KSchG in das Rechtsverhältnis einbezogen wurde, was den Anspruch dadurch insgesamt vertraglich qualifiziert habe.[1323] Als Ausgangspunkt diente der tatsächliche Vertragsschluss über die Warenbestellung. Hier rechtfertigte das Resultat der engen Verknüpfung zwischen der Gewinnzusage und dem intendierten Rechtsgeschäft für den Verbraucher eine einheitliche Inlandszuständigkeit.[1324]

1319 OLG Brandenburg, 23.9.2003 – 11 U 33/03 = OLG- NL 2004, 199, juris Rn. 37.

1320 Ebd., 200, juris Rn. 43 f.

1321 Ebd., 199, juris Rn. 33.

1322 Dies bestätigte der EuGH in der Rechtssache EuGH, Urteil vom 11.7.2002 – C-96/00 (Rudolf Gabriel) = ECLI:EU:C:2002:436, Rn. 46 ff.

1323 *Oberhammer*, ZZP 117 (2004), 92, 96.

1324 So die Erklärung von *Kühl*, 2007, 123.

Die Einheitlichkeit des Unionsrechts könnte aber dadurch gefährdet worden sein, dass das OLG die Zuständigkeit der deutschen Gerichte alternativ nach Art. 5 Nr. 3 EuGVÜ annahm. Bezüglich des Offenlassens des Gerichtsstands folgte das OLG der BGH Entscheidung vom 28.11.2002.[1325] In der Konstellation akzessorischer Gewinnzusagen kam es anders als bei isolierten Gewinnzusagen jedoch nicht zu der Gefahr einer Gerichtsstandhäufung, da sowohl der Erfüllungsort, der Tatort sowie der Verbraucherwohnsitz am selben Ort lagen.[1326] Dennoch ist auch hier die Schutzrichtung eine andere je nachdem, welcher Gerichtsstand angenommen wird. Da bezüglich akzessorischer Gewinnzusagen die Schutzrichtung ohne Unklarheiten mithilfe der EuGH-Rechtsache *Gabriel* feststellbar war, handelte es sich bei der alternativen Bejahung des Gerichtsstands nach Art. 5 Nr. 3 EuGVÜ um einen Subsumtionsfehler bei der Anwendung des Unionsrechts. Dieser Fehler hat jedoch keinen Einfluss auf den materiellen Acte Clair.

bb) Individualrechtsschutz und Einheitlichkeit des Unionsrechts

Wie oben in Kapitel 4 A. II. 1. b) bb) erörtert, liegt eine Bedrohung der Position des EuGH als Hüter der elementaren Bürgerrechte nur dann vor, wenn spezifische Grundrechtsfragen relevant sind. Dies ist hier jedoch nicht der Fall.

cc) Ergebnis

Das OLG Brandenburg folgte der EuGH-Rechtssache *Gabriel*. Dass das OLG alternativ den Gerichtsstand nach Art. 13 Nr. 3 EuGVÜ sowie nach Art. 5 Nr. 3 EuGVÜ bejaht hat, ist als Subsumtionsfehler bei der Anwendung des Unionsrechts einzuschätzen und wirkt sich nicht auf das Vorliegen des materiellen Acte Clair aus. Die Voraussetzungen des materiellen Acte Clair wurden erfüllt.

1325 Siehe auch den Versuch, das Ergebnis konform mit der Entscheidung des BGH, 28.11.2002 – III ZR 102/02 = BGHZ 153, 82 abzustimmen bei OLG Dresden, 10.2.2003 – 8 U 1974/02 = NJOZ 2003, 1051, 1052, juris Rn. 7. Aufgegeben hat der BGH-Senat die Praxis, auch den deliktischen Gerichtsstand alternativ zu bejahen, erst im Urteil BGH, 1.12.2005 – III ZR 191/03 = BGHZ 165, 172, 175 ff., juris Rn. 16 ff.

1326 Vgl. bspw. *Sachse*, 2006, 168. So auch die Begründung des EuGH in der Rechtssache *Gabriel* EuGH, Urteil vom 11.7.2002 – C-96/00 (Rudolf Gabriel) = ECLI:EU:C:2002:436, Rn. 57 ff.

3. *Leitentscheidung OLG Rostock, Urteil vom 14.10.2005 – 8 U 84/04*

In dem Urteil des OLG Rostock vom 14.10.2005[1327] war die Beklagte in Italien ansässig und hatte der Klägerin ein Gewinner-Protokoll zugesandt, in dem diese als Gewinnerin eines Betrags in Höhe von 25.000 Euro aufgeführt war.[1328] Beigelegt war eine Erklärung, die das Geburtsdatum der Klägerin enthielt und welche laut den Gewinnanforderungen von der Klägerin unterzeichnet werden sollte.[1329] Die Erklärung schloss mit den Worten: „Durch meine Unterschrift erteile ich mein Einverständnis mit den Vergabebedingungen."[1330] Die Bedingungen waren in kleiner Schrift und an unauffälliger Stelle auf einem mit mehreren Warenangeboten versehenen Bestellschein abgedruckt worden.[1331] Darin war aufgeführt, dass die Gewinnsumme unter allen Einsendern der unterschriebenen und gültigen „eidesstattlichen Versicherungen" aufgeteilt werde und Beträge unter 1,50 € nicht ausgezahlt würden ein adressierter Rückumschlag lag ebenfalls bei.[1332] Die Klägerin klagte vor dem LG Stralsund auf Zahlung des Gewinnbetrags. Das OLG Rostock gab der Klage bis auf die Zinsen für einen Tag statt.

a) Lösung des Rechtsproblems

Die internationale Zuständigkeit der deutschen Gerichte ergebe sich nicht nach dem EuGVÜ, sondern nach der EuGVO a.F., da die Klageschrift nach Inkrafttreten der EuGVO a.F. zugestellt worden sei, Art. 66 Abs. 1 EuGVO a.F. Dies sei insofern entscheidend, da „Art. 15 Abs. 1 lit. c) EuGVVO sich von Art. 13 Nr. 3 EuGVÜ gerade dadurch unterscheidet, dass eine synallagmatische Verknüpfung von Leistungspflichten nicht mehr vorausgesetzt wird. Denn anders als nach Art. 13 Nr. 3 EuGVÜ kommt es gem. Art. 15 Abs. 1 lit c) EuGVVO nicht mehr auf die Erbringung einer Dienstleistung oder die Lieferung beweglicher Sachen, sondern nur noch auf das Vorliegen eines Vertrages an. Diese Voraussetzung ist hier erfüllt."[1333]

Die Zuständigkeit der deutschen Gerichte ergebe sich zudem nach Art. 5 Nr. 5 EuGVO a.F.[1334] Die Bestimmung des Begriffes der Zweigniederlassung sei

---

1327 OLG Rostock, 14.10.2005 – 8 U 84/04 = NJW-RR 2006, 209.
1328 OLG Rostock, 14.10.2005 – 8 U 84/04 = NJW-RR 2006, 209, juris Rn. 1.
1329 Ebd.
1330 Ebd.
1331 Ebd.
1332 Ebd.
1333 Ebd., 209, juris Rn. 15.
1334 Ebd., 209, juris Rn. 16.

vertragsautonom auszulegen, wobei auf die Rechtsprechung des EuGH in der Rechtssache *SAR Schotte* zurückgegriffen werden könne.[1335] Danach sei unter der Zweigniederlassung ein Mittelpunkt geschäftlicher Tätigkeit gemeint, „der auf Dauer als Außenstelle eines Stammhauses hervortritt, eine Geschäftsführung hat und sachlich so ausgestattet ist, dass er in der Weise Geschäfte mit Dritten betreiben kann, dass diese, obgleich sie wissen, dass möglicherweise ein Rechtsverhältnis mit dem im Ausland ansässigen Stammhaus begründet wird, sich nicht unmittelbar an dieses zu wenden brauchen, sondern Geschäfte an dem Mittelpunkt geschäftlicher Tätigkeit abschließen können, der dessen Außenstelle ist."[1336] Da die Beklagte unter einer deutschen Postanschrift in Erscheinung getreten war, habe sie, selbst wenn sie keine Niederlassung an diesem Ort unterhalten haben sollte, zurechenbar durch die Verwendung des Rückumschlages einen Rechtsschein diesbezüglich hervorgerufen (vgl. dazu EuGH, Urteil vom 09.12.1987, S. 625 Rz. 15).[1337] Daher bedürfe es auch keiner Entscheidung darüber, warum eine Zustellung der Klage nicht möglich war. Da der EuGH die insoweit maßgeblichen Fragen bereits entschieden habe, bedürfe es auch hierzu nicht der Vorlage einer Auslegungsfrage an den EuGH.[1338] Ergänzend dazu führte der Senat aus, dass sich selbst bei Ablehnung der internationalen Zuständigkeit der deutschen Gerichte nach Art. 15 Abs. 1 lit. c EuGVO a.F. bzw. Art. 5 Nr. 5 EuGVO a.F., eine solche letztlich aus der subsidiären Vorschrift des Art. 24 EuGVO a.F. ergäbe.[1339] Die Vorschrift setze lediglich voraus, dass sich die Beklagte auf das Verfahren eingelassen habe, ohne die internationale Zuständigkeit zu rügen, und dass kein Fall der ausschließlichen Zuständigkeit, Art. 22 EuGVO a.F. vorliege.[1340] Diese Voraussetzungen lägen hier vor, denn die Beklagte habe die Rüge der internationalen Unzuständigkeit erstinstanzlich nicht erhoben und dadurch sei sie zweitinstanzlich erst recht ausgeschlossen.[1341] Die aufgeworfenen europarechtlichen Fragen rechtfertigten keine Revisionszulassung, da der Senat erforderlichenfalls selbst den EuGH nach Art. 234 EGV

1335 OLG Rostock, 14.10.2005 - 8 U 84/04 = NJW- RR 2006, 209, juris Rn. 16.

1336 Ebd., bezugnehmend auf EuGH, Urteil vom 9.12.1987 - 218/86 (SAR Schotte GmbH ./. Parfums Rothschild SARL) = ECLI:EU:C:1987:536, Rn. 10.

1337 OLG Rostock, 14.10.2005 - 8 U 84/04 = NJW-RR 2006, 209, 210, juris Rn. 17.

1338 Ebd.

1339 Ebd., 210, juris Rn. 18.

1340 Ebd.

1341 Ebd.

um Vorabentscheidung hätte ersuchen können, ferner seien die Auslegungsfragen zu § 661a BGB höchstrichterlich geklärt.[1342]

b) Acte Clair

„Der Senat kann dies feststellen, ohne die Auslegungsfrage dem [EuGH] vorzulegen. Denn der Senat weicht insoweit nicht von einer Entscheidung des [EuGH] ab, sondern befindet sich in Übereinstimmung mit der vom [EuGH] in seinem Urteil vom 20.01.2005 (NJW 2005, S. 811 ff.) vorgenommenen Auslegung, in welchem der [EuGH] ebenfalls zu dem Ergebnis gekommen ist, dass es sich in einem derartigen Fall um einen Anspruch aus Vertrag (i. S. v. Art. 5 Nr. 1 EuGVÜ) handele. Soweit der [EuGH] diese Frage bezogen auf die EuGVVO noch nicht entschieden hat, kann eine Vorlage gleichwohl unterbleiben. Denn zum einen ist die richtige Anwendung des Gemeinschaftsrechts so offenkundig, dass für vernünftige Zweifel kein Raum bleibt (vgl. zur Entbehrlichkeit der Vorlage in einem solchen Fall im Grundsatz zutreffend BGH, Urteil vom 28.11.2002, NJW 2003, 426, 428 m.w.N.). Zum anderen kann die Vorlage auch deshalb unterbleiben, weil die internationale Zuständigkeit der deutschen Gerichte aus weiteren Vorschriften der EuGVVO abzuleiten ist."[1343]

c) Bewertung

aa) Effet utile und Einheitlichkeit des Unionsrechts

Ein Acte Clair kann wie oben in Kapitel 4 A. II. 1. b) aa) definiert, nur angenommen werden, wenn die Position des EuGH, die Effektivität des Unionsrechts zu gewährleisten, nicht bedroht wird.

Im Gegensatz zu den zuvor untersuchten Entscheidungen war hier die Behandlung einer isolierten Gewinnzusage unter Geltung der EuGVO a.F. entscheidend. Im Unterschied zu den zuvor ergangenen Urteilen, die den Acte Clair bejahten, lag zum Zeitpunkt der Entscheidung des OLG Rostocks bereits das Urteil des EuGH in der Rechtssache *Engler* vor, welches die Vorlagefragen des OLG Innsbruck vom 14.01.2002 beantwortet hatte.[1344] Dieses hatte ebenfalls eine isolierte Gewinnzusage zum Gegenstand, jedoch unter der Geltung des EuGVÜ.[1345] Der EuGH verneinte den Verbrauchergerichtsstand der

---

1342 OLG Rostock, 14.10.2005 – 8 U 84/04 = NJW- RR 2006, 209, 210, juris Rn. 21.

1343 Ebd., 209, juris Rn. 15.

1344 EuGH, Urteil vom 20.1.2005 – C-27/02 (Petra Engler ./. Janus Versand GmbH) = ECLI:EU:C:2005:33.

1345 Ebd., Rn. 16-18.

Art. 13 ff. EuGVÜ und legte stattdessen den Vertragsgerichtsstand nach Art. 5 Nr. 1 EuGVÜ nicht eng aus. Aufgrund des in Erwägungsgrund (19) EuGVO a.F. verankerten Prinzips der Auslegungskontinuität, gelte auch für die EuGVO a.F., dass „euroautonom" ausgelegt werden müsse, was bedeute, die Auslegung in erster Linie an der Systematik und Zielsetzung des Übereinkommens auszurichten.[1346] Die EuGVO a.F. unterscheidet sich nur in wenigen Punkten vom Vollstreckungsübereinkommen. Der Verbrauchergerichtsstand aber erfuhr mit Inkrafttreten der EuGVO a.F. am 01.03.2002 eine Erweiterung.[1347] Erwägungsgrund (13) EuGVO a.F. widmet sich den Verbrauchern, welche durch Zuständigkeitsvorschriften geschützt werden sollen, die für sie günstiger sind als die allgemeinen Regelungen. Zum einen wurde das Erfordernis der „Klagen aus einem Vertrag" im EuGVÜ in der EuGVO a.F. ersetzt durch: „bilden ein Vertrag oder Ansprüche aus einem Vertrag [...] den Gegenstand des Verfahrens". Ferner wurde die von Art. 13 Abs. 1 Nr. 3 EuGVÜ vorgenommene Beschränkung auf die genannten Vertragstypen aufgehoben. Das Erfordernis des Art. 13 Abs. 1 Nr. 3 lit. a EuGVÜ, wonach dem Vertragsschluss ein ausdrückliches Angebot oder eine Werbung vorausgegangen sein muss, wurde in Art. 15 Abs. 1 lit. c EuGVO a.F. auf alle Fälle ausgedehnt, bei denen der Vertragspartner seine berufliche oder gewerbliche Tätigkeit in dem Mitgliedstaat ausübt, wo der Verbraucher seinen Wohnsitz hat oder seine Tätigkeit auf irgendeinem Wege auf diesen Mitgliedstaat ausrichtet und der Vertrag in diesen Bereich fällt. Auch die Begrenzung des Art. 13 Nr. 3 EuGVÜ auf Verträge mit dem Gegenstand der Erbringung von Dienstleitungen oder der Lieferung beweglicher Gegenstände wurde in Art. 15 Abs. 1 lit. c EuGVO a.F. aufgehoben, um durch die neuen Kommunikationsmittel und elektronischen Erwerbsformen den Verbraucher besser zu schützen.[1348]

1346 So die ständige Rechtsprechung des EuGH, siehe nur EuGH, Urteil vom 22.9.1988 – 189/87 (Kalfelis ./. Schröder u.a.) = ECLI:EU:C:1988:459, siehe ferner *Kropholler/von Hein*, Europäisches Zivilprozessrecht, [9]2011, Art. 5 EuGVO, Rn. 72.

1347 *Kohler*, in: FS Geimer, 2002, 461, 478; *Tamm/Gaedtke*, VuR 2006, 169, 175; *Blobel*, VuR 2005, 164, 168; begrüßend auch *Lorenz*, IPRax 2002, 192, 194. In der Entscheidung EuGH, Urteil vom 14.5.2009 – C-180/06 (Ilsinger ./. Dreschers) = ECLI:EU:C:2009:303, Rn. 51, legte der EuGH später fest, dass Art. 15 Abs. 1 lit. c EuGVO a.F. als Auffangnorm für eine Vielzahl von Vertragstypen diene und gerade nicht mehr auf Fallgestaltungen begrenzt sei, in denen Parteien synallagmatische Pflichten vereinbart haben.

1348 Begründung des Art. 15 EuGVO, Vorschlag für eine Verordnung (EG) des Rates über die gerichtliche Zuständigkeit und die Anerkennung und Vollstreckung von Entscheidungen in Zivil- und Handelssachen KOM/99/0348 endg. - CNS 99/0154,

Teilweise wurde aufgrund dieser Änderungen vertreten, dass *ratione materiae* „fortan auch isolierte Gewinnzusagen vom Verbrauchergerichtsstand erfasst" würden.[1349]

Andere vertraten, dass auch der neue Art. 15 Abs. 1 lit. c EuGVO wie auch Art. 13 Abs. 1 Nr. 1-3 EuGVÜ als prägende Voraussetzung die Entgeltlichkeit des Vertrags erfordere, was bei isolierten Gewinnzusagen nicht der Fall sei.[1350]

Auch unter Geltung der EuGVO a.F. kommt der allgemeine Vertragsgerichtsstand für isolierte Gewinnzusagen in Betracht.[1351] Eine große Neuerung brachte die Definition des Erfüllungsortes in Art. 5 Nr. 1 lit. b EuGVO a.F. Alle Ansprüche aus Kauf- und Dienstleistungsverträgen bezüglich beispielsweise Zahlungspflichten, Unterlassungspflichten, Leistungspflichten und Nebenpflichten sollten unter Geltung der EuGVO a.F. an einem Gerichtstand geltend gemacht werden. Dadurch wurde die sogenannte *Tessili*-Formel modifiziert, da nunmehr unabhängig vom Leistungsort der Pflichtverletzung auf den Erfüllungsort der Hauptleitung abgestellt wurde.[1352]

Daneben kommt grundsätzlich auch eine Klagemöglichkeit des Verbrauchers am Ort der Zweigniederlassung in Betracht, welcher dem Kläger einen Gerichtsstand an dem Ort ermöglicht, an welchem der Klagegegner tätig geworden ist. Eingeführt wurde dieser Gerichtstand, weil es unbillig erschien, den Kläger beim Tätigwerden des Unternehmers von seiner Zweigniederlassung aus, auf den allgemeinen Gerichtsstand des Art. 2 EuGVÜ zu verweisen, der gegebenenfalls fernliege.[1353] Der Begriff der Zweigniederlassung wird dabei autonom ausgelegt und richtet sich nach der EuGH-Rechtssache *SAR Schotte*.[1354] Anders als in

---

ABl. C 376 E vom 28.12.1999, S. 1, 11. Siehe nachfolgend insbesondere EuGH, Urteil vom 14.5.2009 – C-180/06 (Ilsinger ./. Dreschers) = ECLI:EU:C:2009:303, Rn. 49 ff.; *Kropholler/von Hein*, Europäisches Zivilprozessrecht, ^{9}2011, Art. 15 EuGVO, Rn. 20.

1349 *Blobel*, VuR 2005, 164, 168. Bestätigt hat diese Ansicht nahezu zeitgleich mit dem Urteil des BGH vom 28.11.2002 das OLG Stuttgart, 25.11.2002 – 6 U 135/2002 = ECLI:DE:OLGSTUT:2002:1125.6U135.2002.0A, juris Rn. 41, ebenfalls zu isolierten Gewinnzusagen unter Geltung der EuGVO.

1350 *Piekenbrock/G. Schulze*, IPRax 2003, 328, 330, sich berufend auf *Schlosser*, EU-Zivilprozessrecht, ^{2}2003, Art. 15 EuGVÜ Rn. 8a.

1351 OLG Braunschweig, 4.7.2005 – 7 U 105/04 = NJW 2005, 161.

1352 *Kohler*, in: FS Geimer, 2002, 461, 477; *Kühl*, 2007, 124; *Kropholler/von Hein*, Europäisches Zivilprozessrecht, ^{9}2011, Art. 5 EuGVO, Rn. 4.

1353 *Kropholler/von Hein*, Europäisches Zivilprozessrecht, ^{9}2011, Art. 5 EuGVO, Rn. 99.

1354 EuGH, Urteil vom 22.11.1978 – 33/78 (Somafer SA ./. Saar-Ferngas AG) = ECLI:EU:C:1978:205, Rn. 12.

dem vom OLG Rostock zu entscheidenden Fall haben jedoch die versendenden Unternehmen regelmäßig keine Zweigniederlassung im Wohnsitzstaat des Empfängers der Gewinnzusage.[1355]

Insofern bestehen auch unter Geltung der EuGVO a.F. viele verschiedene Gerichtsstandsmöglichkeiten. Das OLG Rostock hat entgegen der Rechtssache *Engler* nicht den allgemeinen Vertragsgerichtsstand angenommen, sondern unter Bezugnahme auf die Neufassung des Art. 15 Abs. 1 lit. c EuGVO a.F., den Verbrauchergerichtsstand bejaht. Unklarheit besteht jedoch darüber, wie weit die Erweiterungen des Verbrauchergerichtsstands im Gegensatz zu Art. 13 EuGVÜ reichen. Zwar weist der Wortlaut des Art. 15 Abs. 1 lit. c EuGVO a.F. einige Änderungen auf, darüber, wie sich diese auswirken und isolierte Gewinnzusagen zu behandeln sind, insbesondere wie weit die Erweiterungen des Verbrauchergerichtsstands zu verstehen sind, bestehen jedoch Unklarheiten. Gerade in Anbetracht der EuGH-Rechtsprechung zum EuGVÜ, wo der EuGH in der Rechtssache *Gabriel* den Verbrauchergerichtsstand nur wegen der Akzessorietät zu einem weiteren Geschäft bejaht hatte und in der Rechtssache *Engler* bei einer isolierten Gewinnzusage verneint hatte, bestehen aufgrund der nicht eindeutigen Schutzrichtung des Art. 15 Abs. 1 lit. c EuGVO a.F. Zweifel. Dies wird auch dadurch deutlich, dass das OLG Rostock, wie bereits der BGH in seinem Urteil vom 28.11.2002 ergänzend noch den Gerichtsstand des Art. 5 Nr. 5 EuGVO a.F. bejahte sowie subsidiär den Gerichtsstand nach Art. 24 EuGVO a.F. Das Kriterium der Effektivität und der Einheitlichkeit des Unionsrechts wurde nicht erfüllt.

bb) Individualrechtsschutz und Einheitlichkeit des Unionsrechts

Eine Bedrohung der Position des EuGH als Hüter der elementaren Bürgerrechte liegt nach dem oben in Kapitel 4 A. II. 1. b) bb) angesprochenen Bewertungskriterium nicht vor.

cc) Ergebnis

Auch das OLG Rostock erfüllte in dieser Leitentscheidung nicht die Bewertungskriterien. Die Voraussetzungen eines materiellen Acte Clair lagen nicht vor.

1355 So lag jedoch der zu entscheidende Fall des OLG Rostock, 14.10.2005 – 8 U 84/04 = NJW-RR 2006, 209, juris Rn. 17, wo in der Gewinnzusage eine deutsche Rückanschrift angegeben worden war, was einen – für Art. 5 Nr. 5 EuGVÜ – ausreichenden Rechtsschein des Bestehens einer Zweigniederlassung hervorgerufen habe.

Etwas anderes ergibt sich auch nicht aus der Folgerechtsprechung. In der Rechtssache *Kapferer*,[1356] die ebenfalls eine isolierte Gewinnzusage von der *Schlank und Schick GmbH* zum Gegenstand hatte, war bereits die EuGVO a.F. in Kraft. Der EuGH hatte sich zunächst bezüglich der Vorlagefrage des LG Innsbruck betreffend den Verbrauchergerichtsstand nicht geäußert.[1357] Zum Zeitpunkt des Klageeingangs am 3.6.2004 war das Urteil in der Rechtssache *Engler* noch nicht gesprochen. Hieraus lässt sich schließen, dass der EuGH sich zu diesem Zeitpunkt nur zum EuGVÜ äußern wollte. Darin könnte man erkennen, dass der EuGH die juristischen Grundregeln befolgend, methodologisch sauber arbeitete, um nicht die juristische Sensibilität der Mitgliedstaaten zu verletzen, auf deren freiwillige Kooperation er angewiesen ist.[1358] Keinesfalls zu unterschätzen ist die Abhängigkeit des EuGH von dem Funktionieren des Vorlageverfahrens; daher ist er angewiesen auf die „Vor- und Misslieben“ seiner mitgliedstaatlichen Dialogpartner.[1359]

Erst die Vorlagefrage des OLG Wien und die daraufhin ergangene Rechtsprechung des EuGH in der Rechtssache *Ilsinger* brachte Klarheit in die Gewinnzusagenproblematik.

Im Urteil *Ilsinger* klagte eine Verbraucherin gegen *Martin Drescher*, den Insolvenzverwalter der *Schlank und Schick GmbH*. Es wurde zunächst festgestellt, dass Art. 15 Abs. 1 Nr. 1 lit. c EuGVO a.F. denselben Platz einnehme und dieselbe Funktion des Schutzes der schwächeren Partei habe wie Art. 13 Abs. 1 Nr. 3 EuGVÜ.[1360] Allerdings sei der Wortlaut beider Vorschriften nicht „in jeder Hinsicht“ identisch.[1361] Die EuGVO a.F. erfasse alle Verträge, die ein Verbraucher mit einem Gewerbetreibenden abschließe und im Übrigen würden die speziellen Anwendungsvoraussetzungen in allgemeinerer Form ausgeführt, um auch die Entwicklungen im elektronischen Geschäftsverkehr vom Schutz zu umfassen. Es ergäbe sich in der Folge daraus, dass anders noch als Art. 13 EuGVÜ, welcher auf

1356 EuGH, Urteil vom 16.3.2006 – C-234/04 (Rosmarie Kapferer ./. Schlank & Schick GmbH) = ECLI:EU:C:2006:178.

1357 Der GA Tizzano hatte sich gegen den Verbrauchergerichtsstand und für den Vertragsgerichtsstand ausgesprochen, Tizzano, Antonio, 10.11.2005 – Schlussanträge im Verfahren C-234/04 (Rosmarie Kapferer ./. Schlank & Schick GmbH) = ECLI:EU:C:2005:674, Rn. 72.

1358 Vgl. *Haltern*, ³2017, EuR Band II, Rn. 702.

1359 Ebd., Rn. 1410.

1360 EuGH, Urteil vom 14.5.2009 – C-180/06 (Ilsinger ./. Dreschers) = ECLI:EU:C:2009:303, Rn. 41.

1361 Ebd., Rn. 48.

Fälle begrenzt war, in denen synallagmatische Pflichten vereinbart wurden, solche nach der EuGVO a.F. nicht mehr erforderlich seien.[1362] Allerdings setze dem Wortlaut nach auch Art. 15 Abs. 1 EuGVO a.F. voraus, dass ein „Vertrag" mit einer Person „geschlossen" wurde bzw. bei einem „Vertrag" der „Vertragspartner" eine Person sei, die eine berufliche oder gewerbliche Tätigkeit ausübt.[1363] Dieses Erfordernis werde auch durch den Titel des 4. Abschnitts der Verordnung in französischer Sprache deutlich: Compétence en matière de contrats conclus par les consommateurs (Zuständigkeit bei von Verbrauchern geschlossenen Verträgen).[1364] Hinsichtlich der Voraussetzungen des Abschlusses eines Vertrages sei eine im Wesentlichen gleiche Formulierung wie in Art. 13 EuGVÜ gewählt worden.[1365] Insofern sei der Verbrauchergerichtsstand nur anzunehmen, wenn eine Vertragspartei ein verbindliches Angebot mache, das so präzise und klar hinsichtlich seines Gegenstandes sei, dass eine Vertragsbeziehung entstehen könne.[1366] Dies bedeute, dass die Versandhandelsgesellschaft klar ihren Willen zum Ausdruck gebracht haben müsse, sich im Fall einer Annahme der anderen Partei bedingungslos bereit zu erklären, den fraglichen Preis zu bezahlen.[1367] Sofern dies nicht der Fall sei, unterliege die Klage nur Art. 15 Abs. 1 EuGVO a.F., sofern der Verbraucher tatsächlich eine Bestellung getätigt habe.[1368]

Im *Ilsinger*-Urteil des EuGH vom 14.05.2009 wurde zunächst nochmals klargestellt, dass in der Rechtssache *Gabriel* die Gewinnzusage untrennbar mit einer Warenbestellung und folglich dem Abschluss eines entgeltlichen Vertrages verbunden war, sodass die Klage bei dem Gericht erhoben werden müsse, welches für den von dem Verbraucher geschlossenen Vertrag zuständig sei, um mögliche Häufungen der Gerichtsstände zu vermeiden (Verbrauchergerichtsstand).[1369] In Abkehr zur Rechtssache *Engler*, bei der der EuGH gerade wegen der fehlenden Nähe zu einem geschlossenen Vertrag den Verbrauchergerichtsstand abgelehnt hatte und stattdessen den Vertragsgerichtsstand bejahte, wählte der EuGH in seiner ersten Entscheidung zu isolierten Gewinnzusagen unter Geltung der EuGVO a.F. wiederum einen Verbrauchergerichtsstand. Art. 13 Abs. 1

1362 EuGH, Urteil vom 14.5.2009 – C-180/06 (Ilsinger ./. Dreschers) = ECLI:EU:C:2009:303, Rn. 51.
1363 Ebd., Rn. 53.
1364 Ebd.
1365 Ebd.
1366 Ebd., Rn. 55.
1367 Ebd.
1368 Ebd., Rn. 60.
1369 Ebd., Rn. 44.

Nr. 3 EuGVÜ habe noch eine Warenbestellung gefordert und aus der Systematik des EuGVÜ hätte sich ergeben, den Verbrauchergerichtsstand als besondere Zuständigkeitsvorschrift, eng auszulegen. Das der Vorschrift zugrunde liegende Ziel, dem Verbraucher als schwächerer Partei einen angemessenen Schutz zu gewährleisten, hätte daher kein anderes Ergebnis erlaubt.[1370] Art. 15 Abs. 1 lit. c EuGVO a.F. hingegen sei als Auffangnorm für eine Vielzahl von Vertragstypen zu verstehen und gerade nicht mehr auf Fallgestaltungen begrenzt, in denen Parteien synallagmatische Pflichten vereinbart haben.[1371]

Unklar erscheint zunächst, dass der EuGH meinte, er folge hier seiner Rechtsprechung in Sachen *Gabriel* und *Engler*. Angesichts der unterschiedlichen Formulierungen im EuGVÜ und in der EuGVO a.F. lassen sich Gründe für die unterschiedlichen Entscheidungen finden. Charakteristisch für die Entscheidungen des EuGH ist zudem, dass einmal gefällte Urteile häufig beharrlich aufrechterhalten werden.[1372]

Dass in Sachen Gewinnzusagen in Deutschland eine Fragmentierung der Rechtsprechung erfolgte, zeigt auch die Entscheidung des OLG Braunschweig.[1373] Wenige Monate vor dem Urteil des OLG Rostock befasste sich dieses bereits mit einem ähnlichen Fall unter Anwendung der EuGVO a.F. und hielt

---

1370 EuGH, Urteil vom 14.5.2009 – C-180/06 (Ilsinger ./. Dreschers) = ECLI:EU:C:2009:303, Rn. 47.

1371 Ebd., Rn. 51.

1372 Vgl. nur die EuGH-Rechtsprechung zum Erfüllungsort entgegen der Appelle in den Schlussanträgen Colomer, Dámaso Ruiz-Jarabo, 16.3.1999 – Schlussanträge im Verfahren C-440/97 (GIE Groupe Concorde ./. Kapitän des Schiffes "Suhadiwarno Panjan") = ECLI:EU:C:1999:146, Rn. 44 ff. zu EuGH, Urteil vom 28.9.1999 – C-440/97 (GIE Groupe Concorde ./. Kapitän des Schiffes "Suhadiwarno Panjan") = ECLI:EU:C:1999:456 sowie die Beibehaltung der Tessili und De Bloos-Rechtsprechung in EuGH, Urteil vom 5.10.1999 – C-420/97 (Leathertex Divisione Sintetici SpA ./. Bodetex BVBA) = ECLI:EU:C:1999:483, wo vehement an der traditionellen Rechtsprechung festgehalten wurde. Dies obwohl GA Léger, Philippe, 16.3.1999 – Schlussanträge im Verfahren C-420/97 (Leathertex Divisione Sintetici SpA ./. Bodetex BVBA) = ECLI:EU:C:1999:145, Rn. 20 an die Rechtssicherheit und Wirksamkeit des Rechtsschutzes appellierte, vgl. *Kropholler/von Hein*, Europäisches Zivilprozessrecht, ^{9}2011, Art. 5 EuGVO, Rn. 25. Wichtige Ausnahme zu dieser Rechtsprechung bildet EuGH, Urteil vom 24.11.1993 – C-267/91 und C-268/91 (Keck und Mithouard) = ECLI:EU:C:1993:905 in Abkehr zur Entscheidung des EuGH, Urteil vom 11.7.1974 – 8/74 (Dassonville) = ECLI:EU:C:1974:82.

1373 OLG Braunschweig, 4.7.2005 – 7 U 105/04 = NJW 2005, 161.

den Vertragsgerichtsstand nach Art. 5 Nr. 1 lit. a EuGVO a.F. für maßgebend, was das OLG Braunschweig wie auch das OLG Rostock als im Einklang mit der EuGH-Rechtssache *Engler* begründeten. Das OLG Braunschweig wendete sich daher ab von der Entscheidung des BGH, Urteil vom 28.11.2002 sowie seiner vorherigen Senatsentscheidung[1374] und ließ die Revision mit der Begründung zu, dass „die Änderung der Rechtslage infolge des Urteils des EuGH vom 20.1.2005 [*Engler*] [die Revision] angezeigt erscheinen" lasse.[1375] Der Erfüllungsort lag in diesem Fall in Österreich. Nach Art. 28 EGBGB a.F. sei österreichisches Recht anwendbar gewesen, da das Schuldverhältnis nach Art. 28 Abs. 2 EGBGB a.F. die engste Verbindung mit dem Sitz der Hauptverwaltung in Österreich aufweise. Für den Anspruch auf Gewinnauskehr ergaben sich daher wegen § 5 j österr. KSchG keine tief greifenden Konsequenzen. Das OLG Rostock war auf diese Entscheidung nicht eingegangen.

III. Fazit

Auffällig ist zunächst, dass in allen Urteilen die Frage des internationalen Gerichtsstandes offengelassen wurde und immer mindestens zwei mögliche Gerichtsstände bejaht wurden. Dies könnte darauf zurückgeführt werden, dass die Gerichte auf diese Weise zeigen wollten, dass wegen vieler möglicher Alternativen, die ihren aufgezeigten Erwägungen nach zum selben Gerichtsstand führten, keine Auslegungszweifel bestünden. Die Entscheidungen des BGH, Urteil vom 28.11.2002 – III ZR 102/02 und des OLG Brandenburg, Urteil vom 23.09.2003 – 11 U 33/03 stellten beide auf den Verbrauchergerichtsstand ab und alternativ auf den Deliktsgerichtsstand.[1376] Dies obwohl beide Gerichtsstände von ihrer Systematik und Schutzrichtung gegensätzlicher kaum sein können.[1377] Auch das OLG Rostock legte sich in dem Urteil vom 14.10.2005 – 8 U 84/04 nicht abschließend bei der Frage nach dem internationalen Gerichtsstand fest. Neben dem Verbrauchergerichtsstand, hier bereits Art. 15 Abs. 1 lit. c EuGVO a.F., wurde alternativ auf den Gerichtsstand der Zweigniederlassung nach Art. 5 Abs. 5 EuGVO a.F. abgestellt sowie auf die rügelose Einlassung nach Art. 24 EuGVO a.F. Die Anzahl möglicher Alternativen bei Unklarheiten bezüglich der Ermittlung des Telos

1374 OLG Braunschweig, 9.9.2002 – 7 U 16/02 = IPRspr. 2002, Nr. 133b, 342.

1375 OLG Braunschweig, 4.7.2005 – 7 U 105/04 = NJW 2005, 161, juris Rn. 26.

1376 Ebenso unter Bejahung eines Acte Éclairé: OLG Dresden, 10.2.2003 – 8 U 1974/02 = NJOZ 2003, 1051.

1377 Vgl. *Simons*, EuLF 2003, 39, P. 4.

deutet hingegen eher darauf hin, dass Zweifel i.S.d. *CILFIT*-Kriterien bestehen. Durch die Alternativität wird gerade deutlich, dass möglicherweise die anderen mitgliedstaatlichen Gerichte bei einer Betrachtung gerade nicht zu ein und demselben Ergebnis kommen würden wie das entscheidende Gericht.

Ferner bezogen sich beide Entscheidungen, die dem BGH, Urteil vom 28.11.2002 – III ZR 102/02 nachfolgten, bei der Begründung des Acte Clair auf diese Entscheidung des BGH. Dies ist besonders erstaunlich bei dem Urteil des OLG Brandenburg, da dieses eine akzessorische Gewinnzusage zum Gegenstand hatte. Richtigerweise berief sich das OLG Brandenburg aber in seiner Acte Clair-Begründung auf die Rechtssache *Gabriel* des EuGH, in der gerade die Verknüpfung von Gewinnauskehr und Warenbestellung besonders betont wurde. Dass das OLG Brandenburg alternativ auf den Gerichtsstand nach Art. 5 Nr. 3 EuGVÜ abstellte, ist aufgrund des Fehlens von Unklarheiten bei der Freilegung des Telos als Subsumtionsfehler bei der Anwendung einzuordnen. Subsumtionsfehler haben auf den materiellen Acte Clair keinen Einfluss.

Das OLG Rostock,[1378] welches wie das BGH-Urteil eine isolierte Gewinnzusage zum Gegenstand hatte, pflichtete dem BGH „im Grundsatz" bei und verwies auf das EuGH-Urteil *Engler*, obwohl es zu einem anderen Ergebnis als in der Rechtssache *Engler* kam. Hier war auffällig, dass das OLG Braunschweig[1379] einen ähnlich gelagerten Fall ebenfalls unter Bezugnahme der *Engler*-Rechtsprechung gegenteilig und in Abkehr zur BGH-Entscheidung vom 28.11.2002 entschieden hatte. Darauf ging das OLG Rostock jedoch in keiner Weise ein, sondern begründete sein Ergebnis nachdrücklich mit dem neugefassten Art. 15 EuGVO a.F.

Wie sich hier zeigte, beriefen sich die Gerichte in ihrer Argumentation auf ein nationales Urteil, welches den Acte Clair fälschlicherweise als gegeben ansah (BGH-Urteil vom 28.11.2002). Dadurch entwickelte sich in Deutschland eine eigene nationale Rechtsprechungslinie und die Position des EuGH als Hüter der Einheitlichkeit wurde bedroht. Auslegungsdifferenzen traten hier nicht nur zwischen nationaler und EuGH-Rechtsprechung auf, sondern auch innerhalb der nationalen Rechtsprechung. Die einzige Möglichkeit, diese Praxis zu beenden, war eine Vorlage durch ein zweifelndes nationales Gericht. Dies geschah schlussendlich in der Rechtssache *Ilsinger* mit einer Vorlagefrage des OLG Wien. Wie an dieser Fallgruppe gesehen, kann der Dialog zwischen den nationalen Gerichten und dem EuGH anschaulich

---

1378 OLG Rostock, 14.10.2005 – 8 U 84/04 = NJW-RR 2006, 209, juris Rn. 15.

1379 OLG Braunschweig, 4.7.2005 – 7 U 105/04 = NJW 2005, 161.

aufgezeigt werden. Der EuGH greift dort ein, wo er „Auslegungsauswüchse" der nationalen Gerichte beheben muss. Die Chance des Eingreifens bietet sich ihm jedoch nur bei einer entsprechenden Vorlage durch ein mitgliedstaatliches Gericht. Hier zu vorsichtig zu agieren, bringt Risiken mit sich, wie sich an den aufgezeigten Fällen zeigt, denn eine nationale letztgerichtliche Entscheidung hat enorme Strahlungswirkung auf die Entscheidungspraxis der nationalen Gerichte.

Trotz drei beantworteter Vorlagefragen in Sachen Gewinnzusagen wurde immer noch nicht abschließend geklärt, ob isolierte Gewinnzusagen generell von Art. 15 Abs. 1 lit. c EuGVO a.F. umfasst werden. Daher ist immer noch ein vereinzelter Rückgriff auf den Vertragsgerichtsstand nötig,[1380] was, wie gesehen nicht unproblematisch ist. Wünschenswert gewesen wäre, im Sinne der Rechtseinheit und -klarheit in der Rechtssache *Ilsinger* ein generelles Ergebnis zu erzielen. Dass dies nicht geschehen ist, kann jedoch mit der Zurückhaltung des EuGH erklärt werden, der ein großes Interesse daran hat, die Mitgliedstaaten zu Vorlagefragen zu ermutigen und daher seine Auslegungsmacht wohldosiert nutzt.

1380 *Kropholler/von Hein*, Europäisches Zivilprozessrecht, [9]2011, Art.15 EuGVO, Rn. 21; *Schack*, Internationales Zivilverfahrensrecht, [7]2017, Rn. 293.

Kapitel 5: Gewährleistung der Vorhersehbarkeit

Nach Erwägungsgrund (11) EuGVO a.F./(15) EuGVO n.F. ist Ziel der Verordnung, die Vorhersehbarkeit der Gerichtsstände zu gewährleisten. Dies gilt insbesondere für die Ausnahmen vom Grundsatz des Beklagtengerichtsstandes. Ausnahmen vom Beklagtengerichtsstand sind nur in einigen, genau festgelegten Fällen gerechtfertigt, wenn entweder die Parteiautonomie oder der Streitgerichtsstand ein anderes Anknüpfungskriterium für die Bestimmung des Gerichtsstandes erfordern.[1381] Die erste Ausnahme zum Beklagtengerichtsstand bildet die Kategorie der Gerichtsstandsvereinbarung (Abschnitt 7 EuGVO a.F. sowie n.F.), hier wird die Parteiautonomie geschützt, sodass für den Verordnungsgeber eine Ausnahme von der allgemeinen Anknüpfung des Gerichtsstands als erforderlich angesehen wurde.

Die zweite Ausnahme, nach der der Streitgegenstand eine anderweitige Anknüpfung erfordert, trifft auf die in Art. 5 EuGVO a.F./Art. 7 EuGVO n.F. genannten besonderen Gerichtsstände zu, sowie auf die ausschließlichen Gerichtsstände des Art. 22 EuGVO a.F./24 EuGVO n.F. Hier gebietet es die Sachnähe, eine Ausnahme vom Beklagtengerichtsstand zuzulassen. Erwägungsgrund (12) EuGVO a.F. macht deutlich, dass der Gerichtsstand am Beklagtenwohnsitz durch alternative Gerichtsstände ergänzt werden muss, die entweder aufgrund der engen Verbindung zwischen Gericht und Rechtsstreit oder im Interesse einer geordneten Rechtspflege zuzulassen sind. Der diesem entsprechende Erwägungsgrund (16) EuGVO n.F. präzisiert dies in Bezug auf die Vorhersehbarkeit, indem angefügt wurde, dass das Erfordernis der engen Verbindung Rechtssicherheit schaffe und verhindere, dass eine Partei an einem mitgliedstaatlichen Gericht verklagt werde, mit dem sie vernünftigerweise nicht rechnen könne. Die hier untersuchten Fälle betreffen die besonderen Gerichtsstände des Erfüllungsortes und des Erfolgsortes.

A. Gerichtsstandsvereinbarung

Die in Art. 23 EuGVO a.F./Art. 25 EuGVO n.F. verankerte Gerichtsstandsvereinbarung kann als für den internationalen Handelsverkehr wichtigste Bestimmung

1381 Erwägungsgrund (11) EuGVO a.F./(15) EuGVO n.F.

der EuGVO a.F./n.F. angesehen werden.[1382] Bereits das EuGVÜ sah vor, den Parteien die Möglichkeit zu geben, einen Gerichtsstand in einem für die Vertragsparteien „neutralen Mitgliedstaat" zu wählen.[1383] Dies spielt besonders für das Risikomanagement grenzüberschreitend tätiger Unternehmen eine Rolle, wo eine komplexe Abwägung schon im Vorfeld stattfindet, um vor Beginn etwaiger Gerichtsprozesse Klarheit über die Prozessbedingungen zu erhalten.[1384] Statistiken zeigen,[1385] dass 70 % aller grenzüberschreitend tätigen Unternehmen regelmäßig Verträge mit Gerichtsstandsvereinbarungen schließen, bei großen Unternehmen mit 250 und mehr Mitarbeitern betragen sie sogar 90 %.[1386] Auch in Zivilsachen ist diese Vorschrift äußerst relevant[1387] und diesbezüglich getroffene Vereinbarungen sind vom Gericht zwingend zu beachten.[1388] Kein Mittel ist besser geeignet und dazu kostengünstiger als eine zweifellose Gerichtsstandvereinbarung, um im Vorfeld Unklarheiten bei grenzüberschreitenden Vertragsbeziehungen auszuschließen und die Gefahr des forum shoppings zu minimieren.[1389] Ebenfalls in Art. 23 EuGVO a.F./Art. 25 EuGVO n.F.

1382 So Rauscher EuZPR/EuIPR/*Mankowski*, Art. 25 Brüssel Ia-Verordnung, Rn. 1; nach Magnus/Mankowski Brussels Ibis Regulation/*Magnus*, Art. 25 Brussels Ibis Regulation, Rn. 1 handele es sich um „one of the most important provisions"; *Wais*, GPR 2015, 142.

1383 MüKo ZPO/*Gottwald*, Art. 25 Brüssel Ia-VO, Rn. 1.

1384 Rauscher EuZPR/EuIPR/*Mankowski*, Art. 25 Brüssel Ia-Verordnung, Rn. 1; *Brödermann*, in: FS Martiny, 2014, 1045, 1059 f.

1385 Vgl. den kritischen Hinweis bei *Thorn/Paffhausen*, in: FS Lindacher, 2017, 405, 413 mit Fn. 66, dass die Repräsentanz der Studie zweifelhaft sei, da sich an ihr 422 Unternehmen zwar beteiligt hätten, darunter aber nur 281 den zugrundeliegenden Fragebogen beantwortet hätten, so EBTP Report, S. 1. Dennoch gibt die Studie wichtige Hinweise auf den Gebrauch von Gerichtsstandsvereinbarungen.

1386 Commission Staff working Paper, Impact Assessment, Accompanying document to the Proposal for a Regulation of the European Parliament and of the Council on jurisdiction and the recognition and enforcement of judgments in civil and commercial matters (Recast), SEC 2010 (1547) final, 29.

1387 Siehe nur *Thode*, jurisPR-PrivBauR 2018, Anm. 1, 8, der auch das Risiko unklar gefasster Gerichtsstandvereinbarungen verdeutlicht.

1388 Rauscher EuZPR/EuIPR/*Mankowski*, Art. 25 Brüssel Ia-Verordnung, Rn. 1. Eine Gerichtsstandsvereinbarung ist zwingend, muss jedoch vor den ausschließlichen Gerichtsständen des Art. 24 EuGVO n.F. weichen, Rauscher EuZPR/EuIPR/*Mankowski*, Vorbem zu Art. 4 Brüssel Ia-VO, Rn. 2.

1389 Vgl. zur Rechtswahlvereinbarung MüKo BGB/*von Hein*, Einl. IPR, Rn. 36. Siehe aber zu Kohärenzproblemen von IPR und IZVR *Maultzsch*, in: von Hein/Rühl (Hrsg.), 2016, 153 ff.

vorgesehen sind Erfordernisse an die Form, welche Beweiszwecken[1390] dienen. Die eigentliche Bedeutung der Form ergibt sich nicht aus der Vorschrift,[1391] im deutschen Schrifttum gehen jedoch viele Stimmen bezüglich der Einhaltung der Formerfordernisse von einer Wirksamkeitsvoraussetzung aus, um in den Mitgliedstaaten einen möglichst einheitlichen und rechtssicheren Gebrauch zu gewährleisten.[1392]

I. EuGH-Rechtsprechung

Der EuGH befasste sich wiederholt mit den Formerfordernissen des Art. 23 EuGVO a.F. sowie der Vorgängernorm, dem Art. 17 EuGVÜ.

Zu Art. 17 EuGVÜ stellte der EuGH in der Rechtssache *MSG* zunächst klar, dass die Vorschrift aufgrund ihres Ausnahmecharakters eng auszulegen sei, da sie sowohl eine Abweichung zum Beklagtengerichtsstand als auch zu den besonderen Gerichtsständen der Artikel 5 und 6 EuGVÜ darstelle.[1393] Danach fordere Art. 17 EuGVÜ in seiner ursprünglichen Fassung für die Wirksamkeit einer Gerichtsstandsklausel eine „Vereinbarung".[1394] Das erkennende Gericht müsse „deshalb in erster Linie prüfen [...], ob die seine Zuständigkeit begründende Klausel tatsächlich Gegenstand einer Willenseinigung zwischen den Parteien war, die klar und deutlich zum Ausdruck gekommen ist; die Formerfordernisse des Artikels 17 sollten gewährleisten, daß die Einigung zwischen den Parteien tatsächlich feststeht (Urteile Estasis Salotti und Segoura, a. a. O., Randnr. 7 bzw. Randnr. 6)."[1395] Ferner führte der EuGH in der Rechtssache *MSG* zu Art. 17 Abs. 1 S. 2 3. Fall aus: „Mit dieser durch das Beitrittsübereinkommen von 1978 in Artikel 17 eingefügten Erleichterung wird jedoch nicht auf eine Willenseinigung der Parteien über eine Zuständigkeitsklausel verzichtet, da Artikel 17 nach wie vor *auch* sicherstellen soll, daß eine Willenseinigung der Parteien tatsächlich

---

1390 Siehe nur Rauscher EuZPR/EuIPR/*Mankowski*, Art. 25 Brüssel Ia-Verordnung, Rn. 87.

1391 *Jenard, P.*, Bericht zu dem Übereinkommen vom 27. September 1968 über die gerichtliche Zuständigkeit und die Vollstreckung gerichtlicher Entscheidungen in Zivil- und Handelssachen, ABl. C 59 vom 5.3.1979, S. 36 ff., zu Art. 17 EuGVÜ.

1392 Rauscher EuZPR/EuIPR/*Mankowski*, Art. 25 Brüssel Ia-Verordnung, Rn. 87; MüKo ZPO/*Gottwald*, Art. 25 Brüssel Ia-VO, Rn. 26; *Kropholler/von Hein*, Europäisches Zivilprozessrecht, [9]2011, Art. 23 EuGVO, Rn. 32.

1393 EuGH, Urteil vom 20.2.1997 – C-106/95 (MSG ./. Les Gravières Rhénanes) = ECLI:EU:C:1997:70, Rn. 14.

1394 Ebd., Rn. 17.

1395 Ebd.

vorliegt. Die schwächere Vertragspartei soll nämlich davor geschützt werden, daß Gerichtsstandsklauseln, die einseitig in den Vertrag eingefügt worden sind, unbemerkt bleiben."[1396]

Dies bestätigte der EuGH in der Rechtssache *Castelletti*, ebenfalls zu Art. 17 EuGVÜ,[1397] mit der Ergänzung, dass mithilfe der strengen Formerfordernisse gewährleistet würde, klar und eindeutig ein Gericht eines Vertragsstaates zu bestimmen, welches „gemäß dem übereinstimmenden Willen der Parteien *ausschließlich* zuständig sein soll."[1398] Wortlautgetreue Bestätigung erfuhren die Teloserwägungen zu Art. 17 EuGVÜ in der *MSG*-Rechtsprechung, welche auf der *Estasis Salotti*-Entscheidung fußte,[1399] sowie in den Rechtssachen *Coreck*[1400] und *Gasser*.[1401] Die Besonderheit der in der Rechtssache *Gasser* vorliegenden Konstellation war, dass der vereinbarte Gerichtsstand nur auf den Rechnungen der Klägerin vermerkt war und äußerst problematisch war, ob darin eine Willenseinigung über den gewählten Gerichtsstand zu sehen sei.[1402]

Die Rechtsprechung des Art. 17 EuGVÜ übertrug der EuGH in der Rechtssache *Refcomp* auf Art. 23 EuGVO a.F. Dort bestätigte der EuGH wortlautgetreu seine Ausführungen zu der vom Gericht vorzunehmenden Prüfung des tatsächlichen Parteiwillens betreffend einer Gerichtsstandsklausel.[1403]

Zu dem in Art. 23 EuGVO a.F. neu eingefügten Absatz 2, welcher eine Gleichstellung mit der Schriftform bezüglich elektronischer Übermittlungen vorsah, erging ein Urteil des EuGH in der Rechtssache *El Majdoub*. Bezug nehmend auf die ergangenen Entscheidungen zu Art. 17 EuGVÜ bestätigte der EuGH die

---

1396 EuGH, Urteil vom 9.12.2003 – C-116/02 (Gasser) = ECLI:EU:C:2003:657, Rn. 50, hervorgehoben von Verf.

1397 EuGH, Urteil vom 16.3.1999 – C-159/97 (Castelletti) = ECLI:EU:C:1999:142, Rn. 19.

1398 Ebd., Rn. 48, hervorgehoben von Verf.

1399 EuGH, Urteil vom 14.12.1976 – 24/76 (Estasis Salotti ./. Ruewa) = ECLI:EU:C:1976:177, Rn. 7.

1400 EuGH, Urteil vom 9.11.2000 – C-387/98 (Coreck Maritime GmbH ./. Handelsveem BV u. a.) = ECLI:EU:C:2000:606, Rn. 13. Bezugnehmend auf die Rechtssache EuGH, Urteil vom 14.12.1976 – 24/76 (Estasis Salotti ./. Ruewa) = ECLI:EU:C:1976:177, Rn. 7 und EuGH, Urteil vom 20.2.1997 – C-106/95 (MSG ./. Les Gravières Rhénanes) = ECLI:EU:C:1997:70, Rn. 15.

1401 EuGH, Urteil vom 9.12.2003 – C-116/02 (Gasser) = ECLI:EU:C:2003:657, Rn. 50, hervorgehoben von Verf.

1402 Ebd., Rn. 13, 51.

1403 EuGH, Urteil vom 7.2.2013 – C-543/10 (Refcomp) = ECLI:EU:C:2013:62, Rn. 27 f.

darin aufgestellte Ermittlungspflicht des Gerichts für die EuGVO a.F.[1404] Die Formerfordernisse dienten entsprechend der Rechtsache *MSG* der Feststellung, dass eine Parteieinigung vorliege.[1405] Nach der Entscheidung *Refcomp* sei ferner Ziel der Formvorschrift, sicherzustellen, ob eine Willenseinigung der Parteien tatsächlich vorliege.[1406] Dies bestätigte die Rechtssache *Profit Investment SIM*.[1407]

II. Deutsche Rechtspraxis

1. BGH, Beschluss vom 25.1.2017 – VIII ZR 257/15

Der BGH hatte in dem Beschluss vom 25.1.2017 Gelegenheit, sich mit den Formerfordernissen des vereinbarten Gerichtsstandes nach Art. 23 LugÜ 2007, welcher dem Wortlaut des Art. 23 EuGVO a.F. entspricht, zu befassen. Wie bereits bei der Entscheidung des BGH, Urteil vom 23.10.2012 gesehen (s. Kapitel 4 A. II. 2 c) aa), orientiert sich die Auslegung des LugÜ 2007 weitgehend an der Auslegung zur EuGVO a.F. sowie der dazu ergangenen EuGH-Rechtsprechung. Der Entscheidung lag eine Klage gerichtet auf Rückzahlung des Kaufpreises für ein Pferd sowie des Ersatzes von Tierhaltungs- und Rechtsanwaltskosten zugrunde. Die Klägerin mit Wohnsitz in Deutschland hatte bei dem mit Pferden handelnden Beklagten mit Sitz in der Schweiz nach der reiterlichen Erprobung und positiv ausgefallener Ankaufsuntersuchung einen schriftlichen „Pferde-Verkaufsvertrag" mit der Vereinbarung: „Gerichtsstand ist der Wohnsitz des Verkäufers", unterzeichnet.[1408] Der beklagte Verkäufer hatte keines der beiden Exemplare unterschrieben. Die vor dem LG Darmstadt erhobene Klage wurde in beiden Tatsacheninstanzen mangels internationaler Zuständigkeit der deutschen Gerichte abgewiesen.[1409] Die zugelassene Revision hatte keinen Erfolg.[1410]

1404 EuGH, Urteil vom 21.5.2015 – C-322/14 (El Majdoub) = ECLI:EU:C:2015:334, Rn. 29.

1405 Ebd.

1406 Ebd., Rn. 30.

1407 EuGH, Urteil vom 20.4.2016 – C-366/13 (Profit Investment SIM) = ECLI:EU:C:2016:282, Rn. 27.

1408 BGH, 25.1.2017 – VIII ZR 257/15 – ZVertriebsR 2017, 126 Rn. 2.

1409 Ebd., 127 Rn. 5.

1410 Ebd., 127 Rn. 6.

a) Lösung des Rechtsproblems

Der BGH bestätigte die Rechtsauffassung der Tatsacheninstanzen, dass trotz fehlender Unterzeichnung des Beklagten eine wirksame Gerichtsstandsvereinbarung getroffen worden sei und daher die deutschen Gerichte nicht international zuständig seien.[1411] Die Frage, ob die von Art. 23 EuGVO a.F. bzw. Art. 23 LugÜ 2007 geforderte Schriftlichkeit der Gerichtsstandsvereinbarung nur durch die Unterschriftsform gewahrt werden könne oder ob es ausreiche, wenn eine vom Parteiwillen getragene Textform vorliege, sei „nicht unumstritten".[1412] Der BGH setzte sich an dieser Stelle ausführlich mit dem Schrifttum in Deutschland,[1413] der Rechtsprechungspraxis der Oberlandesgerichte[1414] und des neunten Senats des BGH,[1415] der höchstrichterlichen ausländischen Rechtsprechung (italienischen,[1416] österreichischen,[1417] spanischen[1418] und schweizerischen[1419])[1420] sowie der Rechtsprechung des EuGH[1421] auseinander. Er kam zu dem Schluss, dass sowohl das schweizerische BG,[1422] der österreichische OGH[1423] sowie der entscheidende BGH-Senat in einer vorherigen Entscheidung vom 25.3.2015 – VIII ZR 125/14 die Zielsetzung des Formerfordernisses in vergleichbarer Weise in den Vordergrund ihrer Erwägungen gezogen hätten.[1424] Dahingehend sah er

1411 BGH, 25.1.2017 – VIII ZR 257/15 = ZVertriebsR 2017, 127 f. Rn. 14 ff.

1412 Ebd., 128 Rn. 19.

1413 Ebd., 128 Rn. 20.

1414 Ebd., 128 Rn. 21.

1415 Ebd., 129 Rn. 22: BGH, 22.2.2001 – IX ZR 19/00 = NJW 2001, 1731 unter II. 2.

1416 Corte di Cassazione zu Art. 17 Abs. 1 EuGVÜ, Entscheidung vom 20.4.2004 – 7503, unalex Rechtsprechung IT-115 – Tekna/Eberhardt Freres.

1417 OGH Beschlüsse vom 28. April 2000 – 1 Ob 358/99z = ZfRV 2001, 34 und vom 7.2.2007 – 2 Ob 280/05y = RIS-Justiz RS0109865.

1418 Tribunal Supremo zu Art. 17 EuGVÜ, Entscheidung vom 27.5.2008 – 428/2008, unalex Rechtsprechung ES-331.

1419 Schweizerisches Bundesgericht zu Art. 17 LugÜ a.F., Urteil vom 13.5.2005, BGE 131 III 398, 401.

1420 BGH, 25.1.2017 – VIII ZR 257/15 = ZVertriebsR 2017, 129 Rn. 24 f.

1421 Ebd., 129 Rn. 25, bezugnehmend auf EuGH, Urteil vom 21.5.2015 – C-322/14 (El Majdoub) = ECLI:EU:C:2015:334, Rn. 29 f.; EuGH, Urteil vom 20.4.2016 – C-366/13 (Profit Investment SIM) = ECLI:EU:C:2016:282, Rn. 27; EuGH, Urteil vom 9.12.2003 – C-116/02 (Gasser) = ECLI:EU:C:2003:657, Rn. 50.

1422 BG, 1.7.2013 – 4A_149/2013 = IHR 2014, 254, 256.

1423 OGH Beschlüsse vom 28.04.2000 - 1 Ob 358/99z = ZfRV 2001, 34 und vom 7.02.2007 - 2 Ob 280/05y = RIS-Justiz RS0109865.

1424 BGH, 25.1.2017 – VIII ZR 257/15 = ZVertriebsR 2017, 126, 129 Rn. 26.

„das in Art. 23 Abs. 1 Satz 3 Buchst. a LugÜ geregelte Schriftformerfordernis im Streitfall ungeachtet der unterbliebenen Unterschrift […] als gewahrt an."[1425] Ob eine Gerichtsstandsvereinbarung vorliege, sei autonom zu ermitteln.[1426] Dabei ergebe sich, dass die Unterschriftsform im Sinne einer Urkundsform nicht zwingend sei, ein einheitlicher Standard für das Schriftformerfordernis unter den Übereinkommensstaaten existiere nicht.[1427] Sein Ergebnis unterfütterte der BGH mit der Erweiterung des Art. 23 Abs. 2 LugÜ 2007, der belege, dass die Textform maßgeblich sei, sofern die Parteien deren Inhalt hinreichend autorisiert hätten.[1428] Der Zweck der schriftlichen Fixierung einer Gerichtsstandsvereinbarung läge darin, ein praktisch unwiderlegbares Indiz für das Vorhandensein einer Willenseinigung zu schaffen. Diese Zweckrichtung erfordere nicht zwangsläufig die Unterschrift beider Parteien, sofern die Identifizierung mit der Vertragserklärung auf andere Weise deutlich würde.[1429]

b) Acte Clair

„Einer Vorlage an den Gerichtshof der [EU] zur Vorabentscheidung gemäß Art. 267 Abs. 1 bis 3 AEUV hinsichtlich des Schriftformerfordernisses nach Art. 23 Abs. 1 Satz 3 Buchst. a LugÜ bedarf es nicht. Ob eine Vorabentscheidung des Gerichtshofs über die Auslegung von Gemeinschaftsrecht gemäß Art. 267 Abs. 3 AEUV für die Entscheidung des Rechtsstreits erforderlich ist, entscheidet das jeweilige nationale Gericht selbst […]. Die Vorlagepflicht letztinstanzlicher Gerichte der Mitgliedsstaaten entfällt aber, wenn die gemeinschaftsrechtliche Bestimmung bereits Gegenstand einer Auslegung durch den Gerichtshof war (‚acte éclairé') oder wenn die richtige Anwendung des Gemeinschaftsrechts derart offenkundig ist, dass für einen vernünftigen Zweifel kein Raum mehr bleibt (‚acte clair'; vgl. nur EuGH, Urteile vom 15. September 2005 - C-495/03 - Slg. 2005, I S. 8151, Rn. 33 - Intermodal Transports; vom 9. September 2015 - C-160/14, EuZW 2016, 111 Rn. 38 ff. - Ferreira da Silvo e Brito u.a.; Senatsurteil vom 12. Oktober 2016 - VIII ZR 141/15, aaO; jeweils mwN). Letzteres ist hier […] spätestens seit der vorliegend anwendbaren revidierten Fassung des Luganer Übereinkommens mit der Ergänzung des Art. 23 LugÜ um dessen Abs. 2, wonach bereits elektronische Übermittlungen in Textform genügen, der Fall."[1430]

1425 BGH, 25.1.2017 – VIII ZR 257/15 = ZVertriebsR 2017, 126, 129 Rn. 27.
1426 Ebd., 130 Rn. 28.
1427 Ebd.
1428 Ebd., 130 Rn. 30.
1429 Ebd., 130 Rn. 32.
1430 Ebd., 131 Rn. 40.

c) Bewertung

Zwar gelten zum LugÜ 2007, wie oben gesehen (s. Kapitel 4 A. II. 2 c) aa), einige Besonderheiten,um den materiellen Acte Clair zu erörtern, wird aufgrund des weitgehenden Gleichlaufs zur EuGVO a.F. derselbe Bewertungsmaßstab angelegt wie auch an die Fälle zur EuGVO a.F.

aa) Effet utile und Einheitlichkeit des Unionsrechts

Wie in Kapitel 4 A. II. 1. b) aa) oben angesprochen, kann ein Acte Clair nur angenommen werden, wenn die Position des EuGH, die Effektivität des Unionsrechts zu gewährleisten, nicht bedroht wird.

Der EuGH forderte in der Rechtssache *MSG*[1431] noch das strenge Einhalten der Formerfordernisse. In den Rechtssachen *Gasser* und *Profit Investment SIM* arbeitete der EuGH zum Formerfordernis heraus, dass die Formalisierung der Gerichtsstandsvereinbarung sicherstelle, dass sie vollständig wahrgenommen werde, weil verkörperte Erklärungen „typischerweise vollständig zur Kenntnis genommen“ werden.[1432] In der Folge bestärkte der EuGH zunehmend das Abstellen auf den echten, tatsächlichen, konkludenten Parteiwillen bezüglich Gerichtsstandsklauseln, welchen das Gericht ermitteln müsse. Dies wurde insbesondere in der Entscheidung *El Majdoub* deutlich, wo der EuGH die Rechtsprechungslinie zu Art. 17 EuGVÜ auf die EuGVO a.F. übertrug.[1433]

Erwägungsgrund (11) EuGVO a.F. verankert den Schutz und die Wahrung der Parteiautonomie.[1434] Danach ist zur Gewährleistung der Vorhersehbarkeit aus Gründen der Vertragsfreiheit der Parteien eine Ausnahme vom Grundsatz des Beklagtengerichtsstandes gerechtfertigt. Der Verordnungsgeber gewichtet den Parteiwillen also schwererer als die generell durch den Beklagtengerichtsstand gewährleistete Vorhersehbarkeit. Im Fokus steht somit, dass dem ermittelten Parteiwillen Rechnung getragen werden soll. Aus dem Erwägungsgrund (14) EuGVO a.F. ergibt sich, dass die Vertragsfreiheit der Parteien bezüglich der Wahl des Gerichtsstands gewahrt werden solle und nur bei Versicherungs-,

---

1431 EuGH, Urteil vom 20.2.1997 – C-106/95 (MSG ./. Les Gravières Rhénanes) = ECLI:EU:C:1997:70, Rn. 14.

1432 EuGH, Urteil vom 9.12.2003 – C-116/02 (Gasser) = ECLI:EU:C:2003:657, Rn. 50; EuGH, Urteil vom 20.4.2016 – C-366/13 (Profit Investment SIM) = ECLI:EU:C:2016:282, Rn. 39.

1433 EuGH, Urteil vom 21.5.2015 – C-322/14 (El Majdoub) = ECLI:EU:C:2015:334.

1434 Siehe zum Unterschied der Begriffe Partei- und Privatautonomie *Coester-Waltjen*, in: FS Heldrich, 2005, 549, 550.

Verbraucher-, und Arbeitsverträgen eingeschränkt werden dürfe, wo aus Gründen des Schwächerenschutzes die Vertragsfreiheit begrenzt wird.

Erhöhte Formvoraussetzungen sollen sicherstellen, dass dem vom Gericht ermittelten Parteiwillen Rechnung getragen werde. Die Schriftform erleichtert die Feststellbarkeit des gemeinsamen Parteiwillens. Kann der Parteiwille konkludent auf andere Weise ermittelt werden, ist dieser vom Gericht zu berücksichtigen, was der zwingende Charakter der Norm unterstreicht.[1435] Ein konkludenter Parteiwille fehlt, wenn die Gerichtsstandsklausel unbemerkt einseitig in den Vertrag eingefügt worden ist. Die Einhaltung von Formvoraussetzungen hat neben der Beweisfunktion eine Warnfunktion und schützt vor Überrumpelung. Grundsätzlich geht die Parteiautonomie von Parteien auf Augenhöhe aus bei einem strukturellen und wirtschaftlichen Ungleichgewicht, muss die als schwächer anzusehende Partei vor einseitig unbemerkt eingefügten Gerichtsstandsklauseln geschützt werden.[1436] Von einem unbemerkten Einfügen einer Klausel kann nach der Rechtsprechung des EuGH bei verkörperten Erklärungen nicht ausgegangen werden, da solche „typischerweise vollständig zur Kenntnis genommen" werden.[1437]

Mit Aufnahme des Absatzes 2 in Art. 23 LugÜ 2007/bzw. EuGVO a.F. wurde gesetzlich verankert, dass es auf die Unterzeichnung nicht ankommen könne, weil dort die dauerhafte Aufzeichnung der Vereinbarung der Schriftform gleichgestellt wurde. Unter Berücksichtigung der Einheitlichkeit des Unionsrechts lässt sich daraus entnehmen, dass das Gericht bei der Ermittlung des Parteiwillens auch nach Art. 23 Abs. 1 LugÜ 2007/EuGVO a.F. nicht auf die bloße Unterschrift abstellen darf.

Insofern besteht keine Unklarheit darüber, dass nach dem Schutzzweck des Art. 23 LugÜ 2007/bzw. Art. 23 EuGVO a.F. bei der Ermittlung des Parteiwillens nicht an das Vorliegen von Unterschriften angeknüpft wird, sofern die Vereinbarung schriftlich fixiert worden ist und ausgeschlossen werden kann, dass die Gerichtstandswahl nicht einseitig untergeschoben worden ist, was

1435 Vgl. Rauscher EuZPR/EuIPR/*Mankowski*, Art. 25 Brüssel Ia-Verordnung, Rn. 1; Magnus/Mankowski Brussels Ibis Regulation/*Magnus*, Art. 25 Brussels Ibis Regulation, Rn. 45.

1436 Kritisch *Pfeiffer*, IWRZ 2017, 133.

1437 EuGH, Urteil vom 9.12.2003 – C-116/02 (Gasser) = ECLI:EU:C:2003:657, Rn. 50; EuGH, Urteil vom 20.4.2016 – C-366/13 (Profit Investment SIM) = ECLI:EU:C:2016:282, Rn. 39.

durch die Unterzeichnung der als schwächer anzusehenden Partei in jedem Fall gegeben ist.

bb) Individualrechtsschutz und Einheitlichkeit des Unionsrechts

Anhaltspunkte für eine Bedrohung der Position des EuGH als Hüter der elementaren Bürgerrechte bestehen nach dem oben in Kapitel 4 A. II. 1. b) bb) definierten Bewertungskriterium des Individualrechtsschutzes nicht.

cc) Ergebnis

Der BGH erfüllte die Bewertungskriterien, sodass die Voraussetzungen des materiellen Acte Clair vorlagen. Methodisch überzeugte der Beschluss mit seiner ausgesprochenen Ausführlichkeit und Bezugnahme auf die Lehre und Rechtsprechungspraxis anderer (Mitglied-) Staaten.[1438] Eine so ausführlich begründete Bejahung des formellen Acte Clair war in der durchgeführten Bestandsaufnahme einmalig.

Der BGH glich hier den Schriftverkehr mit Papier an den elektronischen Verkehr an. Er beantwortete eine zuvor wiederholt vom BGH offengelassene Frage,[1439] welche weitreichende Folgen für die Praxis hatte, da nunmehr bei der Verwendung von Papier wie auch bei der elektronischen Übermittlung keine Unterschriften mehr notwendig waren, um die Schriftform des Art. 23 EuGVO a.F. bzw. Art. 23 LugÜ 2007 zu wahren.[1440] Darüber hinaus kam der BGH zu dem Ergebnis, dass auch ein konkludentes Verhalten als Nachweis bezüglich der Einigung einer textlich fixierten Gerichtsstandsvereinbarungsklausel ausreiche.[1441]

1438 Zustimmend *Zarth*, EWiR 2017, 287, 288. Kritisch dahingehend, dass sich die vom BGH zitierten Entscheidung des OHG auf einen Fall beschränkten, bei dem auf einer Seite der Vertragstext abgefasst wurde und auf einer anderen Seite die Unterschriften der Parteien folgten sowie, dass die zitierte Entscheidung des schweizerischen BG ebenfalls von beiden Parteien eine Text- oder Schriftform abverlangen, *Pfeiffer*, IWRZ 2017, 133. Erwidert werden kann jedoch, dass der BGH die Rechtsprechung im Wesentlichen ausgewertet hat, um einen vergleichbaren Zweck der Norm herauszuarbeiten, siehe BGH, 25.1.2017 – VIII ZR 257/15 = ZVertriebsR 2017, 126, juris Rn. 27.

1439 BGH, 16.1.2014 – IX ZR 194/13 = WM 2014, 534; BGH, 22.2.2001 – IX ZR 19/00 = NJW 2001, 1731.

1440 Vgl. *Zarth*, EWiR 2017, 287, 288.

1441 Vgl. ebd.

Die Wahrung der Vertragsfreiheit dient grundlegend der Realisierung des Binnenmarktes, da die Wahrung der Parteiautonomie den Marktteilnehmern Vertrauen und Planungssicherheit suggeriert, worauf es den Vertragsparteien besonders im internationalen Handelsverkehr aufgrund der großen Streitvolumina ankommt.[1442] Mit der Auslegung stärkte der BGH die Position der Binnenmarktteilnehmer und ihr Vertrauen in die Rechtsordnung, wodurch mittelbar auch der Binnenmarkt gefördert und das Unionsrecht effektiver wird. Gleichermaßen gewinnen die Gerichtsstandorte der EU an Attraktivität.[1443] Ferner wird die Einheitlichkeit des Unionsrechts durch die Priorität der Vereinbarung gefördert, da diese maßgebliches Kriterium für die Vermeidung von Parallelverfahren ist, was wiederum die Missbrauchsanfälligkeit begrenzt.[1444]

2. *BGH, Urteil vom 26.4.2018 - VII ZR 139/17*

In dem Urteil des BGH vom 26.4.2018 hatten der Kläger mit Sitz in Nürnberg und die Beklagte mit Sitz in Österreich einen Vertrag über die durch die Klägerin vorzunehmende Verlagerung einer Schäumanlage von Deutschland nach Österreich geschlossen. Die Klägerin hatte der Beklagten per E-Mail ein Angebot zugesandt, in dem als Gerichtsstand Nürnberg festgehalten worden war.[1445] Die beigefügten AGB enthielten die Klausel: „Ist der Besteller Vollkaufmann, ist bei allen aus dem Vertragsverhältnis mittelbar oder unmittelbar sich ergebenden Streitigkeiten Nürnberg alleiniger Gerichtsstand."[1446] Die Beklagte nahm das Angebot mündlich an.[1447] Das LG Nürnberg-Fürth bejahte seine internationale Zuständigkeit bezüglich der erhobenen Zahlungsklage auf Restvergütung durch ein Zwischenurteil, welches die Berufung wegen Unzulässigkeit aufhob.[1448] Die erfolgreiche Revision führte zur Aufhebung des Berufungsurteils.[1449]

1442 Vgl. MüKo BGB/*von Hein*, Einl. IPR, Rn. 37: „konstitutive Bedeutung für den Binnenmarkt" zur Rechtswahlvereinbarung.

1443 Siehe dazu *A. Wolf*, RIW 2019, 258.

1444 Vgl. *Wais*, GPR 2015, 142, 143, 145.

1445 BGH, 26.4.2018 - VII ZR 139/17 = ZVertriebsR 2018, 261 Rn. 2.

1446 Ebd., 261 Rn. 3.

1447 Ebd., 261 Rn. 4.

1448 Ebd., 261 Rn. 6.

1449 Ebd., 261 Rn. 7.

a) Lösung des Rechtsproblems

Der BGH führte aus, dass die Begründung des Berufungsgerichts, wonach es an einer formwirksamen Gerichtsstandsvereinbarung nach Art. 25 Abs. 1 S. 3 EuGVO n.F. fehle, nicht dazu führe, die internationale Zuständigkeit des LG Nürnberg-Fürth zu verneinen.[1450] Zwar sei richtigerweise angenommen worden, dass Formerfordernisse Wirksamkeitsvoraussetzungen seien – allein eine Willenseinigung der Parteien führe ohne Formeinhaltung jedoch nicht bereits zu einer wirksamen Gerichtsstandsvereinbarung.[1451] Unter Anführung der europäischen Rechtsprechung arbeitete der BGH heraus, dass die Formerfordernisse aufgrund ihres Ausnahmecharakters eng auszulegen seien,[1452] dass der Schutz der schwächeren Partei vor unbemerkt einseitig Klauseln gewahrt werden müsse,[1453] sowie aus Gründen der Rechtssicherheit eindeutig das zuständige Gericht ermittelt werden müsse.[1454] Eine formwirksame Gerichtsstandsvereinbarung liege nicht vor, da eine solche schriftlich oder mündlich mit schriftlicher Bestätigung geschlossen worden sein müsse.[1455] Der BGH äußerte, dass sich weder er selbst, noch der EuGH bislang mit einer vergleichbaren Konstellation befasst hätten.[1456]

Eine mündliche Gerichtsstandsvereinbarung mit schriftlicher Bestätigung scheide aus, da das Angebot per E-Mail ausschließlich mündlich angenommen worden sei.[1457] Bereits aus dem Wortlaut des Art. 25 Abs. 1 S. 3 1. Alt. EuGVO n.F. ergebe sich, dass dies der Schriftform nicht genüge. Ein zweifelsfreier Beleg für die Willenseinigung fehle. Auch die Rechtsprechung des EuGH in der Rechtssache *El Majdoub* zur elektronischen Übermittlung (zu Art. 23 Abs. 2 EuGVO a.F.) ändere daran nichts, da durch Anklicken des entsprechenden Feldes auf der Internetseite die AGB von dem Erklärungsempfänger akzeptiert würden und dadurch, sofern eine dauerhafte Aufzeichnung der Vereinbarung möglich sei, das Formerfordernis erfüllt würde. Liege, wie vorliegend allein ein von einer

1450 BGH, 26.4.2018 – VII ZR 139/17 = ZVertriebsR 2018, 261, 262 Rn. 22.

1451 Ebd., 262 Rn. 23.

1452 Bezugnehmend auf EuGH, Urteil vom 20.2.1997 – C-106/95 (MSG ./. Les Gravières Rhénanes) = ECLI:EU:C:1997:70, Rn. 14.

1453 U.a. bezugnehmend auf ebd., Rn. 15, 17.

1454 BGH, 26.4.2018 – VII ZR 139/17 = ZVertriebsR 2018, 261 Rn. 23; bezugnehmend auf EuGH, Urteil vom 16.3.1999 – C-159/97 (Castelletti) = ECLI:EU:C:1999:142, Rn. 48.

1455 BGH, 26.4.2018 – VII ZR 139/17 = ZVertriebsR 2018, 261, 263 Rn. 24.

1456 Ebd., 263 Rn. 27.

1457 Ebd., 263 Rn. 29.

Vertragspartei stammender Angebotstext vor, werde die von Art. 25 Abs. 1 S. 3 1. Alt. EuGVO n.F. geforderte Form nicht gewahrt. Etwas anderes ergebe sich auch nicht aus dem vom BGH entschiedenen Fall vom 25.1.2017.[1458] Eine vergleichbare Konstellation liege nicht vor, da dort die Vertragsparteien den ausgehandelten Vertrag gemeinsam schriftlich fixiert hatten, wobei nur die durch die Gerichtsstandsklausel benachteiligte Partei den Vertragstext unterzeichnet habe.[1459] In der vorliegenden Streitsache wurde jedoch bloß das Angebot als Text formuliert und von der anderen Partei lediglich mündlich angenommen.[1460] Der BGH wies das Berufungsurteil des OLG Nürnberg zurück, damit es über die Feststellung bezüglich des Vorliegens eines Handelsbrauches (Art. 25 Abs. 1 S. 3 lit. c EuGVO n.F.) Beweis erheben könne.[1461]

b) Acte Clair

„Eines Vorabentscheidungsersuchens an den Gerichtshof der [EU] gemäß Art. 267 Abs. 1 bis 3 AEUV zur Auslegung von Art. 25 Abs. 1 Satz 3 Buchst. a) 1. Fall, Abs. 2 Brüssel-Ia-VO bedarf es nicht. Die Vorlagepflicht letztinstanzlicher Gerichte der Mitgliedstaaten entfällt, wenn die unionsrechtliche Bestimmung bereits Gegenstand einer Auslegung durch den Gerichtshof war (‚acte éclairé') oder wenn die richtige Anwendung des Unionsrechts derart offenkundig ist, dass für einen vernünftigen Zweifel kein Raum mehr bleibt (‚acte clair'; vgl. nur EuGH, EuZW 2016, 111 Rn. 38 f. m.w.N.). Letzteres ist hier wie vorstehend [...] dargestellt der Fall."[1462]

c) Bewertung

Bei der Entscheidung des BGH handelt es sich um einen Musterbeispielsfall zum Eintritt der Risiken bei fehlerhaften Gerichtsstandsklauseln[1463] im Zusammenhang mit Art. 25 Abs. 1 S. 3 lit. a 1. Alt. EuGVO n.F., welcher dem Wortlaut des Art. 23 Abs. 1 S. 3 lit. a 1. Alt. EuGVO a.F. entspricht.

1458 BGH, 26.4.2018 – VII ZR 139/17 = ZVertriebsR 2018, 261, 263 Rn. 28.

1459 Ebd., 263 Rn. 28.

1460 Ebd.

1461 Ebd., 264 Rn. 36. Dies müsse von Amts wegen unabhängig von den Parteianträgen geschehen, siehe *Krümmel*, IWRZ 2018, 229, 232.

1462 BGH, 26.4.2018 – VII ZR 139/17 = ZVertriebsR 2018, 261, 263 Rn. 31.

1463 Vgl. *Thode*, jurisPR-PrivBauR 2018, Anm. 1, 8.

aa) Effet utile und Einheitlichkeit des Unionsrechts

Wie oben in Kapitel 4 A. II. 1. b) aa) definiert, kann ein Acte Clair nur angenommen werden, wenn die Position des EuGH, die Effektivität des Unionsrechts zu gewährleisten, nicht bedroht wird.

Wie bereits erörtert, bestehen bezüglich der Ermittlung des Schutzzwecks des Art. 23 LugÜ 2007/bzw. EuGVO a.F. keine Unklarheiten. Mithilfe präzisierender EuGH-Rechtsprechung und den Erwägungsgründen der EuGVO a.F. sowie der Betrachtung des Art. 23 Abs. 2 LugÜ 2007/bzw. EuGVO a.F. konnte der Schutzzweck festgestellt werden (s. Kapitel 5 A. II. 1. c) aa). Der Wortlaut des Art. 23 EuGVO a.F. entspricht bis auf den eingefügten Zusatz in Art. 25 Abs. 1 EuGVO n.F., wonach die getroffene Vereinbarung nach dem gewählten Recht nicht nichtig sein dürfe, Art. 25 EuGVO n.F. Anlass dafür, dass Art. 25 Abs. 1 und 2 EuGVO n.F. einen anderen Schutzzweck als die Vorgängervorschrift hat, bestehen nicht.

Allein aus einem Angebotsschriftstück inklusive AGB ist eine Ermittlung des Parteiwillens danach nicht möglich. Ein Telefonanruf wird dem Vertragsumfang und der typischen hohen wirtschaftlichen Relevanz von Gerichtsstandvereinbarungen zudem nicht gerecht, insbesondere wenn keine explizite Wiederholung der Vereinbarung durch den Erklärungsempfänger am Telefon stattgefunden hat. Durch eine ausschließlich mündliche Abrede ohne schriftliche Fixierung des Willens wird nicht sichergestellt, dass der vereinbarte Gerichtsstand klar und eindeutig im Vorfeld feststeht, was Rechtssicherheit generieren würde. Nur dann wäre anzunehmen, dass die Parteien Gebrauch von solch einer Regelung machen wollten.

bb) Individualrechtsschutz und Einheitlichkeit des Unionsrechts

Hier liegt keine Bedrohung der Position des EuGH als Hüter der elementaren Bürgerrechte nach dem oben in Kapitel 4 A. II. 1. b) bb) definierten Bewertungskriterium vor.

cc) Ergebnis

Die Entscheidung des BGH entspricht den Bewertungskriterien und damit auch den Anforderungen an einen materiellen Acte Clair.

III. Fazit

Beide BGH-Entscheidungen zu Gerichtsstandsvereinbarungen hatten die Einhaltung der Formerfordernisse zum Gegenstand. Die zeitlich frühere Entscheidung hat beispielhaft zum LugÜ 2007 veranschaulicht, dass die Begründung eines formellen Acte Clair umfangreich ausfallen kann. Dazu hat der BGH fundiert recherchiert und vergleichbare Rechtsprechungspraxis der Nachbarmitgliedstaaten ausgewertet. Der BGH nahm den Trend des EuGH auf, der sich von der engen Auslegung der Norm bezüglich der Formerfordernisse abkehrte,[1464] hin zu einer Pflicht des Gerichts zur Ermittlung des tatsächlichen Parteiwillens. Gänzlich an einer schriftlichen Fixierung der Willenserklärung mangelte es bei der Entscheidung des BGH vom 26.4.2018. Hier lehnte der BGH unter Geltung des Art. 25 Abs. 1 S. 3 1. Alt. EuGVO n.F. das Vorliegen eines tatsächlichen, gegenseitigen Parteiwillens bezüglich der Gerichtsstandsklausel, welche im E-Mail Anhang in den AGB verschärft worden war, ab. Beide Entscheidungen erfüllten die Anforderungen an einen materiellen Acte Clair.

B. Besonderer Gerichtsstand des Erfüllungsortes

Die besonderen Gerichtsstände des Art. 5 EuGVO a.F./Art. 7 EuGVO n.F. sind fakultativer Natur und stehen in Konkurrenz zum allgemeinen Beklagtengerichtsstand.[1465] Der Grundsatz *actor sequitur forum rei* wird aufgrund einer besonderen Sachnähe durchbrochen.[1466] Dies ergibt sich aus Erwägungsgrund (12) EuGVO a.F./(16) EuGVO n.F. Die Sach- bzw. Vollstreckungsnähe geht häufig mit einer gleichlaufenden Beweis- und Rechtsnähe einher.[1467]

Für die Praxis am bedeutendsten[1468] gilt unter den besonderen Gerichtsständen des Art. 5 EuGVO a.F./bzw. Art. 7 EuGVO n.F. der Vertragsgerichtsstand des Erfüllungsortes, welcher als eine der umstrittensten und kompliziertesten Vorschriften der EuGVO in ihrer Anwendung gilt.[1469] Eine besondere, praktische Bedeutung hat der im Gegensatz zur Vorgängernorm des Art. 5 EuGVÜ neu

1464 EuGH, Urteil vom 20.2.1997 – C-106/95 (MSG ./. Les Gravières Rhénanes) = ECLI:EU:C:1997:70, Rn. 14.

1465 Rauscher EuZPR/EuIPR/*Mankowski*, Vorbem zu Art. 4 Brüssel Ia-VO, Rn. 1.

1466 Ebd. Rn. 2.

1467 *Schack*, Internationales Zivilverfahrensrecht, [7]2017, § 8 Rn. 349.

1468 *Kropholler/von Hein*, Europäisches Zivilprozessrecht, [9]2011, Art. 5 EuGVO, Rn. 1; Rauscher EuZPR/EuIPR/*Leible*, Art. 7 Brüssel Ia-VO, Rn. 7. Zahlenmäßig folgten Vorabentscheidungsersuchen zu Auslegungsfragen bezüglich Gerichtsstandsfragen zum Erfüllungsort nach Art. 5 Nr. 1 EuGVO a.F. denen zum Verbrauchergerichtstand (Stand 2013), so *Wais*, 2014, 1, m.w.N.

1469 *Wais*, 2014, 1, die Schwierigkeiten zurückführend auf die Vielzahl an schwer zu qualifizierbaren Begriffen, *Schack*, Internationales Zivilverfahrensrecht, [7]2017, § 8 Rn. 290; *Kadner Graziano*, RIW 2016, 14. Für die gänzliche Abschaffung dieses Gerichtsstandes *Müller*, in: von Hein/Rühl (Hrsg.), 2016, 243, 259.

eingefügte Art. 5 Nr. 1 lit. b EuGVO a.F., der einen einzigen[1470] Erfüllungsort für Kauf- und Dienstleistungsverträge autonom bestimmt.[1471] Besonders relevant ist die Alternative des 2. Spiegelstriches, da Dienstleistungen 70 % des europäischen Bruttoinlandprodukts ausmachen 20 % davon grenzüberschreitend, weshalb Dienstleistungen auch als *Powerhouse* für den Binnenmarkt anzusehen sind.[1472] Schwierigkeiten bestehen im Gegensatz zum Verkauf von Waren bereits in der immateriellen, nicht sichtbaren Charakteristik der zu erbringenden Leistung.[1473] Die zusätzlichen Erschwernisse, die sich aus der Anwendung der Vorgängerregelung des Art. 5 EuGVÜ ergaben, den Erfüllungsort jeweils für jede streitige Verpflichtung nach dem Kollisionsrecht zu ermitteln, wie es der EuGH handhabte,[1474] wurde aufgegeben. Ziel war es, eine pragmatische, auf rein faktischen Kriterien beruhende Ermittlung eines einzigen Erfüllungsortes, unabhängig von der Art der streitigen Verpflichtung[1475] zu ermöglichen und dadurch die Vorhersehbarkeit des Gerichtsstands zu erhöhen. Dadurch wurde der materielle von dem prozessualen Erfüllungsort zumindest für Art. 5 Nr. 1 lit. b EuGVO a.F./ Art. 7 Nr. 1 lit. b EuGVO n.F. entkoppelt, sodass bezüglich der beiden wichtigsten Vertragstypen der Erfüllungsort autonom bestimmt wird; wohingegen es bei lit. a bei der alten Lösung geblieben ist.[1476]

1470 *Mankowski*, AnwBl 2006, 806, 807 mit Fn. 20 m.w.N.

1471 *Kropholler/von Hein*, Europäisches Zivilprozessrecht, ^{9}2011, Art. 5 EuGVO, Rn. 4.

1472 *Monti, M.*, Report: A New Strategy for the Single Market at the Service of Europe's Economy and Society, Ref. Ares(2016)841541 - 17/02/2016, p. 53; *Wais*, 2014, 2.

1473 *Egan*, 2015, 160; *Edward*, in: Andenæs/Roth (Hrsg.), 2004, Introduction, vii.

1474 EuGH, Urteil vom 6.10.1976 – 14/76 (De Bloos ./. Bouyer) = ECLI:EU:C:1976:134 und EuGH, Urteil vom 14.1.1976 – 12/76 (Tessili ./. Dunlop) = ECLI:EU:C:1976:133. Nach 30 Jahren Rechtspraxis entschied der EuGH letztmalig in der Rechtssache EuGH, Urteil vom 28.9.1999 – C-440/97 (GIE Groupe Concorde ./. Kapitän des Schiffes "Suhadiwarno Panjan") = ECLI:EU:C:1999:456, Rn. 13 ff., dass sich die Bestimmung des Erfüllungsortes nach dem Kollisionsrecht richte, dazu *Berg*, NJW 2006, 3035.

1475 Vorschlag für eine Verordnung (EG) des Rates über die gerichtliche Zuständigkeit und die Anerkennung und Vollstreckung von Entscheidungen in Zivil- und Handelssachen, 14.7.1999, KOM(1999) 348 endg., S. 15.

1476 Rauscher EuZPR/EuIPR/*Leible*, Art. 7 Brüssel Ia-VO, Rn. 55. Siehe zur Kritik der alten Rechtslage *Kadner Graziano*, RIW 2016, 14, 17 ff.; *Bajons*, in: FS Geimer, 2002, 15 ff. Zentrale Impulse zur Reform gingen von der Rechtsprechung des EuGH, Urteil vom 29.6.1994 – C-288/92 (Custom Made) = ECLI:EU:C:1994:268 aus.

Beide hier untersuchten Fälle betrafen den Erfüllungsort für die Erbringung von Dienstleistungen. Der Dienstleistungsbegriff wird autonom bestimmt.[1477] Die Urteile betrafen eine Honorarklage einer Rechtsanwaltsgesellschaft (BGH, Urteil vom 2.3.2006 – IX ZR 15/05) sowie eine Rückzahlungsklage aus einem Bankkreditvertrag (BGH, Urteil vom 28.2.2012 – XI ZR 9/11).

I. EuGH-Rechtsprechung

In der Rechtssache *Besix* entschied der EuGH grundlegend, dass bei einer Vielzahl von Erfüllungsorten der fraglichen Vertragspflicht, ein einziger Erfüllungsort nach Art. 5 EuGVÜ zu bestimmen sei.[1478] Der EuGH bestätigte die Entkopplung vom materiellen Erfüllungsort und führte aus: „Wie die Kommission zu Recht hervorgehoben hat, lässt sich dieses Ergebnis jedoch nicht durch Heranziehung der überkommenen Rechtsprechung des Gerichtshofes erreichen, wonach der Ort, an dem die den Gegenstand des Verfahrens bildende Verpflichtung im Sinne von Artikel 5 Nummer 1 des Übereinkommens erfüllt worden ist oder zu erfüllen wäre, nach den Kollisionsnormen des angerufenen Gerichts zu bestimmen ist (Urteile Tessili, Randnrn. 13 und 15, Custom Made Commercial, Randnr. 26, GIE Groupe Concorde u. a., Randnr. 32, und Leathertex, Randnr. 33).“[1479]

In der Rechtssache *Falco* definierte der EuGH den Begriff der Dienstleistung in Art. 5 Nr. 1 lit. b EuGVO a.F. Danach stelle eine Dienstleistung die Erbringung tätigkeitsbezogener Leistungen an den Kunden gegen Entgelt dar.[1480]

Erstmals Gelegenheit, zum Erfüllungsort von Dienstleistungen zu Art. 5 Nr. 1 lit. b EuGVO a.F. Stellung zu beziehen, hatte der EuGH in der Rechtssache *Rehder*. Bezüglich eines Personenbeförderungsvertrages stellte der EuGH fest: „Folglich ist auch im Fall mehrerer, in verschiedenen Mitgliedstaaten gelegener Orte, an denen die Dienstleistungen erbracht werden, der Ort zu bestimmen, an dem die engste Verknüpfung zwischen dem fraglichen Vertrag und dem

---

1477 Rauscher EuZPR/EuIPR/*Leible*, Art. 7 Brüssel Ia-VO, Rn. 66, siehe hier auch die Ausführungen dazu, inwiefern auch auf Art. 57 AEUV abzustellen ist der EuGH selbst lehnt dies ab, EuGH, Urteil vom 23.4.2009 – C-533/07 (Falco Privatstiftung und Thomas Rabitsch ./. Gisela Weller-Lindhorst) = ECLI:EU:C:2009:257, Rn. 34.

1478 EuGH, Urteil vom 19.2.2002 – C-256/00 (Besix SA) = ECLI:EU:C:2002:99, Rn. 32.

1479 Ebd., Rn. 33.

1480 EuGH, Urteil vom 23.4.2009 – C-533/07 (Falco Privatstiftung und Thomas Rabitsch ./. Gisela Weller-Lindhorst) = ECLI:EU:C:2009:257, Rn. 29; Rauscher EuZPR/EuIPR/*Leible*, Art. 7 Brüssel Ia-VO, Rn. 67.

zuständigen Gericht besteht, insbesondere der Ort, an dem nach dem Vertrag die Hauptdienstleistung zu erbringen ist."[1481] Dieser Ort liege nach Wahl des Klägers bei einem Dienstleistungsvertrag über die Beförderung im Luftverkehr sowohl am Abflugort als auch am Ankunftsort.[1482] Mit der Wahlmöglichkeit werde das Kriterium der Nähe beachtet, sowie der Vorhersehbarkeit genüge getan, da beide Parteien leicht die Gerichte bestimmen könnten, wo die Klage erhoben werden könne. Daneben werde die Rechtssicherheit gefördert, da die Wahl auf zwei Gerichte beschränkt sei und zudem dem Kläger die Möglichkeit, das Gericht des Beklagtenwohnsitzes anzurufen, erhalten bleibe.[1483]

Anschließend präzisierte der EuGH in der Rechtssache *Wood Floor* bezüglich eines Handelsvertretervertrages, dass nach dem Verordnungsziel der Vorhersehbarkeit und dem Wortlaut der Vorschrift „der Ort der hauptsächlichen Leistungserbringung nach Möglichkeit aus den Bestimmungen des Vertrags selbst abzuleiten" sei.[1484] Ferner hieß es dort: „Kann der Ort der hauptsächlichen Leistungserbringung nicht anhand der Vertragsbestimmungen ermittelt werden, weil diese entweder mehrere Erbringungsorte oder ausdrücklich gar keinen bestimmten Erbringungsort vorsehen, hat der Vertreter aber bereits solche Leistungen erbracht, so ist hilfsweise der Ort heranzuziehen, an dem er seine Tätigkeiten zur Erfüllung des Vertrags tatsächlich überwiegend vorgenommen hat, vorausgesetzt, die Erbringung der Dienstleistungen an diesem Ort widerspricht nicht dem Parteiwillen, wie er sich aus den Vertragsbestimmungen ergibt. Dabei können tatsächliche Aspekte der Rechtssache, insbesondere die an diesen Orten aufgewendete Zeit und die Bedeutung der dort ausgeübten Tätigkeit, berücksichtigt werden. Es ist Sache des angerufenen nationalen Gerichts, anhand der ihm vorgelegten Beweismittel über seine Zuständigkeit zu befinden (vgl. Urteil Color Drack, Randnr. 41)."[1485] Bei einem Handelsvertreter sei dies der Ort der hauptsächlichen Leistungserbringung, welcher sich aus den Vertragsbestimmungen ergibt.[1486] Mangels solcher Bestimmungen sei auf den Ort der tatsächlichen Erfüllung und zuletzt, wenn nicht anders feststellbar, auf den Wohnsitz des Handelsvertreters abzustellen.[1487]

1481 EuGH, Urteil vom 9.7.2009 – C-204/08 (Rehder) = ECLI:EU:C:2009:439, Rn. 38.
1482 Ebd., Rn. 41 ff.
1483 Ebd., Rn. 45.
1484 EuGH, Urteil vom 11.3.2010 – C-19/09 (Wood Floor) = ECLI:EU:C:2010:137, Rn. 38.
1485 Ebd., Rn. 40.
1486 Ebd., Rn. 43.
1487 Ebd.

II. Deutsche Rechtspraxis

1. BGH, Urteil vom 2.3.2006 - IX ZR 15/05

Der BGH beschäftigte sich in dem Urteil vom 2.3.2006 erstmalig mit dem neu eingefügten, autonom zu bestimmenden Erfüllungsort (Art. 5 Nr. 1 lit. b EuGVO a.F.). Es handelte sich um die Klage einer Rechtsanwaltsgesellschaft mbH, die vom Beklagten, einem Verein französischen Rechts, Honorarzahlung für die Vertretung eines in London stattgefundenen Schiedsverfahrens durch einen in München tätigen Rechtsanwalt der Klägerin verlangte.[1488] Das LG München hatte die Klage mangels internationaler Zuständigkeit abgewiesen, das OLG München der Berufung der Klägerin im Wesentlichen stattgegeben.[1489] Die zugelassene Revision, welche sich nur auf die mangelnde internationale Zuständigkeit stützte, wurde vom BGH als unbegründet angesehen.[1490]

a) Lösung des Rechtsproblems

Der BGH bejahte die internationale Zuständigkeit des LG München nach Art. 5 Nr. 1 lit. b EuGVO a.F. Nach Spiegelstrich 2 liege der Erfüllungsort für die Erbringung von Dienstleistungen in dem Mitgliedstaat, an dem diese erbracht wurden oder hätten erbracht werden sollen.[1491] Der Erfüllungsort sei nicht mehr wie nach der Vorgängernorm Art. 5 EuGVÜ mithilfe des Internationalen Privatrechts (sog. *Tessili*-Regel[1492]), sondern losgelöst von der lex causae gemeinschaftsrechtlich autonom zu bestimmen,[1493] wobei sowohl Art. 50 EGV, Art. 5 Abs. 1 Römisches EWG-Übereinkommen als auch Art. 13 Abs. 1 Nr. 3 EuGVÜ und das LugÜ zur Begriffsbestimmung herangezogen werden können.[1494] Bei Rechtsanwaltstätigkeiten handele es sich im Sinne dieser Vorschriften um Dienstleistungen.[1495] Art. 5 Nr. 1 lit. b EuGVO a.F. bestimme jedoch nicht nur den internationalen Gerichtsstand für die vom Rechtsanwalt zu erbringende Dienstleistung, sondern

1488 BGH, 2.3.2006 - IX ZR 15/05 = EuZW 2006, 318, Rn. 1.
1489 Ebd., 318 Rn. 3.
1490 Ebd., 318 Rn. 4.
1491 Ebd., 319 Rn. 10.
1492 Der EuGH entschied letztmalig in der Rechtssache EuGH, Urteil vom 28.9.1999 - C-440/97 (GIE Groupe Concorde ./. Kapitän des Schiffes "Suhadiwarno Panjan") = ECLI:EU:C:1999:456, Rn. 13 ff., dass sich die Bestimmung des Erfüllungsortes nach dem Kollisionsrecht richte, dazu *Berg*, NJW 2006, 3035.
1493 BGH, 2.3.2006 - IX ZR 15/05 = EuZW 2006, 318, 319 Rn. 17.
1494 Ebd., 319 Rn. 12.
1495 Ebd., 319 Rn. 13.

der ermittelte Erfüllungsort der vertragscharakteristischen Leistung gelte auch für die Gegenleistung.[1496] Dies ergebe sich zwar nicht aus dem Wortlaut, aber aus der Begründung der Kommission zu Art. 5 EuGVO a.F.[1497] Sinn und Zweck der Vorschrift sei es, einen einheitlichen Gerichtsstand für sämtliche Klagen aus dem Dienstleistungsvertrag zu bilden.[1498] Wurde die Dienstleistung an zwei Mitgliedstaaten tatsächlich erbracht, sei aufgrund der übereinstimmend fällig werdenden Gegenleistung der Schwerpunkt der Dienstleistung zu bestimmen, welcher nach der EuGH-Rechtssache *Besix* grundsätzlich der (einheitliche) Ort sei, mit dem der Streitgegenstand die engste Verbindung aufweise.[1499] Aus der Wahl des Schiedsortes ergebe sich nicht, dass dieser als Schwerpunkt der gesamten Leistungserbringung anzusehen sei, da er häufig auf Gründen wie der Erreichbarkeit der Beteiligten beruhe.[1500] Bei der Mandatsbeauftragung eines Rechtsanwalts sei grundsätzlich davon auszugehen, er erbringe die geschuldete Dienstleistung am Sitz der Kanzlei. Dies sei in München gewesen, wo sowohl die Kontaktaufnahme mit der Beklagten stattgefunden habe, als auch Recherchen, Vorbereitungen und Schriftsätze angefertigt wurden.[1501] Diese Auffassung verkenne nicht, dass ein wichtiger Teil der Tätigkeit in London erbracht worden sei, denn bezüglich des Zeitaufwandes sei der Schwerpunkt der Tätigkeit am Kanzleisitz des bearbeitenden Rechtsanwalts zu sehen, was die Beklagte bei Beauftragung der Kanzlei am Sitz in München bewusst in Kauf genommen habe.[1502]

b) *Acte Clair*

„Eine Vorlage gemäß Art. 234 EGV an den [EuGH] ist nicht angezeigt. Eine Vorlagepflicht gemäß Art. 234 Abs. 3 EG-Vertrag besteht dann nicht, wenn das

---

1496 BGH, 2.3.2006 – IX ZR 15/05 = EuZW 2006, 318, 319 Rn. 14.

1497 Ebd., bezugnehmend auf den Vorschlag für eine Verordnung (EG) des Rates über die gerichtliche Zuständigkeit und die Anerkennung und Vollstreckung von Entscheidungen in Zivil- und Handelssachen, 14.7.1999, KOM(1999) 348 endg., S. 15: „Diese pragmatische Bestimmung des Erfüllungsorts, die auf einem rein faktischen Kriterium beruht, gilt unabhängig davon, welcher Art die streitige Verpflichtung ist, das heißt sie gilt auch, wenn die Verpflichtung in der Zahlung einer vertraglich vereinbarten finanziellen Gegenleistung besteht."

1498 BGH, 2.3.2006 – IX ZR 15/05 = EuZW 2006, 318, 319 Rn. 15.

1499 Ebd., 319 Rn. 20 ff., bezugnehmend auf EuGH, Urteil vom 19.2.2002 – C-256/00 (Besix SA) = ECLI:EU:C:2002:99, Rn. 32.

1500 BGH, 2.3.2006 – IX ZR 15/05 = EuZW 2006, 318, 320 Rn. 25.

1501 Ebd., 320 Rn. 24.

1502 Ebd., 320 Rn. 26.

letztinstanzliche nationale Gericht in dem bei ihm schwebenden Verfahren feststellt, dass die betreffende entscheidungserhebliche gemeinschaftsrechtliche Frage bereits Gegenstand der Auslegung durch den [EuGH] war oder die richtige Anwendung des Gemeinschaftsrechts offenkundig ist, und damit für einen vernünftigen Zweifel keinerlei Raum bleibt [...]. So liegt der Fall hier. In dem zitierten Urteil vom 19. Februar 2002 (aaO) hat der [EuGH] bereits zur Vorgängerregelung in Art. 5 EuGVÜ festgestellt, dass ein einziger Erfüllungsort nach dem Gesichtspunkt zu bestimmen ist, zu welchem Ort der Streitgegenstand die engste Verknüpfung aufweist. Dies gilt zweifellos auch für Art. 5 EuGVVO. Darüber herrscht auch zwischen den Parteien kein Streit. Die hiernach vorzunehmende Beurteilung im Einzelfall obliegt vornehmlich dem Tatrichter."[1503]

c) Bewertung

aa) Effet utile und Einheitlichkeit des Unionsrechts

Ein Acte Clair kann nur angenommen werden, wenn nach dem oben in Kapitel 4 A. II. 1. b) aa) definierten Bewertungskriterium die Position des EuGH, die Effektivität des Unionsrechts zu gewährleisten, nicht bedroht wird.

Der EuGH hat sich in der Rechtssache *Besix* zu Art. 5 Nr. 1 EuGVÜ in eigenen Worten gegen die „überkommene Rechtsprechung" gewandt, welche den Erfüllungsort nach den Kollisionsnormen des angerufenen Gerichts ermittelt hatte und entschieden, dass ein einziger Erfüllungsort autonom zu bestimmen sei.[1504] Dieser Ort sei grundsätzlich jener, zu dessen Gericht der Streitgegenstand die engste Verknüpfung aufweise.[1505] Auch wenn sich die Rechtssache *Besix* auf den Sonderfall einer weltweit geltenden Unterlassungsverpflichtung bezog, können die grundlegenden, in dieser Rechtssache getätigten Weichenstellungen bezüglich der Konsolidierung, der Entkopplung sowie der Bündelung auf einen

1503 BGH, 2.3.2006 – IX ZR 15/05 = EuZW 2006, 318, 320 Rn. 27.

1504 EuGH, Urteil vom 19.2.2002 – C-256/00 (Besix SA) = ECLI:EU:C:2002:99, Rn. 33. Als „überkommene Rechtsprechung" nannte der EuGH hier die Rechtssachen EuGH, Urteil vom 14.1.1976 – 12/76 (Tessili ./. Dunlop) = ECLI:EU:C:1976:133, Rn. 13, 15; EuGH, Urteil vom 29.6.1994 – C-288/92 (Custom Made) = ECLI:EU:C:1994:268, Rn. 26; EuGH, Urteil vom 28.9.1999 – C-440/97 (GIE Groupe Concorde ./. Kapitän des Schiffes "Suhadiwarno Panjan") = ECLI:EU:C:1999:456, Rn. 32 sowie EuGH, Urteil vom 5.10.1999 – C-420/97 (Leathertex Divisione Sintetici SpA ./. Bodetex BVBA) = ECLI:EU:C:1999:483, Rn. 33.

1505 EuGH, Urteil vom 19.2.2002 – C-256/00 (Besix SA) = ECLI:EU:C:2002:99, Rn. 32.

einzigen Gerichtsstand aus Gründen der Vorhersehbarkeit und Rechtssicherheit auf die Erbringung von Rechtsanwaltsleistungen übertragen werden.[1506]

Aus der Begründung der Kommission ergibt sich, dass die Bestimmung des Erfüllungsortes auf einem rein faktischen Kriterium, unabhängig der Art der Verpflichtung beruhe.[1507]

Somit bestehen hier keine Unklarheiten bei der Ermittlung des Schutzzweckes des Art. 5 Nr. 1 lit. b EuGVO a.F., der darin liegt, einen einheitlichen Erfüllungsort zu bilden.

bb) Individualrechtsschutz und Einheitlichkeit des Unionsrechts

Anhaltspunkte für eine Bedrohung der Position des EuGH als Hüter der elementaren Bürgerrechte, wie oben in Kapitel 4 A. II. 1. b) bb) definiert, bestehen nicht.

cc) Ergebnis

Der BGH erfüllte die Bewertungskriterien, sodass die Voraussetzungen eines materiellen Acte Clair gegeben sind. Indem der BGH anhand typisierter Kriterien und deren Gewichtung den Ort ermittelt, wo der Tätigkeitsschwerpunkt lag, befolgte der BGH den Schutzzweck des Art. 5 Nr. 1 lit. b 2. Spiegelstrich EuGVO a.F.

Durch die Einhaltung typisierter Kriterien wie der Zeitaufwand und die Bedeutung der Tätigkeitsanteile wird eine Abwägung zwischen Sach- und Beweisnähe und Vorhersehbarkeit des Gerichtsstandes getroffen. Insbesondere spielen für den Ausbau des Binnenmarktes die Sach- und Beweisnähe des Gerichts eine große Rolle, da dadurch üblicherweise Transaktionskosten gesenkt werden, die Prozesskosten aufgrund der einfacheren Beweisaufnahme günstiger werden und die Prozessdauer verkürzt wird.[1508] Die Einsparung von Zeit und Kosten sind Aspekte, die aufgrund großer Prozessrisiken entscheidend dafür sein können, ob eine etwaige Leistung bspw. eine Transaktion im Binnenmarkt durchgeführt wird oder nicht.[1509] Die Rechtssicherheit wird durch eine kurze Verfahrensdauer gesteigert, weil die Parteien dadurch schneller mit etwaigen,

---

1506 Krit. *Berg*, NJW 2006, 3035, 3036 f.

1507 Vorschlag für eine Verordnung (EG) des Rates über die gerichtliche Zuständigkeit und die Anerkennung und Vollstreckung von Entscheidungen in Zivil- und Handelssachen, 14.7.1999, KOM(1999) 348 endg., S. 15.

1508 *Wais*, 2014, 39 f. Zur Gegenseitigkeit von Prozessdauer und -kosten, *R. Magnus*, ZZP 125 (2012), 75.

1509 *Rühl*, in: Bork/Eger (Hrsg.), 2009, 335, 339 f.; *Wais*, 2014, 27, 33.

während des Prozesses gebildeten Rücklagen frei verfügen können.[1510] Auch die Vereinfachung durch die autonome Bestimmung des Gerichtsstands steigert die Rechtssicherheit sowie die Vorhersehbarkeit. Durch die Limitierung der Gerichtsstände können die Parteien mit großer Rechtssicherheit auf dem Binnenmarkt kontrahieren, wodurch das Binnenmarktziel gefördert wird.

Betrachtet man die zahlreichen Folgeentscheidungen des EuGH zu Art. 5 Nr. 1 lit. b 2. Spiegelstrich EuGVO a.F. sowie Art. 7 Nr. 1 lit. b 2. Spiegelstrich EuGVO n.F., fällt auf, dass der EuGH mit einer großen Anzahl an Vorlageersuchen konfrontiert wurde. Der EuGH hatte in einer Vielzahl einzelner Konstellationen die Möglichkeit, den Erfüllungsort weiter zu konkretisieren und ermittelte auch dort anhand typisierter Kriterien den jeweiligen Erfüllungsort.

In der Rechtssache *Krejci Lager & Umschlagsbetriebe GmbH* bestätigte der EuGH, dass das Anknüpfungskriterium autonom definiert werden müsse, „um die Ziele der Vereinheitlichung der Gerichtsstandsregeln und der Vorhersehbarkeit zu stärken (vgl. in diesem Sinne Urteile Rehder, Randnrn. 33 und 36, sowie vom 11. März 2010, Wood Floor Solutions Andreas Domberger, C-19/09, Slg. 2010, I-2121, Randnrn. 23 und 26).“[1511] Der EuGH wiederholte die in *Falco* entwickelte Definition der Dienstleistung.[1512] Bei einem Lagervertrag sei das prägende Element die Lagerung der betreffenden Waren für die andere Vertragspartei, was einer entgeltlichen Tätigkeit im Rahmen einer Dienstleistung entspreche und somit der Ort der Lagerhaltung international und örtlich zuständig sei.[1513] In der Rechtssache *Corman-Collins* legte der EuGH fest, dass Ansprüche nach der Auflösung eines Vertriebsvertrages aus einem Rahmenvertrag dann unter den Dienstleistungsvertrag zu subsumieren seien, wenn dieser Vertrag besondere Klauseln über den Lizenzvertrieb durch den Vertragshändler vorsehe. Er ging hier auf eine typisierte Betrachtung ein, indem es hieß: „Doch wie verschiedenartig die Vertriebsverträge in der Geschäftspraxis auch sein mögen, die in ihnen vorgesehenen Verpflichtungen knüpfen an den Zweck dieses Vertragstyps an, der darin besteht, den Vertrieb der Erzeugnisse des Lizenzgebers zu gewährleisten. Zu diesem Zweck verpflichtet sich der Lizenzgeber, dem von ihm hierzu ausgewählten Vertragshändler die Waren zu verkaufen, die Letzterer zur

1510 Vgl. *Wais*, 2014, 40.

1511 EuGH, Urteil vom 14.11.2013 – C-469/12 (Krejci Lager & Umschlagbetrieb) = ECLI:EU:C:2013:788, Rn. 22.

1512 Ebd., Rn. 26.

1513 Ebd., Rn. 27. Siehe dazu *Kadner Graziano*, RIW 2016, 14, 24; *Killias*, SZIER 24 (2014), 698, 707 f.

Befriedigung der Nachfrage seiner Kundschaft bestellt, während sich der Vertragshändler verpflichtet, dem Lizenzgeber die in Zukunft von ihm benötigten Waren abzukaufen."[1514]

In der Rechtssache *Kareda* bejahte der EuGH viereinhalb Jahre später das Vorliegen eines Dienstleistungsvertrags erstmals zu Art. 7 Nr. 1 lit. b EuGVO n.F. und legte zunächst fest, dass die Auslegung zu Art. 5 Nr. 1 lit. b EuGVO a.F. auch bezüglich der neuen Norm gelte und als gleichbedeutend angesehen werden könne.[1515] Bei einem Vertrag über die Gewährleistung eines Kredits durch ein Kreditinstitut läge im Sinne der Vorschrift der Erfüllungsort am Sitz des Kreditinstituts. Dies gelte auch für eine Regressklage eines Gesamtschuldners gegen einen anderen Gesamtschuldner, was sich bereits aus den nach den Erwägungsgründen (15) und (16) EuGVO n.F. verfolgten Zielen der Vorhersehbarkeit, Vereinheitlichung und der geordneten Rechtspflege ergebe.[1516]

In der verbundenen Rechtssache *flightright* und *Becker* und *Barkan* entschied der EuGH erneut über einen Beförderungsvertrag im Luftverkehr, hier jedoch bezüglich einer aus zwei Teilstrecken bestehenden Flugreise, welche jeweils von zwei verschiedenen Luftfahrtunternehmen durchgeführt worden waren.[1517] Bei einer auf Ausgleichszahlungen gerichteten Klage aufgrund von Störungen, die auf dem ersten Flug eingetreten waren, ermittelte der EuGH als Erfüllungsort den Ankunftsort der zweiten Teilstrecke, da dieser der Orte sei, an dem die Dienstleistung der Beförderung im Luftverkehr hauptsächlich erbracht worden sei.[1518] Bereits in der Rechtssache *Rehder*, bei der es sich um einen Direktflug handelte, hatte der EuGH ausgeführt, dass „die Orte, an denen die Maschine gegebenenfalls zwischenlandet, keine hinreichende Verbindung zum Kern der sich aus dem Vertrag ergebenden Dienstleistungen auf[weise]."[1519]

Einen Tag später entschied der EuGH die Rechtssache *Saey Home* und übertrug seine Rechtsprechungslinie auf eine „Schadensersatzklage wegen der

---

1514 EuGH, Urteil vom 19.12.2013 – C-9/12 (Corman-Collins) = ECLI:EU:C:2013:860, Rn. 27. Siehe dazu *Killias*, SZIER 24 (2014), 698, 708 ff.; *Lenzing*, EuZW 2014, 183.

1515 EuGH, Urteil vom 15.6.2017 – C-249/16 (Kareda) = ECLI:EU:C:2017:472, Rn. 27.

1516 Ebd., Rn. 43 f.

1517 So in der Rechtssache C-274-16 und C-448/16, EuGH, Urteil vom 7.3.2018 – C-274/16 und C-447/16 und C-448/16 (flightright und Becker und Barkan) = ECLI:EU:C:2018:160.

1518 Ebd., Rn. 73.

1519 EuGH, Urteil vom 9.7.2009 – C-204/08 (Rehder) = ECLI:EU:C:2009:439, Rn. 40. Darauf bezugnehmend EuGH, Urteil vom 7.3.2018 – C-274/16 und C-447/16 und C-448/16 (flightright und Becker und Barkan) = ECLI:EU:C:2018:160, Rn. 69.

Kündigung eines Vertriebsvertrages zwischen zwei Gesellschaften mit Sitz und Geschäftstätigkeit in zwei verschiedenen Mitgliedstaaten für den Vertrieb von Waren auf dem nationalen Markt eines dritten Mitgliedstaats, in dessen Hoheitsgebiet keine dieser Gesellschaften über eine Zweigniederlassung oder sonstige Niederlassung verfügte".[1520] Abzustellen sei bezüglich des Erfüllungsortes nach Art. 7 Nr. 1 lit. b EuGVO n.F. auf „das Gericht des Mitgliedstaats [...], in dem sich der Ort der hauptsächlichen Leistungserbringung befindet, wie er sich aus den Bestimmungen des Vertrags oder, mangels solcher Bestimmungen, aus dessen tatsächlicher Erfüllung ergibt; kann der fragliche Ort nicht auf dieser Grundlage ermittelt werden, so ist auf den Wohnsitz des Leistungserbringers abzustellen." [1521]

In der Rechtssache *Zurich Insurance* übertrug der EuGH seine Rechtsprechung zum Erfüllungsort dann auf die Güterbeförderung zwischen Mitgliedstaaten, welche über mehrere Tage hinweg mit unterschiedlichen Transportmitteln vorgenommen wurden. Wie bei der Beförderung im Luftverkehr seien sowohl der Ort der Versendung als auch der Ort der Lieferung der Güter Erfüllungsorte im Sinne des Art. 5 Nr. 1 lit. b 2. Spiegelstrich EuGVO a.F. [1522]

2. BGH, Urteil vom 28.2.2012 – XI ZR 9/11

Der BGH beschäftigte sich in dem Urteil vom 28.2.2012 erneut mit Art. 5 Nr. 1 EuGVO a.F. Die Frage, ob ein „allgemeiner" Vertrag nach lit. a vorliege oder ein Kauf- oder Dienstleistungsvertrag ist, wie gesehen von entscheidender Bedeutung für die Bestimmung des Erfüllungsortes. Nur wenn ein Kauf- oder Dienstleistungsvertrag vorliegt, wird der Erfüllungsort autonom, entkoppelt vom materiellen Erfüllungsort ermittelt. Die vom BGH entschiedene Frage bezog sich darauf, ob bei einem Darlehensvertrag die Kredithingabe als Tätigkeit im Sinne der Vorschrift als Dienstleistung angesehen werden könne. Dies war umstritten, da die Vorgängernorm, Art. 13 Abs. 1 Nr. 3 EuGVÜ Kreditgeschäfte nicht als Dienstleistungen ansah.[1523] Eine Bank mit Sitz in Deutschland hatte

---

1520 EuGH, Urteil vom 8.3.2018 – C-64/17 (Saey Home & Garden) = ECLI:EU:C:2018:173, Rn. 47.

1521 Ebd.

1522 EuGH, Urteil vom 11.7.2018 – C-88/17 (Zurich Insurance und Metso Minerals) = ECLI:EU:C:2018:558, Rn. 25. Vorgeprägt hatte diese Entscheidung die Rechtssache EuGH, Urteil vom 9.7.2009 – C-204/08 (Rehder) = ECLI:EU:C:2009:439. Siehe dazu *Schlosser*, IPRax 2019, 23.

1523 *Schlosser, P.*, Bericht zu dem Übereinkommen des Königreichs Dänemark, Irlands und des Vereinigten Kö-nigreichs Großbritannien und Nordirland zum Übereinkommen

dem Kläger mit Wohnsitz in Frankreich mehrere Darlehen gewährt. Nachdem die Tilgungs- und Zinszahlungen unterblieben waren, kündigte die Klägerin die Darlehensverträge. Die Klage war in den Vorinstanzen (LG München I und OLG München) erfolgreich. Die Revision und Nichtzulassungsbeschwerde des Beklagten hatten keinen Erfolg.[1524]

a) Lösung des Rechtsproblems

Der BGH bejahte die Einordnung eines Bankkreditvertrages als Dienstleistung aufgrund einer diesbezüglichen „einhelligen" Bejahung in der deutschen Rechtsprechung und Literatur.[1525] Anschließend führte er als Argument an, dass Art. 63 Abs. 3 EuGVO a.F. bezüglich Verträgen über Finanzdienstleistungen die sogenannte Luxemburg-Klausel des Art. 63 Abs. 1 EuGVO a.F., welche die Unanwendbarkeit des Art. 5 Nr. 1 EuGVO a.F. für Dienstleistungen bestimme, ausdrücklich unangewendet lasse.[1526] Ferner müsse der Dienstleistungsbegriff im Einklang mit Art. 4 Abs. 1 lit. b und Art. 6 Abs. 4 lit. a Rom I-VO ausgelegt werden.[1527] Dies ergebe sich aus Erwägungsgrund (7) der Rom I-VO, wonach die Auslegung der Rom I-VO mit der Auslegung der EuGVO a.F. im Einklang stehen solle.[1528] Erwägungsgrund (17) der Rom I-VO spezifiziere, dass der Begriff der „Erbringung von Dienstleistungen" so ausgelegt werde wie in Art. 5 EuGVO a.F.[1529] Eine Auslegung wie zu Art. 13 EuGVÜ unter Bezugnahme des Art. 29 EGBGB a.F. komme aufgrund der geänderten Rechtslage nicht in Betracht.[1530] Der Erfüllungsort richte sich nicht nach dem materiellrechtlichen Erfüllungsort der jeweils streitigen Leistung, sondern nach der vertragscharakteristischen Leistung. Dies ergebe sich aus der Entstehungsgeschichte sowie dem Zweck der Norm, einen einheitlichen Gerichtsstand für sämtliche Klagen aus dem Dienstleistungsvertrag zu schaffen,[1531] welcher

über die gerichtliche Zuständigkeit und die Voll-streckung gerichtlicher Entscheidungen in Zivil- und Handelssachen sowie zum Protokoll betreffend die Ausle-gung dieses Übereinkommens durch den Gerichtshof, ABl. C 59 vom 5.3.1979, S 71, 118.

1524 BGH, 28.2.2012 – XI ZR 9/11 = NJW 2012, 1817.

1525 Ebd., 1817 Rn. 17.

1526 Ebd., 1818 Rn. 18.

1527 Ebd., 1818 Rn. 19.

1528 Ebd.

1529 Ebd.

1530 Ebd., 1818 Rn. 21.

1531 Bezugnehmend auf BGH, 2.3.2006 – IX ZR 15/05 = EuZW 2006, 318, Rn. 14 f.

gleichermaßen für die in der Regel auf Geld gerichtete Leistung des Vertragspartners gelte.[1532]

Der Ort der vertragscharakteristischen Leistung liege hier in München, dort habe die Klägerin als zur Dienstleistung verpflichtete Partei die charakteristische Leistung der Kredithingabe ausschließlich erbracht.[1533]

b) Acte Clair

„Die Auslegung des Begriffs der "Dienstleistung" in Art. 5 Nr. 1 Buchst. b) 2. Spiegelstrich EuGVVO erfordert keine Vorlage an den EuGH zur Vorabentscheidung. Dies folgt bereits daraus, dass die richtige Auslegung des Dienstleistungsbegriffs im Sinne der EuGVVO aus den genannten Gründen hier derart offenkundig ist, dass für vernünftige Zweifel kein Raum bleibt [...].“[1534]

c) Bewertung

aa) Effet utile und Einheitlichkeit des Unionsrechts

Wie oben in Kapitel 4 A. II. 1. b) aa) erörtert, kann ein Acte Clair kann nur angenommen werden, wenn die Position des EuGH, die Effektivität des Unionsrechts zu gewährleisten, nicht bedroht wird.

Es müsste sich ohne Unklarheit für den nationalen Richter ermitteln lassen, ob der Schutzzweck des Art. 5 Nr. 1 lit. b 2. Spiegelstrich EuGVO a.F. Bankkreditverträge umfasst. Anhaltspunkte dafür könnten sich aus der EuGH-Rechtsprechung, weiteren Normen der EuGVO a.F. sowie anderen Unionsrechtsakten ergeben.

Der BGH nimmt in seiner Urteilsbegründung bezüglich des Erfüllungsortes der Dienstleistung Bezug zur EuGH-Rechtssache *Falco*, in welcher der Dienstleistungsbegriff definiert wurde.[1535] Danach stelle eine Dienstleistung die Erbringung tätigkeitsbezogener Leistungen an den Kunden gegen Entgelt dar.[1536] Die bloße Gewährung einer Lizenz erfüllte dort diese Voraussetzung nicht. Ebenfalls hatte der EuGH in *Falco* festgestellt, dass kein einheitlicher europäischer Dienstleistungsbegriff bestehe, sondern je nach Funktion die jeweilige

---

1532 BGH, 28.2.2012 – XI ZR 9/11 = NJW 2012, 1817, 1818 Rn. 22 f.

1533 Ebd., 1818 Rn. 24.

1534 Ebd., 1818 Rn. 25.

1535 Ebd., 1818 Rn. 19.

1536 EuGH, Urteil vom 23.4.2009 – C-533/07 (Falco Privatstiftung und Thomas Rabitsch ./. Gisela Weller-Lindhorst) = ECLI:EU:C:2009:257, Rn. 29; Rauscher EuZPR/EuIPR/*Leible*, Art. 7 Brüssel Ia-VO, Rn. 67.

Rechtsnorm auszulegen sei.[1537] Der Zweck der EuGVO a.F. läge darin, Rechtssicherheit dadurch zu generieren, indem die Vorhersehbarkeit des Gerichtsstands gewährleistet werde.[1538] Art. 5 Nr. 1 EuGVO a.F. diene hierbei vor allem dem Ziel, räumliche Nähe des berufenen Gerichts zu gewährleisten, von welcher bei einer engen Verknüpfung des Vertrages ausgegangen werde.[1539]

Die weitere Auslegung des primärrechtlichen Dienstleistungsbegriffs in Art. 50 EGV (nun Art. 57 AEUV) beruhe darauf, möglichst viele wirtschaftliche Tätigkeiten, die nicht zum freien Waren- oder Kapitalverkehr oder zur Personenfreizügigkeit gehören, zu umfassen.[1540]

Nach Art. 57 AEUV (ex Art. 50 EGV), an den sich Art. 4 Nr. 1 Dienstleistungsrichtlinie anlehnt,[1541] sind Dienstleistungen entgeltliche Tätigkeiten welche in Abgrenzung zu den anderen Grundfreiheiten, unmittelbar am Binnenmarkt teilnehmen und insbesondere gewerblich, kaufmännisch, handwerklich oder freiberuflich erbracht werden.[1542]

Anhaltspunkte dafür, dass Bankkreditverträge vom Schutzzweck des Art. 5 Nr. 1 lit. b 2. Spiegelstrich EuGVO a.F. umfasst werden, könnten zunächst in der EuGVO a.F. selbst gefunden werden. Art. 63 Abs. 3 EuGVO a.F. sieht eine Ausnahme von der Luxemburg-Klausel bezüglich Verträgen über Finanzdienstleistungen vor. Die Luxemburg-Klausel legt fest, dass wenn sich der Bestimmungsort einer Dienstleistung oder Lieferung in Luxemburg befindet und sich die Zuständigkeit nach Art. 5 Nr. 1 EuGVO a.F. richtet, Unzuständigkeit geltend gemacht werden könne. Die Ausnahme in Absatz drei würde sinnentleert sein, wenn Finanzdienstleistungen keine Dienstleistungen im Sinne der EuGVO a.F. darstellten.

Weitere Anhaltspunkte könnten sich aus anderen Unionsrechtsakten ergeben.

1537 EuGH, Urteil vom 23.4.2009 – C-533/07 (Falco Privatstiftung und Thomas Rabitsch ./. Gisela Weller-Lindhorst) = ECLI:EU:C:2009:257, Rn. 33 ff.; Rauscher EuZPR/EuIPR/*Thorn*, Art. 4 Rom I-VO, Rn. 35.

1538 EuGH, Urteil vom 23.4.2009 – C-533/07 (Falco Privatstiftung und Thomas Rabitsch ./. Gisela Weller-Lindhorst) = ECLI:EU:C:2009:257, Rn. 22.

1539 Ebd., Rn. 25.

1540 Ebd., Rn. 35.

1541 Richtlinie 2006/123/EG des Europäischen Parlaments und des Rates vom 12. Dezember 2006 über Dienstleistungen im Binnenmarkt, ABl. L 376 vom 27.12.2006, S. 36–68. Siehe dazu *Martiny*, in: Reithmann/Martiny/Dutta/Thode (Hrsg.), [8]2015, A. Allgemeines zum Dienstleistungsvertrag 6.35 Rn. 6.

1542 Siehe dazu, Europäisches Unionsrecht 7. Aufl. 2015/*Tiedje*, Art. 57 AEUV, Rn. 3, 5; Rauscher EuZPR/EuIPR/*Thorn*, Art. 4 Rom I-VO, Rn. 35.

Erwägungsgrund (17) Rom I-VO verlangt einen Gleichlauf des Dienstleistungsbegriffs der Rom I-VO mit der EuGVO a.F. Erwägungsgrund (7) Rom I-VO fordert einen allgemeinen Gleichlauf. Die Rom I-VO sieht ihrerseits jedoch keine Definition des Dienstleistungsbegriffs vor. Dennoch wird auch der Dienstleistungsbegriff der Rom I-VO nicht eng verstanden.[1543] Eindeutiger ist als Anhaltspunkt die Richtlinie 2002/65/EG über den Fernabsatz von Finanzdienstleistungen (ABl. L 271 vom 9. 10. 2002, S. 16) zu sehen. Die Begriffsdefinition in Art. 2 lit. b umfasst eindeutig Dienstleistungen im Zusammenhang mit der Kreditgewährung als Finanzdienstleistung.

Von Art. 13 EuGVÜ waren (Verbraucher-) Kreditverträge ausgenommen worden, doch aufgrund der gewandelten Systematik kann die Rechtsprechung des EuGH zu Art. 13 Abs. 1 Nr. 3 EuGVÜ nicht ohne Weiteres auf den neuen Art. 5 Nr. 1 lit. b EuGVO a.F. übertragen werden.[1544]

In der Rechtssache *Falco* hat der EuGH klargestellt, dass gerade weil sich aus Art. 5 Nr. 1 EuGVO a.F. für divergierende Verträge unterschiedliche Zuständigkeitsvorschriften ergeben, aus systematischen Gründen keine Umgehung der Gemeinschaftszwecke erfolgen dürfe.[1545] Diese Gefahr drohe bei einem Leerlaufen der Regelungen des Art. 5 Nr. 1 lit. c und a EuGVO a.F., sofern Art. 5 Nr. 1 lit. b EuGVO a.F. über seinen vorgesehenen Anwendungsbereich hinaus angewendet würde.[1546] Stelle man allein auf den Wortlaut der in *Falco* entwickelten Definition ab und fordere das Erbringen einer Tätigkeit gegen Entgelt, so könnten hier Zweifel aufkommen.[1547] Als Schwerpunkt einer Kreditvergabe

---

1543 Siehe bspw. *Kropholler/von Hein*, Europäisches Zivilprozessrecht, [9]2011, Art. 5 EuGVO, Rn. 43 f.; eingehend *Wais*, 2014, 74 ff. Dass Bankkreditverträge nicht vom Dienstleistungsbegriff umfasst seien, vertrat hingegen Rauscher EuZPR/EuIPR/*Thorn*, Art. 4 Rom I-VO, Rn. 36, 46. Kritisch ebenfalls Rauscher EuZPR/EuIPR/*Leible*, Art. 7 Brüssel Ia-VO, Rn. 68 ff.

1544 Vgl. *Martiny*, in: Reithmann/Martiny/Dutta/Thode (Hrsg.), [8]2015, A. Allgemeines zum Dienstleistungsvertrag 6.35 Rn. 9.

1545 Siehe EuGH, Urteil vom 23.4.2009 – C-533/07 (Falco Privatstiftung und Thomas Rabitsch ./. Gisela Weller-Lindhorst) = ECLI:EU:C:2009:257, Rn. 42 f.

1546 Ebd., Rn. 43.

1547 Vgl. Rauscher EuZPR/EuIPR/*Thorn*, Art. 4 Rom I-VO, Rn. 36, der bei Bankgeschäften darauf abstellt, ob die Bank eine Tätigkeit entfaltet, was insbesondere bei Kreditvergaben problematisch ist. Ebenso Rauscher EuZPR/EuIPR/*Leible*, Art. 7 Brüssel Ia-VO, Rn. 68.

kann auch eine Nutzungsüberlassung und damit ein Unterlassen der Rückforderung gesehen werden.[1548]

Vereinzelt wird zwar ein Unterlassen für eine Dienstleistung als ausreichend angesehen,[1549] dafür fehlt es hingegen an systematischen und teleologischen Anhaltspunkten. Der Grund für ein enges Verständnis des EuGH könnte darin zu sehen sein, dass bei der rein faktischen Bestimmung des Erfüllungsortes, wie es Art. 5 Nr. 1 EuGVO a.F. fordere, die Gefahr bestehe, dass in der Realität das Tätigwerden des Vertragspartners nicht beobachtet werden könne, was bei einem Unterlassen der Fall wäre, und deshalb der Rechtssicherheit abträglich wäre.[1550]

Eine am Telos orientierte Auslegung verlangt entsprechend der Rechtssache *Falco* die Untersuchung, ob nach dem Schutzzweck des Art. 5 Nr. 1 lit. b 2. Spiegelstrich EuGVO a.F. auch Bankkreditverträge vom Dienstleistungsbegriff umfasst werden. Die Zusammenschau der Unionsrechtsakte zeigt auf, dass der Unionsgesetzgeber durchaus Finanzdienstleistungen vom Dienstleistungsbegriff erfasst ansah. Die Gefahr, dass ein tatsächliches Verhalten vonseiten des Vertragspartners nicht beobachtet werden könne, besteht bei Bankkreditverträgen nicht.

Die vom BGH vorgenommene Auslegung, den Schwerpunkt der Darlehensgabe in einer Tätigkeit anzusehen und nicht, wie teilweise vertreten wurde, den Fokus in der Nutzungsüberlassung und damit in einem Unterlassen der Rückforderung zu sehen,[1551] entspricht dem Telos des Art. 5 Nr. 1 lit. b 2. Spiegelstrich EuGVO a.F. Die Auslegung des BGH wird ebenfalls dem allgemeinen Ziel, den Binnenmarkt zu fördern, gerecht. Durch den Einbezug von Kreditverträgen in die Vorschrift des Art. 5 Nr. 1 lit. b 2. Spiegelstrich EuGVO a.F. wird die Vorhersehbarkeit des Gerichtsstands im Finanzsektor erheblich gesteigert und damit die Rechtssicherheit gestärkt.[1552] Dies fördert das Interesse der Marktteilnehmer, Finanztransaktionen auf dem Binnenmarkt überhaupt zu tätigen. Unklarheiten bezüglich der Schutzrichtung und des Schutzniveaus von Art 5 Nr. 1 lit. b 2. Spiegelstrich EuGVO a.F. bestehen damit nicht.

1548 So die parallele zu Miet- und Pachtverträgen aufzeigend Rauscher EuZPR/EuIPR/*Leible*, Art. 7 Brüssel Ia-VO, Rn. 68; *Wais*, 2014, 123 f.; *Wais*, LMK 2012, 334934.

1549 So *Berlioz*, Journal de Droit International 2008, 675, 714 ff.

1550 *Kropholler/von Hein*, Europäisches Zivilprozessrecht, ^{9}2011, Art. 5 EuGVO, Rn. 43.

1551 Die Parallele zu Miet- und Pachtverträgen aufzeigend Rauscher EuZPR/EuIPR/*Leible*, Art. 7 Brüssel Ia-VO, Rn. 68; *Wais*, 2014, 123 f.; *Wais*, LMK 2012, 334934.

1552 Siehe hierzu die Erwägungen zu BGH 2.3.2006 (s. Kapitel 5 B. II. c).

bb) Individualrechtsschutz und Einheitlichkeit des Unionsrechts

Eine Bedrohung der Position des EuGH als Hüter der elementaren Bürgerrechte besteht nach dem oben in Kapitel 4 A. II. 1. b) bb) definierten Bewertungskriterium nicht.

cc) Ergebnis

Der BGH hat eine den Bewertungskriterien entsprechende Auslegung vorgenommen, sodass der materielle Acte Clair erfüllt ist. Der BGH sah Bankkreditverträge als Dienstleistungen im Sinne des Art. 5 Nr. 1 lit. b 2. Spiegelstrich EuGVO a.F. an und bezog damit eine bedeutende Kategorie in den Anwendungsbereich des autonom zu bestimmenden Erfüllungsortes mit ein.

Betrachtet man die Folgerechtsprechung des EuGH in dieser Thematik, so kann das die Auslegung des BGH bestätigende Urteil des EuGH in der Rechtssache *Kareda* genannt werden. Der EuGH hat hier wie bereits der BGH einen Kreditvertrag als Dienstleistung im Sinne des Art. 5 Nr. 1 lit. b 2. Spiegelstrich EuGVO a.F. angesehen und wie der BGH als Erfüllungsort den Sitz des Kreditinstitutes bejaht.[1553]

III. Fazit

Den Parteien wird durch den Vertragsgerichtsstand ein parteineutraler Gerichtsstand gewährt, welcher unabhängig von Rechtsschutzinteressen und Effizienzgesichtspunkten im Vorfeld besteht.[1554] Durch die Bestimmbarkeit eines Gerichtsstands bereits im Zeitpunkt des Vertragsschlusses nach Art. 5 Nr. 1 lit. b EuGVO a.F. wird die Vorhersehbarkeit enorm gestärkt, auch wenn eine Klage im allgemeinen Gerichtsstand möglich bleibt und weiterhin die Möglichkeit besteht, eine Gerichtsstandsvereinbarung zu treffen. Ebenfalls Regelungsziel des Art. 5 Nr. 1 lit. b EuGVO a.F. stellt die Begrenzung der Anzahl möglicher Gerichtsstände dar,[1555] was untergeordnet auch der Vorhersehbarkeit dient. Die Anknüpfung an den Erfüllungsort schafft ferner einen sach- und beweisnahen Gerichtsstand. Dieses Ziel wirkt jedoch entgegengesetzt zu dem höherrangigen Normziel der Vorhersehbarkeit. Eine höhere Vorhersehbarkeit des Gerichtsstands wird prinzipiell durch eine abstraktere Anknüpfung gewährleistet, wobei die konkrete Sach- und Beweisnähe durch eine variable und flexible

1553 EuGH, Urteil vom 15.6.2017 C 249/16 (Kareda) = ECLI:EU:C:2017:472, Rn. 44.
1554 Siehe hierzu eingehend *Wais*, 2014, 16 ff., 31.
1555 Ebd., 31.

Anknüpfung an den konkreten Fall erreicht werden.[1556] In einem Konflikt dieser Regelungsaspekte müssen die Sach- und Beweisnähe hinter dem Vorhersehbarkeitsziel zurückstehen, was Art. 5 Nr. 1 lit. b EuGVO a.F. durch die typisierte Anknüpfung zum Ausdruck bringt.[1557]

Die beiden Entscheidungen zum Erfüllungsgerichtsstand erfüllten die Kriterien des materiellen Acte Clair.

C. Besonderer Gerichtsstand des Handlungs- und Erfolgsortes

Die EuGVO a.F. sieht wie bereits das EuGVÜ und viele mitgliedstaatliche Rechtsordnungen einen besonderen Gerichtsstand für Klagen wegen unerlaubter Handlungen vor, welcher im Interesse der sachgerechten Prozessgestaltung eingeführt wurde.[1558] Insbesondere aufgrund der hohen Anzahl von Verkehrsunfällen erschien dies angebracht.[1559] Die EuGVO n.F. enthält durch den hinzugefügten Satz 3 in Erwägungsgrund (16) eine besondere Betonung, wonach das Erfordernis der engen Verbindung, welche Rechtssicherheit schaffen und die Vorhersehbarkeit des Gerichtsstands gewährleisten soll, besonders wichtig bei Rechtsstreitigkeiten sei, die außervertragliche Schuldverhältnisse beträfen.[1560] Der Deliktsgerichtsstand nach Art. 5 Nr. 3 EuGVO a.F./Art. 7 Nr. 2 EuGVO n.F. begründet eine Zuständigkeit am Ort, an dem das schädigende Ereignis eingetreten ist oder einzutreten droht. Nach autonomer Auslegung wird darunter vom EuGH sowohl am Handlungsort als auch am Erfolgsort nach der Ubiquitätstheorie ein Gerichtsstand etabliert, wobei der Kläger grundsätzlich ohne eine generelle Bevorzugung[1561] ein Wahlrecht hat, an welchem der Orte er klagt.[1562]

1556 Vgl. *Wais*, 2014, 16 ff., 40 f.

1557 Vgl. ebd., 41 f.

1558 Siehe *R. Wagner/Gess*, NJW 2009, 3481, 3482.

1559 *Jenard, P.*, Bericht zu dem Übereinkommen vom 27. September 1968 über die gerichtliche Zuständigkeit und die Vollstreckung gerichtlicher Entscheidungen in Zivil- und Handelssachen, ABl. C 59 vom 5.3.1979, S. 1, 26; Rauscher EuZPR/EuIPR/*Leible*, Art. 7 Brüssel Ia-VO, Rn. 102.

1560 Rauscher EuZPR/EuIPR/*Leible*, Art. 7 Brüssel Ia-VO, Rn. 103.

1561 Ebd., Rn. 117, differenzierend im IPR. Die Rom II-VO sieht ebenfalls keine Bevorzugung vor, sondern knüpft sogar nur an den Erfolgsort an, *von Hein*, YbPIL 16 (2014/2015) 241, 247. Siehe ferner zu Wertungsverschiedenheiten im IPR und IZVR *Hönle*, 2011, 99 ff.

1562 EuGH, Urteil vom 30.11.1976 – 21/76 (Mines de potasse d'Alsace) = ECLI:EU:C:1976:166, bestätigt in EuGH, Urteil vom 27.10.1998 – C-51/97 (Réunion

Die hier untersuchten Fälle betrafen Fragen zum Gerichtsstand zu einer vorbeugenden Unterlassungsklage (BGH, Urteil vom 24.10. 2005 - II ZR 329/03) sowie bezüglich Schadensersatzklagen wegen Verlusten im Zusammenhang mit einem Kapitalanlagedelikt (BGH, Urteil vom 13.07.2010 - XI ZR 28/09).[1563]

I. Vorbeugende Unterlassungsklage

1. *EuGH-Rechtsprechung*

In der grundlegenden Rheinverschmutzungs-Entscheidung des EuGH zu Art. 5 Nr. 3 EuGVÜ entschied der EuGH in der Rechtssache *Bier*, dass bei einem Auseinanderfallen des Ortes, an dem das für die Begründung einer Schadenersatzpflicht wegen unerlaubter Handlung in Betracht kommende Ereignis stattgefunden habe und dem Ort, an dem aus diesem Ereignis ein Schaden entstanden sei, der Kläger die Wahl zwischen beiden Orten habe, an welchem er den Schädiger verklage.[1564] Dieses Wahlrecht bestätigte der EuGH in der Rechtssache *Shevill* bezüglich einer ehrverletzenden Veröffentlichung eines Presseartikels.[1565] Der Geschädigte könne somit am Erfolgsortsgerichtsstand jene Schäden geltend machen, welche ihm entsprechend dem Mosaikprinzip der *Shevill-Doktrin*[1566] in dem konkreten Gerichtsstaat erwachsen seien.[1567]

---

européenne SA) = ECLI:EU:C:1998:509, Rn. 27 f.; EuGH, Urteil vom 5.2.2004 - C-18/02 (DFDS Torline) = ECLI:EU:C:2004:74, Rn. 40; EuGH, Urteil vom 10.6.2004 - C-168/02 (Rudolf Kronhofer ./. Marianne Maier u.a.) = ECLI:EU:C:2004:364, Rn. 16; MüKo ZPO/*Gottwald*, Art. 7 Brüssel Ia-VO, Rn. 54; Rauscher EuZPR/EuIPR/*Leible*, Art. 7 Brüssel Ia-VO, Rn. 117; *Kropholler/von Hein*, Europäisches Zivilprozessrecht, ^{9}2011, Art. 5 EuGVO, Rn. 81.

1563 Mit nahezu identischem Wortlaut ebenso BGH, 15.11.2011 - XI ZR 54/09 = IPRspr. 2011, Nr. 245, 625. Der Sachverhalt unterschied sich nur darin, dass der Anleger das Anlagekapital auf ein Konto der Beklagten überwiesen hatte, welches bei einem in Deutschland belegenen Kreditinstituts bestand und nicht wie im Fall BGH, 13.7.2010 - XI ZR 28/09 = NJW-RR 2011, 197 auf ein im Ausland belegenes Konto des beklagten Brokerunternehmens.

1564 EuGH, Urteil vom 30.11.1976 - 21/76 (Mines de potasse d'Alsace) = ECLI:EU:C:1976:166, Rn. 24 f.

1565 EuGH, Urteil vom 7.3.1995 - C-68/93 (Shevill) = ECLI:EU:C:1995:61, Rn. 20 f.

1566 Ebd., Rn. 30.

1567 Vgl. *Mankowski*, LMK 2015, 367447, 2. b, der hier von einem „kleinen Klägergerichtsstand" sprach sowie Rauscher EuZPR/EuIPR/*Leible*, Art. 7 Brüssel Ia-VO, Rn. 129.

Zum Deliktsgerichtsstand sind zahlreiche EuGH-Entscheidungen ergangen.[1568] Genau genommen sind Entscheidungen bezüglich der Verortung des Erfolgsortes in hoher Anzahl ergangen, wohingegen der Handlungsort weitgehend unbeachtet blieb.[1569]

In der Rechtssache *Henkel* hatte der EuGH betreffend einer vorbeugenden Verbandsklage entschieden, dass vorbeugende Unterlassungsklagen in den Anwendungsbereich des Art. 5 Nr. 3 EuGVÜ fielen.[1570] In seiner Begründung bestätigte er dies für die Anwendung der EuGVO a.F.[1571] Der österreichische Verein für Konsumenteninformation hatte gegen einen Gewerbetreibenden mit Wohnsitz in Deutschland auf Unterlassung geklagt, weil der Beklagte missbräuchliche Klauseln gegenüber Verbrauchern verwendet hatte. Nachdem sich das Handelsgericht mit der Begründung für unzuständig erklärt hatte, dass der Kläger keine Schadensersatzforderung geltend gemacht habe, bejahte das OLG Wien seine Zuständigkeit. Die Revision setzte das Urteil aus und legte dem EuGH die Frage vor. Der EuGH bejahte die Anwendbarkeit des Art. 5 Nr. 3 EuGVO a.F. auf die vorbeugende Unterlassungsklage.[1572] Die Verwendung angeblich missbräuchlicher Klauseln stelle eine unerlaubte Handlung oder einer Handlung, die einer unerlaubten Handlung gleichgestellt sei, dar.[1573]

Die Rechtssache *Henkel* bestätigte der EuGH anschließend in der Rechtssache *DFDS Torline*[1574] bezüglich kollektiver Kampfmaßnahmen. Für die Anwendung des Art. 5 Nr. 3 EuGVÜ genüge es als notwendige Voraussetzung, dass die kollektiven Kampfmaßnahmen, welche eine Gewerkschaft durchführe, Schäden verursachen können.[1575]

2. BGH, Urteil vom 24.10. 2005 – II ZR 329/03

Der BGH befasste sich in dem Urteil vom 24.10.2005 mit einer Unterlassungsklage wegen Eigentumsberühmung gemäß § 1004 Abs. 1 S. 2 BGB. Der Kläger

---

1568 Hierzu *von Hein*, YbPIL 16 (2014/2015) 241 ff.

1569 Vgl. *Mankowski*, EuZW 2016, 585. Siehe aber EuGH, Urteil vom 16.5.2013 – C-228/11 (Melzer) = ECLI:EU:C:2013:305 und die Anm. *von Hein*, IPRax 2013, 505 ff.

1570 EuGH, Urteil vom 1.10.2002 – C-167/00 (Henkel) = ECLI:EU:C:2002:555, siehe auch die Anmerkung von *Michildou*, IPRax 2003, 223 ff.

1571 EuGH, Urteil vom 1.10.2002 – C-167/00 (Henkel) = ECLI:EU:C:2002:555, Rn. 49.

1572 Ebd., Rn. 50.

1573 Ebd.

1574 EuGH, Urteil vom 5.2.2004 – C-18/02 (DFDS Torline) = ECLI:EU:C:2004:74.

1575 Ebd., Rn. 34.

war Besitzer einer bedeutenden Kunstsammlung und hatte im Jahr 1959 bei einer Auktion in den Vereinigten Staaten das Bild *Rote Mitte* von *Oskar Schlemmer* erworben. Zum Zeitpunkt der Klageerhebung hatte er das Eigentum am Bild zumindest nach § 937 BGB ersessen – unabhängig davon, ob das Bild dem Künstler während des Nationalsozialismus widerrechtlich entzogen worden sei. Der Beklagte, der seine Mutter als Teil der Erbengemeinschaft *Oskar Schlemmers* in Erbangelegenheiten vertrat und seinen Wohnsitz in Italien hatte, hatte in einem an einen Kunstverlag als „vertraulich" gekennzeichneten Schreiben mit dem Briefkopf *O.S. Sekretariat und Archiv* erklärt, das Bild *Rote Mitte* stünde im Eigentum des Familiennachlasses von *Oskar Schlemmer*.[1576] Nachdem der Kläger von dem Kunstverlag darüber unterrichtet wurde, legte er Klage auf Unterlassung dieser Behauptung beim LG Ravensburg ein,[1577] welches die Klage abwies. Die gegen das der Klage stattgebende Urteil des OLG Stuttgart[1578] zugelassene Revision blieb erfolglos.[1579]

a) Lösung des Rechtsproblems

Der BGH führte aus, die Zuständigkeit der deutschen Gerichte folge aus Art. 5 Nr. 3 EuGVO a.F.[1580] Der EuGH lege den Begriff „der "unerlaubten Handlung" und der "Handlung, die einer unerlaubten Handlung gleichgestellt ist", autonom und sehr weit aus."[1581] Zulässig seien nach diesem Gerichtsstand alle Klagen, „mit denen eine Schadenshaftung geltend gemacht wird, die nicht an eine Vertrag i.S.d. Art. 5 Nr. 1 EuGVO anknüpft (EuGH, Urt. v. 1. Oktober 2002 - C 167/00, NJW 2002, 3617, 3618, Tz. 36 m.w.Nachw.)."[1582] Abzugrenzen seien die unerlaubte Handlung sowie die ihr gleichgestellte Handlung von einem Vertrag im Sinne einer „freiwillig eingegangenen Verpflichtung".[1583] „[N]eben quasi-negatorischen Ansprüchen im Wettbewerbs- und Immaterialgüterrecht [gehörten] gerade auch Ansprüche aus § 1004, die eine Schadensentstehung durch eine Eigentumsbeeinträchtigung verhindern bzw. zu deren Beseitigung dienen sollen (Rauscher, Europäisches Zivilrecht Art. 5 Brüssel I VO Rdn. 79,

1576 BGH, 24.10.2005 – II ZR 329/03 = NJW 2006, 689, juris Rn. 1 f.
1577 LG Ravensburg, Urteil vom 7.2.2003, 4 O 354/02.
1578 OLG Stuttgart, Urteil vom 23.9.2003, 12 U 42/03.
1579 BGH, 24.10.2005 – II ZR 329/03 = NJW 2006, 689, juris Rn. 3.
1580 Ebd., 689 Rn. 5.
1581 Ebd., 689 Rn. 6.
1582 Ebd.
1583 Ebd.

80 m.w.Nachw.).“[1584] Auch eine vorbeugende Unterlassungsklage sei von der Norm umfasst, da sich aus der Formulierung „einzutreten droht“ in Art. 5 Nr. 3 EuGVO a.F. ergebe, dass die Vorschrift unabhängig von einem Schadenseintritt angewendet werden könne.[1585] Zudem habe der EuGH die Vorgängernorm, Art. 5 Nr. 3 EuGVÜ, dahingehend ausgelegt, dass die Anwendbarkeit nicht vom Vorliegen eines Schadens abhinge, obgleich der Wortlaut den erst drohenden Schadenseintritt nicht nannte.[1586] Diese Auslegung habe der EuGH in der Entscheidung zum EuGVÜ in der Rechtssache *Henkel* als auf die EuGVO a.F. übertragbar angesehen.[1587]

b) Acte Clair

„Der Senat ist nicht zur Einholung einer Vorabentscheidung des EuGH gemäß Art. 234 Abs. 3 EG verpflichtet. Der Vorlage bedarf es dann nicht, wenn die richtige Anwendung des Gemeinschaftsrechts derart offenkundig ist, dass für einen vernünftigen Zweifel an der Entscheidung der gestellten Frage für den betreffenden Streitfall kein Raum bleibt, wobei das innerstaatliche Gericht einen Fall der Offenkundigkeit nur annehmen darf, wenn es überzeugt ist, dass auch für Gerichte der übrigen Mitgliedstaaten und den Gerichtshof die gleiche Gewissheit besteht (EuGH, NJW 1983, 1257 [1258]). So liegt es hier. Angesichts der Begründung der Entscheidung des EuGH vom 1. 10. 2002 (EuGH, Slg. 2002, I-8111 = NJW 2002, 3617) ist die erforderliche Offenkundigkeit der Zuständigkeit der deutschen Gerichte für die Unterlassungsklage gegeben.“[1588]

c) Bewertung

aa) Effet utile und Einheitlichkeit des Unionsrechts

Ein Acte Clair kann nach dem oben in Kapitel 4 A. II. 1. b) aa) definierten Bewertungskriterium nur angenommen werden, wenn die Position des EuGH, die Effektivität des Unionsrechts zu gewährleisten, nicht bedroht wird.

Bereits zum EuGVÜ hatte der EuGH in der Rechtssache *Henkel* eine vorbeugende Verbandsklage vom Anwendungsbereich des Deliktsgerichtsstands

---

1584 BGH, 24.10.2005 – II ZR 329/03 = NJW 2006, 689 Rn. 6.

1585 Ebd., 689 Rn. 7.

1586 Ebd.

1587 Ebd., bezugnehmend auf EuGH, Urteil vom 1.10.2002 – C-167/00 (Henkel) = ECLI:EU:C:2002:555, Rn. 49.

1588 BGH, 24.10.2005 – II ZR 329/03 = NJW 2006, 689 Rn. 8 f.

als erfasst angesehen.[1589] Bestätigt hatte dies der EuGH anschließend in der Rechtssache *DFDS,* wonach es für die Anwendbarkeit des Art. 5 Nr. 3 EuGVÜ bei kollektiven Kampfmaßnahmen genüge, dass Schäden verursacht werden können.[1590] In der Rechtssache *Henkel* hatte der EuGH bereits ausgeführt, dass dasselbe unter Anwendung von Art. 5 Nr. 3 EuGVO a.F. gelten müsse.[1591]

Durch das Einfügen des Zusatzes „oder einzutreten droht" in Art. 5 Nr. 3 EuGVO a.F., wurde deutlich, dass auch solche Maßnahmen unter die Vorschrift subsumiert werden sollen, bei denen ein Schaden noch nicht eingetreten ist, aber konkrete Anhaltspunkte bestehen, dass ein erstmaliger Schaden eintreten kann.[1592] Dieser Zweck der Vorschrift ergibt sich bereits aus dem konkreten Wortlaut.[1593] Eine Eigentumsberühmung durch den Beklagten war schon eingetreten, dem Kläger ging es nun um die Vermeidung weiterer Beeinträchtigungen. Der BGH weitete mit seiner Auslegung des Art. 5 Nr. 3 EuGVO a.F. den Eigentumsschutz aus, sodass der Eigentümer weitere Beeinträchtigungen durch eine Eigentumsberühmung gegenüber Dritten unterbinden konnte.[1594] Die Ermittlung des Schutzzwecks von Art. 5 Nr. 3 EuGVO a.F. war demnach für den nationalen Richter ohne Unklarheiten feststellbar.

bb) Individualrechtsschutz und Einheitlichkeit des Unionsrechts

Eine Bedrohung der Position des EuGH als Hüter der elementaren Bürgerrechte kann wie oben in Kapitel 4 A. II. 1. b) bb) bereits angesprochen, nur dann vorliegen, wenn spezifische Grundrechtsfragen relevant sind. Dies ist hier nicht der Fall. Das durch die Klägerwahl legitimierte *forum shopping* ermöglicht ein Konkurrieren von Zuständigkeiten, wodurch optimal dem Einzelfall bezüglich der Beweis-, Sach-, Rechts- und Vollstreckungsnähe Rechnung getragen werden sowie auf die Schutzbedürfnisse des Klägers eingegangen werden kann.[1595]

1589 EuGH, Urteil vom 1.10.2002 – C-167/00 (Henkel) = ECLI:EU:C:2002:555, Rn. 50.

1590 EuGH, Urteil vom 5.2.2004 – C-18/02 (DFDS Torline) = ECLI:EU:C:2004:74, Rn. 34.

1591 EuGH, Urteil vom 1.10.2002 – C-167/00 (Henkel) = ECLI:EU:C:2002:555, Rn. 49.

1592 Begr. des Verordnungsentwurfs der Kommission, BR-Dr 534/99, S. 14. Vgl. auch Rauscher EuZPR/EuIPR/*Leible*, Art. 7 Brüssel Ia-VO, Rn. 115; *Kropholler/von Hein*, Europäisches Zivilprozessrecht, [9]2011, Art. 5 EuGVO, Rn. 76; *H. Roth*, LMK 2006, 176147.

1593 Vgl. *Kropholler/von Hein*, Europäisches Zivilprozessrecht, [9]2011, Art. 5 EuGVO, Rn. 76.

1594 Vgl. *Stürner*, jurisPR-BGHZivilR 2006, Anm. 4, 3.

1595 *Schack*, in: von Hein/Rühl (Hrsg.), 2016, 279, 286.

cc) Ergebnis

Der BGH befolgte die Bewertungskriterien, sodass die Voraussetzungen eines materiellen Acte Clair vorliegen. Die Neufassung von Art. 5 Nr. 3 EuGVO a.F. nimmt damit eine komplementäre Rolle zu Art. 5 Nr. 1 EuGVO a.F. ein, wobei der EuGH auf die häufig zufällige Einordnung verschiedener Schadensersatzansprüche in den jeweiligen nationalen Rechtsordnungen mit einem tendenziell weiten Verständnis des Deliktsgerichtsstandes reagierte, um die einheitliche Auslegung nicht zu gefährden.[1596] Die Entscheidung des BGH trug zur Binnenmarktverwirklichung bei und steigerte dadurch auch die Rechtssicherheit, was in Erwägungsgrund (11) EuGVO a.F. verankert wurde.[1597]

Mit Beschluss vom 17.3.1994[1598] hatte der BGH dem EuGH bereits die Frage zur Vorabentscheidung vorgelegt, ob der Deliktsgerichtsstand nach Art. 5 Nr. 3 EuGVÜ auch für vorbeugende Unterlassungsklagen gelte. Aufgrund eines zwischenzeitlichen Parteivergleiches hatte der EuGH darüber jedoch nicht entschieden.[1599] Wie gesehen geschah dies dann aber in den Rechtssachen *Henkel* (2002) und *DFDS Torline* (2004).

II. Kapitalanlagedelikt

Mit dem Gerichtsstand der unerlaubten Handlung befasste sich der BGH auch in einer anderen Konstellation betreffend einer sogenannten sittenwidrigen Vermögensverwaltung.[1600] Bei Kapitalanlageschäden handelt es sich um schwer zu lokalisierende, reine Vermögensschäden.[1601] Bei bei Schaffung des Art. 5 Nr. 3 EuGVÜ waren jedoch physisch klar abgrenzbare Fälle intendiert.[1602] Nicht verwundert daher, dass bezüglich abstrakter, reiner Vermögensschäden, welche

---

1596 So *Rauscher*, Wertpapier-Mitteilungen 2006, 350, bezugnehmend auf EuGH, Urteil vom 22.9.1988 – 189/87 (Kalfelis ./. Schröder u.a.) = ECLI:EU:C:1988:459; *Hess*, in: von Hein/Rühl (Hrsg.), 2016, 67, 75, bezugnehmend auf EuGH, Urteil vom 15.3.2012 – C-292/10 (G ./. Cornelius de Visser) = ECLI:EU:C:2012:142, Rn. 42.

1597 Begrüßend *Jayme*, IPRax 2006, 502; *Rauscher*, Wertpapier-Mitteilungen 2006, 350; bezüglich der internationalen Zuständigkeit nach Art. 5 Nr. 3 EuGVO sei „die Entscheidung zweifellos richtig", *H. Roth*, LMK 2006, 176147.

1598 BGH, 17.3.1994 – I ZR 304/91 = GRUR 1994, 530.

1599 Siehe die Anm. von *Mankowski*, EWS 1994, 305 ff.

1600 Siehe *Engert/Groh*, IPRax 2011, 458, 460.

1601 Ausführlich zu Kapitalanlagedelikten *von Hein*, BerDGVR 45 (2012) 369 ff.

1602 *Thiede/Lorscheider*, EuZW 2019, 274.

nicht aus einer bestimmten Verletzungshandlung resultieren, seit jeher Probleme bei der Lokalisierung des Erfolgsortes verursachen.[1603]

Gerade aufgrund der massiv zunehmenden Bevölkerungsalterung haben viele Anleger im Angesicht der Angst vor zusammenbrechenden Rentenversicherungssystemen zunehmend Gebrauch von Kapitalanlagen zur privaten Altersversorgung gemacht.[1604] Finanzdienstleistungen zur Kapitalanlage sind örtlich ungebunden und erheblich durch ihren rechtlichen Rahmen geprägt.[1605] Rechtsunsicherheit bei grenzüberschreitenden Transaktionen wirkt sich entscheidend auf entstehende Kosten aus, denn der Anleger wird sich nur einem ausländischen Finanzdienstleister anvertrauen, wenn er wirksamen Rechtsschutz erwarten kann.[1606] Ein Vertrauensverlust der Anleger kann weitreichende Folgen für einen großen Teil der Anbieter haben und zu einer sinkenden Nachfrage führen, was sich volkswirtschaftlich negativ auswirken würde.[1607] Gerade in diesem Bereich ist im Interesse sowohl der Anbieter als auch der Anleger ein besonders hohes Maß an Vorhersehbarkeit und Rechtssicherheit förderlich.[1608] Für private Anleger handelt es sich häufig um bedeutende Geldbeträge und aufgrund der lokalen Entfernung zum Anbieter und der rechtlichen Unterschiede könnten sie dazu geneigt sein, von rechtlichen Schritten abzusehen.[1609] Zu den „Fährnissen eines Auswärtsspiels“ gehören die Kosten für die Suche eines im Ausland tätigen Anwalts, die Prozessführung in fremder Sprache in einem unbekannten Gerichtssystem, das Risiko der Anwendbarkeit eines anderen materiellen Rechts, sowie erhöhte interne Kosten betreffend der Kontrolle und Bewertung des Falles.[1610] Ein Absehen von rechtlichen Schritten würde ein „Haftungsschild für Finanzdienstleister“ bilden, welches, unter Berücksichtigung der Häufigkeit von Haftungsfällen, wettbewerbsverzerrende Wirkung hätte.[1611] Dies ist besonders problematisch, wenn das Geschäftsmodell der Anbieter die gezielte

---

1603 Vgl. *Steinrötter*, RIW 2015, 407, 411; *R. Wagner/Gess*, NJW 2009, 3481, 3483.

1604 *von Hein*, IPRax 2005, 17; *M. Roth*, ZRP 2004, 154.

1605 *Engert/Groh*, IPRax 2011, 458, 458 f.

1606 Ebd., 459.

1607 Ebd.

1608 Dafür, dass der Deliktsgerichtsstand dem Anlegerschutz diene, *Engert/Groh*, IPRax 2011, 458, 464, 469.

1609 *Bachmann*, IPRax 2007, 77, 82.

1610 *Mankowski*, MMR 2002, 817, 818.

1611 *Engert/Groh*, IPRax 2011, 458, 459.

Übervorteilung der Anleger ohne rechtliche Konsequenzen bliebe, was wiederum zu einem branchenweiten Vertrauensverlust führen würde.[1612]

1. *EuGH-Rechtsprechung*

In zwei Entscheidungen des EuGH, die zeitlich vor der Entscheidung des BGH vom 13.7.2010 entschieden worden waren, hat der EuGH wichtige Begrenzungen des Anwendungsbereiches von Art. 5 Nr. 3 EuGVÜ bezüglich Vermögensschäden vorgenommen.[1613] Zunächst hatte er in der Rechtssache *Dumez* solche Schäden vom Anwendungsbereich ausgeklammert, die nur eine mittelbare Folge des ursprünglich unmittelbar erlittenen Schadens gegenüber anderen Rechtssubjekten darstellten.[1614] In dem Fall behauptete eine deutsche Tochtergesellschaft, ihr seien hohe Verluste wegen der Kündigung eines, durch eine deutsche Bank gewährten, Kredits entstanden. Daraufhin berief sich die französische Muttergesellschaft darauf, ihr seien durch die erlittenen Schäden der Tochter ebenfalls finanzielle Nachteile entstanden. Einen Gerichtsstand am Sitz der Mutter hatte der EuGH aufgrund der Mittelbarkeit des Schadens abgelehnt.[1615]

In der Rechtssache *Marinari* hatte der EuGH festgestellt, dass bezüglich der Auslegung des Begriffes „Ort des schädigenden Ereignisses" nicht auf das jeweilige materielle Recht abzustellen sei, sondern dieser autonom nach dem EuGVÜ bestimmt werde.[1616] Die Wendung „Ort, an dem das schädigende Ereignis eingetreten ist" sei ferner dahin auszulegen, dass sie „nicht den Ort bezeichnet, an dem der Geschädigte einen Vermögensschaden in der Folge eines in einem anderen Vertragsstaat entstandenen und dort von ihm erlittenen Erstschaden erlitten zu

---

1612 Vgl. *Engert/ Groh*, IPRax 2011, 458, 459.

1613 Später sind viele weitere Entscheidungen des EuGH bezüglich Kapitalanlagedelikten ergangen: EuGH, Urteil vom 16.5.2013 – C-228/11 (Melzer) = ECLI:EU:C:2013:305; EuGH, Urteil vom 28.1.2015 – C-375/13 (Harald Kolassa ./. Barclays Bank plc) = ECLI:EU:C:2015:37; EuGH, Urteil vom 12.9.2018 – C-304/17 (Löber) = ECLI:EU:C:2018:701; zu reinen Vermögensschäden: EuGH, Urteil vom 16.6.2016 – C-12/15 (Universal Music International Holding) = ECLI:EU:C:2016:449; siehe dazu unten Kapitel 5 C. II. 2. c) cc).

1614 EuGH, Urteil vom 11.1.1990 – C-220/88 (Dumez France u.a. ./. Hessische Landesbank u.a.) = ECLI:EU:C:1990:8, Rn. 14.

1615 Ebd.

1616 EuGH, Urteil vom 19.9.1995 – C-364/93 (Marinari ./. Lloyd's Bank) = ECLI:EU:C:1995:289, Rn. 16 ff.

haben behauptet."[1617] Der Kläger mit Wohnsitz in Italien hatte einen Wechsel bei einer englischen Bank mit Sitz in London hinterlegt, was die englische Bank misstrauisch gemacht hatte. Nachdem ein Erstschaden in England eingetreten war, hatte der Geschädigte nach seinem Freispruch behauptet, es sei zu Folgeschäden in Italien aufgrund einer Rufschädigung gekommen, da einige mit dem Geschädigten geschlossene Verträge aufgelöst worden waren. Der EuGH lehnte aus prozessualen Gründen sowie der Beweisnähe eine Zuständigkeit der Klage auf Ersatz der ihm entstandenen Vermögensschäden in Italien ab. Somit wurden auch solche Folgeschäden vom Anwendungsbereich ausgenommen, die zwar der Partei selbst entstanden waren, jedoch bloße Folge eines Erstschadens in einem anderen Mitgliedstaat waren.[1618]

In der Rechtssache *Kronhofer* hatte ein Österreicher Kapitalanlagegeschäfte über einen in Deutschland ansässigen Finanzdienstleister getätigt und nach erheblichen Verlusten den Geschäftsführer sowie einzelne Anlageberater vor österreichischen Gerichten verklagt.[1619] Der EuGH hatte entschieden, dass sich die Wendung „Ort, an dem das schädigende Ereignis eingetreten ist" in Art. 5 Nr. 3 EuGVO a.F. „nicht schon deshalb auf den Klägerwohnsitz – als Ort des Vermögensmittelpunktes – bezieht, weil dem Kläger nach seinem Vorbringen durch Verlust von Vermögensbestandteilen in einem anderen Vertragsstaat ein finanzieller Schaden entstanden ist."[1620] Eine solche Anknüpfung hinge von zu ungewissen Umständen ab, sodass ein Beklagter kaum feststellen könne, wo die Vermögenszentrale des Geschädigten belegen sei.[1621] Aus der negativen Feststellung, dass nicht allein auf die Tatsache abgestellt werden könne, dass ein Verlust an Vermögensbestandteilen erlitten wurde, welche nicht im Wohnsitzstaat, sondern im Ausland belegen seien, könne jedoch nicht der positive Rückschluss gezogen werden, dass der Erfolgsort ausschließlich dort sei, wo der geschädigte Vermögensteil liege.[1622]

1617 EuGH, Urteil vom 19.9.1995 – C-364/93 (Marinari ./. Lloyd's Bank) = ECLI:EU:C:1995:289, Rn. 21.

1618 Siehe dazu *von Hein*, IPRax 2005, 17, 18.

1619 EuGH, Urteil vom 10.6.2004 – C-168/02 (Rudolf Kronhofer ./. Marianne Maier u.a.) = ECLI:EU:C:2004:364 mit Anm. *von Hein*, IPRax 2005, 17 ff.

1620 EuGH, Urteil vom 10.6.2004 – C-168/02 (Rudolf Kronhofer ./. Marianne Maier u.a.) = ECLI:EU:C:2004:364, Rn. 21.

1621 Ebd., Rn. 19 f., dazu *Thiede/Lorscheider*, EuZW 2019, 274, 277.

1622 Nach *S. Huber*, IPRax 2009, 134, 136 f. mit Fn. 29 sei die einschränkende Formulierung des EuGH vielmehr zurückzuführen auf die sehr eng formulierte Vorlagefrage des OGH; vgl. EuGH, Urteil vom 10.6.2004 – C-168/02 (Rudolf Kronhofer ./

2. Leitentscheidung BGH, Urteil vom 13.7.2010 – XI ZR 28/09

In der deutschen Rechtsprechung häuften sich ab dem Jahr 2010 Entscheidungen bezüglich Finanzdienstleistungen zu Kapitalanlagen.[1623] In zwei Entscheidungen bejahte der BGH dazu einen Acte Clair. Da sich beide Entscheidungen in Sachverhalt und Urteilsbegründung nahezu wortlautgetreu ähneln,[1624] wird hier der zeitlich vorangehende aufgezeigt.

Ein Privatanleger (Kläger) mit Wohnsitz in Deutschland hatte einen deutschen Finanzvermittler beauftragt, Kapital über Termingeschäfte anzulegen, welcher mit der Beklagten, einem britischen Brokerunternehmen mit Sitz in London, zusammenarbeitete.[1625] Der Geschäftsbeziehung zwischen dem Finanzvermittler und dem Brokerunternehmen lag ein „Introducing Broker Agreement" zugrunde".[1626] Der Kläger und die Beklagte hatten einen formularmäßigen Geschäftsbesorgungsvertrag mit angehängtem Preisaushang geschlossen. Danach hatte der Kläger der Beklagten für jeden Einschuss eine Dienstleistungsgebühr von 6 % sowie bei Options- und Futurgeschäften eine Gebühr von 10 % der realisierten Quartalgewinne zu zahlen.[1627] Weitere Gebühren ergaben sich für den Kläger für jeden Kauf und Verkauf einer Option und eines Futures von 50 US-Dollar (Halfturn-Commission), wovon die Beklagte 40 US-Dollar erhalten sollte. Ferner schuldete der Kläger eine Share Dealing-Gebühr in Höhe von 2,5 % des Kurswertes, jedoch mindestens 20 US-Dollar pro Transaktion, Kauf oder Verkauf, wovon die Beklagte 5 US-Dollar erhielt.[1628] Die Beklagte eröffnete für den Kläger ein Konto. Der Kläger überwies von seinem in Deutschland geführten Konto 158.380 €, woraufhin die Beklagte auf die Vermittlung des Finanzvermittlers hin Optionsgeschäfte tätigte. Nachdem der Kläger hohe

---

. Marianne Maier u.a.) = ECLI:EU:C:2004:364, Rn. 19 f. Ebenso Rauscher EuZPR/EuIPR/*Leible*, Art. 7 Brüssel Ia-VO, Rn. 125; *Stadler*, in: FS Geimer, 2017, 715, 718; *von Hein*, IPRax 2005, 17, 23. Hingegen folgernd, dass der EuGH den Erfolgsort immer am Ort der Belegenheit des Anlagekontos, von dem aus die Wertpapiergeschäfte abgewickelt wurden, ansehe, *Mankowski*, LMK 2015, 367447, 2. a. cc.

1623 Siehe bspw. BGH, 5.10.2010 – VI ZR 159/09 = BGHZ 187, 156; BGH, 13.7.2010 – XI ZR 28/09 = NJW-RR 2011, 197; BGH, 23.3.2010 – VI ZR 57/09 = IPRax 2011, 495; BGH, 9.3.2010 – XI ZR 93/09 = BGHZ 184, 365, dazu *Engert/Groh*, IPRax 2011, 458.

1624 Mit nahezu identischem Wortlaut, siehe BGH, 15.11.2011 – XI ZR 54/09 = BeckRS 2011, 28301.

1625 BGH, 13.7.2010 – XI ZR 28/09 = NJW-RR 2011, 197, juris Rn. 1 f.

1626 Ebd., 197, juris Rn. 3.

1627 Ebd., 197, juris Rn. 4.

1628 Ebd.

Verluste verzeichnet hatte und der Finanzvermittler seine Geschäftstätigkeit eingestellt hatte, machte der Kläger vor dem LG Düsseldorf seine Zahlungsbegehr ausschließlich deliktischer Schadensersatzansprüche insbesondere wegen vorsätzlicher sittenwidriger Schädigung geltend.[1629] Das LG Düsseldorf hatte die Klage mangels internationaler Zuständigkeit abgewiesen, das Berufungsgericht sah die Klage als im Grunde gerechtfertigt an.[1630] Die Revision war zugelassen und vom BGH für begründet angesehen worden, was zur Aufhebung des Berufungsurteils führte.[1631] Die Zulässigkeit der Klage, insbesondere die internationale Zuständigkeit der deutschen Gerichte, habe das Berufungsgericht jedoch zu Recht bejaht.[1632]

a) *Lösung des Rechtsproblems*

Die Zuständigkeit der deutschen Gerichte ergebe sich aus Art. 5 Nr. 3 EuGVO a.F. Nach der Wahl des Klägers könne beim Auseinanderfallen vom Ort, an dem der Schaden eingetreten sei (Erfolgsort) und dem Ort des ursächlichen Geschehens (Handlungsort) der Beklagte, mit Wohnsitz in einem Mitgliedstaat, sowohl am Erfolgs- als auch am Handlungsort verklagt werden.[1633] Die schlüssige Behauptung des Vorliegens einer unerlaubten Handlung reiche für die Zuständigkeit aus.[1634] Der autonom auszulegende Begriff der unerlaubten Handlung umfasse alle Klagen gerichtet auf eine Schadenshaftung, die nicht an einen Vertrag anknüpfen.[1635] Gemessen daran stelle ein Ersatzverlangen eines Vermögensschadens, welcher aus einem Vermittlungsgeschäft resultiere, das von vornherein auf chancenlose Börsentermingeschäfte unter vorsätzlicher Beteiligung der Beklagten gerichtet war, eine unerlaubte Handlung dar.[1636] Die Klage knüpfe

1629 BGH, 13.7.2010 – XI ZR 28/09 = NJW-RR 2011, 197, juris Rn. 6.

1630 Ebd., 197, juris Rn. 7.

1631 Ebd., 197, juris Rn. 9.

1632 Ebd., 198, juris Rn. 20.

1633 Ebd., 198, juris Rn. 21. Verweisend auf EuGH, Urteil vom 30.11.1976 – 21/76 (Mines de potasse d'Alsace) = ECLI:EU:C:1976:166, Rn. 24 f.; EuGH, Urteil vom 7.3.1995 – C-68/93 (Shevill) = ECLI:EU:C:1995:61, Rn. 20; EuGH, Urteil vom 19.9.1995 – C-364/93 (Marinari ./. Lloyd's Bank) = ECLI:EU:C:1995:289, Rn. 11; EuGH, Urteil vom 10.6.2004 – C-168/02 (Rudolf Kronhofer ./. Marianne Maier u.a.) = ECLI:EU:C:2004:364, Rn. 16; EuGH, Urteil vom 16.7.2009 – C-189/08 (Zuid-Chemie BV ./. Philippo's Mineralenfabriek NV/SA) = ECLI:EU:C:2009:475, Rn. 23.

1634 BGH, 13.7.2010 – XI ZR 28/09 – NJW-RR 2011, 197, 198 Rn. 21.

1635 Ebd., 198, juris Rn. 23.

1636 Ebd., 198, juris Rn. 24.

nicht entscheidend an die vertragliche Beziehung zwischen Finanzvermittler und Brokerunternehmen an, sondern an das tatsächliche schädigende Verhalten.[1637] Ferner sei bei der Auslegung des Art. 5 Nr. 3 EuGVO a.F. dessen Regelungszweck zu berücksichtigen.[1638] Art. 5 Nr. 3 EuGVO a.F. trage wie bereits Art. 5 Nr. 3 EuGVÜ gerade „dem Umstand Rechnung, dass zwischen Streitigkeiten über unerlaubte Handlungen und den nach Art. 5 Nr. 3 EuGVVO zuständigen Gerichten eine besonders enge Beziehung besteht, die aus Gründen einer geordneten Rechtspflege und sachgerechten Prozessgestaltung eine Zuständigkeit dieser Gerichte rechtfertigt“.[1639] Der Ort, an dem das schädigende Ereignis stattgefunden hat, sei insbesondere aufgrund der Nähe zum Streitgegenstand und der dadurch leichten Beweisaufnahme im Regelfall am besten in der Lage, über den Rechtsstreit zu entscheiden.[1640]

Art. 5 Nr. 3 EuGVO a.F. habe innerhalb des Zuständigkeitssystems der EuGVO a.F. einen Ausnahmecharakter und sei daher eng auszulegen, die Erstreckung der Wahlmöglichkeit über die besonderen Umstände hinaus müsse vermieden werden.[1641] Denn eine Zuständigkeit, die von ungewissen Umständen abhinge, würde den Verordnungszielen zuwiderlaufen, den Rechtsschutz der in der Gemeinschaft wohnenden Personen zu stärken, indem für Kläger die Ermittlung des Gerichts ohne Schwierigkeiten möglich wäre und dieser für Beklagte erkennbar wäre.[1642]

Aus der Rechtssache *Kronhofer* des EuGH ergebe sich, dass nicht bereits deshalb der Wohnsitz des Klägers als sein Vermögensmittelpunkt angesehen werden könne, weil dem Kläger durch den Verlust von Vermögensbestandteilen in anderen Mitgliedstaaten ein finanzieller Schaden entstanden sei. Diesem Fall liege jedoch ein unterschiedlicher Sachverhalt zugrunde, weil dort die unerlaubte Handlung erst nach Überweisung des Anlagekapitals auf ein Auslandskonto verübt wurde.[1643] Aus dem EuGH-Urteil folge, „dass unter anderen Umständen der Erfolgsort durchaus im Klägerwohnsitzstaat gelegen sein kann“.[1644] Ein solcher Fall liege hier vor, denn die Überweisung auf das Anlagekonto im Ausland sei erst infolge einer in Deutschland verübten unerlaubten

1637 BGH, 13.7.2010 – XI ZR 28/09 = NJW-RR 2011, 197, 198 Rn. 24.
1638 Ebd., 198, juris Rn. 25.
1639 Ebd.
1640 Ebd.
1641 Ebd., 199, juris Rn. 26, 31.
1642 Ebd., 199, juris Rn. 26.
1643 Ebd., 200, juris Rn. 31.
1644 Ebd.

Handlung vorgenommen worden.[1645] Das Ausnutzen des Kenntnisrückstandes des Anlegers sei gezielt als Geschäftsmodell genutzt worden, leichtsinnige Anleger aufgrund ihres Gewinnstrebens zu von Anfang an aufgrund der Gebührenhöhe und -struktur chancenlosen Anlagegeschäften zu bewegen, wobei sich die Beklagte vorsätzlich zumindest als Gehilfin beteiligt habe.[1646] Insofern erweise sich bereits die durch den Anleger veranlasste Überweisung des Anlagekapitals als Deliktserfolg, sodass der Erfolgsort der Ort der Minderung des Kontoguthabens sei.[1647]

Zwar führe diese Auslegung bei Kapitalanlagedelikten in Abweichung von der Grundregel des Art. 2 Abs. 1 EuGVO a.F. regelmäßig zu einem Gerichtsstand im Wohnsitzstaat des Anlegers, dies sei jedoch aufgrund des unmittelbaren Schadens des Klägers des im Wohnsitzstaat belegenen Vermögens zu rechtfertigen.[1648] Die erforderliche Nähe zum Streitgegenstand, welche für eine geordnete Rechtspflege und Prozessgestaltung notwendig sei, sei insbesondere bezüglich der Beweisnähe gegeben.[1649] Insbesondere seien Zeugen betreffend Gesprächsinhalten zwischen Vermittlern und Brokerunternehmen häufig im Wohnsitzstaat des Klägers zugegen.[1650] Schließlich erfordere die Vorhersehbarkeit des Gerichtsstands keine andere Auslegung, denn ein Brokerunternehmen, das mit Vermittlern aus anderen Mitgliedstaaten zusammenarbeite und sich dadurch einen weiteren Markt erschließe, müsse damit rechnen, dass auf diese Weise erworbene Anleger selbstschädigende Vermögensverfügungen in ihren Heimatstaaten gerichtlich geltend machen.[1651]

1645 BGH, 13.7.2010 - XI ZR 28/09 = NJW-RR 2011, 197, 200, juris Rn. 32.

1646 BGH, 13.7.2010 - XI ZR 28/09 = NJW-RR 2011, 197, 198 Rn. 32.

1647 Ebd., 199 f. Rn. 32. Etwas anders begründet wurde der Erfolgsort in Deutschland in dem Fall des BGH, 15.11.2011 - XI ZR 54/09 = BeckRS 2011, 28301, Rn. 32. Dort hatte keine Vermögensanlage im Ausland stattgefunden, da der Kläger von seinem Girokonto zunächst Geld auf ein Bankkonto der Beklagten bei einem in Deutschland belegenen Kreditinstitut überwiesen hatte, sodass entsprechend der EuGH-Rechtssache Kronhofer der Ort der Minderung des Kontoguthabens in Deutschland stattgefunden habe, siehe dazu *Schnyder*, ZEuP 2013, 659, 661.

1648 BGH, 13.7.2010 - XI ZR 28/09 = NJW-RR 2011, 197, 200 Rn. 33.

1649 Ebd.

1650 Ebd.

1651 Ebd., 200 Rn. 34., verweisend auf *von Hein*, IPRax 2005, 17, 21; *Kiethe*, NJW 1994, 222, 226; *Mankowski*, RIW 2005, 561, 562.

b) Acte Clair

„Eine Vorlage an den EuGH zur Vorabentscheidung über die Auslegung des Art. 5 Nr. 3 EuGVVO ist nicht erforderlich. Die richtige Auslegung der Verordnung ist aus den dargelegten Gründen derart offenkundig, dass für einen vernünftigen Zweifel kein Raum bleibt (vgl. BGHZ 153, 82, 92 f.; Senatsurteil vom 23. Februar 2010 - XI ZR 186/09, WM 2010, 647, Tz. 35, jeweils m.w.N.). Dass die Entscheidung, ob finanzielle Verluste eines Anlegers in seinem Heimatstaat eingetreten sind, auch im Rahmen von Art. 5 Nr. 3 EuGVVO den nationalen Gerichten obliegt, ist in der Rechtsprechung des EuGH anerkannt (vgl. EuGH, Urteil vom 5. Februar 2004 - Rs. C-18/02, Slg. 2004, I-1417, Tz. 43 - DFDS Torline).“[1652]

c) Bewertung

aa) Effet utile und Einheitlichkeit des Unionsrechts

Wie bereits oben in Kapitel 4 A. II. 1. b) aa) definiert, kann ein Acte Clair nur angenommen werden, wenn die Position des EuGH, die Effektivität des Unionsrechts zu gewährleisten, nicht bedroht wird.

In der Rechtssache *Marinari* verdeutlichte der EuGH, dass das Abstellen auf den Vermögensmittelpunkt eine unsichere und manipulationsanfällige Prüfung erfordere, welche zudem zur Zuständigkeit eines Gerichts führen könne, zu dem der dem Fall zugrunde liegende Rechtsstreit keinerlei Beziehung aufweise, sodass es an der nötigen Beweisnähe fehle.[1653]

In der Rechtssache *Henkel* stellte der EuGH klar, dass er unter dem Gerichtsstand der unerlaubten Handlung gerade keinen Schutzgerichtsstand verstehe, dem Geschädigten einen Klägergerichtsstand an seinem Wohnsitz zu verschaffen, sondern dieser einen neutralen Ausgleich der Interessen zwischen Schädiger und Geschädigtem schaffen solle,[1654] welcher auf Erwägungen der Vorhersehbarkeit, der Sach- und Beweisnähe sowie der geordneten Rechtspflege und

---

1652 BGH, 13.7.2010 – XI ZR 28/09 = NJW-RR 2011, 197, 200 Rn. 35.

1653 Vgl. EuGH, Urteil vom 19.9.1995 – C-364/93 (Marinari ./. Lloyd's Bank) = ECLI:EU:C:1995:289, Rn. 19 f.

1654 Vgl. Rauscher EuZPR/EuIPR/*Leible*, Art. 7 Brüssel Ia-VO, Rn. 103; *von Hein*, IPRax 2005, 17, 18, 21; *Weller*, IPRax 2000, 202, 207. Teilweise wird das jedoch anders gesehen, siehe bspw. *Engert/Groh*, IPRax 2011, 458, 469, die im Bereich der Kapitalanlagen in Art. 5 Nr. 3 EuGVO a.F. sogar einen Anlegerschutz verankert sehen, welcher jedoch nicht absolut gelte, sondern eingeschränkt durch die Interessenwahrung des Schädigers nach einem vorhersehbaren Gerichtsstand werde.

Prozessgestaltung fuße.[1655] Dies bestätigte der EuGH in der Rechtssache *Folien Fischer*.[1656] Eine Tatortzersplitterung von Handlungs- und Erfolgsort könne mit der Erreichung der sachgerechten Prozessgestaltung und Rechtspflege akzeptiert werden.[1657] In der Rechtssache *Kronhofer* wurde vom EuGH klargestellt, dass nicht schon deshalb am Wohnsitz des Klägers der Gerichtsstand des Erfolgsortes für gegeben angesehen werden könne, weil der Vermögensschaden in einem anderen Mitgliedstaat eingetreten sei.[1658] Es sei nicht auf die „Vermögenszentrale" des Klägers als solche abzustellen, da diese unvorhersehbaren Umständen zugrunde liege.[1659]

Die Rechtsprechung erging zwar zum EuGVÜ, der in der EuGVO a.F. neu eingefügte Zusatz, wonach es genüge, dass der Schaden einzutreten drohe, hat jedoch auf das Telos der Norm bei dem hier relevanten Delikt keinen Einfluss, da ein Schaden eingetreten ist. Insofern kann die EuGH-Rechtsprechung zum EuGVÜ aufgrund des Kontinuitätsgrundsatzes nach Erwägungsgrund (19) EuGVO a.F. auf die EuGVO a.F. übertragen werden.

Ferner fordert Erwägungsgrund (11) EuGVO a.F., dass durch das Abstellen auf eine enge Verbindung neben der Vorhersehbarkeit in hohem Maße ein sach- und beweisnaher, und unter Umständen auch rechtsnaher Gerichtsstand gewährt wird.[1660] Die Rechtssicherheit wird dadurch gesteigert, dass nach Eintritt des Schadens der Gerichtsstand nicht manipulierbar ist, was die Zuständigkeitssicherheit erhöht.[1661] Ebenfalls dürfe die Ermittlung des Ortes der schädigenden Handlung nicht von ungewissen Umständen, wie einem anderen anwendbaren

---

1655 EuGH, Urteil vom 27.10.1998 – C-51/97 (Réunion européenne SA) = ECLI:EU:C:1998:509, Rn. 27; EuGH, Urteil vom 1.10.2002 – C-167/00 (Henkel) = ECLI:EU:C:2002:555, Rn. 46. Siehe dazu ferner *von Hein*, IPRax 2005, 17, 18; *R. Wagner/Gess*, NJW 2009, 3481, 3482.

1656 EuGH, Urteil vom 25.10.2012 – C-133/11 (Folien Fischer AG, Fofitec AG ./. Ritrama SpA) = ECLI:EU:C:2012:664, Rn. 46.

1657 EuGH, Urteil vom 1.10.2002 – C-167/00 (Henkel) = ECLI:EU:C:2002:555, Rn. 46; *von Hein*, IPRax 2005, 17, 18.

1658 EuGH, Urteil vom 10.6.2004 – C-168/02 (Rudolf Kronhofer ./. Marianne Maier u.a.) = ECLI:EU:C:2004:364, Rn. 21.

1659 Vgl. BGH, 13.7.2010 – XI ZR 28/09 = NJW-RR 2011, 197, 199 Rn. 26.

1660 Vgl. Rauscher EuZPR/EuIPR/*Leible*, Art. 7 Brüssel Ia-VO, Rn. 103; Magnus/Mankowski Brussels Ibis Regulation/*Mankowski*, Art. 7 Brussels Ibis Regulation, Rn. 227.

1661 Siehe dazu Rauscher EuZPR/EuIPR/*Leible*, Art. 7 Brüssel Ia-VO, Rn. 103.

Haftungssystem, oder dem Ort, an dem etwaige Folgeschäden vermögensrechtlicher Art eingetreten sind, abhängig gemacht werden.[1662]

Diese Erwägungen können jedoch nur Anhaltspunkte dafür liefern, wie die Schutzrichtung der Norm einzugrenzen ist, verschaffen jedoch keine abschließende Klarheit dazu. Auch die Rechtsprechung des EuGH gab zum Entscheidungszeitpunkt nicht genug Anhaltspunkte, um das Telos der Norm klar und eindeutig zu umreißen. Der BGH entschied hier gerade in Abgrenzung zum EuGH-Urteil *Kronhofer*, wonach der Erfolgsort bei Vermögensschäden grundsätzlich der Belegenheitsort des betroffenen Vermögenswertes und nicht des Hauptvermögens ist.[1663] Der BGH hat hier festgestellt, dass die unerlaubte Handlung bereits vor der Überweisung des Anlagekapitals stattgefunden habe und dahingehend den Schadensort am Wohngerichtsstand des Klägers konstruiert.[1664] Dies begründete der BGH damit, dass sich die Sachverhalte diesbezüglich grundlegend unterschieden, da in der Rechtssache *Kronhofer* die unerlaubte Handlung erst nach der Überweisung des Anlagekapitals verübt worden war, dass jedoch unter anderen Umständen durchaus der Erfolgsort am Wohnsitz des Klägers gelegen sein könne.[1665] Der Tendenz nach entsprach die Auslegung des BGH den marktrationalen Erwägungen, die der EuGH in verbraucherrechtlichen Streitigkeiten zum „Ausrichten" getroffen hatte, wonach Akteure, die sich fremden Märkten bedienen, dort auch zur Verantwortung gezogen werden müssen.[1666] Ferner entsprach die Auslegung des BGH den grundlegenden Erwägungen, dass dem Deliktsgerichtsstand ein neutraler und prozessualer Einschlag zugrunde liegt und er stützte seine Auslegung zusätzlich auf relevante Verfahrensaspekte, wie die Nähe zum Streitgegenstand, die geordnete Rechtspflege, die sachgerechte Prozessgestaltung und Beweisnähe, was er in seiner systematischen Urteilsbegründung präzise herausgearbeitet hat.[1667] Jedoch bestand im Entscheidungszeitpunkt keine Klarheit bezüglich des Telos des

---

1662 Vgl. *Kropholler/von Hein*, Europäisches Zivilprozessrecht, [9]2011, Art. 5 EuGVO, Rn. 88.

1663 EuGH, Urteil vom 10.6.2004 – C-168/02 (Rudolf Kronhofer ./. Marianne Maier u.a.) = ECLI:EU:C:2004:364, Rn. 20 f.

1664 Vgl. *Süß/Sandidge*, BB 2010, 2532.

1665 BGH, 13.7.2010 – XI ZR 28/09 = NJW-RR 2011, 197, 199 Rn. 31.

1666 Vgl. *Schnyder*, ZEuP 2013, 659, 662.

1667 Begrüßend *von Hein*, LMK 2010, 308395, 3.; *Kropholler/von Hein*, Europäisches Zivilprozessrecht, [9]2011, Art. 5 EuGVO, Rn. 90; *Engert/Groh*, IPRax 2011, 458, 464; *Süß/Sandidge*, BB 2010, 2532, kritischer hingegen *Meyer zu Schwabedissen*, EWiR 2011, 13: „nicht kalkulierbar".

Art. 5 Nr. 3 EuGVO a.F. Somit waren der Schutzzweck sowie das Schutzniveau des Art. 5 Nr. 3 EuGVO a.F. für den nationalen Richter nicht ohne Unklarheiten ermittelbar.

Insbesodere weil der BGH entgegen der *Kronhofer*-Entscheidung entschieden hat, wäre hier eine Vorlage notwendig gewesen. Solange die Schutzrichtung der Norm unklar ist, wird die Position des EuGH als Hüter der Einheitlichkeit bedroht, da er nicht sicherstellen kann, dass die mitgliedstaatlichen Gerichte die unionsrechtlichen Normen unterschiedlich auslegen.

bb) Individualrechtsschutz und Einheitlichkeit des Unionsrechts

Anhaltspunkte für eine oben in Kapitel 4 A. II. 1. b) bb) definierte Bedrohung der Position des EuGH als Hüter der elementaren Bürgerrechte bestehen nicht.

cc) Ergebnis

Die Auslegung des BGH erfüllt nicht die Bewertungskriterien des effet utile und der Einheitlichkeit des Unionsrechts, sodass die Voraussetzungen eines materiellen Acte Clair nicht vorliegen.

Der BGH hat letztlich, wie er selbst in seiner Urteilsbegründung unter Bezugnahme auf das Berufungsgericht anführte, in der Entscheidung seine Rechtsprechung zu § 32 ZPO auf die EuGVO a.F. übertragen.[1668] Bei einem Gleichlauf von ZPO und EuGVO a.F. wäre dies kein Problem, da hier jedoch Unklarheiten bei der Bestimmung des Telos von Art. 5 Nr. 3 EuGVO a.F. im Entscheidungszeitpunkt bestanden haben, vermochte die bloße Übertragung der Rechtsprechung zu § 32 ZPO auf die EuGVO a.F. nicht über die bestehenden Unklarheiten des Schutzzwecks der Norm hinweghelfen. Zudem verdeutlichte eine Vielzahl an Vorlagefragen, dass große Unsicherheit bezüglich des Normzwecks zum Entscheidungszeitpunkt bestanden hat. Auch wenn im Ergebnis die Entscheidung des BGH nicht zuletzt wegen der marktrationalen Argumentation durch den EuGH bestätigt wurde, war der Schutzzweck der Norm im Entscheidungszeitpunkt nicht ohne Unklarheiten ermittelbar. Der BGH hätte die Entscheidung dem EuGH vorlegen müssen.

Besonders die Wahlmöglichkeit des Deliktsgerichtsstands dient dem Interesse der geordneten Rechtspflege und stellt dem Kläger zwei neutrale Gerichtsstände zur Verfügung, die eine enge Verbindung zum Sachverhalt aufweisen.[1669] Ein

---

1668 BGH, 13.7.2010 – XI ZR 28/09 = NJW-RR 2011, 197, 199 Rn. 28.

1669 Vgl. *Kropholler/von Hein*, Europäisches Zivilprozessrecht, [9]2011, Art. 5 EuGVO, Rn. 82 f.

forum shopping wird in gewissen Grenzen für die Gewährleistung der Flexibilität in Kauf genommen.[1670] Obwohl eine Reduzierung möglicher Gerichtsstände grundsätzlich angestrebt wird, macht es die Vielzahl an Spezialkonstellationen im Deliktsrecht sachgerecht, die Möglichkeit des Abstellens auf zwei sachnahe Gerichtsstände territorialer Art zu gewähren.[1671] Durch die Begrenzung auf zwei potentielle Gerichtsstände wird ein Ausufern des *forum shoppings* verhindert.[1672] Je nach Fallgestaltung kann entweder der Handlungs- oder der Erfolgsort beweisnäher sein und den Prozess im Parteiinteresse erleichtern und zu einer sachgerechteren Lösung beitragen.[1673]

Der Deliktsgerichtsstand stützt dadurch die Stellung des Anlegers in hohem Maße und ist auch für den Schädiger vorhersehbar, der bewusst seinen Aktionsradius auf einen anderen Markt zu Lasten des Geschädigten gelenkt hat, sodass ihm das daraus resultierende prozessuale Risiko, in dem Staat gerichtspflichtig zu werden, wo der Anleger unter Umständen selbstschädigende Vermögensverfügungen trifft,[1674] angelastet werden kann.

Daraus ergibt sich, dass wenn der Schädiger als Beklagter eine Schadensursache außerhalb seines allgemeinen Gerichtsstands gesetzt hat, oder der Schadenseintritt in einem anderen Staat vorhersehbar war, eine Abweichung vom allgemeinen Beklagtengerichtsstand angezeigt ist.[1675] Denn, wer den erweiterten Kundenzugang aufgrund der Ausweitung auf einen anderen Mitgliedstaat nutzt, dem sind auch mögliche selbstschädigende Vermögensnachteile von Anlegern in deren Heimatstaat als zumutbar und vorhersehbar einzuschätzen. Dem entsprach der BGH insofern, indem er nicht auf den Klägerwohnsitz, sondern auf den in Deutschland belegenen Erfolgsort als Ort der Minderung des Kontoguthabens abstellte.[1676] Er nahm eine vorhersehbare und typisierte Ermittlung des zuständigen Gerichts vor, ohne einen generellen Klägergerichtsstand bei Vermögensschäden zu bejahen, sondern, weil in der Eingehung einer wirtschaftlichen

---

1670 Vgl. *von Hein*, IPRax 2005, 17, 18; *ders.* YbPIL 16 (2014/2015) 241 ff..

1671 Vgl. *Kropholler/von Hein*, Europäisches Zivilprozessrecht, ^{9}2011, Art. 5 EuGVO, Rn. 82 f.

1672 Vgl. *von Hein*, IPRax 2005, 17, 18.

1673 Vgl. *Kropholler/von Hein*, Europäisches Zivilprozessrecht, ^{9}2011, Art. 5 EuGVO, Rn. 82 f.

1674 EuGH, Urteil vom 19.9.1995 – C-364/93 (Marinari ./. Lloyd's Bank) = ECLI:EU:C:1995:289, Rn. 19. Vgl. *Kropholler/von Hein*, Europäisches Zivilprozessrecht, ^{9}2011, Art. 5 EuGVO, Rn. 90.

1675 Vgl. *Thiede/Lorscheider*, EuZW 2019, 274, 277.

1676 Vgl. BGH, 13.7.2010 – XI ZR 28/09 = NJW-RR 2011, 197, 200 Rn. 32.

Verbindlichkeit nachteiliger Art gerade der unmittelbare Vermögenserstschaden eingetreten war.[1677] Die Auslegung des BGH förderte das Binnenmarktziel der Union darin, gleiche Wettbewerbsbedingungen für alle Marktteilnehmer zu schaffen, indem kein Haftungsschild für Finanzdienstleister mit sittenwidriger Geschäftspraxis aufgrund großer Nachteile der Rechtsdurchsetzung für Anleger geschaffen wird.[1678]

Der BGH folgte mit seiner Auslegung marktrationalen Aspekten und schützt dadurch grenzüberschreitend Kapitalanleger.[1679] Die Marktorientierung wurde deutlich aus der Formulierung, dass die Geschäftspraxis darauf abziele, uninformierte und leichtgläubige Anleger, Marktteilnehmer in Deutschland aufgrund ihres Gewinnstrebens als Kunden zu gewinnen und sich auf deren Kosten zu bereichern.[1680] Die marktorientierte Auslegung des BGH kann darauf zurückgeführt werden, dass Vertrauen und die Erwartung von Rechtssicherheit die Basis für Anlagegeschäfte darstellen, sodass Kapitalanlagen nur dann überhaupt vorgenommen werden, wenn der Rechtsraum, der diese auskleidet, als rechtssicher und vorhersehbar von den Anlegern wahrgenommen wird.[1681] Häufig dienen Kapitalanlagen gerade der privaten Altersvorsorge, sodass allein schon aufgrund der Langfristigkeit und dem Zweck der Anlage Rechtssicherheit unverzichtbar wird.[1682] Wo Vertrauen der Anleger langjährig gebildet wird, kann es auch leicht erschüttert werden, was Anleger davon abhalten wird, hohe Vermögenssummen zu investieren und wiederum volkswirtschaftlich nachteilhafte Folgen haben würde, da auch sinnvolle Dienstleistungen nicht mehr nachgefragt würden.[1683] Insofern ist ein interessengerechter, vertretbarer, und vorhersehbarer Gerichtsstand ein wesentlicher Aspekt. Die gesamte Finanzdienstleistungsbranche profitiert von einem gestärkten Vertrauen der Anleger in grenzüberschreitende Kapitalanlagen, da ohne einen störungsfreien Ablauf die Anleger den Grenzüberschritt nicht wagen werden. Etwaige erhöhte Rechtsabwicklungskosten aufgrund gesteigerter Komplexität bei grenzüberschreitenden Kapitalanlagen

---

1677 Vgl. *S. Huber/Geier-Thieme*, IPRax 2018, 155, 157; *Mankowski*, EuZW 2016, 585, 586, bezugnehmend auf GA Szpunar, Maciej, 10.3.2016 – Schlussanträge im Verfahren C-12/15 (Universal Music International Holding) = ECLI:EU:C:2016:161 Rn. 43, 48.

1678 Vgl. *Engert/Groh*, IPRax 2011, 458, 459.

1679 Vgl. *Schnyder*, ZEuP 2013, 659, 664.

1680 Vgl. BGH, 13.7.2010 – XI ZR 28/09 = NJW-RR 2011, 197, 199 Rn. 32; *Schnyder*, ZEuP 2013, 659, 663.

1681 Vgl. *Engert/Groh*, IPRax 2011, 458, 459.

1682 Vgl. *von Hein*, IPRax 2005, 17.

1683 Vgl. *Engert/Groh*, IPRax 2011, 458, 459.

können aufgrund der Vergrößerung des Anlegerkreises durch die Finanzdienstleister daher eher als hinnehmbar angesehen werden. Letzlich schuf der BGH mit seiner Auslegung einen Interessenausgleich zwischen Anlegern und Finanzdienstleistern. Die Anleger müssen nicht aufgrund ihnen entstehender großer Nachteile Abstand von der grenzüberschreitenden Rechtsverfolgung nehmen und gleichermaßen wird ihnen kein ungebührlicher Schutz gewährt.[1684]

In einer Reihe von Folgeentscheidungen versuchte der EuGH eine genauere Lokalisierung des Schadenseintrittes zu erreichen.[1685] Zunächst entschied der EuGH in der Rechtssache *Melzer* über das lang anhaltende Problem der Handlungsortzurechnung im Rahmen des Art. 5 Nr. 3 EuGVO a.F. Entgegen einiger Stimmen in der Literatur lehnte der EuGH eine solche ab.[1686] Das Problem der Handlungsortzurechnung hatte der BGH jedoch in seiner Entscheidung offengelassen und allein auf den Erfolgsort abgestellt, da jedenfalls dieser an dem vom Kläger gewählten Gericht vorgelegen habe.[1687] Nachfolgend erging das Urteil des EuGH in der Rechtssache *Kolassa*, bei der ein Verbraucher über die österreichische Bank *direktanlagen.at* Zertifikate in Form von Inhaberschuldverschreibungen erworben hatte.[1688] Emittentin der Zertifikate war eine englische Bank mit Zweigniederlassung in Frankfurt am Main. Der Rückzahlungsbetrag sollte sich nach dem Index richten, der aus einem Portfolio mehrerer Zielfonds gebildet wurde.[1689] Die Bank sollte die Gelder aus der Emission investieren. Zur Zeit der Klageerhebung betrug der Wert der Zertifikate null Euro, durch die Verkäufe der Zertifikate hatte der Kläger nur einen Anspruch auf Lieferung der Zertifikate aus

1684 Vgl. *Engert/Groh*, IPRax 2011, 458, 459.

1685 Vgl. *Sujecki*, EuZW 2018, 1000.

1686 EuGH, Urteil vom 16.5.2013 – C-228/11 (Melzer) = ECLI:EU:C:2013:305, Rn. 41 mit Anm. *von Hein*, IPRax 2013, 505 ff.

1687 Im Gegensatz zu Art. 5 Nr. 3 EuGVO a.F./Art. 7 Nr. 2 EuGVO n.F. wird gemäß § 32 ZPO unstrittig eine Handlungsortzurechnung vorgenommen, *S. Huber*, IPRax 2009, 134, 135. Stark umstritten ist, ob die Rechtsprechung zu § 32 ZPO auf Art. 5 Nr. 3 EuGVO a.F. übertragbar ist dazu wäre eine Vorlage vonnöten gewesen, siehe *von Hein*, LMK 2010, 308395, 2. Der BGH konnte dies hier jedoch offenlassen, da jedenfalls der Erfolgsort in Deutschland belegen war.

1688 EuGH, Urteil vom 28.1.2015 – C-375/13 (Harald Kolassa ./. Barclays Bank plc) = ECLI:EU:C:2015:37, Rn. 12. Siehe die zahlreichen Anmerkungen: *von Hein*, JZ 2015, 946; *Steinrötter*, RIW 2015, 407; *Mankowski*, LMK 2015, 367447; *Müller*, EuZW 2015, 218; *Staudinger/Bauer*, IPRax 2016, 107. Diese Entscheidung war bereits bei dem Problemkreis des Ausrichtens relevant geworden, siehe dazu Kapitel 4 B. II. 1.

1689 EuGH, Urteil vom 28.1.2015 – C-375/13 (Harald Kolassa ./. Barclays Bank plc) = ECLI:EU:C:2015:37, Rn. 14.

dem entsprechenden Anteil am Deckungsbestand gutgeschrieben bekommen, eine Übertragung an ihn fand nicht statt.[1690] Der Kläger nahm die Emittentin wegen Prospekthaftung sowie wegen Verletzung sonstiger Informationspflichten in Anspruch.

Der EuGH hat hier nach Verneinung einer vertraglichen Beziehung[1691] bezüglich Art. 5 Nr. 3 EuGVO a.F. bestätigt, dass die Gerichte am Klägerwohnsitz nicht etwa automatisch zuständig seien.[1692] Vielmehr sei bei der Bestimmung des Erfolgsortes – auf den Handlungsort ging der EuGH nicht ein [1693] auf den Ort abzustellen, an welchem der Investor den Schaden tatsächlich erleide,[1694] wobei auf das betroffene Teilvermögen abzustellen sei, sofern es sich isolieren lasse.[1695] „Die Gerichte am Wohnsitz des Klägers sind in Anknüpfung an die Verwirklichung des Schadenserfolgs für eine solche Klage insbesondere dann zuständig, wenn sich der besagte Schaden unmittelbar auf einem Bankkonto des Klägers bei einer Bank im Zuständigkeitsbereich dieser Gerichte verwirklicht."[1696] Teilweise wird darin ein Abstandnehmen angesichts einer gesteigerten Stabilität und Vorhersehbarkeit bei Klagen wegen unmittelbaren Vermögensschadens auf dem Konto von dem zufälligeren Ort der Kontoführung als Vermögensmittelpunkt gesehen und stattdessen auf den Sitz der Bank abgestellt, bei der der Geschädigte sein Konto unterhält.[1697] In der Konkretisierung des Erfolgsortes könnte gleichermaßen eine Absage gegenüber ebenfalls in der Literatur angedachten Anknüpfungen an den Verfügungsort[1698] sowie

1690 EuGH, Urteil vom 28.1.2015 – C-375/13 (Harald Kolassa ./. Barclays Bank plc) = ECLI:EU:C:2015:37, Rn. 15.

1691 Ebd., Rn. 26-35, 41 f.

1692 Ebd., Rn. 49. Bestätigend, EuGH, Urteil vom 10.6.2004 – C-168/02 (Rudolf Kronhofer ./. Marianne Maier u.a.) = ECLI:EU:C:2004:364, Rn. 20.

1693 Dies kritisierend *Mankowski*, in: FS Geimer, 2017, 429 ff.; *Mankowski*, LMK 2015, 367447, 2. a. cc.

1694 EuGH, Urteil vom 28.1.2015 – C-375/13 (Harald Kolassa ./. Barclays Bank plc) = ECLI:EU:C:2015:37, Rn. 54.

1695 Siehe hierzu *Mankowski*, LMK 2015, 367447, 2. a.cc.

1696 EuGH, Urteil vom 28.1.2015 – C-375/13 (Harald Kolassa ./. Barclays Bank plc) = ECLI:EU:C:2015:37, Rn. 55, vgl. Rn. 57.

1697 Siehe Rauscher EuZPR/EuIPR/*Leible*, Art. 7 Brüssel Ia-VO, Rn. 126; *Thole*, ZBB 2011, 399, 403. Nach *Thiede/Lorscheider*, EuZW 2019, 274, 278 verdecke die Urteilsbegründung mit der Betonung auf das Klägerkonto, dass der EuGH wesentlich auf das den Prospekt notifizierende Bankinstitut abstelle, sodass der Verbreitungsort entscheidungserheblich anzusehen sei.

1698 Befürwortend *von Hein*, EuZW 2011, 369, 371.

Marktort[1699] gelesen werden.[1700] Diese Konkretisierung des Erfolgsortes durch den EuGH ist kongruent mit der gewählten Auslegung des BGH, der ebenfalls als Erfolgsort auf die Belegenheit der Kontoführung des Geschädigten abstellte.[1701]

Zu einer Entscheidung, die zwar kein Kapitalanlagedelikt zum Gegenstand hatte, sich jedoch auf den Erfolgsort bei einem reinen Vermögensschaden bezog, beantwortete der EuGH in der Rechtssache *Universal Music* die Frage, ob nach Art. 5 Nr. 3 EuGVO a.F. ein Gericht eines Mitgliedstaates als Erfolgsort angesehen werden könne, wenn der dort eingetretene Schaden ausschließlich in einem Vermögensschaden bestehe, welcher die unmittelbare Folge eines unerlaubten Verhaltens darstelle, das sich in einem anderen Mitgliedstaat zugetragen habe.[1702] Die Antwort darauf fiel negativ aus. Art. 5 Nr. 3 EuGVO a.F. sei dahin auszulegen, dass „unter Umständen wie denen des Ausgangsverfahrens als „Ort, an dem das schädigende Ereignis eingetreten ist", in Ermangelung anderer Anknüpfungspunkte nicht der Ort in einem Mitgliedstaat angesehen werden kann, an dem ein Schaden eingetreten ist, wenn dieser Schaden ausschließlich in einem finanziellen Verlust besteht, der sich unmittelbar auf dem Bankkonto des Klägers verwirklicht und der die unmittelbare Folge eines unerlaubten Verhaltens ist, das sich in einem anderen Mitgliedstaat ereignet hat."[1703] Im Gegensatz zur Rechtssache *Kolassa* handelte es sich hier um eine gewerbetreibende Klägerin, eine Schallplattengesellschaft mit Sitz in den Niederlanden, welche vor ihrem Heimatgericht zwei Partner einer tschechischen Anwaltssozietät sowie einen dort angestellten Anwalt auf Schadensersatz wegen mangelhafter Ausgestaltung eines Aktienoptionsvertrages verklagte.[1704] Dabei hatte nicht die Klägerin selbst, sondern die Muttergesellschaft die Anwälte beauftragt.[1705] Ein schiedsrichterlicher Vergleich war in Tschechien geschlossen worden.[1706]

1699 Befürwortend *Bachmann*, IPRax 2007, 77, 82; *Weber*, Wertpapier-Mitteilungen 2008, 1581, 1586 f.; dagegen *von Hein*, EuZW 2011, 369, 372.

1700 Vgl. *Müller*, EuZW 2015, 218, 223 f.

1701 BGH, 13.7.2010 – XI ZR 28/09 = NJW-RR 2011, 197, 199 Rn. 32.

1702 EuGH, Urteil vom 16.6.2016 – C-12/15 (Universal Music International Holding) = ECLI:EU:C:2016:449, Rn. 20. Siehe die Anmerkungen von *Mankowski*, EuZW 2016, 585 und *Müller*, NJW 2016, 2169.

1703 EuGH, Urteil vom 16.6.2016 – C-12/15 (Universal Music International Holding) = ECLI:EU:C:2016:449, Rn. 40, siehe dazu *Mankowski*, EuZW 2016, 585, Rn. 40.

1704 EuGH, Urteil vom 16.6.2016 – C-12/15 (Universal Music International Holding) = ECLI:EU:C:2016:449, Rn. 7 ff.

1705 Vgl. *Müller*, NJW 2016, 2169, 2169.

1706 EuGH, Urteil vom 16.6.2016 – C-12/15 (Universal Music International Holding) = ECLI:EU:C:2016:449, Rn. 14.

Hier machte der EuGH deutlich, dass gerade nicht die Belegenheit des Bankkontos des Geschädigten tauglicher Anknüpfungsmoment sein dürfe und er schränkte damit den vorher sehr weit verstandenen Erfolgsort ein.[1707] Es dürfe einem Geschädigten nicht zugutekommen, wenn er mehrere Konten habe, auf denen er negative finanzielle Einbußen erfahre, da eine Vielzahl möglicher Klageorte zu einem für den Schädiger unvorhersehbaren Gerichtsstand führen könne.[1708] Nur, wenn weitere spezifische Gegebenheiten des Falles zur Zuweisung der Zuständigkeit des Gerichts, an dem sich ein reiner Vermögensschaden verwirklicht habe, beitragen, könne ein solcher Schaden in vertretbarer Weise die Klageerhebung vor diesem Gericht ermöglichen.[1709] Anders als in der Rechtssache *Kolassa*, wo der EuGH die Zahlung selbst als Schadenserfolg angesehen hat, sah der EuGH hier die Begründung der Zahlungsverpflichtung als Schadenserfolg an; vorliegend der Vergleichsvertrag, der in Tschechien geschlossen wurde.[1710] Mit der Formulierung „unter Umständen wie diesen" grenzte der EuGH bewusst die Bedeutung der Entscheidung ein.[1711] Dies könnte als Indiz gewertet werden, dass der EuGH den Versuch, eine echte Leitentscheidung zum Erfolgsort zu erlassen, aufgegeben habe, was jedoch durch die häufig eng formulierten Vorlagefragen zu Art. 5 Nr. 3 EuGVO a.F./Art. 7 Nr. 2 EuGVO n.F. forciert wurde.[1712]

In der Rechtssache *Löber* hatte die Klägerin in von einer englischen Bank emittierte Inhaberschuldverschreibungen investiert und für den Erwerb von Zertifikaten Beträge von ihrem Girokonto in Wien auf zwei Wertpapierkonten in Graz und Salzburg überwiesen. Nach Wertverlusten der Zertifikate erhob die Privatanlegerin Klage gegen die Bank auf Zahlung sowie Feststellung der Haftung vor dem Handelsgericht Wien. Die Bank habe einen mangelhaften Prospekt erstellt, sowie ihr gegenüber irreführende Angaben gemacht, was schadensursächlich gewesen sei.[1713] Die Vorinstanzen lehnten die internationale

1707 Vgl. *Sujecki*, EuZW 2018, 1000, 1001.

1708 EuGH, Urteil vom 16.6.2016 – C-12/15 (Universal Music International Holding) = ECLI:EU:C:2016:449, Rn. 38; siehe *Sujecki*, EuZW 2018, 1000, 1001.

1709 EuGH, Urteil vom 16.6.2016 – C-12/15 (Universal Music International Holding) = ECLI:EU:C:2016:449, Rn. 39, siehe dazu *Thiede/Lorscheider*, EuZW 2019, 274, 278.

1710 Vgl. *Müller*, NJW 2016, 2169, 2169.

1711 Vgl. *Mankowski*, EuZW 2016, 585, 586, der hier die Eingrenzung auf die Umstände des Falles zwar als angemessen, jedoch häufig als irreführend ansieht.

1712 Vgl. *Mankowski*, EuZW 2016, 585, 586.

1713 EuGH, Urteil vom 12.9.2018 – C-304/17 (Löber) = ECLI:EU:C:2018:701, Rn. 6 - 12. Siehe die Anmerkung *Sujecki*, EuZW 2018, 1000 sowie die Besprechung *Thiede/Lorscheider*, EuZW 2019, 274.

Zuständigkeit ab. Der EuGH fügte einen weiteren Mosaikstein zum Bild über den Erfolgsort hinzu,[1714] indem er klarstellte, dass zwar die Belegenheit des Bankkontos bei reinen Vermögensschäden für ausschlaggebend angesehen werden könne, jedoch die Klage in vertretbarer Weise vor diesem Gericht nur ermöglicht werden könne, wenn die anderen spezifischen Gegebenheiten des Falles ebenfalls zu einer Zuweisung dieses Gerichtes führten.[1715] Zu diesen eine Abwägung erfordernden Kriterien gehörten vorliegend neben dem Wohnsitz der Klägerin die Tatsachen, dass alle Zahlungen und Durchführungen der Anlage von österreichischen Konten abgewickelt wurden, dass die Klägerin nur mit österreichischen Banken in Kontakt stand, dass die Zertifikate auf Grundlage eines von einem österreichischen Kontrollgericht notifizierten Prospekts auf dem österreichischen Sekundärmarkt erworben worden waren, und dass die Vermögensverpflichtung ebenfalls in Österreich eingegangen worden war. Für die Zuständigkeit österreichischer Gerichte spreche auch die Vorhersehbarkeit des Schädigers, da der Prospekt bewusst in Österreich veröffentlicht worden war.[1716]

Insofern haben sich einige Präzisierungen in Bezug auf die Lokalisierung des Erfolgsortes ergeben. Auch wenn der EuGH in der Folge viele Entscheidungen zum reinen Vermögensschaden, insbesondere bei Kapitalanlagedelikten getroffen hat und zunehmend Einschränkungen bezüglich des Anknüpfungsmomentes der Belegenheit des Bankkontos vorgenommen hat, befindet sich die vom BGH gewählte Auslegung auf dieser Linie.

Dass im Ergebnis die Entscheidung des BGH durch die weitere EuGH-Rechtsprechung bestätigt wurde, hat keinen Einfluss darauf, dass das Telos im Entscheidungszeitpunkt als nicht klar angesehen werden konnte.

III. Fazit

Unproblematisch erfüllte das Urteil zum Erfolgsgerichtsstand betreffend die vorbeugende Unterlassungsklage die Voraussetzungen des materiellen Acte Clair. Das zuletzt untersuchte Urteil zu einem Kapitalanlegedelikt erfüllte die Kriterien hingegen nicht. Auch wenn im Ergebnis die Entscheidung des BGH vom EuGH bestätigt worden ist, so kann daraus nicht der Rückschluss getroffen werden, dass Klarheit im Entscheidungszeitpunkt bestanden hat. Wie gesehen war die Schutzrichtung und das Telos des Art. 5 Nr. 3 EuGVO a.F. gerade nicht ohne

---

1714 Vgl. die Formulierung von *Müller*, NJW 2016, 2169, 2169.

1715 EuGH, Urteil vom 12.9.2018 – C-304/17 (Löber) = ECLI:EU:C:2018:701, Rn. 39.

1716 Ebd., Rn. 32-35. Vgl. *Thiede/Lorscheider*, EuZW 2019, 274, 278.

Zweifel erkennbar. Vielmehr hat der BGH seine Rechtsprechung zu § 32 ZPO auf die EuGVO a.F. übertragen.

Sowohl das LG Düsseldorf in der Rechtssache *Melzer*, das österreichische Handelsgericht Wien in der Rechtssache *Kolassa*, der Hoge Raad der Niederlande (Rechtssache *Universal Music*), sowie der OGH in Österreich (Rechtssache *Löber*) haben ähnliche Rechtsfragen dem EuGH vorgelegt. Aus dem bloßen Einreichen von Vorlagefragen durch andere Gerichte wird das Vorliegen eines materiellen Acte Clair zwar nicht angetastet, da hier der Schutzzweck allerdings nicht klar ermittelbar war, zeigt die Vielzahl an Vorlagen auf, dass hier große Unsicherheiten bestanden haben. Die erhöhte Vorlagefreudigkeit ist ein gutes Zeichen für das Zusammenwachsen des europäischen Privatrechtsraumes. Wie gesehen, unternahm der EuGH keinen Versuch einer generellen Leitentscheidung, sondern urteilte über jeden spezifischen Fall, was sich häufig durch den Zusatz „unter den Umständen des Falles" oder ähnliches zeigte. Die hier gestellten Vorlagefragen durch die Gerichte sind besonders eng formuliert, die der EuGH mit Zurückhaltung ebenfalls eng beantwortet. Die Zurückhaltung des EuGH bezüglich des Erfolgsgerichtsstands kann darauf zurückgeführt werden, dass der EuGH eine Entleerung des Vertragsgerichtsstands unbedingt vermeiden will, was eine ausufernde Interpretation des Erfolgsgerichtsstands verhindern würde.[1717]

1717 Siehe zur Methodik des EuGH bezüglich der generell engen Auslegung der besonderen Gerichtsstände ferner *Mankowski*, in: FS Geimer, 2017, 430 f.

Kapitel 6: Gewährleistung der abgestimmten Rechtspflege

Die nachfolgende Kategorie weist einen Bezug zum neunten Abschnitt der EuGVO[1718] betreffend die Rechtshängigkeit bzw. Anhängigkeit und im Zusammenhang stehende Verfahren auf. Die EuGVO a.F. definiert in Art. 30 unionsrechtlich autonom, wann ein Verfahren anhängig ist, was im EuGVÜ noch nicht der Fall war.[1719] Unter Geltung des EuGVÜ wurde auf die nationalen Bestimmungen des angerufenen Gerichts abgestellt,[1720] was für den Kläger nachteilig war, falls er Klage in einem Staat erhob, wo es für die Rechtshängigkeit auf die Zustellung an den Beklagten ankam und nicht bereits auf die Klageeinreichung bei Gericht.[1721] Art. 32 EuGVO n.F. übernimmt die Definition des Art. 30 EuGVO a.F., welche sich an den beiden möglichen Grundkonzepten innerhalb der EU orientiert.[1722] Art. 27 Abs. 1 EuGVO a.F. normierte wie bereits der deckungsgleiche Art. 21 EuGVÜ die *lis alibi pendens*-Regel.[1723] Ziel dieses Abschnittes ist es, wie es der Erwägungsgrund (15) EuGVO a.F./(21) EuGVO n.F. beschreibt, Parallelverfahren zu vermeiden, damit es nicht zu miteinander unvereinbaren Entscheidungen in zwei bzw. in der EuGVO n.F. verschiedenen Mitgliedstaaten kommt.[1724] Dies dient zum einen der

---

1718 Entsprechend im EuGVÜ Abschnitt 8 „Rechtsanhängigkeit und im Zusammenhang stehende Verfahren".

1719 *Kropholler/von Hein*, Europäisches Zivilprozessrecht, ^{9}2011, Art. 30 EuGVO, Rn. 1.

1720 EuGH, Urteil vom 7.7.1984 – 129/83 (Zelger ./. Salinitri) = ECLI:EU:C:1984:215, Rn. 15 f.

1721 Rauscher EuZPR/EuIPR/*Leible*, Art. 32 Brüssel Ia-VO, Rn. 1.

1722 *Kropholler/von Hein*, Europäisches Zivilprozessrecht, ^{9}2011, Art. 30, Rn. 1 f.; Rauscher EuZPR/EuIPR/*Leible*, Art. 32 Brüssel Ia-VO, Rn. 1.

1723 *Thorn/Paffhausen*, in: FS Lindacher, 2017, 405, 408.

1724 Die EuGVO n.F. sieht, anders als das EuGVÜ und die EuGVO a.F., auch Regelungen in den Art. 29 ff. EuGVO n.F. betreffend anhängiger Klagen vor Gerichten in Drittstaaten vor, siehe Rauscher EuZPR/EuIPR/*Leible*, Art. 29 Brüssel Ia-VO, Rn. 1. Dies kann unter anderem damit begründet werden, dass vorher keine gleichen Wettbewerbsbedingungen unter Unternehmern herrschten, was marktverzerrend sein konnte und das „level playing field" zur Förderung des Binnenmarktes nicht

geordneten Rechtspflege innerhalb der EU sowie den Parteiinteressen, unnötige Verfahren zu vermeiden, die mit Aufwand, Kosten und Zeit verbunden sind.[1725] Regelungsbedarf besteht aufgrund der Parallelität von allgemeinen und besonderen Gerichtsständen, wodurch unterschiedliche Gerichte für dieselbe Klage bezüglich desselben Anspruchs derselben Parteien zuständig sein können.[1726] Um dieses Problem ökonomisch bestmöglich lösen zu können, wird eine „Vorfeldstrategie" angewendet, damit Kompetenzkonflikte in positiver Hinsicht im Vorhinein verhindert werden.[1727] Indem vermieden wird, dass Entscheidungen ergehen, welchen die Anerkennung nach Art. 34 Nr. 3 EuGVO a.F./Art. 45 lit. c EuGVO n.F. versagt wird, wird eine abgestimmte Rechtspflege erreicht.[1728] Etwaige Konflikte werden streng nach dem Grundsatz der Priorität gelöst, wonach sich das zeitlich nachfolgend angerufene Gericht für unzuständig erklären muss, sobald die Zuständigkeit des zuvor angerufen Gerichts feststeht.[1729] Für den Fall, dass dennoch unvereinbare Entscheidungen in verschiedenen Mitgliedstaaten ergangen sind, regelt Art. 34 Nr. 3 EuGVO a.F. ohne Berücksichtigung des Zeitaspekts, dass jene Entscheidung bevorzugt wird, welche in demjenigen Staat erging, in dem auch die Anerkennung geltend gemacht wird.[1730]

Die untersuchten Fälle betrafen eine Entscheidung zur Heilung einer erst nach Klageerhebung begründeten internationalen Zuständigkeit nach Art. 2 Abs. 1 EuGVO a.F. aufgrund der Wohnsitzverlegung des Beklagten sowie zwei Entscheidungen zur Verfahrensaussetzung.

A. Maßgeblicher Prüfzeitraum des Art. 2 Abs. 1 EuGVO a.F.

Die EuGVO a.F. selbst enthält keine Regelung, welcher Zeitpunkt für das Bestehen eines Wohnsitzes in einem Mitgliedstaat nach Art. 2 EuGVO a.F. maßgebend

---

erreicht wurde, siehe Commission Staff Working Paper, 14.12.2010 – SEC(2010) 1547 final, 20 ff.

1725 Rauscher EuZPR/EuIPR/*Leible*, Art. 29 Brüssel Ia-VO, Rn. 1.

1726 Ebd., Rn. 9.

1727 Ebd.

1728 *Kropholler/von Hein*, Europäisches Zivilprozessrecht, [9]2011, vor Art. 27 EuGVO, Rn. 1; *Thorn/Paffhausen*, in: FS Lindacher, 2017, 405, 408.

1729 *Kropholler/von Hein*, Europäisches Zivilprozessrecht, [9]2011, vor Art. 27 EuGVO, Rn. 1; Rauscher EuZPR/EuIPR/*Leible*, Art. 29 Brüssel Ia-VO, Rn. 1.

1730 *Kropholler/von Hein*, Europäisches Zivilprozessrecht, [9]2011, vor Art. 27 EuGVO, Rn. 1.

ist.[1731] Die vom BGH zu entscheidende Frage betraf die Heilung der zunächst fehlenden internationalen Zuständigkeit.[1732]

I. EuGH-Rechtsprechung

Bezüglich des Problems des maßgeblichen Prüfzeitraums des Art. 2 Abs. 1 EuGVO a.F. ist noch keine EuGH-Rechtsprechung ergangen.

II. Leitentscheidung BGH, Urteil vom 1.3.2011 - XI ZR 48/10

Die Parteien stritten im Rahmen eines Zwischenstreites über die internationale Zuständigkeit der deutschen Gerichte.[1733] Die Klägerin machte Zahlungen von Vorfälligkeitsentschädigung sowie die Rückzahlung mehrerer Darlehen gegenüber dem Beklagten, einem Steuerberater und Wirtschaftsprüfer geltend, der zuvor über zwanzig Jahre ununterbrochen seinen Wohnsitz in Deutschland hatte.[1734] Bei Einleitung des Mahnverfahrens hatte der Beklagte seinen Wohnsitz in Frankreich während des Prozesses verlegte er seinen Wohnsitz wieder nach Deutschland, bevor er kurz vor Schluss der mündlichen Verhandlung in erster Instanz erneut seinen Wonsitz in Frankreich begründete.[1735]

1731 Vgl. *Kropholler/von Hein*, Europäisches Zivilprozessrecht, [9]2011, vor Art. 2 EuGVO, Rn. 12 m.w.N.

1732 In einem zweiten Problemkreis behandelte der BGH den *perpetuatio ad fori*-Grundsatz im Rahmen von Art. 2 Abs. 1 EuGVO und die Frage, ob das angerufene Gericht auch dann zuständig bleibt, wenn der Beklagte vor der mündlichen Verhandlung seinen Wohnsitz wieder in einen anderen Mitgliedstaat verlegt. Hierzu bejahte der BGH jedoch einen Acte Éclairé unter Hinzuziehung der EuGH-Rechtsprechung. BGH, 1.3.2011 - XI ZR 48/10 = NJW 2011, 2515, 2518 Rn. 30: „Die Auslegung der Art. 2 Abs. 1, 16 Abs. 2 EuGVVO erfordert entgegen der Anregung der Revision keine Vorlage an den EuGH zur Vorabentscheidung. Dies folgt zur Frage der Geltung des perpetuatio-fori-Grundsatzes bereits daraus, dass die betreffende Rechtsfrage vom EuGH grundsätzlich beantwortet ist und der erkennende Senat sich der Rechtsprechung des Gerichtshofs anschließt (EuGH, 1982, 3415 Rn. 13 f. und 21)." Bezugnehmend auf EuGH, Urteil vom 5.2.2004 - C-18/02 (DFDS Torline) = ECLI:EU:C:2004:74, Rn. 35 ff., zu Art. 5 Nr. 3 EuGVÜ sowie EuGH, Urteil vom 17.1.2006 - C-1/04 (Susanne Staubitz-Schreiber) = ECLI:EU:C:2006:39, Rn. 24 ff., zu Art. 3 Abs. 1 EuInsVO. Siehe dazu eingehend *Gampp*, 2010, 114 ff.

1733 BGH, 1.3.2011 - XI ZR 48/10 = NJW 2011, 2515, juris Rn. 1.

1734 Ebd., 2515, juris Rn. 2. Siehe ergänzend auch die Vorinstanz. OLG Braunschweig, 28.1.2010 - 8 U 161/08 = BeckRS 2011, 7541.

1735 BGH, 1.3.2011 - XI ZR 48/10 = NJW 2011, 2515, juris Rn. 2 ff.

1. Lösung des Rechtsproblems

Die internationale Zuständigkeit richtete sich nach der EuGVO a.F.[1736] Bezüglich der fehlenden internationalen Zuständigkeit im Zeitpunkt der Klageerhebung entschied der BGH, dass ungeachtet dieser Tatsache die internationale Zuständigkeit deutscher Gerichte bereits nach Art. 2 Abs. 1 EuGVO a.F. gegeben sei, da es für die Begründung der Zuständigkeit ausreiche, dass sie erst im Laufe des Rechtsstreits eintrete.[1737] Dies entspreche der ganz herrschenden Lehre sowie der Rechtsprechung der Oberlandesgerichte. Der BGH habe bereits zu der vergleichbaren Regelung des Art. 8 Abs. 1 Brüssel IIa-VO entschieden, dass der nachträgliche Eintritt der Voraussetzungen für die Begründung der internationalen Zuständigkeit ausreichend sei.[1738] Dieser Entscheidung schließe sich auch der erkennende Senat an, da Art. 8 Abs. 1 Brüssel IIa-VO im Gegensatz zu Art. 2 EuGVO a.F. dem Wortlaut nach ausdrücklich auf den Zeitpunkt der Antragstellung abstelle, was erst recht für Art. 2 EuGVO a.F. gelten müsse.[1739] Dies entspreche auch den Grundsätzen der Prozessökonomie, da sich ansonsten ein Gericht als unzuständig erklären müsste und der Kläger im Anschluss vor demselben Gericht aufgrund des dann im Zuständigkeitsbereich wohnenden Beklagten erneut ein Verfahren einleiten könnte.[1740] Schutzzweck des Wohnsitzgerichtsstands des Beklagten nach Art. 2 EuGVO a.F. sei, wie sich aus der EuGH-Rechtsprechung in der Rechtssache *Group Josi* ergebe,[1741] dem Beklagten, der in der Regel als schwächere Partei anzusehen ist, einen für ihn leicht zugänglichen Gerichtsstand zu verschaffen, um seine Klageverteidigung zu erleichtern.[1742] Dies spreche dafür, bei der Ermittlung der internationalen Zuständigkeit die nachträglich eingetretene internationale Zuständigkeit zu berücksichtigen und nicht abschließend auf den Zeitpunkt der Klageerhebung abzustellen, da für gewöhnlich das Gericht des aktuellen Wohnsitzes das für den Beklagten am einfachsten zugängliche Gericht darstelle.[1743] Jedenfalls nachdem der Beklagte

1736 BGH, 1.3.2011 – XI ZR 48/10 = NJW 2011, 2515 Rn. 10.

1737 Ebd., 2516 Rn. 13.

1738 Ebd., 2516 Rn. 14. Bezugnehmend auf BGH, Beschluss vom 17.2.2010 - XII ZB 68/09 = BGHZ 184, 269 Rn. 9.

1739 BGH, 1.3.2011 – XI ZR 48/10 = NJW 2011, 2515, 2516 Rn. 14.

1740 Ebd., 2516 Rn. 15.

1741 EuGH, Urteil vom 13.7.2000 – C-412/98 (Group Josi Reinsurance Company SA ./. Universal General Insurance Company (UGIC)) = ECLI:EU:C:2000:399, Rn. 34 f.

1742 BGH, 1.3.2011 – XI ZR 48/10 = NJW 2011, 2515, 2516 Rn. 16.

1743 BGH, 1.3.2011 – XI ZR 48/10 = NJW 2011, 2515, 2516 Rn. 16.

seinen Wohnsitz wieder nach Deutschland verlegt habe, sei es für ihn leichter gewesen, sich vor den dortigen Gerichten zu verantworten als in einem anderen Staat.[1744] Ein schützenswertes Interesse, sich vor dem Gericht seines früheren Wohnsitzes zu verteidigen, sei hingegen nicht ersichtlich.[1745] Diese Auffassung stimme mit der Rechtsprechung des EuGH überein, wonach die Bestimmungen zur Ermittlung des internationalen Gerichtsstands nicht zu einer Zuständigkeit führen dürfe, welche von ungewissen Umständen abhinge und dadurch dem Ziel der Verordnung, Rechtsschutz der in der Gemeinschaft ansässigen Personen zu erreichen, zuwiderliefe, was jedoch der Fall wäre, wenn der Kläger nur mit Schwierigkeiten in der Lage sei, festzustellen, wo er den Beklagten verklagen könne.[1746]

Auch aus den weiteren Bestimmungen der EuGVO a.F. ergebe sich nichts, was gegen die Berücksichtigung eines begründeten Wohnsitzes nach Klagerhebung spreche.[1747] Eine Aussage zum Zeitpunkt, in welchem die Zuständigkeitsvoraussetzungen vorliegen müssen, enthalte Art. 2 EuGVO a.F. nicht.[1748] Die Voraussetzungen dafür, dass sich das deutsche Gericht nach Art. 26, 27 EuGVO a.F. für unzuständig erklären müsse, lägen ebenfalls nicht vor, da diese zum maßgeblichen Zeitpunkt, welcher im Interesse einer schnellen Entscheidung zwingend derjenige der Verfahrenseinleitung sei, gegeben sein müssten.[1749] Dies ergebe sich gerade daraus, dass eine rügelose Einlassung nach Art. 24 S. 1 EuGVO a.F. möglich gewesen sei.[1750]

Auch bezüglich Art. 30 EuGVO a.F. sei für die Bestimmung des zuerst angerufenen Gerichts im Sinne der Art. 27 ff. EuGVO a.F. in Fällen doppelter Rechtshängigkeit auf den Zeitpunkt der Zustellung des verfahrenseinleitenden Schriftstücks bei der zuständigen Stelle abzustellen.[1751] In der Literatur werde zwar vertreten, dass dieser Zeitpunkt des Art. 30 EuGVO a.F. im Grundsatz auch für Art. 2 Abs. 1 EuGVO a.F. maßgeblich sein solle, dies schließe jedoch nicht aus, dass das zunächst nicht zuständige angerufene Gericht durch Wohnsitzverlegung des Beklagten während des Prozesses *ex nunc* international

1744 Ebd.
1745 Ebd.
1746 Ebd., 2516 f. Rn. 17.
1747 Ebd., 2517 Rn. 18.
1748 Ebd., 2517 Rn. 19.
1749 Ebd., 2517 Rn. 20.
1750 Ebd.
1751 Ebd., 2517 Rn. 21.

zuständig werde.[1752] Ferner mangele es an einem normativen Anknüpfungspunkt dafür, den Zeitpunkt des Art. 30 EuGVO a.F., der dem Wortlaut nach auf die Art. 27 ff. EuGVO a.F. Anwendung finde, auf Art. 2 EuGVO a.F. zu übertragen.[1753]

2. *Acte Clair*

„Hinsichtlich des maßgeblichen Prüfzeitpunkts für die nach Art. 2 Abs. 1 EuGVVO zu beurteilende internationale Zuständigkeit ist die richtige Auslegung der Richtlinie[1754] aus den genannten Gründen derart offenkundig, dass für vernünftige Zweifel kein Raum bleibt (vgl. EuGH, Slg. 1982, 3415 Rn. 16, 21; BVerfG, NJW 1988, 1456; BGH, Urteile vom 28. November 2002 - III ZR 102/02, BGHZ 153, 82, 92 und vom 23. Februar 2010 - XI ZR 186/09, WM 2010, 647 Rn. 35 mwN).“[1755]

3. *Bewertung*

a) *Effet utile und Einheitlichkeit des Unionsrechts*

Ein Acte Clair kann, wie oben in Kapitel 4 A. II. 1. b) aa) dargestellt, nur angenommen werden, wenn die Position des EuGH, die Effektivität des Unionsrechts zu gewährleisten, nicht bedroht wird.

Ob bei der Ermittlung der internationalen Zuständigkeit die Berücksichtigung der nachträglich eingetretenen internationalen Zuständigkeit durch die Wohnsitzverlegung dem Schutzzweck der Norm entspricht, müsste sich ohne Unklarheiten feststellen lassen. Aus der EuGH-Rechtssache *Group Josi* ergab sich, dass das Abstellen auf das Gericht am Wohnsitz des Beklagten diesem die Verteidigung erleichtern solle.[1756] Die Rechtssache *Staubitz-Schreiber* stellte allerdings zur europäischen Insolvenzverordnung (EuInsVO) [1757] klar, dass ein Schuldner nicht durch das Verlegen des Mittelpunktes seiner hauptsächlichen Interessen in einen anderen Mitgliedstaat den Gerichtsstand und das anwendbare Recht

---

1752 BGH, 1.3.2011 – XI ZR 48/10 = NJW 2011, 2515, 2517 Rn. 21.

1753 Ebd., verweisend auf *Löser*, 2009, 114.

1754 Fälschlicherweise ist hier die Rede von „Richtlinie“ anstelle von „Verordnung“.

1755 BGH, 1.3.2011 – XI ZR 48/10 = NJW 2011, 2515, 2518 Rn. 30.

1756 Noch zum EuGVÜ, EuGH, Urteil vom 13.7.2000 – C-412/98 (Group Josi Reinsurance Company SA ./. Universal General Insurance Company (UGIC)) = ECLI:EU:C:2000:399, Rn. 35.

1757 Verordnung (EU) 2015/848 des Europäischen Parlaments und des Rates vom 20. Mai 2015 über Insolvenzverfahren, ABl. L 141 vom 5.6.2015, S. 19–72.

bestimmen könne.[1758] Dies widerspreche zum einen der Absicht der Verordnung, durch die Verlagerung von Vermögensgegenständen oder Rechtsstreitigkeiten in einen anderen Mitgliedstaat, eine verbesserte Rechtsstellung zu erzielen[1759] sowie dem Verordnungsziel der Verbesserung der Effizienz und Wirksamkeit grenzüberschreitender Verfahren.[1760]

Art. 2 EuGVO a.F. ist insofern im Zusammenspiel mit Art. 27 ff. EuGVO a.F. zu lesen. Wie gesehen ergibt sich aus Erwägungsgrund (15), dass Parallelverfahren so weit wie möglich vermieden werden sollen, damit nicht in zwei Mitgliedstaaten miteinander unvereinbare Entscheidungen ergehen. Insofern wohnt den Art. 27 ff. EuGVO a.F. auch ein prozessökonomischer Ansatz inne, wonach sinnlose Prozesse und Ressourcenverschwendung vermieden werden sollen. Dies gilt sowohl bezüglich Entscheidungen, die nicht anerkennungsfähig wären, wogegen die Art. 27 ff. EuGVO a.F. wirken und ferner keine Klagen abgewiesen werden sollen, die sofort neu erhoben werden können.

Daraus wird ersichtlich, dass Art. 2 EuGVO a.F. zum einen den Beklagtenschutz wahren und gleichermaßen eine Manipulation durch den Beklagten verhindern soll. Durch den häufigen Wohnsitzwechsel des Beklagten während des Verfahrens wird die geordnete und abgestimmte Rechtspflege, die durch Abschnitt 9 der EuGVO gewährleistet werden soll, gefährdet. Vor Klageerhebung hatte der Beklagte zwanzig Jahre in Deutschland seinen Wohnsitz gehabt, bevor er ihn innerhalb von zwei Jahren drei Mal zwischen Deutschland und Frankreich wechselte. Ein Blick auf Art. 8 Brüssel IIa-VO zeigt, dass der Unionsgesetzgeber auf einem anderen Feld in einer jüngeren Verordnung bezüglich des allgemeinen Wohnsitzgerichtsstands auf den Zeitpunkt der Antragstellung abstellt. Doch auch diese Klarstellung kann in Hinblick auf Art. 2 EuGVO a.F. so verstanden werden, dass sie einen prozessökonomischen Charakter habe und dieser Regelung die Bedeutung innewohne, ein einmal angerufenes Gerichte bleibe auch nach einem Aufenthaltswechsel zuständig, sofern noch kein anderes Gericht in derselben Rechtssache angerufen worden sei.[1761]

Durch den Eintritt der für das Vorliegen von Art. 2 EuGVO a.F. maßgeblichen Voraussetzungen im Laufe des Verfahrens wird ein Gericht zuständig, an dem

---

1758 EuGH, Urteil vom 17.1.2006 – C-1/04 (Susanne Staubitz-Schreiber) = ECLI:EU:C:2006:39, Rn. 25.

1759 Ebd.

1760 Ebd., Rn. 26.

1761 So beispielsweise auch BGH, Beschluss vom 17.2.2010 - XII ZB 68/09, BGHZ 184, 269 Rn. 9.

der Beklagte seine Verteidigungsrechte leicht geltend machen kann. Hier war in der gleichen Rechtssache keine Klage in einem anderen Mitgliedstaat erhoben worden. Ein schützenswertes Interesse, am Wohnort zum Zeitpunkt der Klageerhebung verklagt zu werden, ergibt sich nicht aus Art. 2 EuGVO a.F. Insofern waren hier Schutzniveau und Schutzrichtung des Art. 2 EuGVO a.F. ohne Unklarheiten ermittelbar.

b) Individualrechtsschutz und Einheitlichkeit des Unionsrechts

Eine Bedrohung der Position des EuGH als Hüter der elementaren Bürgerrechte kann nach dem oben in Kapitel 4 A. II. 1. b) bb) definierten Bewertungskriterium des Individualrechtsschutzes nur dann vorliegen, wenn spezifische Grundrechtsfragen relevant sind. Dies ist hier nicht der Fall.

c) Ergebnis

Der BGH erfüllte die Bewertungskriterien. Die vom BGH angestellten Erwägungen spigeln das Telos der Normen wieder und bringen sowohl den Grundgedanken des *actor sequitur forum rei* sowie die Interessen der Prozessökonomie und der abgestimmten und geordneten Rechtspflege in Einklang. Die Förderung der Prozessökonomie dient auch der Binnenmarktförderung, da keine unnötigen Prozesse geführt werden müssen, welche sich nachteilig auf die Prozessdauer und -kosten auswirken. Unter Umständen könnten aufgrund der negativen Folgen Rechtssuchende abgeschreckt werden, überhaupt rechtliche Schritte bei grenzüberschreitenden Sachverhalten einzugehen, was der Förderung des Binnenmarktes schadet.[1762] Die Anerkennung und Vollstreckung von Entscheidungen aus dem Ausland kann bereits aufgrund der Komplexität dazu führen, dass Rechtspositionen nicht grenzüberschreitend geltend gemacht werden und langfristig Unternehmen davon abhalten, grenzüberschreitend tätig zu werden, was dem Binnenmarktziel zuwiderliefe.[1763] Ferner wird die Einheitlichkeit des Unionsrechts befördert, indem Unklarheiten bezüglich gefahrträchtiger Parallelverfahren ausgeräumt werden. Parallelverfahren in mehreren Mitgliedstaaten stellen eine starke Bedrohung für die Einheitlichkeit des Unionsrechts dar und

---

1762 Vgl. Commission Staff Working Paper, 14.12.2010 – SEC(2010) 1547 final, 12.

1763 Vgl. European Commission, Final Report: Data Collection and Impact Analysis – Certain aspects of a possible revision of Council Regulation No. 44/2001 on Jurisdiction and the Recognition and Enforcement of Judgments in Civil and Commercial Matters ('Brussels I'), 17th December 2010, p. 58 f.; Commission Staff Working Paper, 14.12.2010 – SEC(2010) 1547 final, 17.

müssen weitestgehend vermieden werden. Die Vorhersehbarkeit der Gerichtsstände wird dabei nicht in ungebührlichem Maße strapaziert. Wie auch bei der rügelosen Einlassung kann eine Heilung der im Zeitpunkt der Klagerhebung nicht vorliegenden internationalen Zuständigkeit vom Beklagten selbst gesteuert werden, wodurch kein für ihn unvorhersehbarer Gerichtsstand eröffnet wird. Des Weiteren wird die Rechtssicherheit erhöht, da die Manipulierbarkeit durch Wohnsitzwechsel des Beklagten eingeschränkt wird.

In der Literatur wurde betont, dass es sich hier um einen in der Praxis selten wiederholbaren Fall handele[1764] und teilweise eine Vorlage als wünschenswert angesehen.[1765] Begrüßend wurde festgestellt, dass der BGH einer prozessökonomischen Auslegung gefolgt sei und dem Umstand Rechnung getragen habe, dass ansonsten die Gefahr von Kompetenzkonflikten aufgrund fortlaufend wechselnder Zuständigkeiten drohe.[1766] Eine Klage mangels internationaler Zuständigkeit als unzulässig abzuweisen, wenn sie anschließend sofort wieder erhoben werden könne, sei sinnlos[1767] und käme einer Ressourcenvernichtung gleich, was den Zielen des Europäischen Zivilprozessrechts zuwiderliefe.[1768] Begrüßt wurde ebenfalls die sorgfältige und ausführliche Begründung des Ergebnisses unter Abbildung des breiten Meinungsspektrums.[1769]

Kritisiert wurde, dass die vom BGH gewählte Auslegung der nationalen Sichtweise bei Vorliegen eines rein nationalen Falles entsprach.[1770] Darin könne durch die Annahme des Acte Clair eine Umgehung des Europarechts gesehen

---

1764 Vgl. *Frobenius*, GWR 2011, 216; *R. Geimer*, EWiR 2011, 311, 312.

1765 Vgl. *Hau*, LMK 2011, 324601; *Ehret*, FD-InsR 2011, 317491; *Looschelders*, Juristische Rundschau 2012, 196, 198.

1766 Vgl. *Frobenius*, GWR 2011, 216.

1767 Vgl. *Kropholler/von Hein*, Europäisches Zivilprozessrecht, [9]2011, vor Art. 2 EuGVO, Rn. 13; Rauscher EuZPR/EuIPR/*Mankowski*, Art. 4 Brüssel Ia-VO, Rn. 7; *Looschelders*, Juristische Rundschau 2012, 196, 197; *Ehret*, FD-InsR 2011, 317491; *Mankowski*, in: FS Heldrich, 2005, 867, 875.

1768 Vgl. *R. Geimer*, Internationales Zivilprozessrecht, [8]2019, Rn. 1828; *Löser*, 2009, 142 ff.; *R. Geimer*, Wertpapier-Mitteilungen 2011, 745; *R. Geimer*, WuB VII B. Art. 2 EuGVVO 1.11, 415; zu einem Wohnsitzwechsel von einem Drittstaat in den Forumstaat, Rauscher EuZPR/EuIPR/*Mankowski*, Art. 4 Brüssel Ia-VO, Rn. 7.

1769 *R. Geimer*, Wertpapier-Mitteilungen 2011, 745; *R. Geimer*, WuB VII B. Art. 2 EuGVVO 1.11, 415. Eine Vermengung der Problemkreise des maßgeblichen Zeitpunkts des Art. 2 Abs. 1 EuGVO und der perpetuatio ad fori nach dem Wegzug des Beklagten kritisierend, *Hau*, LMK 2011, 324601.

1770 Vgl. *Looschelders*, Juristische Rundschau 2012, 196, 198.

werden.[1771] Die bloße Parallelität von nationalem und europäischem Recht erlaubt diesen Schluss nicht. Zwar hätte eine deutlichere Betonung zur autonomen europäischen Auslegung erfolgen können, die angestellten Teloserwägungen entsprachen jedoch dem ohne Unklarheiten ermittelbaren Schutzzweck der Norm.

B. Verfahrensaussetzung nach Art. 27 EuGVO a.F.

Die folgenden beiden Fälle betrafen den neunten Abschnitt der EuGVO a.F./n.F. im engeren Sinne, da in beiden Fällen neben einer Klage in Deutschland ebenfalls eine Klage in einem anderen Mitgliedstaat erhoben wurde, sodass die Gefahr von sich widersprechenden Entscheidungen in unterschiedlichen Mitgliedstaaten akut bestand. Da beide Entscheidungen zur EuGVO a.F. ergingen, kam es nicht auf die weitreichenden Änderungen in der revidierten Fassung an, die insbesondere der Vermeidung der Prozesstaktik sogenannter „Torpedoklagen" diente und dabei zur Stärkung von Gerichtsstandvereinbarungen in begrenztem Umfang Parallelverfahren zuließ,[1772] da die durch diese Taktik verursachte Rechtsunsicherheit dem reibungslosen Funktionieren des Binnenmarktes zusetzte.[1773]

I. EuGH-Rechtsprechung

Der EuGH hatte in der Rechtssache *Gubisch Maschinenfabrik* Gelegenheit, Stellung zur Auslegung von Art. 21 EuGVÜ zu nehmen, der praktisch unverändert in Art. 27 EuGVO a.F. übernommen worden war.[1774] In dem Rechtsstreit handelte es sich um die Gültigkeit eines Kaufvertrages. Der Vertragspartner der *Gubisch Maschinenfabrik* hatte in Rom Klage auf Feststellung der Unwirksamkeit des Kaufvertrages erhoben, woraufhin die *Gubisch Maschinenfabrik* gemäß Art. 21 EuGVÜ geltend machte, das Tribunale di Roma sei unzuständig, da sie zuerst beim LG Flensburg Klage auf Vertragserfüllung gegen den Vertragspartner

1771 In diese Richtung, jedoch dem BGH im Ergebnis zustimmend, *Hau*, LMK 2011, 324601.

1772 Siehe Erwägungsgrund (22) EuGVO n.F. Dazu eingehend *Thorn/Paffhausen*, in: FS Lindacher, 2017, 405 ff.

1773 Ebd., 413; GA Léger, Philippe, 9.9.2003 – Schlussanträge im Verfahren C-116/02 (Gasser) = ECLI:EU:C:2003:436, Rn. 71; Commission Staff Working Paper, 14.12.2010 – SEC(2010) 1547 final.

1774 *Kropholler/von Hein*, Europäisches Zivilprozessrecht, ^{9}2011, Art. 27 EUGVO, Rn. 1.

erhoben habe.[1775] Das Tribunale di Roma wies die auf Art. 21 EuGVÜ gestützte Einrede der Rechtshängigkeit zurück, woraufhin das LG Flensburg dem EuGH die Frage vorlegte, ob der Begriff der Rechtshängigkeit des Art. 21 EuGVÜ auch den Fall umfasse, wenn die eine Partei vor einem mitgliedstaatlichen Gericht die Feststellung der Unwirksamkeit verlange, wohingegen die andere Partei vor dem Gericht eines anderen Mitgliedstaats auf Erfüllung desselben Vertrags klage.[1776] Der EuGH führte aus, dass der Abschnitt der Art. 21 ff. EuGVÜ der geordneten Rechtspflege diene und Parallelverfahren vermeiden solle, um mögliche gegensätzliche Entscheidungen zu verhindern sowie von vornherein die Situation auszuschließen, dass eine Entscheidung wegen Unvereinbarkeit mit einer anderen nach Art. 27 Nr. 3 EuGVÜ nicht anerkannt werden könne.[1777]

In der Rechtssache *De Wolf*[1778] hatte der EuGH ferner ausgeführt, dass es auch aufgrund der Art. 26 ff. EuGVÜ betreffend der Anerkennung mit der Zielsetzung des Übereinkommens unvereinbar wäre, einen Rechtsstreit mit demselben Gegenstand zwischen denselben Parteien zuzulassen, der bereits entschieden wurde.[1779] Aus diesen Zielen ergebe sich die autonome Auslegung des Begriffes der Rechtshängigkeit.[1780] Dieses Ergebnis widerspreche nicht dem zuvor ergangenen Urteil in der Rechtssache *Zelger ./. Salinitri*, in dem der EuGH ausgeführt hatte, dass „die Frage in welchem Zeitpunkt die Voraussetzungen für eine endgültige Anrufung im Sinne des Art. 21 EuGVÜ vorliegen, für jedes Gericht nach seinem jeweiligen nationalen Recht zu beurteilen und zu entscheiden" sei.[1781] Denn das Übereinkommen bezwecke nicht die Vereinheitlichung der Art der entsprechenden Verfahrensformalia, die eng mit der Gerichtsorganisation der Einzelstaaten zusammenhinge.[1782]

1775 EuGH, Urteil vom 8.12.1987 – 144/86 (Gubisch Maschinenfabrik ./. Palumbo) = ECLI:EU:C:1987:528, Rn. 2 f.

1776 Ebd., Rn. 4.

1777 Ebd., Rn. 8.

1778 EuGH, Urteil vom 30.11.1976 – 42/76 (De Wolf ./. Cox) = ECLI:EU:C:1976:168, Rn. 9 ff.

1779 EuGH, Urteil vom 8.12.1987 – 144/86 (Gubisch Maschinenfabrik ./. Palumbo) = ECLI:EU:C:1987:528, Rn. 9.

1780 Ebd., Rn. 11. Vgl. auch Erwägungsgrund (15 S. 3) EuGVO a.F.

1781 EuGH, Urteil vom 7.7.1984 – 129/83 (Zelger ./. Salinitri) = ECLI:EU:C:1984:215, Rn. 15.

1782 EuGH, Urteil vom 8.12.1987 – 144/86 (Gubisch Maschinenfabrik ./. Palumbo) = ECLI:EU:C:1987:528, Rn. 12.

Zwar unterscheide die deutsche Sprachfassung nicht zwischen den Begriffen *Gegenstand* und *Grundlage* des Anspruchs wie es beispielsweise im französischen der Fall sei, *le même objet et la même cause* [1783] diese Unterscheidung sei jedoch wie in den anderen Sprachfassungen des Art. 21 EuGVÜ vorzunehmen.[1784] Dieselben Parteien hätten in unterschiedlichen Mitgliedstaaten auf derselben *Grundlage*, demselben Vertragsverhältnis Klagen erhoben, fraglich sei nur, ob sie auch denselben *Gegenstand* hätten.[1785] Dafür erforderlich sei nicht die formale Identität beider Klagen, sondern der *Kernpunkt,* welcher bei beiden Rechtsstreitigkeiten die Wirksamkeit des Kaufvertrages bilde.[1786] Daher müsse aufgrund des Risikos der Anerkennungsversagung einer Entscheidung der Begriff der Rechtshängigkeit im Sinne der Verordnung so ausgelegt werden, dass der Fall umfasst werde, bei dem eine Partei die Feststellung der Unwirksamkeit des Vertrages und eine andere Partei die Vertragserfüllung begehre.[1787]

Ebenfalls zu Art. 21 EuGVÜ erging die Rechtssache *Tatry,* betreffend Rechtsstreitigkeiten resultierend aus einer beanstandeten Verunreinigung einer Schiffsladung Sojaöl beim Transport von Brasilien nach Rotterdam und Hamburg.[1788] Von den verschiedenen Eigentümern der Ladung sowie von den Schiffseignern wurden bei niederländischen Gerichten und bei Gerichten des Vereinigten Königreiches unterschiedliche Klagen anhängig gemacht.[1789] Der EuGH hatte hier Gelegenheit, Stellung zum Merkmal „dieselben Parteien" zu nehmen, welches ebenfalls, verweisend auf die Rechtssache *Gubisch Maschinenfabrik*,[1790] autonom zu bestimmen sei.[1791] Der EuGH führte aus, dass Art. 21 EuGVÜ dahin auszulegen sei, dass das später angerufene Gericht in dem Fall, dass zwei Klagen

---

1783 Vgl. *Kropholler/von Hein*, Europäisches Zivilprozessrecht, ^{9}2011, Art. 27 EuGVO, Rn. 6. Unter dem Gegenstand (objet) sei der Klagezweck zu verstehen, unter der Grundlage (cause) hingegen der Sachverhalt sowie die Rechtsnormen.

1784 EuGH, Urteil vom 8.12.1987 – 144/86 (Gubisch Maschinenfabrik ./. Palumbo) = ECLI:EU:C:1987:528, Rn. 14.

1785 Ebd., Rn. 15.

1786 Ebd., Rn. 16 f.

1787 Ebd., Rn. 18 f.

1788 EuGH, Urteil vom 6.12.1994 – C-406/92 (Tatry ./. Maciej Rataj) = ECLI:EU:C:1994:400, Rn. 3.

1789 Ebd., Rn. 5.

1790 EuGH, Urteil vom 8.12.1987 – 144/86 (Gubisch Maschinenfabrik ./. Palumbo) = ECLI:EU:C:1987:528, Rn. 11.

1791 EuGH, Urteil vom 6.12.1994 – C-406/92 (Tatry ./. Maciej Rataj) = ECLI:EU:C:1994:400, Rn. 30.

betreffend denselben Anspruch, bei dem die Parteien nur „teilweise mit den Parteien des in einem anderen Vertragsstaat früher anhängig gemachten Verfahrens übereinstimmen, nur insoweit verpflichtet ist, sich für unzuständig zu erklären, als die Parteien des bei ihm anhängigen Rechtsstreits auch Parteien des früher anhängig gemachten Verfahrens sind".[1792] Art. 21 EuGVÜ stehe ferner der Fortsetzung des Verfahrens zwischen den anderen Parteien nicht entgegen.[1793] In einer weiteren Frage präzisierte der EuGH erneut den Klagegegenstand. Dieser sei nach Art. 21 EuGVÜ derselbe bei einer Klage auf Feststellung, wonach der Beklagte für einen Schaden hafte und einer von dem Beklagten früher erhobenen Klage auf Feststellung, nach der er für diesen Schaden nicht hafte.[1794] Ferner äußerte sich der EuGH zu Art. 22 Abs. 3 EuGVÜ (entsprechend Art. 28 Abs. 3 EuGVO a.F.), dass das Merkmal der *im Zusammenhang stehenden Verfahren* im Interesse einer geordneten Rechtspflege weit auszulegen sei und auch solche Fälle erfasse, bei denen die Gefahr sich widersprechender Entscheidungen nicht bestehe und sich ihre Rechtsfolgen nicht gegenseitig ausschlössen.[1795]

Zum Kriterium der Unvereinbarkeit ergingen zu Art. 27 Nr. 3 EuGVÜ zwei EuGH-Entscheidungen. Zunächst erging am 4.2.1988 das Urteil in der Rechtssache *Hoffmann ./. Krieg*[1796] gefolgt von der Rechtssache *Italian Leather*[1797] mit Urteil vom 6.6.2002. In der Rechtssache *Hoffmann ./. Krieg* handelte es sich um die Unvereinbarkeit eines inländischen Scheidungsurteils mit einem ausländischen Urteil, welches den scheidungsbedingten Trennungsunterhalt betraf. Die ausländische Unterhaltsentscheidung war mit der Vollstreckungsklausel versehen worden, als das inländische Scheidungsurteil bereits ergangen war.[1798] Die Klärung der Frage der Unvereinbarkeit hänge davon ab, ob die betreffenden Entscheidungen Rechtsfolgen hätten, die sich gegenseitig ausschlössen.[1799] Dies sei der Fall, weil die ausländische Entscheidung, welche vom Bestehen des

1792 EuGH, Urteil vom 6.12.1994 – C-406/92 (Tatry ./. Maciej Rataj) = ECLI:EU:C:1994:400, Rn. 36.

1793 Ebd.

1794 EuGH, Urteil vom 8.12.1987 – 144/86 (Gubisch Maschinenfabrik ./. Palumbo) = ECLI:EU:C:1987:528, Rn. 45.

1795 Ebd., Rn. 53.

1796 EuGH, Urteil vom 4.2.1988 – 145/86 (Hoffmann ./. Krieg) = ECLI:EU:C:1988:61.

1797 EuGH, Urteil vom 6.6.2002 – C-80/00 (Italian Leather) = ECLI:EU:C:2002:342.

1798 EuGH, Urteil vom 4.2.1988 – 145/86 (Hoffmann ./. Krieg) = ECLI:EU:C:1988:61, Rn. 23.

1799 Ebd., Rn. 22.

Ehebandes ausgehe, vollstreckt werden müsse, obwohl das Eheband bereits durch eine inländische Entscheidung aufgelöst worden sei.[1800]

In der Rechtssache *Italian Leather* hielt der EuGH fest, dass, sofern das Vollstreckungsgericht feststelle, die Entscheidung eines Gerichts eines anderen Vertragsstaates sei mit einer zwischen denselben Parteien ergangenen Entscheidung des Vollstreckungsstaates unvereinbar, verpflichtet sei, die Anerkennung der ausländischen Entscheidung abzulehnen.[1801] Art. 27 Nr. 3 EuGVÜ habe daher zwingenden Charakter, um die Rechtssicherheit zu wahren, welche eines der Ziele des EuGVÜ darstelle.[1802] In dem Rechtsstreit stritten die Gesellschaft italienischen Rechts *Italian Leather* mit Sitz in Italien, und die Gesellschaft deutschen Rechts *WECO Polstermöbel GmbH & Co* mit Sitz in Deutschland über die Vertragsmodalitäten bezüglich eines Exklusivvertriebsvertrages für fünf Jahre betreffend Polstermöbel mit Lederbezug.[1803] Einen Antrag der *Italian Leather* vor dem LG Koblenz, dass die *WECO* es zu unterlassen habe, mit der italienischen Marke zu werben, hatte das LG Koblenz mangels Verfügungsgrundes zurückgewiesen.[1804] Kurz vor Erlass des Urteils des LG Koblenz hatte das Tribunale di Bari einen Beschluss im Wege des einstweiligen Rechtsschutzes erlassen, dass die *WECO* nicht mehr mit der Produktbezeichnung der *Italian Leather* werben dürfe.[1805] Auf Antrag der *Italian Leather* ließ das LG Koblenz den italienischen Beschluss mit der Vollstreckungsklausel versehen, woraufhin das OLG die Vollstreckbarerklärung des Beschlusses des Tribunale di Bari aufgrund des Art. 27 Nr. 3 EuGVÜ ablehnte.[1806] Auf die Vorlage des BGH hin, bestätigte der EuGH die Unvereinbarkeit beider Entscheidungen.[1807] Von Unvereinbarkeit im Sinne des Art. 27 Nr. 3 EuGVÜ sei im Sinne der *Hoffmann ./. Krieg*-Rechtsprechung auszugehen,[1808] wenn die betreffenden Entscheidungen Rechtsfolgen hätten, die

1800 EuGH, Urteil vom 4.2.1988 – 145/86 (Hoffmann ./. Krieg) = ECLI:EU:C:1988:61, Rn. 24.

1801 EuGH, Urteil vom 6.6.2002 – C-80/00 (Italian Leather) = ECLI:EU:C:2002:342, Rn. 52.

1802 Ebd., Rn. 50 f.

1803 Ebd., Rn. 2, 15.

1804 Ebd., Rn. 19 f.

1805 Ebd., Rn. 21 f.

1806 Ebd., Rn. 24.

1807 Ebd., Rn. 45.

1808 EuGH, Urteil vom 4.2.1988 – 145/86 (Hoffmann ./. Krieg) = ECLI:EU:C:1988:61, Rn. 22.

sich gegenseitig ausschlössen.[1809] Nicht von Belang sei es, dass es sich um nationale Verfahren des einstweiligen Rechtsschutzes handele, wo sich die Verfahrensregeln stärker unterschieden als die materiellen Regelungen.[1810]

II. Deutsche Rechtspraxis.

1. BAG, Beschluss vom 30.10.2007 - 3 AB 17/07

Dem Beschluss des BAG vom 30.10.2007 lag eine Klage eines Pförtners zugrunde, der Mitarbeiter der Botschaft des Königreichs Spanien in Berlin war und dessen Arbeitsverhältnis, welches 1985 begonnen hatte, am 23.2.2005 mittels schriftlichem Arbeitsvertrag dahingehend befristet worden war, dass ein Jahr später mit dem Eintritt seines 66. Lebensjahres das Arbeitsverhältnis enden sollte.[1811] Über das Weiterbestehen des Arbeitsverhältnisses stritten sich die Parteien.[1812] Der Kläger vertrat die Ansicht, die Befristung sei unwirksam und begehrte die Verlängerung des Arbeitsverhältnisses, was die Botschaft ablehnte.[1813] Daraufhin erhob der Kläger am 5.1.2006 vor dem ArbG Berlin Klage auf Feststellung, dass das Arbeitsverhältnis durch die Kündigung nicht aufgelöst worden sei; die Zustellung auf diplomatischen Weg erfolgte am 9.6.2006.[1814] Bereits am 31.3.2006 reichte der Kläger vor dem spanischen Sozialgericht Nr. 38 in Madrid eine weitere Klage gegen das beklagte Königreich ein, welches die Klage mit Urteil vom 5.5.2006 abwies, wobei das Berufungsverfahren im Entscheidungszeitpunkt noch lief.[1815]

Daraufhin setzte das Arbeitsgericht mit Beschluss das Verfahren bis zum rechtskräftigen Abschluss des Juzgado de lo Social aus; das Landesarbeitsgericht wies die daraufhin erhobene sofortige Beschwerde per Beschluss zurück.[1816] Dagegen legten die Prozessbevollmächtigten des Klägers Rechtsbeschwerde beim BAG ein, welche das BAG für zulässig und begründet ansah.[1817]

1809 EuGH, Urteil vom 6.6.2002 - C-80/00 (Italian Leather) = ECLI:EU:C:2002:342, Rn. 40.

1810 Ebd., Rn. 41 f.

1811 BAG, 30.10.2007 - 3 AZB 17/07 = BeckRS 2011, 65129, juris Rn. 2.

1812 Ebd., juris Rn. 1.

1813 Ebd., juris Rn. 2 f.

1814 Ebd., juris Rn. 4.

1815 Ebd., juris Rn. 5.

1816 Ebd., juris Rn. 7.

1817 Ebd., juris Rn. 8 ff.

a) Lösung des Rechtsproblems

Nach der Bejahung der Zulässigkeit[1818] widmete sich das BAG der Frage der Verfahrensaussetzung. Der Anwendbarkeit der EuGVO a.F. stehe weder entgegen, dass die Beklagte ein Mitgliedstaat der Union sei, da entsprechend der Rechtssache *Lechouritou* des EuGH zum EuGVÜ auch Rechtsstreitigkeiten umfasst seien, die zwischen Behörden und Privaten bestünden, soweit der Rechtsstreit nicht im Zusammenhang mit der Ausübung hoheitlicher Befugnisse stünde,[1819] noch habe der Kläger eine hoheitliche Funktion ausgeübt, sodass sich das Königreich Spanien nicht auf die Grundsätze der Staatenimmunität berufen könne.[1820] Die Voraussetzungen einer Aussetzung richteten sich nach Art. 27 Abs. 1 EuGVO a.F., wonach das später angerufene Gericht das Verfahren von Amts wegen aussetzen müsse, bis die Zuständigkeit des zuerst angerufenen Gerichts feststehe, wobei damit der Zeitpunkt der Einreichung des verfahrenseinleitenden bzw. gleichwertigen Schriftstücks bei Gericht gemeint sei, Art. 30 Nr. 1 EuGVO a.F.[1821] Diese Voraussetzungen seien nicht gegeben, da der Kläger bereits am Arbeitsgericht Berlin Klage eingereicht habe, bevor er in Madrid Klage erhob.[1822] Die Klagezustellung habe der Kläger ferner nicht verhindert, zudem sei schon aus der ersten Klage ohne Weiteres deutlich geworden, dass die Unwirksamkeit der Befristung das Klageziel darstelle.[1823] Vielmehr habe das Gericht in Madrid das Verfahren auszusetzen.[1824] Ferner lägen auch die Voraussetzungen der Aussetzung nach Art. 37 Abs. 1 EuGVO a.F. nicht vor, weil das Königreich Spanien die Anerkennung des spanischen erstinstanzlichen Urteils verlangt hätte. Art. 37 EuGVO a.F. setze voraus, dass die Anerkennung einer in einem anderen Mitgliedstaat ergangenen Entscheidung geltend gemacht werden müsse, was bedeute, dass die Geltendmachung als prozessuale Einrede ausgestaltet sei.[1825] Das Königreich Spanien habe eine derartige Einrede jedoch nicht erhoben. Dazu hätte es die Anerkennung einer in einem anderen Mitgliedstaat ergangenen Entscheidung geltend machen müssen.[1826] Unter Anerkennung sei

---

1818 BAG, 30.10.2007 – 3 AZB 17/07 = BeckRS 2011, 65129, juris Rn. 1118.
1819 EuGH, Urteil vom 15.2.2007 – C-292/05 (Lechouritou u.a.) = ECLI:EU:C:2007:102, Rn. 31 ff.
1820 BAG, 30.10.2007 – 3 AZB 17/07 = BeckRS 2011, 65129, juris Rn. 21 f.
1821 Ebd., juris Rn. 24.
1822 Ebd., juris Rn. 20, 24.
1823 Ebd., juris Rn. 25.
1824 Ebd., juris Rn. 24.
1825 Ebd., juris Rn. 26.
1826 Ebd., juris Rn. 27.

zu verstehen, dass die Entscheidung rechtliche Verbindlichkeit erlangt haben müsse, die auch vor dem deutschen Gericht zu berücksichtigen wäre. Das Königreich habe nicht geltend gemacht, dass das Urteil nach dem maßgeblichen anwendbaren Recht zumindest vorübergehend verbindlich sei, wofür zudem auch keine Anhaltspunkte ersichtlich waren.[1827] Das Königreich begehrte damit nicht die Anerkennung des spanischen Urteils, sondern vielmehr des spanischen Verfahrens, was nicht unter Art. 37 EuGVO a.F. falle.[1828] Die Frage der Aussetzung nach § 148 ZPO in direkter oder analoger Anwendung könne ebenso wie die Frage nach Art. 34 Nr. 3 EuGVO a.F. offenbleiben.[1829] § 148 ZPO diene gerade dazu, vorgreifliche Entscheidungen zu respektieren und nicht solche herbeizuführen, was in diesem Falle jedoch darauf hinauslaufe und Art. 34 Nr. 3 EuGVO a.F. käme nur dann in Betracht, wenn tatsächlich die spanischen Gerichte schneller rechtskräftig entschieden hätten als die deutschen Gerichte, was nicht der Fall gewesen sei.[1830] Auch der Grundsatz von Treu und Glauben stünde dieser Auslegung nicht entgegen, da es dem Kläger unbenommen sei, die für ihn günstigsten verfahrensrechtlichen Möglichkeiten zu nutzen.[1831]

b) Acte Clair

„Hinsichtlich der Aussetzungsentscheidung war es nicht erforderlich, ein Vorlageverfahren vor dem [EuGH] zur Klärung europarechtlicher Fragen einzuleiten. Soweit es auf europarechtliche Fragen ankam, waren diese eindeutig aus dem Text der Verordnung und der Rechtsprechung des [EuGH] zu beantworten acte claire (vgl. EuGH 6. Oktober 1982 - 283/81 - [SRL C.I.L.F.I.T] EuGHE 1982, 3415).“[1832]

c) Bewertung

aa) Effet utile und Einheitlichkeit des Unionsrechts

Wie oben in Kapitel 4 A. II. 1. b) aa) gesehen, kann ein Acte Clair nur angenommen werden, wenn die Position des EuGH, die Effektivität des Unionsrechts zu gewährleisten, nicht bedroht wird.

1827 BAG, 30.10.2007 – 3 AZB 17/07 = BeckRS 2011, 65129, juris Rn. 27.
1828 Ebd., juris Rn. 28.
1829 Ebd., juris Rn. 33.
1830 Ebd.
1831 Ebd., juris Rn. 34.
1832 Ebd., juris Rn. 35.

Der EuGH bestimmte zwar vor Inkrafttreten der EuGVO a.F. die Feststellung des zuerst angerufenen Gerichts nicht autonom, sondern nach den nationalen Vorschriften, was der EuGH mit den großen Unterschieden der Gerichtsorganisation begründete.[1833] Diese Regelung benachteiligte jedoch Kläger, die in Staaten Klagen erhoben, wo es für die Rechtshängigkeit auf die Zustellung ankam.[1834] Seit Inkrafttreten der EuGVO a.F. wurde daher in Art. 30 EuGVO a.F. (größtenteils deckungsgleich mit Art. 32 Abs. 1 EuGVO n.F.) eine autonome Begriffsbestimmung der Anhängigkeit aufgenommen.[1835] Erwägungsgrund (15 S. 3) EuGVO a.F. verdeutlicht dies. Seitdem ist unmissverständlich von einem autonomen Verständnis der EuGVO bezüglich der Zeitpunktfeststellung für die Anhängigkeit auszugehen.[1836] Die strikte Einhaltung des Prioritätsprinzips dient der Auflösung von Konflikten resultierend aus Parallelverfahren. Die Schutzrichtung und das Schutzniveau des Art. 27 EuGVO a.F. waren somit ohne Unklarheiten für den nationalen Richter ermittelbar. Das Telos von Art. 27 EuGVO a.F. ist die Sicherung der abgestimmten Rechtspflege.[1837]

Ferner ist der Normtext des Art. 37 EuGVO a.F. insoweit eindeutig, als dass nur, wenn das spanische Königreich die Anerkennung des erstinstanzlichen spanischen Gerichts im Rechtssinne verlangt hätte, überhaupt eine Aussetzung in Betracht käme. Voraussetzung der Bestimmung ist dem Wortlaut nach, dass in einem anderen Mitgliedstaat, hier Spanien, die Anerkennung geltend gemacht werde. Von dieser prozessualen Einrede hat das Spanische Königreich jedoch keinen Gebrauch gemacht, da es nicht erklärt hatte, dass das erstinstanzliche spanische Urteil zumindest vorübergehende rechtliche Verbindlichkeit erlangt habe. Bezüglich dieses Aspekts war damit das Telos der Norm ohne Unklarheiten für den nationalen Richter zu ermitteln. Weitergehende Fragen nach dem Telos können damit unbeachtet bleiben, da hier nicht die von der Vorschrift zu vermeidende Gefahr bestanden hat, dass eine ausländische Entscheidung

---

1833 Vgl. EuGH, Urteil vom 7.7.1984 – 129/83 (Zelger ./. Salinitri) = ECLI:EU:C:1984:215, Rn. 15; EuGH, Urteil vom 8.12.1987 – 144/86 (Gubisch Maschinenfabrik ./. Palumbo) = ECLI:EU:C:1987:528, Rn. 12; Rauscher EuZPR/EuIPR/*Leible*, Art. 29 Brüssel Ia-VO, Rn. 25; Rauscher EuZPR/EuIPR/*Leible*, Art. 32 Brüssel Ia-VO, Rn. 1; *Kropholler/von Hein*, Europäisches Zivilprozessrecht, [9]2011, Art. 27 EuGVO, Rn. 15.

1834 Vgl. Rauscher EuZPR/EuIPR/*Leible*, Art. 32 Brüssel Ia-VO, Rn. 1.

1835 Siehe Rauscher EuZPR/EuIPR/*Leible*, Art. 29 Brüssel Ia-VO, Rn. 25.

1836 *Kropholler/von Hein*, Europäisches Zivilprozessrecht, [9]2011, Art. 30 EuGVO, Rn. 1.

1837 Vgl. *Kropholler/von Hein*, Europäisches Zivilprozessrecht, [9]2011, vor Art. 27 EuGVO, Rn. 1.

anerkannt wird, obwohl die Möglichkeit besteht, dass sie im Urteilsstaat aufgehoben oder abgeändert werde.[1838]

bb) Individualrechtsschutz und Einheitlichkeit des Unionsrechts

Anhaltspunkte für eine Bedrohung der Position des EuGH als Hüter der elementaren Bürgerrechte, wie oben in Kapitel 4 A. II. 1. b) bb) definiert, bestehen nicht.

cc) Ergebnis

Unabhängig von dem Orthografiefehler in der Schreibweise des Acte Clair sowie dem Fehlen angeführter EuGH-Rechtsprechung, auf die sich das BAG in der Begründung des Acte Clair bezog, entsprach die Annahme des Acte Clair den Bewertungskriterien. Die Voraussetzungen an den materiellen Acte Clair wurden erfüllt.

Das BAG folgte strikt dem von Art. 27 EuGVO a.F. vorgegebenen Prioritätsprinzip. Parallelverfahren, welche die Gefahr widerstreitender Ergebnisse bergen, wirken sich, wie bereits oben gesehen, negativ auf den Binnenmarkt aus (s. Kapitel 6 A. II. 3. c).

Ebenfalls befördert die strikte Befolgung des Prioritätsprinzips die Einheit des Unionsrechts, da durch eine klare, praktikable und leicht umzusetzende Regelung, Parallelverfahren in verschiedenen Staaten vermieden werden. Gleichermaßen gibt die Regelung den Mitgliedstaaten begrenzt Spielraum, den Zeitpunkt der Anhängigkeit weiterhin autonom national zu bestimmen. Parallelverfahren stellen neben Rechtsunsicherheit in hohem Maße eine Ressourcenverschwendung auf allen Ebenen dar. Neben einem überlasteten Justizapparat ziehen längere Verfahrensdauern immer auch steigende Kosten sowie eine verlängerte Phase der Rechtsunsicherheit nach sich.[1839] Die Befolgung des

1838 Siehe zum Telos *Kropholler/von Hein*, Europäisches Zivilprozessrecht, [9]2011, Art. 37 EuGVO, Rn. 1.

1839 Vgl. zu den geschätzten Verfahrenskosten, die durch Parallelverfahren entstehen, Commission Staff Working Paper, 14.12.2010 – SEC(2010) 1547 final, 94 f. In der Studie wurden beispielsweise Gerichtsgebühren mit durchschnittlich 153 € berechnet, sowie durchschnittlichen Anwaltskosten pro Stunde mit 241 €. Ausgehend von in der Studie durchgeführten Interviews mit Anwälten, würden für ein Verfahren zwischen 20 und 35 Stunden benötigt, was zu Kosten in Höhe von 10.000-17.500 € führe. Dazu kommen durchschnittliche Übersetzungskosten, welche mit 30 € pro Seite berechnet werden können, was bei 100 Seiten 3.000 € ausmache sowie weiteren Reise- und Verwaltungsgebühren. Nach der Studie betrugen die Kosten für ein Verfahren somit zwischen 14.500 € und 29.000 €.

Prioritätsprinzips durch das BAG steigerte neben der Rechtsklarheit gleicherweise die Rechtssicherheit.

Eine Analyse der Folgerechtsprechung zu Art. 27 ff. EuGVO a.F. ermöglicht einen weiteren, kontextualisierten Blick auf die Acte Clair-Annahme. Seit Aufnahme der unionsrechtlichen autonomen Definition in Art. 30 EuGVO a.F. wurde die autonome Auslegung der Begriffe des Art. 27 EuGVO a.F. unter Berücksichtigung der Systematik und Zielsetzung der Verordnung vom EuGH bestätigt.[1840] In der Rechtssache *Aannemingsbedrijf Aertssen* wurde ein Sonderfall thematisiert, wonach eine Klage dann im Sinne des Art. 27 Abs. 1 EuGVO a.F. „anhängig" sei, wenn durch eine Zivilpartei bei einem Untersuchungsgericht eine Klage eingereicht wurde, obwohl die gerichtliche Voruntersuchung noch nicht abgeschlossen war.[1841] Eine solche Fallkonstellation lag hier jedoch nicht vor. Die Folgerechtsprechung zu Art. 27 EuGVO a.F. behandelte vor allem Fragen zu *denselben Parteien* sowie *demselben Anspruch* bzw. *demselben Klagegegenstand*.[1842] Ergänzend lässt sich die Rechtssache *Hanse Yachts* anführen, welche das Prioritätsprinzip prominent bestärkte, indem der EuGH dem „Mechanismus zur Lösung von Fällen der Rechtshängigkeit einen automatischen und objektiven Charakter" zugewiesen hat, welcher sich strikt auf die zeitliche Abfolge beziehe,

1840 EuGH, Urteil vom 27.2.2014 – C-1/13 (Cartier parfums-lunettes und Axa Corporate Solutions assurances) = ECLI:EU:C:2014:109, Rn. 32; EuGH, Urteil vom 22.10.2015 – C-523/14 (Aannemingsbedrijf Aertssen und Aertssen Terrassements) = ECLI:EU:C:2015:722, Rn. 38.

1841 EuGH, Urteil vom 22.10.2015 – C-523/14 (Aannemingsbedrijf Aertssen und Aertssen Terrassements) = ECLI:EU:C:2015:722, Rn. 52. Die autonome Auslegung der Begriffe des Art. 27 EuGVO a.F. unter Berücksichtigung der Systematik und Zielsetzung der Verordnung bestätigend, EuGH, Urteil vom 27.2.2014 – C-1/13 (Cartier parfums-lunettes und Axa Corporate Solutions assurances) = ECLI:EU:C:2014:109, Rn. 32.

1842 Siehe zum Problemkreis derselben Parteien und demselben Anspruch, EuGH, Urteil vom 3.4.2014 – C-438/12 (Weber) = ECLI:EU:C:2014:212. Siehe zum Schriftsatz des selbstständigen Beweisverfahrens, welches nicht als verfahrenseinleitendes oder gleichwertiges Schriftstück im Sinne des Art. 30 Nr. 1 EuGVO a.F. angesehen werden kann, EuGH, Urteil vom 4.5.2017 – C-29/16 (HanseYachts) = ECLI:EU:C:2017:343. Zum Gegenstand der Klage nach Art. 27 Abs. 1 EuGVO a.F. in einer Unionsmarkenrechtstreitigkeit, siehe EuGH, Urteil vom 19.10.2017 – C-231/16 (Merck) = ECLI:EU:C:2017:771, Rn. 29. Sowie dazu, dass eine Schlichtungsbehörde Schweizer Recht, dem Begriff „Gericht" des Art. 27, 30 LugÜ 2007 unterfalle, EuGH, Urteil vom 20.12.2017 – C-467/16 (Schlömp) = ECLI:EU:C:2017:993.

in welcher die Gerichte angerufen wurden.[1843] Auf dieser Rechtsprechungslinie befand sich bereits die Entscheidung des BAG.

2. *BGH, Beschluss vom 28.1.2016 – I ZR 236/14*

In dem Beschluss vom 28.1.2016 behandelte der BGH den unionsrechtlichen Streitgegenstandsbegriff des Art. 27 EuGVO a.F. in einem Markenrechtsstreit. Beide Parteien waren Jeanshosenhersteller. Die Klägerin, Inhaberin einer Bildmarke von Jeanshosentaschen, verklagte die Beklagte wegen Markenverletzung auf Unterlassung, Auskunft und Erstattung vorgerichtlicher Abmahnkosten und begehrte Feststellung der Schadensersatzpflicht wegen verschiedener Jeanshosenmodelle, deren Hosentaschengestaltung ihre Klagemarke verletze.[1844] Die Klägerin hatte die in Deutschland am 9.9.2010 beim LG Hamburg eingegangene Klage in erster und zweiter Instanz gewonnen, die Revision war nicht zugelassen worden.[1845]

Bereits einige Jahre zuvor hatten sich beide Parteien auf einen Vergleich geeinigt, wonach die Beklagte sich strafbewehrt verpflichtet hatte, bestimmte Jeanshosen aufgrund geltend gemachter Markenrechtsverletzung in der EU nicht zu vertreiben. In dem Vergleich war belgisches Recht sowie die Zuständigkeit belgischer Gerichte vereinbart worden.[1846] Eine Klage vor dem Tribunal de Commerce de Bruxelles vom 21.9.2010, ebenfalls gerichtet auf Unterlassung, Auskunft und Erstattung vorgerichtlicher Abmahnkosten sowie Zahlung von Schadensersatz, war zum Zeitpunkt der von der Beklagten erhobenen Nichtzulassungsbeschwerde wegen entgegenstehender Rechtshängigkeit in Belgien nach Art. 27 EuGVO a.F. noch anhängig.[1847]

a) Lösung des Rechtsproblems

Der BGH lehnte die Nichtzulassungsbeschwerde mit der Begründung ab, Art. 27 EuGVO a.F. sei nicht in zulassungsrelevanter Weise unrichtig angewendet worden.[1848] Die internationale Zuständigkeit richte sich nach der EuGVO a.F.[1849]

1843 EuGH, Urteil vom 4.5.2017 – C-29/16 (HanseYachts) = ECLI:EU:C:2017:343, Rn. 28. Siehe auch EuGH, Urteil vom 20.12.2017 – C-467/16 (Schlömp) = ECLI:EU:C:2017:993, Rn. 28.

1844 BGH, 28.1.2016 – I ZR 236/14 - Arcuate = IPRspr. 2016 Nr. 274, juris Rn. 3.

1845 Ebd., juris Rn. 5.

1846 Ebd., juris Rn. 4.

1847 Ebd.

1848 Ebd., juris Rn. 7.

1849 Ebd., juris Rn. 9.

Nach Art. 27 Abs. 1 EuGVO a.F. setze das später angerufene Gericht das Verfahren von Amts wegen aus, sobald die Zuständigkeit des früher angerufenen Gerichts feststehe, wenn bei Gerichten verschiedener Mitgliedstaaten Klagen wegen desselben Anspruchs zwischen denselben Parteien anhängig gemacht würden.[1850] Der Streitgegenstandsbegriff des Art. 27 EuGVO a.F. sei autonom zu bestimmen (verweisend auf die Rechtssachen *Gubisch Maschinenfabrik*[1851] und *Tatry*[1852]).[1853] Die Auslegung des Begriffs *derselbe Anspruch* habe sich nach der Kernpunkttheorie der Rechtssache *Gubisch Maschinenfabrik*[1854] zu richten und daran zu orientieren, weitestgehend Parallelprozesse vor Gerichten zu vermeiden, die miteinander „unvereinbar" im Sinne von Art. 27 Nr. 3 EuGVÜ und Art. 34 Nr. 3 EuGVO a.F. seien und daher im jeweils anderen Staat nicht anerkannt würden.[1855] Bezüglich der Frage, ob eine solche Unvereinbarkeit vorliege, sei zu prüfen, ob die betreffenden Entscheidungen Rechtsfolgen hätten, die sich gegenseitig ausschlössen.[1856] Demzufolge handele es sich bei den in Belgien geltend gemachten Ansprüchen, die auf einer Unterlassungserklärung der Beklagten und ihres Vertragspartners beruhten, sowie ihrem Versprechen, bei Nichteinhaltung Schadensersatz zu leisten, um einen anderen Anspruch als den vor deutschen Gerichten geltend gemachten deliktischen Anspruch wegen markenrechtsverletzenden Verhaltens.[1857] Die auf dem Vergleich beruhenden Ansprüche seien daher nach unionsrechtlichem Verständnis vertraglicher Natur und daher, obwohl ihnen teilweise dasselbe Tatgeschehen zugrunde liege, nicht identisch mit deliktischen, markenrechtlichen Ansprüchen.[1858] Aufgrund der divergierenden Anspruchsvoraussetzungen bestehe ferner nicht die Gefahr miteinander unvereinbarer Entscheidungen. Sofern dennoch die Gefahr bestehe, dass die Beklagte aufgrund von Handlungen, die gleichermaßen vertragliche wie markenrechtliche Pflichten verletzten, in beiden Verfahren zu

1850 BGH, 28.1.2016 – I ZR 236/14 - Arcuate = IPRspr. 2016 Nr. 274, juris Rn. 10.

1851 EuGH, Urteil vom 8.12.1987 – 144/86 (Gubisch Maschinenfabrik ./. Palumbo) = ECLI:EU:C:1987:528, Rn. 11.

1852 EuGH, Urteil vom 6.12.1994 – C-406/92 (Tatry ./. Maciej Rataj) = ECLI:EU:C:1994:400, Rn. 30.

1853 BGH, 28.1.2016 – I ZR 236/14 - Arcuate = IPRspr. 2016 Nr. 274, juris Rn. 10.

1854 EuGH, Urteil vom 8.12.1987 – 144/86 (Gubisch Maschinenfabrik ./. Palumbo) = ECLI:EU:C:1987:528, Rn. 8, 13.

1855 BGH, 28.1.2016 – I ZR 236/14 - Arcuate = IPRspr. 2016 Nr. 274, juris Rn. 10.

1856 Ebd.

1857 Ebd., juris Rn. 11.

1858 Ebd., juris Rn. 12 f.

Schadensersatzzahlungen verurteilt werde, könne ein in Belgien rechtskräftig zugesprochener Schadensersatzbetrag in Deutschland im Betragsverfahren berücksichtigt werden.[1859]

b) Acte Clair

„Die Frage, ob auf demselben tatsächlichen Geschehen beruhende deliktische und vertragliche Ansprüche ‚denselben Anspruch' im Sinne von Art. 27 Brüssel I-VO darstellen, hat der Gerichtshof der [EU] bisher nicht entschieden. Es besteht jedoch keine Veranlassung, die Revision mit dem Ziel zuzulassen, diese Frage im Wege eines Vorabentscheidungsersuchens gemäß Art. 267 AEUV zu klären. Im Streitfall bestehen keine vernünftigen Zweifel an der Auslegung des Unionsrechts, so dass ein Vorabentscheidungsersuchen an den Gerichtshof der [EU] nicht geboten ist (vgl. EuGH, Urteil vom 6. Oktober 1982 - C283/81, Slg. 1982, 3415 = NJW 1983, 1257, 1258 - C.I.L.F.I.T.)."[1860]

c) Bewertung

aa) Effet utile und Einheitlichkeit des Unionsrechts

Ein Acte Clair kann, wie oben in Kapitel 4 A. II. 1. b) aa) erörtert, nur angenommen werden, wenn die Position des EuGH, die Effektivität des Unionsrechts zu gewährleisten, nicht bedroht wird.

Die vom EuGH in der Rechtssache *Gubisch Maschinenwerke* entwickelte *Kernpunkttheorie* verdeutlichte, dass bei der Geltendmachung von vertraglichen Ansprüchen auf der einen Seite und der Geltendmachung von deliktischen Ansprüchen auf der anderen Seite, die Frage, ob sie *denselben Anspruch* beträfen, nicht rein formal zu bestimmen sei.[1861] Vielmehr müsse die funktionelle und teleologische Vergleichbarkeit beider Ansprüche geprüft werden.[1862]

Nachdem der BGH die Abgrenzung von vertraglichen und deliktischen Ansprüchen nach unionsrechtlichen Maßstäben vorgenommen hat, kam er zu dem Schluss, dass die Geltendmachung von vertraglichen Ansprüchen einerseits

---

1859 BGH, 28.1.2016 – I ZR 236/14 - Arcuate = IPRspr. 2016 Nr. 274, juris Rn. 15.

1860 Ebd., juris Rn. 16.

1861 EuGH, Urteil vom 8.12.1987 – 144/86 (Gubisch Maschinenfabrik ./. Palumbo) = ECLI:EU:C:1987:528, Rn. 16, vgl. *Kropholler/von Hein*, Europäisches Zivilprozessrecht, 92011, Art. 27 EuGVO, Rn. 7; Rauscher EuZPR/EuIPR/*Leible*, Art. 29 Brüssel Ia-VO, Rn. 15.

1862 Vgl. zu den Kriterien der Feststellung desselben Anspruchs, Rauscher EuZPR/EuIPR/*Leible*, Art. 29 Brüssel Ia-VO, Rn. 13; *Otto*, 2007, 189.

und die Geltendmachung von deliktischen Ansprüchen andererseits nicht *denselben Anspruch* betrafen.[1863] Dabei stellte der BGH nicht auf ein rein formales Verständnis ab, sondern untersuchte funktionell und teleologisch die Vergleichbarkeit beider Ansprüche[1864] nach der in der Rechtssache *Gubisch Maschinenwerke* entwickelten *Kernpunkttheorie.*[1865]

Aus der EuGH-Rechtsprechung zu Art. 27 Nr. 3 EuGVÜ ergab sich ferner in den Rechtssachen *Hoffmann ./. Krieg* und *Italian Leather,* dass die Feststellung, ob von einer *Unvereinbarkeit* auszugehen sei, davon abhänge, ob sich die Rechtsfolgen beider Klagen gegenseitig ausschlössen.[1866]

Der Regelungszweck des Art. 27 EuGVO a.F. ist nicht so zu verstehen, über das Regelungsbedürfnis der geordneten Rechtspflege hinaus die Rechte des Klägers darin zu beschränken, Gebrauch von den für ihn günstigen verfahrensrechtlichen Möglichkeiten zu machen.[1867] Wie oben gesehen, ist das Telos von Art. 27 EuGVO a.F. ohne Unklarheiten zu ermitteln; zudem sind die Voraussetzungen einer Verfahrensaussetzung klar geregelt.

bb) Individualrechtsschutz und Einheitlichkeit des Unionsrechts

Eine Bedrohung der Position des EuGH als Hüter der elementaren Bürgerrechte kann nach dem in Kapitel 4 A. II. 1. b) bb) angesprochenen Bewertungskriterium des Individualrechtsschutzes nur dann vorliegen, wenn spezifische Grundrechtsfragen relevant sind. Dies ist nicht der Fall. Indem dem Kläger die Möglichkeit eingeräumt wird, Gebrauch von für ihn günstigen Verfahrensregelungen zu machen, wird der Individualrechtsschutz gefördert, was wiederum Anreize für die Mitgliedstaaten setzt, die nationalen Verfahren attraktiver zu gestalten und dadurch eine Vereinheitlichung auf einem höheren Niveau zu erreichen.

1863 Vgl. BGH, 28.1.2016 – I ZR 236/14 - Arcuate = IPRspr. 2016 Nr. 274, juris Rn. 12.

1864 Vgl. zu den Kriterien der Feststellung, ob es sich um denselben Anspruch handelt, Rauscher EuZPR/EuIPR/*Leible*, Art. 29 Brüssel Ia-VO, Rn. 13; *Otto*, 2007, 189.

1865 EuGH, Urteil vom 8.12.1987 – 144/86 (Gubisch Maschinenfabrik ./. Palumbo) = ECLI:EU:C:1987:528, Rn. 16, vgl. *Kropholler/von Hein*, Europäisches Zivilprozessrecht, [9]2011, Art. 27 EuGVO, Rn. 7; Rauscher EuZPR/EuIPR/*Leible*, Art. 29 Brüssel Ia-VO, Rn. 15.

1866 EuGH, Urteil vom 4.2.1988 – 145/86 (Hoffmann ./. Krieg) = ECLI:EU:C:1988:61, Rn. 22; EuGH, Urteil vom 6.6.2002 – C-80/00 (Italian Leather) = ECLI:EU:C:2002:342, Rn. 40.

1867 Vgl. BAG, 30.10.2007 – 3 AZB 17/07 = BeckRS 2011, 65129, juris Rn. 34.

cc) Ergebnis

Die Bewertungskriterien wurden erfüllt, sodass die Voraussetzungen eines materiellen Acte Clair vorliegen. Der BGH brachte etwaige konfligierende Interessen in Einklang, die durch die Nicht-Aussetzung und daher Zulassung eines parallelen Verfahrens im weiteren Sinne beeinträchtigt werden könnten.[1868] Der BGH befolgte damit das Telos des Art. 27 EuGVO a.F., die geordnete Rechtspflege durch die Vermeidung von Parallelverfahren zu gewährleisten, insofern, als dass er in diesem Fall gerade keine Gefahr von sich widersprechenden Entscheidungen sah und daher eine Aussetzung ablehnte. Die abgestimmte Rechtspflege hat einen wesentlichen Einfluss auf das Funktionieren des Binnenmarktes (s. Kapitel 6 A. II. 3. c). Der BGH förderte somit die Effektivität des Unionsrechts.

Trotz der generellen Orientierung, soweit wie möglich Parallelverfahren zu vermeiden,[1869] hat der BGH Zurückhaltung gezeigt, deliktische Ansprüche und vertragliche Ansprüche aus einem Vergleich als einheitlichen Streitgegenstand anzusehen.[1870]

Somit förderte der BGH mit seiner Auslegung das Politikziel der Einheitlichkeit des Unionsrechts, indem er das Ziel der Vermeidung von Parallelverfahren nicht überschießend anwendete. Denn auch wenn der EuGVO der Grundsatz der Gleichwertigkeit der mitgliedstaatlichen Gerichte zugrunde liegt,[1871] stellt der Wettbewerb der Gerichte der Mitgliedstaaten einen wünschenswerten Faktor in der Unionsrechtsentwicklung dar, da, wie Studien ergeben, die durchschnittliche Dauer und Effizienz der Gerichte stark divergieren.[1872] Hier Anreize für die Mitgliedstaaten zu schaffen, ihre Verfahren durch kürzere Dauern und

---

1868 Keinesfalls führen nämlich Parallelverfahren zwangsläufig zu miteinander unvereinbaren Entscheidungen, vgl. *Thorn/Paffhausen*, in: FS Lindacher, 2017, 405, 423.

1869 Vgl. EuGH, Urteil vom 8.12.1987 – 144/86 (Gubisch Maschinenfabrik ./. Palumbo) = ECLI:EU:C:1987:528, Rn. 8, 13.

1870 Wohl begrüßend *Jacobs*, GRUR-Prax 2016, 195.

1871 *Thorn/Paffhausen*, in: FS Lindacher, 2017, 405, 411.

1872 Die durchschnittliche Prozessdauer der ersten Instanz divergiert stark zwischen den Mitgliedstaaten von 129 Tagen (Österreich) bis zu Malta (848 Tage) und Zypern (513 Tage) sowie Italien (493 Tage), wie sich aus einer Studie der Kommission für die Effizienz der Justiz (CEPEJ) von 2014 ergibt, welche Daten von 20022012 auswertete, Grafik abrufbar unter https://ec.europa.eu/info/sites/info/files/justice_scoreboard_2018_en.pdf, The 2018 EU Justice Scoreboard, S. 11 (zuletzt abgerufen am 9.11.2019). Siehe ebenfalls zu der Studie *Thorn/Paffhausen*, in: FS Lindacher, 2017, 405, 409, die darauf hinweisen, dass diese Unterschiede die Prozesstaktik der „Torpedoklage" erst möglich machte, siehe ebd., 408 f.

dadurch geringere Kosten attraktiver zu machen, hat einen positiven Einfluss auf die Einheitlichkeit des Unionsrechts. Durch die klare Normanwendung der Art. 27 ff. EuGVO a.F. innerhalb der Wortlautgrenzen werden auch die Rechtssicherheit und Rechtsklarheit gesteigert.

Richtet man den Blick abschließend auf die Rechtslage in Deutschland, ist darauf hinzuweisen, dass sich der Streitgegenstandsbegriff nach deutschem Recht momentan im Wandel befindet.[1873] Der BGH folgt mit seiner Auslegung der Rechtsprechung des OLG Düsseldorf in einem Patentverletzungsstreit, wo die Identität eines Anspruchs auf Vertragsschadensersatz sowie eines markenrechtlichen Anspruchs abgelehnt wurde.[1874] Dies deckt sich jedoch wie gesehen mit den oben genannten Teloserwägungen des Art. 27 EuGVO a.F. sowie der Rechtsprechungslinie des EuGH.

Auch die Folgerechtsprechung des EuGH erfordert hier keine andere Sichtweise. Ergänzend lässt sich die Rechtssache *Merck* anführen, bei der es in einem Rechtsstreit um Klagen aus parallelen nationalen Marken sowie Unionsmarken ging, wobei der EuGH ausführte, die Wertungen des Art. 27 EuGVO a.F. seien auch dem damals geltenden Art. 109 VO Nr. 207/2009[1875] entsprechend zugrunde zu legen und die dortige Formulierung des Vorliegens „derselben Handlung“ übereinstimmend mit dem Vorliegen von „Klagen wegen desselben Anspruchs“ im Sinne des Art. 27 Abs. 1 EuGVO a.F. auszulegen.[1876] Auch hier hat der EuGH die Rechtskraftsperre auf den Bereich der tatsächlichen Überschneidung begrenzt, um unnötige Härten für arglose Kläger auszuschließen, die voreilig zunächst bezüglich der nationalen Marke Klage erheben und sich dadurch den ihnen zustehenden weitergehenden Schutz der Unionsmarke unangemessen abschneiden würden.[1877] Die Auslegung des BGH entsprach auch dieser Folgerechtsprechung des EuGH.

1873 Vgl. *Jacobs*, GRUR-Prax 2016, 195.

1874 OLG Düsseldorf, 20.7.2009 – I-2 W 35/09 = GRUR-RR 2009, 401. Siehe dazu Rauscher EuZPR/EuIPR/*Leible*, Art. 29 Brüssel Ia-VO, Rn. 20.

1875 Verordnung (EG) Nr. 207/2009 des Rates vom 26. Februar 2009 über die Gemeinschaftsmarke, ABl. L 78 vom 24.3.2009, S. 1–42, aufgehoben und ersetzt durch Verordnung (EU) 2015/2424 des Europäischen Parlaments und des Rates vom 16. Dezember 2015, ABl. L 341 vom 24.12.2015, S. 21–94, stillschweigend aufgehoben durch die Verordnung (EU) 2017/1001 des Europäischen Parlaments und des Rates vom 14. Juni 2017 über die Unionsmarke, ABl. L 154 vom 16.6.2017, S. 1–99.

1876 EuGH, Urteil vom 19.10.2017 – C-231/16 (Merck) = ECLI:EU:C:2017:771, Rn. 29 f., 33.

1877 Ebd., Rn. 41 ff. Siehe dazu begrüßend *Heinze*, GRUR 2018, 160, 162.

C. Fazit

Um eine Leitentscheidung handelte es sich bei der zuerst untersuchten Entscheidung dieser Kategorie, weil zahlreiche Folgeentscheidungen des EuGH zu dem behandelten Rechtsproblem ergangen waren. Die bloße Vorlage eines mitgliedstaatlichen Gerichts hat jedoch keinen Einfluss auf den materiellen Acte Clair. Wenn die Voraussetzungen des materiellen Acte Clair erfüllt werden, ist es ebenfalls unschädlich, wenn das entscheidende Gericht ebenso wie in einem rein nationalen Fall entscheidet. Der sechste Senat des BGH hatte hier erneut zum Problembereich des maßgeblichen Prüfzeitraums wie bereits beim maßgeblichen Vorliegen der Niederlassung bei Art. 15 Nr. 2 EuGVO a.F., einen Acte Clair angenommen. In dem hier untersuchten Urteil zu Art. 2 EuGVO a.F., bestanden hingegen im Gegensatz zu der Entscheidung zu Art. 15 Nr. 2 EuGVO a.F. keine Bedenken bezüglich der Acte Clair-Annahme. Keine Besonderheiten ergaben sich bei der Untersuchung der beiden letztgenannten Entscheidungen.

Kapitel 7: Gewährleistung des freien Verkehrs der gerichtlichen Entscheidungen

Die Anerkennung und Vollstreckung gerichtlicher Entscheidungen bildet die „Achillesferse" des Europäischen Zivilverfahrensrechts.[1878] Die Rechtsdurchsetzung stellt den wunden Punkt des grenzüberschreitenden Tätigwerdens dar, denn nur die Anerkennung und Vollstreckbarkeit eines Urteils in dem Staat, in dem das Vermögen des Schuldners liegt, führt zu dem gewünschten Ergebnis, kostenträchtige, langwierige und komplexe Prozesse zu vermeiden. Aufgrund der wirtschaftlich erheblichen Relevanz ist die effiziente Durchführung dieser Vorgänge für die Förderung des Binnenmarktes wesentlich.

Die Anerkennung erfolgt in der EuGVO wie bereits im EuGVÜ *ipso iure* ohne ein gesondertes Verfahren oder eine Registrierung und führt nach der herrschenden Meinung zur Wirkungserstreckung im Anerkennungsstaat.[1879] Die Anerkennung geht dabei davon aus, dass innerhalb eines Rechtsraumes ohne Binnengrenzen eine Rechtsvereinheitlichung nicht erfolgt ist, und dass Titel trotz der Grundlage unterschiedlichen Rechts in Europa frei zirkulieren können.[1880] Dabei wird eine *révision au fond* durch den Anerkennungsstaat bezüglich

---

1878 Commission Staff Working Paper, 14.12.2010 - SEC(2010) 1547 final, 50.

1879 Die Theorie von der Wirkungserstreckung stützend, EuGH, Urteil vom 4.2.1988 - 145/86 (Hoffmann ./. Krieg) = ECLI:EU:C:1988:61, Rn. 11; EuGH, Urteil vom 28.4.2009 - C-420/07 (Meletis Apostolides ./. David Charles Orams und Linda Elizabeth Orams) = ECLI:EU:C:2009:271, Rn. 66; *Jenard, P.*, Bericht über das Protokoll betreffend die Auslegung des EuGVÜ vom 29. Februar 1968, ABl. C 59 vom 5.3.1979, S. 6679; Rauscher EuZPR/EuIPR/*Leible*, Art. 36 Brüssel Ia-VO, Rn. 2; *Kropholler/von Hein*, Europäisches Zivilprozessrecht, ^{9}2011, vor Art. 33 EuGVO, Rn. 9; *R. Geimer*, Internationales Zivilprozessrecht, ^{8}2019, Rn. 2776 ff.; *Micklitz/Rott*, EuZW 2002, 15, 16. In der deutschen Rechtsprechung zum EuGVÜ wurde noch die Theorie von der Wirkungsgleichstellung vertreten (siehe bspw. BGH, 6.10.1982 - IVb ZR 729/80 = NJW 1983, 514) sowie in der Literatur die Kumulationstheorie (bspw. *Schack*, Internationales Zivilverfahrensrecht, ^{7}2017, Rn. 886). Zu den Theorien siehe auch *Ulrici*, JZ 2016, 127, 130 f.; *Adolphsen*, ^{2}2015, 169 ff. Rn. 10 ff.

1880 Das Prinzip der Anerkennung hatte in Europa begonnen mit der Anerkennung von Qualitätsnormen bei Waren, was anschließend auch auf die anderen Grundfreiheiten übertragen wurde, *Adolphsen*, ^{2}2015, 167 Rn. 2; *Mansel*, RabelsZ 70 (2006), 651, 665 f. Siehe auch *Nicolaïdis*, in: Davies/Nicola (Hrsg.), 2017, 278 ff.

der Entscheidung des Erstgerichts ausgeschlossen, siehe Art. 29 EuGVÜ und Art. 36 EuGVO a.F./Art. 52 EuGVO n.F., da ansonsten dem Kläger keinerlei Vorzüge geboten würden, nicht erneut Klage zu erheben.[1881] Die Vollstreckung setzte in der EuGVO a.F. voraus, dass die Entscheidung im Anerkennungsstaat auf Antrag des Berechtigten für vollstreckbar erklärt wurde, ihr folglich nach Art. 38 Abs. 1 EuGVO a.F. das sogenannte „Exequatur" erteilt wurde.[1882] Zwar war die Entwicklung vorangetrieben worden, sodass im Exequaturverfahren die Anerkennungsversagungsgründe der Art. 34 f. EuGVO a.F. erst geprüft wurden, nachdem der Vollstreckungsschuldner einen Rechtsbehelf eingelegt hatte, was zur Folge hatte, dass das Exequatur ebenfalls quasi automatisch bei Vorliegen der Formalia erteilt wurde.[1883] Dennoch war die Verfahrensdauer in manchen Mitgliedstaaten sehr lang, sodass Bestrebungen erfolgten, den Verordnungen der „2. Generation" nachzueifern und das Exequaturverfahren zu beseitigen.[1884] Die Abschaffung des Exequaturverfahrens war damit das Hauptziel der Kommission bei der Revision der EuGVO a.F.; dabei sollten die Schuldnerinteressen dadurch in Ausgleich gebracht werden, dass der Vorschlag verfahrensrechtliche Garantien enthielt, die im Schuldnerinteresse gewahrt werden mussten.[1885]

Der zweite Abschnitt des dritten Kapitels der EuGVO n.F. brachte die einschneidendsten Änderungen in der Revision der EuGVO mit sich. Er bildete das „Herzstück der Reform" und unterlag einer „radikalen" Systemveränderung.[1886]

Zwar hatten alle hier relevanten Entscheidungen einen Bezug zur EuGVO a.F., dennoch werden in den Beschlüssen Fragen zur Anerkennung und Vollstreckung aufgeworfen, die heute noch unvermindert von Relevanz sind.[1887] Obgleich das Exequatur aufgehoben wurde, wurden die materiellen Versagungsgründe der Vollstreckung auch im neuen System ohne Exequatur in der EuGVO n.F. beibehalten und nur in das Verfahren der Vollstreckungsversagung (Art. 46 ff. EuGVO n.F.) verschoben.[1888] Zudem waren bereits im Zeitpunkt des

---

1881 *Kropholler/von Hein*, Europäisches Zivilprozessrecht, [9]2011, Art. 36 EuGVO, Rn. 1; *Micklitz/Rott*, EuZW 2002, 15, 16.

1882 *von Hein*, RIW 2013, 97, 108.

1883 Siehe *Adolphsen*, [2]2015, 168 Rn. 4.

1884 *von Hein*, RIW 2013, 97, 108.

1885 Grünbuch der Kommission, KOM(2009) 175 endg., S. 2 f.

1886 Rauscher EuZPR/EuIPR/*Mankowski*, Vorbem zu Art. 39 ff. Brüssel Ia-VO, Rn. 1.

1887 Vgl. *Thomale*, IPRax 2017, 463, 464 zu BGH, 20.10.2016 – IX ZB 11/16 = RIW 2017, 78.

1888 *X. E. Kramer*, NILR 60 (2013), 343, 355 und Rauscher EuZPR/EuIPR/*Mankowski*, Vorbem zu Art. 39 ff. Brüssel Ia-VO, Rn. 3 f. sehen darin eine gelungene Verbindung

Inkrafttretens der EuGVO a.F. weitere Erleichterungen der Anerkennung und Vollstreckung angedacht.[1889]

A. EuGH-Rechtsprechung

In der Rechtssache *Denilauler* hatte der EuGH bereits 1980 erkannt, dass die Anerkennung und Vollstreckung von Entscheidungen nach dem Titel III des EuGVÜ nur dann möglich sein solle, wenn im Urteilsstaat ein kontradiktorisches Verfahren vorausgegangen sei.[1890] Der EuGH beschäftigte sich mit der Vollstreckbarkeit einer einstweiligen Maßnahme, die auf der Grundlage nationaler Bestimmungen ergangen war. In einem französischen Verfahren war auf Antrag eines französischen Unternehmens, welches für ein deutsches Unternehmen Gütertransporte ausführte, nach Ausbleiben der Zahlung von Rechnungen das Konto des Vertragspartners mit einer Sicherungspfändung belegt worden, ohne dass die Entscheidung zuvor dem Vollstreckungsschuldner zugestellt worden war.[1891] In dem Verfahren vor deutschen Gerichten verfolgte das französische Unternehmen das Ziel, die französische Entscheidung mit einer Vollstreckungsklausel zu versehen und einen Pfändungsbeschluss zu erwirken.[1892] Der EuGH wies darauf hin, dass grundsätzlich einstweilige Maßnahmen anerkannt und für vollstreckbar erklärt werden könnten,[1893] stellte jedoch klar, dass ein kontradiktorisches Verfahren vorliegen müsse, was ausscheide, wenn die Gegenpartei nicht geladen worden sei oder die Vollstreckung der Entscheidung ohne vorherige Zustellung an den Beklagten erfolgt sei.[1894] Zugunsten der Wahrung des rechtlichen Gehörs nahm der EuGH in Kauf, dass die einstweilige Maßnahme ihres Überraschungseffektes beraubt wurde.[1895] Dies sei jedoch dadurch

---

aus dem Abbau von Formalia sowie der Beibehaltung von Grundwerten und dem Schuldnerschutz.

1889 Vgl. *R. Wagner*, IPRax 2002, 75, 95.

1890 EuGH, Urteil vom 21.5.1980 – 125/79 (Bernard Denilauler ./. SNC Couchet Frères) = ECLI:EU:C:1980:130, Rn. 8 f.

1891 Ebd., Rn. 2.

1892 Ebd., Rn. 3.

1893 Ebd., Rn. 17.

1894 Ebd., Rn. 14, 17 f.

1895 Vgl. *C. Wolf/Lange*, RIW 2003, 55, 56; *Micklitz/Rott*, EuZW 2002, 15, 16. Die Vorinstanz wählte die Formulierung, der Überraschungseffekt würde „ad absurdum" geführt, OLG Schleswig, Beschl. v. 9.5.2005 - 16 W 48/05 = OLGR Schleswig 2005, 520, juris Rn. 8.

gerechtfertigt, dass der Gläubiger nach der jeweiligen nationalen Rechtsordnung in jedem Staat einstweilige Maßnahmen beantragen könne, in welchem ein Bedürfnis auf Vollstreckung bestehe.[1896] Die großzügige Handhabung der Vollstreckung sei ferner nur darauf zurückzuführen, dass die Verfahrensgarantie des rechtlichen Gehörs gewahrt sei und mithin ein kontradiktorisches Verfahren vorgelegen habe oder hätte stattfinden können.[1897] Hierin wurde die Basis für ein zweigliedriges System des einstweiligen Rechtsschutzes gelegt.[1898]

Weitergeführt wurde die *Denilauler*-Rechtsprechung in der Rechtssache *Mærsk Olie & Gas,*[1899] wo der EuGH über den kontradiktorischen Charakter eines Beschlusses zur Errichtung eines Haftungsbeschränkungsfonds im Rahmen von Art. 25 EuGVÜ entschied. Der EuGH folgte hier den Schlussanträgen des GA *Légers*, wonach die Haftungsbeschränkung als solche in seiner ersten Phase zwar keinen kontradiktorischen Charakter habe, jedoch keine Wirkung entfalte, bevor er den Gläubigern mitgeteilt werde.[1900]

In der anschließend ergangenen Entscheidung des EuGH zum Vollstreckungsrecht in der Rechtssache *Coursier ./. Fortis Bank* ging es um die Rückzahlung eines von einer Bank mit Sitz in Luxemburg gewährten Darlehens gegen die in Frankreich wohnenden Eheleute *Coursier.*[1901] Der EuGH stellte klar, dass der Erfüllungseinwand auch im Rechtsbehelfsverfahren eröffnet sei.[1902] Zu trennen sei die Frage der formellen Vollstreckbarerklärung von der Frage, ob sie wegen Begleichung der Schuld oder aus einem anderen Grund nicht mehr vollstreckt werden könne.[1903] Es sei Sache des nationalen Vollstreckungsgerichts, im Rahmen eines Verfahrens wegen eines Rechtsbehelfs nach Art. 36 EuGVÜ nach ihrem Recht zu bestimmen, welche Rechtswirkungen dem Urteil zukämen.[1904]

1896 EuGH, Urteil vom 21.5.1980 – 125/79 (Bernard Denilauler ./. SNC Couchet Frères) = ECLI:EU:C:1980:130, Rn. 14, dazu *C. Wolf/Lange*, RIW 2003, 55, 57.

1897 Ebd.

1898 *C. Wolf/Lange*, RIW 2003, 55, 57.

1899 EuGH, Urteil vom 14.10.2004 – C-39/02 (Mærsk Olie & Gas) = ECLI:EU:C:2004:615.

1900 GA Léger, Philippe, 13.7.2004 – Schlussanträge im Verfahren C-39/02 (Mærsk Olie & Gas) = ECLI:EU:C:2004:430, Rn. 51; EuGH, Urteil vom 14.10.2004 – C-39/02 (Mærsk Olie & Gas) = ECLI:EU:C:2004:615, Rn. 50.

1901 EuGH, Urteil vom 29.4.1999 – C-267/97 (Coursier ./. Fortis Bank) = ECLI:EU:C:1999:213, Rn. 2.

1902 Ebd., Rn. 24, 32.

1903 Ebd., Rn. 24.

1904 Ebd., Rn. 32.

Verweisend auf den *Jenard*-Bericht[1905] verdeutlichte der GA *La Pergola*, dass der Rechtsbehelf nach Art. 36 EuGVÜ auch auf „Einreden" gestützt werden könne, die nach „Verkündung der für vollstreckbar erklärten Entscheidung eingetreten sind (indem er z. B. die Begleichung der Schuld, die Gegenstand der ausländischen Verurteilung war, nachweist)".[1906]

Zum Kriterium der Unvereinbarkeit ergingen wie gesehen zu Art. 27 Nr. 3 EuGVÜ die beiden EuGH-Entscheidungen *Hoffmann ./. Krieg*[1907] und *Italian Leather*[1908] (s. Kapitel 6 A. I.).

B. Deutsche Rechtspraxis

Die beiden zeitlich am weitesten zurückliegenden Fälle[1909] der untersuchten nationalen Rechtsprechung betrafen das Anerkennungshindernis der nicht ordnungsgemäß erfolgten Zustellung, welches bereits in Art. 27 Nr. 2 EuGVÜ aufgenommen worden war und dann in der EuGVO a.F. in veränderter Form geregelt (Art. 34 Nr. 2) und anschließend in Art. 45 Abs. 1 lit. b EuGVO n.F. entsprechend übernommen wurde. Diese beiden Entscheidungen werden zuerst besprochen. In dem nachfolgenden Fall ging es um die Auslegungsfrage, in welchem Umfang nach Erlass des ausländischen Titels entstandene, sachliche Einwendungen die Erfüllung unter Geltung der EuGVO a.F. im Vollstreckbarerklärungsverfahren zu berücksichtigen sind.[1910] Diese Frage hatte zwar Bezug zum in der EuGVO a.F. noch zu durchlaufenden Exequaturverfahren, doch die Fallrelevanz ist auch unter Geltung der EuGVO n.F. von Belang. Der Beschluss des BGH vom 20.10.2016 wird am Ende besprochen; er behandelte den Grundsatz zum Verbot der *révision au fond* sowie das Vollstreckungshindernis der Unvereinbarkeit mit einer anderen Entscheidung.[1911]

1905 *Jenard, P.*, Bericht zu dem Übereinkommen vom 27. September 1968 über die gerichtliche Zuständigkeit und die Vollstreckung gerichtlicher Entscheidungen in Zivil- und Handelssachen, ABl. C 59 vom 5.3.1979, S. 1, 51.

1906 GA La Pergola, Antonio, 28.5.1998 – Schlussanträge im Verfahren C-267/97 (Coursier./.Fortis Bank) = ECLI:EU:C:1998:269, Rn. 15.

1907 EuGH, Urteil vom 4.2.1988 – 145/86 (Hoffmann ./. Krieg) = ECLI:EU:C:1988:61.

1908 EuGH, Urteil vom 6.6.2002 – C-80/00 (Italian Leather) = ECLI:EU:C:2002:342.

1909 BGH, 22.7.2004 – IX ZB 2/03 = NJW 2004, 3189 und BGH, 21.12.2006 – IX ZB 150/05 – NJW-RR 2007, 1573.

1910 BGH, 14.3.2007 – XII ZB 174/04 = BGHZ 171, 310.

1911 BGH, 20.10.2016 – IX ZB 11/16 = RIW 2017, 78.

I. BGH, Beschluss vom 22.7.2004 – IX ZB 2/03

Der BGH entschied in dem Beschluss vom 22.7.2004 über ein Anerkennungsverfahren für ein portugiesisches Versäumnisurteil. Die in Portugal ansässige Antragstellerin hatte als Gläubigerin gegen die Antragsgegnerin am 10.7.2000 ein Versäumnisurteil beim AG Lissabon erwirkt, das die Schuldnerin zur Zahlung von ca. 5 Mio. Escudos zuzüglich Zinsen verurteilte.[1912] Die dagegen von der Schuldnerin eingelegte Berufung wurde am 12.7.2001 zurückgewiesen, da das erstinstanzliche Urteil verfahrensrechtlich ordnungsgemäß ergangen sei.[1913] Dem Antrag der Gläubigerin auf Zulassung des Urteils zur Vollstreckung in Deutschland wurde stattgegeben, obwohl die Schuldnerin einwandte, die Klage sei ihr nicht ordnungsgemäß zugestellt worden, da sie nur mit einfacher Post als Einschreiben mit Rückschein ohne deutsche Übersetzung zugestellt worden sei.[1914] Das Beschwerdegericht wies daraufhin den Antrag auf Vollstreckbarerklärung zurück.[1915] Die Gläubigerin richtete sich dagegen anschließend mittels Rechtsbeschwerde, dem statthaften Rechtsmittel, nach § 15 Abs. 1 AVAG, § 574 Abs. 1 Nr. 1 ZPO, welches jedoch als unzulässig nach § 574 Abs. 2 ZPO angesehen wurde.[1916]

1. Lösung des Rechtsproblems

Zeitlich war noch das EuGVÜ anwendbar, da die EuGVO a.F. erst am 1.3.2002 in Kraft trat, vgl. Art. 66 Abs. 1, 76 EuGVO a.F.[1917] Nach dem zu beachtenden HZÜ[1918] sei die Zustellung nicht ordnungsgemäß erfolgt, da die Bundesrepublik Deutschland der Anwendung des Art. 10 HZÜ, welcher erleichterte Zustellungsbedingungen vorsehe, widersprochen habe.[1919] Nach ständiger

1912 BGH, 22.7.2004 – IX ZB 2/03 = NJW 2004, 3189, juris Rn. 1.
1913 Ebd.
1914 Ebd., juris Rn. 2.
1915 Ebd.
1916 Ebd., juris Rn. 3.
1917 Ebd., juris Rn. 4.
1918 Haager Übereinkommen über die Zustellung gerichtlicher und außergerichtlicher Schriftstücke im Ausland in Zivil- oder Handelssachen vom 15. November 1965, BGBl. 1977 II Nr. 54 S. 1452 ff.
1919 BGH, 22.7.2004 – IX ZB 2/03 = NJW 2004, 3189, juris Rn. 5. Die Europäische Zustellungsverordnung (Verordnung (EG) Nr. 1393/2007 des Europäischen Parlaments und des Rates vom 13.11.2007 über die Zustellung gerichtlicher und außergerichtlicher Schriftstücke in Zivil- oder Handelssachen in den Mitgliedstaaten (Zustellung

höchstrichterlicher Rechtsprechung zu Art. 27 Nr. 2 EuGVÜ sei ein Versäumnisurteil, das in einem Vertragsstaat ergangen sei, nicht anzuerkennen, wenn dem Beklagten, der sich nicht auf das Verfahren eingelassen habe, das verfahrenseinleitende Schriftstück nicht ordnungsgemäß zugestellt worden sei.[1920] Ein Zustellungsmangel könne ferner nicht dadurch geheilt werden, dass „der Beklagte in der Lage gewesen wäre, einen zulässigen Rechtsbehelf einzulegen, dies jedoch unterlassen hat".[1921] Die Rechtsbeschwerde erkenne dies zwar, sie berufe sich jedoch auf Art. 34 Nr. 2 EuGVO a.F., nach welchem das Anerkennungshindernis entfalle, wenn der Beklagte, obwohl er die Möglichkeit dazu hatte, gegen die Entscheidung keinen Rechtsbehelf eingelegt habe.[1922] Die Rechtsbeschwerde wolle diese Änderung bereits auf Art. 27 Nr. 2 EuGVÜ anwenden.[1923] Dagegen spreche laut BGH, dass der EuGH vom Gebot der einheitlichen Auslegung des EuGVÜ und der EuGVO a.F. nur in solchen Fällen ausgehe, wo die Neufassung als Präzisierung der vorherigen Vorschrift zu verstehen sei.[1924] Art. 34 Nr. 2 EuGVO a.F. enthalte jedoch wesentliche Änderungen gegenüber der bisherigen Regelung und bringe den Willen des Verordnungsgebers zum Ausdruck, die Versagungsgründe des Vollstreckbarverfahrens einzuschränken, um gerichtliche Entscheidungen effizienter im Ausland durchzusetzen.[1925]

Ferner habe der Beklagte bereits einen Versuch unternommen, die Entscheidung des AG Lissabon zu bekämpfen, sodass dadurch Art. 34 Nr. 2 EuGVO a.F. ausscheide.[1926]

2. *Acte Clair*

„Die Neufassung wird daher im Schrifttum durchweg als ‚Korrektur' der Rechtsprechung des [EuGH] zu Art. 27 Nr. 2 EuGVÜ verstanden [...]. Demzufolge ist bei Prüfung der Vollstreckbarkeit solcher Klagen und öffentlichen Urkunden, die vor Inkrafttreten der EuGVVO erhoben bzw. aufgenommen das heißt errichtet worden sind (Art. 66 Abs. 1 EuGVVO), Art. 27 Nr. 2 EuGVÜ im Sinne

von Schriftstücken), ABl. L 324 vom 10.12.2007, S. 79–120) galt nach Art. 26 erst ab dem 13.11.2008, mit Ausnahme von Art. 23, der bereits ab dem 13.8.2008 galt.

1920 BGH, 22.7.2004 - IX ZB 2/03 = NJW 2004, 3189, juris Rn. 5.

1921 Ebd.

1922 Ebd., juris Rn. 6.

1923 Ebd.

1924 Ebd., juris Rn. 7.

1925 Ebd.

1926 Ebd., juris Rn. 8.

der bisherigen Rechtsprechung des [EuGH] anzuwenden. Eine Vorwirkung von Art. 34 EuGVVO, wie sie die Antragstellerin vertritt, kommt zweifelsfrei nicht in Betracht. Daher besteht keine Veranlassung, den [EuGH] mit der von der Rechtsbeschwerde aufgeworfenen Rechtsfrage zu befassen."[1927]

3. *Bewertung*

a) *Effet utile und Einheitlichkeit des Unionsrechts*

Wie oben in Kapitel 4 A. II. 1. b) aa) erörtert, kann ein Acte Clair kann nur angenommen werden, wenn die Position des EuGH, die Effektivität des Unionsrechts zu gewährleisten, nicht bedroht wird.

Aus der Präambel des EuGVÜ ergibt sich, dass mithilfe des EuGVÜ angestrebt werde, den Rechtsschutz der in der Europäischen Gemeinschaft ansässigen Personen zu verstärken und es dazu geboten sei, die Anerkennung von Entscheidungen zu erleichtern und ein beschleunigtes Verfahren einzuführen, um die Vollstreckung von Entscheidungen sicherzustellen. Daraus ergibt sich, dass Regelungszweck der unter den Titel III gefassten Vorschriften die Gewährleistung des freien Verkehrs der gerichtlichen Entscheidungen innerhalb der Mitgliedstaaten ist. Die Rechtsprechungslinie des EuGH zu Art. 27 Nr. 2 EuGVÜ zeigt in den Rechtssachen *Lancray ./. Peters*[1928] sowie *Minalmet ./. Brandeis*[1929] auf, dass Zustellungsmängel gerade nicht geheilt werden, wenn der Beklagte es unterlässt, einen zulässigen Rechtsbehelf einzulegen, obwohl er dazu in der Lage gewesen wäre. Insofern sind Unklarheiten für den nationalen Richter bei der Ermittlung des Telos weitestgehend ausgeräumt worden.

Zweifel bezüglich der Ermittlung des Telos könnten hingegen in Anbetracht des Art. 34 EuGVO a.F. erregt werden. Dies ist jedoch nicht der Fall, wenn die Nachfolgevorschrift in Kontinuität zu Art. 27 EuGVÜ zu sehen wäre, da sich dann das Telos der neuen Vorschrift mit der Vorgängervorschrift decken würde. Selbst wenn die Nachfolgevorschrift nicht in Kontinuität zur Vorgängerschrift zu sehen wäre, würde sich aus der Erkenntnis der Abkehr zur Vorgängernorm ergeben, dass der Folgevorschrift ein verändertes Telos innewohne und der alte erkennbar war. Ein Sachverhalt, der sich im Geltungszeitpunkt des EuGVÜ zugetragen hat, darf nur unter dem Gesichtspunkt des damaligen Willens

---

1927 BGH, 22.7.2004 – IX ZB 2/03 = NJW 2004, 3189, juris Rn. 7.

1928 EuGH, Urteil vom 3.7.1990 – C-305/88 (Lancray ./. Peters und Sickert) = ECLI:EU:C:1990:275.

1929 EuGH, Urteil vom 12.11.1992 – C-123/91 (Minalmet ./. Brandeis) = ECLI:EU:C:1992:432.

des Gesetzgebers ausgelegt werden und nicht dem anschließend modifizierten Willen des Gesetzgebers unterfallen. Insofern würden auch in diesem Fall keine Zweifel geweckt werden. Die Einhaltung der zeitlichen Anwendbarkeit des EuGVÜ wahrt neben der Einheitlichkeit des Unionsrechts das hohe Verlangen des Binnenmarktes nach Rechtssicherheit. Rechtssicherheit kann nur gewährleistet werden, wenn die zeitlichen Geltungsbereiche klar festgelegt sind und eine Vorwirkung dann vermieden wird, wenn die Neuregelung gerade Ausdruck eines Wendepunktes zur alten Rechtslage ist und erhebliche Änderungen enthält. Dies ist insbesondere zu beachten, wenn, wie hier, ein völkerrechtlicher Vertrag in eine EU-Verordnung überführt wurde. Die EuGVO a.F., bei der bereits zum Zeitpunkt des Inkrafttretens der Verordnung der Wunsch bestand, die Anerkennung und Vollstreckung von Entscheidungen noch effizienter und vereinfachter zu gestalten, geht viel weiter als das als Staatsvertrag ausgestaltete EuGVÜ.[1930] Dies kann darauf zurückgeführt werden, dass zum Zeitpunkt des Inkrafttretens der EuGVO der Rechtsraum in Europa näher zusammengewachsen war und daher auch das Vertrauen in die mitgliedstaatlichen Rechtsordnungen sowie die Rechtspraxis gewachsen ist.

Auf den Sachverhalt war das EuGVÜ anzuwenden, sodass der Richter sich an diesem Maßstab orientieren musste, auch wenn in der Folge eine EU-Verordnung mit effizienteren Durchsetzungsmaßnahmen in Kraft getreten ist.

b) Individualrechtsschutz und Einheitlichkeit des Unionsrechts

Eine Bedrohung der Position des EuGH als Hüter der elementaren Bürgerrechte kann nach dem in Kapitel 4 A. II. 1. b) bb) definierten Bewertungskriterium nur dann vorliegen, wenn spezifische Grundrechtsfragen relevant sind. Dies ist nicht der Fall. Der Individualrechtschutzgedanke wurde insofern gewahrt, als die Zustellung zwar formelle Fehler aufwies, dennoch wurde die Schuldnerin durch das Schreiben über das laufende Verfahren gegen sie in Kenntnis gesetzt, sodass sie die Möglichkeit hatte, Rechtsbehelfe einzulegen.

c) Ergebnis

Die Bewertungskriterien wurden erfüllt, sodass die Voraussetzungen eines materiellen Acte Clair vorliegen.

1930 Vgl. *R. Wagner*, IPRax 2002, 75, 95.

II. Leitentscheidung BGH, Beschluss vom 21.12.2006 – IX ZB 150/05

Bei dem Beschluss des BGH vom 21.12.2006 wurde die Problematik der Vollstreckbarerklärung eines Arrestbeschlusses relevant. Verfahren des einstweiligen Rechtsschutzes sind in vielen mitgliedstaatlichen Rechtsordnungen für dringliche Fälle vorgesehen und ermöglichen eine Entscheidung ohne Anhörung des Gegners.[1931] Die Antragstellerin begehrte die Vollstreckbarerklärung eines von ihr gegen die Antragsgegnerin erwirkten Arrestbeschlusses des AG Stenungsund (Schweden), welcher eine Forderung in Höhe von ca. 200.000 € mit einem dinglichen Arrest belegte.[1932] In erster Instanz wurde dem entsprochen.[1933] Die Antragsgegnerin war weder angehört worden noch waren ihr das verfahrenseinleitende oder ein gleichwertiges Schriftstück zugestellt worden.[1934] Die sofortige Beschwerde der Antragsgegnerin war erfolglos geblieben, wogegen sie sich mit ihrer Rechtsbeschwerde wendete.[1935] Die Rechtsbeschwerde als statthaftes Rechtsmittel gemäß § 15 Abs. 1 AVAG, § 574 Abs. 1 Nr. 1 ZPO wurde vom BGH für zulässig und begründet nach § 17 Abs. 1, 2 AVAG angesehen.

1. Lösung des Rechtsproblems

Der BGH kam zu dem Schluss, dass der Arrestbeschluss nicht anerkannt und für vollstreckbar erklärt werden könne, da der Schuldnerin vor Erlass des Arrestes das verfahrenseinleitende Schriftstück nicht zugestellt worden sei und sie keine Gelegenheit gehabt habe, sich gegen den Antrag zur Wehr zu setzen gegen den erlassenen Arrest hatte sie jedoch einen Rechtsbehelf eingelegt.[1936] Unter den Entscheidungsbegriff des Art. 34 EuGVO a.F. fielen nach Art. 32 EuGVO a.F. auch Entscheidungen des einstweiligen Rechtsschutzes.[1937]

Aus der Rechtssache *Denilauler*,[1938] die „[z]u den soweit hier von Interesse gleich lautenden Vorgängerregelungen der Art. 25, 27 Nr. 2 EuGVÜ" ergangen war, ergebe sich, dass Entscheidungen, denen kein kontradiktorisches Verfahren

---

1931 Siehe *Stürner*, jurisPR-BGHZivilR 2007, Anm. 4, 1.

1932 BGH, 21.12.2006 – IX ZB 150/05 = NJW-RR 2007, 1573, juris Rn. 1.

1933 Ebd., juris Rn. 2.

1934 Ebd., juris Rn. 1.

1935 Ebd.

1936 Ebd., juris Rn. 6.

1937 Ebd., juris Rn. 7.

1938 EuGH, Urteil vom 21.5.1980 – 125/79 (Bernard Denilauler ./. SNC Couchet Frères) = ECLI:EU:C:1980:130.

vorausgegangen sei, nach Kapitel III EuGVO a.F. nicht anerkannt und für vollstreckbar erklärt werden können.[1939] Dies gelte in gleicher Weise für Art. 32, 34 Nr. 2 EuGVO a.F.[1940]

Ferner führte der BGH aus, dass sich aus der weiten Fassung des Art. 32 EuGVO a.F., ebenso wie aus Art. 25 EuGVÜ nicht entnehmen ließe, dass Entscheidungen des vorläufigen Rechtsschutzes generell nicht unter die Regelungen der Anerkennung und Vollstreckung des EuGVÜ bzw. der EuGVO a.F. fallen sollen. Ferner verlangten Art. 53 Abs. 2, Art. 54 EuGVO a.F. (Ziffer 4.4) bei der vorzulegenden Bescheinigung unter Verwendung des Formblattes in Anhang V, ähnlich wie bereits Art. 46 Abs. 2 EuGVÜ die Datumsangabe der Zustellung des verfahrenseinleitenden Schriftstücks.[1941] Der EuGH habe in der Rechtssache *Denilauler* bewusst erkannt, dass Art. 27 Nr. 2 EuGVÜ auf Entscheidungen ohne Beteiligung des Gegners nicht angewendet werden könne, um nicht Sinn und Tragweite der Entscheidungen zu verlieren, woraus der EuGH jedoch nicht geschlossen habe, dass die Entscheidungen gleichwohl anerkannt und für vollstreckbar erklärt werden müssten.[1942] Im Hinblick auf die Zielsetzung und Systematik des EuGVÜ sei dies ausdrücklich und offensichtlich nicht gewollt.[1943] Vielmehr bringe die Bestimmung das Bestreben zum Ausdruck, Entscheidungen unter Wahrung des rechtlichen Gehörs zu erlassen und nur unter Garantie dessen, die Anerkennung und Vollstreckung großzügig zu handhaben.[1944] Dies sei zwar mit Nachteilen für den Gläubiger verbunden, jedoch gleiche Art. 24 EuGVÜ bzw. Art. 31 EuGVO a.F. dies weitgehend aus.[1945] Ferner habe der Verordnungsgeber in Art. 32 Nr. 2 EuGVO a.F. keine Ausnahme davon für den einstweiligen Rechtsschutz vorgesehen und auch die Gesetzesmaterialien enthielten diesbezüglich keine Anhaltspunkte.[1946] Da der Verordnungsgeber in Kenntnis der *Denilauler*-Rechtsprechung die EuGVO a.F. ohne diesbezügliche Änderung erlassen habe, sei davon auszugehen, dass diese Rechtsprechung weiterhin Bestand haben solle.[1947] Die Annahme des Beschwerdegerichts hingegen,

1939 BGH, 21.12.2006 – IX ZB 150/05 = NJW-RR 2007, 1573 Rn. 7, 10.

1940 Ebd. Rn. 10.

1941 Ebd. Rn. 11.

1942 Ebd. Rn. 12 unter Bezugnahme auf EuGH, Urteil vom 21.5.1980 – 125/79 (Bernard Denilauler ./. SNC Couchet Frères) = ECLI:EU:C:1980:130, Rn. 10.

1943 Ebd.

1944 Ebd.

1945 Ebd.

1946 Ebd. Rn. 15 f.

1947 Ebd. Rn. 15.

wonach der Verordnungsgeber die bestehende Rechtslage gerade durch unverändertes Übernehmen der Vorschrift ändern wolle, widerspreche „offenkundig der Methodik jeder Gesetzgebung".[1948] Demnach sei die *Denilauler*-Rechtsprechung des EuGH auch für Art. 32, Art. 34 Nr. 2 EuGVO a.F. maßgeblich[1949] und die Entscheidung könne mangels Gewährung rechtlichen Gehörs nicht anerkannt und für vollstreckbar erklärt werden.[1950]

2. *Acte Clair*

„Eine Vorlage gem. Art. 234 EGV an den EuGH ist nicht angezeigt. Eine Vorlagepflicht gem. Art. 234 Abs. 3 EG-Vertrag besteht dann nicht, wenn das letztinstanzliche nationale Gericht in dem bei ihm schwebenden Verfahren feststellt, dass die betreffende entscheidungserhebliche gemeinschaftsrechtliche Frage bereits Gegenstand der Auslegung durch den EuGH war und die richtige Anwendung des Gemeinschaftsrechts offenkundig ist, und damit für einen vernünftigen Zweifel keinerlei Raum bleibt [...]. So liegt der Fall hier. In dem zitierten Urteil vom 21. 5. 1980 (EuGHE 1980, 1553 [1565 f.]) hat der EuGH die Frage für die Vorgängerregelung in Art. 25, 27 Nr. 2 EuGVÜ geklärt. Die Entscheidung kann ohne Weiteres auf die insoweit inhaltlich unverändert gebliebene Neuregelung in der EuGVVO übertragen werden. Soweit in der Literatur die Auffassung vertreten wird, diese Rechtsprechung sei auf die EuGVVO nicht übertragbar, wendet sie sich inhaltlich zumeist bereits gegen die Entscheidung zum EuGVÜ und fordert deren Revidierung [...]. Dies gibt keine Veranlassung für eine erneute Vorlage."[1951]

3. *Bewertung*

Der BGH beschäftigte sich hier mit Art. 34 Nr. 2 EuGVO a.F., einer Vorschrift, die besonders viele Auslegungsfragen aufwirft.[1952] Besonders problematisch ist die Anerkennung und Vollstreckung von Maßnahmen des einstweiligen Rechtsschutzes, da ein Konflikt zwischen den Interessen des Gläubigers an einem Überraschungseffekt auf der einen Seite und dem Grundsatz auf rechtliches Gehör

1948 BGH, 21.12.2006 – IX ZB 150/05 = NJW-RR 2007, 1573, 1574.

1949 Ebd. Rn. 17 m.w.N. zur einschlägigen Kommentarliteratur und deutschen Rechtsprechung.

1950 Ebd. Rn. 13 f.

1951 Ebd. Rn. 18 f.

1952 Vgl. *Kropholler/von Hein*, Europäisches Zivilprozessrecht, [9]2011, Art. 34 EuGVO, Rn. 22.

des Schuldners, damit dieser seine Verteidigungsrechte nutzen kann, auf der anderen Seite, aufgelöst werden muss. Im Gegensatz zu Art. 32 EuGVO a.F., welcher nur klarstellt, dass Maßnahmen des einstweiligen Rechtsschutzes grundsätzlich anerkannt und für vollstreckbar erklärt werden können, regelt Art. 34 Nr. 2 EuGVO a.F., in welchen Konstellationen dies der Fall ist.[1953] Bereits die Stellungnahme der Kommission im Grünbuch nannte den freien Verkehr einstweiliger Maßnahmen „problematisch"[1954] und auch in der Literatur wurden die Regelungen zum einstweiligen Rechtsschutz als eine „Schwachstelle" der Verordnung gesehen.[1955]

a) *Effet utile und Einheitlichkeit des Unionsrechts*

Ein Acte Clair kann, wie oben in Kapitel 4 A. II. 1. b) aa) erläutert, nur angenommen werden, wenn die Position des EuGH, die Effektivität des Unionsrechts zu gewährleisten, nicht bedroht wird.

Der EuGH hatte sich in der Rechtssache *Denilauler,* welche zum Entscheidungszeitpunkt ungefähr 26 Jahre zurückreichte, zu Art. 25, 27 Nr. 2 EuGVÜ geäußert.[1956] Wie bereits gesehen, war das Telos von Art. 27 Nr. 2 EuGVÜ ohne Unklarheiten für den nationalen Richter ermittelbar (s. Kapitel 7 B. I. 3. a). Keine Unklarheiten würden sich daher ergeben, wenn das Telos von Art. 27 Nr. 2 EuGVÜ auch der Neufassung des Art. 34 EuGVO a.F. innewohnte. Zu untersuchen ist somit, ob ohne Unklarheiten für den nationalen Richter feststellbar ist, ob der Schutzzweck des Art. 34 EuGVO a.F. dem der Vorgängernorm entspricht.

Aus der *Denilauler*-Rechtsprechung zum EuGVÜ ergibt sich, dass die Handhabung der Anerkennung und Vollstreckung nur in Hinblick auf die Garantie der Rechte des Beklagten im Urteilsverfahren, insbesondere der Gewährleistung der Wahrung des rechtlichen Gehörs so großzügig ausgestaltet sei.[1957] Der freie Verkehr gerichtlicher Entscheidungen dürfe nicht dadurch erreicht werden, dass dem Beklagten Verteidigungsrechte abgeschnitten werden.[1958]

1953 Siehe die gewählte Formulierung des Art. 34 EuGVO a.F. beginnend mit „wenn", dazu *Rauscher*, Wertpapier-Mitteilungen 2007, 373.

1954 Grünbuch der Kommission, KOM(2009) 175 endg., S. 8.

1955 *Kropholler/von Hein*, Europäisches Zivilprozessrecht, 92011, Art. 31 EuGVO, Rn. 1.

1956 BGH, 21.12.2006 – IX ZB 150/05 = NJW-RR 2007, 1573, 1574 Rn. 12.

1957 Vgl. EuGH, Urteil vom 21.5.1980 – 125/79 (Bernard Denilauler ./. SNC Couchet Frères) = ECLI:EU:C:1980:130, Rn. 13; Rauscher EuZPR/EuIPR/*Leible*, Art. 2 Brüssel Ia-VO Rn. 14.

1958 Vgl. *Kropholler/von Hein*, Europäisches Zivilprozessrecht, 92011, Art. 34 EuGVO, Rn. 23.

Diese Schutzrichtung müsste auch in Art. 34 Nr. 2 EuGVO a.F. erkennbar sein, welcher „massive Änderungen“ widerfahren hat.[1959]

Die Änderungen, die in Folge von Kritik zu den EuGH-Urteilen *Lancray*[1960] und *Minalmet*[1961] ergingen,[1962] betrafen die Verengung der Anerkennungshindernisse und führten zu einer wesentlichen Umgestaltung.[1963] Zum einen wurde das Anerkennungshindernis dahingehend verengt, dass die Bestimmung des Art. 27 Nr. 2 EuGVÜ, welche jedwede Formverletzung bei der Zustellung als Anerkennungshindernis ansah, auf solche Formverletzungen eingegrenzt wurde, bei denen die Zustellung in einer Weise erfolgte, die die Verteidigungsmöglichkeiten des Beklagten beschränkten.[1964] Zum anderen wurde eine Rechtsbehelfsobliegenheit des Beklagten im Ursprungsstaat eingeführt.[1965]

Durch die teilweise als erhebliche Straffung bezeichnete grundlegende Umgestaltung des Exequaturverfahrens in der EuGVO a.F. wurde vertreten, dass unter Geltung der EuGVO a.F. auch nachträglich rechtliches Gehör gewährt werden könne.[1966] Hierzu lässt sich jedoch anführen, dass Art. 34 Nr. 2 EuGVO a.F.

1959 Vgl. *Rauscher*, Wertpapier-Mitteilungen 2007, 373.

1960 EuGH, Urteil vom 3.7.1990 – C-305/88 (Lancray ./. Peters und Sickert) = ECLI:EU:C:1990:275. Die Kritik bezog sich besonders auf die Erfordernisse, dass die Zustellung kumulativ sowohl ordnungsgemäß als auch rechtzeitig vorliegen musste, damit eine ausländische Entscheidung anerkannt werden konnte (Rn. 15) sowie, dass auch dann nicht vom Erfordernis der Ordnungsgemäßheit abgewichen werden durfte, wenn der Beklagte die Möglichkeit zur Verteidigung gehabt hat (Rn. 29), siehe dazu Rauscher EuZPR/EuIPR/*Leible*, Art. 45 Brüssel Ia-VO, Rn. 33.

1961 EuGH, Urteil vom 12.11.1992 – C-123/91 (Minalmet ./. Brandeis) = ECLI:EU:C:1992:432. Hier hatte der Beklagte die Möglichkeit gehabt, Rechtsbehelfe einzulegen, tat dies aber nicht und berief sich stattdessen im Anerkennungsstadium auf einen formalen Zustellungsmangel bei der Verfahrenseröffnung. Die Zustellung war rechtzeitig, aber mit formalem Zustellungsfehler zugegangen. Der EuGH gab dem Beklagten Recht und lehnte es ab, dem Beklagten eine Last zur Prozessförderung aufzuerlegen, sich rechtliches Gehör zu verschaffen.

1962 Vgl. *Rauscher*, Wertpapier-Mitteilungen 2007, 373.

1963 Vgl. *Micklitz/Rott*, EuZW 2002, 15, 18.

1964 Unter Geltung der EuGVÜ genügte bereits der Hinweis, die Zustellung sei aufgrund technischer Zustellungsmängel nicht erfolgt. Dadurch, dass nun nur noch solche Zustellungsmängel relevant sind, die die Verteidigungsmöglichkeit beeinträchtigen, wurde eine Beschleunigung und Effektivierung der Anerkennung erreicht, siehe *Micklitz/Rott*, EuZW 2002, 15, 19.

1965 Vgl. *Rauscher*, Wertpapier-Mitteilungen 2007, 373; *Piltz*, NJW 2002, 789, 794.

1966 *R. Geimer*, LMK 2007, 212640.

weiterhin in seinem unveräußerlichen Kern eine Zustellung erfordert, auch wenn die Anforderungen an die Form gelockert worden sind. So wird vertreten, dass man in der Lockerung der Form vielmehr die Konzentration einer substantiierten Verteidigungsmöglichkeit zu Beginn des Ursprungsverfahrens sehen könne.[1967]

Zudem ist Art. 34 Nr. 2 EuGVO a.F. im Zusammenhang mit den Vorschriften des Kapitels II der EuGVO a.F. über die Zuständigkeit zu lesen, welche ebenfalls den Schutz des Beklagten ins Zentrum stellen und insbesondere als Ergänzung zu Art. 26 Abs. 2 EuGVO a.F. zu verstehen sind. Danach sei das Verfahren so lange auszusetzen, bis feststehe, dass dem Beklagten Gelegenheit gegeben worden ist, sich zu verteidigen.[1968] In Form einer doppelten Kontrolle des rechtlichen Gehörs soll somit auf der Ebene der Anerkennung noch einmal sichergestellt werden, dass der Beklagte rechtliches Gehör erhalten hat.[1969]

Die in der EuGVO a.F. vorgesehenen gläubigerfreundlichen Erleichterungen der Anerkennung und Vollstreckung von Entscheidungen werden von Art. 34 Nr. 2 EuGVO a.F. nur für solche Fälle vorgesehen, bei denen der Schuldner am Anfang über das Ursprungsverfahren informiert wurde und die Gelegenheit bekommen hat, sich zu verteidigen.[1970]

Der Grundcharakter des Art. 27 Nr. 2 EuGVÜ, den Schuldner vor Überrumpelung zu schützen[1971] und die Verteidigungsrechte des Beklagten zu wahren,[1972]

1967 *Rauscher*, Wertpapier-Mitteilungen 2007, 373.

1968 Vgl. zu Art. 20 Abs. 2 EuGVÜ, *Jenard, P.*, Bericht zu dem Übereinkommen vom 27. September 1968 über die gerichtliche Zuständigkeit und die Vollstreckung gerichtlicher Entscheidungen in Zivil- und Handelssachen, ABl. C 59 vom 5.3.1979, S. 1, 44; siehe auch *Kropholler/von Hein*, Europäisches Zivilprozessrecht, ^{9}2011, Art. 34 EuGVO, Rn. 23. Ergänzend dazu wird mit Art. 31 EuGVO a.F. sichergestellt, dass nicht über die Hintertür des einstweiligen Rechtsschutzes ein Hauptsacheverfahren an einem nach der EuGVO unzuständigen Gericht durchgeführt wird, siehe dazu *C. Wolf/Lange*, RIW 2003, 55, 56.

1969 Vgl. *Jenard, P.*, Bericht zu dem Übereinkommen vom 27. September 1968 über die gerichtliche Zuständigkeit und die Vollstreckung gerichtlicher Entscheidungen in Zivil- und Handelssachen, ABl. C 59 vom 5.3.1979, S. 1, 44; *Kropholler/von Hein*, Europäisches Zivilprozessrecht, ^{9}2011, Art. 34 EuGVO, Rn. 23.

1970 Vgl. *Rauscher*, Wertpapier-Mitteilungen 2007, 373.

1971 Vgl. ebd.

1972 Vgl. *Jenard, P.*, Bericht zu dem Übereinkommen vom 27. September 1968 über die gerichtliche Zuständigkeit und die Vollstreckung gerichtlicher Entscheidungen in Zivil- und Handelssachen, ABl. C 59 vom 5.3.1979, S. 1, 44.; *Kropholler/von Hein*, Europäisches Zivilprozessrecht, ^{9}2011, Art. 34 EuGVO, Rn. 23.

ist trotz der Verengung der Anerkennungshindernisse noch genauso in Art. 34 Nr. 2 EuGVO a.F. verankert. Die Grundfesten, auf denen die *Denilauler*-Rechtsprechung von 1980 aufbaute, sind mit Inkrafttreten der EuGVO a.F. nicht entfallen. Der Antragsgegner im einstweiligen Rechtsschutz ist zudem besonders schutzwürdig.[1973] Mit Inkrafttreten der EuGVO a.F. hat sich der Verordnungsgeber nicht ausdrücklich für eine legislative Revidierung der EuGH-Rechtsprechung in der Rechtssache *Denilauler* entschlossen.[1974] Dadurch, dass der Verordnungsgeber insoweit mit dem Wissen über die Rechtsprechung zum EuGVÜ Art. 34 Nr. 2 EuGVO a.F. beibehalten hat, kann davon ausgegangen werden, dass die Beibehaltung der *Denilauler*-Rechtsprechung intendiert war.[1975]

Die Zielsetzung des Anerkennungsversagungsgrundes nach Art. 34 Nr. 2 EuGVO a.F. entspricht der Zielsetzung der Vorgängervorschrift, Art. 27 Nr. 2 EuGVÜ.[1976]

b) Individualrechtsschutz und Einheitlichkeit des Unionsrechts

Eine Bedrohung der Position des EuGH als Hüter der elementaren Bürgerrechte kann nach dem oben in Kapitel 4 A. II. 1. b) bb) erläuterten Bewertungskriterium nur dann vorliegen, wenn spezifische Grundrechtsfragen relevant sind.

Erwägungsgrund (18) EuGVO a.F. hält im Rahmen der Vollstreckbarerklärung fest, dass der Schuldner die Möglichkeit erhalten muss, einen Rechtsbehelf mit beiderseitigem Gehör einlegen zu können. Aus der Begründung der Kommission zur EuGVO a.F. kann ferner entnommen werden, dass sich die Union auf der Grundlage von Art. 2 EUV das Ziel gesetzt hat, einen Raum der Freiheit, Sicherheit und des Rechts zu erhalten und weiterzuentwickeln, wobei den Rechtssuchenden „die gleichen Garantien geboten werden wie vor den Gerichten ihres Landes".[1977] Diese Ziele zur Wahrung des Individualrechtsschutzes sind innerhalb der EU von elementarer Wichtigkeit und dienen der primärrechtlichen Legitimation. Auf der Sicherung der Verfahrensgarantien, insbesondere der

1973 *C. Wolf/Lange*, RIW 2003, 55, 60.

1974 Vgl. *Mankowski*, EWiR 2007, 329, 330; *Stürner*, jurisPR-BGHZivilR 2007, Anm. 4.

1975 Vgl. *Simons/Calabresi-Scholz*, The European Legal Forum 2007, 57.

1976 Vgl. *Micklitz/Rott*, EuZW 2002, 15, 18.

1977 Kommission der Europäischen Gemeinschaften, Vorschlag für eine Verordnung (EG) des Rates über die gerichtliche Zuständigkeit und die Anerkennung und Vollstreckung von Entscheidungen in Zivil- und Handelssachen, Brüssel den 14.7.1999, KOM(1999) 348 endg., 3, 6.

Einhaltung des rechtlichen Gehörs fußt auch der Grundsatz des gegenseitigen Vertrauens in die Rechtssysteme der Mitgliedstaaten.[1978] Nur unter Wahrung dieser Garantien kann der Binnenmarkt in der Form gefördert werden, dass die Anerkennung und Vollstreckung von Entscheidungen gewährleistet werden und effektiv und rechtssicher die Abwicklung von Rechtsstreitigkeiten erzielt werden. Verankert ist das rechtliche Gehör in Art. 47 Europäische-Grundrechtecharta (EU-Grundrechtecharta).[1979] Art. 53 EU-Grundrechtecharta stellt klar, dass das Schutzniveau der EMRK sowie der Verfassungen der Mitgliedstaaten durch sie aufrechterhalten wird. Ebenfalls das rechtliche Gehör stützend, kann Art. 6 EMRK angeführt werden. Ursprünglich waren Maßnahmen des einstweiligen Rechtsschutzes von Art. 6 EMRK nicht umfasst, da diese nicht über ein „Recht" im Sinne der Konvention entschieden,[1980] es sei denn, die Hauptsache wurde von der Maßnahme vorweggenommen.[1981] Nun jedoch werden diese Maßnahmen unabhängig von ihrer Dauer umfasst.[1982]

Der EuGH hat sich in der Rechtssache *Denilauler* bereits zum Individualrechtsschutz dahingehend geäußert, dass nur unter Wahrung des rechtlichen Gehörs gerichtliche Entscheidungen anerkannt und vollstreckt werden können, was ohne Ladung der Gegenpartei oder ohne vorherige Zustellung nicht der Fall sei.[1983] Wie gesehen, ist diese Rechtsprechung auch auf die EuGVO a.F. zu übertragen, sodass durch die Annahme eines Acte Clair nicht die Position des EuGH gefährdet wird, da die von der Norm getroffene Abwägung im Sinne der praktischen Konkordanz nicht als unklar anzusehen ist.

1978 Siehe *Micklitz/Rott*, EuZW 2002, 15, 17; zu der eng damit zusammenhängenden Fiktion der Gleichwertigkeit der Gerichte aller Welt eingehend *R. Geimer*, Internationales Zivilprozessrecht, [8]2019, Rn. 37, 2751.

1979 *Jarass*, Charta der Grundrechte der Europäischen Union, [3]2016, Art. 47 EU-Grundrechte Charta Rn. 32 ff.

1980 EGMR, 13.1.2000 – No. 39754/98 (Apis a.s. v. Slovakia) = ECLI:CE:ECHR:2000:0113DEC003975498.

1981 EGMR, 2.7.2002 – No. 51591/99 (Markass Car Hire Ltd. v. Cyprus) = ECLI:CE:ECHR:2002:0702JUD005159199; NK EMRK/*Meyer-Ladewig/Harrendorf/König*, Art. 6 EMRK, Rn. 20.

1982 EGMR, 15.10.2009 – No. 17056/06 (Micallef v. Malta) = ECLI:CE:ECHR:2009:1015JUD001705606, Rn. 83 ff.; EGMR, 13.1.2011 – No. 32715/06 (Kübler v. Germany) = ECLI:CE:ECHR:2011:0113JUD003271506, Rn. 47; NK EMRK/*Meyer-Ladewig/Harrendorf/König*, Art. 6 EMRK, Rn. 20; *Kodek*, in: FS Delle Karth, 2013, 521 ff.

1983 EuGH, Urteil vom 21.5.1980 – 125/79 (Bernard Denilauler ./. SNC Couchet Frères) = ECLI:EU:C:1980:130, Rn. 13, 18.

c) *Ergebnis*

Die auf den ersten Blick schlichte Übertragung der Rechtsprechung zum EuGVÜ auf die EuGVO a.F. war hier um Einiges vielschichtiger. Der BGH erkannte die im Verfahren des einstweiligen Rechtsschutzes ergangene Entscheidung mangels Wahrung des rechtlichen Gehörs nicht an und erklärte sie für nicht vollstreckbar. Damit entsprach er den Anforderungen an einen materiellen Acte Clair. Insofern ist das Festhalten des BGH an seinem Auslegungsergebnis in seinem anschließenden Beschluss vom 10.12.2009 nicht zu beanstanden.[1984]

Die Entscheidung entspricht auch der auf nationaler Verfassungsebene verankerten Wahrung des rechtlichen Gehörs. Art. 3 Abs. 1 GG i.V.m Art. 20 Abs. 3 GG schützt als grundrechtsgleiches Recht auf prozessuale Waffengleichheit die Rechte des Antragsgegners in Verfahren des einstweiligen Rechtsschutzes. Das Bundesverfassungsgericht hat in zwei Beschlüssen aufgrund von zwei Verfassungsbeschwerden bezüglich der Berichterstattung im journalistischen Bereich für Recht erkannt, dass dem Antragsgegner nicht seine Gelegenheit zur Stellungnahme verwehrt werden dürfe.[1985]

Das Urteil des BGH wurde in der Literatur stark kritisiert.[1986] Die kritisierenden Literaturstimmen argumentierten mit dem Praxisbedürfnis, wonach für die Gläubiger eine „Aufweichung der *Denilauler*-Rechtsprechung“[1987] von gesteigertem Interesse sei, da nur so ein Überraschungseffekt erzielt werden könne.[1988]

1984 BGH, 10.12.2009 – IX ZB 143/07 = IPRspr 2009, Nr. 242, 625.

1985 BVerfG Beschlüsse vom 30.09.2018 – BVerfG, 30.9.2018 – 1 BvR 1783/17 = WM 2018, 2147 sowie die teilweise parallele Entscheidung BVerfG, 30.9.2018 – 1 BvR 2421/17 = WM 2018, 2149. Siehe dazu *Mantz*, NJW 2019, 953. *Muckel*, JA 2019, 74; *Schumann*, JZ 2019, 398; *Smirra*, ZUM 2019, 60.

1986 Kritische Anmerkungen von *R. Geimer*, LMK 2007, 212640; *Simons/Calabresi-Scholz*, The European Legal Forum 2007, 57; *Schneider-Addae-Mensah*, DZWIR 2008, 242, 243 ff.; *Mankowski*, EWiR 2007, 329; *Nunner-Krautgasser*, ÖJZ 2009, 793, 795; ebenso *Heinze*, ZZP 120 (2007), 303, 307 f. Zustimmend hingegen Kindl/Meller-Hannich/Wolf Gesamtes Recht der Zwangsvollstreckung 2.Auf. 2012/*Mäsch*, Art. 32 EuGVVO, Rn. 9, siehe auch Kindl/Meller-Hannich/Wolf Gesamtes Recht der Zwangsvollstreckung 2.Auf. 2012/*Mäsch*, Vor Art. 36 ff., Rn. 1. Beachtenswert auch *Rauscher*, Wertpapier-Mitteilungen 2007, 373, der anmerkte, dass aufgrund der Vorwarnung des Schuldners auch das Dringlichkeitsargument nicht einschlägig sei, weshalb eine Prozessverlängerung unproblematisch sei und daher eine Vorlage als wünschenswert angesehen werde.

1987 So *Simons/Calabresi-Scholz*, The European Legal Forum 2007, 57, 58.

1988 Beispielsweise mit der Begünstigung unlauterer Vermögensverschiebung mangels Überraschungseffektes argumentiert *Hau*, MDR 2014, 1417, 1420.

Dafür wurde angeführt, dass sich aus dem rechtsaktübergreifenden Bedürfnis der „Widerspruchsfreiheit" eine Abkehr zur *Denilauler*-Rechtsprechung ergeben müsse, da Spezialgebiete, wie das Immaterialgüterrecht,[1989] einstweilige Maßnahmen auch ohne vorherige Anhörung ermöglichten und die Kontenpfändungsverordnung den Ausschluss des vorherigen rechtlichen Gehörs des Antragsgegners vorsehe. Daher sei ein systematischer Gleichklang mit der EuGVO a.F. zu fordern.[1990] Hiergegen könnte man einwenden, dass die EuGVO a.F., anders als das Immaterialgüterrecht, auf Harmonisierung gerichtet ist und daher keine Parallelen im Bereich der Anerkennung und Vollstreckung zu sehen sind. Aus der Spezialverordnung bezüglich Kontenpfändungen werden zwar unter besonderen Voraussetzungen dem Gläubiger Überrumpelungseffekte gestattet, daraus lässt sich jedoch kein allgemeines Regelungsbedürfnis ableiten, wonach generell alle einstweiligen Maßnahmen unabhängig von der Wahrung des rechtlichen Gehörs unter Kapitel III der EuGVO a.F. zu fassen seien. Die EuGVO a.F., die neben dem freien Verkehr gerichtlicher Entscheidungen auch die Wahrung der von ihr aufgestellten Zuständigkeitsregelungen bezweckt, muss insofern nicht im Einklang mit den Regelungen zur Anerkennung und Vollstreckung sein, welche von spezifischen Gemeinschaftsrechtsakten vorgenommen werden, sondern soll diese Regelungen vielmehr laut Erwägungsgrund (24) EuGVO a.F. gerade im Interesse der Kohärenz unberührt lassen. Die EuGVO a.F. versteht sich als einheitlichen Ansatz, der gerade für alle Entscheidungen gelten soll.[1991]

Ebenfalls angeführt wurden die weitreichenden Veränderungen des Art. 34 Nr. 2 EuGVO a.F., welche sich nur dann auswirken könnten, wenn der Kreis anerkennungsfähiger Entscheidungen ebenfalls erweitert würde, was durch einen Einbezug einstweiliger Maßnahmen in die Definition des Art. 32 EuGVO a.F. geschehen könne, um die gläubigerfreundlichen Regelungen zur Anerkennung anwenden zu können.[1992] Hiergegen lässt sich jedoch das Telos anführen, wonach Art. 34 Nr. 2 EuGVO a.F. im Besonderen den Schuldner schützt, was kohärent mit dem andernorts aufgeführten Beklagtenschutz der EuGVO a.F.

1989 Siehe hierzu RL 2004/48/EC (Berichtigung der Richtlinie 2004/48/EG des Europäischen Parlaments und des Rates vom 29. April 2004 zur Durchsetzung der Rechte des geistigen Eigentums (ABl. L 157 vom 30.4.2004, S. 4586), ABl. L 195 vom 2.6.2004, S. 16–25, Art. 7 Abs. 1 und Art. 9 Abs. 4.

1990 *Heinze*, ZZP 120 (2007), 303, 313 f.

1991 Vgl. Rauscher EuZPR/EuIPR/*Mankowski*, Vorbem zu Art. 39 ff. Brüssel Ia-VO, Rn. 7.

1992 Vorschlag von *Mankowski*, EWiR 2007, 329, 330.

ist.[1993] Diese Zielrichtung wird noch deutlicher in Art. 2 lit. a S. 3 EuGVO n.F., wo unter „Entscheidungen" explizit nur solche einstweiligen Maßnahmen nach Kapitel III gefasst werden, sofern diese von dem in der Hauptsache zuständigen Gericht angeordnet wurden und der Beklagte vorgeladen wurde, oder ihm zumindest die Entscheidung, welche die Maßnahme enthält, vor der Vollstreckung zugestellt wurde.[1994] Die Anerkennung und Vollstreckung einstweiliger Maßnahmen im *ex parte* Verfahren wird somit von Art. 2 lit. a S. 3 EuGVO n.F. explizit ausgeklammert.[1995] Insofern ist ein Gläubiger gehalten, Gebrauch von der Regelung des Art. 31 EuGVO a.F./bzw. Art. 35 EuGVO n.F. zu machen, da bei einem parallelen Angriff einstweiliger Rechtsschutzmaßnahmen in mehreren Staaten der Beklagte weniger gewarnt wird.[1996] Dies ist ihm allerdings nur dann zu raten, wenn sich das Vermögen in dem Staat befindet, nach dessen Regelung der nationale einstweilige Rechtsschutz geltend gemacht wird ansonsten ist ihm zu empfehlen, einstweilige Maßnahmen bei dem Hauptsachegericht zu beantragen.[1997] Handelt es sich um Vermögen, welches eine Kontogutschrift darstellt, besteht ebenfalls die Möglichkeit, dass sich der Gläubiger des Instruments der Kontenpfändungsverordnung bedient.[1998]

Wie der BGH anmerkte, bezog sich der Großteil der von der Literatur geäußerten Kritik auf die *Denilauler*-Rechtsprechung des EuGH als solche.[1999]

1993 Vgl. *Jenard, P.*, Bericht zu dem Übereinkommen vom 27. September 1968 über die gerichtliche Zuständigkeit und die Vollstreckung gerichtlicher Entscheidungen in Zivil- und Handelssachen, ABl. C 59 vom 5.3.1979, S. 1, 51, zu Art. 37 EuGVÜ.

1994 Vgl. *Heinze*, RabelsZ 75 (2011), 581, 614 f.

1995 Art. 2 lit. a S. 3 EuGVO n.F. sieht gerade nicht, wie von der Kommission vorgeschlagen, auch das nachträgliche in Kenntnissetzen der Gegenpartei nach der Vollziehung der Maßnahme als genügend an (Kommission der Europäischen Gemeinschaften, Vorschlag für eine Verordnung des Europäischen Parlaments und des Rates über die gerichtliche Zuständigkeit und die Anerkennung und Vollstreckung von Entscheidungen in Zivil- und Handelssachen, Brüssel den 14.12.2010, KOM(2010) 748 endg., 24). So sieht es hingegen beispielsweise Art. 9 Abs. 4 RL 2004/48/EC vor.

1996 Vgl. *Mankowski*, EWiR 2007, 329, 330.

1997 *Kropholler/von Hein*, Europäisches Zivilprozessrecht, ^{9}2011, Art. 32 EuGVO, Rn. 23; *von Hein*, RIW 2013, 97, 108. Siehe auch *Zerr*, EuZW 2013, 292, 292 ff.; *Stürner*, jurisPR-BGHZivilR 2007, Anm. 4, 2; *Micklitz/Rott*, EuZW 2002, 15, 16 und *Mankowski*, EWiR 2007, 329, 330. Letzterer wies darauf hin, dass mehrere Eilverfahren unterschiedliche Streitgegenstände hätten und daher nicht miteinander kollidierten.

1998 Vgl. *Domej*, RabelsZ 78 (2014), 508, 544.

1999 BGH, 21.12.2006 – IX ZB 150/05 = NJW-RR 2007, 1573, 1574 Rn. 19. Siehe nur *R. Geimer*, LMK 2007, 212640; *Simons/Calabresi-Scholz*, The European Legal Forum

Mankowski beschrieb die Entscheidung des BGH als „sehr konservativ", die „eine der unglücklichsten Entscheidungen, welche der EuGH zum EuGVÜ gefällt hat", die *Denilauler*-Rechtsprechung, welche vom EuGH in der Rechtssache *Maersk Olie*[2000] wiederaufgegriffen wurde, zementiere.[2001]

Kritik, die zum Gegenstand hat, dass sich der Integrationsprozess seit mehr als 26 Jahren verändert habe und seitdem die Rechtsprechung filigraner geworden sei und die Mitgliedstaaten kooperativer,[2002] kann den Wunsch nach einer Vorlagefrage durch die Gerichte stärken, ist diskursanregend und dient der Befassung mit den teilweise als sinnvoll anzusehenden Veränderungsvorschlägen.[2003] Die Kritik führt jedoch nicht dazu, dass eine Nichtvorlage als Unionsrechtsverstoß angesehen werden kann, was sich bereits aus dem Grundsatz der Rechtsprechungskontinuität (Erwägungsgrund (19) EuGVO a.F.) ergibt.[2004]

Dass der EuGH an seiner Rechtsprechung in der Rechtssache *Denilauler* offenbar auch noch nach über zwanzig Jahren festhält, zeigt die Weiterführung seiner Rechtsprechung in der Rechtssache *Mærsk Olie*.[2005] Ebenfalls bestätigte der EuGH seine Judikatur zur Rechtssache *Denilauler* in der Rechtssache *Gambazzi*.[2006] Somit entspricht die Entscheidung des BGH auch der EuGH-Folgerechtsprechung. Dass es überhaupt zu Folgerechtsprechung kam, bedeutet im Umkehrschluss nicht, dass die Acte Clair-Annahme fehlerhaft war. Im Gegenteil hat hier die Bewertungsanalyse ergeben, dass kein Anlass zu Kritik bestand, da ein materieller Acte Clair vorlag. Das selbstbewusste Agieren des BGH als hoch wissenschaftliches Gericht war nicht risikobehaftet. In der EU

2007, 57, 58; *Mankowski*, EWiR 2007, 329. Die Kritik des BGH als zutreffend bestätigend *Rauscher*, Wertpapier-Mitteilungen 2007, 373.

2000 EuGH, Urteil vom 14.10.2004 – C-39/02 (Mærsk Olie & Gas) = ECLI:EU:C:2004:615.

2001 *Mankowski*, EWiR 2007, 329.

2002 So bspw. *R. Geimer*, LMK 2007, 212640, der darauf aufmerksam machte, der EuGH habe „damals noch sehr wortglauberisch und sehr formal argumentiert", woraus er den Schluss ableitete, es sei nicht auszuschließen, dass bei einer hypothetischen Vorlagefrage die Denilauler Rspr. vom EuGH wohl overruled würde.

2003 Dazu eingehend *Heinze*, RabelsZ 75 (2011), 581, 602-608, 618, der die Änderungsvorschläge als „the stepchild of European civil procedure" bezeichnete, welche „unnecessary complication and uncertainty" beseitigen würden.

2004 Siehe *Kropholler/von Hein*, Europäisches Zivilprozessrecht, [9]2011, Art. 32 EuGVO, Rn. 21. Dagegen *Micklitz/Rott*, EuZW 2002, 15, 16 mit der Begründung, die EuGVO a.F. habe Vorschriften „grundlegend umgestaltet".

2005 EuGH, Urteil vom 14.10.2004 – C-39/02 (Mærsk Olie & Gas) = ECLI:EU:C:2004:615.

2006 EuGH, Urteil vom 2.4.2009 – C-394/07 (Gambazzi) = ECLI:EU:C:2009:219, Rn. 23. Siehe *Hau*, MDR 2014, 1417, 1420 mit Fn. 41.

kommen verschiedene Rechtsordnungen mit unterschiedlich selbstbewussten Richtern zusammen, die über ein divergierendes Maß an Erfahrung im Unionsrecht verfügen. Gerade die Möglichkeit der Vorlageberechtigung gibt hier die Option, die Einheitlichkeit des Unionsrechts zu fördern und bei Unsicherheit den EuGH um Rat zu fragen.

Die Fortgeltung der *Denilauler*-Rechtsprechung hält auch unter Geltung der EuGVO n.F. an.[2007] Zwar hat unter Geltung der EuGVO n.F. das Merkmal des kontradiktorischen Verfahrens keine Bedeutung mehr, jedoch macht der neu eingefügte Art. 2 lit. a S. 3 EuGVO n.F. deutlich, dass einstweilige Maßnahmen, bei denen vor der Vollstreckung noch nicht einmal eine Zustellung vorliege, keine „Entscheidung" im Sinne der Verordnung darstelle und daher eine Anerkennung nicht in Erwägung gezogen werden könne.[2008] Durch Art. 2 lit. a S. 3 EuGVO n.F. hat sich damit das in der *Denilauler*-Rechtsprechung entwickelte Erfordernis des kontradiktorischen Verfahrens erledigt, wohingegen weiterhin das Zustellungserfordernis an den Beklagten besteht, was dazu führt, dass ein Überraschungseffekt zugunsten des Gläubigers ausgeschlossen wird.[2009] Der Entwurf der Kommission zur Brüssel Ia-VO hatte eine Abkehr von der *Denilauler*-Rechtsprechung vorgesehen,[2010] wurde aber nicht übernommen, sodass die *Denilauler* Rechtsprechung nun in der Brüssel Ia-VO in Recht gegossen wurde, was sich ebenfalls in dem neu eingefügten Erwägungsgrund (33) EuGVO n.F. abzeichnet.[2011]

2007 Rauscher EuZPR/EuIPR/*Leible*, Art. 35 Brüssel Ia-VO, Rn. 27; Rauscher EuZPR/EuIPR/*Leible*, Art. 45 Brüssel Ia-VO, Rn. 38.

2008 Rauscher EuZPR/EuIPR/*Leible*, Art. 45 Brüssel Ia-VO, Rn. 38.

2009 Rauscher EuZPR/EuIPR/*Leible*, Art. 2 Brüssel Ia-VO Rn. 15; *Wilke*, Journal of Private International Law 11 (2015), 128, 135 f. *Domej*, RabelsZ 78 (2014), 508, 548; *von Hein*, RIW 2013, 97, 108.

2010 Kommission der Europäischen Gemeinschaften, Vorschlag für eine Verordnung des Europäischen Parlaments und des Rates über die gerichtliche Zuständigkeit und die Anerkennung und Vollstreckung von Entscheidungen in Zivil- und Handelssachen, Brüssel den 14.12.2010, KOM(2010) 748 endg., 24. Art. 2 lit. a S. 3 EuGVO n.F. sollte danach lauten: „Dazu gehören auch Maßnahmen, die angeordnet wurden, ohne dass der Schuldner vorgeladen wurde, und deren Vollstreckung *ohne vorherige Zustellung des Vollstreckungsbescheids erfolgen soll*, sofern der Schuldner die Möglichkeit hat, die Maßnahme anschließend nach dem Recht des Ursprungsmitgliedstaats anzufechten;"(Hervorhebung von Verf.).

2011 Vgl. *Wilke*, Journal of Private International Law 11 (2015), 128, 136 f. Allerdings mit der Einschränkung, dass nur einstweilige Maßnahmen anerkannt und vollstreckt werden, die vom Hauptsachegericht erlassen wurden (Erwägungsgrund (33

III. Leitentscheidung BGH, Beschluss vom 14.3.2007 – XII ZB 174/04

In dem Beschluss des BGH vom 14.3.2007 handelte es sich um einen Unterhaltsstreit zwischen zwei italienischen Staatsangehörigen, von denen der Antragsgegner (Unterhaltsschuldner) seinen Wohnsitz in Deutschland hatte.[2012] Das Tribunale di Pordenone hatte in erster Instanz am 24.9.2002 ein Urteil über die Festsetzung von Kindesunterhalt und Scheidungsunterhalt gefällt, welches die Antragstellerin in Deutschland für vollstreckbar erklären lassen wollte. Dem kam das LG München I nach.[2013] Gegen diesen Beschluss richtete sich die Beschwerde des Antragsgegners, wobei er *erstens* geltend machte, dass das Berufungsgericht (Corte di Appello di Trieste) am 2.5.2003 durch Urteil entschieden habe, die vom Tribunale di Pordenone festgestellte Zahlungsverpflichtung müsse bezüglich des Scheidungsunterhaltes auf 500 € begrenzt werden.[2014] *Zweitens* habe er den durch Urteil des Tribunale di Pordenone zuerkannten Kindesunterhalt seit Erlass des Berufungsurteils vom 2.5.2003 stets unaufgefordert pünktlich gezahlt.[2015] *Drittens* hätten sich die Umstände zur Bemessung des Unterhalts geändert, da er erneut Vater geworden sei und nun diesem Kind, sowie der Kindesmutter ebenfalls Unterhalt schulde.[2016] Daraufhin hatte das OLG München die Entscheidung des LG abgeändert und beschlossen, dass das Urteil des Tribunale di Pordenone mit der Vollstreckungsklausel zu versehen sei und die Anpassungen des Betrags entsprechend der Anpassungsklausel im Urteil des Tribunale di Pordenone vorgenommen werde.[2017] Darüber hinaus wurde das Berufungsurteil des Corte di Appello di Trieste, welches den Scheidungsunterhalt ab Mai 2003 auf 500 € begrenzte, durch Erteilung der Vollstreckungsklausel für vollstreckbar erklärt.[2018] Mit seiner Rechtsbeschwerde wendete sich der

---

S. 3) EuGVO n.F.). Dies dient vordergründig dem Beklagtenschutz, Umgehungen des zuständigkeitsrechtlichen Schutzes zu verhindern, siehe dazu *Domej*, RabelsZ 78 (2014), 508, 543, 545. Dennoch Erwägungsgrund (33) EuGVO n.F. aufgrund des zusätzlichen Rückgriffs auf nationale Anerkennungsregeln als mehr Verwirrung stiftend als Nutzenbringend ansehend, *Hau*, MDR 2014, 1417, 1420, der dies mit der gesteigerten Unübersichtlichkeit und Gefährdung der Rechtsklarheit begründete.

2012 BGH, 14.3.2007 – XII ZB 174/04 = BGHZ 171, 310, 311 f. Rn. 2.

2013 Ebd., 312 Rn. 3.

2014 Ebd., 312 Rn. 4.

2015 Ebd.

2016 Ebd.

2017 Ebd., 313 Rn. 5.

2018 Ebd.

Antragsgegner nicht gegen die Vollstreckbarerklärung des Berufungsurteils des Corte di Appello di Trieste, sondern nur gegen die Erteilung der Vollstreckungsklausel für das erstinstanzliche Urteil und begehrte Berücksichtigung sämtlicher von ihm vorgebrachten Einwendungen im Rechtsbehelfsverfahren.[2019]

1. Lösung des Rechtsproblems

Die Rechtsbeschwerde wurde vom BGH als statthaft nach § 574 Abs. 1 Nr. 1 ZPO in Verbindung mit Art. 44 EuGVO a.F. und § 15 AVAG angesehen sowie aufgrund der grundsätzlichen Bedeutung der Rechtsfrage, inwieweit nach Erlass des Titels entstandene sachliche Einwendungen berücksichtigt werden, als zulässig befunden (§ 574 Abs. 2 ZPO).

Zutreffend sei das OLG von der Anwendbarkeit der EuGVO a.F. ausgegangen. Zwar sei die EuGVO a.F. im Zeitpunkt des im Jahr 2000 anhängig gemachten Unterhaltsrechtsstreits noch nicht in Kraft getreten – nach Art. 66 Abs. 2 EuGVO a.F. allerdings könne eine vorher erhobene Klage nach der EuGVO a.F. aber auch dann nach Kapitel III anerkannt und vollstreckt werden, wenn die Klage im Ursprungsmitgliedstaat zu einem Zeitpunkt erhoben wurde, zu dem das EuGVÜ im Ursprungs- sowie im ersuchten Mitgliedstaat in Kraft war. Dies sei hier der Fall.[2020] Das bestehende Wahlrecht zwischen EuGVO a.F. und HUVÜ von 1973[2021] habe die Antragstellerin zugunsten der EuGVO a.F. ausgeübt.[2022] Die Durchführung des Vollstreckbarerklärungsverfahrens nach der EuGVO a.F. bestimme sich in Deutschland nach dem AVAG, dessen § 12 auch Einwendungen gegen den Anspruch selbst zulasse, deren Gründe, auf denen sie beruhten erst nach Erlass der Entscheidung im Ursprungsstaat entstanden seien.[2023] Bezüglich der Frage, ob sich die Tatsache des Hinzutretens weiterer Unterhaltsgläubiger, was einen Abänderungsgrund im Sinne des § 323 ZPO darstelle, im Exequaturverfahren berücksichtigt werden können, zeigte der BGH auf, dass § 12 Abs. 1 AVAG nur solche Einwendungen behandele, die sich gegen den Anspruch selbst richteten, die die Rechtskraft des anzuerkennenden Urteils unberührt ließen und bloß den Anspruch

2019 BGH, 14.3.2007 – XII ZB 174/04 = BGHZ 171, 310, 313 Rn. 6.
2020 Ebd., 314 f. Rn. 12.
2021 Haager Übereinkommen über die Anerkennung und Vollstreckung von Unterhaltsentscheidungen vom 2. Oktober 1973 (BGBl. 1986 II S. 825).
2022 BGH, 14.3.2007 – XII ZB 174/04 = BGHZ 171, 310, 315 f. Rn. 14.
2023 Ebd., 317 f. Rn. 18.

nachträglich vernichteten oder seine Durchsetzbarkeit hemmten.[2024] Die Überprüfung der rechtsbegründenden Tatsachen im Exequaturverfahren ziele jedoch auf eine Durchbrechung der Rechtskraft der ausländischen Entscheidung ab.[2025] Zudem verbiete sich eine Überprüfung von Abänderungsgründen im Rahmen von Art. 43 EuGVO a.F., §§ 11 ff. AVAG aus Erwägungen des Gläubigerschutzes. Das Gericht im Exequaturstaat dürfe sich ohne Rücksicht auf die Regelungen der internationalen Zuständigkeit nach der EuGVO a.F. nicht als befugt ansehen, das im Ursprungsstaat ergangene Urteil daraufhin zu überprüfen, ob es aufgrund geänderter Umstände noch angebracht sei.[2026] Denn der nach der EuGVO a.F. besonders geschützte Unterhaltsgläubiger dürfe grundsätzlich darauf vertrauen, stets sein Recht vor dem sachnäheren Gericht seines Wohnsitzes verfolgen zu können.[2027] Daher könnten Abänderungsgründe nur im Rahmen einer Änderungsklage vor dem international zuständigen Gericht geltend gemacht werden.[2028]

Der Einwand der Erfüllung hingegen sei eine echte rechtsvernichtende Einwendung im Sinne des § 767 ZPO, welcher grundsätzlich im Rahmen des § 12 Abs. 1 AVAG vom Exequaturgericht zur Überprüfung gestellt sei.[2029] Damit stelle sich die Frage nach der Unionsrechtskonformität des § 12 AVAG. Nach einer Ansicht sei der Prüfungsrahmen abschließend von Art. 45 Abs. 1 EuGVO a.F. festgelegt, welcher keine ergänzende Auslegung zulasse.[2030] Danach könnten die nach Art. 43 EuGVO a.F. mit dem Rechtsbehelf befassten Gerichte ausschließlich die Anerkennungshindernisse nach Art. 34 f. EuGVO a.F., aber keinesfalls materiellrechtliche Einwendungen gegen den Anspruch prüfen, welche nur bei einer Vollstreckungsgegenklage nach § 767 ZPO zu berücksichtigen seien.[2031]

Die Gegenansicht, welche der Senat hier teilte, lasse hingegen die Anwendung des § 12 AVAG auch im Rechtsbehelfsverfahren nach der EuGVO a.F. zu, da Art. 45 Abs. 1 EuGVO a.F. nur im Regelungsbereich der EuGVO a.F.

2024 BGH, 14.3.2007 – XII ZB 174/04 = BGHZ 171, 310, 318 Rn. 20.
2025 Ebd.
2026 Ebd., 318 f. Rn. 21.
2027 Ebd.
2028 Ebd.
2029 Ebd., 319 Rn. 22.
2030 Ebd., 320 Rn. 24.
2031 Ebd. Bezugnehmend u.a. auf *Gottwald*, FamRZ 2002, 1423; *Micklitz/Rott*, EuZW 2002, 15, 22. Noch weiter ging *Hub*, NJW 2001, 3145, 3147, nach dem Art. 45 Abs. 1 EuGVO a.F. auch der Erhebung einer Vollstreckungsgegenklage im Exequaturstaat entgegenstünde.

gelte.[2032] Die EuGVO a.F. lasse den Umgang mit nachträglich entstandenen Einwendungen offen, was den Mitgliedstaaten die Möglichkeit der Lückenfüllung böte, zu entscheiden, auf welche Rechtsbehelfe der Schuldner Rückgriff nehmen dürfe.[2033] Teile dieser Ansicht verlangten dafür jedoch das Vorliegen einer liquiden Einwendung, die unstreitig oder rechtskräftig festgestellt worden sei, was hier zutreffe.[2034] Für diese Meinung spreche zunächst, dass Art. 45 Abs. 1 EuGVO a.F. nur den Prüfungsrahmen festlege, in dem das Exequaturgericht einerseits den materiellen Gehalt der Entscheidung, sowie andererseits ihr Zustandekommen überprüfen dürfe; ansonsten gelte der Grundsatz des Verbots der *révision au fond* (Art. 45 Abs. 2 EuGVO a.F.).[2035] Die Behandlung nachträglich entstandener Einwendungen falle dabei nicht in den Regelungsbereich der EuGVO a.F. und verstoße auch nicht gegen das Verbot der *révision au fond*, da das Ursprungsgericht diese nicht habe berücksichtigen können.[2036] Weder aus dem Wortlaut des Art. 45 Abs. 1 EuGVO a.F. noch im Übrigen ergebe sich ein Verstoß des Gemeinschaftsrechts aus der Überprüfung von Vollstreckungsgegeneinwänden nach § 12 AVAG.[2037]

Das Vollstreckbarerklärungsverfahren in den Art. 38 ff. EuGVO a.F. sei dem Klauselerteilungsverfahren der Art. 31 ff. EuGVÜ nachgebildet und unter Auslegung des EuGVÜ sei anerkannt gewesen, dass sich der Schuldner nach Art. 36 Abs. 1 EuGVÜ auf die Erfüllung der titulierten Forderung berufen könne.[2038] Der EuGH habe sich auch mehrfach für ein sehr summarisches Verfahren für die Klauselerteilung nach dem EuGVÜ ausgesprochen, um dem Ziel des Übereinkommens der Verfahrensvereinfachung gerecht zu werden und hergeleitet, dass Art. 36 Abs. 1 EuGVÜ die Rechtsbehelfsmöglichkeiten abschließend regele und einem Dritten keine zusätzlichen Rechtsbehelfe gegen das Exequatur eingeräumt werden können (EuGH-Rechtssache *Deutsche Genossenschaftsbank ./*

2032 BGH, 14.3.2007 – XII ZB 174/04 = BGHZ 171, 310, 320 f. Rn. 25.

2033 Ebd.

2034 Der Kindesunterhalt sei bis einschließlich August 2003 von der Antragstellerin ausdrücklich zugestanden worden und insofern sei der Einwand „liquide", BGH, 14.3.2007 – XII ZB 174/04 = BGHZ 171, 310, 320 f. Rn. 25 f.

2035 BGH, 14.3.2007 – XII ZB 174/04 = BGHZ 171, 310, 321 Rn. 27.

2036 Ebd.

2037 Ebd., 321 f. Rn. 27 f.

2038 Ebd., 322 Rn. 29. Bezugnehmend auf *Jenard, P.*, Bericht zu dem Übereinkommen vom 27. September 1968 über die gerichtliche Zuständigkeit und die Vollstreckung gerichtlicher Entscheidungen in Zivil- und Handelssachen, ABl. C 59 vom 5.3.1979, S. 1, 51, zu Art. 37 EuGVÜ.

. *Brasserie du pêcheur)*[2039].[2040] § 12 AVAG sei hingegen bezüglich der Interessen des Titelgläubigers anders gelagert, da dieser keinen *neuen* Rechtsbehelf vorsehe, sondern die Prüfungskompetenz des mit dem Rechtsbehelfs befassten Gerichts nur erweitere. Zudem würden dem Schuldner die sachlichen Einwendungen nach § 12 AVAG nicht nur gestattet, sondern unter der Präklusionsandrohung des § 14 Abs. 1 AVAG abverlangt, dem Titelgläubiger eine wesentlich einfachere Zwangsvollstreckung im Inland zu ermöglichen.[2041] Ferner habe der EuGH in der Rechtssache *Coursier ./. Fortis Bank* ausdrücklich keine Bedenken dazu geäußert, im Rahmen des Art. 36 EuGVÜ zu überprüfen, ob „wegen Begleichung der Schuld oder aus einem anderen Grund" im Exequaturstaat noch vollstreckt werden könne,[2042] woraufhin auch der BGH mit Beschluss vom 18.9.2001 - IX ZB 51/00 - NJW 2002, 960 f. unter Geltung des Art. 36 EuGVÜ den Einwand, eine titulierte Forderung sei durch eine im Ausland erteilte Restschuldbefreiung erloschen, zugelassen habe.[2043]

Kein anderes Ergebnis folge ferner aus einer rechtsvergleichenden Betrachtung der europäischen Rechtsordnungen, welche keine mit dem AVAG vergleichbaren Vorschriften kennen, aber dennoch unter Geltung des EuGVÜ/LugÜbk 1988 mit unterschiedlichen Begründungen den Einwand der Erfüllung im Exequaturgericht vorsehen.[2044] Auch die Betrachtung des Vorschlages der EU-Kommission für eine Verordnung des Rates über die Zuständigkeit und das anwendbare Recht in Unterhaltssachen, die Anerkennung und Vollstreckung von Unterhaltsentscheidungen und die Zusammenarbeit im Bereich von Unterhaltspflichten vom 15. Dezember 2005 (KOM/2005/649 endg.; vgl. BR-Drucks. 30/06), führe zu keinem abweichenden Ergebnis.[2045] Das Urteil des Tribunale die Pordenone könne bezüglich des Kindesunterhalts daher nicht mehr vollstreckbar erklärt werden.[2046]

2039 EuGH, Urteil vom 2.7.1985 – 148/84 (Deutsche Genossenschaftsbank ./. Brasserie du Pêcheur) = ECLI:EU:C:1985:280, Rn. 16 ff.

2040 BGH, 14.3.2007 - XII ZB 174/04 = BGHZ 171, 310, 322 Rn. 29.

2041 Ebd., 322 f. Rn. 30.

2042 EuGH, Urteil vom 29.4.1999 - C-267/97 (Coursier ./. Fortis Bank) = ECLI:EU:C:1999:213, Rn. 24, 32.

2043 BGH, 14.3.2007 - XII ZB 174/04 = BGHZ 171, 310, 323 Rn. 31.

2044 Ebd., 323 f. Rn. 32-35. Der BGH betrachtete hier die Rechtspraxis von England, Wales und Gibraltar, sowie die französische und schweizerische Rechtspraxis.

2045 Ebd., 324 f. Rn. 36.

2046 Ebd., 325 Rn. 37.

2. *Acte Clair*

„Eine Vorlage gemäß Artt. 68, 234 EGV an den EuGH hält der Senat nicht für angezeigt. Eine Vorlagepflicht besteht dann nicht, wenn das letztinstanzliche nationale Gericht in dem bei ihm schwebenden Verfahren feststellt, dass die betreffende entscheidungserhebliche gemeinschaftsrechtliche Frage bereits Gegenstand der Auslegung durch den EuGH war oder die richtige Anwendung des Gemeinschaftsrechts offenkundig ist, und damit für einen vernünftigen Zweifel keinerlei Raum bleibt […]. So liegt der Fall hier. In der Entscheidung Coursier/Fortis Bank (EuGH Urteil vom 29. April 1999 aaO) hat sich der EuGH bereits grundlegend dahin geäußert, dass dem Schuldner im Rechtsbehelfsverfahren nach Art. 36 EuGVÜ der Einwand eröffnet sei, die ausländische Entscheidung könne wegen Begleichung der Schuld oder aus einem anderen Grund im Exequaturstaat nicht mehr vollstreckt werden. Unter der Geltung der Brüssel I-VO unterliegt dies auch unter Berücksichtigung des besonders betonten Beschleunigungs- und Effizienzgebotes (vgl. Erwägungsgrund Nr. 17 zur Brüssel I-VO) jedenfalls dann keiner durchgreifend anderen Beurteilung, wenn wegen des Vorliegens von ausschließlich ‚liquiden' Einwendungen keine Verzögerung des Rechtsbehelfsverfahrens zu besorgen ist."[2047]

3. *Bewertung*

In dieser Entscheidung stellte sich dem BGH erstmals eine Auslegungsfrage zu Art. 45 EuGVO a.F.[2048] Die hier relevante Auslegungsfrage betraf eine Schnittstelle zwischen dem seit jeher problematischen Zusammenspiel der europäischen und nationalen Normen betreffend die Titelfreizügigkeit insbesondere den Erfüllungseinwand im Stadium der Vollstreckung.[2049]

a) *Effet utile und Einheitlichkeit des Unionsrechts*

Wie oben in Kapitel 4 A. II. 1. b) aa) definiert, kann ein Acte Clair nur angenommen werden, wenn die Position des EuGH, die Effektivität des Unionsrechts zu gewährleisten, nicht bedroht wird.

Die Vorschriften der Art. 38 ff. EuGVO a.F. dienen grundsätzlich der Gewährleistung des freien Verkehrs der Entscheidungen in Zivil- und Handelssachen

---

2047 BGH, 14.3.2007 – XII ZB 174/04 = BGHZ 171, 310, 325 f. Rn. 38 f.

2048 Vgl. *Gottwald*, FamRZ 2007, 993.

2049 *Domej*, RabelsZ 78 (2014), 508, 514 ff.; ähnlich *Hess*, IPRax 2008, 25. Siehe überblicksartig das Meinungsspektrum abbildend *R. Wagner*, IPRax 2012, 326, 327 f.

(Erwägungsgrund (6) EuGVO a.F.). Erwägungsgrund (17) EuGVO a.F. verdeutlicht, dass aus dem Grundsatz des gegenseitigen Vertrauens fließt, das Verfahren der Vollstreckbarerklärung rasch, effizient und fast automatisch zu gestalten. Dabei solle eine einfache, formale Prüfung der vorgelegten Schriftstücke erfolgen, ohne dass das Gericht von Amts wegen Vollstreckungshindernisse prüfen dürfe. Dies spiegelt das Beschleunigungsgebot wider, wonach die Entscheidung des Beschwerdegerichts unverzüglich zu erlassen sei.[2050] § 12 AVAG erweitert hingegen den Prüfrahmen auf nachträglich entstandene Einwendungen wie die Erfüllung. Problematisch ist, ob das Telos des Art. 45 EuGVO a.F. eine Auslegung ermöglicht, nach der im Rahmen des Exequaturverfahrens auch nachträglich entstandene Einwendungen berücksichtigt werden können, wie es § 12 AVAG vorsieht, oder ob dies das Telos verbietet und § 12 AVAG als Konsequenz dazu nicht zweifellos als unionskonform einzustufen ist.

Unklarheiten könnten sich mithilfe des Normtexts auflösen lassen. Streng genommen legt der unmissverständlich und klar formulierte Wortlaut des Art. 45 EuGVO a.F. nahe, gerade keine materiellrechtlichen Gründe zu prüfen, da solche nicht von Art. 34 f. EuGVO a.F. vorgesehen sind.[2051] Dem Wortlaut nach könnte man somit annehmen, dass Art. 45 Abs. 1 EuGVO a.F. den Prüfrahmen im Exequaturverfahren abschließend regele und keiner ergänzenden Auslegung zugänglich sei, sodass § 12 AVAG nicht zweifellos als unionsrechtskonform einzuschätzen sei. Das Einfließenlassen von materiellrechtlichen Tatsachen in das formell ausgestaltete Verfahren der Vollstreckbarerklärung könnte bereits gegen den Beschleunigungsgrundsatz sowie den Vereinfachungszweck verstoßen, da eine Erhebung von Tatsachen notwendig wird sowie in Folgefragen sogar Fragen des anwendbaren Rechts geklärt werden müssen, was wiederum prozessökonomische Nachteile bewirken würde.[2052]

Diese Argumentation gab auch der BGH wider, der daneben eine zweite Ansicht darstellte, nach der die Anwendung des § 12 AVAG im Rahmen des Rechtsbehelfsverfahrens zuzulassen sei, da Art. 45 Abs. 1 EuGVO a.F. nur den Regelungsbereich der EuGVO a.F. erfasse, wohingegen nachträglich entstandene materiellrechtliche Einwendungen aufgrund des Schweigens der Verordnung

---

2050 Siehe dazu Rauscher EuZPR/EuIPR/*Mankowski*, Vorbem zu Art. 39 ff. Brüssel Ia-VO, Rn. 90; *Hess*, IPRax 2008, 25, 28; *Münzberg*, in: FS Geimer, 2002, 745, 751

2051 Vgl. *Gottwald*, FamRZ 2007, 993, 993. Ebenfalls diese Sichtweise vertretend *Hub*, NJW 2001, 3145, 3147; *Halfmeier*, IPRax 2007, 381.

2052 Vgl. Rauscher EuZPR/EuIPR/*Mankowski*, Vorbem zu Art. 39 ff. Brüssel Ia-VO, Rn. 90.

darüber, den einzelnen Mitgliedstaaten überlassen seien.[2053] Ferner ließe sich aus dem Wortlaut des Art. 45 EuGVO a.F. mit der Formulierung „nur" lediglich herauslesen, dass eine *révision au fond* vermieden werden müsse.[2054] Bei der Prüfung nachträglich entstandener Einwendungen könne der Grundsatz der *révision au fond* hingegen nicht berührt werden, da diese vom Erstgericht gar nicht berücksichtigt werden konnten, was eine Berücksichtigung solcher Einwendungen als geradezu geboten erscheinen ließe.[2055] Der Wortlaut des „unglücklich formulierten" Art. 45 EuGVO a.F. sei zu weit geraten[2056] und daher zu widerlegen.[2057] Bereits zum EuGVÜ sei von den Verfassern intendiert gewesen, die nachträgliche Erfüllung mit einfließen zu lassen.[2058] Zwar dürfe der Beschleunigungseffekt der EuGVO a.F. nicht gefährdet werden, dies treffe jedoch bei unstreitigen oder rechtskräftig festgestellten Einwendungen nicht zu.[2059]

Indem der BGH hier auf beide stark vertretenen Ansichten einging und sich für eine Ansicht entschied, zeigte er auf, dass der Wortlaut von Art. 45 EuGVO a.F.

2053 BGH, 14.3.2007 - XII ZB 174/04 = BGHZ 171, 310, 320 f. Rn. 24 f.

2054 Vgl. *Botur*, FamRZ 2010, 1860, 1867; *H. Roth*, JZ 2007, 898, 899.

2055 Vgl. ebd.

2056 *von Hein*, RIW 2013, 97, 110; *Kropholler/von Hein*, Europäisches Zivilprozessrecht, [9]2011, Art. 45 EuGVO, Rn. 6.

2057 Siehe *R. Wagner*, IPRax 2002, 75, 83. Dagegen Rauscher EuZPR/EuIPR/*Mankowski*, Vorbem zu Art. 39 ff. Brüssel Ia-VO, Rn. 90.

2058 Siehe *Kropholler/von Hein*, Europäisches Zivilprozessrecht, [9]2011, Art. 43 EuGVO, Rn. 27. Unter Berücksichtigung dieser Erwägungen habe der deutsche Gesetzgeber § 12 Abs. 1 AVAG erlassen. Bezugnehmend auf *Jenard, P.*, Bericht zu dem Übereinkommen vom 27. September 1968 über die gerichtliche Zuständigkeit und die Vollstreckung gerichtlicher Entscheidungen in Zivil- und Handelssachen, ABl. C 59 vom 5.3.1979, S. 1, 51, zu Art. 37 EuGVÜ: „Das Gericht, bei dem der Rechtsbehelf eingelegt ist, darf die ausländische Entscheidung nicht sachlich nachprüfen; eine solche Befugnis wäre mit dem Grundgedanken des Übereinkommens unvereinbar. Dagegen kann der Schuldner den Rechtsbehelf auf Tatsachen stützen, die nach dem Erlaß des ausländischen Urteils eingetreten sind, indem er z. B. nachweist, daß er nach dem Erlaß des ausländischen Urteils seine Schuld beglichen hat. Wie Batiffol bemerkt, ist eine solche Einwendung in dem Exequatur-Verfahren zulässig." Sowie *Schlosser, P.*, Bericht zu dem Übereinkommen des Königreichs Dänemark, Irlands und des Vereinigten Königreichs Großbritannien und Nordirland zum Übereinkommen über die gerichtliche Zuständigkeit und die Vollstreckung gerichtlicher Entscheidungen in Zivil- und Handelssachen sowie zum Protokoll betreffend die Auslegung dieses Übereinkommens durch den Gerichtshof, ABl. C 59 vom 5.3.1979, S. 71, 134 Rn. 220.

2059 Siehe *Looschelders/Gesing*, Juristische Rundschau 2008, 112, 113.

durchaus Zweifel bezüglich der Ermittlung des Telos offen lässt. Mithilfe des Normtextes kann nicht ohne Unklarheiten das Telos von Art. 45 EuGVO a.F. ermittelt werden.

In der Rechtssache *Coursier ./. Fortis Bank*[2060] hatte sich der EuGH in einer ähnlichen Problematik allerdings unter Anwendung des EuGVÜ zu dessen Art. 36 geäußert. Keine Unklarheiten bei der Ermittlung des Telos von Art. 45 EuGVO a.F. würden sich daher ergeben, wenn sich *erstens* das Telos von Art. 36 EuGVÜ ohne Unklarheiten ermitteln ließe, was aufgrund der EuGH-Rechtsprechung anzunehmen ist und *zweitens*, wenn Art. 45 EuGVO a.F. die Entsprechung zu Art. 36 EuGVÜ darstelle und ihr dasselbe Telos zugrunde liege.

Problematisch ist hier jedoch bereits, dass Art. 45 Abs. 1 S. 1 EuGVO a.F. keine Entsprechung im EuGVÜ hat.[2061] Wie gesehen, ergab sich aus den Berichten von *Jenard*[2062] sowie *Schlosser*,[2063] dass im Rahmen des EuGVÜ nachträglich entstandene Einwendungen, wie explizit die Erfüllung, im Exequaturverfahren berücksichtigt werden konnten. Gegen eine Kontinuität zur Rechtslage kann eingewendet werden, dass zum Zeitpunkt des Zustandekommens des EuGVÜ die Effektuierung der Anerkennungs- und Vollstreckungsregelungen auf einem weitaus niedrigeren Niveau als zum Zeitpunkt des Inkrafttretens der EuGVO a.F. war.[2064] Zwischenzeitlich war insbesondere die Entwicklung bezüglich der Beschleunigung und Vereinfachung des Exequaturverfahrens weit

2060 EuGH, Urteil vom 29.4.1999 – C-267/97 (Coursier ./. Fortis Bank) = ECLI:EU:C:1999:213.

2061 Vgl. *Gottwald*, FamRZ 2007, 993, 994.

2062 *Jenard, P.*, Bericht zu dem Übereinkommen vom 27. September 1968 über die gerichtliche Zuständigkeit und die Vollstreckung gerichtlicher Entscheidungen in Zivil- und Handelssachen, ABl. C 59 vom 5.3.1979, S. 1, 51, zu Art. 37 EuGVÜ.

2063 *Schlosser, P.*, Bericht zu dem Übereinkommen des Königreichs Dänemark, Irlands und des Vereinigten Königreichs Großbritannien und Nordirland zum Übereinkommen über die gerichtliche Zuständigkeit und die Vollstreckung gerichtlicher Entscheidungen in Zivil- und Handelssachen sowie zum Protokoll betreffend die Auslegung dieses Übereinkommens durch den Gerichtshof, ABl. C 59 vom 5.3.1979, S. 71, 134 Rn. 220.

2064 Vgl. *Hess*, IPRax 2008, 25, 26. Hess kritisierte zudem, dass der BGH ein Festhalten unter der Prämisse erlaubt hatte, weil das Exequaturverfahren der EuGVO a.F. dem EuGVÜ nachgebildet worden sei und sich daher auf die alte Judikatur berief, was so nicht Bestand haben könne.

fortgeschritten und der Verfahrensablauf verändert worden, worauf der BGH nicht einging.[2065]

Insofern kann hier nicht ohne Weiteres eine Übertragung der Rechtsprechung auf die veränderte Rechtslage unter Geltung der EuGVO a.F. vorgenommen werden. Ohne Unklarheiten lässt sich daher das Telos von Art. 45 Abs. 1 S. 1 EuGVO a.F. nicht mithilfe der Rechtsprechung zur Vorgängernorm ermitteln.

Unklarheiten bezüglich der Bestimmung des Telos ließen sich eventuell mithilfe weiterer Unionsrechtsakte ausräumen. Der BGH stützte sein Auslegungsergebnis auf Art. 33 lit. a, c des Kommissionsentwurfs der Europäischen Unterhaltsverordnung (EuUntVO),[2066] welcher materiellrechtliche Einwendungen zulässt. Die einheitliche Auslegung erscheint hier zunächst begrüßenswert, jedoch müsste sich aus der Berücksichtigung materiellrechtlicher Einwendungen im Rahmen von Unterhaltsstreitigkeiten nach der EuUntVO ein allgemeingültiges Prinzip des Unionsverfahrensrechts ableiten lassen, um Rückschlüsse auf die EuGVO a.F. zu ermöglichen. Entsprechende Regelungen fehlen jedoch sowohl in der EuVTVO, der EuMahnVO, sowie der EuBagatellVO.[2067] Insofern stellt zwar die EuUnthVO ein Indiz dar, doch auch dieser Ansatz verhilft zu keiner Feststellung darüber, ohne dass Unklarheiten fortbestehen, ob das Telos des Art. 45 EuGVO a.F. eine Auslegung ermöglicht, nach der im Rahmen des Exequaturverfahrens auch nachträglich entstandene Einwendungen berücksichtigt werden können, wie es § 12 AVAG vorsieht.

2065 Vgl. *Hess*, IPRax 2008, 25, 26, der davon sprach, der BGH habe diese Entwicklung ausgeblendet. Hingegen seien nach Hess die Oberlandesgerichte mit besonderer Stabilität auf bestehende Unterschiede eingegangen, indem sie § 12 AVAG gemeinschaftsfreundlich auslegten, was „vorbildlich im Sinne der Beschleunigung und Kostenersparnis“ sei. Siehe zur Praxis der Oberlandesgerichte ebenfalls *Nelle*, 2000, 438 f. Teilweise jedoch wurde die Übertragung der Coursier ./. Fortis Bank-Rechtsprechung des EuGH zu Art. 36 EuGVÜ auf die EuGVO a.F. in der Literatur aber auch stark begrüßt. Als „im ganzen beifallswert“ sah bspw. *H. Roth*, JZ 2007, 898 die Fortführung der bisherigen Rechtsprechung an.

2066 Verordnung (EG) Nr. 4/2009 des Rates vom 18. Dezember 2008 über die Zuständigkeit, das anwendbare Recht, die Anerkennung und Vollstreckung von Entscheidungen und die Zusammenarbeit in Unterhaltssachen, ABl. L 7 vom 10.1.2009, S. 1–79.

2067 Vgl. Rauscher EuZPR/EuIPR/*Mankowski*, Vorbem zu Art. 39 ff. Brüssel Ia-VO, Rn. 90.

b) Individualrechtsschutz und Einheitlichkeit des Unionsrechts

Wie oben in Kapitel 4 A. II. 1. b) bb) erläutert, liegt eine Bedrohung der Position des EuGH als Hüter der elementaren Bürgerrechte nur dann vor, wenn spezifische Grundrechtsfragen relevant sind.

Da hier unklar ist, ob das Telos des Art. 45 EuGVO a.F. eine Auslegung ermöglicht, nach der im Rahmen des Exequaturverfahrens auch nachträglich entstandene Einwendungen berücksichtigt werden können, wie es § 12 AVAG vorsieht, oder ob § 12 AVAG als unionsrechtswidrig einzustufen, besteht hier zumindest die Möglichkeit, dass spezifische Grundrechtsfragen relevant werden könnten. Das Kriterium des Individualrechtsschutzes und der Einheitlichkeit des Unionsrechts kann daher nicht als erfüllt betrachtet werden.

c) Ergebnis

Die Bewertungskriterien wurden nicht erfüllt, sodass auch die Anforderungen an den materiellen Acte Clair nicht vorlagen. Eine teloskonforme Auslegung, die zu einem unzweifelhaften Ergebnis führt, ist somit in diesem Fall nicht möglich gewesen.

Zwar hat der BGH insofern methodologisch begrüßenswert in seiner Entscheidungsbegründung rechtsvergleichende Erwägungen angestellt, um sein Auslegungsergebnis zu stützen. Damit entsprach er dem Kriterium des formalen Acte Clair, wonach die Rechtspraxis der anderen Mitgliedstaaten zu dem gleichen Auslegungsergebnis kommen müsse wie der BGH. Auffällig war jedoch, dass diese Erwägungen unvollständig und zudem veraltet waren, da nur die Rechtslage zum EuGVÜ beleuchtet wurde.[2068] Wie gesehen, lässt sich eine Kontinuität zum EuGVÜ schwer ableiten. *Hess* verdeutlichte diesbezüglich zutreffend die Alleinstellungsposition des § 12 AVAG in der EU, der eine Sonderstellung einnehme und daher nicht das Urteilsergebnis stützen könne, da nur der französische, litauische und spanische Nationalbericht über die Handhabung derartiger Einwendungen im Beschwerdeverfahren Angaben enthielt, dass solche Einwendungen überhaupt zugelassen würden.[2069] Die betreffenden Nationalberichte beinhalteten ferner keine Urteilsangaben und beispielsweise der OGH hat

2068 Vgl. *Hess*, IPRax 2008, 25, 26, der zudem zutreffend kritisierte, dass der Verweis des BGH auf die Schweizer Rechtslage für die Frage nach der einheitlichen Auslegung der mitgliedstaatlichen Rechtspraxis irreführend sei und nicht von Belang.

2069 Siehe ebd., 26 f.

in ebengelagerten Fällen entgegengesetzt zum BGH entschieden.[2070] Insofern führten auch die rechtsvergleichenden Erläuterungen nicht zu einem Ausräumen von Unklarheiten bezüglich der Ermittlung des Telos.

Auch in der Literatur wurde die Telosermittlung von Art. 45 EuGVO a.F. und damit verbunden die Frage nach der Unionswidrigkeit des § 12 AVAG angeregt diskutiert.

Wesentliches Anliegen bei Schaffung der EuGVO a.F. sei gerade die Steigerung der Effektivität sowie die Beschleunigung des Vollstreckungsverfahrens gewesen.[2071] Fernziel sei schon damals die Schaffung eines Europäischen Vollstreckungstitels (EuVT) gewesen, der ohne mitgliedstaatliches Verfahren vollstreckt werden könne, um die Anwendung des Grundsatzes des gegenseitigen Vertrauens zu erleichtern.[2072] Verdeutlicht werde dies durch die Ausgestaltung des Exequaturverfahrens als einseitiges Antragsverfahren (Art. 38 EuGVO a.F.) wie bereits im EuGVÜ.[2073]

Für die Berücksichtigung der nachträglich eingetretenen Erfüllung wurden prozessökonomische Erwägungen angeführt, wonach einer ausländischen Entscheidung nicht die Vollstreckbarkeit zu verleihen sei, wenn diese im Rahmen einer Vollstreckungsgegenklage nach § 767 ZPO sofort wieder zu entziehen wäre, was eine Verfahrensverdoppelung bedeuten würde.[2074] *Looschelders und Gesing* gingen so weit, § 12 AVAG auch bezüglich nicht liquider Einwendungen gegen den Anspruch anzuwenden.[2075] Ferner würde im Hinblick auf den Entwurf

---

2070 *Hess*, IPRax 2008, 25, 30. In einem vergleichbaren Fall hatte der OGH den Schuldner auf das Prozessgericht verwiesen, denn sogar die Geltendmachung von materiellrechtlichen Einwendungen sei umstritten. Dazu die Entscheidungen OGH, 5.1.1998 - 5 Nd 515/97 = IPRax 1999, 47 und OGH, 17.12.2003 - 3 Ob 93/03b = SZ 2003/174 zu beiden Entscheidungen siehe die begrüßende Besprechung von *B. König*, ÖJZ 2006, 931, dagegen *H. Roth*, IPRax 1999, 50 sowie *Mayr/Czernich*, 2006, Rn. 159 f.

2071 Vgl. Europäischer Rat, Maßnahmenprogramm zur Umsetzung des Grundsatzes der gegenseitigen Anerkennung gerichtlicher Entscheidungen in Zivil- und Handelssachen, ABl. C 12 vom 25. 11. 2000, S. 1; *Micklitz/Rott*, EuZW 2002, 15, 21.

2072 Europäischer Rat, Maßnahmenprogramm zur Umsetzung des Grundsatzes der gegenseitigen Anerkennung gerichtlicher Entscheidungen in Zivil- und Handelssachen, ABl. C 12 vom 25. 11. 2000, S. 1; vgl. dazu *Micklitz/Rott*, EuZW 2002, 15, 21; *Hess*, IPRax 2001, 389, 390 f.

2073 *Micklitz/Rott*, EuZW 2002, 15, 21; *Looschelders/Gesing*, Juristische Rundschau 2008, 112.

2074 So in Deutschland bereits das Reichsgericht. Siehe *H. Roth*, JZ 2007, 898, 899 f.

2075 *Looschelders/Gesing*, Juristische Rundschau 2008, 112, 113. Ebenso *H. Roth*, JZ 2007, 898.

zur EuUntVO deutlich, dass es an einer europäischen Lösung fehle und daher die durch Art. 45 EuGVO a.F. aufklaffende Lücke national ausgefüllt werden müsse.[2076] *Roth* hob hervor, dass missliche Verfahrensverdopplungen vermieden würden, die durch die nachträgliche Erhebung einer Vollstreckungsabwehrklage nach § 14 AVAG, § 767 ZPO in Deutschland (Art. 22 Nr. 5 EuGVO a.F.) gegeben wäre.[2077] Insofern entspreche die Berücksichtigung des Erfüllungseinwandes durch das Exequaturgericht den Erfordernissen der Prozessökonomie.[2078]

Ferner würde der Schuldner durch einen Einbezug der Einwendungen nach § 12 AVAG einer Tatsacheninstanz beraubt und § 14 AVAG verkürze den Schuldnerschutz.[2079] Zudem bestehe die Gefahr der Aushöhlung der Zuständigkeitsregelungen, die insbesondere in Unterhaltssachen den Unterhaltsgläubiger gesondert schützen sollten.[2080] Auch die Gläubigerinteressen würden durch die Vorverlagerung des Zwangsvollstreckungsrechts in das Vollstreckbarerklärungsverfahren gefährdet,[2081] wozu die nationalen Gesetzgeber zudem keine Residualkompetenz, die Prüfungskompetenz eigenmächtig zu erweitern, hätten.[2082] *Hess* warnte aufgrund des § 14 AVAG ferner vor „hinkenden Vollstreckungstiteln" im europäischen Justizraum, da die Aufhebung der Vollstreckungswirkung nur für den Vollstreckungsstaat gelte, wie es beispielsweise in Deutschland nach § 767 ZPO aufgrund der engen Urteilswirkungen der Fall sei. Damit bestehe zwischen der radizierten Aufhebung der Vollstreckungswirkung im Inland ein diametraler Gegensatz zur unionsrechtlich garantierten Urteilsfreizügigkeit.[2083] Weder § 12 AVAG noch § 14 AVAG seien gemeinschaftskonform, allenfalls § 14 AVAG ließe sich legitimieren, da die anderen Mitgliedstaaten wegen der zentralen Ausgestaltung des Vollstreckungsrechts materielle Einwendungen im Vollstreckungsverfahren zuließen.[2084] Insgesamt verstoße damit § 12 AVAG gegen das Effektivitätsgebot, wonach die nationalen Verfahrensvorschriften die europäischen implementieren müssen sowie gegen das Äquivalenzgebot, wonach

---

2076 *Looschelders/Gesing*, Juristische Rundschau 2008, 112, 113.

2077 *H. Roth*, JZ 2007, 898, 900.

2078 Siehe *H. Roth*, JZ 2007, 898, 900.

2079 Vgl. *Bach*, EuZW 2011, 871, 872.

2080 Vgl. zum zuständigkeitsrechtlichen Schutz des Unterhaltsberechtigten, *Looschelders/Gesing*, Juristische Rundschau 2008, 112.

2081 Rauscher EuZPR/EuIPR/*Mankowski*, Vorbem zu Art. 39 ff. Brüssel Ia-VO, Rn. 90; *Münzberg*, in: FS Geimer, 2002, 745, 751 f.

2082 *Hess*, IPRax 2008, 25, 28.

2083 Ebd., 29; *Hess*, IPRax 2004, 493.

2084 *Hess*, IPRax 2008, 25, 29.

das nationale Verfahrensrecht nicht die Ausübung der europarechtlichen Verfahrensvorschriften erschweren oder vereiteln dürfe.[2085] Insbesondere dürfen durch nationale Regelungen nicht die zugesicherten, europäischen Rechtspositionen gefährdet werden.[2086] Die Einhaltung des Äquivalenzgebotes sei auch aus Individualrechtsschutzgründen unentbehrlich, wonach nationale Prozessrechtsvorschriften nicht unionsrechtlich gewährte Rechtspositionen vereiteln oder erschweren dürfen.[2087] Eine Auslegung der Art. 38 ff. EuGVO a.F. unter Berücksichtigung des § 12 AVAG führe dazu, dass zusätzliche Hindernisse bezüglich der Vollstreckung von Entscheidungen aus dem Ausland beachtet werden, was das unionsrechtlich ausgestaltete, beschleunigte und vereinfache Verfahren verkompliziere und verzögere.[2088] Zudem sei § 12 AVAG in Bezug auf das Verbot der Nichtdiskriminierung zweifelhaft, da § 767 Abs. 1 ZPO bezüglich der Prüfung materieller Einwendungen gegen einen ausländischen Titel ausdrücklich das erstinstanzliche Prozessgericht für zuständig erkläre, als auch nach § 12 AVAG das Exequaturgericht. Inländische Titel könnten im Rahmen der Vollstreckungsgegenklage nach § 767 Abs. 1 ZPO ausschließlich vor dem erstinstanzlichen Prozessgericht mit materiellen Einwendungen angegriffen werden. Diese Unstimmigkeit führe dazu, dass inländische Titel nur vom Prozessgericht mit materiellen Einwendungen konfrontiert werden, ausländische Titel hingegen daneben vor dem Exequaturgericht, was eine Diskriminierung bedeute[2089] und dem Individualrechtsschutz zuwiderlaufe.

Zu einem ähnlichen Ergebnis kam auch der EuGH in der Folgerechtsprechung in der Rechtssache *Prism.*[2090] Das Vorabentscheidungsersuchen hatte die Auslegung des Art. 45 EuGVO a.F. zum Gegenstand. In einem Rechtsstreit

---

2085 Rauscher EuZPR/EuIPR/*Mankowski*, Vorbem zu Art. 39 ff. Brüssel Ia-VO, Rn. 90; *Hess*, IPRax 2008, 25, 27 f., 29.

2086 Siehe dazu eingehend *Hess*, IPRax 2008, 25, 27 f.

2087 EuGH, Urteil vom 8.11.2005 – C-443/03 (Leffler ./. Berlin Chemie AG) = ECLI:EU:C:2005:665, Rn. 44 ff.; *van Gerven*, Common Market Law Review 2000, 501 ff.

2088 Vgl. *Hess*, IPRax 2008, 25, 28.

2089 Eine Rechtfertigung aufgrund eines überwiegenden Gemeinschaftsinteresses würde hier die Einhaltung des Effektivitäts- und Äquivalenzgebotes begrenzen können, war hier jedoch nicht ersichtlich. Siehe dazu eingehend *Hess*, IPRax 2008, 25, 28.

2090 EuGH, Urteil vom 13.10.2011 – C-139/10 (Prism Investments) = ECLI:EU:C:2011:653. Siehe die Anmerkungen von *Sujecki*, EWS 2012, 110; *R. Wagner*, IPRax 2012, 326, 326; *Meller-Hannich*, GPR 2012, 90 und *Meller-Hannich*, GPR 2012, 153; *Bach*, EuZW 2011, 871.

zwischen der *Prism Investments BV* (Gesellschaft niederländischen Rechts) und dem Insolvenzverwalter *Herrn van der Meer* der *Arilco Holland BV* (niederländische Tochtergesellschaft einer Gesellschaft belgischen Rechts), ging es um die Vollstreckung einer belgischen Gerichtsentscheidung in den Niederlanden bezüglich der Verurteilung zu einer Geldzahlung.[2091] Der EuGH führte hier aus: „Verfahren der Vollstreckbarerklärung bestehen in der formalen Prüfung der vom Antragsteller vorgelegten Schriftstücke – eine Prüfung der Erfüllung würde die Merkmale des Verfahrens ändern sowie das Verfahren verlängern und weniger rasch und effizient werden lassen."[2092] Der EuGH hat die lang umstrittene Rechtsfrage, ob materielle Einwendungen, insbesondere der Erfüllungseinwand, im Exequaturverfahren beachtlich sein können, aufgrund des Wortlauts von Art. 45 EuGVO a.F. („nur") verneint.[2093] Dennoch ließ der EuGH zu, dass materielle Einwendungen vom Vollstreckungsgericht des ersuchten Vollstreckungsmitgliedstaates im Rahmen einer Vollstreckungsabwehrklage geprüft werden können.[2094]

Zwar war diese Entscheidung zum niederländischen Recht ergangen, der deutsche Gesetzgeber erkannte hier bezüglich des AVAG jedoch den notwendigen Handlungsbedarf.[2095] Dazu wurde ohne Überleitungsvorschrift das AVAG zum 10.1.2015 geändert, sodass die EuGVO a.F. von ihr nicht mehr umfasst wird.[2096] Zudem erschien es nicht sachgerecht, für die EuGVO n.F., bei der das Exequaturverfahren entfallen war, noch das AVAG anzuwenden, welches im Kern das Vollstreckbarerklärungsverfahren regelt.[2097] Da die EuGVO n.F. der justiziellen Zusammenarbeit zuzuordnen war, wurden die dafür geschaffenen, ergänzenden Durchführungsvorschriften für die EuGVO n.F. in das dafür neu

---

2091 EuGH, Urteil vom 13.10.2011 – C-139/10 (Prism Investments) = ECLI:EU:C:2011:653, Rn. 2.

2092 Ebd., Rn. 42.

2093 Ebd., Rn. 43.

2094 Ebd., Rn. 40. Siehe dazu *von Hein*, RIW 2013, 97, 110. Gegen die Billigung der Berücksichtigung der materiellen Einwendungen geäußert hatten sich *Hub*, NJW 2001, 3145, 3147 und *Halfmeier*, IPRax 2007, 381, 385 ff.

2095 Siehe dazu *R. Wagner*, IPRax 2012, 326, 332.

2096 Gesetz zur Durchführung der Verordnung (EU) Nr. 1215/2012 sowie zur Änderung sonstiger Vorschriften vom 8.7.2014, BGBl. 2014 I S. 890. Siehe dazu *Hau*, MDR 2014, 1417, 1420.

2097 Entwurf eines Gesetzes zur Durchführung der Verordnung (EU) Nr. 1215/2012 sowie zur Änderung sonstiger Vorschriften vom 17.3.2014, BT-Dr 18/823, S. 1, 15 f.

eingefügt Buch 11 der ZPO in den §§ 1110 ff. implementiert.[2098] Gleichwohl sind die AVAG-Regelungen nach wie vor für Altfälle, die vor dem 10.1.2015 eingeleitet wurden, anwendbar.[2099] Der EuGH und der deutsche Gesetzgeber gingen davon aus, dass der Schuldner diese materiellrechtlichen Einwendungen mittels Vollstreckungsgegenklage im Zweitstaat geltend machen könne, demzufolge also keine ausschließliche Zuständigkeit im Erststaat vorliege, wie es verbreitet in der Literatur angenommen wurde.[2100] Als Folge dessen wurde auch § 1117 ZPO angepasst.[2101] Unter der EuGVO n.F. nun soll es laut Erwägungsgrund (30) gerade möglich sein, neben den Versagungsgründen nach der EuGVO n.F. auch Versagungsgründe nationalen Rechts geltend zu machen.[2102] Hier hat sich insofern ein Politikwandel abgespielt. Art. 45 EuGVO n.F. muss so gelesen werden, dass dieser bezüglich der Versagung der Anerkennung abschließend ist (siehe Erwägungsgrund (30 S. 2) EuGVO n.F.) hingegen bezüglich der Versagung der Vollstreckung nur insoweit abschließend ist, dass nationale Vorschriften, die sich mit den Regelungen der EuGVO sachlich überschneiden, nicht berücksichtigt werden, da diese nach Art. 41 Abs. 2 EuGVO n.F. „unvereinbar" mit den in Art. 45 EuGVO a.F. aufgeführten Gründen sind.[2103] Solche Einwendungen hingegen, die keine Unvereinbarkeit begründen, wie die nachträgliche Erfüllung, können mitberücksichtigt werden.[2104] Allerdings sind die Zuständigkeiten (Vollstreckungsversagungverfahren, § 1115 Abs. 2 ZPO; Vollstreckungsabwehrklage, §§ 1117 Abs. 1, 1086 Abs. 1) unterschiedlich geregelt.[2105] Dies ist auf die scharfe Trennung der Versagungsgründe nach der EuGVO a.F. sowie den Versagungsgründen, die nach nationalem Recht geltend gemacht werden, zurückzuführen. Diese Unterscheidung wurde mit der EuGVO n.F. aufgehoben, sodass unionsrechtliche und nationale Versagungsgründe in einem einheitlichen Verfahren vom Schuldner geltend gemacht werden können, was zur Konsequenz hat, dass

---

2098 Entwurf eines Gesetzes zur Durchführung der Verordnung (EU) Nr. 1215/2012 sowie zur Änderung sonstiger Vorschriften vom 17.3.2014, BT- Dr 18/823, S. 1, 15 f.

2099 Siehe *Hau*, MDR 2014, 1417, 1420.

2100 Ebd., 1419.

2101 Dazu näher ebd.

2102 *Neumayr*, in: Mayr (Hrsg.), 2017, Rn. 3.943. Diese materiellen Einwendungen beziehen sich im deutschen Recht vor allem auf jene, die im Rahmen einer Vollstreckungsgegenklage geltend gemacht werden können, siehe dazu *Ulrici*, JZ 2016, 127, 136.

2103 *Domej*, RabelsZ 78 (2014), 508, 514 f.; *von Hein*, RIW 2013, 97, 110.

2104 Rauscher EuZPR/EuIPR/*Leible*, Art. 45 Brüssel Ia-VO, Rn. 2; eingehend *von Hein*, RIW 2013, 97, 110.

2105 Näher *Ulrici*, JZ 2016, 127.

durch diesen „Konzeptwechsel" die Fortsetzung der Vollstreckung nicht ohne Weiteres gehindert wird und das Gläubigerinteresse an einem schnellen Verfahrensabschluss ebenfalls befriedigt wird.[2106] Desgleichen ist die Diskussion im Rahmen der EuVTVO entfacht, wo das Exequaturverfahren abgeschafft worden ist und auch hier ist die Frage, ob die Erfüllung zulässigerweise im Vollstreckungsstaat gegen Titel aus anderen EU-Mitgliedstaaten eingewendet werden kann, von großer praktischer Bedeutung.[2107]

Da die Erwägungen des BGH nicht die Kriterien des materiellen Acte Clair erfüllten, lohnt ein Blick auf die etwaigen vom BGH verfolgten nationalen Politikziele. Laut der Gesetzesbegründung dient § 12 AVAG der Prozessökonomie sowie dem Schuldnerschutz, damit dieser nicht gezwungen wird, nur im Ursprungsstaat Einwendungen geltend zu machen.[2108] Gleichermaßen präkludiert ihn hingegen § 14 AVAG, wenn er es versäumt, rechtzeitig alle Einwendungen im Beschwerdeverfahren geltend zu machen. Insofern haben die Regelungen des AVAG vor allem den Schuldner im Blick, wobei sie im Zusammenhang mit § 14 AVAG diesem gegenüber auch eine gewisse Härte entgegenbringen, da sein Ermessen in eine Obliegenheit umgewandelt wird.[2109] Zwar schafft die Situation, dass ein Verfahren zunächst für vollstreckbar erklärt wird und kurze Zeit später (evtl. nur eine logische Sekunde später) durch die Vollstreckungsabwehrklage wieder entzogen wird, prozessökonomische Nachteile, diese Erwägungen beanspruchen jedoch keinen „absoluten Wert" für sich.[2110] Ferner ist als nationales Politikziel die Grundrechtswahrung zu nennen. Insbesondere aus den Verfahrensgrundrechten geht hervor, dass sowohl die Qualität der inländischen Gerichtsentscheidungen, worunter auch aus dem Ausland anzuerkennende und zu vollstreckende Entscheidungen gezählt werden können, als auch

---

2106 Siehe dazu ausführlich *Domej*, RabelsZ 78 (2014), 508, 514 f.

2107 Siehe OLG Köln, 21.11.2012 - 16 U 126/11 = IPRax 2015, 158, dazu *Bittmann*, IPRax 2015, 129.

2108 Entwurf eines Gesetzes zur Ausführung zwischenstaatlicher Anerkennungs- und Vollstreckungsverträge in Zivil- und Handelssachen (Anerkennungs- und Vollstreckungsausführungsgesetz - AVAG), vom 25.05.1987, BT-Dr 11/351, S. 22 (damals noch § 13 AVAG). Dazu siehe *Nelle*, 2000, 438.

2109 Dazu eingehend *Bitter*, 2009, 58 f. Ebenfalls *Nelle*, 2000, 438, der hier zutreffend von einem „Danaergeschenk" sprach.

2110 So *R. Wagner*, IPRax 2012, 326, 333. In der Vermeidung dieser Situation ein Rechtsprinzip ablesend hingegen *H. Roth*, JZ 2007, 898, 900. Er erkannte darin zwar ein der Prozessökonomie entsprechendes Ergebnis, sah darin allerdings nicht dessen Begründung.

die Kohärenz der nationalen Rechtsordnung[2111] gewahrt werde. Die Regelung des § 12 AVAG ist Ausfluss des Gebrauchs einer gewissen Einschätzungskompetenz des Aufnahmegerichts bezüglich der Frage, welche Tatbestandsvoraussetzungen vorliegen, damit eine Anerkennung und Vollstreckung in Deutschland vorgenommen werden kann. Die Komplexität, die mit der Anerkennung und Vollstreckung einhergeht, rührt gerade aus der besonderen Sensibilität des Kontextes der jeweiligen Entscheidung, welche Eingang in die Voraussetzungen der Anerkennung und Vollstreckung finden.[2112] Zudem ist es dem Aufnahmegericht in erhöhtem Maße möglich, aufgrund der Vertrautheit der eigenen Rechtsordnung, die nationale Kohärenz zu gewährleisten.[2113] § 12 AVAG stellt sicher, dass eine Entscheidung in der Bundesrepublik Deutschland nicht zunächst für vollstreckbar erklärt wird und im unmittelbaren Anschluss im Rahmen der Vollstreckungsgegenklage wegen Erfüllung wieder zurückgenommen werden muss. Insofern wird die Qualität gesichert und auch die Kohärenz innerhalb der deutschen Rechtsordnung. Den nationalen Politikzielen trägt der BGH mit seiner Auslegung Rechnung, nicht aber den Politikzielen des EuGH. Der BGH hat hier die Position des EuGH gefährdet und womöglich wegen der langen Verfahrensdauer „durchentschieden".[2114]

IV. BGH, Beschluss vom 20.10.2016 - IX ZB 11/16

In dem Beschluss des BGH vom 20.10.2016 begehrten die Antragstellerinnen die Vollstreckbarerklärung eines Strafurteils des Tribunale di Rimini vom 3.10.2014 hinsichtlich sofort vollstreckbarer Vorschüsse auf einen zu erwartenden Schadensersatz in Höhe von 500.000 € wegen betrügerisch unlauteren Wettbewerbs sowie in Höhe von 20.000 € wegen Betruges durch die Berechnung fiktiver Vermittlungsprovisionen, jeweils zu Lasten der Antragstellerinnen.[2115] Das italienische Gericht hatte für erwiesen angesehen, dass der Antragsgegner als leitender Angestellter vertrauliche Informationen an den Konkurrenten weitergeleitet habe sowie wettbewerbsverbotswidrig für den Konkurrenten geworben und Mitarbeiter dazu gebracht habe, zum Konkurrenzunternehmen zu wechseln, und ferner nicht genehmigte Anteile an dem Konkurrenzunternehmen erworben habe. Der Antragsgegner war von dem italienischen Gericht

2111 Siehe dazu *Thomale*, IPRax 2017, 463, 465.
2112 Siehe ebd.
2113 Siehe zur input und output-Legitimation, ebd.
2114 Vgl. *R. Geimer*, LMK 2007, 228821.
2115 BGH, 20.10.2016 – IX ZB 11/16 = RIW 2017, 78, Rn. 2.

zur Zahlung von Schadensersatz an die Antragstellerinnen verurteilt worden, die infolge der festgestellten Straftaten Schäden erlitten hatten.[2116] Daneben wurde der Antragsgegner zur Zahlung von Sicherheitsleistungen (sofort vollstreckbare Vorschüsse) verurteilt, um die Schadensersatzansprüche zu sichern, die Gegenstand des deutschen Vollstreckungsverfahrens waren. Der Teilaspekt des Strafvorwurfs bezüglich des Erwerbs von Anteilen an dem Konkurrenzunternehmen war bereits Gegenstand eines Zivilverfahrens vor dem LG Stuttgart (Urteil vom 30.12.2013 34 O 58/10) gewesen. Darauf bezog sich der Antragsgegner mit seiner sofortigen Beschwerde nach Erteilung der Vollstreckbarerklärung durch das LG.[2117] In der Folge hob das OLG Stuttgart den Beschluss des LG im Wesentlichen auf, wogegen sich die Antragstellerinnen mit ihrer Rechtsbeschwerde richteten. Zeitlich anwendbar war die EuGVO a.F., da das Verfahren des Tribunale di Rimini vor dem 10.1.2015 eingeleitet worden war.[2118]

1. Lösung des Rechtsproblems

Der BGH wies die Rechtsbeschwerde bezüglich der Versagung der Vollstreckbarerklärung zurück. Zwar sei die Rechtsbeschwerde statthaft, jedoch fehle es an einem Zulässigkeitsgrund im Sinne der § 15 AVAG, § 574 Abs. 2 ZPO.[2119] Die Rechtssache habe keine grundsätzliche Bedeutung, weder erfordere die Fortbildung des Rechts noch die Sicherung der einheitlichen Rechtsprechung eine Auslegung des BGH zum Merkmal der „Unvereinbarkeit" im Sinne des Art. 34 Nr. 3 EuGVO a.F. sowie zu den Entscheidungsbefugnissen des Vollstreckungsgerichts bei der Prüfung dieses Versagungsgrundes nach Art. 45 Abs. 1 S. 1 EuGVO a.F.[2120]

Der BGH nahm übereinstimmend mit der Rechtsauffassung des Beschwerdegerichts an, dass der Begriff der „Unvereinbarkeit" im Sinne des Art. 34 Nr. 3 EuGVO a.F. autonom auszulegen sei, was sich aus der EuGH-Rechtssache *Hoffmann ./. Krieg* ergebe.[2121] Entscheidungen seien dann als miteinander

2116 BGH, 20.10.2016 – IX ZB 11/16 = RIW 2017, 78, Rn. 1.

2117 Ebd., 78, Rn. 3.

2118 Ebd., 78 Rn. 4.

2119 Den ersten Aspekt, auf den sich die Rechtsbeschwerde bezieht, wonach das Beschwerdegericht die Zwangsvollstreckung ohne ausdrücklichen Antrag des Antragsgegners von Sicherheitsleistungen abhängig gemacht habe, wies der BGH als nicht statthaft ab, ebd., 78, Rn. 6.

2120 Ebd., 79 Rn. 12.

2121 EuGH, Urteil vom 4.2.1988 – 145/86 (Hoffmann ./. Krieg) = ECLI:EU:C:1988:61, Rn. 19-25.

unvereinbar anzusehen, wenn sie Rechtsfolgen hätten, die sich gegenseitig ausschlössen,[2122] wobei die Entscheidungswirkungen maßgeblich seien,[2123] deren Zusammentreffen nicht zu einem mit der Kohärenz der Rechtsordnung des Vollstreckungsstaates unvereinbaren Widerspruch führen dürfe.[2124]

Diese Maßstäbe seien als geklärt anzusehen und ergäben in dem zu entscheidenden Fall eine Unvereinbarkeit beider Entscheidungen.[2125] Der Entscheidungsgegenstand des LG Stuttgart in seinem Urteil vom 30.12.2013 entspreche insoweit dem Entscheidungsgegenstand des Tribunale di Rimini, da beide Urteile die Frage zum Gegenstand hätten, ob der Antragsgegner durch den Anteilserwerb an dem Konkurrenzunternehmen seine Pflichten als damaliger Geschäftsführer und Gesellschafter verletzt habe und daher zum Schadensersatz verpflichtet sei.[2126] Beide Gerichte kämen jedoch zu gegenläufigen Ergebnissen, sodass sich die Rechtsfolgen beider Entscheidungen ausschlössen.[2127] Auch sei der Ausspruch des Tribunale di Rimini hinsichtlich des Schadensersatzes eine anerkennungsfähige Entscheidung im Sinne des Art. 32 EuGVO a.F., da es nicht nur eine Sicherheitsleistung angeordnet habe, sondern den Antragstellerinnen einen Vorschuss in Höhe eines Mindestschadens zugesprochen und damit inhaltlich bereits dem Grunde nach über die Schadensersatzverpflichtung des Antragsgegners befunden habe.[2128] Die Tatsache, dass sich das Tribunale di Rimini ausdrücklich mit der Entscheidung des LG Stuttgart vom 30.12.2013 beschäftigt habe und dennoch den Adhäsionstitel erlassen habe, schließe die Unvereinbarkeit ferner nicht aus.[2129] Zudem sei die in der Rechtsbeschwerde aufgeworfene Frage, ob und inwieweit sich das Vollstreckungsgericht

---

2122 EuGH, Urteil vom 4.2.1988 – 145/86 (Hoffmann ./. Krieg) = ECLI:EU:C:1988:61, Rn. 22; EuGH, Urteil vom 6.6.2002 – C-80/00 (Italian Leather) = ECLI:EU:C:2002:342, Rn. 40.

2123 EuGH, Urteil vom 6.6.2002 – C-80/00 (Italian Leather) = ECLI:EU:C:2002:342, Rn. 44.

2124 BGH, 20.10.2016 – IX ZB 11/16 = RIW 2017, 78, 79 Rn. 15. Bezugnehmend auf die Schlussanträge von GA Darmon, Marco, 9.7.1987 – Schlussanträge im Verfahren 145/86 (Hoffmann ./. Krieg) = ECLI:EU:C:1987:358, Rn. 11 und GA Léger, Philippe, 21.2.2002 – Schlussanträge im Verfahren C-80/00 (Italian Leather) = ECLI:EU:C:2002:107, Rn. 31, 53.

2125 BGH, 20.10.2016 – IX ZB 11/16 = RIW 2017, 78, 80 Rn. 17.

2126 Ebd.

2127 Ebd.

2128 Ebd., 80 Rn. 18.

2129 Ebd., 79 Rn. 13.

über eine abweichende ausländische Bewertung des Gerichts des Ursprungsstaates hinwegsetzen dürfe, nicht klärungsbedürftig, da das Rechtsbehelfsgericht nach Art. 45 Abs. 1 S. 1 EuGVO a.F. nur aus einem der in Art. 34 f. EuGVO a.F. genannten Anerkennungsversagungsgründe die Vollstreckbarerklärung versagen oder aufheben dürfe.[2130] Gegen die Bindung an eine abweichende Bewertung des erkennenden Gerichts spreche zudem die Systematik und das Regelungsziel der Verordnung, wonach durch die Verordnung die Freizügigkeit gerichtlicher Entscheidungen sichergestellt werden müsse.[2131] Dazu sehe die Verordnung verschiedene Mechanismen vor. Zunächst solle Art. 27 EuGVO a.F. bei mehreren anhängigen Verfahren vor Erlass der ersten Entscheidung einen Konflikt verhindern, anschließend blockierten die Art. 33 Abs. 3, 34 Nr. 3 EuGVO a.F. den Erlass einer zweiten Entscheidung, die mit einer vorher rechtskräftig ergangenen Entscheidung unvereinbar wäre.[2132] Schließlich löse Art. 45 EuGVO a.F. den Konflikt auf Vollstreckungsebene auf.[2133] Die Mechanismen könnten nur dann effektiv praktische Wirksamkeit entfalten, wenn das „jeweils befasste Gericht die tatbestandlichen Voraussetzungen eigenständig prüfen“ könne.[2134] Eine Bindung an die Einschätzung eines anderen Gerichts führe zum Leerlaufen der Mechanismen der späteren Verfahrensstadien.[2135]

2. Acte Clair

„Der Senat ist nicht zu einer Vorlage an den [EuGH] gemäß Art. 267 Abs. 1 Nr. 2, Abs. 3 AEUV verpflichtet, weil die entscheidungserheblichen Rechtsfragen durch die Rechtsprechung des Gerichtshofs geklärt sind und die richtige Anwendung der EuGVVO a.F. derart offenkundig ist, dass für einen vernünftigen Zweifel kein Raum bleibt [...]. Der Senat ist ferner davon überzeugt, dass die gleiche Gewissheit auch für die Gerichte der übrigen Mitgliedstaaten und für den [EuGH] besteht.“ [2136]

2130 BGH, 20.10.2016 - IX ZB 11/16 = RIW 2017, 78, 80 Rn. 19 f.
2131 Ebd., 80 Rn. 21.
2132 Ebd.
2133 Ebd.
2134 Ebd.
2135 Ebd.
2136 Ebd., 81 Rn. 25.

3. *Bewertung*

a) *Effet utile und Einheitlichkeit des Unionsrechts*

Wie oben in Kapitel 4 A. II. 1. b) aa) erläutert, kann ein Acte Clair nur angenommen werden, wenn die Position des EuGH, die Effektivität des Unionsrechts zu gewährleisten, nicht bedroht wird.

Wie gesehen ist die Gewährleistung des freien Verkehrs gerichtlicher Entscheidungen in den Erwägungsgründen der EuGVO a.F. an vielen Stellen verankert, wie es insbesondere Erwägungsgrund (10) EuGVO a.F. aufzeigt. Nach Erwägungsgrund (17) EuGVO a.F. sind aufgrund des gegenseitigen Vertrauens die Vollstreckungsregelungen von der Erwägung getragen, eine Straffung zu erreichen[2137] und die Vollstreckbarerklärung fast automatisch nach einer formalen Prüfung rasch und effizient zu erteilen. Für die Förderung des Binnenmarktes ist es unerlässlich, die Formalitäten hinsichtlich einer zügigen und unkomplizierten Anerkennung und Vollstreckung von Entscheidungen zu vereinheitlichen und zu vereinfachen, wie es sich aus Erwägungsgrund (2) ergibt.

Auf der anderen Seite spiegelt der dreistufige Mechanismus zur Vermeidung miteinander unvereinbarer Entscheidungen das in der EuGVO a.F. in Erwägungsgrund (15) verankerte Bedürfnis wider, solche Konflikte im Interesse der abgestimmten Rechtspflege unbedingt zu vermeiden. Art. 45 i.V.m. Art. 34 Nr. 3 EuGVO a.F. ermöglicht auf dritter Stufe eine letztmögliche Korrektur ungewollter Ergebnisse. Da meist auf früherer Ebene bereits eine solche Konfliktvermeidung erfolgreich ist, kommt der Regelung nur eine geringe praktische Bedeutung zu.[2138] Umso dringlicher erscheint es daher, Wert darauf zu legen, diese letzte mögliche Kontrolle zur Konfliktvermeidung auszuschöpfen.

In der Rechtssache *Hoffmann ./. Krieg*,[2139] hatte der EuGH festgelegt, dass von Unvereinbarkeit dann auszugehen sei, wenn die Rechtsfolgen der Entscheidungen gegenläufig seien. Laut der Entscheidung *Italian Leather* komme es dabei auf die Wirkungen der Entscheidungen an.[2140] Beide Entscheidungen waren zu Art. 27 Nr. 3 EuGVÜ ergangen. Die Rechtsprechung zu Art. 27

2137 BGH, 20.10.2016 – IX ZB 11/16 = RIW 2017, 78, 79 Rn. 11.

2138 Vgl. *Kropholler/von Hein*, Europäisches Zivilprozessrecht, ^{9}2011, Art. 34 EuGVO, Rn. 47.

2139 EuGH, Urteil vom 4.2.1988 – 145/86 (Hoffmann ./. Krieg) = ECLI:EU:C:1988:61, Rn. 22 bestätigt in EuGH, Urteil vom 6.6.2002 – C-80/00 (Italian Leather) = ECLI:EU:C:2002:342, Rn. 40.

2140 EuGH, Urteil vom 6.6.2002 – C-80/00 (Italian Leather) = ECLI:EU:C:2002:342, Rn. 44.

Nr. 3 EuGVÜ könnte dann Rückschlüsse auf das Telos von Art. 45 i.V.m. Art. 34 Nr. 3 EuGVO a.F. liefern, wenn die Vorschrift aus dem EuGVÜ in die EuGVO a.F übernommen worden ist und ohne Unklarheit erkennbar ist, dass der Nachfolgevorschrift dasselbe Telos zugrunde liegt.

Zweifel könnten diesbezüglich bestehen, weil zur Zeit, in der die EuGH-Rechtsprechung ergangen war, weder der Grundsatz des wechselseitigen Vertrauens noch die Entscheidungsfreizügigkeit einen so hohen Bedeutungsgrad hatte wie bei Inkrafttreten der EuGVO a.F.[2141] Dafür, dass die Maßstäbe zum EuGVÜ gleichermaßen für die zur EuGVO a.F. gelten, spricht jedoch, dass Art. 27 Nr. 3 EuGVÜ quasi wortlautgetreu in Art. 34 Nr. 3 EuGVO a.F. übernommen wurde, welcher wiederum seine Entsprechung in Art. 45 Abs. 1 lit. c EuGVO n.F. gefunden hat.[2142]

Zweifel an der Übertragbarkeit der Rechtsprechung könnten ferner bezüglich der Tatsache geweckt werden, dass beide EuGH-Entscheidungen Konflikte von Entscheidungen betrafen, die einander völlig widersprochen haben.[2143] Bezüglich der Rechtssache *Hoffmann ./. Krieg* lag ein und dasselbe präjudizielle Rechtsverhältnis den Trennungsunterhaltstiteln zugrunde und in der Rechtssache *Italian Leather* lag mit der Beantragung derselben einstweiligen Maßnahme der identische Streitgegenstand vor. Vorliegend standen die betreffenden Entscheidungen jedoch weder insgesamt in einem kontradiktorischen Gegensatz zueinander, noch waren an dem Rechtsstreit alle Personen beteiligt, die auch am Rechtsstreit des Tribunale di Rimini beteiligt waren.

Anhaltspunkte dafür, dass eine Teilunvereinbarkeit nicht als ausreichend angesehen werden kann, ergeben sich aus der Rechtsprechung des EuGH nicht. Auch eine Teilunvereinbarkeit kann als schlicht nicht hinnehmbar angesehen werden, denn sie bringt die Kohärenz der Rechtsprechung im europäischen Rechtsraum in Gefahr. Dies ergibt sich aus Rechtssicherheits- und Rechtsklarheitsgesichtspunkten. Das Telos erfordert keine Einschränkung, nur Entscheidungen, die insgesamt in einem kontradiktorischen Gegensatz zueinanderstehen, als miteinander unvereinbar anzusehen.[2144] Insofern spricht nichts dagegen, eine Teilunvereinbarkeit anzunehmen und bezüglich der sich unvereinbar überschneidenden Teile des Urteils die Vollstreckbarerklärung zu versagen. Die teilweise von der Literatur geäußerte Kritik, der vom EuGH angelegte

---

2141 Vgl. *Thomale*, IPRax 2017, 463, 464; *Micklitz/Rott*, EuZW 2002, 15, 24.

2142 Vgl. Rauscher EuZPR/EuIPR/*Leible*, Art. 45 Brüssel Ia-VO, Rn. 61.

2143 So *Thomale*, IPRax 2017, 463, 464.

2144 Siehe dazu ebd., 465 f.

Maßstab bezüglich sich gegenseitig ausschließender Rechtsfolgen sei zu vage und die Rechtsprechung zur Unvereinbarkeit sei „in ihrer Spärlichkeit über die blankettartige Formulierung eines nebulösen Koordinierungszwecks nicht hinausgehend,"[2145] ist darum nicht berechtigt. Der vom EuGH aufgestellte Maßstab kann praktikabel auf die Rechtspraxis übertragen werden.[2146]

Ferner könnten hier Zweifel dadurch erregt werden, dass es sich um einen strafrechtlichen Kontext handelte und im Bereich der Strafrechtspflege eine besondere Unterstützung durch die deutschen Gerichte nötig sein könnte. Daraus könnte man den Schluss ziehen, eine Privilegierung anzunehmen.[2147] Bezüglich der Frage, ob auf Entscheidungen eines Strafgerichts über zivilrechtliche Ansprüche die EuGVO a.F. anwendbar sei, hatte sich der EuGH bereits in der *Krombach*-Entscheidung geäußert und diese aufgrund des Wortlauts des Art. 1 Abs. 1 EuGVÜ bejaht.[2148] Es handelte sich dabei um eine der für das Verfahrensrecht bedeutsamsten Entscheidung jüngere Zeit, bei der es um die Anerkennung eines französischen Adhäsionstitels[2149] ging.[2150] Dass die Vollstreckung von Entscheidungen eine besondere Kontextsensibilität erfordert, ist insofern zu bejahen; dennoch ist eine ungeschriebene Privilegierung sanktionsrechtlicher Titel abzulehnen, um die Einheitlichkeit der Auslegung nicht zu gefährden. Der Adhäsionstitel ist hier gerade zivilrechtlich ausgestaltet und daher denselben Maßstäben zu unterstellen wie andere gerichtliche Entscheidungen. Die EuGVO äußert sich klar dazu, unter welchen Voraussetzungen Entscheidungen für vollstreckbar zu erklären sind. Eine Sonderbehandlung wäre

---

2145 *Thomale*, IPRax 2017, 463, 464.

2146 Trotz einhellig engem Verständnis des Merkmals der „Unvereinbarkeit" wird von der Literatur der Ansatz begrüßt, dass eine solche auch dann gegeben sei, wenn nicht der gleiche Streitgegenstand vorliege, sowie dass nach autonomem Verständnis der Formulierung „zwischen denselben Parteien" auch eine Teilidentität ausreiche, siehe bspw. *Kropholler/von Hein*, Europäisches Zivilprozessrecht, ^{9}2011, Art. 34 EuGVO, Rn. 49, 52; Rauscher EuZPR/EuIPR/*Leible*, Art. 45 Brüssel Ia-VO, Rn. 63, 65.

2147 Dafür *Thomale*, IPRax 2017, 463, 465 f.

2148 EuGH, Urteil vom 28.3.2000 – C-7/98 (Krombach) = ECLI:EU:C:2000:164, Rn. 30. Dazu die Betrachtungen zum Krombach-Urteil des EuGH: *Jayme*, 2000, 1 ff.; *Gundel*, EWS 2000, 442; *Hess*, IPRax 2001, 301; *R. Geimer*, ZIP 2000, 863; *Matscher*, IPRax 2001, 428. In der gleichen Sache das Urteil des EGMR, 13.2.2001 – No. 29731/96 (Krombach v. Frankreich) = IPRax 2001, 454.

2149 Dazu *Kohler*, in: Will/Posch (Hrsg.), 1990, 74 ff.

2150 *Adolphsen*, ^{2}2015, § 1 Rn. 121 verweisend auf EuGH, Urteil vom 28.3.2000 – C-7/98 (Krombach) = ECLI:EU:C:2000:164.

auch aus Rechtssicherheitsgesichtspunkten nicht erstrebenswert. Ferner besteht gerade kein Ermessen des Gerichts bezüglich der Versagung der Vollstreckung aufgrund von Unvereinbarkeit.[2151]

Die Ermittlung des Telos von Art. 45 i.V.m. Art. 34 Nr. 3 EuGVO a.F. ist ohne Unklarheiten für den nationalen Richter möglich. Die Rechtsprechung des EuGH zum EuGVÜ war aufgrund von Kontinuitätsgesichtspunkten auf die EuGVO a.F übertragbar.

b) Individualrechtsschutz und Einheitlichkeit des Unionsrechts

Eine Bedrohung der Position des EuGH als Hüter der elementaren Bürgerrechte kann nach dem oben in Kapitel 4 A. II. 1. b) bb) definierten Bewertungskriterium nur dann vorliegen, wenn spezifische Grundrechtsfragen relevant sind. Dies ist nicht der Fall. Die Antragstellerinnen, welche bereits vor dem LG Stuttgart die Klärung ihrer Ansprüche prüfen ließen, haben durch die erneute gerichtliche Überprüfung in Italien keine schützenswerte Position erlangt. Wie sich aus der Systematik der EuGVO a.F. ablesen lässt, sind Parallelentscheidungen in jedem Fall zu vermeiden, selbst wenn dies zur Folge haben kann, dass sich Parteien bereits auf eine ergangene Entscheidung verlassen und deren Vollstreckbarerklärung begehren.[2152] Die Auslegung des BGH entspricht somit auch dem Kriterium des Individualrechtsschutzes und der Einheitlichkeit des Unionsrechts.

c) Ergebnis

Die Auslegung des BGH entsprach den Bewertungskriterien und erfüllte die Voraussetzungen des materiellen Acte Clair. Die Auslegung des BGH orientierte sich an den streng formalen Vorgaben, die Art. 45 EuGVO a.F. hinsichtlich der Möglichkeiten zur Versagung der Vollstreckbarerklärung vorgab. Gleichermaßen trug er den Interessen einer abgestimmten Rechtspflege Rechnung, indem er die Vollstreckbarerklärung in dem Fall insoweit versagte, als eine Gerichtsentscheidung im Anerkennungsstaat bezüglich desselben Anspruchs zwischen teilweise identischen Personen mit einem entgegengesetzten Ergebnis ergangen war. Darin sah der BGH eine Unvereinbarkeit, was einen Vollstreckungsversagungsgrund nach Art. 45 i.V.m. Art. 34 Nr. 3 EuGVO a.F. darstellte. Um die

---

2151 Siehe ausdrücklich EuGH, Urteil vom 6.6.2002 – C-80/00 (Italian Leather) = ECLI:EU:C:2002:342, Rn. 51 f.; Rauscher EuZPR/EuIPR/*Leible*, Art. 45 Brüssel Ia-VO, Rn. 66.

2152 Anderer Ansicht folgt *Thomale*, IPRax 2017, 463, 466.

Kohärenz der nationalen Rechtsprechung zu wahren, setzte sich der BGH dabei über die nachträglich ergangene, italienische Gerichtsentscheidung hinweg.

Die Entscheidung betraf eine Schnittstelle zwischen der Kategorie der Gewährleistung der abgestimmten Rechtspflege und des freien Verkehrs der gerichtlichen Entscheidungen. Da es sich hier um die Vermeidung von Parallelentscheidungen auf der Stufe der Anerkennung und Vollstreckung handelte, war diese Entscheidung bei dieser Kategorie zu verorten.

Die nationale Folgerechtsprechung, die Berufung auf das Urteil des LG Stuttgart vom 30.12.2013, wurde vom OLG Stuttgart mit Urteil vom 15.3.2017[2153] als unzulässig zurückgewiesen im Übrigen sei die rein kapitalistische Minderheitsbeteiligung an einer Konkurrenzgesellschaft nicht als wettbewerbsverbotswidrig einzuschätzen und daher eine daraus resultierende Schadensersatzverpflichtung abzulehnen.[2154] Die daraufhin erhobene Nichtzulassungsbeschwerde wurde vom BGH am 12.12.2017 (Az. II ZR 136/17) zurückgewiesen. Darin kann gesehen werden, dass die Urteile des Tribunale di Rimini insoweit im Verhältnis mit der Rechtsprechung des Anerkennungsstaates bezüglich des Anteilerwerbs gegensätzliche Rechtsfolgen hatten. Insofern war eine Unvereinbarkeit anzunehmen, was der BGH in seinem Beschluss vom 20.10.2016 zum Ausdruck gebracht hatte, indem er den Antragstellerinnen zu 1 und 3 die Zahlung von Schadensersatz unter dem Vorbehalt versagte, dass diese in der Berufung nicht obsiegen würden. Die besondere Stellung des Vollstreckungsversagungsgrundes der Unvereinbarkeit mit einer früheren Entscheidung wird auch im Hinblick auf die EuVTVO deutlich, in deren Rahmen eine mit der EuGVO vergleichbare Prüfung der Anerkennungs- und Versagungsgründe nicht existiert und nicht einmal eine ordre public-Prüfung stattfindet.[2155] Den einzigen Grund zur Verweigerung der Vollstreckung stellt in der EuVTVO, die kein Exequaturverfahren vorsieht und insbesondere die Gewährleistung der erleichterten und beschleunigten Vollstreckung unbestrittener Forderungen zum Ziel hat, die Unvereinbarkeit mit einer früheren Entscheidung nach Art. 21 Abs. 1 EuVTVO, dar (siehe zur EuVTVO Kapitel 8).

2153 OLG Stuttgart, 15.3.2017 – 14 U 3/14 = ZIP 2017, 868. Siehe dazu die Beiträge von *Sedlmaier/Rüppell*, BB 2017, 1923; *Erb/Seulen*, Der Betrieb 2017, 1502; *Westermann*, EWiR 2017, 423.

2154 OLG Stuttgart, 15.3.2017 – 14 U 3/14 = ZIP 2017, 868, juris Rn. 174, 182.

2155 Siehe dazu *Kropholler/von Hein*, Europäisches Zivilprozessrecht, [9]2011, Einl EuVTVO, Rn. 12.

C. Fazit

Der vorliegend untersuchte Bereich unterlag den tiefgreifendsten Neuerungen bezüglich der Umstellung vom EuGVÜ über die EuGVO a.F. bis hin zur EuGVO n.F. Diesem Umstand ist die hohe Rezeptionsdichte der Leitentscheidungen in dieser Kategorie zu entnehmen. Aufgrund der vermeintlich immensen Veränderungen war hier der Argwohn über den Gebrauch des Acte Clair besonders groß. Wie sich jedoch in der Bestandsaufnahme gezeigt hat, war in den meisten Fällen eine zurückreichende Kontinuität bis zum EuGVÜ herleitbar und letztlich erwies sich der Übergang von der EuGVO a.F. zur EuGVO n.F. nur als Verschiebung der Verfahrensinitiative.[2156]

Dennoch gab es hier einen „Ausreißer", in dem der BGH mit seinem Beschluss vom 14.3.2007 nicht den Bewertungskriterien entsprochen hatte. Dies war bedauerlich und der EuGH entschied in seiner Folgerechtsprechung entgegen dem BGH. Die EuGH-Rechtssache *Prism* wurde vom deutschen Gesetzgeber, wie gesehen aufgegriffen, was zu einer Änderung des AVAG führte. An diesem Fall zeigt sich die besondere Gefahr des risikobehafteten formellen Acte Clair auf. Ergänzend hinzuweisen ist hier auf den Beschluss des IX. BGH-Senats vom 10.12.2009 (Az. IX ZB 143/07),[2157] in dem der BGH die Beschlüsse vom 21.12.2006 und vom 14.3.2007 noch einmal bestätigt hatte. Es zeigt sich, insbesondere bei dem Beschluss des BGH vom 14.3.2007 die Gefahr einer Nichtvorlage auf, die dann zu einer vom Unionsrecht abweichenden mitgliedstaatlichen Rechtsprechungspraxis führte. Infolgedessen wurde in diesem Fall mehr als zweieinhalb Jahre eine eigene Rechtsprechungslinie in Deutschland aufrechterhalten, welche die Einheitlichkeit des Unionsrechts in hohem Maß gefährdete.

Auffällig an dieser Fallgruppe ist die geringe Anzahl an EuGH-Rechtsprechung. Die äußerst geringe Zahl an Vorlageersuchen könnte daher rühren, dass insbesondere das Vollstreckungsrecht eng mit dem nationalen Recht der Mitgliedstaaten verflochten ist. In diesem sensiblen Bereich scheint die Vorlagefreudigkeit besonders gering zu sein. Die Anerkennung und Vollstreckung haben jedoch eine erhebliche Bedeutung für die Gewährleistung des freien Verkehrs der gerichtlichen Entscheidungen in der EU. Hier eine einheitliche Rechtsprechung der mitgliedstaatlichen Gerichte zu erreichen, ist von hoher Relevanz, wie es auch die Revision der EuGVO a.F. zeigte, dessen Herzstück[2158]

2156 *Hau*, MDR 2014, 1417, 1419.

2157 BGH, 10.12.2009 - IX ZB 143/07 = IPRspr 2009, Nr. 242, 625.

2158 Rauscher EuZPR/EuIPR/*Mankowski*, Vorbem zu Art. 39 ff. Brüssel Ia-VO, Rn. 2.

die systemverändernde Abkehr vom Exequaturverfahren bildete. Insofern ist auf diesem Gebiet eine vermehrte Vorlagenzahl höchst wünschenswert, um einen zunehmenden Konsens auch in Richtung einer weitergehenden Vereinfachung und Beschleunigung der Vollstreckung zu erreichen. Abgesehen von dieser Entscheidung entsprachen die anderen Entscheidungen dieser Kategorie jedoch den Anforderungen an den materiellen Acte Clair.

Kapitel 8: Gewährleistung der erleichterten und beschleunigten Vollstreckung unbestrittener Forderungen

Auf der Tagung von Tampere im Oktober 1999 hatte der Europäische Rat bekräftigt, dass der Grundsatz der gegenseitigen Anerkennung zum Eckstein der justiziellen Zusammenarbeit werden sollte und die Kommission aufgefordert, Maßnahmen zum Abbau der Zwischenverfahren zur Anerkennung und Vollstreckung vorzuschlagen.[2159] Nach einigen Vorarbeiten unterbreitete die Kommission den Vorschlag für die EuVTVO,[2160] ein Pilotprojekt, bei dem das Exequaturverfahren abgeschafft wurde.[2161] Dadurch wurde die Kontrolle des ausländischen Titels, welche vorher im Rahmen des Exequaturverfahrens durch das Vollstreckungsgericht stattfand, in ein Bescheinigungsverfahren vor dem Ursprungsstaat verlagert.[2162] Die Abschaffung des Exequaturs wurde als notwendig angesehen, da das zügige Betreiben von ausstehenden, unbestrittenen Forderungen als unerlässlich für den reibungslos funktionierenden Binnenmarkt betrachtet wurde und daher zu den Prioritäten des Gemeinschaftsrechts gehörte.[2163]

2159 *Kropholler/von Hein*, Europäisches Zivilprozessrecht, ⁹2011, Einl EuVTVO, Rn. 2; Rauscher EuZPR/EuIPR/*Pabst*, Einl EuVTVO, Rn. 4; *Rechberger*, in: FS Leipold, 2009, 301 f. Als zweiter Eckpfeiler wurde der bessere Zugang zum Recht angesehen, beide mit dem Fernziel, ähnlich zur Warenverkehrsfreiheit in der EU eine Grundfreiheit der Entscheidungsfreiheit zu schaffen, *Andenas*, European Business Law Review 17 (2006), 529, 532 f.

2160 Vorschlag für eine Verordnung des Rates zur Einführung eines europäischen Vollstreckungstitels für unbestrittene Forderungen, von der Kommission vorgelegt am 18.4.2002, KOM(2002) 159 endg., ABl. C 203 E vom 27.8.2002, S. 86.

2161 *Kropholler/von Hein*, Europäisches Zivilprozessrecht, ⁹2011, Einl EuVTVO, Rn. 3 f.; Rauscher EuZPR/EuIPR/*Pabst*, Einl EuVTVO, Rn. 4, 6, 12; *Ringwald*, 2011, 29 ff.

2162 *Peiffer*, 2012, 539 Rn. 1152; *Oberhammer*, JBl. 2006, 477. Das Bestätigungsverfahren sollte nach der EuVTVO damit als ein besonderes, „qualifziertes Klauselerteilungsverfahren" verstanden werden, siehe dazu *Bittmann*, 2008, 25 ff.; *Bittmann*, IPRax 2016, 563, 566.

2163 Siehe das Maßnahmenprogramm zur Umsetzung des Grundsatzes der gegenseitigen Anerkennung gerichtlicher Entscheidungen in Zivil- und Handelssachen des Rates,

Nach Art. 33 EuVTVO traten die Schlussbestimmungen am 21.1.2005 und die übrigen Vorschriften der EuVTVO am 21.10.2005 in Kraft.[2164] Laut der Stellungnahme der Kommission KOM(2004) 90 endg., S. 3 unter 3.1. sei ureigenstes Ziel der EuVTVO, die Vollstreckung in anderen Mitgliedstaaten zu vereinfachen und zu beschleunigen. Wirtschaftlich gesehen ist der Anwendungsbereich der EuVTVO nicht zu unterschätzen, da laut dem Europäischen Wirtschafts- und Sozialausschuss 90 % der im europäischen Ausland zu vollstreckende Entscheidungen unbestrittene Forderungen betreffen.[2165] Nach Art. 27 EuVTVO und Erwägungsgrund (20) EuVTVO haben Gläubiger grundsätzlich die freie Wahl, welche Verordnung sie zur Durchsetzung ihrer Forderung innerhalb der jeweiligen Anwendungsbereiche anwenden wollen.[2166] In der Praxis wird jedoch verhältnismäßig wenig Gebrauch von der Verordnung gemacht.[2167] Dies ist insbesondere in jüngerer Zeit darauf zurückzuführen, dass auch in der Revision der EuGVO a.F. das Exequaturverfahren abgeschafft worden ist und sich dadurch das Alleinstellungsmerkmal der EuVTVO erübrigt hat.[2168] Auch die anderen Verordnungen der „2. Generation“, welche die grenzüberschreitende Sicherung und Durchsetzung von Forderungen bezwecken, haben das Exequaturverfahren abgeschafft.[2169] Ursprünglich war von der Kommission angedacht gewesen,

---

ABl. C 12 vom 15.1.2001, S. 1, 4 sowie Erwägungsgrund (1) EuVTVO. Dazu *Nicolaïdis*, in: Davies/Nicola (Hrsg.), 2017, 278, 294: „Twenty years after Cassis, what was proclaimed „new strategy“ was in reality a complex exercise in translation from the single market to the justice realm.“

2164 Nicht beteiligt hat sich Dänemark an der EuVTVO, siehe Erwägungsgrund (25) EuVTVO, sodass die EuVTVO für Dänemark nicht gilt. Siehe dazu *Kropholler/von Hein*, Europäisches Zivilprozessrecht, 92011, Einl EuVTVO, Rn. 16.

2165 Stellungnahme des Europäischen Wirtschafts- und Sozialausschusses, ABl. C 85 vom 8.4.2003, S. 1, 4 bei 3.1.

2166 Siehe *von Hein*, RIW 2018, 548; *Giebel*, IPRax 2011, 529, 534. Eingehend *Kienle*, EuZW 2010, 334.

2167 Dazu siehe die Ergebnisse des IC²BE („Informed Choices in Cross-Border Enforcement“)-Projektes (JUST-AG-2016-02, Grant Agreement Nr. 764217), finanziert von der EU. Zu den Ergebnissen der Auswertung der deutschen Praxis siehe *von Hein/Tilmann Imm*, IWRZ 2019, 112; *Stürner*, in: FS Simotta, 2012, 587. Von einer Ernüchterung der anfänglichen Euphorie war die Rede bei *Giebel*, IPRax 2011, 529.

2168 Siehe *von Hein*, RIW 2013, 97, 107 ff. Auch die Art. 17-22 EuUnthVO sowie Art. 40-45 EuEheVO gehen von der unmittelbaren Vollstreckbarkeit ohne vorheriges Exequaturverfahren aus, siehe dazu *Peiffer*, 2012, 535 ff.

2169 *von Hein/Tilmann Imm*, IWRZ 2019, 112, 113.

die EuVTVO wieder aufzuheben, dazu ist es jedoch nicht gekommen.[2170] Die Auslegung der EuVTVO erfolgt nach denselben Regelungen wie für die EuGVO und auch die Vorlageverpflichtung besteht ebenso wie bei der EuGVO.[2171] Die EuVTVO trägt zum freien Verkehr gerichtlicher Entscheidungen bezüglich Forderungen dadurch bei, indem sie Mindestvorschriften festlegt, die ein Zwischenverfahren erübrigen, was in erster Linie dem Gläubiger zugutekommt.[2172] Der Entfall der Einschaltung eines zweiten Gerichts bedeutet für die Gläubiger den Wegfall dadurch verbundener Verzögerungen und Kosten, insbesondere ist die Bestätigung als Europäischer Vollstreckungstitel (EuVT) in den meisten Mitgliedstaaten sehr kostengünstig.[2173] Der Gläubiger kann zudem nach einmaliger Bestätigung als EuVT den Titel in der gesamten Union und auch in mehreren Mitgliedstaaten direkt vollstrecken.[2174] Die Verbesserung der Gläubigerstellung erscheint dadurch gerechtfertigt, dass die Forderung vom Schuldner anerkannt oder nicht bestritten wurde.[2175] Die Schuldnerinteressen sollen dadurch gewahrt werden, dass durch die Mindestanforderungen an die Zustellung und Unterrichtung sichergestellt wird, dass der Schuldner von seinen Verteidigungsmöglichkeiten Gebrauch machen konnte.[2176] Mithin stellt die EuVTVO einen konkreten

---

2170 Vorschlag für eine Verordnung des Europäischen Parlaments und des Rates über die gerichtliche Zuständigkeit und die Anerkennung und Vollstreckung von Entscheidungen in Zivil- und Handelssachen, KOM(2010) 748 endg., S. 71. Siehe dazu *von Hein/Tilmann Imm*, IWRZ 2019, 112, 113. Die Forderung nach der Abschaffung wurde auch auf der zweiten deutschen Konferenz zum IC²BE-Projekt in Freiburg vom 10.-11.10.2019 häufig angesprochen, siehe *Rademacher*, IPRax 2020, 85 sowie Heft 2/2020 ZVglRWiss.

2171 *Kropholler/von Hein*, Europäisches Zivilprozessrecht, ⁹2011, Einl EuVTVO, Rn. 17.

2172 Siehe die Begründung des Rates zum Gemeinsamen Standpunkt des Rates vom 6. Februar 2004 im Hinblick auf den Erlass der Verordnung des Europäischen Parlaments und des Rates zur Einführung eines Europäischen Vollstreckungstitels für unbestrittene Forderungen, KOM(2004) 90 endg. 2002/0090(COD), S. 2 unter I.

2173 *Fawzy*, DGVZ 2015, 1, 4. Beispielsweise betragen nach Nr. 1513 Kostenverzeichnis, das dem Gerichtskostengesetz als Anlage beigefügt ist, die Gebühren über Anträge auf Ausstellung einer Bestätigung in Deutschland pauschal 20,00 Euro.

2174 Rauscher EuZPR/EuIPR/*Pabst*, Einl EuVTVO, Rn. 20.

2175 Dabei geht die Verordnung davon aus, dass der Schuldner sich bewusst passiv verhalten habe, Rauscher EuZPR/EuIPR/*Pabst*, Einl EuVTVO, Rn. 18.

2176 Siehe die Mitteilung der Kommission an das Europäische Parlament betreffend den gemeinsamen Standpunkt des Rates im Hinblick auf den Erlass einer Verordnung des Europäischen Parlaments und des Rates zur Einführung eines europäischen Vollstreckungstitels für unbestrittene Forderungen, KOM(2004) 90 endg., S. 3 unter 3.1. Die Stärkung des Schuldners fällt hingegen bei weitem nicht so deutlich ins Gewicht

Anwendungsfall des Grundsatzes des gegenseitigen Vertrauens dar, welcher unerlässlich für den freien Verkehr der gerichtlichen Entscheidungen ist.[2177] Dieser Grundsatz war bereits im EuGVÜ angelegt, wurde in der EuGVO a.F. gestärkt und in der EuVTVO viel weitgehender ausgeformt. Insbesondere der Verzicht auf eine ordre public-Kontrolle fußt auf der Grundlage, dass die Zivilrechtspflege der Mitgliedstaaten ein Niveau erreicht habe, welches den Schluss erlaube, dass die Interessen des Vollstreckungsschuldners im Titelerlassstaat ausreichend berücksichtigt werden.[2178] Hier wurde jedoch von der Literatur kritisiert, dass es sich bei dem Grundsatz des gegenseitigen Vertrauens lediglich um eine Zielvorstellung handele und damit das Dogma, auf welchem die EuVTVO fuße,[2179] nicht auf einem realistischen, sicheren Befund beruhe, sondern auf der

---

wie die Stärkung der Gläubigerstellung, siehe nur *Kropholler/von Hein*, Europäisches Zivilprozessrecht, [9]2011, Art. 1 EuVTVO, Rn. 3, 5. Eine gar ungebührliche Schuldnerschwächung annehmend, Rauscher EuZPR/EuIPR/*Pabst*, Einl EuVTVO, Rn. 19; *Coester-Waltjen*, in: FS Beys, 2003, 183, 187; *Stadler*, in: Kieninger/Remien (Hrsg.), 2012, 165, 171 ff.; *Baumert*, RIW 2018, 555, 556; *Bittmann*, 2008, 231; *Stadler*, RIW 2004, 801, 808; einen ausreichenden Schuldnerschutz annehmend hingegen *Hüßtege*, in: FS Jayme, 2004, 371, 385; *Bach*, RIW 2018, 549, 554.

2177 Erwägungsgrund (18) EuVTVO; Begründung des Rates zum Gemeinsamen Standpunkt des Rates vom 6. Februar 2004 im Hinblick auf den Erlass der Verordnung des Europäischen Parlaments und des Rates zur Einführung eines Europäischen Vollstreckungstitels für unbestrittene Forderungen, KOM(2004) 90 endg., 2002/0090(COD), S. 2 unter I.; *Ringwald*, 2011, 29 ff.

2178 Rauscher EuZPR/EuIPR/*Pabst*, Einl EuVTVO, Rn. 16. Die Kommission bestrebte bereits mit der Überführung des EuGVÜ in die EuGVO a.F. eine Aufgabe der ordre public-Kontrolle, Mitteilung der Kommission an den Rat und an das Europäische Parlament: "Wege zu einer effizienteren Erwirkung und Vollstreckung von gerichtlichen Entscheidungen in der Europäischen Union", KOM(1997) 609 endg., ABl. C 33 vom 31.1.1998, S. 3, 9 f. Rn. 20. Dieser Vorschlag wurde jedoch in der Arbeitsgruppe mangels Mehrheit abgelehnt, Rauscher EuZPR/EuIPR/*Leible*, Art. 45 Brüssel Ia-VO, Rn. 5. Der erneute Versuch der Kommission, im Rahmen der Revision der EuGVO eine Abschaffung des ordre public zu erreichen, scheiterte, siehe Art. 45 f. Kommissionsentwurf. Siehe auch bereits das Grünbuch der Kommission zur Überprüfung der Verordnung (EG) Nr. 44/2001 vom 21.4.2009, KOM(2009) 175 endg., S. 3.

2179 *Andersson*, European Business Law Review 17 (2006), 747, 751 ging davon aus, dass die Betonung ursprünglich auf dem Grundsatz des gegenseitigen Vertrauens der Mitgliedstaaten lag, jedoch eine Verschiebung hin zu Rechtssicherheit und Gläubigerschutz stattgefunden habe. Dadurch wurde der Schuldnerschutz zulasten der Effektivierung der Vollstreckung geschmälert. Zu dem Verhältnis von gegenseitigem Vertrauen und Rechtssicherheit, siehe ebd., 751 ff.

Simulation gleichwertiger Bedingungen.[2180] Das Prinzip des Vertrauensdogmas wurde teilweise als „Lebenslüge der EU" beschrieben, welches gebetsmühlenartig in den Erwägungsgründen auftauche.[2181]

A. EuGH-Rechtsprechung

In der Rechtssache *de Visser* hatte der EuGH im März 2012, über sechs Jahre nach Inkrafttreten der EuVTVO, erstmals Gelegenheit, die Verordnung auszulegen.[2182] Hier stellte der EuGH fest, dass die Bedingungen, welche die EuVTVO aufstelle, grundsätzlich eng auszulegen seien, weil es sich dabei um abweichende Regelungen bezüglich der Anerkennung und Vollstreckung handele.[2183] Da in dem der Rechtssache zugrunde liegenden Sachverhalt die Anschrift des Beklagten unbekannt war, konnte nicht mit hinreichender Gewähr festgestellt werden, dass der beklagte Schuldner, welcher sich nicht auf die Sache eingelassen hatte, seine Verteidigungsrechte geltend machen konnte.[2184] Die in Art. 34 Nr. 2 EuGVO a.F. aufgestellte Garantie, sich gegen die Anerkennung einer gegen den Schuldner ergangenen Entscheidung zu wehren, entfiele, wenn der Titel, von dem der Schuldner keine Kenntnis habe, als EuVT bestätigt werde.[2185] Daher leitete der EuGH aus Art. 14 Abs. 2 EuVTVO den Grundsatz ab, dass die Bestätigung als EuVT eines Versäumnisurteils gegen einen Schuldner, dessen

---

2180 Rauscher EuZPR/EuIPR/*Pabst*, Einl EuVTVO, Rn. 16; *Schack*, in: FS Leipold, 2009, 317, 333; *Stadler*, in: Kieninger/Remien (Hrsg.), 2012, 165, 174; *Althammer/Löhnig*, ZZPInt 9 (2004), 23; von einer „Illusion" ausgehend, *H. Roth*, IPRax 2006, 466; ähnlich *Mankowski*, RIW 2004, 587, 588, der im Verzicht auf die Zweitkontrolle die Gefahr sah, dass „Prozessbetrug und Korruption im Erststaat [...] europaweit durchzuschlagen" drohten. Dagegen *Lehmann*, in: Leible/Terhechte (Hrsg.), 2014, § 19 Rn. 16-20, wonach sich die Befürchtungen der Kritiker nicht bewahrheitet hätten und die EuVTVO wichtigen Privatinteressen der Gläubiger diene. Ebenfalls positiv einschätzend *Kropholler/von Hein*, Europäisches Zivilprozessrecht, [9]2011, Art. 5 EuVTVO, Rn. 10 ff.

2181 *Stadler*, in: Kieninger/Remien (Hrsg.), 2012, 165, 169. Bezugnehmend auf die Erwägungsgründe (16, 17) EuGVO a.F.; (18) EuVTVO und (27) EuMahnVO.

2182 EuGH, Urteil vom 15.3.2012 - C-292/10 (G ./. Cornelius de Visser) = ECLI:EU:C:2012:142. Siehe *R. Wagner*, NJW 2012, 1333, 1337.

2183 EuGH, Urteil vom 15.3.2012 - C-292/10 (G ./. Cornelius de Visser) = ECLI:EU:C:2012:142, Rn. 64.

2184 Ebd., Rn. 65, 67.

2185 Ebd., Rn. 66.

Anschrift unbekannt sei, unionswidrig sei.[2186] Die daraufhin vom EuGH entschiedene Rechtssache *Vapenik* hatte die Stellung des Verbrauchers innerhalb der EuVTVO zum Gegenstand, auf die es in den hier vom BGH zu entscheidenden Fragen jedoch nicht ankam.[2187]

Bislang sind an den EuGH bloß sieben Vorlageersuchen zur EuVTVO zur Entscheidung gerichtet worden.[2188] Die deutsche Rechtsprechungspraxis beschäftigte sich im Gegensatz zum EuGH häufiger mit der EuVTVO.[2189] In drei Fällen machte der BGH Gebrauch vom Acte Clair.

B. Deutsche Rechtspraxis

I. BGH, Beschluss vom 26.11.2009 – VII ZB 42/08

In dem Beschluss des BGH vom 26.11.2009 handelte es sich um die Rechtsbeschwerde einer in den Niederlanden ansässigen Gläubigerin, die ein Versäumnisurteil vor einem niederländischen Gericht erwirkt hatte, das als EuVT bestätigt wurde und in Deutschland vollstreckt werden sollte. Das Versäumnisurteil sowie die Bestätigung benannten als Schuldner eine GmbH, wohingegen die Gläubigerin gegen eine natürliche Person vollstrecken lassen wollte. Vertragspartner der Gläubigerin war B., der als Einzelkaufmann eine Firma betrieb und unter dem Namen „Rohr-post-Technik, Fernmelde- und Uhrenanlagen B. H." ins Handelsregister eingetragen war und im Geschäftsverkehr unter der Kurzbezeichnung „H. Rohrpost" auftrat. Das AG hatte den Antrag der Gläubigerin auf Erlass eines Pfändungs- und Überweisungsbeschlusses für verschiedene Konten des Schuldners zurückgewiesen, weil die Schuldnerbezeichnung nicht mit dem Schuldtitel übereinstimme.[2190] Die sofortige Beschwerde der Gläubigerin vor dem Beschwerdegericht war erfolglos geblieben.

2186 EuGH, Urteil vom 15.3.2012 – C-292/10 (G ./. Cornelius de Visser) = ECLI:EU:C:2012:142, Rn. 63, 68. Siehe *R. Wagner*, NJW 2012, 1333, 1337.

2187 EuGH, Urteil vom 5.12.2013 – C-508/12 (Walter Vapenik ./. Josef Thurner) = ECLI:EU:C:2013:790. Siehe dazu *Mankowski*, EWiR 2014, 371; *Sujecki*, EuZW 2014, 149; *Stadler*, IPRax 2015, 203.

2188 Übersicht bis 2018 bei *Bach*, RIW 2018, 549, 549 Fn. 1.

2189 Siehe die Entscheidungsdatenbank im Rahmen des IC^{2}BE-Projekts, https://www.uantwerpen.be/en/projects/ic2be/, zuletzt abgerufen am 11.11.2019.

2190 BGH, 26.11.2009 – VII ZB 42/08 = NJW 2010, 2137, juris Rn. 4.

1. Lösung des Rechtsproblems

Der BGH wies die daraufhin erhobene Rechtsbeschwerde der Gläubigerin mangels Begründetheit zurück und folgte der Rechtsauffassung des Beschwerdegerichts.[2191] Die Zwangsvollstreckung könne nicht gegen den Schuldner durchgeführt werden, da das Urteil nicht den Schuldner als zur Zahlung verurteilte Partei nannte, sondern eine GmbH, folglich ein anderes Rechtssubjekt.[2192] Da die bestätigte Entscheidung nach Art. 20 Abs. 1 EuVTVO unter den gleichen Bedingungen wie eine im Vollstreckungsstaat ergangene Entscheidung vollstreckt werde, bestimme sich auch die Art und Weise der Feststellung der Identität zwischen der im Titel bezeichneten Person mit dem Vollstreckungsschuldner nach deutschem Zwangsvollstreckungsrecht.[2193] Der Zweck des Erfordernisses, wonach der Name im Urteil mit der Person, gegen die vollstreckt werden solle, identisch sein müsse, stelle die Verhinderung der Inanspruchnahme Unbeteiligter sowie die Tatsache dar, dass gegenüber dem Vollstreckungsschuldner zweifelsfrei klargestellt werde, dass sich die Vollstreckung gegen ihn richte.[2194] Bei der vom Vollstreckungsgericht vorzunehmenden Prüfung handele es sich um eine rein formale Kontrolle, bei der Umstände außerhalb des Titels grundsätzlich nicht berücksichtigt würden, da allein der Vollstreckungstitel und nicht die materielle Rechtslage maßgebend sei.[2195] Eine Ausnahme liege indessen vor, wenn das Prozessgericht mit dem Vollstreckungsgericht übereinstimme, was hier jedoch nicht der Fall sei.[2196] Nur, wenn eine eindeutige Bezeichnung versehentlich unterblieben sei, dürfe das Vollstreckungsorgan die notwendige Bestimmung selbst vornehmen.[2197] Dazu müsse aber aus dem Titel einschließlich der Entscheidungsgründe oder aufgrund allgemein zugänglicher Urkunden, auf die der Titel verweise, eine Bestimmung möglich sein, was hier nicht der Fall sei.[2198] Eine Möglichkeit zur Auslegung beschränke sich lediglich darauf, die wahre Bedeutung einer unklaren Bezeichnung im Titel zu klären, nicht jedoch darüber hinausgehende Korrekturen vorzunehmen.[2199] Die von der Rechtsbeschwerde

---

2191 BGH, 26.11.2009 - VII ZB 42/08 = NJW 2010, 2137, juris Rn. 5 f.

2192 BGH, 26.11.2009 - VII ZB 42/08 = NJW 2010, 2137 Rn. 8.

2193 Ebd., 2137 f. Rn 9 f., 21.

2194 Ebd., 2137 Rn 10.

2195 Ebd., 2137 Rn 11 ff.

2196 Ebd., 2138 Rn 12.

2197 Ebd., 2138 Rn 19.

2198 Ebd.

2199 Ebd., 2138 Rn 13.

angeführten Einwände kämen nicht zum Tragen. Der Schuldner sei nicht als GmbH aufgetreten und daher könne es dahinstehen, ob der Titel andernfalls gegen den Schuldner persönlich verstanden werden könne.[2200] Auch wenn es sich um einen ausländischen Titel handelte, gelten keine Besonderheiten bei der Konkretisierung, weil es Aufgabe des Erkenntnisgerichts sei, dessen Inhalt genau zu bezeichnen.[2201] Eine Auswechselung des Zahlungssubjekts sei gleicherweise nicht damit zu rechtfertigen, dass ein erneutes Erkenntnisverfahren erforderlich werde.[2202] Selbst der Einwand, als Schuldner müsse im Sinne des Art. 3 Abs. 1 lit. c EuVTVO derjenige angesehenen werden, dem das verfahrenseinleitende Schriftstück zugestellt worden sei, treffe nicht zu. Die Rechtsbeschwerde begründete dies mit der Zielsetzung der Verordnung, wonach die Erlangung der Freizügigkeit gerichtlicher Entscheidungen, der Grundsatz der Prozessökonomie sowie der Auslegungsgleichklang des Parteibegriffs zwischen EuVTVO und EuGVO a.F. kein anderes Auslegungsergebnis zuließen.[2203] Dazu erwiderte der BGH, dass sich ein solcher Auslegungsgrundsatz nicht aus beiden Verordnungen ablesen ließe, Art. 20 Abs. 1 EuVTVO bestimme als Auslegungsmaßstab jenen des nationalen Zwangsvollstreckungsrechts.[2204] Auch hätte das Beschwerdegericht sich nicht bemühen müssen, dass der niederländische Titel konkretisiert würde.[2205] Es sei Sache der Gläubigerin, auf eine Konkretisierung hinzuwirken, außerdem habe das AG die Gläubigerin bereits auf den Mangel hingewiesen sowie Korrekturmöglichkeiten aufgezeigt.[2206]

2. Acte Clair

„Es besteht kein Anlass, die Sache dem [EuGH] vorzulegen. An der richtigen Anwendung des Gemeinschaftsrechts bestehen keine vernünftigen Zweifel (vgl. EuGH, Urteil vom 6. Oktober 1982 - Rs 283/81, NJW 1983, 1257).“[2207]

2200 BGH, 26.11.2009 – VII ZB 42/08 = NJW 2010, 2137, 2138 Rn 17.
2201 Ebd., 2138 Rn 18 f.
2202 Ebd., 2138 Rn 19.
2203 Ebd., 2138 Rn 20.
2204 Ebd., 2138 Rn 21.
2205 Ebd., 2138 Rn 22.
2206 Ebd.
2207 Ebd., 2138 Rn 24.

3. *Bewertung*

Die EuVTVO sieht ein „Regelungsgerüst" vor, welches aufgrund ihres speziellen Charakters, den mitgliedstaatlichen Rechtsordnungen die Möglichkeit gibt, viele Punkte mit nationalem Recht auszufüllen.[2208] Beachtet werden muss dabei jedoch, dass der Vorrang der EuVTVO insofern gewahrt wird, dass das nationale Recht keine zusätzlichen Verfahrensschritte oder andere erschwerende oder widersprüchliche Voraussetzungen enthält, die die EuVTVO vorsieht.[2209] Ansonsten würden die Vorteile, die die EuVTVO mit sich bringt, ausgehebelt.[2210]

a) Effet utile und Einheitlichkeit des Unionsrechts

Ein Acte Clair kann, wie oben in Kapitel 4 A. II. 1. b) aa) angesprochen, nur angenommen werden, wenn die Position des EuGH, die Effektivität des Unionsrechts zu gewährleisten, nicht bedroht wird.

Für den nationalen Richter müsste sich ohne Unklarheiten ermitteln lassen, ob es mit dem Telos vereinbar wäre, einen Erlass eines Pfändungs- und Überweisungsbeschlusses bei nicht identischer Schuldnerbezeichnung mit der Bestätigung, abzulehnen.

Da sich der EuGH zum Zeitpunkt der Entscheidung noch nicht zur EuVTVO äußern musste,[2211] können mithilfe der Unionsrechtsprechung keine diesbezüglichen Unklarheiten ausgeräumt werden.

Mithilfe von Art. 5 EuVTVO können Unklarheiten nicht aufgelöst werden, da die Vorschrift nicht explizit darauf Bezug nimmt, dass es für die richtige Bezeichnung des Schuldners auf den Wortlaut der Bestätigung ankomme.[2212]

Unklarheiten könnten allerdings mithilfe der Verweisungsnorm des Art. 20 EuVTVO beseitigt werden. Die Verweisung des Art. 20 Abs. 1 S. 2 EuVTVO konkretisiert, dass eine als EuVT bestätigte Entscheidung unter den gleichen Bedingungen wie eine im Vollstreckungsstaat ergangene Entscheidung vollstreckt werde. Durch diesen Verweis werden die allgemeinen und besonderen nationalen Vollstreckungsregelungen berufen.[2213] Vorrangig anzuwenden ist

---

2208 *Bittmann*, 2008, 120. Kritisierend aufgrund nicht ausreichender Harmonisierung, *Tulibacka*, Common Market Law Review 46 (2009), 1527, 1543.

2209 *Bittmann*, 2008, 121.

2210 Vgl. ebd.

2211 Siehe *Sujecki*, EuZW 2010, 448, 451.

2212 So jedoch das Beschwerdegericht, siehe bezugnehmend BGH, 26.11.2009 - VII ZB 42/08 = NJW 2010, 2137, 2137 Rn. 6.

2213 Siehe *Bittmann*, AnwBl 2011, 378, 380.

allerdings die EuVTVO, wenn diese eigene Regelungen vorsieht.[2214] Die EuVTVO hält jedoch keine Regelungen bereit, unter welchen Voraussetzungen die Zwangsvollstreckung beginnt.[2215] Zu den allgemeinen Regelungen des Vollstreckungsrechts gehört auch die Bestimmung der Identität der in dem Vollstreckungstitel benannten Person.[2216] Die deutsche Norm, § 750 Abs. 1 ZPO, welche den Grundsatz der Rechtssicherheit sowie den Schuldnerschutz verfolgt,[2217] fordert, dass die Zwangsvollstreckung nur beginnen dürfe, wenn die Person, gegen die vollstreckt werde, namentlich im Urteil genannt werde.

Danach bestehe vorliegend gerade keine Identität zwischen dem Schuldner, gegen den vollstreckt werden solle und der in dem Titel sowie in der Bestätigung als EuVT genannten GmbH. Aufgrund verschiedener Rechtssubjekte läge nach § 750 ZPO keine unklare Bezeichnung vor, die im Wege der Auslegung geklärt werden könne.[2218]

Die Anwendung von § 750 ZPO müsste jedoch mit dem Telos des Art. 20 Abs. 1 S. 2 EuVTVO vereinbar sein. Die nationale Vorschrift dürfte nicht im Widerspruch zur EuVTVO stehen, folglich keine erschwerenden Verfahrensschritte vorsehen, die nicht von der EuVTVO intendiert sind.[2219]

Die EuVTVO hat laut ihrem Art. 1 sowie Erwägungsgrund (8) den Zweck, durch die Einführung des EuVT für unbestrittene Forderungen, den freien Verkehr von Entscheidungen zwischen den Mitgliedstaaten zu erleichtern und zu beschleunigen sowie kostengünstiger zu gestalten.[2220] Dabei wurden mögliche Zwischenverfahren abgeschafft. Die EuVTVO folgt einer klaren und einfachen Aufgabenzuweisung, wonach die Aufgabe des erkennenden Gerichts darin liegt, materielle Rechtsfragen zu berücksichtigen.[2221] Alle Einwendungen des

---

2214 *Kropholler/von Hein*, Europäisches Zivilprozessrecht, [9]2011, Art. 20 EuVTVO, Rn. 1.

2215 Siehe Rauscher EuZPR/EuIPR/*Pabst*, Art. 20 EuVTVO, Rn. 6.

2216 Siehe *Bittmann*, AnwBl 2011, 378, 380.

2217 Vgl. *Baumbach/Lauterbach/Albers/Hartmann*, Zivilprozessordnung, [77]2019, Einf vor §§ 750-752 Rn. 2; *Baumbach/Lauterbach/Albers/Hartmann*, Zivilprozessordnung, [77]2019, § 750 Rn. 2.

2218 Nach deutschem Recht kann das Vollstreckungsorgan die Schuldnerbezeichnung nach allgemeinen Regeln auslegen, vgl. *Bittmann*, AnwBl 2011, 378, 380.

2219 *Bittmann*, 2008, 121.

2220 Mitteilung der Kommission an das Europäische Parlament betreffend den gemeinsamen Standpunkt des Rates im Hinblick auf den Erlass einer Verordnung des Europäischen Parlaments und des Rates zur Einführung eines europäischen Vollstreckungstitels für unbestrittene Forderungen, KOM(2004) 90 endg., S. 3 unter 3.1.

2221 Vgl. *Wais*, LMK 2014, 361981, der von einem festen „Regelungsprogramm" bezüglich der Geltendmachung der Art. 21 und 23 EuVTVO ausging, die nur vor dem

Schuldners sind im Ursprungsmitgliedstaat zu erheben.[2222] Lediglich in den von Art. 21 und 23 EuVTVO genannten Fällen findet Schuldnerschutz im Vollstreckungsstaat statt.[2223] Art. 21 Abs. 2 EuVTVO untersagt die Überprüfung im Vollstreckungsmitgliedstaat „in der Sache".[2224] Ein mit der Bestätigung des EuVT versehener ausländischer Titel soll nur einer rein formalen Prüfung durch das Vollstreckungsgericht unterzogen werden. Die Beachtung dieses Grundsatzes wird unter anderem dadurch erreicht, dass die Vollstreckungsorgane ihre bekannten, nationalen Zwangsvollstreckungsregelungen anwenden können.

Die von der Rechtsbeschwerde geforderte Auswechslung des Rechtssubjekts übersteigt hingegen eindeutig die von der EuVTVO für das Vollstreckungsorgan vorgesehene mögliche bloß formale Korrektur. Bei unterschiedlich genannten Rechtssubjekten handelt es sich um zwei verschiedene Sachverhalte, welche ein erneutes Erkenntnisverfahren durch das Prozessgericht erfordern.[2225] Würde sich das deutsche Gericht über das niederländische Urteil hinwegsetzen, indem es die Rechtssubjekte trotz bestehender Divergenz austauschte, wäre die Rechtseinheit beträchtlich gefährdet. Dies erkannte der BGH.

Die Anwendung von § 750 ZPO war somit mit dem Telos des Art. 20 Abs. 1 S. 2 EuVTVO vereinbar. Unklarheiten bei der Bestimmung des Telos bestanden nicht.

Ursprungsgericht geltend gemacht werden können. Diese Einhaltung der „Zweiteilung" sei unerlässlich für die Erreichung des Regelungsziels der Verordnung, eine Beschleunigung und Vereinfachung zu erreichen. Zur zwingend erforderlichen Durchhaltung der „systematischen Unterscheidung" für die Erreichung der Verordnungsziele, *Bittmann*, IPRax 2008, 445, 448.

2222 Rauscher EuZPR/EuIPR/*Pabst*, Einl EuVTVO, Rn. 19; *Hess*, 2010, § 10 Rn. 1 ff.; *Leible/Freitag*, 2008, § 5 Rn. 3; *Heringer*, 2007, 49 ff.; *Sujecki*, EuZW 2014, 557, 560. Rechtsbehelfe kann der Schuldner nur im Urteilsstaat gegen die Entscheidung selbst geltend machen und die Vollstreckungsbehelfe richten sich nach dem jeweiligen Zwangsvollstreckungsrecht des vollstreckenden Mitgliedstaates, *Stadler*, IPRax 2004, 2, 6.

2223 *Wais*, LMK 2014, 361981.

2224 Siehe dazu Prütting/Gehrlein ZPO/*Halfmeier*, Anh § 1086: EuVTVO, Art. 20 Rn. 1.

2225 So auch, wenn der Gläubiger gegen den Rechtsnachfolger des Schuldners vorgehen will, siehe *Kropholler/von Hein*, Europäisches Zivilprozessrecht, [9]2011, Art. 9 EuVTVO, Rn. 5; ebd., Art. 20 EuVTVO Rn. 4; *Bittmann*, 2008, 113.

b) Individualrechtsschutz und Einheitlichkeit des Unionsrechts

Wie oben in Kapitel 4 A. II. 1. b) bb) erläutert, kann eine Bedrohung der Position des EuGH als Hüter der elementaren Bürgerrechte nur dann vorliegen, wenn spezifische Grundrechtsfragen relevant sind.

Dies ist nicht der Fall. Die Verweisungsnorm Art. 20 Abs. 1 S. 2 EuVTVO gestattet es, nationale Vorschriften, sofern sie nicht im Widerspruch zur EuVTVO stehen und keine erschwerenden Verfahrensschritte vorsehen, welche nicht von der EuVTVO intendiert sind, anzuwenden. Eine solche Vorschrift stellt wie gesehen § 750 ZPO dar, welcher Situationen vermeidet, die möglicherweise einen grundrechtssensiblen Bereich betreffen, in denen Personen als Schuldner bestimmt werden und mit Zwangsmaßnahmen überzogen werden, bei denen nicht zweifelsfrei klargestellt ist, dass sich die Vollstreckung gegen sie richtet.

c) Ergebnis

Die Bewertungskriterien wurden erfüllt, sodass ein materieller Acte Clair vorlag. Der BGH hat teloskonform ausgelegt. Das Ergebnis ist zu begrüßen, da es die Rechtssicherheit und das Vertrauen in die Rechtsdurchsetzung erhöht, indem der wahre Schuldner Gelegenheit hat zu erfahren, welcher von seinen Gläubigern ihn wegen welcher Forderung belangt,[2226]und ein Schuldner nur belangt werden kann, wenn keine Zweifel bestehen, dass er tatsächlich der Vollstreckungsschuldner ist. Der Binnenmarkt wird gestärkt, indem Anreize zum grenzüberschreitenden Handel gesetzt werden.[2227] Dies ist auch insofern begrüßenswert, als die Regelungen der EuVTVO insgesamt sehr gläubigerfreundlich ausgestaltet sind, wohingegen der Schuldner durch den Wegfall der Möglichkeit, sich auf Vollstreckungsversagungsgründe zu berufen, einschneidenden Veränderungen ausgesetzt ist.[2228] Gerade im Hinblick darauf, ein Interessengleichgewicht herzustellen, was laut der Kommission durch die EuVTVO erreicht wird, sollte die Verordnung nicht schuldnerunfreundlicher ausgelegt werden, als vom Verordnungsgeber intendiert.[2229]

2226 Vgl. *Baumbach/Lauterbach/Albers/Hartmann*, Zivilprozessordnung, ^{77}2019, § 750 Rn. 2.

2227 Siehe dazu das Commission Staff Working Paper, 14.12.2010 – SEC(2010) 1547 final, p. 42 zur Revision der EuGVO im Zusammenhang der Bewältigung der Finanzkrise.

2228 Vgl. *Kropholler/von Hein*, Europäisches Zivilprozessrecht, ^{9}2011, Art. 1 EuVTVO, Rn. 4 f.; *von Hein/Tilmann Imm*, IWRZ 2019, 112, 113. Zur Stellung des Schuldners in der EuVTVO, kritisch *Bach*, RIW 2018, 549, 554.

2229 Siehe die Mitteilung der Kommission an das Europäische Parlament betreffend den gemeinsamen Standpunkt des Rates im Hinblick auf den Erlass einer Verordnung

II. BGH, Beschluss vom 21.7.2011 - I ZB 71/09

Der Beschluss des BGH vom 21.7.2011 betraf den Widerruf eines deutschen Kostenfestsetzungsbeschlusses, welcher als EuVT nach Art. 6 EuVTVO bestätigt worden war. Die Gläubigerin hatte gegen die in den Niederlanden ansässige Schuldnerin eine einstweilige Verfügung bezüglich einer wettbewerbswidrigen Untersagungsverfügung ohne Anhörung der Schuldnerin vor dem LG Nürnberg-Fürth erwirkt, welche der Schuldnerin die Verfahrenskosten auferlegte.[2230] Der Schuldnerin war der Kostenfestsetzungsbeschluss gemeinsam mit dem Festsetzungsantrag der Gläubigerin mit einer Rechtsmittelbelehrung zugestellt worden.[2231] Rechtsmittel hatte die Schuldnerin nicht eingelegt.[2232] Auf Antrag der Gläubigerin erteilte der Rechtspfleger dem Kostenfestsetzungsbeschluss die Bestätigung als EuVT, woraufhin die Schuldnerin beantragte, die Bestätigung wegen ihrer Meinung nach eindeutig unrechtmäßiger Erteilung zu widerrufen.[2233] Diesen Antrag hat der Rechtspfleger abgelehnt, woraufhin die Schuldnerin Erinnerung eingelegt hat.[2234] Die Kammer für Handelssachen des LG widerrief daraufhin die Bestätigung. Die hiergegen gerichtete Beschwerde der Gläubigerin blieb erfolglos, ebenso die zulässige Rechtsbeschwerde.[2235]

---

des Europäischen Parlaments und des Rates zur Einführung eines europäischen Vollstreckungstitels für unbestrittene Forderungen, KOM(2004) 90 endg., S. 3 unter 3.1. Die Stärkung des Schuldners fällt hingegen bei Weitem nicht so deutlich ins Gewicht wie die Stärkung der Gläubigerstellung, siehe nur *Kropholler/von Hein*, Europäisches Zivilprozessrecht, [9]2011, Art. 1 EuVTVO, Rn. 3, 5. Eine gar ungebührliche Schuldnerschwächung annehmend *Stadler*, in: Kieninger/Remien (Hrsg.), 2012, 165, 171 ff.; *Coester-Waltjen*, in: FS Beys, 2003, 183, 187; *Baumert*, RIW 2018, 555, 556; *Bittmann*, 2008, 231; *Stadler*, RIW 2004, 801, 808; einen ausreichenden Schuldnerschutz annehmend hingegen *Hüßtege*, in: FS Jayme, 2004, 371, 385; *Bach*, RIW 2018, 549, 554.

2230 BGH, 21.7.2011 - I ZB 71/09 = NJW 2012, 858, juris Rn. 1. Siehe auch die Beschreibung des Verfahrenshergangs in der Vorinstanz, OLG Nürnberg, 10.8.2009 - 3 W 483/09 = IPRax, Nr. 41, 393 mit Anmerkung *Bittmann*, IPRax 2011, 361.

2231 BGH, 21.7.2011 - I ZB 71/09 = NJW 2012, 858, juris Rn. 1.

2232 Ebd.

2233 Ebd., juris Rn. 2.

2234 Ebd.

2235 Ebd., 858, juris Rn. 2 ff.

1. Lösung des Rechtsproblems

Laut BGH halte die Rechtsauffassung der Vorinstanz der rechtlichen Überprüfung stand. Die sofortige Beschwerde der Gläubigerin gegen den Widerruf der Bestätigung des Kostenfestsetzungsbeschlusses als EuVT sei zulässig.[2236] Die Rechtsbeschwerde sei ferner statthaft. Nach Art. 10 Abs. 2 EuVTVO sei für den Widerruf einer Bestätigung nach Art. 10 Abs. 1 lit. b EuVTVO, wenn die Bestätigung eindeutig zu Unrecht erteilt wurde, das Recht des Ursprungsstaates anwendbar.[2237] Nach § 1081 Abs. 3 ZPO, welcher auf § 319 Abs. 3 ZPO verweise, sei die sofortige Beschwerde statthaft, wenn der Berichtigung entsprochen werde, ansonsten finde kein Rechtsmittel statt.[2238] Den Antrag auf Widerruf der Schuldnerin hatte der Rechtspfleger zurückgewiesen. Nach § 11 Abs. 2 RPflG könne jedoch innerhalb der Frist für die sofortige Beschwerde Erinnerung eingelegt werden, wenn kein Rechtsmittel gegeben sei. Werde die Erinnerung zurückgewiesen, sei gegen sie kein Rechtsmittel möglich. Hier sei jedoch der Erinnerung stattgegeben worden, sodass die sofortige Beschwerde statthaft sei.[2239]

Die Voraussetzungen des Widerrufs nach Art. 10 Abs. 1 lit. b EuVTVO wegen eindeutig zu Unrecht erteilter Bestätigung als EuVT lägen ebenfalls vor.[2240] Die in den Artikeln 12-19 EuVTVO enthaltenen Mindestvorschriften dienten der Sicherung eines fairen Verfahrens nach Art. 47 EU-Grundrechtecharta. Der hier relevante Art. 17 EuVTVO schreibe die erforderliche Unterrichtung des Schuldners vor, um dem Schuldner mit dem verfahrenseinleitenden Schriftstück die Erfordernisse des Bestreitens der Forderung aufzuzeigen sowie die Konsequenzen des Nichtbestehens.[2241] Dem das Kostenfestsetzungsverfahren einleitenden Schriftsatz, der Kostenfestsetzungsantrag der Gläubigerin, sei keine dem Art. 17 EuVTVO entsprechende Belehrung beigefügt worden.[2242] Eine Art. 17 EuVTVO entsprechende Rechtsbehelfsbelehrung sei auch nicht nach dem EG-Vollstreckungstitel-Durchführungsgesetz vom 18. August 2005 (BGBl. 2005 I S. 2477) vorgesehen. Vorliegend hätte jedoch eine dem Kostenfestsetzungsantrag beigefügte Belehrung nach Art. 17 EuVTVO keine ordnungsgemäße

2236 BGH, 21.7.2011 – I ZB 71/09 = NJW 2012, 858 Rn. 6, 9 f.
2237 Ebd., 858 Rn. 12.
2238 Ebd.
2239 Ebd.
2240 Ebd., 859 Rn. 13 f.
2241 Ebd., 859 Rn. 15.
2242 Ebd.

Schuldnerunterrichtung bewirkt, da der Kostenfestsetzungsantrag erst zusammen mit dem Kostenfestsetzungsbeschluss zugestellt worden sei.[2243]

Eine Heilung nach Art. 18 EuVTVO Abs. 2 EuVTVO scheide aus, da nur Zustellungsmängel nach Art. 13 f. EuVTVO geheilt werden könnten und keine Belehrungsmängel.[2244] Auch eine Heilung nach Art. 18 Abs. 1 lit. b EuVTVO scheide aus, da dafür der Schuldner spätestens mit dem Kostenfestsetzungsbeschluss ordnungsgemäß unterrichtet worden sein müsse.[2245] Zwar sei dem Kostenfestsetzungsbeschluss eine Rechtsbehelfsbelehrung beigefügt worden, diese genüge jedenfalls nicht den Anforderungen des Art. 18 Abs. 1 lit. b EuVTVO.[2246] Offen bleiben könne die Frage, ob eine Heilung überhaupt ohne Erreichen der Anforderungen des Art. 17 EuVTVO in Betracht komme, weil eine Überprüfung der Kostengrundentscheidung im Beschwerdeverfahren gegen den Kostenfestsetzungsbeschluss ausgeschlossen sei.[2247] Jedenfalls sei, solange die Überprüfung der Kostengrundentscheidung noch möglich sei, unerlässlich, dass sich die Rechtsbehelfsbelehrung nach Art. 18 Abs. 1 lit. b EuVTVO auf die Kostengrundentscheidung beziehe.[2248] Nur so könne der Zweck der Heilungsvorschrift, dass die uneingeschränkte Überprüfung der Entscheidung gewährleistet werde, erreicht werden.[2249] Vorliegend habe die Schuldnerin grundsätzlich noch Gebrauch von ihrem unbefristeten Widerspruch allein gegen die Kostengrundentscheidung machen können (§§ 924, 936 ZPO).[2250]

Die sofortige Beschwerde sei somit unbegründet, weil der Kostenfestsetzungsantrag entgegen Art. 17 EuVTVO der Schuldnerin nicht zugestellt worden sei.[2251] Für eine Heilung dieses Mangels hätte der Schuldner über einen umfassenden Rechtsbehelf, welcher auch den Widerruf nach § 924 ZPO umfassen müsste, nach Art. 18 Abs. 1 lit. b EuVTVO belehrt werden müssen, was nicht der Fall gewesen sei.[2252]

2243 BGH, 21.7.2011 – I ZB 71/09 = NJW 2012, 859 Rn. 15.

2244 Ebd., 859 Rn. 17.

2245 Ebd., 859 Rn. 19.

2246 Ebd.

2247 Ebd., 859 Rn. 20.

2248 Ebd.

2249 Ebd.

2250 Ebd.

2251 Ebd., 859 Rn. 7.

2252 Ebd., 859 Rn. 7.

2. *Acte Clair*

„Ein Vorabentscheidungsersuchen an den Gerichtshof der [EU] nach Art. 267 Abs. 3 AEUV ist nicht veranlasst, weil sich im vorliegenden Fall keine entscheidungserheblichen Rechtsfragen des Unionsrechts stellen, die eine Vorlage erfordern. Auf die von der Rechtsbeschwerde aufgeworfene Frage zu Art. 4 Nr. 1 EuVTVO kommt es nicht an. Im Hinblick auf die Anforderungen an die Belehrung nach Art. 18 Abs. 1 Buchst. b EuVTVO bestehen im Streitfall keine vernünftigen Zweifel, so dass auch insoweit eine Vorlage an den Gerichtshof der [EU] nicht erforderlich ist (st. Rspr.; vgl. EuGH, Urteil vom 6. Oktober 1982 - 283/81, Slg. 1982, 3415 = NJW 1983, 1257 Rn. 16 - C.I.L.F.I.T.).“[2253]

3. *Bewertung*

Die Frage betreffend das bis dahin am häufigsten in der Rechtsprechung behandelte Problem zur EuVTVO, ob ein Kostenfeststellungsbeschluss nach § 104 ZPO als EuVT bestätigt werden könne,[2254] hatte der BGH mangels Entscheidungserheblichkeit offengelassen. Stattdessen beleuchtete er das Sonderproblem des Rechtsweges für den Widerruf einer Bestätigung als EuVT nach Art. 10 Abs. 1 lit. b EUVTVO. Art. 10 EuVTVO war zum letztmöglichen

2253 BGH, 21.7.2011 – I ZB 71/09 = NJW 2012, 859 f. Rn. 24.

2254 *Bittmann*, Rpfleger 2009, 369; *Bittmann*, IPRax 2011, 361, verweisend auf die Rechtsprechung des OLG München, 30.04.2007 - 6 W 687/07 = NJW-RR 2007, 1582 f., des OLG Stuttgart, 12.5.2009, 8 W 199/09 (nicht veröffentlicht), des OLG Stuttgart, 24.5. 2007 – 8 W 184/07 = IPRax 2008, 260 mit Anmerkung *H. Roth*, IPRax 2008, 235 und des OLG Stuttgart, 3.6.2008- 8 W 223/08 = NJW-RR 2009, 934. Problematisch war hier, ob eine „Entscheidung“ im Sinne des Art. 4 Abs. 1 EuVTVO vorlag. Art. 7 EuVTVO enthält zwar eine Regelung, wonach Kostenentscheidungen als EuVT bestätigt werden können, in Deutschland herrscht hingegen die Besonderheit, dass dem deutschen Recht eine Festlegung der Kosten in der Hauptsache fremd ist, wovon die EuVTVO hingegen ausgeht. Isolierte Kostenentscheidungen sind daher nicht von Art. 7 EuVTVO umfasst, sondern von Art. 4 Nr. 1 EuVTVO, siehe dazu Rauscher EuZPR/EuIPR/*Pabst*, Art. 7 EuVTVO, Rn. 18 f.; *Bittmann*, IPRax 2011, 361, 362. Ebenfalls hoch umstritten war, ob die Bestätigung als EuVT voraussetzt, dass auch die Hauptsacheentscheidung als EuVT bestätigt werden kann, was der EuGH in der Rechtssache EuGH, Urteil vom 14.12.2017 – C-66/17 (Chudaś ./. DA Deutsche Allgemeine Versicherung AG) = ECLI:EU:C:2017:972, Rn. 32 f. bestätigte. Danach kommt eine Bestätigung nur in Betracht, wenn auch für die Hauptsache der Anwendungsbereich der VO eröffnet ist, siehe dazu Dauses/Ludwigs Handbuch des EU-Wirtschaftsrechts/*Kreuzer*/*Wagner*/*Häcker*, Vollstreckung (Q.V.), Rn. 27.

Zeitpunkt in die EuVTVO eingefügt worden, um als „kleinster gemeinsamer Nenner“ noch den Schuldnerschutz zu stärken und der Rechtsstaatlichkeit gerecht zu werden.[2255]

a) *Effet utile und Einheitlichkeit des Unionsrechts*

Ein Acte Clair kann, wie oben in Kapitel 4 A. II. 1. b) aa) definiert, nur angenommen werden, wenn die Position des EuGH, die Effektivität des Unionsrechts zu gewährleisten, nicht bedroht wird.

Die Anforderungen des Art. 18 Abs. 1 lit. b EuVTVO müssten sich ohne Unklarheiten für den nationalen Richter ermitteln lassen. Nur dann ist eine teloskonforme Auslegung dahingehend möglich, ob die Belehrung nach Art. 18 Abs. 1 lit. b EuVTVO sich auch auf den Rechtsbehelf gegen die Kostengrundentscheidung beziehen muss.

Trotz der generellen Zweckrichtung der EuVTVO, den freien Verkehr von Entscheidungen durch die Festlegung von Mindestvorschriften ohne Zwischenverfahren zu ermöglichen (Art. 1 EuVTVO) sowie zu vereinfachen und zu beschleunigen (Erwägungsgrund (8) EuVTVO) verpflichtet sich die EuVTVO in Erwägungsgrund (11) explizit zur Förderung der Grundrechte sowie zur Wahrung der Einhaltung eines fairen Verfahrens nach Art. 47 EU-Grundrechtecharta. Dabei verdeutlicht Erwägungsgrund (12), dass die Einhaltung der Mindeststandards dem Schutz des Schuldners diene, von dem Verfahren unterrichtet zu werden, um Gebrauch von seinen Verteidigungsrechten machen zu können. Eine Entscheidung kann nicht als EuVT bestätigt werden, wenn der Schuldner nicht über die von ihm zu tätigen Verfahrensschritte zum Bestreiten der Forderung informiert wurde und ihm nicht die Folgen des Nichtbestreitens umfänglich aufgezeigt wurden.[2256] Wird dieser Zweck auch ohne die Einhaltung des Art. 17 EuVTVO erreicht, soll die Bestätigung als EuVT dennoch ermöglicht werden.[2257] Insofern erfährt die Einhaltung dieser Mindestanforderung durch Art. 18 EuVTVO, der eine Heilung zulässt, eine Relativierung. Eine Heilung ist nach Art. 18 Abs. 1 lit. b EuVTVO möglich, wenn der Schuldner im Ursprungsmitgliedstaat die Möglichkeit hatte, einen Rechtsbehelf einzulegen, welcher die uneingeschränkte Überprüfung ermöglichte.[2258]

2255 Rauscher EuZPR/EuIPR/*Pabst*, Art. 10 EuVTVO, Rn. 5.

2256 *Kropholler/von Hein*, Europäisches Zivilprozessrecht, 92011, Art. 17 EuVTVO, Rn. 1; Rauscher EuZPR/EuIPR/*Pabst*, Art. 17 EuVTVO, Rn. 1.

2257 Vgl. Geimer/Schütze EuZVR/*Geimer*, Art. 18 EuVTVO, Rn. 2.

2258 Siehe Rauscher EuZPR/EuIPR/*Pabst*, Art. 18 EuVTVO, Rn. 5.

Unklarheiten zur Ermittlung des Telos können hier eventuell mithilfe der Vorbildnorm ausgeräumt werden, wenn ihr Telos erkennbar ist und eine Übereinstimmung gewollt war. In der Begründung des Kommissionsvorschlags wurde erklärt, dass dem in Art. 34 Abs. 2 EuGVO a.F. verankerten Prinzip der Verteidigungsrechte jede Vorschrift der EuVTVO über die Heilung Rechnung tragen müsse und eine präzise Festlegung vorgesehen sei, wie mit der Nichteinhaltung von Verfahrensvorschriften umzugehen sei, „so dass die Verordnung in diesem Punkt mit der Verordnung (EG) Nr. 44/2001 des Rates übereinstimmen wird".[2259]

Die Begründung des Kommissionsentwurfs erklärt daher, diesen Ansatz von Art. 34 Nr. 2 EuGVO a.F. in der EuVTVO zu übernehmen.[2260] Nach Art. 34 Nr. 2 EuGVO a.F. kommt es trotz mangelhafter Zustellung des verfahrenseinleitenden Schriftstücks nicht auf diesen Mangel an, wenn die Zustellung so rechtzeitig und in einer Weise erfolgt, dass der Beklagte dennoch Gebrauch von seinen Verteidigungsrechten machen konnte. [2261] Ein Anerkennungsversagungsgrund kommt jedoch dann nicht in Betracht, wenn nach dem neu eingefügten zweiten Halbsatz in Art. 34 Nr. 2 EuGVO a.F. dem Schuldner ein Rechtsbehelf zur Verfügung stand, er jedoch keinen Gebrauch davon gemacht hat.[2262] Dazu müsste dem Schuldner aber ein Rechtsbehelf zur Verfügung gestanden haben, mit dem er auch einen entsprechenden Verfahrensfehler geltend machen konnte.[2263] Art. 18 Abs. 1 lit. b EuVTVO fordert ferner, dass mit diesem Rechtsbehelf eine „uneingeschränkte Überprüfung" erreicht werden könne. Die vorliegende Belehrung des Kostenfestsetzungsbeschlusses erfüllt den Zweck der uneingeschränkten Überprüfung hingegen nicht, weil dieser nicht über die Rechtsbehelfe unterrichtet, die gegen die akzessorische Kostengrundsatzentscheidung möglich sind.[2264] Der

---

2259 Begründung zum Kommissionsvorschlag, KOM(2002) 159 endg., S. 13. In dem Vorschlag sollte die Heilung von Verfahrensmängeln infolge der Nichteinhaltung der Mindestvorschriften noch in Artikel 19 geregelt werden.

2260 Begründung zum Kommissionsvorschlag, KOM(2002) 159 endg., S. 13 bei Art. 19.

2261 *Kropholler/von Hein*, Europäisches Zivilprozessrecht, [9]2011, Art. 34 EuGVO, Rn. 41.

2262 *Kropholler/von Hein*, Europäisches Zivilprozessrecht, [9]2011, Art. 18 EuVTVO, Rn. 2; ebd., Art. 34 EuGVO, Rn. 42; Rauscher EuZPR/EuIPR/*Pabst*, Art. 18 EuVTVO, Rn. 2; Geimer/Schütze EuZVR/*Geimer*, Art. 18 EuVTVO, Rn. 3. Siehe zu Art. 34 Nr. 2 EuGVO a.F. auch die besprochene Entscheidung des BGH, 22.7.2004 – IX ZB 2/03 = NJW 2004, 3189 zum Verhältnis zur Vorgängernorm Art. 27 Nr. 2 EuGVÜ (s. Kapitel 7 B. I.).

2263 *Kropholler/von Hein*, Art. 18 EuVTVO, Rn. 6.

2264 Vgl. ebd. Siehe auch Rauscher EuZPR/EuIPR/*Pabst*, Art. 18 EuVTVO, Rn. 7.

Schuldner hätte gegen die noch nicht bestandskräftige Kostengrundentscheidung fristungebunden einen gegen die Kostengrundentscheidung der Beschlussverfügung gerichteten Widerruf nach §§ 924, 936 ZPO geltend machen können, weshalb eine Heilung nach Art. 18 Abs. 1 lit. b EuVTVO ausschied. Erkennbares Telos von Art. 34 Nr. 2 EuGVO a.F. ist, die Verteidigungsrechte des Schuldners zu wahren. Aus der Begründung des Kommissionsentwurfs geht hervor, dass eine Übereinstimmung mit Art. 18 Abs. 1 lit. b EuVTVO intendiert war. Auch aus Art. 18 Abs. 1 lit. b EuVTVO ist das Telos erkennbar und ohne Unklarheiten für den nationalen Richter zu bestimmen.

b) Individualrechtsschutz und Einheitlichkeit des Unionsrechts

Eine Bedrohung der Position des EuGH als Hüter der elementaren Bürgerrechte liegt nach dem oben in Kapitel 4 A. II. 1. b) bb) erläuterten Bewertungskriterium des Individualrechtsschutzes nicht vor.

Die schuldnerschützende Auslegung des BGH wahrte das rechtliche Gehör und damit den Grundsatz des fairen Verfahrens im Sinne des Art. 47 EU-Grundrechtecharta. Diese Ziele sind auch in den Erwägungsgründen (11) und (12) EuVTVO verankert und durch das Aufstellen von Mindeststandards in den Art. 13 ff. EuVTVO wird ihnen Rechnung getragen.

c) Ergebnis

Die Bewertungskriterien wurden erfüllt, sodass die Voraussetzungen eines materiellen Acte Clair vorliegen. Die Auslegung des BGH, dass die Heilung nach Art. 18 Abs. 1 lit. b EuVTVO abzulehnen sei, entsprach dem Telos der Art. 17, 18 EuVTVO.

Auch in der Literatur wurde das Regelungsproblem angeregt diskutiert. Gegen das Auslegungsergebnis des BGH wurde teilweise eingewendet, dass eine Akzessorietät nicht bestehe und ferner die vom BGH gewählte Auslegung ein Überspannen der Anforderungen an die Rechtsbehelfsbelehrung bedeute.[2265] Der Wortlaut des Art. 18 Abs. 1 lit. b EuVTVO beziehe sich ferner allein auf die Entscheidung, welche gegen die Art. 12 ff. EuVTVO verstoßen habe.[2266] Diese Ansicht ist zum einen aus Rechtsschutzgesichtspunkten abzulehnen.[2267]

2265 *Bittmann*, IPRax 2011, 361, 364. Ebenfalls die Akzessorietät ablehnend *H. Roth*, IPRax 2013, 239, 240.

2266 *Bittmann*, IPRax 2011, 361, 364.

2267 So auch zugestehend, ebd.; *Bittmann*, Rpfleger 2009, 369, 372. So auch *Hess*, 2010, § 10 Rn. 13.

Ferner widerspricht diese Sichtweise dem Grundgedanken der Einhaltung der Mindestvorschriften der Art. 12 ff. EuVTVO, welche dem Schuldnerschutz dienen.[2268] Zudem berücksichtigt diese Sicht nicht, dass die EuVTVO, wie man an Art. 7 EuVTVO erkennen kann, davon ausgeht, dass die Kostenfestsetzung mit der Hauptsache verbunden ist, was jedoch im deutschen Recht nicht der Fall ist.[2269] Die Auslegung des BGH steht nicht der autonomen Auslegung entgegen, da von der EuVTVO gerade eine enge Verzahnung mit den nationalen Verfahrensvorschriften vorgesehen ist.

Kostenfestsetzungsbeschlüssen fehlte meist die ordnungsgemäße Belehrung, sodass sie häufig allein deshalb in Deutschland nicht als EuVT bestätigt werden konnten.[2270] Daher war der deutsche Gesetzgeber gefordert, diesbezüglich das deutsche Verfahrensrecht anzupassen.[2271] Durch Einfügen des § 232 ZPO, welcher seit dem 1.1.2014 in Kraft ist, wurde behoben, dass im deutschen Recht keine Rechtsbehelfsbelehrung im Kostenfestsetzungsverfahren notwendig war.[2272] Damit wurde § 338 S. 2 ZPO aufgehoben, der spezifisch die Rechtsbehelfsbelehrung zum Einspruch gegen ein Versäumnisurteil regelte.[2273] Diese spezielle Regelung war mit Einführung der allgemeinen Rechtsbehelfsbelehrungspflicht obsolet geworden.[2274] Zu verdeutlichen ist hier, dass es sich bei den

2268 Vgl. nur Geimer/Schütze EuZVR/*Geimer*, Art. 18 EuVTVO, Rn. 1.

2269 Diese Auslegung des Art. 7 EVTVO erkennend, jedoch bezüglich selbstständiger Kostenfestsetzungsbeschlüsse aufgrund der Systematik des Art. 4 EuVTVO ein Zerbrechen der Akzessorietät ablesend, *H. Roth*, IPRax 2013, 239, 240.

2270 Rauscher EuZPR/EuIPR/*Pabst*, Art. 17 EuVTVO, Rn. 13; Schlosser/Hess EuZPR/*Schlosser*, Art. 17 EuVTVO, Rn. 1; *Bittmann*, Rpfleger 2009, 369; *Bittmann*, IPRax 2011, 361, 364; *H. Roth*, IPRax 2008, 235, 236 f.

2271 Damals Handlungsbedarf sehend, bspw. Rauscher EuZPR/EuIPR/*Pabst*, Art. 17 EuVTVO, Rn. 13; *Bittmann*, 2008, 66.

2272 BGBl. 2012 I S. 2418 vom 5.12.2012. Siehe zum Gesetzgebungsverfahren insbesondere Entwurf der Bundesregierung eines Gesetzes zur Einführung einer Rechtsbehelfsbelehrung im Zivilprozess vom 15.8.2012, BT-Dr 17/10490, S. 11 f.; Beschlussempfehlung und Bericht des Rechtsausschusses zu dem Gesetzentwurf der Bundesregierung (Drucksache 17/10490) vom 7.11.2012, BT-Dr 17/11385. Zur Praxis siehe *Fölsch*, NJW 2013, 970.

2273 § 338 S. 2 ZPO war im Zuge des EG-Vollstreckungstitel-Durchführungsgesetzes vom 18. August 2005 (BGBl. 2012 I S. 2477) durch Art. 1 Nr. 4 eingefügt worden, um den Mindeststandards der EuVTVO gerecht zu werden, siehe Entwurf der Bundesregierung eines Gesetzes zur Einführung einer Rechtsbehelfsbelehrung im Zivilprozess vom 15.8.2012, BT-Dr 17/10490, S. 12.

2274 Siehe Entwurf der Bundesregierung eines Gesetzes zur Einführung einer Rechtsbehelfsbelehrung im Zivilprozess vom 15.8.2012, BT-Dr 17/10490, S. 12.

Art. 13 ff. EuVTVO um Mindestvorschriften handelt, die nicht zwingend, sondern nach dem nationalen Recht des Ursprungsstaates als Beurteilungsregeln angepasst werden, siehe Erwägungsgrund (19) EuVTVO. Dennoch ist ihre Einhaltung für die Erteilung der Bestätigung von Bedeutung. Auch wenn nationale Vorschriften mit geringeren Anforderungen nicht als unionswidrig anzusehen sind, kann eine solche Entscheidung nicht als EuVT bestätigt werden.[2275] Obwohl die EU keine Kompetenz bezüglich der Vereinheitlichung rein nationaler Verfahren hat, lässt sich die Anpassung der deutschen Vorschriften auf einen von der EuVTVO herrührenden Anpassungsdruck zurückführen, da die Mitgliedstaaten ein Interesse daran haben, dass ihre nationalen Titel die Vorgaben für die Bestätigung als EuVT erfüllen, um von der beschleunigten, kostengünstigen und erleichterten grenzüberschreitenden Vollstreckung von unbestrittenen Forderungen zu profitieren.[2276]

Die Folgerechtsprechung des EuGH in der Rechtssache *Chudaś* hat insofern Klarheit darüber verschafft, ob auch isolierte Kostenfestsetzungsbeschlüsse als EuVT bestätigt werden können.[2277] Der EuGH hatte diese Frage mit der Begründung abgelehnt, dass Art. 4 und 7 EuVTVO dahin auszulegen seien, „dass eine vollstreckbare Entscheidung über die Höhe der mit dem gerichtlichen Verfahren verbundenen Kosten, die in einem Urteil enthalten ist, in dem es nicht um eine unbestrittene Forderung geht, nicht als [EuVT] bestätigt werden kann."[2278] Dabei bestätigte der EuGH seine Rechtsprechung in der Rechtssache *de Visser* insofern,[2279] als die Regelungen der EuVTVO grundsätzlich eng auszulegen seien.[2280] Diese Frage hatte der BGH jedoch in seinem Beschluss mangels Entscheidungserheblichkeit ausgeklammert, sodass sie keinen Einfluss auf die Acte Clair Begründung genommen hat.

2275 Siehe dazu eingehend *Stürner*, in: FS Simotta, 2012, 587, 595 f.

2276 Ebd., 596.

2277 EuGH, Urteil vom 14.12.2017 – C-66/17 (Chudaś ./. DA Deutsche Allgemeine Versicherung AG) = ECLI:EU:C:2017:972. Siehe dazu *Cranshaw*, jurisPR-IWR, 1/2018 Anm. 3.

2278 EuGH, Urteil vom 14.12.2017 – C-66/17 (Chudaś ./. DA Deutsche Allgemeine Versicherung AG) = ECLI:EU:C:2017:972, Rn. 35.

2279 EuGH, Urteil vom 15.3.2012 – C-292/10 (G ./. Cornelius de Visser) = ECLI:EU:C:2012:142, Rn. 64.

2280 EuGH, Urteil vom 14.12.2017 – C-66/17 (Chudaś ./. DA Deutsche Allgemeine Versicherung AG) = ECLI:EU:C:2017:972, Rn. 33.

III. Leitentscheidung BGH, Beschluss vom 24.4.2014 – VII ZB 28/13

In dem Beschluss des BGH vom 24.4.2014 hatte eine polnische Gesellschaft im Mahnverfahren einen Zahlungsbefehl gegen die in Deutschland ansässige Schuldnerin vor einem polnischen AG erwirkt.[2281] Dasselbe Gericht bestätigte diesen Titel als EuVT, wogegen sich die Schuldnerin mit einem Antrag auf Widerruf nach Art. 10 Abs. 1 lit. b EuVTVO wandte.[2282] Nach mündlicher Verhandlung, wozu die Schuldnerin nach eigenen Angaben nicht geladen worden sei, lehnte das AG den Antrag der Schuldnerin ab.[2283] Gegen die Entscheidung legte die Schuldnerin Beschwerde ein, die das polnische AG wegen Fristablaufs verworfen hat.[2284] Diese Entscheidung bestätigte daraufhin das polnische Bezirksgericht D., das die Zurückweisung des Aufhebungsantrags als rechtskräftig ansah.[2285]

Gleichermaßen suchte die Schuldnerin auch vor den deutschen Gerichten Rechtsschutz, indem sie Erinnerung gegen die von der Obergerichtsvollzieherin angekündigte Zwangsvollstreckung gem. § 766 BGB einlegte.[2286] Der Schuldnerin sei weder das verfahrenseinleitende Schriftstück noch der Zahlungsbefehl selbst zugestellt worden.[2287] Daher verstoße die Zwangsvollstreckung aus diesem Titel gegen den ordre public.[2288] Gegen die Zurückweisung der Erinnerung durch das AG legte die Schuldnerin Beschwerde ein, woraufhin das zuständige LG das Verfahren zunächst aussetzte, dann aber die Beschwerde zurückwies, nachdem das polnische Bezirksgericht seine endgültige Entscheidung getroffen hatte.[2289] Hierbei stellte das LG klar, dass es die Erinnerung nach § 766 Abs. 1 ZPO als Antrag auf Verweigerung bzw. Aussetzung der Zwangsvollstreckung nach Art. 21, 23 EuVTVO und § 1084 ZPO ausgelegt habe.[2290] Die zulässige Rechtsbeschwerde der Schuldnerin gegen diesen Beschluss blieb in der Sache erfolglos.[2291]

2281 BGH, 24.4.2014 – VII ZB 28/13 = BGHZ 201, 22, 23 Rn. 2.
2282 Ebd., 23 f. Rn. 5.
2283 Ebd.
2284 Ebd.
2285 Ebd.
2286 Ebd., 23 Rn. 3.
2287 Ebd.
2288 Ebd.
2289 Ebd., 23 f. Rn. 4, 6.
2290 Ebd., 24 Rn. 6.
2291 Ebd., 24 Rn. 8.

1. Lösung des Rechtsproblems

Der BGH bestätigte die Rechtsauffassung des Beschwerdegerichts, wonach der Antrag der Schuldnerin auf Verweigerung der Zwangsvollstreckung unbegründet sei. Die Frage, ob das polnische Gericht Verfahrensverstöße begangen habe, könne nach dem BGH dahinstehen, da eine Kontrolle sowohl des materiellen als auch des verfahrensrechtlichen ordre public in der EuVTVO ersatzlos abgeschafft worden und daher nicht vorgesehen sei.[2292] Dies ergebe sich aus dem Wortlaut des Art. 5 EuVTVO, wonach die Anerkennung und Vollstreckung ohne Vollstreckbarerklärung mit dem Ausschluss der Möglichkeit, die Anerkennung anzufechten, für die ordre public-Kontrolle kein Raum bleibe.[2293] Ferner fehle es an einer dem Art. 34 EuGVO a.F. entsprechenden Vorschrift.[2294] Art. 21 Abs. 1 EuVTVO, der als einzigen Grund zur dauerhaften Vollstreckungsversagung die Unvereinbarkeit mit einer früheren Entscheidung nenne und Art. 21 Abs. 2 EuVTVO, wonach jegliche Nachprüfung der Entscheidung selbst untersagt werde, bestätigten dieses Ergebnis.[2295] Deshalb sehe Art. 23 EuVTVO nur die vorläufige Beschränkung der Vollstreckung und Aussetzung vor.[2296]

Außerdem entspreche die Aufgabe der ordre public-Prüfung dem Willen des Verordnungsgebers, was sich bereits aus dem Maßnahmenprogramm des Rates, das mit Erlass der EuVTVO umgesetzt worden sei, ergebe, das die rasche Betreibung von Forderungen aufgrund der Notwendigkeit für den Handel als Priorität der Gemeinschaft vorsah.[2297] Ferner bringe der Grundsatz der automatischen gegenseitigen Anerkennung von Entscheidungen und die Abschaffung des Vollstreckbarerklärungsverfahrens die Aufgabe der Möglichkeit einer ordre public-Kontrolle zum Ausdruck.[2298] Dies spiegele auch Erwägungsgrund (18) EuVTVO wider, wonach das gegenseitige Vertrauen es rechtfertige, dass nicht vom Gericht des Vollstreckungsstaates überprüft werde, ob die Mindestvoraussetzungen eingehalten worden seien.[2299] Den Schuldnerinteressen sei ausreichend durch die aufgestellten Mindestvoraussetzungen der Art. 13 ff. EuVTVO Rechnung getragen, welche gerade das rechtliche Gehör sicherstellen sollten.[2300] Die Kontrolle

---

2292 BGH, 24.4.2014 – VII ZB 28/13 = BGHZ 201, 22, 26 Rn. 14.
2293 Ebd., 26 Rn. 15.
2294 Ebd., 26 Rn. 16.
2295 Ebd., 27 Rn. 17.
2296 Ebd., 27 Rn. 18.
2297 Ebd., 27 Rn. 20.
2298 Ebd., 27 f. Rn. 21.
2299 Ebd., 28 Rn. 22.
2300 Ebd.

dessen obliege hingegen allein den Gerichten des Ursprungsstaates im Rahmen des Bestätigungsverfahrens.[2301] Nach dem Willen des Verordnungsgebers seien Fehlentscheidungen in Einzelfällen betreffend die Nichteinhaltung der Mindeststandards hinzunehmen, ebenso wie Fehlentscheidungen innerstaatlicher Gerichte.[2302] In der Abschaffung der ordre public-Kontrolle könne kein Verstoß gegen höherrangiges Recht gesehen werden, da dem europäischen Verordnungsgeber ein Ermessenspielraum betreffend der Einhaltung der Verfahrensgrundsätze nach Art. 6 EMRK und Art. 47 EU-Grundrechtecharta bezüglich der Umsetzung zustehe und gegen den von der EuVTVO gewählten Weg über Mindeststandards keine Bedenken bestünden.[2303] Die deutschen Gerichte verstießen ferner nicht gegen Verfahrensgrundrechte bei einer Zwangsvollstreckung eines als EuVT bestätigten Titels, wenn dieser unter Missachtung der Verfahrensgrundrechte im Ursprungsstaat zustande gekommen sein sollte.[2304]

2. *Acte Clair*

„Unter Art. 267 Abs. 1 lit. b AEUV fallen alle Handlungen der Organe der Union, also auch das gesamte sekundäre Unionsrecht einschließlich der Verordnungen (vgl. Streinz/Ehricke, EUV/AEUV, 2. Aufl., Art. 267 AEUV Rn. 19). Die Vorlagepflicht entfällt, wenn die richtige Anwendung des Unionsrechts derart offenkundig ist, dass keinerlei Raum für einen vernünftigen Zweifel an der Entscheidung der gestellten Frage bleibt (acte claire - Doktrin; grundlegend EuGH - C.I.L.F.I.T., Slg. 1982, 3415, 3430; BGH, Urteil vom 4. März 2013 - NotZ (Brfg) 9/12, BGHZ 196, 271, 283). Davon darf das innerstaatliche Gericht ausgehen, wenn es überzeugt ist, dass auch für die Gerichte der übrigen Mitgliedstaaten und den Gerichtshof die gleiche Gewissheit bestünde (EuGH, aaO, 3430; BGH, Urteil vom 4. März 2013 - NotZ (Brfg) 9/12, aaO, S. 283). So liegt der Fall hier. Angesichts des eindeutigen Wortlauts der Art. 5, 21 Abs. 2 und Art. 23 EuVTVO sowie des vom Verordnungsgeber in Erwägungsgrund 18 dokumentierten Willens besteht kein Zweifel daran, dass ein EuVT nicht im Vollstreckungsstaat auf einen ordre public-Verstoß überprüft werden kann. Dass dies auch für die Gerichte der übrigen Mitgliedstaaten ebenso eindeutig ist, belegt beispielhaft die inhaltlich gleichlautende Entscheidung des österreichischen Obersten

---

2301 BGH, 24.4.2014 – VII ZB 28/13 = BGHZ 201, 22, 28 Rn. 23.

2302 Ebd., 29 Rn. 25.

2303 Ebd., 29 Rn. 26.

2304 Ebd., 29 Rn. 27.

Gerichtshofes vom 22. Februar 2007 (IPRax 2008, 440, 443 m. Anm. Bittmann, IPRax 2008, 445).“[2305]

3. *Bewertung*

a) *Effet utile und Einheitlichkeit des Unionsrechts*

Wie oben in Kapitel 4 A. II. 1. b) aa) dargestellt, kann ein Acte Clair nur angenommen werden, wenn die Position des EuGH, die Effektivität des Unionsrechts zu gewährleisten, nicht bedroht wird.

Unklarheiten könnten durch die Zusammenschau des Normtexts beseitigt werden. Wie gesehen ist nach Art. 1 EuVTVO und Erwägungsgrund (8) EuVTVO Grundziel der EuVTVO die Ermöglichung des freien Verkehrs von Entscheidungen sowie gerichtlichen Vergleichen und öffentlichen Urkunden durch die erleichterte und beschleunigte Vollstreckbarkeit von unbestrittenen Forderungen[2306] fußend auf dem Grundsatz des gegenseitigen Vertrauens in die Rechtspflege der anderen Mitgliedstaaten.[2307] Der BGH stützte seine Argumentation auf die Art. 5, 21 und 23 EuVTVO. Art. 5 EuVTVO statuiert den vollzogenen Systemwechsel,[2308] wonach ein EuVT in den anderen Mitgliedstaaten weder einem Anerkennungs- noch einem Vollstreckbarerklärungsverfahren unterliege.[2309] Ergänzend dazu lässt sich aus Art. 21 EuVTVO, der einzigen Regelung, welche die Verweigerung eines EuVT ermöglicht, bei Unvereinbarkeit mit einer früheren Entscheidung der Umkehrschluss ziehen, dass andere Verweigerungsmöglichkeiten nicht bestehen.[2310] Klarstellend regelt Art. 21 Abs. 2 EuVTVO, das im Vollstreckungsmitgliedstaat keine Kontrolle der Bestätigung in der Sache selbst erfolgen darf. Art. 23 EuVTVO ermöglicht nur die temporäre Maßnahme der Verfahrensaussetzung sowie eine auf Sicherungsmaßnahmen beschränkte Vollstreckung. Aus der Gesamtschau dieser Vorschriften wird deutlich, dass für eine ordre public-Kontrolle im Vollstreckungsstaat kein Raum bleibt.

2305 BGH, 24.4.2014 - VII ZB 28/13 = BGHZ 201, 22, 31 Rn. 35 f.

2306 Siehe Erwägungsgrund (8) EuVTVO und Art. 1 EuVTVO, siehe auch bspw. *Leible/Freitag*, 2008, § 5 Rn. 39.

2307 Siehe Erwägungsgrund (18) EuVTVO.

2308 Gar von einem Paradigmenwechsel ausgehend, *Stadler*, IPRax 2004, 2, 5.

2309 Begründung zum Kommissionsvorschlag, KOM(2002) 159 endg., S. 4; Rauscher EuZPR/EuIPR/*Pabst*, Art. 5 EuVTVO, Rn. 1.

2310 Rauscher EuZPR/EuIPR/*Pabst*, Art. 5 EuVTVO, Rn. 24. Auch im Wege einer Analogie könne Art. 21 EuVTVO nicht auf andere Versagungsgründe angewendet werden, ebd., Rn. 25.

Zweifel könnten sich jedoch aus der Rechtsprechung des EuGH zur EuGVO a.F. ergeben. Bereits in der *Krombach*-Entscheidung hat der EuGH ausgeführt, dass die Grundrechte zu den allgemeinen Rechtsgrundsätzen gehören, deren Wahrung der Gerichtshof zu sichern hat.[2311] Der BGH hatte diesen Fall, bei dem sich der Angeklagte einem französischen Strafverfahren nicht stellte, dem EuGH vorgelegt. Der Angeklagte wurde in einem zivilrechtlichen Annexverfahren zu Schadensersatz verurteilt.[2312] Der EuGH wies das französische Urteil als elementar menschenrechtswidrig aus, weil bereits die Versagung des rechtlichen Gehörs im Rahmen des zivilrechtlichen Annexverfahrens gegen die Verteidigungsrechte des Beklagten nach Art. 6 EMRK verstoßen habe.[2313] Bestätigung fand diese Grundsatzentscheidung in Art. 6 Abs. 2 EUV.[2314]

In Folge der *Krombach*-Entscheidung hatte der Beklagte ein Urteil vor dem EGMR erwirkt, welches die französische Regelung in Art. 630 Code de procédure pénale, nach der dem Angeklagten kein rechtliches Gehör verschafft werden muss, für gegen Art. 6 Abs. 3 lit. c EMRK verstoßend befunden, woraufhin die Cour de Cassation das Urteil kassierte und in der Folge auch diese Regelung aufgehoben wurde.[2315]

In der EuGH-Rechtssache *Gambazzi* ging es ebenfalls um die Verletzung rechtlichen Gehörs während des Verfahrens.[2316] Hier war ein englisches Urteil ergangen, nachdem der Beklagte aufgrund eines „contempt of court" (Missbrauch des Gerichts) von seinen Verteidigungsmöglichkeiten ausgeschlossen worden war,[2317] weil er nicht der vom englischen Gericht als Zwangsmittel auferlegten Pflicht der Offenlegung von Dokumenten nachgekommen war.[2318] Differenzierend führte der EuGH aus, dass es bei der Beurteilung eines ordre public-Verstoßes sowohl auf die Verhältnismäßigkeit der ursprünglichen Anordnung als auch des Ausschlusses ankomme.[2319] Nur wenn das Gericht nach Abschluss einer Gesamtwürdigung zu dem Ergebnis käme, dass die Ausschlussmaßnahme eine offensichtliche und unverhältnismäßige Beeinträchtigung des Anspruchs

---

2311 EuGH, Urteil vom 28.3.2000 – C-7/98 (Krombach) = ECLI:EU:C:2000:164, Rn. 25.
2312 Ebd., Rn. 2.
2313 Ebd., Rn. 44 f.
2314 MüKo ZPO/*Adolphsen*, Art. 5 EG-VollstrTitelVO, Rn. 11; *R. Geimer*, ZIP 2000, 863, 864; *Matscher*, IPRax 2001, 428; *Limbach*, EuGRZ 2000, 417, 419.
2315 *Bach*, RIW 2018, 549, 553.
2316 Siehe dazu die Anmerkung von *Cuniberti*, IPRax 2010, 148.
2317 EuGH, Urteil vom 2.4.2009 – C-394/07 (Gambazzi) = ECLI:EU:C:2009:219, Rn. 16.
2318 Ebd., Rn. 15.
2319 Ebd., Rn. 41 ff.

auf rechtliches Gehör des Beklagten darstelle, dürfe das Vollstreckungsgericht die ordre public-Klausel des Art. 27 EuGVO a.F. berücksichtigen.[2320]

Zwar betonte der EuGH in beiden Entscheidungen den hohen Stellenwert des rechtlichen Gehörs, doch weder die *Krombach*- noch die *Gambazzi*-Entscheidung sind zur EuVTVO ergangen. Das Unionsrecht ist in gewissen Grenzen zugänglich für die verordnungsübergreifende einheitliche Auslegung, um die Rechtssicherheit und Rechtsklarheit zu erhöhen.[2321] Jedoch stellt die EuVTVO eine Alternative zur EuGVO dar, deren gesetzgeberischer Zweck gerade in der Beschleunigung des Verfahrens zur Vollstreckung grenzüberschreitender Forderungen liegt. Insofern weckt die Rechtsprechung des EuGH zur EuGVO a.F. keine Zweifel bezüglich der Ermittlung des Telos. Der Zweck ist aus der Zusammenschau der Normen ohne Unklarheiten erkennbar. Eine ordre public-Kontrolle ist in der EuVTVO nicht vorgesehen, was dem Telos der Normen entspricht und für den nationalen Richter ohne Unklarheiten feststellbar ist.

b) Individualrechtsschutz und Einheitlichkeit des Unionsrechts

Eine Bedrohung der Position des EuGH als Hüter der elementaren Bürgerrechte kann nach dem oben in Kapitel 4 A. II. 1. b) bb) definierten Bewertungskriterium des Individualrechtsschutzes nur dann vorliegen, wenn spezifische Grundrechtsfragen relevant sind. Eine Acte Clair-Annahme ist insbesondere dann nicht angebracht, wenn unklar ist, ob eine unionsrechtliche Norm eine grundrechtskonforme Abwägung im Sinne der praktischen Konkordanz darstellt.

Diesbezüglich bestehen Bedenken. Die EU als Rechtsgemeinschaft ist in besonderem Maße dem Individualrechtsschutz verpflichtet und der EuGH weist dieses als Politikziel aus.[2322] Nur der EuGH hat die Kompetenz, das sekundäre Unionsrecht auf die Konformität mit dem primären Unionsrecht, einschließlich der individuellen Akte der Mitgliedstaaten, welche an einzelne Bürger gerichtet sind, zu überprüfen.[2323] Prüfungsmaßstab ist insofern nach Art. 6 Abs. 1

2320 EuGH, Urteil vom 2.4.2009 – C-394/07 (Gambazzi) = ECLI:EU:C:2009:219, Rn. 48.

2321 Vgl. bspw. zur rechtsaktübergreifenden Auslegung der Rom I-VO und der EuGVO a.F., *Rühl*, GPR 2013, 122, 123, was jedoch in diesem Fall so auch in Erwägungsgrund (7) Rom I-VO durch den Verordnungsgeber explizit gefordert wird. Zudem schränkt der EuGH das Gebot der kohärenten Auslegung selbst ein, siehe EuGH, Urteil vom 16.1.2014 – C-394/07 (Kainz) = ECLI:EU:C:2014:7, Rn. 20.

2322 *Shaw*, [3]2000, 427; *Haltern*, [3]2017, EuR Band II, Rn. 578. Schematisch aufgegriffen von ebd., Rn. 584.

2323 Rauscher EuZPR/EuIPR/*Pabst*, Einl EuVTVO, Rn. 41; Streinz EUV/AEUV/*Ehricke*, Art. 267 AEUV, Rn. 73 ff.

EUV die EU-Grundrechtecharta als Teil des europäischen Primärrechts sowie nach Absatz 3, welcher die nationale Identität der Mitgliedstaaten absichert, die Grundrechte als allgemeine Grundsätze, die sich aus der EMRK sowie aus der gemeinsamen Verfassungstradition der Mitgliedstaaten ergeben.[2324] Somit könnte der EuGH darüber entscheiden, ob die Abschaffung des ordre public den europäischen Grundrechten widerstrebt, nicht jedoch darüber, ob eine mitgliedstaatliche Entscheidung europäische Grundrechte verletzt.[2325] Auf diese Weise kann der EuGH seine Funktion als Wächter über die elementaren Rechte der Bürger ausüben.[2326] Davon ausgehend, dass die ordre public-Kontrolle zwei Ziele verfolgt, nämlich *erstens* das öffentliche Interesse zu schützen und *zweitens* den Beklagtenschutz sicherzustellen,[2327] kann somit festgehalten werden, dass bezüglich des ersten Ziels aufgrund des schrittweise gestiegenen und stetig steigenden gegenseitigen Vertrauens eine ordre public-Kontrolle eingeschränkt werden kann, dasselbe kann jedoch nicht für das Ziel des Beklagtenschutzes gelten, welches den Individualrechtsschutz betrifft.[2328] Der Beklagtenschutz kann nicht ohne Weiteres dem Grundsatz des gegenseitigen Vertrauens zum Opfer fallen.[2329]

Die Auslegung des BGH könnte insofern im Widerspruch zum Individualrechtsschutzgedanken der Union stehen, da die Anwendung der EuVTVO-Regelungen hier dazu führt, dass ein Urteil in Deutschland vollstreckt wird, bei welchem nach Auffassung des Schuldners diesem kein rechtliches Gehör gewährt wurde. Der Anspruch auf rechtliches Gehör nimmt eine Sonderstellung ein und wurde von den Mitgliedstaaten als elementarer Rechtsgrundsatz qualifiziert und durch die EuGH-Rechtsprechung als fundamentaler Grundsatz des Gemeinschaftsrechts weiter verschärft.[2330] Ausdruck hat diese Rechtsprechung

---

2324 MüKo ZPO/*Adolphsen*, Art. 5 EG-VollstrTitelVO, Rn. 10.

2325 Rauscher EuZPR/EuIPR/*Pabst*, Einl EuVTVO, Rn. 41.

2326 *Ptak*, 2014, 228. Einschränkend Rauscher EuZPR/EuIPR/*Pabst*, Einl EuVTVO, Rn. 43.

2327 Rauscher EuZPR/EuIPR/*Pabst*, Art. 5 EuVTVO, Rn. 12.

2328 Ebd.

2329 Ebd. Ebenfalls kritisch, *Lavenex*, Journal of European Public Policy 14 (2007), 762, 763: Es gebe einen fundamentalen Unterschied zwischen der gegenseitigen Anerkennung von Regelungen bezüglich Handelsprodukten und der gegenseitigen Anerkennung von Gerichtsentscheidungen, bei welchen eine Balance zwischen den staatlichen Interessen, den Menschenrechten und der Freiheit geschaffen werden müsse.

2330 EuGH, Urteil vom 4.7.1963 – 32/62 (Alvis ./. Rat der EWG) = ECLI:EU:C:1963:15, S. 123 f.; EuGH, Urteil vom 13.7.1966 – 56/64 und 58/64 (Consten und Grundig

in der Kodifikation des Art. 47 Abs. 2 EU-Grundrechtecharta in Anlehnung an Art. 6 EMRK gefunden[2331] und setzt voraus, dass der Beklagte Kenntnis über die Verfahrensschritte gegen ihn erlangt.[2332] Art. 47 Abs. 2 EU-Grundrechtecharta bindet nach Art. 51 Abs. 1 S. 1 die Mitgliedstaaten, sofern diese Unionsrecht anwenden oder durchführen.[2333] Eine offensichtliche Verletzung des Anspruchs auf rechtliches Gehör muss in einem anderen Mitgliedstaat danach nicht anerkannt werden.[2334] Der über die EU-Grundrechtecharta gewährte Schutz geht nach Art. 52 Abs. 3 S. 2 EU-Grundrechtecharta über den der EMRK, welcher als Mindeststandard angesehen werden kann, hinaus.[2335] Hier könnte bereits eine Verletzung der EMRK vorliegen, deren Vorliegen erst recht eine Verletzung der von der EU-Grundrechtecharta geschützten Grundrechte bedeuten würde.

Eine einmal als EuVT bestätigte Entscheidung ist nach Art. 5 EuVTVO in jedem Mitgliedstaat unmittelbar vollstreckbar. Durch die Abschaffung des Exequaturverfahrens ohne ordre public-Vorbehalt wird dem Vollstreckungsstaat die Möglichkeit genommen, seinen menschenrechtlichen Verpflichtungen nachzukommen, nämlich den Schuldner vor einem unfairen Verfahren zu schützen. Im Vollstreckungsverfahren gegen den Schuldner wird auf menschenrechtlicher Ebene die Eigentumsgarantie des Schuldners nach Art. 1 des Zusatzprotokolls zur EMRK geschützt.[2336] Da es sich hier jedoch um eine unionsrechtliche Verpflichtung handelt, läge nach der zu Art. 6 EMRK ergangenen *Bosphorus Hava*-Vermutung zumindest dann keine Menschenrechtsverletzung vor, wenn dem

./. Kommission der EWG) = ECLI:EU:C:1966:41, S. 394 f. Verschärft wurde dies durch EuGH, Urteil vom 13.2.1979 - 85/76 (Hoffmann-La Roche ./. Kommission) = ECLI:EU:C:1979:36, Rn. 9; EuGH, Urteil vom 21.9.1989 - 46/87 und 227/88 (Hoechst ./. Kommission) = ECLI:EU:C:1989:337, Rn. 14 f. Dauses/Ludwigs, Handbuch des EU-Wirtschaftsrechts, B.I. Rn. 113.

2331 Kindl/Meller-Hannich/Wolf Gesamtes Recht der Zwangsvollstreckung/*Stürner*, Art. 5 EuVTVO, Rn. 5; Dauses/Ludwigs, Handbuch des EU-Wirtschaftsrechts, B.I. Rn. 113.

2332 *Jarass*, Charta der Grundrechte der Europäischen Union, ^{3}2016, Art. 47 Rn. 33; *Schilling*, IPRax 2011, 31, 33.

2333 *Jarass*, Charta der Grundrechte der Europäischen Union, ^{3}2016, Art. 47 Rn. 4.

2334 Ebd., Rn. 36; EuGH, Urteil vom 2.5.2006 - C-341/04 (Eurofood IFSC) = ECLI:EU:C:2006:281, Rn. 67 (bezüglich eines Insolvenzverfahrens).

2335 *Molthagen*, Hamburg 2003, 32 f.

2336 *Schilling*, IPRax 2011, 31.

Schuldner gegen den Vollstreckungstitel ein wirksamer Rechtsbehelf zur Verfügung steht.[2337]

Der Schuldner hat nach Art. 10 EuVTVO die Möglichkeit, einen Widerruf gegen die Bestätigung einzulegen, sodass ihm ein Rechtsbehelf zur Verfügung steht.[2338] Dieser müsste aber auch wirksam sein. Wirksam wäre der Rechtsbehelf, wenn ihm ein Devolutiveffekt zukäme, welcher von der EuVTVO nicht vorgeschrieben ist, jedoch zulässig ist, wenn das nationale Recht, welches nach Art. 10 Abs. 2 EuVTVO maßgebend ist, dies vorsieht.[2339] Vorliegend wurde der Widerruf nach Art. 10 Abs. 1 lit. b EuVTVO von demselben AG in Polen abgelehnt, welches die Bestätigung des EuVT erteilt hatte und auch die dagegen gerichtete Beschwerde wegen Fristablaufs abgelehnt hatte. Erst die Beschwerde dagegen behandelte dann die höhere Instanz, das Bezirksgericht. Ob darin noch ein wirksamer Rechtsbehelf mit Devolutiveffekt gesehen werden kann, ist zumindest zweifelhaft.[2340]

Zudem erlaubt die EuVTVO theoretisch auch die Selbstkontrolle durch das Prozessgericht, welches die Bestätigung als EuVT erteilt.[2341] Die Kontrolle über die Zustellung des verfahrenseinleitenden Schriftstücks bzw. der Ladung zu einer mündlichen Verhandlung wird damit im Vollstreckungsstaat abgeschafft und im Ursprungsstaat zentralisiert. Problematisch ist, dass die Kontrolle der Zustellung damit praktisch leerläuft, wenn derselbe Richter, welcher die Zustellung bereits

---

2337 EGMR, 30.6.2005 – App. No. 45036/98 (Bosphorus Hava Yolları Turizm ve Ticaret Anonim Şirketi v. Ireland) = NJW 2006, 197, Rn. 137; *Schilling*, IPRax 2011, 31, 39 f.

2338 *Kramme*, GPR 2014, 296, 298.

2339 *Schilling*, IPRax 2011, 31, 40.

2340 Siehe hierzu die rechtsvergleichende Betrachtung bei *Bittmann*, 2008, 130 ff. Österreich, England und Wales, Frankreich und Italien sowie Deutschland haben Art. 10 EuVTVO nicht devolutiv ausgestaltet. Siehe zur Umsetzung in Polen *Ptak*, 2014, 192 f.: Das Widerrufsverfahren ist in Polen nicht devolutiv ausgestaltet, nur der erneute Rechtsbehelf gegen die Entscheidung über den Widerruf ist nach Art. 795[4] § 5 poln. ZVGB devolutiv ausgestaltet. Ferner ist nur der Gläubiger anzuhören, wenn das Gericht die Bestätigung widerruft, wobei die schriftliche Erklärung des Gläubigers ausreicht. Siehe dazu auch *Taborowski*, IPRax 2007, 250, 253.

2341 *Stadler*, in: Kieninger/Remien (Hrsg.), 2012, 165, 171 f. Sie machte darauf aufmerksam, dass die Kommission bei dem Kontrollabbau gerade bei Versäumnisurteilen davon ausging, dass der Beklagte, der sich nicht zur Wehr setze, auch nichts gegen den Anspruch entgegenbringen könne. Dies sei jedoch dann nicht der Fall, wenn der Beklagte aufgrund Zustellungsfehlern keine Kenntnis von der Verfahrenseinleitung erlangt habe.

für sein Urteil bejaht hat, nun den Haken neben das Feld des Formulars zur Zustellung setzt.[2342]

Somit besteht hier zumindest die Möglichkeit, dass spezifische Grundrechtsfragen bezüglich des rechtlichen Gehörs relevant werden. Demnach ist es als unklar anzusehen, ob die EuVTVO eine grundrechtskonforme Abwägung im Sinne der praktischen Konkordanz vornimmt, sodass eine Acte Clair-Annahme nicht angebracht war.

c) Ergebnis

Hier lag ein besonderer Fall vor. Die Auslegung des BGH entsprach zwar konsequent dem Telos der Normen,[2343] jedoch nicht dem Bewertungskriterium des Individualrechtsschutzes. Unklar ist, ob die EuVTVO eine Abwägung im Sinne der praktischen Konkordanz betreffend des rechtlichen Gehörs vornimmt. In dieser Situation hätte der BGH dem EuGH vorlegen müssen. Die Bewertungskriterien des materiellen Acte Clair wurden nicht erfüllt. Daran änderte auch die Bezugnahme des BGH auf den Beschluss des OGH vom 22.2.2007[2344] nichts, welches in einem ähnlichen Fall gleichlautend entschieden hatte und ebenfalls Individualrechtschutzgründe unberücksichtigt gelassen hatte, indem es dem EuGH keine Vorlagefrage stellte. Hierin zeigt sich, dass Gefährdungen der Einheitlichkeit des Unionsrechts nicht mit Bezügen zur mitgliedstaatlichen Rechtsprechungspraxis beegegnet werden kann. Wie hier gesehen, kann dies sogar dazu führen, dass eine umstrittene Rechtslage verfestigt wird, ohne dass dem EuGH eine Vorlage gestellt wird.[2345]

Dass bezüglich der Aufgabe der ordre public-Kontrolle Bedenken bestehen, zeigt auch das Festhalten der ordre public-Kontrolle in der EuGVO n.F. auf.[2346]

2342 So *Bach*, RIW 2018, 549, 554.

2343 Siehe auch *Engel/Singbartl*, EWiR 2014, 603, 604.

2344 OGH, 22.2.2007 - 3 Ob 253/06m = IPRax 2008, 440-443 mit Anmerkung *Bittmann*, IPRax 2008, 445.

2345 Vgl. auch EuGH, Urteil vom 26.4.2018 - C-34/17 (Donnellan) = ECLI:EU:C:2018:282.

2346 Zwar hat die EuGVO nicht wie die EuVTVO die ordre public-Kontrolle in der Revision abgeschafft und auch nicht insgesamt wie die „2. Generation" die Rechtsbehelfe des Schuldners auf den Ursprungsstaat reduziert, dennoch hat der EuGH betreffend die EuGVO in der Rechtssache Diageo Brands BV ./. Simiramida-04 EOOD verdeutlicht, dass der Schuldner alle Rechtsmittel im Ursprungsstaat ausschöpfen muss, um sich die Rügemöglichkeit im Vollstreckungsverfahren zu erhalten, siehe EuGH, Urteil vom 16.7.2015 - C-681/13 (Diageo Brands ./. Simiramida) = ECLI:EU:C:2015:471, Rn. 64 ff. Dazu *von Hein/Tilmann Imm*, IWRZ 2019, 112, 117.

Die Relevanz der materiellen ordre public-Kontrolle im Rahmen der EuGVO a.F. wurde jüngst noch einmal in der Entscheidung des BGH vom 19.07.2018 verdeutlicht.[2347]

Kontrovers wurde in der Literatur diskutiert, ob auf die ordre public-Kontrolle rechtspolitisch verzichtet werden könne.[2348] Es wurde argumentiert, dass die Zulassung der ordre public-Kontrolle oder einer anderen generalklauselartigen Kontrolle dazu führen könnte, dass die Staaten ihre Kontrollmöglichkeiten weit auslegten und dabei das Risiko bestärkten, dass die Verfahren verlängert und verteuert würden.[2349]

2347 BGH, 19.7.2018 – IX ZB 10/18 = NJW 2018, 3254.

2348 Dafür *Bach*, 2008, 476; *Bach*, RIW 2018, 549; *Heringer*, 2007, 86 f.; *Bittmann*, 2008, 206 ff. Mit Einschränkungen *Ptak*, 2014, 210 ff., 234 f. Dagegen Rauscher EuZPR/EuIPR/*Pabst*, Art. 5 EuVTVO, Rn. 18; *Stadler*, in: Kieninger/Remien (Hrsg.), 2012, 165, 176; *Baumert*, RIW 2018, 555. Bei der Betrachtung wird teilweise unterschieden zwischen materiellem und verfahrensrechtlichem ordre public. Siehe vor allem auch das Maßnahmenprogramm zur Umsetzung des Grundsatzes der gegenseitigen Anerkennung gerichtlicher Entscheidungen in Zivil- und Handelssachen des Rates, ABl. C 12 vom 15.1.2001, S. 1, 5 unter A.2.a.i, das einen zurückhaltenden Ansatz enthielt: „Beschränkung der Gründe, die gegen die Anerkennung oder Vollstreckung einer ausländischen Entscheidung geltend gemacht werden können (z. B. Abschaffung des Ordre-public-Einwands *unter Berücksichtigung der Fälle, in denen dieser Grund derzeit von den Gerichten der Mitgliedstaaten angeführt wird*)." Im Gegensatz dazu siehe auch die Mitteilung der Kommission an das Europäische Parlament betreffend den gemeinsamen Standpunkt des Rates im Hinblick auf den Erlass einer Verordnung des Europäischen Parlaments und des Rates zur Einführung eines europäischen Vollstreckungstitels für unbestrittene Forderungen, KOM(2004) 90 endg., S. 4 unter 3.1. a.E.: „Die Kommission kann den gemeinsamen Standpunkt akzeptieren, der zwar den ursprünglichen Vorschlag der Kommission in der nach der Stellungnahme des Parlaments geänderten Fassung in einigen Aspekten ändert, aber am Anspruch festhält, das Exequaturverfahren sowie jede Art von Kontrolle, *die auf den ordre public Bezug nimmt, abzuschaffen; er sorgt für einen gerechten Ausgleich zwischen dem Anliegen, Gläubigern die Vollstreckung im Ausland deutlich zu erleichtern, und einem angemessenen Schutz der Rechte der Schuldner*." (Hervorhebung durch Verf.) Die Kommission hatte zunächst ein europaweites, einheitliches Zustellungsverfahren vorgeschlagen (Begründung zum Kommissionsvorschlag, KOM(2002) 159 endg.), was jedoch der Rat auf Grund der Wahrung der nationalen Zustellungsrechte abgelehnt hatte, siehe dazu *Hess*, 2010, § 10 Rn. 19.

2349 So *Kropholler/von Hein*, Europäisches Zivilprozessrecht, [9]2011, Art. 5 EuVTVO, Rn. 5; *Ptak*, 2014, 234; *Wais*, LMK 2015, 371718.

Ein solches Risiko sei jedoch im Rahmen der EuVTVO zumindest hinzunehmen, da im Bereich der unbestrittenen Forderungen solche materiellen Verstöße nur sehr selten vorkämen und daher, wie der BGH betont habe,[2350] für die effektive Forderungsdurchsetzung hinnehmbar erscheine.[2351] *Heringer* sprach hier explizit davon, dass „für ein vereintes Europa ‚Opfer' gebracht werden" müssten, was auf nationaler Ebene der Verzicht von Beklagtenschutz im Anerkennungs- und Vollstreckungsstadium bedeute.[2352] Sogar der BGH wies explizit darauf hin, dass das der EuVTVO zugrunde liegende System fehleranfällig sei.[2353]

Gerling sah diese Opfer der Vollstreckungsschuldner als zu groß für das Funktionieren des Binnenmarktes an und erkannte im ordre public eine „unabdingbare Zwischenmaßnahme".[2354] Die Absicherung und Kontrolle der Gewährleistung des Rechts auf rechtliches Gehör gestalte sich daher für solange unabdingbar, bis die zivilrechtliche Rechtspflege der Mitgliedstaaten tatsächlich gleichwertig sei.[2355] Blindes Vertrauen dürfe nicht dazu führen, Menschenrechte zu übertrumpfen.[2356] Nach *Nikolaïdes* müsse daher gelten: „The principle of mutual confidence must remain an aspiration not an assumption".[2357] Als „Notbremse" diene der ordre public als dogmatisch zutreffendes Einfallstor für eine Grundrechtsprüfung nach dem Grundgesetz, der EU-Grundrechtecharta und der EMRK.[2358]

Der Ansatz von *Ptak* war daher eine Kompromisslösung, wonach die Kontrolle des rechtlichen Gehörs von Amts wegen erfolge, wobei vorrangig auf vertikalen Rechtsschutz abgestellt werden solle, aber dem Schuldner bestimmte Rechtsbehelfe horizontal im Vollstreckungsstaat zu gewähren seien.[2359] Dadurch

---

2350 BGH, 24.4.2014 – VII ZB 28/13 = BGHZ 201, 22, Rn. 25.

2351 Vgl. *Kramme*, GPR 2014, 296, 298.

2352 *Bach*, RIW 2018, 549, 553 f.; *Heringer*, 2007, 86 f. Kritisch bspw. *Stadler*, RIW 2004, 801.

2353 Vgl. *Sujecki*, EuZW 2014, 557, 560.

2354 *Gerling*, 2006, 242. Ebenso *Kohler*, RIW 2003, Heft 10 "Die erste Seite". Ähnlich *Stadler*, in: Kieninger/Remien (Hrsg.), 2012, 165, 176.

2355 *Ptak*, 2014, 234.

2356 *Costello*, A&MR 2012, 83, 92.

2357 *Nicolaïdis*, in: Davies/Nicola (Hrsg.), 2017, 278, 298.

2358 *Baumert*, RIW 2018, 555, 558 sprach sich aufgrund Rechtsschutzlücken für die Abschaffung der EuVTVO aus. Die "Notbremse" aufgrund unterschiedlicher Rechtskulturen als notwendig ansehend u.a. Rauscher EuZPR/EuIPR/*Pabst*, Art. 5 EuVTVO, Rn. 13.

2359 *Ptak*, 2014, 235. Sich für eine nachträgliche ordre public-Kontrolle aussprechend *Gerling*, 2006, 242, 245 f., sowie *Georganti*, 2006, 206 ff.

wäre der Gläubiger nicht verpflichtet, im Vollstreckungsverfahren weitere Anträge zu stellen.[2360]

Weitestgehend Konsens bestand darüber, dass der Abschaffung des ordre public zumindest die Gefahr innewohne, dass der Schuldner ein im Ausland gegen ihn anhängiges Verfahren ignoriere und sich lediglich im Heimatstaat gegen die Vollstreckung verteidige, obwohl er sich nur im Ausgangsstaat effektiv gegen den Titel und das Verfahren wenden könne.[2361]

Da der BGH den Acte Clair nach den *CILFIT*-Kriterien in formeller Hinsicht ausführlich begründete und dazu rechtsvergleichend, was sehr selten geschah,[2362] auf die Rechtspraxis des OGH[2363] aufmerksam machte, wurde der Entscheidung von einigen Literaturstimmen eine verdeutlichende und gar klarstellende Bedeutung bezüglich des dogmatischen Charakters der EuVTVO zugesprochen.[2364] Was diese Entscheidung jedoch aufzeigt, ist die große Schwachstelle des formellen Acte Clair nach den *CILFIT*-Kriterien, wonach der Individualrechtsschutz als eines der wichtigsten Politikziele des EuGH unbeachtet bleibt. In dem Verbot jeglicher Nachprüfung einer Entscheidung im Vollstreckungsstaat könnte ein Zwang zu grundrechtswidrigem Verhalten gesehen werden[2365] sowie ein Konflikt mit Art. 19 Abs. 4 GG vorliegen, da die Vollstreckung durch Vollstreckungsorgane nach Art. 19 Abs. 4 GG Ausdruck der Ausübung der öffentlichen Gewalt darstellt.[2366] Art. 19 Abs. 4 und Art. 20 Abs. 3 GG stehen jedoch nicht zur Disposition des Unionsgesetzgebers. Beim Vollzug von

2360 *Ptak*, 2014, 235 f. Siehe dort auch die weiteren Ansätze bezüglich Kontrollmechanismen auf internationaler Ebene. Der Vollstreckungstitel könnte durch ein „Exequaturbüro" am EuGH erteilt werden und dort die Überprüfung der Bestätigung objektiv durchgeführt werden. Ebenfalls existieren Ansätze zu einem Passeport Judiciare Européen.

2361 *Leible/Freitag*, 2008, § 5 Rn. 3; *Sujecki*, EuZW 2014, 557, 560.

2362 In dieser Bestandsaufnahme wagte neben dieser Entscheidung beispielsweise nur der BGH, 25.1.2017 – VIII ZR 257/15 = ZVertriebsR 2017, 126, Rn. 24 ff. sowie BGH, 14.3.2007 – XII ZB 174/04 = BGHZ 171, 310, 323 f. Rn. 32-35 den Blick ins Ausland und bezogen die ausländische Rechtsprechung in den Analyserahmen mit ein.

2363 BGH, 24.4.2014 – VII ZB 28/13 = BGHZ 201, 22, juris Rn. 36 bezugnehmend auf die Entscheidung des österreichischen OGH, 22.2.2007 – 3 Ob 253/06m = IPRax 2008, 440, 443 mit Anmerkung *Bittmann*, IPRax 2008, 445.

2364 *Kreutz*, Rpfleger 2014, 530.

2365 So besprechend Rauscher EuZPR/EuIPR/*Pabst*, Art. 5 EuVTVO, Rn. 15 f.

2366 Siehe zur verfassungsrechtlichen Problematik eingehend *Gerling*, 2006, 155 ff. Ebenso dazu *Stadler*, IPRax 2004, 2, 8 f. sowie kritisch bereits vor Inkrafttreten der EuVTVO *Kohler*, in: Dauner-Lieb (Hrsg.), 2002, 147, 159 ff.

Unionsrecht unterliegt Deutschland als Konventionsstaat zudem den Bindungen der EMRK und kann sich nicht durch Übertragung von Hoheitsrechten auf eine zwischenstaatliche Einrichtung seiner völkervertraglichen Verpflichtungen entziehen.[2367] Ein einheitlicher Rechtsraum besteht in Europa noch nicht, sodass mit der unmittelbaren Vollstreckung nicht nur eine Perpetuierung eines Grundrechtseingriffs bestehen würde, sondern darin ein eigener Grundrechtseingriff durch den Vollstreckungsstaat gesehen werden könnte.[2368]

Der BGH setzte sich mit diesen Bedenken jedoch nicht auseinander, sondern führte nur an, dass rechtsstaatliche Kritik bestehe. Der BGH hätte hier dem EuGH die Auslegungsfrage vorlegen müssen. Durch die vom BGH gewählte Auslegung wird neben der Gefährdung des Individualrechtsschutzes auch die Position des EuGH als Hüter der Einheitlichkeit des Unionsrechts gefährdet.

C. Fazit

Die beiden ersten Entscheidungen weisen keine Besonderheiten auf. Schwieriger gestaltete sich die Analyse der jüngsten Entscheidung, welche nicht den Anforderungen an den materiellen Acte Clair gerecht wurde. Das Verhalten des BGH könnte hier damit zu erklären sein, dass der BGH bei der Umsetzung der durch die EuVTVO eingeführten Systemveränderung eine besonders große Kooperationsbereitschaft aufzeigen wollte. Deutlich wurde an dieser Entscheidung jedoch die erhebliche Gefahr, die der formelle Acte Clair nach den *CILFIT*-Kriterien in sich trägt. Der formelle Acte Clair lässt Individualrechtsschutzaspekte unberücksichtigt, was auch die Einheitlichkeit des Unionsrechts gefährdet.

2367 MüKo ZPO/*Adolphsen*, Art. 5 EG-VollstrTitelVO, Rn. 8.
2368 Rauscher EuZPR/EuIPR/*Pabst*, Art. 5 EuVTVO, Rn. 16.

Teil 3: Der materielle Acte Clair

Kapitel 9: Prüfung der Hypothese

Die Praxis hat gezeigt, dass die Gerichte die in der *CILFIT*-Rechtsprechung entwickelten Kriterien floskelhaft anwenden und dabei die in *CILFIT* vorgegebenen Textbausteine aneinanderreihen. Die Gerichte lieferten entweder keine inhaltliche Begründung des Acte Clair oder die Begründungen fielen sehr knapp aus.[2369] Nur in drei Entscheidungen wurden rechtsvergleichende Untersuchungen angestrengt, um die subjektive Gewissheit zu belegen, dass andere mitgliedstaatliche Gerichte ebenfalls keine Zweifel bezüglich des Rechtsproblems hätten.[2370] Der in *CILFIT* geforderte Sprachenvergleich wurde in keiner der untersuchten Entscheidungen angestellt.

Die knappe oder mangelnde Begründung folgt aus dem in *CILFIT* in der Acte Clair-Doktrin angelegten Auslegungsverbot. Daraus ergeben sich große Gefahren. Indem verboten wird, auszulegen, bleibt den Gerichten nur die Möglichkeit, die Zweifelsfreiheit zu bekunden, da bei einer detaillierten Begründung gerade der Verdacht von Zweifeln geweckt würde.[2371] Dies unterbindet die Rechtsentwicklung und basiert auf einem logischen Trugschluss (*petitio principii*), da auch das Ergebnis, dass keine Zweifel bestehen, Folge eines Auslegungsvorgangs ist. Dazu kommt, dass die Kriterien ambivalent sind. Einerseits sind sie engmaschig und streng, andererseits subjektiv ausgestaltet, was dazu führt, dass die Gerichte, um überhaupt Gebrauch vom Acte Clair machen zu können, mangels handhabbarer Richtungsvorgabe sich je nach Entscheidung über die formellen *CILFIT*-Kriterien hinwegsetzen. Im Zusammenspiel mit den Schwierigkeiten der Sanktionierung von Verstößen gegen die Vorlagepflicht einerseits und der enormen Wichtigkeit des Funktionierens des Vorabentscheidungsverfahrens für das Unionsrecht andererseits ist dies ein nicht hinnehmbarer status quo.

Trotz dieses Defizits an praktisch umsetzbarer Handlungsanleitung hat die Bestandsaufnahme gezeigt, dass in Deutschland kein „Horrorszenario" aufgefunden wurde. Die deutschen Gerichte machten, wie sich an den zahlreichen Entscheidungen gezeigt hat, regen Gebrauch von der Acte Clair-Doktrin.

2369 Siehe auch *Rösler*, 2012, 215; *Bobek*, Common Market Law Review 2008, 1611, 1631 f.

2370 BGH, 25.1.2017 – VIII ZR 257/15 = ZVertriebsR 2017, 126, Rn. 24 ff. (s. Kapitel 5 A. II. 1); BGH, 14.3.2007 – XII ZB 174/04 = BGHZ 171, 310, 323 f. Rn. 32-35 (s. Kapitel 7 B. III.) sowie BGH, 24.4.2014 – VII ZB 28/13 = BGHZ 201, 22, 31 Rn. 36 (s. Kapitel 8 B. III.).

2371 So auch *Hess*, IPRax 2008, 25, 30; siehe ebenfalls *Gottwald*, FamRZ 2007, 993, 994.

Nur wenige Entscheidungen entsprachen nicht den vom EuGH entwickelten Anforderungen an einen Acte Clair und hätten vorgelegt werden müssen. Die deutschen Gerichte bezogen sich häufig auf Rechtsprechung aus der eigenen Rechtsordnung bei der Bejahung eines Acte Clair, was der EuGH aber in der Rechtssache *Ferreria da Silva* präzisiert hatte und als schwächeren Anhaltspunkt einschätzte als das Vorliegen entgegenstehender Rechtsprechung eines anderen Mitgliedstaates aufgrund des erhöhten Drohpotentials für die Einheitlichkeit des Unionsrechts.[2372] Seit den Rechtssachen *Ferreira da Silva* und *X und Van Dijk* konnte zudem beobachtet werden, dass die deutschen Gerichte vermehrt auslegten,[2373] womit sie gegen das Auslegungsverbot verstießen und teilweise mit dem effet utile-Gedanken des Unionsrechts argumentierten.[2374] Häufig wurde von den deutschen Gerichten auch das Telos der angewendeten Normen freigelegt.[2375] Dennoch hat sich die Praxis kaum merkbar seit den Rechtssachen *Ferreira da Silva* und *X und Van Dijk* verändert. Die sechs Entscheidungen, die nach dem 9.9. 2015, nach Ergehen der genannten Rechtssachen, ergangen sind, bedienten sich wie auch die Entscheidungen vor den Rechtssachen *Ferreira da Silva* und *X und Van Dijk* der floskelhaften Formulierungen und Textbausteine, wonach für Zweifel offensichtlich kein Raum bleibe.

Daran zeigt sich, dass auch die präzisierende Rechtsprechung des EuGH die Gerichte weiterhin im Unklaren darüber ließ, wie die Kriterien angewendet werden sollten. Dies hat dazu geführt, dass die Gerichte uneinheitlich und eigenständig tätig wurden und ihr Verständnis vom Acte Clair implementierten.

Wie die Bestandsaufnahme allerdings auch bestätigt hat, ergeben sich aus der fehlenden Realisierbarkeit der *CILFIT*-Kriterien und als Folge des uneinheitlichen Umgangs mit dem Acte Clair zahlreiche Risiken. Es kam in sieben Fällen zu einer Fragmentierung der Rechtsprechung sowohl innerhalb Deutschlands als auch mitgliedstaatenübergreifend.[2376] Teilweise hielt sich über Jahre eine

---

2372 EuGH, Urteil vom 9.9.2015 – C-160/14 (Ferreira da Silva e Brito ua ./. Estado português) = ECLI:EU:C:2015:565, Rn. 43. Siehe dazu *Haltern*, ^{3}2017, EuR Band II, Rn. 360.

2373 BGH, 13.10.2016 – IX ZB 9/16 = IPRax 2017, 617, 618 f. Rn. 13; BGH, 20.10.2016 – IX ZB 11/16 = RIW 2017, 78, 80 Rn. 21; BGH, 26.4.2018 – VII ZR 139/17 = ZVertriebsR 2018, 261, 263 Rn. 27.

2374 BGH, 20.10.2016 – IX ZB 11/16 = RIW 2017, 78, 80 Rn. 21; BGH, 26.4.2018 – VII ZR 139/17 = ZVertriebsR 2018, 261, 263 Rn. 27.

2375 BGH, 13.10.2016 – IX ZB 9/16 = IPRax 2017, 617.

2376 BGH, 30.3.2006 – VII ZR 249/04 = BGHZ 167, 83 (s. Kapitel 4 B. II. 2. b); BGH, 17.9.2008 – III ZR 71/08 = NJW 2009, 298 (s. Kapitel 4 B. II. 2. c); BGH, 12.6.2007 – XI

Rechtsprechungspraxis, die anschließend vom EuGH gekippt wurde. In einem Fall wurde deutlich, dass der Individualrechtschutz gefährdet war.[2377]

Fünf von acht Fällen, in denen ein Acte Clair nicht hätte angenommen werden dürfen, betrafen die Kategorie des Schutzes des Schwächeren (s. Kapitel 4 B. II. 2. b) und c); Kapitel 4 B. III. 2. sowie Kapitel 4 C. II. 1. und 3.).[2378] In dieser Kategorie war am häufigsten von einer Vorlage abgesehen worden. Mit 13 von 29 Entscheidungen machte diese Kategorie fast die Hälfte der untersuchten Acte Clair-Fälle aus. In dieser Kategorie erfüllte nahezu jede zweite Acte Clair-Bejahung nicht die Voraussetzungen des materiellen Acte Clair. Davon ausgenommen waren die unproblematischen Versicherungssachen. Bei allen problematischen Fällen dieser Kategorie waren Verbraucher involviert.

In der Kategorie des Schutzes des Schwächeren waren zum Verbrauchergerichtsstand zwei Entscheidungen des BGH zur Frage des Ausrichtens ergangen, die nicht den Bewertungskriterien des materiellen Acte Clair entsprachen. Dies war der Fall bezüglich einer Website bei dem Urteil des BGH vom 30.3.2006 – VII ZR 248/04 (s. Kapitel 4 B. II. 2. b).[2379] Im Entscheidungszeitpunkt des BGH war das Telos noch nicht ohne Unklarheiten ermittelbar. Zum Entscheidungszeitpunkt hatte zudem eine höchstrichterliche entgegengesetzte Entscheidung des OGH, Beschluss vom 4.10.2004 2 Ob 206/04i, vorgelegen,[2380] was die Floskelhaftigkeit der Acte Clair-Begründung belegte. Auch der OGH hatte nicht vorgelegt. Der EuGH hatte in seiner Folgerechtsprechung in den Urteilen *Mühlleitner*[2381] und *Pammer und Alpenhof*[2382] das Merkmal des Ausrichtens weiter präzisiert

---

ZR 290/06 = NJW-RR 2007, 1570 (s. Kapitel 4 B. III. 2.); BGH, 28.11.2002 - III ZR 102/02 = BGHZ 153, 82 (s. Kapitel 4 C. II. 1.); OLG Rostock, 14.10.2005 - 8 U 84/04 = NJW-RR 2006, 209 (s. Kapitel 4 C. II. 3.); BGH, 13.7.2010 – XI ZR 28/09 = NJW-RR 2011, 197 (s. Kapitel 5 C. II. 2.); BGH, 14.3.2007 - XII ZB 174/04 = BGHZ 171, 310 (s. Kapitel 7 B. III.).

2377 BGH, 24.4.2014 - VII ZB 28/13 = BGHZ 201, 22 (s. Kapitel 8 B. III.).

2378 BGH, 30.3.2006 - VII ZR 249/04 = BGHZ 167, 83 (s. Kapitel 4 B. II. 2. b); BGH, 17.9.2008 – III ZR 71/08 = NJW 2009, 298 (s. Kapitel 4 B. II. 2. c); BGH, 12.6.2007 – XI ZR 290/06 = NJW-RR 2007, 1570 (s. Kapitel 4 B. III. 2.); BGH, 28.11.2002 - III ZR 102/02 = BGHZ 153, 82 (s. Kapitel 4 C. II. 1.); OLG Rostock, 14.10.2005 - 8 U 84/04 = NJW-RR 2006, 209 (s. Kapitel 4 C. II. 3.).

2379 BGH, 30.3.2006 - VII ZR 249/04 = BGHZ 167, 83.

2380 OGH, 4.10.2004 - 2 Ob 206/04i = ÖJZ 2005, 307.

2381 EuGH, Urteil vom 6.9.2012 – C-190/11 (Daniela Mühlleitner ./. Ahmad Yusufi und Wadat Yusufi) = ECLI:EU:C:2012:542.

2382 EuGH, Urteil vom 7.12.2010 – C-585/08 und C-144/09 (Pammer./.Reederei Schlüter und Hotel Alpenhof./.Heller) = ECLI:EU:C:2010:740.

und in *Pammer und Alpenhof* entschieden, dass nicht nur aktive Internetseiten von der Norm erfasst seien. Damit löste der EuGH in der Rechtssache *Pammer und Alpenhof* den Konflikt fünf Jahre später auf und belegte im Nachhinein, dass Unklarheiten bezüglich des Telos bestanden hatten.

Ebenfalls zu einer Fragmentierung der Rechtsprechung führte der Beschluss des BGH vom 17.9.2008 – III ZR 71/08, s. Kapitel 4 B. II. 2. c). [2383] Der BGH bejahte in Art. 15 Abs. 1 lit. c EuGVO a.F. ein Kausalitätserfordernis, welches der BGH noch in seiner Entscheidung vom 24.4.2013 – XII ZR 10/10 vorausgesetzt hatte und erst durch die Vorlage des LG Saarbrückens in der Rechtssache *Emrek*[2384] vom EuGH zu Fall gebracht wurde. Die unterinstanzliche Vorlage forcierte eine Entscheidung des EuGH, der diese Frage trotz der Möglichkeit zuvor unbeantwortet gelassen hatte. Auch hier konnte angesichts der Folgerechtsprechung als bestätigt angesehen werden, dass Unklarheiten bezüglich des Telos vorgelegen hatten. Über fünf Jahre seit der Entscheidung des BGH, Beschluss vom 17.9.2008 – III ZR 71/08 war durch das Hineinlesen des Kausalitätserfordernisses durch die Nichtvorlagen die Rechtsprechung fragmentiert worden und die Position des EuGH als Hüter der Einheitlichkeit des Unionsrechts bedroht.

Auch zum Niederlassungsort bestanden Unklarheiten bezüglich der Ermittlung des Telos, über die sich das Urteil des BGH vom 12.6.2007 XI ZR 290/06[2385] hinwegsetzte (s. Kapitel 4 B. III. 2.). Dies bestätigte bereits die stark divergierende nationale Rechtsprechung in Deutschland zum Entscheidungszeitpunkt und danach. Die Entscheidung bezog sich bei der Bejahung des Acte Clair auf das zuerst genannte Urteil des BGH vom 30.3.2006 VII ZR 248/04. Besonders war hier, dass die Rechtssache *SAR Schotte*[2386] des EuGH vom 9.12.1987 bereits entschieden hatte, dass der Anschein einer Niederlassung genüge, sodass im Entscheidungszeitpunkt einen entgegengesetzte Rechtsprechung des EuGH vorlag.

Bezüglich einer weiteren Entscheidung in Verbrauchersachen wurden zwar die Bewertungskriterien erfüllt, eine Vorlage wäre jedoch wünschenswert gewesen. Dies betraf die Entscheidung des BGH vom 13.10.2016[2387] bezüglich eines dual-use Geschäftes, bei der das Verhältnis der EuGVO zur

2383 BGH, 17.9.2008 – III ZR 71/08 = NJW 2009, 298.

2384 EuGH, Urteil vom 17.10.2013 – C-218/12 (Emrek ./. Sabranovic) = ECLI:EU:C:2013:666.

2385 BGH, 12.6.2007 – XI ZR 290/06 = NJW-RR 2007, 1570.

2386 EuGH, Urteil vom 9.12.1987 – 218/86 (SAR Schotte GmbH ./. Parfums Rothschild SARL) = ECLI:EU:C:1987:536.

2387 BGH, 13.10.2016 – IX ZB 9/16 = IPRax 2017, 617.

Verbraucherrechterichtlinie bezüglich des Verbraucherbegriffs mittels Vorlagefrage beim EuGH hätte abgefragt werden können, s. Kapitel 4 B. I. 2.

Zu isolierten Gewinnzusagen aus dem Ausland waren gleich zwei Urteile nicht vorgelegt worden, die den Anforderungen an einen materiellen Acte Clair nicht gerecht wurden, s. Kapitel 4 C. II. 1. und 3.

Das Urteil des BGH vom 28.11.2002 – III ZR 102/02,[2388] welches noch zum EuGVÜ ergangen war (s. Kapitel 4 C. II. 1.) und auch das Urteil des OLG Rostock vom 14.10.2005 – 8 U 84/04 zur EuGVO a.F.,[2389] welches dem BGH-Urteil von 28.11.2002 „im Grundsatz" beipflichtete (s. Kapitel 4 C. II. 3.), hatten zu einer Fragmentierung der Rechtsprechung in Deutschland geführt, wie man auch an der Rechtsprechung des OLG Braunschweigs, Urteil vom 4.7.2005 7 U 105/04,[2390] sehen konnte. Die Einordnung von Gewinnzusagen in das Normgefüge der EuGVO a.F. war hier entgegen dem BGH und dem OLG Rostock klärungsbedürftig und hätte dem EuGH vorgelegt werden müssen. In der Folge hatten sich viele Gerichte auf die BGH-Rechtsprechung berufen und ebenfalls ein Klärungsbedürfnis abgelehnt. Der EuGH hatte in der Rechtssache *Engler*[2391] zwei Jahre nach dem Urteil des OLG Rostock entgegengesetzt zum OLG Rostock Stellung zur Gewinnzusagenproblematik genommen, jedoch diese in der Rechtssache *Ilsinger*[2392] erneut verworfen (s. Kapitel 4 C. II. 3.c) cc). Hier zeigte sich, dass die EuGH-Rechtsprechung teilweise unberechenbare Ergebnisse lieferte und der EuGH seine Rechtsprechung vorsichtig taxierte, um keine Rechtsentwicklung in den Mitgliedstaaten vorwegzunehmen. Methodisch hat hier der BGH den Acte Clair so verstanden, dass auch, wenn das Ergebnis aller möglichen Auslegungsalternativen gleich laute, ein Acte Clair anzunehmen sei. Nach dem formellen Verständnis des Acte Clair ist sowohl die Auslegung an sich als auch das Ergebnis dogmatisch nicht vorgesehen. Die Entscheidung legt insbesondere das Bedürfnis nach einer dogmatisch handhabbaren Bestimmung für den Acte Clair offen.

Die Bewertungskriterien wurden in einem Fall in der Kategorie der Gewährleistung der Vorhersehbarkeit bezüglich des besonderen Gerichtsstands des Handlungs- und Erfolgsortes nicht erfüllt, s. Kapitel 5 C. II. 2. In einem

2388 BGH, 28.11.2002 – III ZR 102/02 = BGHZ 153, 82.

2389 OLG Rostock, 14.10.2005 – 8 U 84/04 = NJW-RR 2006, 209.

2390 OLG Braunschweig, 4.7.2005 – 7 U 105/04 = NJW 2005, 161.

2391 EuGH, Urteil vom 20.1.2005 – C-27/02 (Petra Engler ./. Janus Versand GmbH) = ECLI:EU:C:2005:33.

2392 EuGH, Urteil vom 14.5.2009 – C-180/06 (Ilsinger ./. Dreschers) = ECLI:EU:C:2009:303.

Kapitalanlagedelikt hatte der BGH in dem Urteil vom 13.7.2010 – XI ZR 28/09 trotz Unklarheiten bezüglich des Schutzzwecks von Art. 5 Nr. 3 EuGVO a.F. seine Rechtsprechung zu § 32 ZPO auf die EuGVO a.F. übertragen.[2393] Zahlreiche Vorlagen an den EuGH in der Folge verdeutlichten diese Unsicherheit im Entscheidungszeitpunkt, wenn auch im Ergebnis der EuGH die Auslegung des BGH bestätigte (s. Kapitel 5 C. II. 2. c) cc). Sowohl die Tatsache, dass im Anschluss Vorlagefragen ergehen als auch die bloße Tatsache, dass ein nationales Verständnis der Auslegung zugrundegelegt wurde, bildet für sich genommen keinen Ausschluss eines materiellen Acte Clair. Hier hat der BGH jedoch entgegen der EuGH-Rechtssache *Kronhofer* entschieden, sodass die Vielzahl an Vorlagen die fehlende Unklalheit der Bestimmbarkeit des Schutzzwecks der Norm im Entscheidungszeitpunkt bestätigt. Dass im Ergebnis die Entscheidugn des BGH vom EuGH bestätigt wurde, fließt in die Bewertung, ob ein materieller Acte Clair vorliegt, gerade nicht mit ein.

Schwierigkeiten traten auch in der Kategorie der Gewährleistung des freien Verkehrs gerichtlicher Entscheidungen auf, s. Kapitel 7 B. III. Hier waren am meisten Neuerungen durch die Neufassung der EuGVO zu verzeichnen gewesen. In der Entscheidung des BGH, Beschluss vom 14.3.2007 – XII ZB 174/04 war das Telos der Norm für den nationalen Richter nicht ohne Unklarheiten ermittelbar.[2394] Hier wurde eine Fragmentierung der Rechtsprechung durch die EuGH-Rechtssache *Prism*[2395] beendet, da der deutsche Gesetzgeber Handlungsbedarf bezüglich § 12 AVAG erkannte. Die Nichtvorlage hat dazu geführt, dass zweieinhalb Jahre lang eine Rechtsprechungspraxis in Deutschland aufrechterhalten wurde. Die hier angestellten und im Grunde begrüßenswerten rechtsvergleichenden Erwägungen waren veraltet und unvollständig.

In der Kategorie der Gewährleistung der erleichterten und beschleunigten Vollstreckung unbestrittener Forderungen zeigte sich ein besonderer Fall auf. In dem Urteil des BGH vom 24.4.2014 – VII ZB 28/13[2396] war das Telos klar ermittelbar, jedoch bestanden hier Vorbehalte bezüglich des Individualrechtsschutzes, s. Kapitel 8 B. III. Auch in dieser Hinsicht haben sich die in der formellen Bestimmung des Acte Clair angelegten Gefahren plastisch verdeutlicht und deren Eintritt aufgezeigt.

2393 BGH, 13.7.2010 – XI ZR 28/09 = NJW-RR 2011, 197

2394 BGH, 14.3.2007 – XII ZB 174/04 = BGHZ 171, 310.

2395 EuGH, Urteil vom 13.10.2011 – C-139/10 (Prism Investments) = ECLI:EU:C:2011:653.

2396 BGH, 24.4.2014 – VII ZB 28/13 = BGHZ 201, 22.

Insofern hat die Untersuchung bestätigt, dass die *CILFIT*-Kriterien streng formell und praktisch nicht erfüllbar sind.[2397] Die Intention des Acte Clair als Instrument der Prozessökonomie würde bei der Befolgung der strengen *CILFIT*-Kriterien entfallen, da eine Vorlage danach in der Praxis immer notwendig wäre. Daran hat auch die konkretisierende Rechtsprechung des EuGH in den Rechtssachen *Ferreira da Silva* und *X und Van Dijk* nichts grundlegend geändert.

Um es nicht dem Zufall zu überlassen, wie die mitgliedstaatlichen Gerichte die *CILFIT*-Kriterien, die keine Spielräume lassen, in die Praxis umsetzen, wurde ein Ansatz zur materiellen Bestimmung des Acte Clair vorgestellt und anhand der Bestandsaufnahme auf deren Umsetzbarkeit geprüft. Dieser materielle Ansatz knüpft dogmatisch an das in *CILFIT* aufgestellte Kriterium der Eindeutigkeit an.[2398] Ein Acte Clair kann danach unproblematisch erfolgen, wenn, wie sich anhand der Bestandsaufnahme gezeigt hat, die Position des EuGH als Hüter der Einheitlichkeit des Unionsrechts sowie Bewahrer des Individualrechtsschutzes nicht bedroht wird. Dies ist immer dann der Fall, wenn der effet utile und der Individualrechtsschutz gewahrt werden. Auf beide Kriterien strahlt das Bedürfnis und Erfordernis nach der Einheitlichkeit des Unionsrechts aus. Die Bewertungskriterien orientieren sich daran, wie ein nationaler Richter vorgehen könnte, ob ihm *erstens* die Bestimmung des Telos ohne Unklarheiten möglich ist und *zweitens*, ob die Möglichkeit einer Grundrechtsverletzung ausgeschlossen ist. Sind diese Kriterien erfüllt, liegen die Voraussetzungen eines materiellen Acte Clair vor. In der Bestandsaufnahme wurde damit zum einen gezeigt, nach welchem Prüfprogramm der nationale Richter hätten vorgehen können und gleichermaßen die Entscheidungen an diesen Kriterien gemessen. Es wurde untersucht, ob sie dem Bewertungsmaßstab des materiellen Acte Clair gerecht wurden, oder ob mit der Nichtvorlage eine Gefährdung der Positionen des EuGH einherging und daher ein Acte Clair nicht bejaht werden durfte.

Nach der Bestandsaufnahme zeigt sich, dass mithilfe des materiellen Acte Clair diese Risiken und akuten Gefährdungen stark reduziert werden können, da sie einen einheitlichen Umgang der Gerichte mit dem Acte Clair ermöglichen, der anhand der vorgestellten Bewertungskriterien praktisch umsetzbar wäre. Dies kann dadurch belegt werden, dass einige Gerichte in Deutschland, insbesondere seit der Rechtsprechung zu *Ferreira da Silva* und *X und Van Dijk*, ohne dies zu benennen, dem Acte Clair bereits ein materiellrechtliches Verständnis

2397 Vgl. *Hummert*, 2006, 137, die von formalistischen Kriterien spricht.

2398 In Abgrenzung dazu *Hummert*, 2006, 136, die nicht an der Eindeutigkeit der Norm festhält.

zugrunde gelegt haben. Die materielle Bestimmung des Acte Clair beseitigt das Dilemma, dass die Kriterien, die in *CILFIT* angelegt und vom EuGH aufrechterhalten wurden, auf der einen Seite zu streng sind, da sie eine Wirklichkeit voraussetzen, die nicht der Realität entspricht und daher nicht umsetzbar sind und andererseits aber zu nachgiebig sind, weil sie nur auf die subjektive Sicht der Gerichte abstellen. Dazu kommt, dass die *CILFIT*-Kriterien gefährlich ignorant sind, da Individualrechtschutzgesichtspunkte unberücksichtigt bleiben. Der vorgestellte materielle Ansatz hingegen würde die zentralen Positionen und Ziele des EuGH gleichermaßen bewahren und eine Vorlagepflicht nur in den Situationen entfallen lassen, wenn diese nicht gefährdet werden. Dieser Ansatz ermöglicht daher, auf Einschränkungen der Vorlagepflicht zu verzichten, was teilweise aus Gründen der Prozessökonomie gefordert wurde.[2399]

Nicht zu vernachlässigen ist, dass die vorlegenden Gerichte in hohem Maße mit der Wahl ihrer Vorlagefragen Einfluss darauf nehmen können, in welche Richtung sich die EuGH-Rechtsprechung entwickeln wird. Durch überzeugende Argumentation bei der Begründung des eigenen Lösungsvorschlags kann auf den EuGH gezielt eingegangen werden.[2400] Aus diesem Grund sollte die Vorlagepflicht keinesfalls über das notwendige, prozessökonomisch erforderliche hinaus beschränkt werden.

Insofern ist Bezug zu nehmen auf den jüngsten Vorschlag von GA *Bobek* in der noch laufenden Rechtssache *Consortio Italian Mangament*[2401] (s.o. Kapitel 3 C. IV.). Sein Vorschlag stellt eine Vermittlungslösung dar, bei dem eine realistischere Anwendung der formellen Kriterien angestrebt wird. Die von ihm vorgenommene stärkere Gewichtung auf die Auswahl der richtigen Fragen birgt jedoch die Gefahr der uneinheitlichen Rechtsprechung, da nicht mehr alle Auslegungsfragen dem EuGH vorgelegt werden müssen. Allzu einfach könnten die nationalen Gerichte eine Vorlagepflicht mit dem Argument ablehnen, es handele

---

2399 Siehe bspw. *Hess*, ZZP 108 (1995), 59, 81 ff., dessen Vorschlag war, eine Begrenzung der Vorlagepflicht auf „grundsätzliche Rechtsfragen" vorzunehmen (ebd., 84 ff.). In diese Richtung auch *Hummert*, 2006, 139, die mit ihrem Kriterium der „gemeinschaftsrechtlichen Klärungsbedürftigkeit" auf die „Bedeutung der Frage für das Gemeinschaftsrecht" abstellt.

2400 In diese Richtung bereits *Kohler*, IPRax 1991, 299, 302. Sein Beitrag entstand zu einer Zeit, in der noch die Hälfte der damals 60 EuGH-Entscheidungen auf Vorlagen deutscher Gerichte beruhten, darunter 18 vom BGH, ebd.; zustimmend *R. Geimer*, Internationales Zivilprozessrecht, [8]2019, Rn. 246i.

2401 EuGH, laufende Rechtssache C-561/19 (Consorzio Italian Management e Catania Multiservizi SpA ./. Rete Ferroviaria Italiana SpA).

sich nicht um eine verallgemeinerungsfähige Frage von strukturellem Gewicht. Zudem birgt auch dieser Ansatz den Versuch einer strikten Trennung von Auslegung und Anwendung, was GA *Bobek* selbst damit beschreibt, „er wolle sich nicht des einen Einhorns entledigen", wobei er auf die Formulierung von GA *Wahl*[2402] Bezug nimmt, „um es sofort durch ein anderes zu ersetzen".[2403] Abgesehen davon ist die angestrebte Begründungspflicht zu begrüßen und auch beim materiellen Acte Clair relevant. Ebenso die Tatsache, dass unterschiedliche Auslegungen innerhalb eines Mitgliedstaates bereits die Einheitlichkeit des Unionsrechts gefährden. GA *Bobeks* Vorschlag geht im Ergebnis nicht weit genug, vielmehr bedarf es einer vollständigen Loslösung vom formellen Acte Clair, wie sie in Form des materiellen Acte Clair erfolgt.

Der materielle Acte Clair würde die Gefahren und Unsicherheiten, die mit dem formellen, in der Rechtssache *CILFIT* beschriebenen, Acte Clair einhergehen, beseitigen. Der materielle Acte Clair führt zu einer Steigerung der Rechtssicherheit, Vorhersehbarkeit und Einheitlichkeit des Unionsrechts sowie der Effektivität des Unionsrechts und des Individualrechtschutzes. Daneben bietet der materielle Acte Clair in Abgrenzung zum formell bestimmten Acte Clair weniger Missbrauchsmöglichkeiten und ist auch bezüglich dreier weiterer Störfaktoren, die eine hohe Vorlagebereitschaft der mitgliedstaatlichen Gerichte beeinträchtigen, zu bevorzugen und stärkt das Funktionieren des Vorabentscheidungsverfahrens.

Erstens wird durch die materielle Bestimmung des Acte Clair das Problem des *consensus bias* verringert, da der materielle Acte Clair nicht auf subjektiven Einschätzungen aufbaut, ob bei den Gerichten der anderen Mitgliedstaaten und dem EuGH gleichermaßen Gewissheit bestünde, dass offensichtlich keine Zweifel vorlägen. *Consensus bias* beschreibt das psychologische Phänomen, bei dem die Bedeutung der Entscheidungserheblichkeit unterschätzt oder die eigene Überzeugung von Richtern überschätzt wird. Danach haben rollenbedingt intuitiv Richter die generelle Tendenz, ihre eigene Ansicht als für flächendeckend verbreiteter zu halten, als es tatsächlich der Fall ist.[2404]

2402 GA *Wahl, Nils*, 13.5.2015 – Schlussanträge in den Verfahren C-72/14 und C-197/14 (X ./. Inspecteur van de Rijksbelastingdienst und T. A. van Dijk ./. Staatssecretaris van Financiën) = ECLI:EU:C:2015:319, Rn. 62.

2403 GA *Bobek, Michal*, 15.4.2021 – Schlussanträge im laufenden Verfahren C-561/19 (Consorzio Italian Management e Catania Multiservizi SpA ./. Rete Ferroviaria Italiana SpA) = ECLI:EU:C:2021:291, Rn. 149.

2404 *Rösler*, 2012, 215 mit Fn. 1119.

Zweitens geht das materielle Verständnis vom Acte Clair darauf ein und profitiert davon, dass Gerichte, wie beispielsweise der BGH, selbstbewusst und wissenschaftlich mit der Unionsrechtsmaterie umgehen. Der BGH pflegte bereits unter dem in *CILFIT* verankerten Verständnis einen selbstbestimmten Umgang mit dem Acte Clair, was mit dem materiellen Acte Clair von allen Gerichten abverlangt wird. Der materielle Acte Clair erlaubt den Gerichten ein verantwortungsvolles und selbstständiges Agieren und eine dogmatisch saubere Prüfung mithilfe praktisch umsetzbarer Kriterien. Dabei müssen sich die Gerichte keiner Worthülsen und Textbausteine mehr bedienen, sondern können in ihrer Begründung jegliche Zweifel von der Hand weisen, ohne dass es danach aussieht, es mangele ihnen an Dialogbereitschaft mit dem EuGH.[2405] Eine saubere Darlegung der Kriterien als Begründung erleichtert die Nachvollziehbarkeit und räumt Zweifel aus, indem nach einem gelenkten Prüfprogramm vorgegangen wird.

Eine solche Praxis entspricht sowohl jener der Letztgerichte mit hohem Erfahrungsschatz mit dem Unionsrecht und ist gleichermaßen in der Anwendung für Gerichte mit bislang weniger Erfahrung mit der Unionsrechtsmaterie leicht umsetzbar.

Die Darlegung kann insofern sauber erfolgen, da es nach dem materiellen Ansatz des Acte Clair nicht darauf ankommt, ob die Gerichte der anderen Mitgliedstaaten ebenfalls Gewissheit bezüglich der fehlenden Klärungsbedürftigkeit haben würden, sondern nur auf die genuine Unionsrechtsmaterie und auf die Rechtsprechung des EuGH abzustellen ist. Ob das Telos des Unionsrechts ohne Unklarheiten zu ermitteln ist, lässt sich präzise darlegen. Ressourcenaufwendige, rechtsvergleichende Analysen mittels Datenbanken, um die eigene Rechtsauffassung mit der mitgliedstaatlichen Rechtsprechung in Relation zu setzen und einzuordnen, werden für die Annahme eines Acte Clair nicht mehr erforderlich, was die Rechtssicherheit und die Vorhersehbarkeit steigert und die Prozessdauer verkürzt. Wenn das Telos ohne Unklarheiten zu bestimmen ist, sind auch abweichende mitgliedstaatliche Rechtsprechungslinien nicht denkbar. Gleichwohl bleibt die Rechtsvergleichung als Erkenntnishilfe eine sinnvolle und wichtige Möglichkeit, das eigene Vorverständnis zu überprüfen.

Die Bestandsaufnahme hat zudem gezeigt, dass auch mithilfe einer rechtsvergleichenden Analyse entsprechend der *CILFIT*-Kriterien nicht die Wahrung der Einheitlichkeit des Unionsrechts erreicht werden kann. Von den

2405 Rauscher EuZPR/EuIPR/*Staudinger*, Einl Brüssel Ia-VO, Rn. 50. *Staudinger* bezeichnet die Anwendung der Acte Clair-Doktrin „nicht als Feigenblatt, um eine mangelnde Dialogbereitschaft zu kaschieren".

drei Entscheidungen, die rechtsvergleichende Erwägungen angestellt haben (BGH, Urteil vom 25.1.2017[2406] (s. Kapitel 5 A. II. 1.); BGH, Beschluss vom 24.4.2014[2407] (s. Kapitel 7 B. III.) sowie BGH, Beschluss vom 14.3.2007[2408] (s. Kapitel 8 B. III.)), war im Ergebnis nur in einer Entscheidung in begrüßenswerter Weise Gebrauch vom Acte Clair gemacht worden (BGH, Urteil vom 25.1.2017 zum LugÜ 2007). Die anderen beiden Entscheidungen erfüllten die Anforderungen an einen materiellen Acte Clair nicht, sodass eine Gefährdung der Positionen des EuGH vorlag. Die eine Entscheidung stellte dabei veraltete und unvollständige Erwägungen zur Rechtspraxis anderer Mitgliedstaaten an (BGH, Beschluss vom 14.3.2007) und die dritte Entscheidung berief sich auf eine österreichische letztgerichtliche Entscheidung, die jedoch wie der entscheidende BGH eine mögliche Gefährdung des Individualrechtsschutzes ignoriert hatte (BGH, Beschluss vom 24.4.2014). Selbst wenn also ein Gericht die subjektive Gewissheit nach dem *CILFIT*-Kriterium belegt, dass bei den Gerichten der anderen Mitgliedstaaten, die gleiche Gewissheit bestünde wie bei dem entscheidenden Gericht, bedeutet dies nicht, dass dadurch die Einheitlichkeit des Unionsrechts automatisch gewahrt wird. Vielmehr besteht die Gefahr, wie in der Entscheidung des BGH vom 24.4.2014 gesehen, dass ein nationales Gericht bezüglich einer zumindest umstrittenen Rechtsfrage einem anderen mitgliedstaatlichen Gericht folgt und dadurch zwar eine partielle Einheitlichkeit erreicht wird wird dadurch jedoch der Individualrechtsschutz verletzt, wird die Position des EuGH als Hüter der Individualschutzrechte und gegebenenfalls sogar der effet utile gefährdet.

Hielte man uneingeschränkt an der Bestimmung des Acte Clair anhand der *CILFIT*-Kriterien fest, wäre es unerlässlich, mithilfe von Datenbanken über die mitgliedstaatliche nationale Entscheidungspraxis Fallmaterial zu sammeln. Dies ist an einigen Stellen bereits zum Europäischen Zivilprozessrecht gelungen, wie die EU-Projekte *EUPILLAR* von 2016[2409], *IC²BE* von

2406 BGH, 25.1.2017 – VIII ZR 257/15 = ZVertriebsR 2017, 126, 129 Rn. 27.

2407 BGH, 24.4.2014 – VII ZB 28/13 = BGHZ 201, 22, Rn. 36.

2408 BGH, 14.3.2007 – XII ZB 174/04 = BGHZ 171, 310, 323 f. Rn. 32-35.

2409 „European Private International Law: Legal Application in Reality", Cross-Border Litigation in Europe: Private International Law Legislative Framework, National Courts and the Court of Justice of the European Union (JUST/2013/JCIV/AG/4635), siehe dazu https://www.jura.uni-freiburg.de/de/institute/ipr3/eupillar, zuletzt abgerufen am 4.11.2019. Die Datenbank enthält ca. 2.300 Entscheidungen des EuGH sowie nationale Entscheidungen aus sieben Mitgliedstaaten zu den Rom I, II-VOen

2019[2410] sowie *Unalex* von 2017[2411] zeigen. Doch in den beiden erstgenannten Projekten war jeweils nur eine Auswahl an Mitgliedstaaten beteiligt, die Anzahl der aufgenommenen und übersetzten Entscheidungen divergierte je nach Mitgliedstaat und auch die im Rahmen des EU-Forschungsprojekts *Unalex* aufgebaute Datenbank enthält nur ausgewählte Entscheidungen.[2412] Jüngst eingerichtet wurde von der Kommission die Datenbank *JURE*, die jedoch die Entscheidungen in der Originalsprache anzeigt und nur, sofern der Mitgliedstaat eine Übersetzung bereitstellt, eine englische Fassung zeigt Zusammenfassungen in englischer, deutscher und französischer Sprache werden hingegen bereitgestellt.[2413] Die Entwicklung im Bereich der Informationsbeschaffung und Vernetzung schreitet hier erfreulicherweise rasch voran. Etwaige noch bestehende Defizite haben auf die materielle Bestimmung des Acte Clair keine negativen Auswirkungen, was auch der Funktion des Acte Clair als Instrument der Prozessökonomie gerecht wird. Ferner werden auch die nationalen Gerichte durch den Ansatz des materiellen Acte Clair entlastet, rechtsvergleichendes

---

sowie der Brüssel I, Ia und Brüssel IIa-VOen und dem Haager Unterhaltsprotokoll, *von Hein/Tilman Imm*, IWRZ 2018, 143.

2410 „Informed Choices in Cross-Border Enforcement", Cross-Border Enforcement in Europe: Civil Justice Framework, National Courts and the Court of Justice of the European Union - (JUST-AG-2016-02), siehe dazu https://www.jura.uni-freiburg.de/de/institute/ipr3/ic2be-1, zuletzt abgerufen am 4.11.2019. Dabei handelt es sich um das Folgeprojekt zu EUPILLAR, welches die Rechtsprechung zu den Verordnungen der „2. Generation" (EuMahnVO, EuBagatellVO, EuKontenpfVO, EuVTVO) und insgesamt 420 Entscheidungen vom EuGH und acht Mitgliedstaaten ausgewertet hat in einer Datenbank bündelt.

2411 „Unalex- das internationale Informationssystem zum Einheitsrecht", https://www.unalex.eu/, zuletzt abgerufen am 14.11.2019.

2412 Siehe zu den Ergebnissen der Studie EUPILLAR, *Beaumont/Danov/Trimmings/Yüksel*, Cross-border litigation in Europe, 2017. Siehe bereits zu den Erkenntnissen der deutschen Rechtsprechung im Rahmen des IC²BE-Projektes (Laufzeit bis Dezember 2019), *von Hein/Tilmann Imm*, IWRZ 2019, 112.

2413 Hier können übersichtlich und öffentlich zugänglich die Verordnungen separat recherchiert werden https://eur-lex.europa.eu/collection/n-law/jure.html, zuletzt abgerufen am 4.11.2019. Siehe ebenfalls zum Familien- und Erbrecht die Datenbank EUFam's (http://www.eufams.unimi.it/category/database/, zuletzt abgerufen am 4.11.2019) und das Folgeprojekt EuFam's II (http://www2.ipr.uni-heidelberg.de/eufams/index.php?site=entscheidungsdatenbank, zuletzt abgerufen am 4.11.2019) sowie die französische Datenbank mit Fokus auf dem IPR, Lynxlex (https://www.lynxlex.com), zuletzt abgerufen am 4.11.2019.

Fallmaterial zu sichten und gegebenenfalls zu übersetzen. Nichtsdestotrotz ist es von großer Wichtigkeit, zur Stärkung der Rechtseinheit öffentlich zugängliche Datenbanken und einen vereinfachten Austausch der Gerichte auch mithilfe moderner Informationstechnogien, fruchtbar zu machen, um die Dialogbereitschaft der mitgliedstaatlichen Gerichte zu fördern und näher zueinander zu bringen.[2414] Dazu kommt, dass noch nicht alle Mitgliedstaaten über umfangreiche Datenbanken ihrer nationalen Rechtsprechung wie Juris, Beck Online oder die IP-Rechtsprechung verfügen. Auch dieser Aspekt sollte flächendeckend in den Mitgliedstaaten gefördert werden. Dadurch kann die Rechtsvergleichung erleichtert werden und vor allem die Kohärenz des Europäischen Zivilprozessrechts gesteigert werden, was wiederum die Vorhersehbarkeit und Rechtssicherheit positiv beeinflusst.

Ein dritter Störfaktor, der dazu beigetragen haben könnte, dass die Vorlagebereitschaft der nationalen Gerichte gemindert war, ist, dass der EuGH teilweise unberechenbare Ergebnisse liefert, s. Kapitel 4 C. II. 3.c) cc). Dies könnte darauf zurückzuführen sein, dass der EuGH zu einem überwiegenden Teil mit Richtern mit öffentlich-rechtlichem Tätigkeitsschwerpunkt besetzt ist.[2415] Dazu kommt, dass es dem Europäischen Zivilprozessrecht an einer Systematik mangelt, da es auf rechtspolitischen Wertungs- und Gestaltungsentscheidungen basiert,[2416] was ein grundlegender Unterschied zu einer national gewachsenen und in sich kohärenten, auf einer einheitlichen Dogmatik basierenden Privatrechtsordnung ist.[2417] Ferner differenziert das Unionsrecht nicht eindeutig zwischen öffentlichem Recht und Privatrecht, wodurch ein Zusammenwachsen und Verschränken beider Bereiche bewirkt werden soll.[2418]

Der Ansatz des materiellen Acte Clair kann einen Beitrag leisten, indem er die Kohärenz des Europäischen Zivilprozessrechts steigert und fördert. Dies geschieht dadurch, dass insbesondere solche Fragen zur Vorlage gebracht werden, die die Effektivität des Unionsrechts betreffen und stärken. Denn durch das Vorlegen von Fragen, bei denen das Telos der streitentscheidenden Normen

---

2414 Siehe dazu auch *von Hein/Tilman Imm*, IWRZ 2018, 143. Die spanische Rechtsprechungs-Datenbank CENDOJ ermöglicht beispielsweise das Fragenstellen von Richtern an Mitglieder von CENDOJ, die innerhalb eines Tages beantwortet werden, http://www.poderjudicial.es/search/, zuletzt abgerufen am 4.11.2019.

2415 Siehe die aktuelle Übersicht der Mitglieder des Gerichtshofes https://curia.europa.eu/jcms/jcms/Jo2_7026/de/, zuletzt abgerufen am 4.11.2019.

2416 *von Danwitz*, in: FS Schwenzer, 2011, 383, 392.

2417 Vgl. *Podszun*, 2014, 277 f.

2418 ebd., 277 f.

nicht ohne Unklarheiten durch den nationalen Richter ermittelt werden kann, wird die Relevanz der Vorlagefragen an den EuGH erhöht, was dazu beitragen kann, dass eine mangelnde Systematik kompensiert wird.

Die aktuelle Entwicklung zeigt, dass im Bereich des Europäischen Zivilprozessrechts einige Maßnahmen zur Steigerung der Kohärenz umgesetzt werden, wie sich an der Entschließung des Europäischen Parlaments vom 4. Juli 2017 mit Empfehlungen an die Kommission zu gemeinsamen Mindeststandards des Zivilprozessrechts in der Europäischen Union (2015/2084(INL))[2419] sowie dem gemeinsamen ELI/Unidroit-Projekt „From transnational principles to european rules of civil procedure" (2020)[2420] zeigt. [2421] Im Rahmen der Kohärenzsteigerung wird vereinzelt auch die Idee der Schaffung einer Brüssel-0 Verordnung diskutiert.[2422]

Zur nachhaltigen Steigerung der Effizienz wurde ebenfalls eine Verfahrenskonzentration auf spezialisierte Senate diskutiert,[2423] was sich auch auf eine gesteigerte Qualität der Entscheidungen auswirken könnte. Negativpunkt der Spezialisierung ist hingegen die fehlende Nähe des Gerichtsstands, sodass die Parteien unter Umständen weite Distanzen auf sich nehmen müssten und ihr anwaltlicher Beistand sie eventuell schlechter beraten würde, da er in Bezug auf die ortsüblichen Gepflogenheiten und die Anwälte der Gegenseite weniger Erfahrung sammeln konnte. Mit größeren Distanzen, insbesondere bei grenzüberschreitenden Sachverhalten, gehen zudem auch höhere Kosten einher. Ferner könnten Parteien abgeschreckt werden, Streitigkeiten mit geringem Streitwert vor Gericht zu bringen, wodurch der Rechtsentwicklung gegebenenfalls relevante Sachverhalte entgingen. Die Nicht-Durchsetzung von Ansprüchen kann im Binnenmarkt zu Wettbewerbsvorteilen führen, die das Equilibrium der

---

2419 http://www.europarl.europa.eu/doceo/document/TA-8-2017-0282_DE.html, zuletzt abgerufen am 14.11.2019.

2420 ELI-Unidroit Projekt, https://www.unidroit.org/work-in-progress-eli-unidroit-european-rules, zuletzt abgerufen am 14.11.2019.

2421 Nach *Podszun*, 2014, 277 f. hingegen steuere das europäische Rechtsmodell weg von der Einführung von Mindeststandards hin zu einem mit Informationspflichten, was sich jedoch durch die jüngsten Entwicklungen zu mehr Mindeststandards nicht bewahrheitet hat.

2422 So auf Konferenzen erwähnt, siehe beispielsweise *Ungerer*, IPRax 2015, 286, 287 sowie *von Hein*, ZVglRWiss 2020, 123, 136 f.; *Althammer*, ZVglRWiss 2020, 197, 198 ff.; *Eichel*, ZVglRWiss 2020, 220, 224. Vgl. auch *von Hein/Rühl*, RabelsZ 79 (2015), 701, 746 ff.

2423 *Hess*, IPRax 2008, 25, 26 Fn. 13.

Wettbewerber betreffen und zudem könnten Anreize für rechtsmissbräuchliches Verhalten gesetzt werden.

Der Ansatz des materiellen Acte Clair erfordert keine Spezialisierung. Für die Prüfung des Unionsrechts und der EuGH-Rechtsprechung ist der Einsatz spezialisierter Senate nicht notwendig. Ebenso ist kein Spezialsenat für die Vornahme der Prüfung, ob eine Individualrechtsschutzverletzung im Raum steht, welche angelehnt an die Möglichkeitstheorie im deutschen Verwaltungs- und Verfassungsrecht erfolgt, notwendig. Dies erleichtert die Umsetzbarkeit des Acte Clair und trägt zu einer Prozessdauerverkürzung bei.

Nicht zu unterschätzen ist der Einfluss, den die mitgliedstaatlichen Gerichte haben, indem sie dem EuGH Vorlagefragen stellen, da sie dadurch massiv den europarechtlichen Diskurs mitsteuern können. Dazu sollen die nationalen Gerichte ermutigt werden, was mithilfe der praktisch umsetzbaren und dogmatisch eingefassten materiellen Bestimmung des Acte Clair möglich wird und mithilfe der vereinheitlichten Kriterien die Einheitlichkeit des Unionsrechts gestärkt wird, ohne den Individualrechtschutz zu vernachlässigen.

Die Hypothese kann somit als bestätigt angesehen werden.

Grafische Darstellung der Neubestimmung eines materiellen Acte Clair

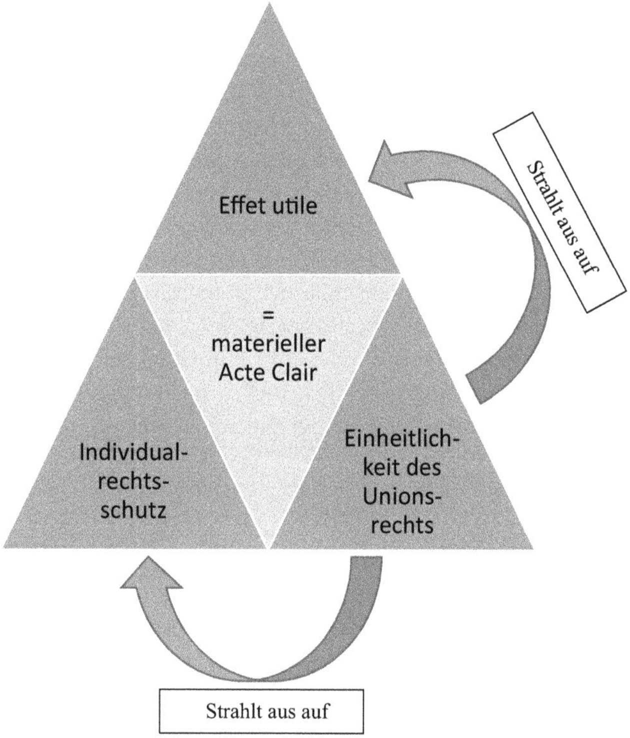

Kapitel 10: Ergebnis und Ausblick

Das Institut des Acte Clair ist im Zuge der raschen Fortentwicklung des Europäischen Zivilprozessrechts aus Gründen der Prozessökonomie erforderlich, um das Funktionieren des Vorabentscheidungsverfahrens zu gewährleisten. Insbesondere aufgrund der großen Schwierigkeiten der Sanktionierung von Verstößen gegen die Einhaltung der Vorlagepflicht muss gewährleistet werden, dass der Acte Clair gewissenhaft genutzt wird.

Die formale, prozessuale Betrachtungsweise der *CILFIT*-Kriterien,[2424] die verlangen, dass die richtige Anwendung derart offenkundig sein muss, dass keinerlei Raum für Zweifel an der Entscheidung verbleiben, ist zu flach und nicht gewinnbringend nutzbar. Auch die Folgerechtsprechung in den Rechtssachen *Ferreira da Silva* und *X und Van Dijk* hat keine Klärung gebracht.[2425] Weil die EuGH-Rechtssache *CILFIT* in der Acte Clair-Doktrin ein Auslegungsverbot verankert hat, ist die Einhaltung der *CILFIT*-Kriterien in der Praxis nicht handhabbar. Mangels Begründungspflicht entsteht ein hoher Grad an Rechtsunsicherheit. Zudem weisen die *CILFIT*-Kriterien ein großes Missbrauchsrisiko auf, da die mitgliedstaatlichen Gerichte keine einheitliche Prüfung vornehmen können und sie darauf angewiesen sind, ihr eigenes Verständnis vom Acte Clair zu implementieren.

Die Bestandsaufnahme der deutschen Rechtsprechungspraxis hat gezeigt, dass sich die in *CILFIT* angelegten Risiken in der Praxis öfters bewahrheitet haben. Es kam teilweise zu einer jahrelang andauernden Fragmentierung der Rechtsprechung in Deutschland sowie im Verhältnis zu anderen Mitgliedstaaten. Bisweilen floskelhaft und mithilfe von Textbausteinen wurde der Acte Clair ohne echte Begründung bejaht. Der subjektive Ansatz, wonach Gewissheit vorliegen müsse, dass die Gerichte der anderen Mitgliedstaaten es so sehen würden, wie das entscheidende Gericht, hat dazu beigetragen, dass eher selten rechtsvergleichend gearbeitet wurde, was aber mit *CILFIT* intendiert worden war. Teilweise waren die rechtsvergleichenden Erwägungen veraltet und unvollständig. Selbst

2424 EuGH, Urteil vom 6.10.1982 – 283/81 (C.I.L.F.I.T. ./. Ministero della Sanità) = ECLI:EU:C:1982:335.

2425 EuGH, Urteil vom 9.9.2015 – C-160/14 (Ferreira da Silva e Brito ua ./. Estado português) = ECLI:EU:C:2015:565; EuGH, Urteil vom 9.9.2015 – C-72/14 und C-197/14 (X ./. Inspecteur van de Rijksbelastingdienst und T. A. van Dijk ./. Staatssecretaris van Financiën) = ECLI:EU:C:2015:564.

wenn die Gerichte korrekte rechtsvergleichende Erwägungen in ihre Analyse mit einbezogen haben, führte dies nicht dazu, dass eine Gefährdung der Positionen des EuGH ausgeschlossen oder verringert wurde. Von drei Entscheidungen, in denen rechtsvergleichend gearbeitet wurde, hatte in zwei Fällen ein Acte Clair nicht angenommen werden dürfen. In einem Fall bestand die Gefahr, dass der effet utile des Unionsrechts nicht gewahrt wurde sowie auch die Möglichkeit der Gefährdung des Individualrechtsschutzes (BGH, Beschluss vom 14.3.2007, s. Kapitel 8 B. III.). In dem anderen Fall war das Telos klar, aber es bestand die Möglichkeit, dass der Individualrechtsschutz gefährdet wurde (BGH, Beschluss vom 24.4.2014, s. Kapitel 7 B. III.). Auch prozessverlängernde und kostenträchtige, rechtsvergleichende Erwägungen führen somit nicht zu einer Verbesserung der Positionen des EuGH. Vielmehr besteht dadurch die Gefahr, dass unter Bezugnahme einer mitgliedstaatlichen Rechtspraxis eine nicht unstrittige Rechtslage beibehalten wird, was insbesondere die Position des EuGH als Hüter der Einheitlichkeit des Unionsrechts gefährdet. Auch ein Sprachenvergleich hat nicht stattgefunden. Bezüge zur deutschen erweiterten Rechtsprechung sowie des EuGH wurden hingegen häufig aufgezeigt.

Das dogmatisch in der Acte Clair-Doktrin verankerte Auslegungsverbot ist nicht aufrechtzuerhalten. Da sich die Gerichte ohnehin über die formellen Kriterien hinwegsetzen, ist auf Grund des Bedürfnisses nach Orientierung und Vereinheitlichung ein materieller Ansatz zu bevorzugen. Dogmatisch anknüpfend an das *CILFIT* verankerte Kriterium der Eindeutigkeit, wird den nationalen Richtern ein Prüfprogramm vorgegeben, wodurch gewährleistet wird, dass die Positionen des EuGH nicht gefährdet werden. Als Bewertungskriterien eignen sich die Politikziele des EuGH. Diese sind die Wahrung der Einheitlichkeit des Unionsrechts, die Wahrung des Individualrechtsschutzes sowie die Wahrung und Förderung der Effektivität des Unionsrechts. Die Bewertungskriterien sind auf den entscheidenden Praktiker ausgerichtet. Für den nationalen Richter muss sich das Telos der streitentscheidenden Norm ohne Unklarheiten ermitteln lassen, um das erste Kriterium des materiellen Acte Clair, den effet utile und die Einheitlichkeit des Unionsrechts zu erfüllen. Ferner muss das zweite Kriterium des materiellen Acte Clair erfüllt werden, der Individualrechtsschutz und - auch hier als die zweite Seite derselben Medaille - die Einheitlichkeit des Unionsrechts gewährleistet werden. Dazu muss der Richter in Anlehnung an die Möglichkeitstheorie bei der Prüfung der Beschwerdebefugnis bei einer Verfassungsbeschwerde ausschließen, dass eine spezifische Grundrechtsverletzung im Raum steht. Auch hier ist die Eindeutigkeit präsent, da die Unionsnorm eine eindeutige Wertung für eine Verhältnismäßigkeitsprüfung vorgeben muss. Vorteile des materiellen Acte Clair sind eine gesteigerte Rechtssicherheit und

Vorhersehbarkeit neben der Stärkung des reibungslosen Funktionierens des Vorabentscheidungsverfahrens.

Faktoren, die die Vorlagebereitschaft der mitgliedstaatlichen Gerichte in der Vergangenheit gehemmt haben, werden geschmälert. Unabhängig von der Expertise der Gerichte mit der Unionsrechtsmaterie, sind die Kriterien einfach umsetzbar, was die Bestandsaufnahme der deutschen Rechtsprechung gezeigt hat. Die Prozessdauer kann verkürzt und Ressourcen können gespart werden, was sich auch auf die Qualität der Rechtsprechung auswirken kann, indem keine umfangreichen rechtsvergleichenden Analysen mehr angestellt werden müssen. Dass Anwendungsfehler geschehen, wird damit nicht ausgeschlossen und kann auch nicht ausgeschlossen werden. Jedoch werden mithilfe der Bewertungskriterien jene Fälle vom Acte Clair ausgeschlossen, bei denen eine Vorlage an den EuGH unerlässlich ist. Die vom Acte Clair ausgeschlossenen Fälle beinhalten Vorlagefragen, die eine hohe systematische Relevanz haben und bei denen eine Vorlage die Kohärenz des Europäischen Zivilprozessrechts langfristig verbessert. Dadurch kann auch der Unvorhersehbarkeit der EuGH-Entscheidungen bewusst entgegengesteuert werden. Gleichermaßen werden die Sensibilität der Gerichte bezüglich ihrer Mitgestaltungsmöglichkeiten sowie ihre Verantwortung und ihr Selbstvertrauen gestärkt, sodass Vorlagefragen einen entscheidenden Einfluss auf die Unionsrechtsentwicklung haben. Insbesondere im Bereich des Europäischen Zivilprozessrechts, wo es an Systematisierung mangelt, haben relevante und gut vorbereitete Vorlagefragen eine lenkende und Orientierung stiftende Funktion. Dies ist insbesondere der Fall, weil der EuGH zum Großteil mit Richtern besetzt ist, deren früheres Forschungs- oder Tätigkeitsprofil in der Regel öffentlich-rechtlich geprägt ist.

Fast die Hälfte des Fallmaterials gehörte der Kategorie der Gewährleistung des Schutzes des Schwächeren an. Hier haben die deutschen Gerichte besonders häufig Gebrauch vom Acte Clair gemacht. Grund dafür könnte sein, dass hier das Unionsrecht, welches Wertungen vorgibt, von den Gerichten besonders stark als störend für die nationale Rechtsordnung empfunden wurde. In dieser Fallkategorie lag der Großteil der Fälle, die den Kriterien des materiellen Acte Clair nicht genügten. In fünf Fällen war das Telos der streitentscheidenden Normen nicht ohne Unklarheiten durch die nationalen Richter ermittelbar, s. die Entscheidungen in Kapitel 4 B. II. 2. b und c), Kapitel 4 B. III. 2 sowie Kapitel 4 C. II. 1 und 3.

Dies war in drei Entscheidungen zu Verbrauchersachen der Fall, bei denen der BGH ein restriktives Verständnis des Verbrauchergerichtsstands verfolgte. Betroffen waren die Entscheidungen des BGH, Urteil vom 30.3.2006 – VII ZR 248/04 und der Beschluss vom 17.9.2008 – III ZR 71/08 bezüglich des höchst umstrittenen Merkmals des Ausrichtens, s. Kapitel 4 B. II. 2. b) und c).

Die dritte Entscheidung, das Urteil des BGH vom 12.6.2007 – XI ZR 290/06, betraf ebenfalls eine Verbraucherangelegenheit, aber in Bezug zum Niederlassungsort, s. Kapitel 4 B. III. 2. Siehe bezüglich der Ergebnisse die Analyse in Kapitel 9.

Ebenfalls Schwierigkeiten bezüglich der Ermittlung des Telos zeigten sich bei zwei Konstellationen zu Gewinnzusagen aus dem Ausland (BGH, Urt. vom 28.11.2002 – III ZR 102/02 sowie OLG Rostock, Urt. vom 14.10.2005 – 8 U 84/04), s. Kapitel 4 C. II. 1 und 3 sowie bezüglich der Ergebnisse die Analyse in Kapitel 9. Hier wurde die Gefahr der Entwicklung einer Rechtsprechungspraxis besonders deutlich, indem sich viele Gerichte auf die BGH-Rechtsprechung bezogen hatten und ebenfalls die Klärungsbedürftigkeit ausschlossen. Zudem bestätigte sich in dem Urteil des BGH die Gefahr des formellen Acte Clair, da hier der BGH methodologisch den Acte Clair so auslegte, als dass Klarheit auch dann vorliege, wenn alle Auslegungsmöglichkeiten zum selben Ergebnis kämen. Anhaltspunkte für diesen Ansatz liefern die *CILFIT*-Kriterien nicht. Nach *CILFIT* besteht gerade ein Auslegungsverbot. Dieser Methodik bediente sich auch noch drei Jahre später das OLG Rostock in seinem Urteil vom 14.10.2005 – 8 U 84/04. Hier wurde das Bedürfnis nach einer methodischen Klärung und praktisch umsetzbaren Prüfung des Acte Clair deutlich.

Besonders bei Verbrauchersachen zeichnete sich zudem ein Wechsel der Tendenz des EuGH von einem sehr weiten Verbraucherschutzgedanken hin zu einem seit 2013 eher restriktiven Verständnis des Verbrauchergerichtsstands ab. Dies erleichterte die Vorhersehbarkeit der EuGH-Rechtsprechung nicht und kann Grund dafür sein, warum die deutschen Gerichte hier häufig einen Acte Clair bejaht haben. Dazu kommt, dass Verbraucherstreitigkeiten im Regelfall geringe Streitwerte haben und daher eine möglichst kurze Verfahrensdauer angestrebt wird. Auf der anderen Seite sind sie aber juristisch hoch komplex. Dieses Missverhältnis und die große Anzahl an Fällen könnte die Gerichte dazu verleitet haben, nicht vorzulegen. Gleichwohl ist auf diesem Rechtsgebiet eine hohe Vorlageanzahl von enormer Wichtigkeit, um durch relevante Vorlagefragen eine Systematik herauszukristallisieren, die so im Europäischen Zivilprozessrecht nicht angelegt ist.

Weit unproblematischer fiel die Kategorie der Gewährleistung der Vorhersehbarkeit aus. In dem Beschluss vom 25.1. 2017 – VIII ZR 257/15 strengte der BGH unter Geltung des LugÜ 2007 eine ausführliche, rechtsvergleichende Analyse an. Erstaunlich war hier, dass diese umfangreiche Begründung nach den EuGH-Rechtssachen *Ferreira da Silva* und *X und Van Dijk* ergangen waren, wobei man hätte denken können, dass seitdem die Prüfung abgekürzter erfolgen würde. Dieses hätte vermutet werden können, da in beiden Rechtssachen die

CILFIT-Kriterien nicht erneut zusammengefasst worden waren, aber auch nicht von den Kriterien abgerückt worden war. Diese Entscheidung zur Gerichtsstandsvereinbarung belegte, dass die fehlende Klärungsbedürftigkeit durchaus ausführlich begründet werden kann, ohne gerade Zweifel aufkommen zu lassen und bestätigt das umfassende Erfordernis der Begründung eines Acte Clair, was durch ein vorgegebenes, einheitliches, materielles Prüfprogramm gewährleistet wird. Ferner manifestiert sie die anhaltende Unsicherheit der Gerichte seit der EuGH-Rechtssachen *Ferreira da Silva* und *X und Van Dijk*, welche keine praktische oder dogmatische Verbesserung in Hinblick auf die *CILFIT*-Kriterien gebracht haben.

Problematisch war hingegen in der Kategorie der Gewährleistung der Vorhersehbarkeit eine Entscheidung zum Gerichtsstand des Handlungs- und Erfolgsortes bei einem Kapitalanlagedelikt. In dem Urteil des BGH vom 13.7.2010 – XIZR 28/09 hätte vorgelegt werden müssen, s. Kapitel 5 C. II. 2 sowie zum Ergebnis Kapitel 9. Wie zwar in der EuGH-Rechtssache *X und Van Dijk* (ECLI:EU:C:2015:564, Rn. 60 f.) dargelegt wurde, lässt eine anschließende Vorlagefrage einen Acte Clair nicht von vornherein ausscheiden. Hier hatte der BGH jedoch in Abgrenzung zu der zum Entscheidungszeitpunkt bestehenden EuGH-Rechtsprechung in der Rechtssache *Kronhofer* entschieden. Dass der EuGH in der Folge das Ergebnis des BGH bestätigte, hat darauf keine Auswirkungen.

Die Kategorie der Gewährleistung der abgestimmten Rechtspflege war ebenfalls unproblematisch. Die BGH-Entscheidung vom 1.3.2011 – XI ZR 48/10 machte deutlich, dass der materielle Acte Clair auch dann erfüllt sein kann, wenn noch keinerlei EuGH-Rechtsprechung zu der Rechtsfrage vorliegt, sofern das Telos sich anderweitig ohne Unklarheiten ermitteln lässt. Ebenfalls zeigte die Entscheidung auf, dass die Tatsache, dass das nationale Gericht wie in einem nationalen Fall entschieden hat, nicht bereits das Vorliegen eines materiellen Acte Clair ausscheiden lässt, sofern ein Gleichlauf zu erkennen ist. Nichtsdestotrotz hätten hier jegliche Zweifel an der Richtigkeit der Acte Clair-Annahme ausgeräumt werden können, wenn das Gericht die vorgeschlagenen materiellen Bewertungskriterien geprüft hätte.

Die Kategorie der Gewährleistung des freien Verkehrs gerichtlicher Entscheidungen unterlag den gravierendsten Änderungen durch die Neufassung der EuGVO. Hier war in Anbetracht dessen die Rezeptionsdichte der Entscheidungen am höchsten, was wohl auf vermuteten Argwohn in die Rechtsprechung bezüglich der Umsetzung der Neuerungen zurückzuführen war. Wie sich an den vier untersuchten Fällen gezeigt hat, war häufig eine Kontinuität bis hin zum EuGVÜ gegeben und es handelte sich ansonsten im Wesentlichen um eine Verschiebung der Initiative des Verfahrens, sodass die Umstellung auf die EuGVO n.F. unproblematischer als zunächst erwartet verlief. Dennoch gab es einen Ausreißer, bei dem ein Acte Clair nach dem materiellen Ansatz nicht hätte bejaht werden dürfen. Dabei handelte es sich um den Beschluss des BGH vom 14.3.2007 – XII ZB 174/04, der den Einwand der nachträglichen Erfüllung zum Gegenstand hatte, s. Kapitel 7 B. III. sowie bezüglich des Ergebnisses die Analyse in Kapitel 9. Auffällig an dieser Kategorie war die geringe Anzahl an EuGH-Rechtsprechung. Die besonders geringe Vorlagebereitschaft der deutschen Gerichte könnte in dieser Kategorie auf die zahleichen Verschränkungen mit dem nationalen Recht zurückzuführen sein. Gerade in diesem Rechtsbereich besteht daher ein erhöhter Vorlagebedarf.

In der zuletzt untersuchten Kategorie der Gewährleistung der erleichterten und beschleunigten Vollstreckung von unbestrittenen Forderungen nach der EuVTVO wurde das Bewertungskriterium des Individualrechtsschutzes relevant. Anhand dieses Urteils wurde neben der ansonsten diffusen Unsicherheit der Gerichte beim Umgang mit den *CILFIT*-Kriterien und dem dadurch erzeugten Defizit an Einheitlichkeit des Unionsrechts eine einschneidende Gefahr deutlich, die in *CILFIT* angelegt ist. Die Ignoranz der *CILFIT*-Kriterien bezüglich des Individualrechtsschutzes kristallisierte diese Gefahr im Hinblick auf die Abschaffung der ordre public-Kontrolle in der EuVTVO. In dem Verbot jeglicher Nachprüfung könnte ein Zwang zu grundrechtswidrigem Handeln gesehen werden, was zu einem Konflikt mit Art. 19 Abs. 4 GG führt. Art. 19 Abs. 4 und Art. 20 Abs. 3 GG stehen jedoch nicht zur Disposition des EU-Gesetzgebers. Ebenfalls konfligieren damit die völkerrechtlichen Verpflichtungen Deutschlands als Konventionsstaat der EMRK. Diese Konstellation macht deutlich, dass ein dringendes Regelungsbedürfnis besteht, Individualrechtsschutzgesichtspunkte in den Kriterienkatalog des Acte Clair mit aufzunehmen. Mithilfe des materiellen Acte Clair würde dieses Defizit behoben werden.

Die Bestandsaufnahme hat zum einen gezeigt, dass eine materielle Bestimmung des Acte Clair möglich ist und zum anderen, dass diese in der Praxis umsetzbar wäre. Dies ergibt sich aus den Begründungen des Acte Clair seit den EuGH-Rechtssachen *Ferreira da Silva* und *X und Van Dijk*, da insbesondere seitdem festgestellt werden kann, dass sich die Gerichte mit der Freilegung des Telos der angewendeten Normen beschäftigten und auch teilweise die Effektivierung des Unionsrechts immer präsenter in der Argumentation wurde. Daraus lässt sich ableiten, dass die Letztgerichte bereits heute dem Acte Clair ein materielles Verständnis zugrunde legen wollen, da dadurch dogmatisch kohärent eine Nichtvorlage begründet werden kann. Eine einfache und praktisch handhabbare Regelung wäre nicht nur für die Richter der Mitgliedstaaten wünschenswert, sondern würde, im Gegensatz zu den Kriterien in *CILFIT*, den Politikzielen des

EuGH umfassend gerecht. Dadurch, dass der materielle Acte Clair ausschließlich das genuine Unionsrecht und die Rechtsprechung des EuGH in den Blick nimmt, wird eine Vereinfachung und Beschleunigung des Verfahrens erreicht und die Untersuchung gewinnt dadurch an Qualität. Die Vorlagefragen, die diese Kriterien nicht erfüllen, sind von hoher Relevanz und haben daher einen gesteigerten Einfluss auf die Systematisierung des Europäischen Zivilprozessrechts, da der Fokus nicht auf die Beantwortung von Sonderfragen reduziert wird.

Ein materieller Acte Clair macht teilweise geforderte Einschränkungen der Vorlagepflicht nicht notwendig. Vielmehr kann die vermehrte Vorlage relevanter Fragen zum Telos der Unionsrechtsnormen zu einer Steigerung der Kohärenz beitragen. Dazu kommt, dass der EuGH durch Vorlagefragen bezüglich des Individualrechtsschutzes gezwungen wird, Stellung zum Grundrechtsschutz in der EU zu nehmen, was betreffend der EuVTVO sogar zu dem Kassieren der eigenen Verordnung führen könnte. Ebenfalls macht der materielle Acte Clair eine Spezialisierung durch Sondersenate nicht notwendig, da die Gerichte unabhängig von ihrem Erfahrungsstand in der Lage sind, die Bewertungskriterien zu prüfen, da diese kein für die Gerichte nicht oder schwer zugängliches Rechtsprechungsmaterial der anderen mitgliedstaatlichen Rechtsordnungen erfordert. Vorlagefragen von vorsichtigen mitgliedstaatlichen Gerichten sperren einen Acte Clair nicht automatisch, es sei denn, das Telos der Norm ist unklar und/oder die Möglichkeit besteht, dass spezifische Grundrechtsverletzungen im Raume stehen.

Die Entwicklung des Europäischen Zivilprozessrechts ist in den letzten Jahren rasch vorangeschritten. Vor über 50 Jahren trat das EuGVÜ in Kraft, vor über 30 Jahren die ursprüngliche Fassung des Luganer Übereinkommens und seit über zehn Jahren gibt es die EuGVO – im Januar 2020 folgte das fünfjährige Jubiläum der EuGVO n.F. Immer wieder im Raum stehen in jüngerer Zeit auch Bestrebungen für eine Brüssel 0-Verordnung als allgemeinen Teil betreffend die Zuständigkeit und Anerkennung und Vollstreckung von Entscheidungen. Was als Vorreiterrolle im Unionsrecht begonnen hat, kann heute als große Errungenschaft und erfolgreiches Beispiel der justiziellen Zusammenarbeit gesehen werden. Die weitere Entwicklung des Europäischen Zivilprozessrechts ist unabdingbar verknüpft mit dem Funktionieren des Vorabentscheidungsverfahrens. Dazu kann der materielle Acte Clair beitragen, da in Zeiten stark angestiegener Fallzahlen eine Auswahl an vorzulegenden Entscheidungen immer wichtiger wird. Dies kann durch das Vorlegen von Fallfragen gelingen, bei denen das Telos der Norm nicht ohne Unklarheiten mithilfe des Unionsrechts und der EuGH-Rechtsprechung ermittelt werden kann, da diese Themen die Effektivität und die Einheitlichkeit des Unionsrechts betreffen. Gleichermaßen dürfen prozessökonomische Erwägungen nicht dazu führen, dass Individualrechtschutzgesichtspunkte vernachlässigt werden. Dies hat insbesondere in dem einzigartigen Rechtsgebilde der EU eine enorme Relevanz. Nicht zuletzt, weil dadurch auch die Einheitlichkeit des Unionsrechts gewährleistet wird.

Zu einer weiteren Stärkung der Kohärenz des Europäischen Zivilprozessrechts bedarf es daher eines regen Informationsaustausches bezüglich der Rechtsprechungspraxis der Mitgliedstaaten sowie Expertenmeinungen. Dazu ist das Auf- und Ausbauen öffentlich zugänglicher Datenbanken von höchster Priorität, um die reiche Entscheidungspraxis der Mitgliedstaaten mit unionsrechtlicher Relevanz in allen Mitgliedstaaten fruchtbar zu machen. Dies dient zudem Evaluationszwecken und kann Trends sichtbar machen, wo in Zukunft ein Bedürfnis nach Regelungsbedarf besteht. Die Verfügbarkeit von Informationen über die Rechtsprechungspraxis in den anderen Mitgliedstaaten kann insofern auch von den Gerichten genutzt werden, offene Regelungsfragen eher zur Vorlage vor den EuGH zu bringen. Ebenfalls kann die Verfügbarkeit von Informationen über die Rechtsprechungspraxis in den anderen Mitgliedstaaten die Gerichte zu einer erhöhten Vorlagebereitschaft bewegen und dadurch motivieren und sensibilisieren, dass sie durch gezielte Vorlagefragen an den EuGH die noch fehlende Systematisierung des Europäischen Zivilprozessrechts aktiv mitsteuern und -gestalten. Die Gerichte müssen sich als Dialogpartner auf Augenhöhe mit dem EuGH verstehen, da nur durch ein prinzipiengeleitetes Zusammenwirken die Kohärenz im Europäischen Zivilprozessrecht gesteigert werden kann. Dazu kann der materielle Acte Clair einen wichtigen Beitrag leisten.

Literaturverzeichnis

Ackermann, Thomas, Sektorielles EU-Recht und allgemeine Privatrechtssystematik, ZEuP 2018, 741 ff.

Adolphsen, Jens, Europäisches Zivilverfahrensrecht, 2. Aufl., Berlin 2015.

AF, Urteilsanmerkung KABEG, ERA Forum 2018, 647 ff.

Akerlof, George A., The Market for „Lemons": Quality Uncertainty and the Market Mechanism, The Quarterly Journal of Economics 84 (1970), 488 ff.

Alter, Karen J., Explaining National Court Acceptance of European Court Jurisprudence: A Critical Evaluation of Theories of Legal Integration, in: Slaughter, Anne-Marie (Hrsg.), The European court and national courts - doctrine and jurisprudence: Legal change in its social context, Oxford 2003, 227 ff.

–, The European Union's Legal System and Domestic Policy: Spillover or Backlash?, International Organizations 54 (2000), 489 ff.

–, Establishing the supremacy of European law, Oxford 2001.

Althammer, Christoph/Löhnig, Martin, Zwischen Realität und Utopie: Der Vertrauensgrundsatz in der Rechtsprechung des EuGH zum europäischen Zivilprozessrecht, ZZPInt 9 (2004), 23 ff.

Andenas, Mads, National Paradigms of Civil Enforcement: Mutual Recognition or Harmonization in Europe?, European Business Law Review 17 (2006), 529 ff.

Andersson, Torbjörn, Harmonization and Mutual Recognition: How to Handle Mutual Distrust, European Business Law Review 17 (2006), 747 ff.

Anweiler, Jochen, Die Auslegungsmethoden des Gerichtshofs der Europäischen Gemeinschaften, Frankfurt am Main/Berlin/Bern/New York/Paris/Wien 1997.

Arnold, Arnd (Hrsg.), J. von Staudingers Kommentar zum Bürgerlichen Gesetzbuch: Staudinger BGB - Buch 2: Recht der Schuldverhältnisse: §§ 652-661a (Maklervertrag), Berlin, 2016, zitiert: Staudinger BGB/*Bearbeiter*.

Arnull, Anthony, Article 177 and the Retreat from Van Duyn, European Law Review 1983, 365 ff.

–, Reflections on Judicial Attitudes at the European Court, The International and Comparative Law Quarterly 34 (1985), 168 ff.

–, The Use and Abuse of Article 177 EEC, The Modern Law Review 1989, 622 ff.

Bach, Ivo, Grenzüberschreitende Vollstreckung in Europa, Tübingen 2008.

–, Keine Aufhebung der Vollstreckbarerklärung einer ausländischen Entscheidung wegen Erfüllung im Ursprungsmitgliedstaat, EuZW 2011, 871 ff.

–, Die EuVTVO im System des Europäischen Zivilverfahrensrechts, RIW 2018, 549 ff.

Bachmann, Gregor, Die internationale Zuständigkeit für Klagen wegen fehlerhafter Kapitalmarktinformation, IPRax 2007, 77 ff.

Bäcker, Matthias, Altes und Neues zum EuGH als gesetzlichem Richter, NJW 2011, 270 ff.

Backu, Holger/Naumann, Christian, Schadensersatz nach Verkehrsunfällen in Spanien, VersR 2006, 760 ff.

Bajons, Ena-Marlis, Der Gerichtsstand des Erfüllungsortes: Rück- und Ausblick auf eine umstrittene Norm: Zu Art. 5 Nr. 1 EuGVÜ und seiner revidierten Fassung in der Brüssel I-VO, in: Schütze, Rolf A. (Hrsg.), Einheit und Vielfalt des Rechts: Festschrift für Reinhold Geimer zum 65. Geburtstag, München 2002, 15 ff., zitiert: *Bajons*, in: FS Geimer.

Baldus, Christian, Gesetzesbindung, Auslegung und Analogie: Römische Grundlagen und Bedeutung des 19. Jahrhunderts, in: Riesenhuber, Karl/Ackermann, Thomas (Hrsg.), Europäische Methodenlehre: Handbuch für Ausbildung und Praxis, 2. Aufl., Berlin 2010, 26 ff., zitiert: *Baldus*, in: Riesenhuber/Ackermann (Hrsg.).

Basedow, Jürgen, Der Bundesgerichtshof, seine Rechtsanwälte und die Verantwortung für das europäische Privatrecht, in: Pfeiffer, Gerd (Hrsg.), Festschrift für Hans Erich Brandner zum 70. Geburtstag, Köln 1996, 651 ff., zitiert: *Basedow*, in: FS Brandner.

–, Das BGB im künftigen europäischen Privatrecht: Der hybride Kodex, Archiv für die civilistische Praxis 200 (2000), 445 ff.

–, Consumer Contracts and Insurance Contracts in a Future Rome I-Regulation, in: Meeusen, Johan (Hrsg.), Enforcement of international contracts in the European Union: Convergence and divergence between Brussels I and Rome I, Antwerp 2004, 269 ff.

–, Gemeinsames Europäisches Kaufrecht – Das Ende eines Kommissionsvorschlags, ZEuP 2015, 432 ff.

–, The Law of Open Societies, Leiden 2015.

–, Kohärenz im Internationalen Privat- und Verfahrensrecht der Europäischen Union: Eine einleitende Orientierung, in: von Hein, Jan/Rühl, Giesela (Hrsg.), Kohärenz im Internationalen Privat- und Verfahrensrecht der Europäischen Union, Tübingen 2016, 4 ff., zitiert: *Basedow*, in: von Hein/Rühl (Hrsg.).

Baumbach, Adolf/Lauterbach, Wolfgang/Albers, Jan/Hartmann, Peter (Hrsg.), Zivilprozessordnung, München, [77]2019.

Baumert, Andreas J., Die EuVTVO im System des Europäischen Zivilverfahrensrechts, RIW 2018, 555 ff.

Bebr, Gerhard, Development of Judicial Control of the European Communities, Dordrecht 1981.

–, The Rambling Ghost of „Cohn-Bendit“: Acte Clair and the Court of Justice, Common Market Law Review 1983, 439 ff.

Berg, Daniel F., Autonome Bestimmung des Erfüllungsortes nach Art. 5 Nr. 1 EuGVVO, NJW 2006, 3035 ff.

Berlioz, Pierre, La notion de fourniture de services au sens de l´article 5-1 b) du règlement „Bruxelles I“, Journal de Droit International 2008, 675 ff.

Betz, Alexander, Die verfassungsrechtliche Absicherung der Vorlagepflicht, Tübingen 2013.

Bieber, Roland, Anmerkung zu Conseil d'État Paris vom 22.12.1978, EuR 1979, 294 ff.

Bitter, Anna-Kristina, Vollstreckbarerklärung und Zwangsvollstreckung ausländischer Titel in der Europäischen Union, Tübingen 2009.

Bittmann, David-Christoph, Die Voraussetzungen der Zwangsvollstreckung eines Europäischen Vollstreckungstitels, IPRax 2008, 445 ff.

–, Vom Exequatur zum qualifizierten Klauselerteilungsverfahren, Baden-Baden 2008.

–, Der Kostenfestsetzungsbeschluss nach § 104 ZPO als Europäischer Vollstreckungstitel, Rpfleger 2009, 369.

–, Der Europäische Vollstreckungstitel -einfach und gut?, AnwBl 2011, 378 ff.

–, Die Bestätigung deutscher Kostenfestsetzungsbeschlüsse als Europäische Vollstreckungstitel, IPRax 2011, 361 ff.

–, Die Zulässigkeit materiellrechtlicher Einwendungen gegen einen Europäischen Vollstreckungstitel im Vollstreckungsstaat, IPRax 2015, 129 ff.

–, Anforderungen an einen Rechtsbehelf i.S.v. Art. 19 EuVTVO und Kompetenz zur Bestätigung gerichtlicher Entscheidungen als Europäische Vollstreckungstitel, IPRax 2016, 563 ff.

Bleckmann, Albert, Probleme der Auslegung von EWG-Richtlinien, RIW 1987, 929 ff.

Blobel, Felix, Isolierte Gewinnzusagen im europäischen Zivilprozessrecht, VuR 2005, 164 ff.

Bobek, Michal, Learning to Talk: Preliminary Rulings, the Courts of the New Member States and the Court of Justice, Common Market Law Review 2008, 1611 ff.

Botur, André, Aktuelle Probleme der grenzüberschreitenden Vollstreckung europäischer Unterhaltstitel nach der Brüssel I-VO, FamRZ 2010, 1860 ff.

Bredimas, Anna, Methods of interpretation and community law, Amsterdam 1978.

Brenn, Christoph, Gerichtsstand für Direktklage gegen Versicherer gilt für gewerblichen Zessionar nicht, ÖJZ 2018, 286 ff.

Breuer, Marten, Staatshaftung für judikatives Unrecht, Tübingen 2012.

Broberg, Morten, Acte Clair Revisited: Adapting the Acte Clair Criteria to the Demands of the Times, Common Market Law Review 2008, 1383 ff.

–, National Courts of Last Instance Failing to Make a Preliminary Reference: The (Possible) Consequences Flowing Therefrom, European Public Law 2016, 243 ff.

Broberg, Morten/Fenger, Niels, Das Vorabentscheidungsverfahren vor dem Gerichtshof der Europäischen Union, Baden-Baden 2014.

Brödermann, Eckart, Zustandekommen von Rechtswahl-, Gerichtsstands- und Schiedsvereinbarungen - Rechtssoziologische Notizen, in: Witzleb, Normann (Hrsg.), Festschrift für Dieter Martiny zum 70. Geburtstag, Tübingen 2014, 1045 ff., zitiert: *Brödermann*, in: FS Martiny.

Bruns, Alexander, Die Revision zum Europäischen Gerichtshof in Zivilsachen - akademische Zukunftsvision oder Gebot europäischer Justizgewährleistung?, JZ 2011, 325 ff.

Burley, Anne-Marie/Mattli, Walter, Europe before the Court: A Political Theory of Legal Integration, International Organization 47 (1993), 41 ff.

Büscher, Wolfgang, Interdependenzen zwischen der Rechtsprechung der Gerichte der Europäischen Gemeinschaft und der nationalen Gerichte, Zeitschrift für Gemeinschaftsprivatrecht 5 (2008), 210 ff.

Calliess, Christian/Ruffert, Matthias (Hrsg.), EUV/AEUV, München, ^{5}2016, zitiert: Calliess/Ruffert EUV/AEUV/*Bearbeiter*.

Calliess, Gralf-Peter, Kollisionsrecht, Richtlinienrecht oder Einheitsrecht? Zur Modernisierung des Art. 5 EVÜ (Art. 29, 29 a EGBGB) im System des europäischen Verbrauchervertragsrechts, ZEuP 2006, 742 ff.

Catalano, Nicola, La pericolosa teoria dell'"atto chiaro", Giustizia civile 1983, 12 ff.

Coester-Waltjen, Dagmar, Einige Überlegungen zu einem künftigen europäischen Vollstreckungstitel, in: Nakamura, Hideo (Hrsg.), Festschrift für Kostas E. Beys, dem Rechtsdenker in attischer Dialektik: Zum 70. Geburtstag am 25. November 2003 = Timētikos tomos tu Kosta E. Mpeē ōs ainos tēs attikēs dialektikēs, Athen 2003, 183 ff., zitiert: *Coester-Waltjen*, in: FS Beys.

–, Parteiautonomie in der internationalen Zuständigkeit, in: Lorenz, Stephan (Hrsg.), Festschrift für Andreas Heldrich zum 70. Geburtstag, München 2005, 549 ff., zitiert: *Coester-Waltjen*, in: FS Heldrich.

Costello, Cathryn, Dublin-case NS/ME: Finally, an end to blind trust across the EU?, A&MR 2012, 83 ff.

Craig, Paul P., EU administrative law, Oxford 2006.

–, The Classics of EU Law Revisited: CILFIT and Foto-Frost, in: Maduro, Miguel Poiares/Azoulai, Loïc (Hrsg.), The past and future of EU law: The classics of EU law revisited on the 50th anniversary of the Rome Treaty, Oxford/Portland, Or 2010, 185 ff.

Craig, Paul P./Búrca, Gráinne de, EU law, 6. Aufl., Oxford/New York 2015.

Cranshaw, Friedrich L., Keine gesonderte Bestätigung von Verfahrenskosten als Europäischer Vollstreckungstitel nach der EuVTVO, jurisPR-IWR, 1/2018 Anm. 3.

Crosby, Scott, The Doctrine of „Acte Clair", The Journal of the Law Society of Scotland 1983, 343 f.

Cuniberti, Gilles, Debarment from Defending, Default Judgments and Public Policy, IPRax 2010, 148 ff.

Curschmann, Jan, Tragweite der Annex-Gerichtszuständigkeit gemäß Art. 6 Nr. 2 (jetzt Art. 8 Nr. 2) EuGVVO, IWRZ 2016, 131.

Czernich, Dietmar/Tiefenthaler, Stefan/Kodek, Georg E./Heiss, Helmut, Europäisches Gerichtsstands- und Vollstreckungsrecht, 3. Aufl., Wien 2009.

Daig, Hans-Wolfram, Auslegung und Anwendung von Art. 177 EWG-Vertrag durch den Gerichtshof der Europäischen Union, in: Grewe, Wilhelm Georg (Hrsg.), Europäische Gerichtsbarkeit und nationale Verfassungsgerichtsbarkeit: Festschrift zum 70. Geburtstag von Hans Kutscher, Baden-Baden 1981, 79 ff., zitiert: *Daig*, in: FS Kutscher.

von Danwitz, Thomas, Der Beitrag des Gerichtshofes zur Entfaltung des europäischen Zivil- und Zivilverfahrensrechts, in: Büchler, Andrea/Müller-Chen, Markus (Hrsg.), Festschrift für Ingeborg Schwenzer zum 60. Geburtstag: National - global - comparative, Bern 2011, 383 ff., zitiert: *von Danwitz*, in: FS Schwenzer.

Dauses, Manfred A., Das Vorabentscheidungsverfahren nach Art. 177 EWGV, JZ 1979, 125 ff.

–, Practical Considerations Regarding the Preliminary Ruling Procedure Under Article 177 of the EEC Treaty, Fordham International Law Journal 10 (1987), 538 ff.

–, Das Vorabentscheidungsverfahren nach Artikel 177 EG-Vertrag, 2. Aufl., München 1995.

Dauses, Manfred A./Ludwigs, Markus (Hrsg.), Handbuch des EU-Wirtschaftsrechts, München, [48]2019, zitert: Dauses/Ludwigs Handbuch des EU-Wirtschaftsrechts/*Bearbeiter.*

Dederichs, Mariele, Die Methodik des EuGH, Baden-Baden 2004.

–, Die Methodik des Gerichtshofes der Europäischen Gemeinschaften, EuR 2004, 345 ff.

Diehl, Heinz, Keine besondere internationale Zuständigkeit deutscher Gerichte für Klagen gegen ausländischen Fahrer und Halter eines KFZ bei einem Auslandsunfall, ZfS 2015, 692 f.

Dobler, Philipp, Legitimation und Grenzen der Rechtsfortbildung durch den EuGH, in: Roth, Günter H. (Hrsg.), Der EuGH und die Souveränität der Mitgliedstaaten: Eine kritische Analyse richterlicher Rechtsschöpfung auf ausgewählten Rechtsgebieten, Bern 2008, 509 ff.

Domej, Tanja, Die Neufassung der EuGVVO – Quantensprünge im europäischen Zivilprozessrecht, RabelsZ 78 (2014), 508 ff.

Doralt, Walter/Nientner, Sarah, Verbrauchervertragsrecht und Rechtswahl, Archiv für die civilistische Praxis 215 (2015), 855 ff.

Dörner, Heinrich, Haftung für Gewinnzusagen, in: Bork, Reinhard (Hrsg.), Recht und Risiko: Festschrift für Helmut Kollhosser zum 70. Geburtstag, Karlsruhe 2004, 75 ff.

–, „One-shotter" gegen „repeat player" - Zum Verständnis der Art. 13 Abs. 2 und 11 Abs. 1 lit. b EuGVVO, IPRax 2018, 158 ff.

Dornis, Tim W./Kessenich, Florian, Anmerkung zu der Entscheidung des BGH vom 15.01.2015 (I ZR 88/14) - zur internationalen Zuständigkeit bei Maklerlohnklagen bei grenzüberschreitenden Maklerverträgen, WuB 2017, 59 ff.

Edward, David, Introduction, in: Andenæs, Mads Tønnesson/Roth, Wulf-Henning (Hrsg.), Services and free movement in EU law, Oxford 2004, vii ff.

–, National Courts - the Power House of Community Law, in: Bell, John/Dashwood, Alan/Spencer, John/Ward, Angela (Hrsg.), Cambridge Yearbook of European Legal Studies Vol 5, 2002-2003, Oxford 2004, 1 ff.

–, CILFIT and Foto-Frost in their Historical and Procedural Context, in: Maduro, Miguel Poiares/Azoulai, Loïc (Hrsg.), The past and future of EU law: The classics of EU law revisited on the 50th anniversary of the Rome Treaty, Oxford/Portland, Or 2010, 173 ff., zitiert: *Edward*, in: Maduro/Azoulai (Hrsg.).

Egan, Michelle P., Single Markets, Oxford 2015.

Ehret, Patrick, BGH: Nachträgliche Begründung der internationalen Zuständigkeit deutscher Gerichte durch Zuzug des Beklagten bleibt bei Wohnsitzaufgabe vor Ende des Verfahrens bestehen, FD-InsR 2011, 317491.

Ehricke, Ulrich, Die Bindungswirkung von Urteilen des EuGH im Vorabentscheidungsverfahren nach deutschem Zivilprozessrecht und nach Gemeinschaftsrecht: Vortrag vom 17.12.1996, in: Ress, Georg/Stein, Torsten (Hrsg.), Vorträge, Reden und Berichte aus dem Europa-Institut, Sektion Rechtswissenschaft, Saarbrücken 1997, zitiert: *Ehricke*, in: Ress/Stein (Hrsg.).

Eichel, Florian, Der Beitrag der modernen Informationstechnologie zur Effizienz der grenzüberschreitenden Forderungsdurchsetzung, ZVglRWiss 2020, 220 ff.

Emmerich, Volker, Unlauterer Wettbewerb, 6. Aufl., München 2002.

Engel, Daniel/Singbartl, Jan, Keine Ordre-public-Prüfung eines Europäischen Vollstreckungstitels im Vollstreckungsstaat, EWiR 2014, 603 f.

Engert, Andreas/Groh, Gunnar, Internationaler Kapitalanlegerschutz vor dem Bundesgerichtshof, IPRax 2011, 458 ff.

Erb, Katharina/Seulen, Günther, Zur Reichweite des gesellschaftsvertraglichen Wettbewerbsverbots eines Gesellschafter-Geschäftsführers einer GmbH, Der Betrieb 2017, 1502.

Evans, Andrew, National Courts of Last Resort and the European Court, The Journal of the Law Society of Scotland 1983, 201 ff.

Everling, Ulrich, Das Vorabentscheidungsverfahren vor dem Gerichtshof der Europäischen Gemeinschaften, Baden-Baden 1986.

Fastenrath, Ulrich, Nochmals: Kontrolle der Vorlageverpflichtung nach Art. 267 Abs. 3 AEUV durch das BVerfG, JZ 2013, 299 ff.

Fawzy, Oliver, Forderungsdurchsetzung in der EU - Das Ende der Exequatur, DGVZ 2015, 1 ff.

Fenger, Niels/Broberg, Morten P., Finding Light in the Darkness, Yearbook of European Law 30 (2011), 180 ff.

Ferrari, Franco/Kieninger, Eva-Maria/Mankowski, Peter/Otte, Karsten/Saenger, Ingo/Schulze, Götz/ Staudinger, Ansgar, Internationales Vertragsrecht, München ^{3}2018, zitiert: Ferrari/*Bearbeiter* IntVertragsR.

Fetsch, Johannes, Grenzüberschreitende Gewinnzusagen im europäischen Binnenmarkt, RIW 2002, 936 ff.

Feuchtmeyer, Eberhard, EuGH in Sachen Gabriel und weiter? - Neues zur gerichtlichen Zuständigkeit bei § 661a BGB, NJW 2002, 3598.

Flessner, Axel, Interessenjurisprudenz im internationalen Privatrecht, Tübingen 1990.

Flume, Werner, BGB AT Bd. II, Das Rechtsgeschäft, 4. Aufl., Berlin/Heidelberg 1992.

Foerster, Max, Vorabentscheidungsersuchen nach Art. 267 AEUV und Anhängigkeit derselben Rechtsfrage am EuGH, EuZW 2011, 901 ff.

Fölsch, Peter, Formulierungshilfen zur Rechtsbehelfsbelehrung im Zivilprozess, NJW 2013, 970 ff.

Fredriksen, Halvard Haukeland, Europäische Vorlageverfahren und nationales Zivilprozessrecht, Tübingen 2009.

Frenz, Walter/Götzkes, Vera, Staatshaftung für Gerichtsentscheidungen bei auslegungsbedürftigem Recht, EuR 2009, 622 ff.

Frieling, Tino, Gesetzesmaterialien und Wille des Gesetzgebers, Tübingen 2017.

Friesen, Siegfried/Frensing-Deutschmann, Ann-Catherine, Dual-Use expanded - Verbrauchervertrag bei Personenmehrheit, jM 2018, 51 ff.

Frobenius, Tilmann, Internationale Zuständigkeit kann im Laufe des Verfahrens begründet werden, GWR 2011, 216 f.

Fuchs, Angelika, Direktklage des Zessionars nach internationalem Verkehrsunfall, IPRax 2014, 509 ff.

Gampp, Edda, Perpetuatio fori internationalis im Zivilprozeß und im Verfahren der freiwilligen Gerichtsbarkeit, Frankfurt am Main 2010.

Geimer, Reinhold, Internationale Zuständigkeit deutscher Gerichte auch dann, wenn die die Zuständigkeit begründenden Umstände im Laufe des Rechtsstreits wegfallen, WuB VII B. Art. 2 EuGVVO 1.11.

–, Zur Auslegung des Begriffs öffentliche Ordnung des Vollstreckungsstaats im Sinne des VollstrZustÜbk Art 27 Nr 1, ZIP 2000, 863 f.

–, BGH: Berücksichtigung nach Erlass eines ausländischen Titels entstandener sachlicher Einwendungen im Vollstreckbarerklärungsverfahren, LMK 2007, 228821.

–, BGH: Keine Anerkennung für nicht kontradiktorische Entscheidungen anderer Mitgliedstaaten, LMK 2007, 212640.

–, Internationale Zuständigkeit deutscher Gerichte auch dann, wenn die die Zuständigkeit begründenden Umstände im Laufe des Rechtsstreits wegfallen, Wertpapier-Mitteilungen 2011, 745.

–, Urteilsanmerkung BGH 1.3.2011 - XI ZR 48/10, EWiR 2011, 311 f.

–, Internationales Zivilprozessrecht (Hrsg.), ^{8}2019.

Geimer, Reinhold/Geimer, Ewald/Geimer, Gregor (Hrsg.), Internationales Zivilprozeßrecht, Köln, ^{4}2001.

–, Internationales Zivilprozessrecht, Köln, ^{7}2015.

Geimer, Reinhold/Schütze, Rolf A. (Hrsg.), Europäisches Zivilverfahrensrecht, München, 1997.

Geimer, Reinhold/Schütze, Rolf A./Geimer, Ewald et al. (Hrsg.), Europäisches Zivilverfahrensrecht, München, ^{3}2010.

Georganti, Philia, Die Zukunft des ordre public-Vorbehalts im europäischen Zivilprozessrecht, München 2006.

Gerling, Sarah, Die Gleichstellung ausländischer mit inländischen Vollstreckungstiteln durch die Verordnung zur Einführung eines Europäischen Vollstreckungstitels für unbestrittene Forderungen, Frankfurt am Main 2006.

van Gerven, Walter, Of Rights, Remedies and Procedures, Common Market Law Review 2000, 501 ff.

Giebel, Christoph M., Fünf Jahre Europäischer Vollstreckungstitel in der deutschen Gerichtspraxis - Zwischenbilanz und fortbestehender Klärungsbedarf, IPRax 2011, 529 ff.

Glaesner, Adrian, Die Vorlagepflicht unterinstanzlicher Gerichte - Vorabentscheidungsverfahren, EuR 1990, 143 ff.

Golub, Jonathan, The politics of judicial discretion: Rethinking the interaction between national courts and the European court of justice, West European Politics 19 (1996), 360 ff.

Gottwald, Peter, Urteilsanmerkung OLG Düsseldorf Beschluss vom 6.3.2002 - 3 W 276/01, FamRZ 2002, 1423.

–, Urteilsanmerkung BGH 14.3.2007 - XII ZR 174/04, FamRZ 2007, 993 f.

Graf von Westphalen, Friedrich, Die Novelle zum AGB-Gesetz, BB 1996, 2101 ff.

von der Groeben, Hans/Schwarze, Jürgen/Hatje, Armin (Hrsg.), Europäisches Unionsrecht, Baden-Baden, ^{7}2015, zitiert: Europäisches Unionsrecht 7. Aufl. 2015/*Bearbeiter*.

van de Gronden, Johan, National Case Law in the Field of Free Movement of Services and the Freedom of Establishment: Is the Time Ripe for a Change of the Cilfit Doctrine? A Comment on the Herman van Harten Contribution, in: Obradovic, D./Lavranos, N. (Hrsg.), Interface between EU Law and National Law, Groningen 2007, 265 ff., zitiert: *van de Gronden*, in: Obradovic/Lavranos (Hrsg.).

Gruber, Urs Peter, Der Schutz schwächerer Personen im Familien- und Erbrecht, in: von Hein, Jan/Rühl, Giesela (Hrsg.), Kohärenz im Internationalen Privat- und Verfahrensrecht der Europäischen Union, Tübingen 2016, 336 ff., zitiert: *Gruber*, in: von Hein/Rühl (Hrsg.).

Grundmann, Stephan M., Die Auslegung des Gemeinschaftsrechts durch den Europäischen Gerichtshof zugleich eine rechtsvergleichende Studie zur Auslegung im Völkerrecht und im Gemeinschaftsrecht, Konstanz 1997.

Gsell, Beate, Entwicklungen im Europäischen Verbraucherzuständigkeitsrecht – Reform der EuGVO und Rechtsprechung des EuGH zum Merkmal des "Ausrichtens" in Art. 15 Abs. 1 lit. c EuGVO, ZZP 127 (2014), 431 ff.

Gundel, Jörg, Der einheitliche Grundrechtsraum Europa und seine Grenzen: Zur EMRK-konformen Interpretation des Ordre-public-Vorbehalts des EuGVÜ durch den EuGH, EWS 2000, 442 ff.

–, Gemeinschaftsrechtliche Haftungsvorgaben für judikatives Unrecht - Konsequenzen für die Rechtskraft und das deutsche »Richterprivileg« (§ 839 Abs. 2 BGB), EWS 2004, 8 ff.

Haas, Diana, Internationale Zuständigkeit deutscher Gerichte für eine Maklerlohnklage- Darlegungs- und Beweislast bezüglich der zuständigkeitsbegründenden Tatsachen, VuR 2015, 474 ff.

Häcker, Robert, Europäisch-zivilverfahrensrechtliche und international-privatrechtliche Probleme grenzüberschreitender Gewinnzusagen - zugleich zu einem europarechtlichen Begriff der unerlaubten Handlung, ZVglRWiss 103 (2004), 464 ff.

Halfmeier, Axel, Die Vollstreckungsgegenklage im Recht der internationalen Zuständigkeit, IPRax 2007, 381ff.

Haltern, Ulrich, Europarecht Band I, 3. Aufl., Tübingen 2017, zitiert: *Haltern*, ^{3}2017, EuR Band I.

–, Europarecht Band II, 3. Aufl., Tübingen 2017, zitiert: *Haltern*, ^{3}2017, EuR Band II.

Hammer, Gottfried, Gerichtsstand der Streitgenossenschaft gemäß Art. 6 Nr. 1 EuGVVO am Gerichtsstand der Direktklage gegen den Versicherer gemäß Art. 11 Abs. 2, Art. 9 Abs. 1 lit. b EuGVVO?, jurisPR-BGHZivilR 2015, Anm. 4.

Haratsch, Andreas, Die kooperative Sicherung der Rechtsstaatlichkeit durch die mitgliedstaatlichen Gerichte und die Gemeinschaftsgerichte aus mitgliedstaatlicher Sicht, EuR Beiheft 2008/3, 81 ff.

Haratsch, Andreas/Koenig, Christian/Pechstein, Matthias, Europarecht, 11. Aufl., Tübingen 2018.

van Harten, Herman, The Application of Community Precedent and Acte Clair by the Hoge Raad; A Case Study in the Field of Establishment and Services, in: Obradovic, D./Lavranos, N. (Hrsg.), Interface between EU Law and National Law, Groningen 2007, 237 ff., zitert: *van Harten*, in: Obradovic/Lavranos (Hrsg.).

Hau, Wolfgang, BGH: Eintritt und Fortbestand der internationalen Zuständigkeit im Laufe des Verfahrens, LMK 2011, 324601.

–, Brüssel Ia-VO - Neue Regeln für die Anerkennung und Vollstreckung ausländischer Entscheidungen in Zivil- und Handelssachen, MDR 2014, 1417 ff.

Heck, Philipp, Rezension zu „Theorie und Praxis des internationalen Privatrechts von C.L. von Bar, 2. Umgearbeitete Auflage des internationalen Privat- und Strafrechts, Hannover 1889", ZgesHR 38 (1891), 305 ff.

–, Gesetzesauslegung und Interessenjurisprudenz, Archiv für die civilistische Praxis 112 (1914), 1 ff.

–, Interessenjurisprudenz: Gastvorlesung an der Universität Frankfurt a.M., gehalten am 15.12.1932, Tübingen 1933.

Heerstrassen, Frank, Die künftige Rolle von Präjudizien des EuGH im Verfahren des Luganer Übereinkommens, RIW 1993, 179 ff.

Heidel, Thomas/Hüßtege, Rainer/Mansel, Heinz-Peter/Noack, Ulrich/Dauner-Lieb, Barbara/Ring, Gerhard (Hrsg.), BGB Allgemeiner Teil, EGBGB, Baden-Baden, ³2016, zitiert: NK BGB/*Bearbeiter*.

Heiderhoff, Bettina, Europäisches Privatrecht, 4. Aufl., Heidelberg 2016.

von Hein, Jan, Deliktischer Kapitalanlegerschutz im europäischen Zuständigkeitsrecht, IPRax 2005, 17 ff.

–, Kapitalanlegerschutz im Verbrauchergerichtsstand zwischen Fernabsatz und konventionellem Vertrieb: Zur Konkretisierung der „Ausrichtung" in Art. 15 Abs. 1 lit. c EuGVO, IPRax 2006, 16 ff.

–, BGH: Internationale Zuständigkeit bei Schädigung eines Kapitalanlegers, LMK 2010, 308395.

–, Verstärkung des Kapitalanlegerschutzes: Das Europäische Zivilprozessrecht auf dem Prüfstand, EuZW 2011, 369 ff.

–, Finanzkrise und Internationales Privatrecht, in: Bardo Fassbender et al., Paradigmen im internationalen Recht – Implikationen der Weltfinanzkrise für das internationale Recht, BerDGVR 45 (2012), 369 ff.

–, Die Neufassung der Europäischen Gerichtsstands- und Vollstreckungsverordnung (EuGVVO), RIW 2013, 97 ff.

–, Der Gerichtsstand der unerlaubten Handlung bei arbeitsteiliger Tatbegehung im europäischen Zivilprozessrecht, IPRax 2013, 505 ff.

–, Protecting Victims of Cross-Border Torts under Brussels Ibis: Towards a More Differentiated and Balanced Approach, YbPIL 16 (2014/2015), 241 ff.

–, Anmerkung zu EuGH, 28.1.2015, Rs. C-375/13, Kolassa ./. Barclays Bank plc., JZ 2015, 946 ff.

–, Grenzüberschreitende Durchsetzung von Forderungen in der EU – Bestandsaufnahme und Perspektiven, RIW 2018, 548.

–, Internationales Privatrecht I, Europäisches Kollisionsrecht, Einführungsgesetz zum Bürgerlichen Gesetzbuche (Art. 1-26) (Hrsg.), München, [7]2018, zitiert: MüKo BGB/*von Hein*.

von Hein, Jan/Rühl, Giesela, Towards a European Code on Private International Law?, RabelsZ 79 (2015), 701 ff.

von Hein, Jan/Imm, Tilman, Bessere Information durch öffentliche Datenbanken zum europäischen IPR und Verfahrensrecht, IWRZ 2018, 143 f.

von Hein, Jan/Imm, Tilman, Grenzüberschreitende Durchsetzung von Forderungen in der EU, IWRZ 2019, 112 ff.

Heinze, Christian, Zur Rechtshängigkeitssperre bei Klagen aus parallelen nationalen Marken und Unionsmarken, GRUR 2018, 160 ff.

–, Europäische Urteilsfreizügigkeit von Entscheidungen ohne vorheriges rechtliches Gehör, ZZP 120 (2007), 303 ff.

–, Choice of Court Agreements, Coordination of Proceedings and Provisional Measures in the Reform of the Brussels I Regulation, RabelsZ 75 (2011), 581 ff.

Heiss, Helmut, Die Direktklage vor dem EuGH, VersR 2007, 327.

Henssler, Martin/Casper, Matthias (Hrsg.), Münchener Kommentar zum Bürgerlichen Gesetzbuch Band 5, Schuldrecht - Besonderer Teil III. 2, München, [7]2017, zitiert: MüKo BGB/*Bearbeiter*.

Herberger, Maximilian/Martinek, Michael/Rüßmann, Helmut/Weth, Stephan/Würdinger, Markus (Hrsg.), juris PraxisKommentar BGB Band 6 - Internationales Privatrecht und UN-Kaufrecht, Saarbrücken, [9]2020, zitiert: jurisPK BGB/*Bearbeiter*.

Heringer, Anja, Der europäische Vollstreckungstitel für unbestrittene Forderungen, Baden-Baden 2007.

Herrmann, Christoph, Die Reichweite der gemeinschaftsrechtlichen Vorlagepflicht in der neueren Rechtsprechung des EuGH, EuZW 2006, 231 ff.

Herrmann, Denise, Gerichtsstand am Wohnsitz des Klägers bei einer Direktklage des Geschädigten gegen den Versicherer gem. Art. 11 Abs. 2 i. V. m. Art. 9 Abs. 1 b EuGVO?, VersR 2007, 1470 ff.

Herzog, Roman, Das Bundesverfassungsgericht und die Anwendung einfachen Gesetzesrechts, in: Maurer, Hartmut (Hrsg.), Das akzeptierte Grundgesetz: Festschrift für Günter Dürig zum 70. Geburtstag, München 1990, 431 ff., zitiert: *Herzog*, in FS Dürig.

Hess, Burkhard, Die Einwirkungen des Vorabentscheidungsverfahrens nach Art. 177 EGV auf das deutsche Zivilprozeßrecht, ZZP 108 (1995), 59 ff.

–, Die „Europäisierung" des internationalen Zivilprozessrechts durch den Amsterdamer Vertrag - Chancen und Gefahren, NJW 2000, 23 ff.

–, Die Integrationsfunktion des Europäischen Zivilverfahrensrechts, IPRax 2001, 389 ff.

–, Urteilsfreizügigkeit und ordre-public-Vorbehalt bei Verstößen gegen Verfahrensgrundrechte und Marktfreiheiten, IPRax 2001, 301 ff.

–, Rechtsfragen des Vorabentscheidungsverfahrens, RabelsZ 66 (2002), 470 ff.

–, Europäischer Vollstreckungstitel und nationale Vollstreckungsgegenklage, IPRax 2004, 493 f.

–, Die Unzulässigkeit materiellrechtlicher Einwendungen im Beschwerdeverfahren nach Art. 43 ff. EUGVVO, IPRax 2008, 25 ff.

–, Europäisches Zivilprozessrecht, Heidelberg 2010.

–, Binnenverhältnisse im Europäischen Zivilprozessrecht: Grenzüberschreitende v. nationale Sachverhalte, in: von Hein, Jan/Rühl, Giesela (Hrsg.), Kohärenz im Internationalen Privat- und Verfahrensrecht der Europäischen Union, Tübingen 2016, 67 ff., zitiert: *Hess*, in: von Hein/Rühl (Hrsg.).

Hirsch, Günter, Perspektiven der Europäischen Gerichtsbarkeit- Podiumsdiskussion, RabelsZ 66 (2002), 615 ff.

–, Bundesverwaltungsgericht und Europäischer Gerichtshof, in: Schmidt-Aßmann, Eberhard (Hrsg.), Festgabe 50 Jahre Bundesverwaltungsgericht, Köln 2003, 3 ff., zitiert: *Hirsch*, in: FG BVerwG.

–, Das Vorabentscheidungsverfahren: Mehr Freiraum und mehr Verantwortung für die nationalen Gerichte, in: Colneric, Ninon (Hrsg.), Une communauté de droit: Festschrift für Gil Carlos Rodríguez Iglesias, Berlin 2003, 601 ff.

–, Dezentralisierung des Vorabentscheidungsverfahrens, in: Regner, Göran (Hrsg.), Festskrift till Hans Ragnemalm, Lund 2005, 149 ff.

Hirte, Heribert, Wege zu einem europäischen Zivilrecht, Stuttgart 1996.

von Hoffmann, Bernd/Kropholler, Jan (Red.), J. von Staudingers Kommentar zum Bürgerlichen Gesetzbuch: Staudinger BGB - EGBGB/IPR Einführungsgesetz zum Bürgerlichen Gesetzbuche/IPR: Artikel 38-42 (Internationales Recht der außervertraglichen Schuldverhältnisse), Berlin, 2001, zitiert: Staudinger/*Bearbeiter*.

Hofmann, Kathrin, Verfahrensrechtliche Aspekte grenzüberschreitender Gewinnzusagen nach § 661a BGB, Frankfurt am Main 2007.

Holzheuer, Arne, Rechtliche Stellung der Parteien im Zivilprozess bei Vorlage an den EuGH nach Art. 267 AEUV, Hamburg.

Hönle, Ulrich, Die deliktische Grundanknüpfung im IPR und IZVR, Frankfurt am Main 2011.

Hopt, Klaus J., Reform der europäischen Gerichtsbarkeit, RabelsZ 66 (2002), 589 ff.

Hub, Torsten, Die Neuregelung der Anerkennung und Vollstreckung in Zivil- und Handelssachen und das familienrechtliche Anerkennungs- und Vollstreckungsverfahren, NJW 2001, 3145 ff.

–, Internationale Zuständigkeit in Versicherungssachen nach der VO 44/01/EG (EuGVVO), Berlin 2005.

Huber, Peter M., Europäische Verfassungs- und Rechtsstaatlichkeit in Bedrängnis, Der Staat 56 (2017), 389 ff.

Huber, Stefan, Ausländische Broker vor deutschen Gerichten, IPRax 2009, 134 ff.

Huber, Stefan/Geier-Thieme, Susanne, Der Deliktsgerichtsstand im europäischen Zuständigkeitsrecht bei sogenannten „unmittelbaren Vermögensschäden", IPRax 2018, 155 ff.

Huber-Lehmann, Melanie, Erfordernis der Kausalität beim Verbrauchergerichtsstand nach Art. 15 Ziff. 1 lit. c LugÜ, in: Markus, Alexander R./Hrubesch-Millauer, Stephanie/Rodriguez, Rodrigo (Hrsg.), Zivilprozess und Vollstreckung national und international - Schnittstellen und Vergleiche: Festschrift für Jolanta Kren Kostkiewicz, Bern 2018, 133 ff., zitiert: *Huber-Lehmann*, in: FS Kren Kostkiewicz.

Hübner, Denise Carolin, The decentralized enforcement of European law, Journal of European Public Policy 25 (2018), 1817 ff.

Hüßtege, Rainer/Mansel, Heinz-Peter (Hrsg.), BGB, Rom-Verordnungen, EuGüVO, EuPartVO, HUP, EuErbVO, Baden-Baden, ³2019, zitiert: NK IPR/*Bearbeiter*.

Hummert, Katharina, Neubestimmung der acte-clair-Doktrin im Kooperationsverhältnis zwischen EG und Mitgliedstaat, Berlin 2006.

Hüßtege, Rainer, Braucht die Verordnung über den europäischen Vollstreckungstitel eine ordre-public-Klausel?, in: Mansel, Heinz-Peter (Hrsg.), Festschrift für Erik Jayme, München 2004, 371 ff., zitiert: *Hüßtege*, in: FS Jayme.

Ionescu, Emanuel C., Innerstaatliche Wirkungen des Vertragsverletzungsverfahrens, Tübingen 2016.

Isensee, Josef/Kirchhof, Paul (Hrsg.), Handbuch des Staatsrechts der Bundesrepublik Deutschland, Heidelberg/Hamburg, ³2014, zitiert: Handbuch des Staatsrechts/*Bearbeiter*.

Jacobs, Georg, Keine entgegenstehende Rechtshängigkeit bei Geltendmachung vertraglicher und gesetzlicher Ansprüche in verschiedenen Mitgliedstaaten, GRUR-Prax 2016, 195.

Jansen, Nils/Reimann, Mathias, Begriff und Zweck in der Jurisprudenz – Ein Geburtstagsblatt für Rudolf von Jhering, ZEuP 2018, 89 ff.

Jarass, Hans D. (Hrsg.), Charta der Grundrechte der Europäischen Union, München, [3]2016.

Jauernig, Othmar, Verbraucherschutz in „Mischfällen"?, in: Schwenzer, Ingeborg (Hrsg.), Festschrift für Peter Schlechtriem: Zum 70. Geburtstag, Tübingen 2003, 569ff., zitiert: *Jauernig*, in: FS Schlechtriem.

Jauernig, Othmar/Stürner, Rolf (Hrsg.), Bürgerliches Gesetzbuch, München, [15]2014, zitiert: Jauernig BGB 15. Aufl. 2014/*Bearbeiter*.

–, Bürgerliches Gesetzbuch (Hrsg.), München, [17]2018, zitiert: Jauernig BGB/ *Bearbeiter*.

Jayme, Erik, Nationaler ordre public und europäische Integration, Wien 2000.

–, Urteilsanmerkung BGH 24.10.2005 - II ZR 329/03, IPRax 2006, 502.

–, Der Klägergerichtsstand für Direktklagen am Wohnsitz des Geschädigten (Art. 11 Abs. 2 i.V.m. Art. 9 EuGVO): Ein Danaergeschenk des EuGH für die Opfer von Verkehrsunfällen, in: Kronke, Herbert/Thorn, Karsten (Hrsg.), Grenzen überwinden - Prinzipien bewahren: Festschrift für Bernd von Hoffmann zum 70. Geburtstag am 28. Dezember 2011, Bielefeld 2011, 656 ff.

Jayme, Erik/Kohler, Christian, Europäisches Kollisionsrecht 2006: Eurozentrismus ohne Kodifikationsidee?, IPRax 2006, 537 ff.

Kadner Graziano, Thomas, Der Gerichtsstand des Erfüllungsortes in Art. 7 Nr. 1 der Brüssel I-VO n.F.: Zur Entkoppelung des international-zivilprozessualen vom materiell-rechtlichen Erfüllungsort – eine Analyse der Rechtsprechung des EuGH sowie Vorschläge de lege lata und de lege ferenda, RIW 2016, 14 ff.

Kalbheim, Jan, Über Reden und Überdenken, Tübingen 2016.

Karpenstein, Ulrich, Praxis des EU-Rechts, 2. Aufl., München 2013.

Kegel, Gerhard, Begriffs- und Interessenjurisprudenz im Internationalen Privatrecht, in: Gerwig, M./Simonius, A./Spiro, K. (Hrsg.), Festschrift Hans Lewald: bei Vollendung d. 40. Amtsjahres als Ordentl. Prof. im Oktober 1953, 2. Aufl., Vaduz/Liechtenstein 1978, 259 ff., zitiert: *Kegel*, in: FS Lewald.

Keller, Max, Schutz des Schwächeren im Internationalen Vertragsrecht, in: Böckli, Peter/Eichenberger, Kurt/Hinderling, Hans/Tschudi, Hans Peter (Hrsg.), Festschrift für Frank Vischer zum 60. Geburtstag, Zürich 1983, 175 ff., zitiert: *Keller*, in: FS Vischer.

Kerwer, Christof, Urteilsanmerkung BGH 28.11.2002 - III ZR 102/02, Juristische Rundschau 2004, 26 ff.

Kieninger, Eva-Maria, Der Schutz schwächerer Personen im Schuldrecht, in: von Hein, Jan/Rühl, Giesela (Hrsg.), Kohärenz im Internationalen Privat- und

Verfahrensrecht der Europäischen Union, Tübingen 2016, 307 ff., zitiert: *Kieninger*, in: von Hein/Rühl (Hrsg.).

Kienle, Florian, Effektiver Zugang zum (doppelten) Recht? Ein Zwischenruf zum Verhältnis von EuGVO und EuVTVO, EuZW 2010, 334 f.

Kiethe, Kurt, Internationale Tatortzuständigkeit bei unerlaubter Handlung - die Problematik des Vermögensschadens, NJW 1994, 222 ff.

Killias, Laurent, Rechtsprechung zum Lugano-Übereinkommen (2013), SZIER 24 (2014), 698 ff.

Kindl, Johann/Meller-Hannich, Caroline/Wolf, Hans-Joachim (Hrsg.), Gesamtes Recht der Zwangsvollstreckung, Baden-Baden, ^{2}2012, zitiert: Kindl/Meller-Hannich/Wolf Gesamtes Recht der Zwangsvollstreckung 2. Auf. 2012/*Bearbeiter*.

–, Gesamtes Recht der Zwangsvollstreckung (Hrsg.), Baden-Baden, ^{3}2016, zitiert: Kindl/Meller-Hannich/Wolf Gesamtes Recht der Zwangsvollstreckung/*Bearbeiter*.

Kirchner, Christian, Die ökonomische Theorie, in: Riesenhuber, Karl/Ackermann, Thomas (Hrsg.), Europäische Methodenlehre: Handbuch für Ausbildung und Praxis, 2. Aufl., Berlin 2010, 132 ff., zitiert: *Kirchner*, in: Riesenhuber/Ackermann (Hrsg.).

Kjaer, Anne Lise, Nonsense: The CILFIT Criteria Revisited - from the Perspective of Legal Linguistics, in: Koch, Henning (Hrsg.), Europe - the new legal realism: Essays in honour of Hjalte Rasmussen, Copenhagen 2010, 297 ff., zitiert: *Kjaer*, in: Koch (Hrsg.).

Klinger, Markus, Begriff des Ausrichtens der beruflichen oder gewerblichen Tätigkeit i.S.d. Art. 15 Abs. 1 lit. c EuGVVO, jurisPR-ITR 3/2009 Anm. 5.

Klöpfer, Matthias, Missbrauch im Europäischen Zivilverfahrensrecht, Tübingen 2016.

Klöpfer, Matthias/Wendelstein, Christoph, Urteilsanmerkung EuGH, 17.10.2013 – C-218/12 Emrek./.Sabranovic, JZ 2014, 297 ff.

Köck, Manuela, Die einheitliche Auslegung der Rom I-, Rom II- und Brüssel I-Verordnung im europäischen internationalen Privat- und Verfahrensrecht, Berlin 2014.

Kodek, Georg E., Einstweilige Verfügungen nach Micallef v. Malta - eine Nachlese, in: Schumacher, Hubertus (Hrsg.), 90 Jahre Fürstlicher Oberster Gerichtshof: Festschrift für Gert Delle Karth, Wien 2013, 521 ff., zitiert: *Kodek*, in FS Delle Karth.

Kohler, Christian, Adhäsionsverfahren und Brüsseler Übereinkommen 1968, in: Will, Michael R./Posch, Martin (Hrsg.), Schadensersatz im Strafverfahren,

Kehl am Rhein/Strassburg/Arlington 1990, 74 ff., zitiert: *Kohler*, in: Will/Posch (Hrsg.).

–, Gerichtsstandsklauseln in fremdsprachigen AGB: Das Clair-obscur des Art. 17 EuGVÜ, IPRax 1991, 299 ff.

–, Systemwechsel im europäischen Anerkennungsrecht: Von der EuGVVO zur Abschaffung des Exequaturs, in: Dauner-Lieb, Barbara (Hrsg.), Systemwechsel im europäischen Kollisionsrecht: Fachtagung der Bayer-Stiftung für Deutsches und Internationales Arbeits- und Wirtschaftsrecht am 17. und 18. Mai 2001, München 2002, 147 ff., zitiert: *Kohler*, in: Dauner-Lieb (Hrsg.).

–, Vom EuGVÜ zur EuGVVO: Grenzen und Konsequenzen der Vergemeinschaftung, in: Schütze, Rolf A. (Hrsg.), Einheit und Vielfalt des Rechts: Festschrift für Reinhold Geimer zum 65. Geburtstag, München 2002, 461 ff., zitiert: *Kohler*, in: FS Geimer.

–, Quantensprung im Europäischen Justizraum, RIW 2003, Heft 10 „Die erste Seite".

–, Dialog der Gerichte im europäischen Justizraum: Zur Rolle des EuGH bei der Auslegung des neuen Übereinkommens von Lugano, in: Monti, Mario/Vesterdorf, Bo/Westbrook, Jay/Wildhaber, Luzius/Liechtenstein, Prinz Nikolaus von und zu (Hrsg.), Economic Law and Justice in Times of Globalisation | Wirtschaftsrecht und Justiz in Zeiten der Globalisierung: Festschrift for Carl Baudenbacher, Baden-Baden 2007, 141 ff., zitiert: *Kohler*, in: FS Baudenbacher.

Köhler, Ben, Verbrauchereigenschaft bei Verträgen mit gemischter Zwecksetzung und keine Zurechnung der Verbrauchereigenschaft eines Dritten, IPRax 2017, 570 ff.

Kokott, Juliane, Der Anwalt vor dem Europäischen Gerichtshof, AnwBl 2007, 309 ff.

Kokott, Juliane/Henze, Thomas/Sobotta, Christoph, Die Pflicht zur Vorlage an den Europäischen Gerichtshof und die Folgen ihrer Verletzung, JZ 2006, 633 ff.

Komárek, Jan, Federal Elements in the Community Judicial System: Building Coherence in the Community Legal Order, Common Market Law Review 2005, 9 ff.

König, Bernhard, Die Oppositionsklage (§ 35 EO) und Art. 22 Nr. 5 EuGVVO, ÖJZ 2006, 931 ff.

Kornezov, Alexander, The New Format of the Acte Clair Doctrine and its Consequences, Common Market Law Review 2016, 1317 ff.

Kramer, Xandra E., Cross-Border Enforcement and the Brussels I-bis Regulation: Towards a New Balance between Mutual Trust and National Control over Fundamental Rights, NILR 60 (2013), 343 ff.

Kramme, Malte Friedrich, Keine Ordre-Public-Überprüfung von Europäischen Vollstreckungstiteln!, GPR 2014, 296 ff.

Kremer, Carsten, Gemeinschaftsrechtliche Grenzen der Rechtskraft, EuR 2007, 470 ff.

Kreutz, Peter, Anmerkung BGH 24.4.2014 - VII ZB 28/13, Rpfleger 2014, 530 f.

Kröll, Stefan, Urteilsanmerkung OLG Köln 5.11.2003, EWiR 2004, 657 f.

–, Kurzkommentar BGH 7.12.2004, EWiR 2005, 635 f.

Kropholler, Jan (Hrsg.), Europäisches Zivilprozeßrecht, Heidelberg, [6]1998.

–, Die Auslegung von EG-Verordnungen zum Internationalen Privat- und Verfahrensrecht - Eine Skizze -, in: Basedow, Jürgen/Drobnig, Ulrich/Ellger, Reinhard/Hopt, Klaus J./Kötz, Hein/Kulms, Rainer/Mestmäcker, Ernst-Joachim (Hrsg.), Aufbruch nach Europa: 75 Jahre Max-Planck-Institut für Privatrecht: Regionale Entwicklungen und nationale Kodifikationen, Tübingen 2001, 583 ff., zitiert *Kropholler*, in: FG 75 Jahre MPI für Privatrecht.

–, Internationales Privatrecht, 6. Aufl., Tübingen 2006.

Kropholler, Jan/von Hein, Jan (Hrsg.), Europäisches Zivilprozessrecht, Frankfurt am Main, [9]2011.

Krümmel, Thomas, Formerfordernisse einer Gerichtsstandsvereinbarung nach branchenspezifischem Handelsbrauch im internationalen Handelsverkehr, IWRZ 2018, 229 ff.

Kühl, Matthias, Die Gewinnzusage nach § 661a BGB, Frankfurt am Main 2007.

Kühling, Jürgen/Drechsler, Stefan, Alles „acte clair"? - Die Vorlage an den EuGH als Chance, NJW 2017, 2950 ff.

Lafferrière, Edouard, Traité fondateur de l'étude scientifique du contentieux administratif-Tome I, Paris paru en 1887-1888; 2e éd. (1896), reprod. (1989).

Lagrange, Maurice, The European Court of Justice and National Courts, Common Market Law Review 1971, 313 ff.

–, Revue trimestrielle de droit européen 1974, 268.

–, Note référant l'affaire CILFIT, Revue trimestrielle de droit européen 1983, 159 ff.

Lauterpacht, M. Hersch, De l'interprétation des traités - Douzième Commission - Rapport et projet de Résolutions, Annuaire de l'Institut de Droit International 43 (1950), 377 ff.

Lavenex, Sandra, Mutual recognition and the monopoly of force: limits of the single market analogy, Journal of European Public Policy 14 (2007), 762 ff.

Lehmann, Matthias, EuVTVO, in: Leible, Stefan/Terhechte, Jörg Philipp (Hrsg.), Europäisches Rechtsschutz- und Verfahrensrecht, Baden-Baden 2014, zitiert: *Lehmann*, in: Leible/Terhechte (Hrsg.).

–, Vom geduldigen Lamm zum Pascha: Die Rechte des Verbraucher-Käufers nach dem Entwurf eines Gemeinsamen Europäischen Kaufrechts, in: Schmidt-Kessel, Martin/Leible, Stefan/Tichý, Luboš (Hrsg.), Perspektiven des Verbrauchsgüterkaufs: Richtlinienumsetzung und Gemeinsames Europäisches Kaufrecht in Deutschland und Tschechien, Tübingen 2015, 105 ff., zitiert: *Lehmann*, in: Schmidt-Kessel/Leible/Tichý (Hrsg.).

Leible, Stefan, Bingo! - Gewinnbestätigung jetzt auch aus Karlsruhe, NJW 2003, 407 ff.

–, Gewinnbestätigung aus Luxemburg - Zur internationalen Zuständigkeit bei Gewinnmitteilungen aus dem Ausland, IPRax 2003, 28 ff.

Leible, Stefan/Freitag, Robert, Forderungsbeitreibung in der EU, München 2008.

Leible, Stefan/Müller, Michael Florian, Keine internationale Zuständigkeit deutscher Gerichte bei Maklertätigkeit eines griechischen Rechtsanwalts, EuZW 2009, 26 ff.

–, Die Bedeutung von Websites für die Internationale Zuständigkeit in Verbrauchersachen, NJW 2011, 495 ff.

Leipold, Dieter, Der Anspruch aus Gewinnzusage (§ 661 a BGB) in dogmatischer Betrachtung, in: Heinrich, Christian (Hrsg.), Festschrift für Hans-Joachim Musielak zum 70. Geburtstag, München 2004, 317 ff., zitiert: *Leipold*, in: FS Musielak.

Lenaerts, Koenraad, La modulation de l'obligation de renvoi préjudiciel, Cahiers de droit européen 1983, 471 ff.

–, Kooperation und Spannung im Verhältnis von EuGH und nationalen Verfassungsgerichten, EuR 2015, 3 ff.

Lenski, Edgar/Mayer, Franz C., Vertragsverletzung wegen Nichtvorlage durch oberste Gerichte?, EuZW 2005, 225.

Lenzing, Katja, Anmerkung zu EuGH (Erste Kammer), Urt. v. 19.12.2013 – C-9/12 (Corman-Collins SA/La Maison du Whisky SA), EuZW 2014, 183 f.

Lieber, Dagmar, Über die Vorlagepflicht des Artikels 177 EWG-Vertrag und deren Mißachtung, München 1986.

Limante, Agne, Recent Developments in the Acte Clair Case Law of the EU Court of Justice: Towards a more Flexible Approach, Journal of Common Market Studies 54 (2016), 1384 ff.

Limbach, Jutta, Die Kooperation der Gerichte in der zukünftigen europäischen Grundrechtsarchitektur, EuGRZ 2000, 417 ff.

Lindner, Andrea, Irreführende Gewinnzusagen nach § 661a BGB, Berlin 2007.

Linke, Hartmut, Die Europäisierung des Internationalen Privat- und Verfahrensrechts - Traum oder Trauma?, in: Schütze, Rolf A. (Hrsg.), Einheit und Vielfalt des Rechts: Festschrift für Reinhold Geimer zum 65. Geburtstag, München 2002, 529 ff., zitiert: *Linke*, in: FS Geimer.

Loacker, Leander D., Verbraucherverträge mit gemischter Zwecksetzung, JZ 2013, 234 ff.

Long, Marceau/Weil, Prosper/Braibant, Guy, Les Grands Arrêts de la Jurisprudence Administrative, Paris 1962.

Looschelders, Dirk, Urteilsanmerkung BGH 30.03.2006, Juristische Rundschau 2007, 459 ff.

–, Urteilsanmerkung BGH 1.3.2011 - XI ZR 48/10, Juristische Rundschau 2012, 196 ff.

–, Internationale Zuständigkeit für Klagen gegen ausländische Entschädigungsstellen und Grüne-Karte-Büros, IPRax 2018, 360 ff.

Looschelders, Dirk/Gesing, Hannah, Urteilsanmerkung BGH 14.3.2007 - XII ZB 174/04, Juristische Rundschau 2008, 112 ff.

Lorenz, Stephan, Gewinnmitteilungen aus dem Ausland: Kollisionsrechtliche und internationalzivilprozessuale Aspekte von § 661a BGB, NJW 2000, 3305 ff.

–, Internationale Zuständigkeit deutscher Gerichte und Anwendbarkeit von § 661 a BGB bei Gewinnmitteilungen aus dem Ausland: Erweiterungen des Verbrauchergerichtsstands durch die „Brüssel I-Verordnung“, IPRax 2002, 192 ff.

Lorenz, Stephan/Unberath, Hannes, Gewinnmitteilungen und kein Ende? - Neues zur internationalen Zuständigkeit, IPRax 2005, 219 ff.

Löser, Arne, Zuständigkeitsbestimmender Zeitpunkt und perpetuatio fori im internationalen Zivilprozess, Jena 2009.

Lutter, Marcus, Die Auslegung angeglichenen Rechts, JZ 1992, 593 ff.

Lüttringhaus, Jan D., Der Direktanspruch im vergemeinschafteten IZVR und IPR nach der Entscheidung EuGH VersR 2009, 1512 (Vorarlberger Gebietskrankenkasse), VersR 2010, 183 ff.

Magnus, Robert, Das neue Gesetz über den Rechtsschutz bei überlangen Gerichtsverfahren und strafrechtlichen Ermittlungsverfahren, ZZP 125 (2012), 75 ff.

Magnus, Ulrich/Mankowski, Peter (Hrsg.), Brussels Ibis Regulation, Köln, ^{3}2016, zitiert: Magnus/Mankowski Brussels Ibis Regulation/*Bearbeiter*.

Magnus, Ulrich (Hrsg.), J. von Staudingers Kommentar zum Bürgerlichen Gesetzbuch: Staudinger BGB – EGBGB/IPR Einführungsgesetz zum Bürgerlichen

Gesetzbuche/ IPR: Einleitung zur Rom I-VO; Art. 1-10 Rom I-VO (Internationales Vertragsrecht 1), Berlin, 2016, zitiert: Staudinger IPR/*Bearbeiter*.

Malferrari, Luigi, Zurückweisung von Vorabentscheidungsersuchen durch den EuGH, Baden-Baden 2003.

Mancini, G. Federico/Keeling, David T., From CILFIT to ERT: the Constitutional Challenge facing the European Court, Yb.EL 1991, 1 ff.

Mankowski, Peter, Zur Anwendbarkeit des Art. 5 Nr. 3 EuGVÜ auf vorbeugende Unterlassungsklagen, EWS 1994, 305 ff.

–, Urteilsanmerkung OLG Karlsruhe vom 10.7.2002 - 6 U 9/02: Kennzeichenbenutzung durch ausländischen Nutzer im Internet, MMR 2002, 817 ff.

–, Die Qualifikation der culpa in contrahendo - Nagelprobe für den Vertragsbegriff des europäischen IZPR und IPR, IPRax 2003, 127 ff.

–, Entwicklungen im Internationalen Privat- und Prozessrecht 2003/2004 (Teil 2), RIW 2004, 587 ff.

–, Entwicklungen im Internationalen Privat- und Prozessrecht 2004/2005 (Teil 2), RIW 2005, 561 ff.

–, „Gemischte" Verträge und der persönliche Anwendungsbereich des Internationalen Verbraucherschutzrechts, IPRax 2005, 503 ff.

–, Internationale Zuständigkeit und anwendbares Recht - Parallelen und Divergenzen, in: Lorenz, Stephan (Hrsg.), Festschrift für Andreas Heldrich zum 70. Geburtstag, München 2005, 867 ff., zitiert: *Mankowski,* in: FS Heldrich.

–, Der europäische Erfüllungsortsgerichtsstand bei grenzüberschreitenden Anwaltsverträgen, AnwBl 2006, 806 ff.

–, Zum Begriff des „Ausrichtens" auf den Wohnsitzstaat des Verbrauchers unter Art. 15 Abs. 1 lit. c EuGVVO – zugleich Anmerkung zu BGH, Urt. v. 30.3.2006 – VII ZR 249/04, VuR 2006, 289 ff.

–, Entwicklung und Stand des europäischen Internationalen Verbraucherschutzrechts: Eine Momentaufnahme, in: Wagner, Alice/Wedl, Valentin (Hrsg.), Bilanz und Perspektiven zum europäischen Recht: Eine Nachdenkschrift anlässlich 50 Jahre Römische Verträge, Wien 2007, 325 ff., zitiert: *Mankowski*, in: Wagner/Wedl (Hrsg.).

–, Urteilsanmerkung BGH 21.12.2006 - IX ZB 150/05, EWiR 2007, 329 ff.

–, Muss zwischen ausgerichteter Tätigkeit und konkretem Vertrag bei Art. 15 Abs. 1 lit. c EuGVVO ein Zusammenhang bestehen?, IPRax 2008, 333 ff.

–, Neues zum „Ausrichten" unternehmerischer Tätigkeit unter Art. 15 Abs. 1 lit. c EuGVVO, IPRax 2009, 238 ff.

–, Europäischer Vollstreckungstitel für unbestrittene Forderungen aus Verbrauchervertrag („Vapenik"), EWiR 2014, 371 f.

–, EuGH: Schadensersatzklage gegen Zertifikatsemittenten – Internationale Zuständigkeit, LMK 2015, 367447.

–, Internationales Versicherungsprozessrecht: Professioneller Leasinggeber als Geschädigter und Typisierung statt konkreter Prüfung der Schutzbedürftigkeit, IPRax 2015, 115 ff.

–, EuGVVO: Deliktsgerichtsstand am Erfolgsort bei reinen Vermögensschäden, EuZW 2016, 585f.

–, Arbeitgeber einer im Ausland verunfallten Person kann als „Geschädigter" im Inland gegen ausländischen Kfz-Haftpflichtversicherer klagen, VersR 2017, 1481 ff.

–, Der Deliktsgerichtsstand am Handlungsort - die unterschätzte Option, in: Schütze, Rolf A. (Hrsg.), Fairness, justice, equity: Festschrift für Reinhold Geimer zum 80. Geburtstag, München 2017, 429 ff., zitiert: *Mankowski*, in: FS Geimer.

–, Urteilsanmerkung LG Darmstadt 13.10.2016 - 3 O 349/14, VersR 2017, 1149.

–, Ist die Auslegung der Brüssel Ia-VO und mittelbar anderen EU-Rechts Orientierungsmarke für die Auslegung des LugÜ?, in: Markus, Alexander R./Hrubesch-Millauer, Stephanie/Rodriguez, Rodrigo (Hrsg.), Zivilprozess und Vollstreckung national und international - Schnittstellen und Vergleiche: Festschrift für Jolanta Kren Kostkiewicz, Bern 2018, 203 ff., zitiert: *Mankowski*, in: FS Kren Kostkiewicz.

Mansel, Heinz-Peter, Gerichtliche Prüfungsbefugnis im forum delicti, IPRax 1989, 84 ff.

–, Anerkennung als Grundprinzip des Europäischen Rechtsraums, RabelsZ 70 (2006), 651 ff.

Mansel, Heinz-Peter/Thorn, Karsten, Europäisches Kollisionsrecht 2016: Brexit ante portas!, IPRax 2017, 1 ff.

Mantz, Reto, Das Recht auf Waffengleichheit und die Praxis im Verfahren der einstweiligen Verfügung, NJW 2019, 953 ff.

Martinsen, Dorte S./Wind, Marlene, When National Courts go to Europe, in: Koch, Henning (Hrsg.), Europe - the new legal realism: Essays in honour of Hjalte Rasmussen, Copenhagen 2010, 479 ff., zitiert: *Martinsen*, in: Koch (Hrsg.).

Martiny, Dieter, Internationale Zuständigkeit für „vertragliche Streitigkeiten", in: Schütze, Rolf A. (Hrsg.), Einheit und Vielfalt des Rechts: Festschrift für Reinhold Geimer zum 65. Geburtstag, München 2002, 641 ff., zitiert: *Martiny*, in: FS Geimer.

–, Allgemeines zum Dienstleistungsvertrag, in: Reithmann, Christoph/Martiny, Dieter/Dutta, Anatol/Thode, Reinhold (Hrsg.), Internationales

Vertragsrecht: Das internationale Privatrecht der Schuldverträge, 8. Aufl., Köln 2015, zitiert: *Martiny*, in: Reithmann/Martiny/Dutta/Thode (Hrsg.).

Masclet, Jean-Claude, Vers la fin d'une controverse?, Revue du Marché Commun 1983, 363 ff.

Matscher, Franz, Der verfahrensrechtliche ordre public im Spannungsfeld von EMRK und Gemeinschaftsrecht, IPRax 2001, 428 ff.

Matthies, Heinrich, Zur Auslegung des Gemeinschaftsrechts im Vorlageverfahren (Art. 177 EWG-V.) - Rechte des Gemeinschaftsbürgers gegen den Staat und gegen andere Gemeinschaftsbürger, in: Lüke, Gerhard/Ress, Georg/Will, Michael R. (Hrsg.), Rechtsvergleichung, Europarecht und Staatenintegration: Gedächtnisschrift für Léontin-Jean Constantinesco, Köln, Berlin, Bonn, München 1983, 471 ff., zitiert: *Matthies,* in: GS Constantinesco.

Mattli, Walter/Slaughter, Anne-Marie, Revisiting the European Court of Justice, International Organizations 55 (1998), 177 ff.

Maultzsch, Felix, Streitentscheidung und Normbildung durch den Zivilprozess, Tübingen 2012.

–, Parteiautonomie im Internationalen Privat- und Verfahrensrecht, in: Hein, Jan von/Rühl, Giesela (Hrsg.), Kohärenz im Internationalen Privat- und Verfahrensrecht der Europäischen Union, Tübingen 2016, 153 ff., zitiert: *Maultzsch,* in: von Hein/Rühl (Hrsg.).

Maunz, Theodor/Schmidt-Bleibtreu, Bruno/Klein, Franz/Bethge, Herbert (Hrsg.), Bundesverfassungsgerichtsgesetz, München, [2019]2019, zitiert: Maunz/ Schmidt-Bleibtreu/Klein/Bethge BVerfGG/*Bearbeiter.*

Mayer, Franz C., Verfassungsgerichtsbarkeit, in: Bogdandy, Armin/Bast, Jürgen (Hrsg.), Europäisches Verfassungsrecht, Berlin, Heidelberg 2009, 559 ff., zitiert: *Mayer*, in: Bogdandy/Bast (Hrsg).

Mayr, Peter G., Europäisches Zivilprozessrecht, Wien 2011.

Mayr, Peter G./Czernich, Dietmar, Europäisches Zivilprozessrecht, Wien 2006.

Meder, Stephan, Mißverstehen und Verstehen, Tübingen 2004.

Meier, Gert, Zur Einwirkung des Gemeinschaftsrechts auf nationales Verfahrensrecht im Falle höchstrichterlicher Vertragsverletzungen, EuZW 1991, 11 ff.

Meier-van Laak, Nicola, Internationale Zuständigkeit deutscher Gerichte für Streitigkeiten gegen ausländische Versicherer im EU-Ausland, DAR 2006, 235 ff.

Meller-Hannich, Caroline, Verbraucherschutz im Schuldvertragsrecht, Tübingen 2005.

–, Bestandsaufnahme und Bewertung der Ansprüche aus Gewinnzusagen, NJW 2006, 2516 ff.

–, Materiellrechtliche Einwendungen bei der grenzüberschreitenden Vollstreckung und die Konsequenzen von „Prism Investment“ Teil I, GPR 2012, 90 ff.

–, Materiellrechtliche Einwendungen bei der grenzüberschreitenden Vollstreckung und die Konsequenzen von „Prism Investment“ Teil II, GPR 2012, 153 ff.

Meyer zu Schwabedissen, Gustav, Kurzkommentar BGH 13.7.2010 - XI ZR 28/09, EWiR 2011, 13 f.

Meyer-Ladewig, Jens/Nettesheim, Martin/Raumer, Stefan von/Albrecht, Frauke (Hrsg.), EMRK, Baden-Baden/Wien/Basel, ^{4}2017, zitiert: NK EMRK/*Bearbeiter*.

Micha, Marianne, Das Direktanspruchsstatut nach dem EuGH-Urteil „Odenbreit“, ZVersWiss 98 (2010), 579 ff.

Micklitz, Hans-Wolfgang/Rott, Peter, Vergemeinschaftung des EuGVÜ in der Verordnung (EG) Nr. 44/2001, EuZW 2001, 325 ff.

–, Vergemeinschaftung des EuGVÜ in der Verordnung (EG) Nr. 44/2001, EuZW 2002, 15 ff.

Millarg, Eberhard, Urteilsanmerkung CILFIT, EuR 1983, 163 ff.

Molthagen, Julia, Das Verhältnis der EU-Grundrechte zur EMRK : eine Untersuchung unter besonderer Berücksichtigung der Charta der Grundrechte der EU, Hamburg 2003.

Mörsdorf-Schulte, Juliana, Autonome Qualifikation der isolierten Gewinnzusage, JZ 2005, 770 ff.

Muckel, Stefan, Grundrechtsgleiches Recht auf prozessuale Waffengleichheit, JA 2019, 74 ff.

Müller, Michael Florian, EuGVVO: Gerichtsstand für Schadensersatzklage eines Verbrauchers wegen Wertverlust einer Finanzinvestition, EuZW 2015, 218 ff.

–, Deliktsgerichtsstand am Erfolgsort bei reinen Vermögensschäden, NJW 2016, 2169 f.

–, Objektive Anknüpfungsmomente für Schuldverhältnisse im europäischen IPR und IZVR: Die Behandlung vertraglicher Sachverhalte, in: von Hein, Jan/Rühl, Giesela (Hrsg.), Kohärenz im Internationalen Privat- und Verfahrensrecht der Europäischen Union, Tübingen 2016, 243 ff., zitiert: *Müller*, in: von Hein/Rühl (Hrsg.).

Münzberg, Wolfgang, Berücksichtigung oder Präklusion sachlicher Einwendungen im Exequaturverfahren trotz Art. 45 Abs. 1 VO (EG)Nr. 44/2001 ?, in: Schütze, Rolf A. (Hrsg.), Einheit und Vielfalt des Rechts: Festschrift für Reinhold Geimer zum 65. Geburtstag, München 2002, 745 ff., zitiert: *Münzberg*, in: FS Geimer.

Nelle, Andreas, Anspruch, Titel und Vollstreckung im internationalen Rechtsverkehr, Tübingen 2000.

Neuhaus, Paul Heinrich, Internationales Zivilprozessrecht und Internationales Privatrecht, RabelsZ 20 (1955), 201 ff.

–, Rezension zu Kegel, Internationales Privatrecht, RabelsZ 25 (1960), 375 ff.

Neumayr, Matthias, Die Brüssel Ia-Verordnung, in: Mayr, Peter G. (Hrsg.), Handbuch des europäischen Zivilverfahrensrechts, Wien 2017, zitiert: *Neumayr*, in: Mayr (Hrsg.).

Neuner, Jörg, Die Rechtsfortbildung, in: Riesenhuber, Karl (Hrsg.), Europäische Methodenlehre: Handbuch für Ausbildung und Praxis, 3. Aufl., Berlin/München/Boston 2015, 245 ff., zitiert: *Neuner*, in: Riesenhuber (Hrsg.).

Nicolaïdis, Kalypso, The Cassis Legacy, in: Davies, Bill/Nicola, Fernanda (Hrsg.), EU law stories: Contextual and critical histories of European jurisprudence, Cambridge 2017, 278 ff., zitiert: *Nicolaïdis*, in: Davies/Nicola (Hrsg.).

Nugel, Michael, Keine Inlandszuständigkeit des Gerichts am Geschäftssitz des Sozialversicherungsträgers bei Auslandsunfall, jurisPR-VerkR 2009, Anm. 1.

–, Direktanspruch gegen einen schweizerischen Haftpflichtversicherer („Lugano"), NZV 2013, 177 ff.

Nunner-Krautgasser, Bettina, Die Anerkennung ausländischer Entscheidungen - Dogmatische Grundfragen, ÖJZ 2009, 793 ff.

Oberhammer, Paul, Prüfung der internationalen Zuständigkeit durch das Revisionsgericht und Einordnung des auf BGB § 661a gestützten Anspruchs als vertraglich oder deliktisch, ZZP 117 (2004), 92 ff.

–, Der Europäische Vollstreckungstitel: Rechtspolitische Ziele und Methoden, JBl. 2006, 477 ff.

Oetiker, Christian/Weibel, Thomas (Hrsg.), Lugano-Übereinkommen (LugÜ), Basel, 2011., zitiert: Basler Kommentar LugÜ-*Oetiker/Weibel.*

Ortlepp, Beate Christina, Das Vertragsverletzungsverfahren als Instrument zur Sicherung der Legalität im europäischen Gemeinschaftsrecht, Baden-Baden 1987.

Otto, Sebastian, Die subjektiven Grenzen der Rechtshängigkeitssperre im deutschen und europäischen Zivilprozessrecht, Berlin 2007.

Paal, Boris P., Grenzüberschreitende Bauverträge und Internationales Zivilprozessrecht, BauR 2008, 228 ff.

Palandt, Otto (Hrsg.), Ergänzungsband zu Palandt, Bürgerliches Gesetzbuch, Gesetz zur Modernisierung des Schuldrechts, München, ^{61}2002, zitiert: Palandt Ergänzungsband zur 61. Aufl. 2002/*Bearbeiter.*

Pechstein, Matthias/Drechsler, Carola, Die Auslegung und Fortbildung des Primärrechts, in: Riesenhuber, Karl (Hrsg.), Europäische Methodenlehre: Handbuch für Ausbildung und Praxis, 3. Aufl., Berlin/München/Boston 2015, 125 ff., zitiert: *Pechstein/C. Drechsler*, in: Riesenhuber (Hrsg.).

Pechstein, Matthias/Görlitz, Niklas/Kubicki, Philipp, EU-Prozessrecht, 4. Aufl., Tübingen 2012.

Peiffer, Max, Grenzüberschreitende Titelgeltung in der Europäischen Union, Berlin 2012.

Pescatore, Pierre, Interpretation of Community Law and the Doctrine of ‚Acte Clair', in: Bathurst, Maurice E. (Hrsg.), Legal problems of an enlarged European community, London 1972, 27 ff., zitiert: *Pescatore*, in: Bathurst (Hrsg.).

Pfeiffer, Thomas, Der Verbraucherbegriff als zentrales Merkmal im europäischen Privatrecht, in: Schulte-Nölke, Hans/Schulze, Reiner (Hrsg.), Europäische Rechtsangleichung und nationale Privatrechte, Baden-Baden 1999, 21 ff., zitiert: *Pfeiffer*, in: Schulte-Nölke/Schulze (Hrsg.).

–, Vom kaufmännischen Verkehr zum Unternehmensverkehr - Die Änderungen des AGB-Gesetzes durch das Handelsrechtsreformgesetz, NJW 1999, 169 ff.

–, Internationale Zuständigkeit deutscher Gerichte bei Gewinnzusagen aus dem Ausland an deutsche Verbraucher, LMK 2003, 79 f.

–, Einheitliche unmittelbare und unbedingte Urteilsgeltung in Europa, in: Mansel, Heinz-Peter (Hrsg.), Festschrift für Erik Jayme, München 2004, 675 ff., zitiert: *Pfeiffer*, in: FS Jayme.

–, Schriftliche Gerichtsstandsvereinbarung ohne Unterschrift, IWRZ 2017, 133.

Pfersmann, Hans, Anmerkung zu OGH, 19.5.2005 - 6 Ob 19/05w, öJBl. 2005, 598.

Pichler, Rufus, Internationale Zuständigkeit im Zeitalter globaler Vernetzung, München 2008.

Piekenbrock, Andreas, Vorlagen an den EuGH nach Art. 267 AEUV im Privatrecht, EuR 2011, 317 ff.

Piekenbrock, Andreas/Schulze, Götz, Internationale Zuständigkeit im Rechtsmittelverfahren und Gerichtsstand der Gewinnzusage, IPRax 2003, 328 ff.

Piltz, Burghard, Vom EuGVÜ zur Brüssel-I-Verordnung, NJW 2002, 789 ff.

Podszun, Rupprecht, Wirtschaftsordnung durch Zivilgerichte, Tübingen 2014.

Potacs, Michael, Effet utile als Auslegungsgrundsatz, EuR 2009, 465 ff.

Praxishinweis zu BGH 24.2.2015 - VI ZR 279/14, NJW Spezial 2015, 266 f.

Prieß, Hans-Joachim, Die Haftung der EG-Mitgliedstaaten bei Verstößen gegen das Gemeinschaftsrecht, NVwZ 1993, 118 ff.

Prill, Norbert J., Die Acte Clair Doktrin - ein „juristischer Nationalismus“, EuGRZ 1980, 217 f.

Prütting, Hanns/Gehrlein, Markus (Hrsg.), Zivilprozessordnung, Köln, [10]2018, zitiert: Prütting/Gehrlein ZPO/*Bearbeiter.*

Ptak, Paulina, Der Europäische Vollstreckungstitel und das rechtliche Gehör des Schuldners, Tübingen 2014.

Purnhagen, Kai, Einstufung des rechtsgeschäftlichen Handelns einer natürlichen Person als Verbraucherhandeln, VuR 2010, 69 f.

–, Die Auswirkungen der neuen EU-Richtlinie auf das deutsche Verbraucherrecht, ZRP 2012, 36 ff.

Rabe, Hans-Jürgen, Vorlagepflicht und gesetzlicher Richter, in: Bender, Bernd (Hrsg.), Rechtsstaat zwischen Sozialgestaltung und Rechtsschutz: Festschrift für Konrad Redeker zum 70. Geburtstag, München 1993, 201 ff., zitiert: *Rabe*, in: FS Redeker.

Rademacher, Lukas, Effizienz und Kohärenz bei der grenzüberschreitenden Forderungsdurchsetzung in der EU: 2. Tagung zum Forschungsprojekt „Informed Choices in Cross-Border Enforcement – IC2BE“, Freiburg, 10./11.10.2019, IPRax 2020, 85.

Rasmussen, Hjalte, The European Court´s Acte Clair Strategy in C.I.L.F.I.T., E.L.Rev. 1984, 242 ff.

–, Remedying the Crumbling EC Judicial System, Common Market Law Review 2000, 1071 ff.

–, Classics of the First 40 Years - The European Court´s Acte Clair Strategy in C.I.L.F.I.T., E.L.Rev. 2015, 475 ff.

Rauscher, Thomas, Internationale Zuständigkeit deutscher Gerichte für eine Unterlassungsklage, Wertpapier-Mitteilungen 2006, 350.

–, Arrest; rechtliches Gehör; Anerkennung von Entscheidungen der Gerichte anderer Mitgliedstaaten im Verfahren des einstweiligen Rechtsschutzes, Wertpapier-Mitteilungen 2007, 373.

–, Urteilsanmerkung zu BGH XI ZR 290/06 vom 12.6.2007, WuB 2007, VII B. Art. 15 EuGVO Nr. 2.07.

–, Europäisches Zivilprozess- und Kollisionsrecht EuZPR /EuIPR (Hrsg.), München, 2011, zitiert: Rauscher EuZPR/EuIPR 2011/*Bearbeiter.*

–, Europäisches Zivilprozess- und Kollisionsrecht Band I (Hrsg.), Köln/Saarbrücken, [4]2016, zitiert: Rauscher EuZPR/EuIPR/*Bearbeiter.*

–, Europäisches Zivilprozess- und Kollisionsrecht Band III (Hrsg.), Köln/Saarbrücken, [4]2016, zitiert: Rauscher EuZPR/EuIPR/*Bearbeiter.*

Rauscher, Thomas/Gruber, Urs Peter (Hrsg.), EG-VollstrTitelVO, EG-MahnVO, EG-BagatellVO, EU-KPfVO, HProrogÜbk 2005, EGZustVO 2007, EG-BewVO, EG-InsVO, Band II, Köln, [4]2015 zitiert: Rauscher EuZPR/EuIPR/*Bearbeiter*.

Rauscher, Thomas/Krüger, Wolfgang (Hrsg.), Münchener Kommentar zur Zivilprozessordnung Band III, München, [5]2017, zitiert: MüKo ZPO/*Bearbeiter*.

Rauscher, Thomas/Schülke, Clemens, Grenzüberschreitende Gewinnmitteilung: Anknüpfung und Internationale Zuständigkeit, The European Legal Forum 2000/2001, 334 ff.

Rebmann, Kurt/Rixecker, Roland/Säcker, Franz Jürgen (Hrsg.), Münchener Kommentar zum Bürgerlichen Gesetzbuch, München, [4]2001, zitiert: MüKo BGB 4. Aufl. 2001/*Bearbeiter*.

Rechberger, Walter H., Die neue Generation: Bemerkungen zu den Verordnungen Nr. 805/2004, Nr. 1896/2006 und Nr. 861/2007 des Europäischen Parlaments und des Rates, in: Stürner, Rolf/Kern, Christoph (Hrsg.), Festschrift für Dieter Leipold zum 70. Geburtstag, Tübingen 2009, 301 ff., zitiert: *Rechberger*, in: FS Leipold.

Reinhart, Gert, Zur Auslegung des Begriffs „Verbraucher" im Kollisionsrecht, in: Westphalen, Friedrich (Hrsg.), Lebendiges Recht: Von den Sumerern bis zur Gegenwart; Festschrift für Reinhold Trinkner zum 65. Geburtstag, Heidelberg 1995, 657 ff., zitiert: *Reinhart*, in: FS Trinkner.

Reith, Claudia, Titelfreizügigkeit auf dem Prüfstand der EMRK, ZfRV 2016, 218 ff.

Rengeling, Hans-Werner/Middeke, Andreas/Gellermann, Martin/Andová, Katarina (Hrsg.), Handbuch des Rechtsschutzes in der Europäischen Union, München, [3]2014, zitiert: Handbuch des Rechtsschutzes in der EU/*Bearbeiter*.

Ress, Georg, Die Entscheidungserheblichkeit im Vorlageverfahren nach Art. 177 EWG-Vertrag im Vergleich zu Vorlageverfahren nach Art. 100 Abs. 1 GG, in: Martinek, Michael (Hrsg.), Festschrift für Günther Jahr zum siebzigsten Geburtstag: Vestigia iuris, Tübingen 1993, 339 ff., zitiert: *Ress*, in: FS Jahr.

–, EMRK: Bosphorus-Vermutung – Grundsatz des gleichwertigen Schutzes und der Kontrolle auf Vorliegen einer „manifest deficiency", EuZW 2016, 800.

Richter, Thomas, Internationale Zuständigkeit in Verbrauchersachen, Gerichtsstandsvereinbarungen, VuR 2006, 322 ff.

Riedmeyer, Oskar, Internationale Zuständigkeit bei Schadensersatzklagen nach Verkehrsunfällen im Ausland, in: Greiner, Hans-Peter (Hrsg.), Neminem laedere: Aspekte des Haftungsrechts; Festschrift für Gerda Müller zum 65. Geburtstag am 26. Juni 2009, Köln 2009, 473 ff., zitiert: *Riedmeyer*, in: FS Gerda Müller.

Riesenhuber, Karl, Die Auslegung, in: Riesenhuber, Karl (Hrsg.), Europäische Methodenlehre: Handbuch für Ausbildung und Praxis, 3. Aufl., Berlin/München/Boston 2015, 199 ff., zitiert: *Riesenhuber*, in: Riesenhuber (Hrsg.).

Ringwald, Birgitt, Europäischer Vollstreckungstitel nach EuVTVO und Rechtsbehelfe des Schuldners, Baden-Baden 2011.

Rodi, Michael, Vorlageentscheidungen, gesetzlicher Richter und Willkür, DÖV 1989, 750 ff.

Rodrígues Iglesias, Gil Carlos, Der EuGH und die „Gerichte der Mitgliedstaaten - Komponenten der richterlichen Gewalt in der „Europäischen Union, NJW 2000, 1889 ff.

Röhl, Klaus F., Vorlagepflichten als Auslegungsverbote, in: Karpen, Ulrich/ Weber, Ulrich/Willoweit, Dietmar (Hrsg.), Rechtsforschung, Rechtspolitik und Unternehmertum, Gedächtnisschrift für Prof. Edgar Michael Wenz, Berlin 1999, 445 ff., zitiert: *Röhl*, in: GS Wenz.

Rösler, Hannes, Europäisches Konsumentenvertragsrecht, München 2004.

–, Europäische Gerichtsbarkeit auf dem Gebiet des Zivilrechts, Tübingen 2012.

–, Das Rechtsgespräch zwischen dem EuGH und den verschiedenen zivilgerichtlichen Instanzen über das Vertrags- und Deliktsrecht, EuZW 2014, 606 ff.

Roth, Herbert, Die negative Feststellungsklage zur Abwehr drohender Zwangsvollstreckung als Anwendungsfall von Art. 16 Nr. 5 Lugano-Übereinkommen, IPRax 1999, 50 ff.

–, BGH: Abwehr von unberechtigten Rechtsberühmungen im europäischen Zivilprozess, LMK 2006, 176147.

–, Illusion und Realität im europäischen Zivilprozessrecht, IPRax 2006, 466 f.

–, Urteilsanmerkung BGH 14.3.2007 - XII ZB 174/04, JZ 2007, 898 ff.

–, Der Kostenfestsetzungsbeschluss für eine einstweilige Verfügung als Anwendungsfall des Europäischen Vollstreckungstitels für unbestrittene Forderungen, IPRax 2008, 235 ff.

–, Wer ist im Europäischen Prozessrecht Verbraucher?, in: Kronke, Herbert/ Thorn, Karsten (Hrsg.), Grenzen überwinden - Prinzipien bewahren: Festschrift für Bernd von Hoffmann zum 70. Geburtstag am 28. Dezember 2011, Bielefeld 2011, 715 ff., zitiert: *Roth*, in: FS von Hoffmann.

–, Probleme um die Bestätigung als Europäischer Vollstreckungstitel nach der EuVTVO, IPRax 2013, 239 ff.

Roth, Markus, Private und betriebliche Altersvorsorge zwischen Sicherheit und Selbstverantwortung, ZRP 2004, 154 ff.

Roth, Wulf-Henning, Europäischer Verbraucherschutz und BGB, JZ 2001, 475 ff.

–, Grundfragen im künftigen internationalen Verbrauchervertragsrecht der Gemeinschaft, in: Coester, Michael (Hrsg.), Privatrecht in Europa: Vielfalt, Kollision, Kooperation ; Festschrift für Hans Jürgen Sonnenberger zum 70. Geburtstag, München 2004, 591 ff., zitiert: *Roth*, in: FS Sonnenberger.

Rühl, Giesela, Effizienzprobleme bei grenzüberschreitenden Rechtsstreitigkeiten, in: Bork, Reinhard/Eger, Thomas (Hrsg.), Ökonomische Analyse des Verfahrensrechts: Beiträge zum XI. Travemünder Symposium zur Ökonomischen Analyse des Rechts (26. bis 29. März 2008), Tübingen 2009, 335 ff., zitiert: *Rühl*, in: Bork/Eger (Hrsg.).

–, Die rechtsaktübergreifende Auslegung im europäischen Internationalen Privatrecht: Art. 6 der Rom I-VO und die Rechtsprechung des EuGH zu Art. 15 Brüssel I-VO, GPR 2013, 122 ff.

–, Kausalität zwischen ausgerichteter Tätigkeit und Vertragsschluss: Neues zum situativen Anwendungsbereich der Art. 15 ff. EuGVVO (zu EuGH, 17.10.2013 – Rs. C-218/12 – Lokman Emrek ./. Vlado Sabranovic), IPRax 2014, 41 ff.

Rüthers, Bernd/Fischer, Christian/Birk, Axel, Rechtstheorie, 10. Aufl., München 2018.

Sachse, Kathrin, Der Verbrauchervertrag im Internationalen Privat- und Prozeßrecht, Tübingen 2006.

Säcker, Franz Jürgen/Rixecker, Roland/Oetker, Hartmut/Limperg, Bettina (Hrsg.), Internationales Privatrecht II, Internationales Wirtschaftsrecht, Einführungsgesetz zum Bürgerlichen Gesetzbuche (Art. 50-253), München, [7]2018, zitiert: MüKo BGB/*Bearbeiter*.

Sarmiento, Daniel, Cilfit and Foto-Frost: Constructing and Deconstructing Judicial Authority in Europe, in: Maduro, Miguel Poiares/Azoulai, Loïc (Hrsg.), The past and future of EU law: The classics of EU law revisited on the 50th anniversary of the Rome Treaty, Oxford/Portland, Or 2010, 192 ff., zitiert: *Sarmiento*, in: Maduro/Azoulai (Hrsg.).

Satzger, Helmut, Es bleibt „keinerlei Raum für einen vernünftigen Zweifel", … dass der BGH gegen seine Vorlagepflicht aus Art. 267 Abs. 3 AEUV verstößt!, in: Bockemühl, Jan (Hrsg.), Festschrift für Bernd von Heintschel-Heinegg zum 70. Geburtstag, München 2015, 391 ff., zitiert: *Satzger*, in: FS von Heintschel-Heinegg.

Schack, Haimo, Die Entwicklung des europäischen Internationalen Zivilverfahrensrechts - aktuelle Bestandsaufnahme und Kritik, in: Stürner, Rolf/Kern, Christoph (Hrsg.), Festschrift für Dieter Leipold zum 70. Geburtstag, Tübingen 2009, 317 ff., zitiert: *Schack*, in: FS Leipold.

–, Kohärenz im europäischen Internationalen Deliktsrecht, in: von Hein, Jan/Rühl, Giesela (Hrsg.), Kohärenz im Internationalen Privat- und Verfahrensrecht der Europäischen Union, Tübingen 2016, 279 ff., zitiert: *Schack,* in: von Hein/Rühl (Hrsg.).

–, Internationales Zivilverfahrensrecht (Hrsg.), München, 72017.

Scheffler, Jan, Das französische Verfassungsverständnis angesichts der Anforderungen des EG/EU-Rechts, ZaöRV 2007, 43 ff.

Schilling, Theodor, Das Exequatur und die EMRK, IPRax 2011, 31 ff.

–, Die Kontrolle von Nichtvorlagen letztinstanzlicher Gerichte an den EuGH, EuGRZ 2012, 133.

Schlosser, Peter (Hrsg.), EU-Zivilprozessrecht, München, 22003.

–, Internationale Zuständigkeit bei grenzüberschreitenden Transporten mit mehreren Verkehrsmitteln aufgrund eines einzigen Auftrags, IPRax 2019, 23 f.

Schlosser, Peter/Hess, Burkhard (Hrsg.), EU-Zivilprozessrecht, München, 42015., zitiert: Schlosser/Hess EuZPR/*Bearbeiter.*

Schmahl, Stefanie, Der Beitritt der EU zur Europäischen Menschenrechtskonvention, JZ 2016, 921 ff.

Schmeding, Jörg/Schohe, Gerrit, Umgehung der Vorlagepflicht nach Art. 177 Abs. 3 EWG-Vertrag durch Nichtzulassung des letzten Rechtsmittels?, in: Wild, Gisela (Hrsg.), Festschrift für Alfred-Carl Gaedertz zum 70. Geburtstag, München 1992, 525 ff., zitiert: *Schmeding/Schohe*, in: FS Gaedertz.

Schneider, Carsten, Gewinnzusage und internationale Zuständigkeit, BGH Report 2003, 250 f.

Schneider, Christian, Erfüllungszwang bei Gewinnzusagen - verfassungsmäßig?, BB 2002, 1653 ff.

Schneider-Addae-Mensah, David, BGH, Anerkennung und Vollstreckbarkeit ausländischer Titel bei nicht kontradiktorischen Verfahren, DZWIR 2008, 242 ff.

Schnyder, Anton K., Haftung ausländischer Broker für Schäden deutscher Anleger, ZEuP 2013, 659 ff.

Schober, Eckehard, Die Lehre vom „Acte Clair" im französischen Recht, NJW 1966, 2252 f.

Schröder, Jan, Richter, Gesetz und juristische Methode in der Zweck- und Interessenjurisprudenz, ZfPW 2016, 307 ff.

Schröder, Martin, Varianten des Kapitalismus, Wiesbaden 2014.

Schröder, Meinhard, Die Vorlagepflicht zum EuGH aus europarechtlicher und nationaler Perspektive, EuR 2011, 808 ff.

Schröder, Rainer/Thiessen, Jan, Gewinnzusagen beim Wort genommen - zur Verfassungsmäßigkeit von § 661a BGB, NJW 2004, 719 ff.

Schroeter, Ulrich G., Probleme des Anwendungsbereichs des Verbrauchsgüterkaufrechts (§§ 474 ff. BGB), JuS 2006, 682 ff.

Schumann, Ekkehard, Keine Geheimverfahren bei einstweiligen Verfügungen in Pressesachen, JZ 2019, 398.

Schurig, Klaus, Interessenjurisprudenz contra Interessenjurisprudenz im IPR, RabelsZ 59 (1995), 229 ff.

Schütze, Rolf A., Der Europäische Justizraum - Utopie oder Wirklichkeit, in: Adolphsen, Jens (Hrsg.), Festschrift für Peter Gottwald zum 70. Geburtstag, München 2014, 585 ff., zitiert: *Schütze*, in: FS Gottwald.

Schwarze, Jürgen/Becker, Ulrich/Bär-Bouyssière, Bertold (Hrsg.), EU-Kommentar, Baden-Baden, [3]2012, zitiert: Nomos EU-Kommentar 3.Aufl. 2012/*Bearbeiter.*

Schwenker, Hans Christian, Gerichtsstand der Niederlassung muss bei Klageerhebung noch bestehen!, IBR 2007, 1265.

Schwerdtfeger, Jörg, Änderungen des AGB-Gesetzes durch Umsetzung der Verbrauchervertragsrichtlinie, DStR 1997, 499 ff.

Scraback, Bianca J., Ökonomische Analyse des Verbraucherschutzes im Internationalen Privat- und Zivilverfahrensrecht, GPR 2017, 234 ff.

Sedlmaier, Petra/Rüppell, Philipp, Verletzung von Wettbewerbsverboten durch den Gesellschafter-Geschäftsführer in der GmbH, BB 2017, 1923 ff.

Seibl, Maximilian, Verbrauchergerichtsstände, vorprozessuale Dispositionen und Zuständigkeitsprobleme bei Ansprüchen aus c.i.c., IPRax 2011, 234 ff.

Sendmeyer, Stefanie, Internationale Zuständigkeit deutscher Gerichte bei Verkehrsunfällen im europäischen Ausland, NJW 2015, 2384 ff.

Senff, Thomas, Wer ist Verbraucher im internationalen Zivilprozeß?, Frankfurt am Main 2001.

Sensburg, Patrick Ernst, Die Vorlagepflicht an den EuGH: Eine einheitliche Rechtsprechung des BVerfG, NJW 2001, 1259 f.

Sevón, Leif, What Do National Judges Require of the Court of Justice of the European Communities?, in: Regner, Göran (Hrsg.), Festskrift till Hans Ragnemalm, Lund 2005, 287 ff. , zitiert: *Sevón*, in: FS Ragnemalm.

Seyr, Sibylle, Der effet utile in der Rechtsprechung des Europäischen Gerichtshofs, Berlin 2010.

Shaw, Jo, Law of the European Union, 3. Aufl., Basingstoke 2000.

Simons, Thomas, Urteilsanmerkung BGH 28.11.2002 - III ZR 102/02, EuLF 2003, 39 ff.

Simons, Thomas/Calabresi-Scholz, Sibylle, Urteilsanmerkung 21.12.2006 - IX ZB 150/05, The European Legal Forum 2007, 57 f.

Simons, Thomas/Hausmann, Rainer/Althammer, Christoph (Hrsg.), Brüssel I-Verordnung, München, 2012.

Smirra, Nikolas, Prozessuale Waffengleichheit im einstweiligen Verfügungsverfahren in presse- und äußerungsrechtlichen Angelegenheiten, ZUM 2019, 60.

Smith, Melanie, The Evolution of Infringement and Sanctions Procedures: Of Pilots, Diversions, Collisions, and Circling, in: Arnull, Anthony/Chalmers, Damian (Hrsg.), The Oxford handbook of European Union law, Oxford 2015, 350 ff., zitiert: *Smith*, in: Arnull/Chalmers (Hrsg.).

Sonnenberger, Hans-Jürgen, Eingriffsrecht - das trojanische Pferd im IPR oder notwendige Ergänzung?, IPRax 2003, 104 ff.

de Soto, Jean, Journal de Droit International 1964, 800 ff.

Spindler, Gerald, Internationales Verbraucherschutzrecht im Internet, MMR 2000, 18 ff.

Stadler, Astrid, Das Europäische Zivilprozessrecht - Wie viel Beschleunigung verträgt Europa?, IPRax 2004, 2 ff.

–, Kritische Anmerkungen zum Europäischen Vollstreckungstitel, RIW 2004, 801 ff.

–, Das Europäische Zivilprozessrecht im Spannungsfeld zwischen Beschleunigung und Beklagtenschutz, in: Kieninger, Eva-Maria/Remien, Oliver (Hrsg.), Europäische Kollisionsrechtsvereinheitlichung, Baden-Baden 2012, 165 ff., zitiert: *Stadler*, in: Kieninger/Remien (Hrsg.).

–, Die Einheitlichkeit des Verbrauchervertragsbegriffs im Europäischen Zivil- und Zivilverfahrensrecht - Zu den Grenzen rechtsaktübergreifender Auslegung, IPRax 2015, 203 ff.

–, Der deliktische Erfolgsort als internationaler Gerichtsstand bei reinen Vermögensdelikten, in: Schütze, Rolf A. (Hrsg.), Fairness, justice, equity: Festschrift für Reinhold Geimer zum 80. Geburtstag, München 2017, 715 ff., zitiert: *Stadler*, in:FS Geimer.

Staudinger, Ansgar, Rechtsschutzraum Europa: Anwalt im Zivilrecht, DAR 2008, 620 ff.

–, Urteilsanmerkung zu BGH 28.11.2002, JZ 2003, 852 ff.

–, Reichweite des Verbraucherschutzgerichtsstandes nach Art. 15 Abs. 2 EuGVVO (zu BGH 12.6.2007 -XI ZR 290/06), IPRax 2008, 107 ff.

–, Geschädigte im Sinne von Art. 11 Abs. 2 EuGVVO, IPRax 2011, 229 ff.

–, Umfassende Zuständigkeit auch für Klage eines „Dritten" nach Art. 6 Nr. 2 VO Nr. 44/2001/EG, DAR 2016, 79 ff.

Staudinger, Ansgar/Bauer, Christina, Der Vertragsbegriff des Art. 15 Abs. 1 lit. c EuGVVO 2001 (Art. 17 Abs. 1 lit. c EuGVVO) in typischen „Vermittlerkonstellationen" - eine Abgrenzung von Pauschalreise zu Kapitalanlageverträgen, IPRax 2016, 107 ff.

Staudinger, Ansgar/Leible, Stefan, Art. 65 EGV im System der EG-Kompetenzen, The European Legal Forum 2000/2001, 225 ff.

Staudinger, Ansgar/Papadopoulos, Panagiotis, Zum Wohngerichtsstand des Geschädigten gem. Art. 13 Abs. 2 i.V.m. Art. 11 Abs. 1 b EuGVVO, VersR 2018, 978 ff.

Stein, Eric, Lawyers, Judges, and the Making of a Transnational Constitution, The American Journal of International Law 75 (1981), 1 ff.

Steindorff, Ernst, Vorlagepflicht nach Art. 177 Abs. 3 EWGV und Europäisches Gesellschaftsrecht, ZHR 1992, 1 ff.

Steinrötter, Björn, Der notorische Problemfall der grenzberschreitenden Prospekthaftung, RIW 2015, 407 ff.

Stieper, Malte, Anfechtbarkeit von Gewinnzusagen, NJW 2013, 2849 ff.

Stone, Peter, Stone on private international law in the European Union, Cheltenham, UK/Northampton, MA, USA 2018.

Stone Sweet, Alec, The Judicial Construction of Europe, Oxford/New York 2004.

–, The European Court of Justice and the Judicialization of EU Governance, Living Reviews in European Governance 5 (2010).

–, The Juridicial Coup d'Etat and the Problem of Authority: CILFIT and Foto-frost, in: Maduro, Miguel Poiares/Azoulai, Loïc (Hrsg.), The past and future of EU law: The classics of EU law revisited on the 50th anniversary of the Rome Treaty, Oxford/Portland, Or 2010, 201 ff., *Stone Sweet*, in: Maduro/Azoulai (Hrsg.).

Stone Sweet, Alec/Brunell, Thomas L., The European Court and the national courts: a statistical analysis of preliminary references, 1961–95, Journal of European Public Policy 5 (1998), 66 ff.

Streinz, Rudolf/Michl, Walther/Bings, Sophie/Burgi, Martin/Dannecker, Gerhard (Hrsg.), EUV/AEUV, München, ^{3}2018, zitiert: Streinz EUV/AEUV/*Bearbeiter*.

Stürner, Michael, Unterlassungsanspruch bei Eigentumsberühmung gegenüber außen stehendem Dritten, jurisPR-BGHZivilR 2006, Anm. 4.

–, Keine Anerkennung und Vollstreckung ausländischer Eilentscheidungen ohne vorheriges kontradiktorisches Verfahren, jurisPR-BGHZivilR 2007, Anm. 4.

–, Die EuVTVO als Baustein des Europäischen Zivilprozessrechts, in: Geimer, Reinhold (Hrsg.), Europäische und internationale Dimension des

Rechts: Festschrift für Daphne-Ariane Simotta, Wien 2012, 587 ff., zitiert: *Stürner,* in: FS Simotta.

Sujecki, Bartosz, Entwicklung des Europäischen Privat- und Zivilprozessrechts in den Jahren 2008 und 2009, EuZW 2010, 448 ff.

–, Anmerkung zu einer Entscheidung des EuGH, Urteil vom 13.10.2011 (C-139/10; EWS 2012, 108) – Zum Prüfungsumfang im Rechtsbehelfsverfahren gegen Vollstreckbarkeitserklärungen nach der EuGVVO (juris: EGV 44/2001), EWS 2012, 110 f.

–, Anmerkung zu einer Entscheidung des EuGH, Urteil vom 05.12.2013 (C-508/12; EuZW 2014, 147) - Zur Anwendbarkeit des Art. 6 Abs. 1 Buchst d VO (EG) Nr. 805/2004 - Europäischer Voll-streckungstitel) auf Streitigkeiten zwischen zwei Verbrauchern, EuZW 2014, 149 f.

–, Zivilverfahrensrecht: Keine Ordre-public-Prüfung bei Europäischem Vollstreckungstitel, EuZW 2014, 557 ff.

–, Rechtsprechung des Europäischen Gerichtshofs zur EuGVVO 2016, EWS 2017, 84 ff.

–, Zivilprozessrecht: Örtliche Zuständigkeit für die Geltendmachung eines Haftungsanspruchs gegenüber einer Bank aufgrund mangelhafter Prospektangaben, EuZW 2018, 1000 f.

Süß, Frank/Sandidge, Melanie, BGH: Zur internationalen Zuständigkeit deutscher Gerichte für Schadensersatzklage gegen einen in London ansässigen Broker, BB 2010, 2532.

Taborowski, Maciej, Der Europäische Vollstreckungstitel für unbestrittene Forderungen, IPRax 2007, 250ff.

Tamm, Marina/Gaedtke, Enrico, Gewinnzusagen nach § 661 a BGB: materiell- und prozessrechtliche Probleme im europarechtlichen Kontext, VuR 2006, 169 ff.

Thiede, Thomas/Lorscheider, Steffen, Die internationale Zuständigkeit für Ansprüche von Anlegern aus Prospekthaftung, EuZW 2019, 274 ff.

Thode, Reinhold, Gerichtsstandsvereinbarung im internationalen Handel: Formwirksamkeit der Vereinbarung aufgrund eines Handelsbrauchs, jurisPR-PrivBauR 2018, Anm. 1.

Thole, Christoph, Deliktsklagen gegen ausländische Broker und Finanzdienstleister vor deutschen Gerichten, ZBB 2011, 399 ff.

Thomale, Chris, Internationale Rechtskraft und nationale Kognition, IPRax 2017, 463 ff.

Thomy, Patricia, Individualrechtsschutz durch das Vorabentscheidungsverfahren, Baden-Baden 2009.

Thorn, Karsten/Paffhausen, Patricia, Parallelverfahren nach der Brüssel Ia-VO oder „wie man einen Torpedo entschärft", in: Hau, Wolfgang/Schmidt, Hubert (Hrsg.), Trierer Festschrift für Walter F. Lindacher zum 80. Geburtstag, München 2017, 405 ff., *Thorn/Paffhausen,* in: FS Lindacher.

Timmermans, Christian, The European Union's Judicial System, CMLR 2004, 393 ff.

Tomuschat, Christian, La justice - c'est moi, EuGRZ 1979, 257 ff.

Tridimas, Takis, Knocking on Heavens's Door: Fragmentation, Efficiency and Defiance in the Preliminary Reference Procedure, Common Market Law Review 2003, 9 ff.

–, The ECJ and the National Courts: Dialogue, Cooperation, and Instability, in: Arnull, Anthony/Chalmers, Damian (Hrsg.), The Oxford handbook of European Union law, Oxford 2015, 403 ff., zitiert: *Tridimas,* in: Arnull/Chalmers (Hrsg.).

Trubek, David M./Trubek, Louise G., Hard and Soft Law in the Construction of Social Europe: the Role of the Open Method of Co-ordination, European Law Journal 11 (2005), 343 ff.

Tulibacka, Magdalena, Europeanization of Civil Procedures: In Search of a Coherent Approach, Common Market Law Review 46 (2009), 1527 ff.

Ulmer, Peter, Vom deutschen zum europäischen Privatrecht?, JZ 1992, 1 ff.

Ulrici, Bernhard, Anerkennung und Vollstreckung nach Brüssel Ia, JZ 2016, 127 ff.

Ungerer, Johannes, The Evolution of European Private International Law – Coherence, Common Values and Consolidation, IPRax 2015, 286 ff.

Vedder, Christoph, Ein neuer gesetzlicher Richter? Zum Beschluß des BVerfG vom 22. 10. 1986, NJW 1987, 526 ff.

Voß, Reimer, Reform der Gerichtsbarkeit aus der Sicht nationaler Gerichte, EuR Beiheft 2003/1, 37.

Wagner, Anja, "Opfer-Gerichtsstand" für die Geschädigten von Auslandsunfällen, SVR 2010, 405 ff.

Wagner, Rolf, Vom Brüsseler Übereinkommen über die Brüssel I-Verordnung zum Europäischen Vollstreckungstitel, IPRax 2002, 75 ff.

–, Aktuelle Entwicklungen in der justiziellen Zusammenarbeit in Zivilsachen, NJW 2012, 1333ff.

–, Vollstreckbarerklärungsverfahren nach der EuGVVO und Erfüllungseinwand – Dogmatik vor Pragmatismus?, IPRax 2012, 326 ff.

–, Ausländische Entscheidungen, Rechtsgeschäfte und Rechtslagen im Familienrecht aus der Sicht des autonomen deutschen Rechts, FamRZ 2013, 1620.

Wagner, Rolf/Gess, Kirsten, Der Gerichtsstand der unerlaubten Handlung nach der EuGVVO bei Kapitalanlagedelikten, NJW 2009, 3481 ff.

Wahl, Nils/Prete, Luca, The Gatekeepers of Article 267 TFEU: On Jurisdiction and Admissability of References for Preliminary Rulings, Common Market Law Review 2018, 511 ff.

Wais, Hannes, BGH: Kreditvertrag als Dienstleistungsvertrag, LMK 2012, 334934.

–, Der Europäische Erfüllungsgerichtsstand für Dienstleistungsverträge, Tübingen 2014.

–, Keine ordre public-Prüfung bei Europäischem Vollstreckungstitel, LMK 2014, 361981.

–, BGH: Verkehrsunfall im Ausland – Internationale Zuständigkeit deutscher Gerichte, LMK 2015, 371718.

–, Die Stärkung von Gerichtsstandsvereinbarungen in der Neufassung der EuGVO, GPR 2015, 142 ff.

Walter, Christian/Grünewald, Benedikt (Hrsg.), Beck'scher Online-Kommentar BVerfGG, 7 2019, zitiert: BeckOK BVerfGG/*Bearbeiter*

Wattel, Peter J., Köbler, Cilfit and Welthgrove: We can't go on meeting like this, Common Market Law Review 2004, 177 ff.

Weber, Christoph, Internationale Prospekthaftung nach der Rom II-Verordnung, Wertpapier-Mitteilungen 2008, 1581 ff.

Wegener, Bernhard W., Staatshaftung für die Verletzung von Gemeinschaftsrecht durch nationale Gerichte?, EuR 2002, 785 ff.

–, (Fehl-)Urteilsverantwortung und Richterspruchprivileg in der Haftung der Mitgliedsstaaten für die Verletzung von Gemeinschaftsrecht, EuR 2004, 84 ff.

–, Rechtsstaatliche Vorzüge und Mängel der Verfahren vor den Gemeinschaftsgerichten, EuR Beiheft 2008/3, 45 ff.

Weiler, Joseph H.H., The Transformation of Europe, The Yale Law Journal 100 (1991), 2403 ff.

–, Journey to an Unknown Destination: A Retrospective and Prospective of the European Court of Justice in the Arena of Political Integration, Journal of Common Market Studies 31 (1993), 417 ff.

–, A Quiet Revolution: The European Court of Justice and its Interlocutors, Comparative Political Studies 26 (1994), 510 ff.

Wendenburg, Albrecht, Prozessrecht: Vorlagepflicht letztinstanzlicher Gerichte, EuZW 2016, 111 ff.

Westermann, Harm Peter, Kein Wettbewerbsverbot für rein kapitalistische Minderheitsbeteiligung des Gesellschafter-Geschäftsführers – Abfindungsberechnung nach Stuttgarter Verfahren, EWiR 2017, 423 f.

Wieacker, Franz, Privatrechtsgeschichte der Neuzeit, 3. Aufl., Göttingen/Bristol, CT, U.S.A. 2016.

Wieczorek, Bernhard/Schütze, Rolf A. (Hrsg.), Zivilprozessordnung und Nebengesetze Großkommentar, Band 13: Nebengesetze (KapMuG, MediationsG, EuGVVO, GVG), Berlin, ^{4}2017, zitiert: Wieczorek/Schütze/*Bearbeiter*.

Wilke, Felix M., The impact of the Brussels I Recast on important "Brussels" case law, Journal of Private International Law 11 (2015), 128 ff.

–, Verbraucherschutz im internationalen Zuständigkeitsrecht der EU – Status quo und Zukunftsprobleme, EuZW 2015, 13 ff.

Wolf, Alexander, Ist der "Justizstandort Deutschland" international wettbewerbsfähig?, RIW 2019, 258 ff.

Wolf, Christian/Lange, Sonja, Das Europäische System des einstweiligen Rechtsschutzes - doch noch kein System?, RIW 2003, 55 ff.

Wolff, Daniel, Willkür und Offensichtlichkeit. Die verfassungsgerichtliche Prüfung einer Verletzung von Art. 101 Abs. 1 S.2 GG i. V. m. Art. 267 Abs. 3 AEUV, Archiv des öffentlichen Rechts 141 (2016), 40 ff.

Wölker, Ulrich, Wann verletzt eine Nichtvorlage an den EuGH die Garantie des gesetzlichen Richters?, EuGRZ 1988, 97 ff.

Wyatt, Derrick/Dashwood, Alan, The substantive law of the EEC, 2. Aufl., London 1987.

Zarth, Christoph, Urteilsanmerkung BGH 25.1.2017 - VIII ZR 257/15, EWiR 2017, 287 f.

Zerr, Christian, Prozesstaktik bei Arrestverfahren innerhalb Europas nach der Neufassung der EuGVVO, EuZW 2013, 292 ff.

Zöller, Richard/Geimer, Reinhold/Althammer, Christoph/Lückmann, Clemens/Feskorn, Christian (Hrsg.), Zivilprozessordnung, Köln, ^{33}2020, zitiert: Zöller ZPO/*Bearbeiter*.

Zuleeg, Manfred, Bundesfinanzhof und Gemeinschaftsrecht, in: Der Präsident des Bundesfinanzhofs (Hrsg.), 75 Jahre Reichsfinanzhof - Bundesfinanzhof: Festschrift, Bonn 1993, 115 ff., zitiert: *Zuleeg*, in: FS Bundesfinanzhof.

–, Die Rolle der rechtsprechenden Gewalt in der europäischen Integration, JZ 1994, 1 ff.

Zweigert, Konrad, Zur Armut des internationalen Privatrechts an sozialen Werten, RabelsZ 37 (1973), 435 ff.

www.ingramcontent.com/pod-product-compliance
Ingram Content Group UK Ltd.
Pitfield, Milton Keynes, MK11 3LW, UK
UKHW021826290926
8980IPUK00004B/290

9 783631 859698